中国汽车产业与技术发展报告（2021）

Annual Report of China Automotive Industry and Technology Development（2021）

工业和信息化部装备工业发展中心
浙江吉利控股集团有限公司
主编

電子工業出版社

Publishing House of Electronics Industry

北京 • BEIJING

内 容 简 介

本书由总报告篇、产业环境篇、检测服务篇、车型特征篇、乘用车篇、商用车篇、新能源汽车篇、智能网联汽车篇、关键零部件篇和附录十个部分组成。本书结合国家战略发展方向及产业技术发展趋势，各篇章分别对中国汽车产业政策环境、汽车产品检测、车型特征、市场形势、企业竞争格局、产品及技术发展程度、零部件供应链现状及薄弱环节等问题进行全面的系统梳理、深入分析和精准研判。

本书适合汽车产业管理部门、企业决策部门、企业技术战略研究机构人士阅读及研究。

图书在版编目（CIP）数据

中国汽车产业与技术发展报告. 2021 / 工业和信息化部装备工业发展中心，浙江吉利控股集团有限公司主编. —北京：电子工业出版社，2021.10

ISBN 978-7-121-42117-4

Ⅰ. ①中… Ⅱ. ①工… ②浙… Ⅲ. ①汽车工业－产业发展－研究报告－中国－2021②汽车工业－技术发展－研究报告－中国－2021 Ⅳ. ①F426.471②U46-12

中国版本图书馆 CIP 数据核字（2021）第 194916 号

责任编辑：秦　聪
印　　刷：天津千鹤文化传播有限公司
装　　订：天津千鹤文化传播有限公司
出版发行：电子工业出版社
　　　　　北京市海淀区万寿路 173 信箱　邮编 100036
开　　本：787×1 092　1/16　印张：25.5　字数：652.8 千字
版　　次：2021 年 10 月第 1 版
印　　次：2021 年 10 月第 1 次印刷
定　　价：268.00 元

凡所购买电子工业出版社图书有缺损问题，请向购买书店调换。若书店售缺，请与本社发行部联系，联系及邮购电话：（010）88254888，88258888。

质量投诉请发邮件至 zlts@phei.com.cn，盗版侵权举报请发邮件至 dbqq@phei.com.cn。

本书咨询联系方式：（010）88254568，qincong@phei.com.cn。

中国汽车产业与技术发展报告（2021）

编委会

金　晨　胡　葳　姚　勇　姜春生　姜智勇　徐传康
曹敬煜　庹瑞锐　彭海丽　谢世滨　韩　睿　颜　燕
薛　凯　薛露露

联合撰稿单位　浙江吉利控股集团有限公司
国家发展和改革委员会能源研究所
清华大学
中国汽车工业协会
中国汽车工程学会
中国汽车技术研究中心有限公司
中国汽车工程研究院股份有限公司
长城汽车股份有限公司
一汽解放汽车有限公司
北京汽车股份有限公司
宁德时代新能源科技股份有限公司
苏州绿控传动科技股份有限公司
精进电动科技股份有限公司

前　言

2021年是“十四五”规划的开局之年，为高质量完成汽车行业管理支撑工作，帮助企业深入了解中国汽车产业及其相关技术的发展趋势，工业和信息化部装备工业发展中心（以下简称“装备中心”）首次正式出版发布《中国汽车产业与技术发展报告（2021）》。本书立足于推动汽车产业高质量发展，充分发挥装备中心《道路机动车辆生产企业及产品公告》、机动车出厂合格证、财税优惠目录、乘用车双积分等汽车行业数据优势资源，广泛凝聚行业智慧，由装备中心牵头组织，联合清华大学、国家发展和改革委员会能源研究所、中国汽车技术研究中心有限公司、中国汽车工程研究院股份有限公司等研究机构，以及吉利汽车、一汽解放、长城汽车、宁德时代等整车及产业链重点企业的专家和学者共同编制完成。全书系统、完整、全面地论述了汽车产业及其相关技术发展现状、发展趋势及存在的问题，是一部综合性的汽车行业年度书籍，可为政府主管部门的管理工作及汽车企业的生产经营与发展提供参考。

本书由总报告篇、产业环境篇、检测服务篇、车型特征篇、乘用车篇、商用车篇、新能源汽车篇、智能网联汽车篇、关键零部件篇和附录十个部分组成，结合国家战略发展方向及产业技术发展趋势，各篇章分别对中国汽车产业政策环境、汽车产品检测、车型特征、市场形势、企业竞争格局、产品及技术发展程度、零部件供应链现状及薄弱环节等问题进行系统梳理、深入分析和精准研判。

结合“国内国际双循环”、扩大对外开放和品牌向上的整体趋势，本书系统总结我国乘用车、商用车、新能源汽车的车型技术特征、市场运行特征，同时重点关注国内外不同所有制企业的竞争格局和发展趋势，提出国内汽车企业高质量发展面临的机遇与挑战，并对其战略布局做出方向引导。我国已建成全球规模最大、品类最全、配套完整的汽车工业体系，汽车产销规模连续十二年蝉联全球第一，其中新能源汽车产业发展迅猛，产销量及保有量稳居世界首位，成为全球汽车电动化转型的重要力量。2020年年初，受新冠肺炎疫情影响，我国汽车产业链、供应链受到较大冲击，随着我国疫情防控形势持续向好及促消费政策等措施的持续发力，从2020年第二季度开始，企业复工复产加速推进，汽车产业链长期稳定向好的发展态势平稳。随着我国产业集群逐渐发展壮大、消费需求潜力巨大、生产制造经营绩效好转及零部件供应能力提升，我国汽车产业链、供应链具备优化升级、全面向上发展的内生动力。中国品牌高端化发展和核心技术突破均取得显著成效，在智能化、网联化技术上处于有利地位，企业产品研发加速迭代优化。展望未来，我国汽车市场发展仍有潜力，产业结构面向电动化、网联化、智能化快速演进，催生企业转型升级。为进一步探索中国汽车品牌跃升发展路径，本书提出了国内乘用车企业在新能源、智能网联及整车安全等技术方面的发展策略；针对中重型载货车企业提出了产业发展意见；建议新能源汽车企业发挥“安全第一”的责任主体地位，全面构建系统、科学、适应产品的安全管控体系，推动中国汽车产业走向高质量发展。

结合国内“碳达峰”“碳中和”目标，本书重点梳理了中国传统及新型节能技术发展与应用情况，分析不同技术类型的新能源汽车产品的现状和发展趋势，揭示我国汽车产业贡献国家节能减排目标的空间和可能性。本书分析显示，在油耗法规驱动消费升级、乘用车双积分政策修订等多重因素影响下，2020年我国乘用车节能技术装车率快速提升，各项传统及新型节能技术发展迅速，与国外领先动力水平差距逐渐缩小；新能源汽车一次充电续驶里程、百公里能耗、电池系统能量密度、电驱动总成功率密度等相关技术指标均达到国际先进水平，骨干车企也逐步推出专属纯电动汽车或混动汽车平台，系统集成化程度逐步提高，混合动力控制技术日趋成熟，燃料电池电堆及关键材料技术水平不断提升，多种充电技术路线并进，新能源汽车和电网进一步融合。节能和新能源汽车协同发展步伐加快，为保障汽车行业“碳达峰”“碳中和”目标早日实现奠定了基础。

结合智能网联汽车作为产业发展新阶段的一个重要战略方向，本书重点分析了智能网联汽车的主要进展、关键技术发展与应用等情况，系统总结了我国为推动智能网联汽车创新发展所取得的重大成就，并进行趋势预判。本书分析显示，我国智能网联汽车处于技术快速演进、产业加速布局的商业化前期阶段，L2辅助驾驶功能已开始大规模应用，L3、L4自动驾驶的产业化成为各大企业的瞄准目标。在技术上基本与国际领先水平“并跑”，L3以下智能网联技术装车应用步伐加快，结合网联化技术，整车企业普遍采用渐进式技术路线，推动L3以下驾驶自动化功能在量产车上的应用，辅助驾驶系统技术进一步成熟，智能座舱软硬件核心技术发展加速，V2X通信技术发展也与国际领先水平保持同步。

结合新冠肺炎疫情背景下我国在汽车产业链、供应链上暴露出来的短板和弱项，以及“十四五”时期增强产业链、供应链自主可控能力这一重点任务，本书重点剖析汽车领域之中动力电池、电驱动总成、智能网联等关键零部件的技术发展、竞争格局、未来发展趋势等情况，揭示目前汽车供应链的薄弱环节及存在问题。本书分析显示，我国汽车零部件产业伴随着整车市场规模扩大和全球化采购而增长迅速，尤其在新能源汽车和智能网联汽车领域，关键核心零部件企业加速国内产品配套和技术研发，汽车产业链、供应链持续完善。与此同时，我国汽车供应链仍有关键节点和技术瓶颈需要突破，芯片短缺使汽车零部件产业面临新的挑战，新能源技术仍存在动力总成成本高、集成化程度低等问题，智能网联技术存在环境感知技术多项瓶颈、操作系统尚未突破等短板。在此，本书希望通过梳理提炼目前我国汽车产业链关键节点的短板，推动汽车产业“固链、补链、强链”，提升产业链和供应链的整体竞争力。

最后，本书的编制出版凝聚了行业协会、研究机构、主机厂、零部件生产厂等主体力量，谨此向为本书提供支持和帮助的相关单位和专家学者致以衷心感谢！鉴于时间仓促和经验水平有限，书中难免存在疏漏和不足之处，恳请各位专家、同行和读者批评指正。

《中国汽车产业与技术发展报告（2021）》编委会

2021年10月

目 录

Part 1　总报告篇

第一章　中国汽车产业与技术发展报告

郑贺悦，邱彬，王芳，刘万祥*

摘要：本章基于《道路机动车辆生产企业及产品公告》、机动车出厂合格证数据、财税优惠目录、乘用车双积分情况等汽车行业资料及数据，对我国汽车产业运行特征和技术发展进行了全面的系统梳理和深入分析。本章主要从政策体系、市场结构、产品结构、技术应用等方面展开，剖析2020年我国汽车产业发展现状及趋势变化，总结现阶段汽车产业发展面临的机遇与挑战，最后结合国际汽车产业发展趋势和国内外差异，提出中国汽车产业高质量发展的措施建议。

关键词：汽车产业；技术发展；高质量发展。

第一节　中国汽车产业发展情况

一、中国汽车产业呈现长期稳定向好的发展态势

（一）产业发展进入“降幅收窄、结构优化、存量竞争”新阶段

受新冠肺炎疫情影响，2020年第一季度汽车市场表现低迷，但全年降幅快速收窄。现阶段，中国已建成全球规模最大、品类最全、配套完整的汽车工业体系，从历史规律来看，中国汽车市场的走势与经济发展呈现较强的正相关性，随着国内宏观经济运行进入中低速增长新常态，中国汽车生产规模自2017年达到最高峰后，连续多年高速增长的车市自2018年开始迎来负增长，并呈现以存量更新为主的小幅波动（见图1-1）。2020年年初，受新冠肺炎疫情影响，中国汽车产业链、供应链受到较大程度冲击，部分汽车生产企业2月份生产基本停滞，第一季度汽车产量呈断崖式下滑。第二季度开始，疫情防控取得明显成效，促消费政策措施发力，企业复工复产加速推进，汽车生产规模月度增速自3月开始呈现“V”形回升。根据机动车出厂合格证数据统计，2020年全年中国汽车累计生产2466.8万辆，同比降幅收窄至3.1%，市场规模连续12年蝉联全球第一。

---

* 郑贺悦，教授级高级工程师，工业和信息化部装备工业发展中心副主任；邱彬，高级工程师，工业和信息化部装备工业发展中心综合处处长；王芳，工程师，任职于工业和信息化部装备工业发展中心数据管理处；刘万祥，工程师，任职于中国汽车技术研究中心有限公司中国汽车战略与政策研究中心。

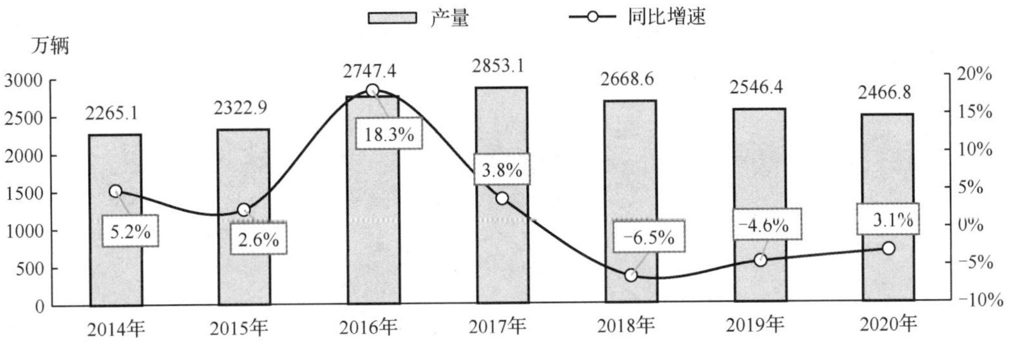

图 1-1　2014—2020 年中国汽车生产运行走势

数据来源：机动车出厂合格证

2020 年商用车市场整体表现好于乘用车，呈现“乘弱商强”特征（见图 1-2）。从产品类型来看，受疫情影响第一季度乘用车产量下滑 49.1%，拖累行业整体增速，自 5 月开始随着政策刺激效应逐渐显现，乘用车生产增速恢复正增长，2020 年全年乘用车累计生产 1905.4 万辆，同比降幅缩窄至 5.3%。在商用车方面，受疫情影响，2020 年中大型商用客车需求大幅滑坡，但在各地基建工程投资陆续启动、“国三”及以下排放标准柴油货车加速淘汰，以及治超治限政策深化实施等利好因素促进下，商用车市场整体回暖速度快于乘用车，全年累计生产 561.4 万辆，同比增长 5.2%。

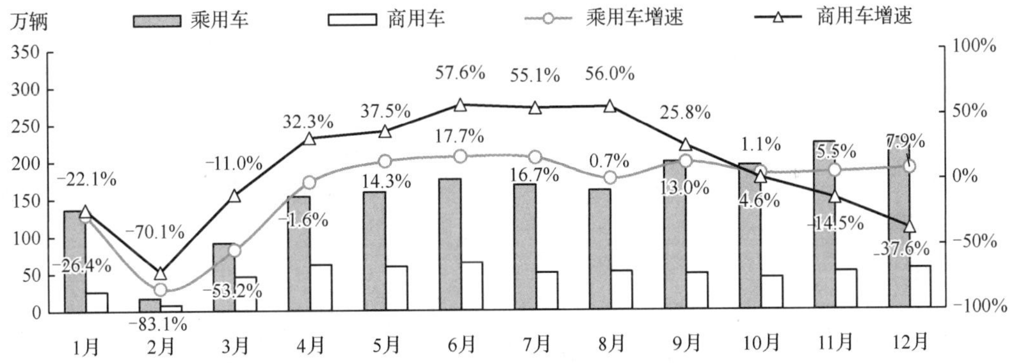

图 1-2　2020 年中国乘用车和商用车月度生产运行走势

数据来源：机动车出厂合格证

2020 年下半年，新能源汽车市场在供需双重驱动下保持两位数高增长，呈现良好发展势头。2020 年第一季度新能源汽车产量急剧下滑，同比下降 57.1%。在中央和地方政府促进汽车消费政策和支持新能源汽车产业发展政策的带动下，第二季度产量降幅缩窄至 31.4%，7 月份产量增速首次转正，此后连续 6 个月保持 30%以上的高速增长。一方面，宏观经济的快速复苏和政策的持续激励贡献巨大；另一方面，车企在第二、三季度持续推出新产品（特斯拉 Model 3 和上汽通用五菱宏光 MINI EV 等新产品的拉动效应明显），也是新能源汽车产量高增长的主要驱动力之一，带动新能源汽车全年累计生产 127.9 万辆，同比增长 9.0%，市场渗透率提高至 5.2%。从产品类型来看，新能源乘用车生产 114.8 万辆，同比增长 12.5%，占新能源汽车总量的 90%，相比 2016 年提升近 28 个百分点，疫情后新能源乘用车成为拉动整体新能源汽车市场增长的主要动力；新能源商用车生产 13.1 万辆，产量呈现 14.3%的降幅。如图 1-3 所示为 2019—2020 年中国新能源汽车月度生产运行走势。

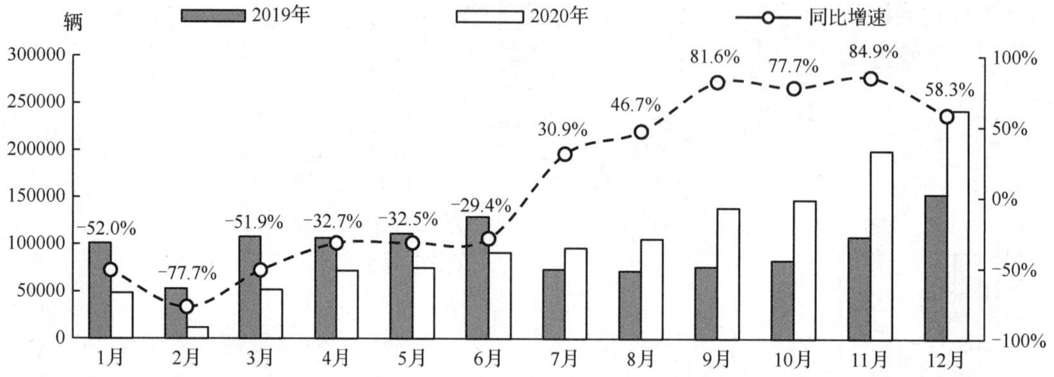

图 1-3　2019—2020 年中国新能源汽车月度生产运行走势

数据来源：机动车出厂合格证

企业加速转型升级，市场竞争两极分化加剧。2020 年以来，面对新冠肺炎疫情冲击，汽车市场面临严峻考验，国内车企相继扩大营销力度，加大新品市场投放。一方面，以一汽、吉利、长城、长安等为代表的中国乘用车品牌企业纷纷以全新的产品序列、营销模式、模块化架构冲击中高端市场，发展态势超越合资品牌；另一方面，蔚来、小鹏、理想等造车新势力逐步发力，加剧市场竞争分化。根据 2020 年国内主流上市车企已披露的财报数据来看，有 6 家车企营业收入规模超过千亿元。但在汽车产量增速中枢下移、“新四化”转型投入、产品周期性和疫情冲击等诸多因素叠加下，企业经营指标呈现两极分化，其中比亚迪、一汽解放、长城汽车、长安汽车表现抢眼，而上汽集团、北京汽车的净利润指标同比下滑（见表 1-1）。

表 1-1　2020 年国内主流车企财务数据

车　企	营业收入（亿元）	同 比 增 长	净利润（亿元）	同 比 增 长
上汽集团	7421.32	-12%	204.31	-20.2%
北京汽车	1769.73	0.89%	129.55	-14.53%
比亚迪汽车	1565.97	22.59%	42.34	162.27%
一汽解放	1136.81	6.8%	26.72	34.45%
东风集团	1079.64	6.8%	107.92	-16.1%
长城汽车	1033.08	7.38%	53.62	18.36%
长安汽车	845.66	19.79%	33.24	225.60%
广汽集团	631.57	5.78%	59.66	-9.85%

数据来源：2020 年度企业财报

2020 年汽车出口规模小幅下滑，但年均出口规模仍维持百万辆水平。2020 年，新冠肺炎疫情在全球持续蔓延，全面冲击世界经济运行，全球汽车市场需求出现疲软，我国汽车出口面临严峻考验，全年出口规模不到108万辆，同比下滑13.4%。不过，以2018年为分界点，我国出口汽车数量由2018年以前的低于进口转变为2018年以后的高于进口，且量比持续提升，2020年出口数量与进口数量差值近15万辆，多出15.8%。在“双循环”新发展格局下，随着中国品牌竞争力日益增强，我国汽车出口仍有较大发展空间。如图1-4所示为2010—2020年中国汽车进/出口量。

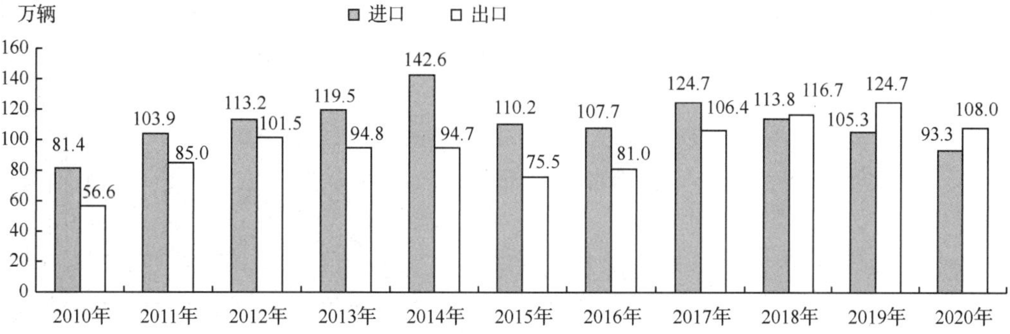

图1-4　2010—2020年中国汽车进/出口量

数据来源：海关总署

（二）管理政策调整优化，推动产业走向高质量发展

持续深化“放管服”改革，完善生产准入管理，激发行业企业高质量发展活力。长期以来，我国对汽车行业实施企业准入及产品准入管理制度，自2018年工业和信息化部（以下简称“工信部”）正式发布《道路机动车辆生产企业及产品准入管理办法》以来，逐步优化企业及产品准入管理，加强准入后监管。一是进一步优化市场准入门槛，激发企业活力。2020年7月，根据产业发展需求，工信部发布关于修改《新能源汽车生产企业及产品准入管理规定》的决定（工业和信息化部令第54号），针对原管理规定在设计开发能力、特别公示要求、过渡性条款三方面进行调整优化，以提高企业发展新能源汽车的动力。同时，对道路机动车辆检验检测机构实施动态备案管理，有序放开检测服务市场，2020年已完成并公开三批检验检测机构备案信息。二是多措并举，提升管理效率。2020年工信部发布第327至339批共13批《道路机动车辆生产企业及产品公告》（以下简称《公告》），发布第37至49批共13批《新能源汽车推广应用推荐车型目录》。同时，针对新冠肺炎疫情给车辆生产企业在履行《公告》管理中带来的实际困难，实施四项便企服务措施，推出自我承诺、研发验证测试结果替代、相关检测报告可容缺受理、缩短办理周期、延长企业审查整改期限等事项，开辟了汽车企业产品《公告》管理绿色通道。进一步优化新能源汽车管理与财税优惠目录发布程序，从第334批《公告》起实现了企业产品公告“一次申报、一并审查、一同发布”，提高了发布效率。此外，实现了新能源汽车换电模式产品纳入《公告》管理。三是加强事中、事后监管，强化产品一致性控制能力。工信部对企业准入的重点监管方向由研发能力转向了生产能力、质量及一致性控制能力、售后及安全保障能力，2020年在严把增量企业技术审查关的基础上，继续加大存量企业的监督检查力度，研究建立常态化特别公示制度，推动提高产业集中度，有重点地开展产品生产一致性监督检查、新能源汽车补贴核查、新能源汽车安全监管、货车

非法改装专项整治、检验检测机构不定期检查等工作，有效保证了生产监督管理。

多措并举积极引导汽车消费，促进产业平稳发展。2020年，中央和地方频频打出政策组合拳，通过启动新能源汽车下乡、给予购置补贴、增加购车指标等方式促进汽车消费。一是国家部委多次发文稳定和扩大汽车消费。中央加强引导促进汽车消费，明确延长新能源汽车购置补贴和免征车辆购置税至2022年。工信部组织开展新能源汽车下乡活动，持续推动公共领域车辆电动化，促进汽车更新消费，挖掘潜在消费需求。二是各地及时推出优化汽车限购等针对性和实用性较强的政策措施。2020年以来，杭州、广州、上海、天津、北京、深圳等重点城市相继宣布增加汽车购车指标，2020年北京面向“无车家庭”一次性增发2万个新能源小客车指标，各地积极实施新车消费、“以旧换新”、老旧汽车淘汰补贴等措施，支持新能源汽车消费，以期减少疫情对车市的冲击，效果显著。

积极促进汽车电动化、网联化、智能化协同发展。在顶层设计方面，2020年国家发展改革委、工信部等部门先后出台《智能汽车创新发展战略》和《新能源汽车产业发展规划（2021—2035年）》，明确指出智能驾驶汽车是国家战略发展方向，明确我国新能源汽车产业的发展目标和重点任务，提出电动化和网联化、智能化技术互融协同发展的工作重点。在标准法规方面，国内新能源汽车相关制修订工作不断推进，随着GB 18384—2020《电动汽车安全要求》、GB 38032—2020《电动客车安全要求》和GB 30381—2020《电动汽车用动力蓄电池安全要求》三项强制性国家标准的发布实施，以及电动汽车换电安全、充电安全等相关标准的不断推出，我国新能源汽车标准法规体系不断完善并居于领先地位；智能网联汽车准入管理指南、强制性国家标准，以及网联功能与应用标准制定路线图等相关研究加快推进，支撑驾驶辅助及低级别自动驾驶的智能网联汽车标准体系基本形成，并逐步过渡到自动驾驶领域，对推动智能网联汽车发展及产业落地起到非常重要的作用。

二、产业链供应链优化升级、全面向上发展的内生动力显现

（一）产业集群发展壮大

汽车生产企业布局优化、集聚集群特征明显，为产业链供应链布局提供良好的空间环境。截至2020年年底，我国《公告》内道路机动车辆生产企业共有2500余家，覆盖乘用车、货车、客车、专用车、挂车、摩托车等各类产品，其中具有新能源汽车生产资质的企业超过200家。从国内汽车生产企业分布来看，整车生产企业主要位于江苏、山东、湖北、四川、重庆等地区。在区域分布格局中，我国整车企业基本形成以沈阳、长春为代表的东北产业集群，以北京、天津、保定为代表的环渤海产业集群，以上海、杭州为代表的长三角产业集群，以郑州、十堰、长沙、武汉为代表的中部产业集群，以广东为代表的珠三角产业集群，以及以重庆、成都为代表的西南产业集群，这对于推动企业专业化分工、有效配置生产要素、促进区域经济发展具有重要作用。

（二）市场需求潜力巨大

汽车保有量稳定增长，百万辆级以上的城市快速增加，市场发展空间充足。根据公安部数据统计，截至 2020 年年底，全国汽车保有量为 2.81 亿辆，仍保持每年近 10%的增长，千人保有量达到 199 辆。从城市市场发展格局来看，2020 年全国有 70 个城市的汽车保有量超过百万辆，与 2019 年相比增加了 4 个。其中，13 个城市的汽车保有量超过 300 万辆，占全国总量的 19%。北京、成都、重庆超过 500 万辆，苏州、上海、郑州超过 400 万辆，西安、武汉、深圳、东莞、天津、青岛、石家庄超过 300 万辆。

（三）企业经营能力提升

汽车制造业生产经营状况持续改善，企业稳步回升的基本面持续巩固。根据国家统计局数据（见图 1-5），2020 年汽车制造业实现营业收入为 8.16 万亿元，同比增长 3.4%，在 41 个工业大类行业中位居第二，仅次于计算机、通信和其他电子设备制造业；实现利润总额 5093.6 亿元，同比增长 4.0%。汽车制造业生产经营状况持续好转，企业自身发展韧性和内在动力强。

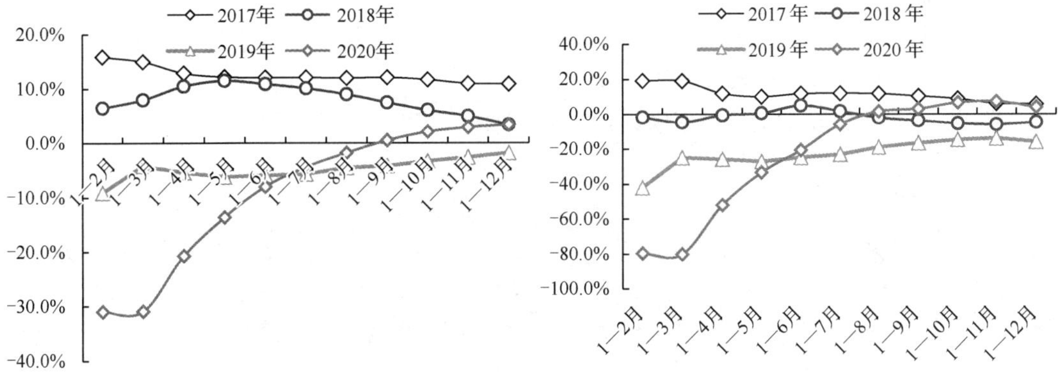

图 1-5　2017—2020 年中国汽车制造业营业收入与利润总额增速

数据来源：国家统计局

（四）零部件供应能力提升

我国汽车零部件产业伴随着整车市场规模扩大和全球化采购而增长迅速，为汽车制造业持续稳步发展提供基础。经过多年发展，中国形成了全球规模最大、配套最完备、品类齐全的产业体系，并已融入全球供应链，成为全球重要的零部件生产和供应基地。

一是随着汽车整车企业全球资源的再配置和全球采购范围的扩大，中国汽车零部件产业发展迅速，零部件与整车营收比例不断优化。截至 2020 年年底，我国规模以上汽车零部件制造企业共 14028 家，较 2011 年增加了 5622 家。如图 1-6 所示，2020 年中国汽车零部件制造业营收规模为 3.63 万亿元，同比增长 1.42%，整车和零部件比例接近 1∶1，与国际汽车工业发达国家 1∶1.7 的比例相比，中国零部件产业仍有较大的提升空间；利润总额为 2693.16 亿元，同比增长 13.33%，占汽车制造业的比重达 52.9%，较 2019 年提升 6.4 个百分点。

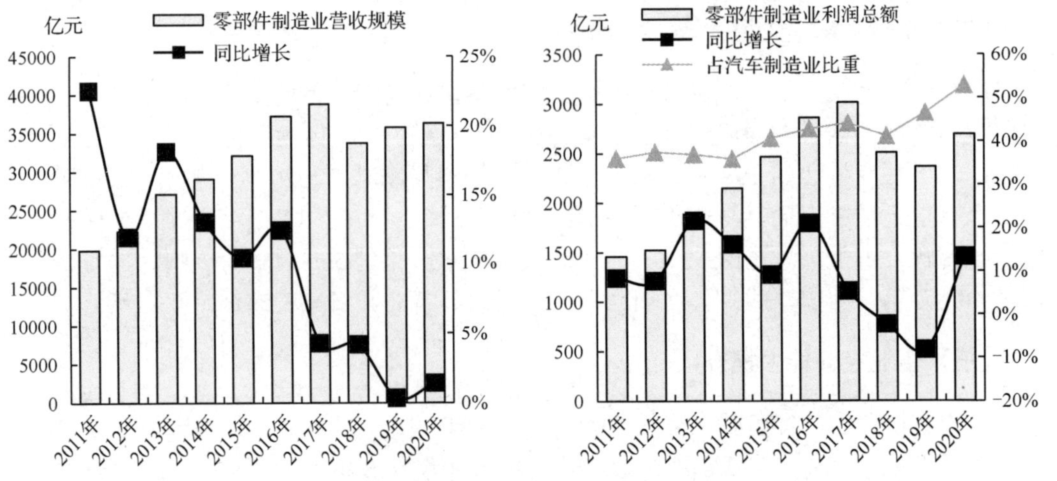

图 1-6　2011—2020 年中国零部件制造业营收规模及利润总额

数据来源：国家统计局

二是中国汽车零部件企业的品牌影响力逐渐扩大。随着中国汽车零部件产业专业化发展，国内部分零部件制造企业的生产规模、研发实力和整体技术水平不断提升，在专业细分领域出现了具有全球竞争力的优势企业。根据机构统计排名，全球汽车零部件企业百强榜中，2020 年共有 11 家中国汽车零部件企业入选，其中潍柴集团、华域汽车分别位居国际百强榜单的第 8 位、第 12 位。

三是关键核心零部件企业加速国内产品配套和技术研发，汽车生产供应链体系健全完善。在新能源汽车方面，2020 年共计 72 家动力电池企业在产动力电池或有动力电池产品装机，已形成江苏、广东、浙江等东南沿海产业聚集区，主要电池企业纷纷扩充产能，国内龙头企业产品技术水平位居世界前列；驱动电机和电机控制器企业均超过 200 家，已形成以精进电动、北汽新能源为代表的京津冀区域，以上海电驱动、华域电动、苏州绿控为代表的长三角区域，以比亚迪、深圳大地和为代表的珠三角区域产业布局。在智能网联方面，操作系统、车规级芯片、电子电气架构、信息安全等技术研发取得积极进展，华为、东软等企业加大车载计算平台的开发，百度、斑马等企业与车企合作开发的车载操作系统已经规模化搭载应用。

三、汽车产业结构面向电动化、网联化、智能化加速调整

（一）中国新能源汽车产业发展迅猛，成为全球电动化转型重要力量

2009 年以来，中国高度重视新能源汽车产业，将发展新能源汽车作为应对气候变化、优化能源结构的重要战略举措，陆续出台一系列新能源汽车产业政策，已逐步形成较为完善的政策体系。政策扶持逐步由终端产品补贴向行业管理、产业研发、生产、销售、基础设施、推广应用、回收利用等汽车产品全生命周期各个环节延伸，其中乘用车双积分管理政策接力补贴政策，成为促进新能源汽车产业健康发展的长效机制，节能和新能源汽车协同发展成为产业趋势，助力汽车产业“碳达峰”“碳中和”目标早日实现。

新能源汽车市场稳居世界首位，全球占比达40%以上。自2015年起，中国新能源汽车产销规模跃居全球首位，已连续6年蝉联全球第一，累计销量超过550万辆，新能源汽车产业发展取得积极成效（见图1-7）。从全球市场份额来看，2020年，中国新能源汽车市场较2019年53%的全球占比虽有所下降，但仍超过40%；从全球保有量来看，中国新能源汽车保有量约占全球的50%，基本完成此前政策层面对于2020年保有量达到500万辆的目标，迈向政策与市场双向驱动新阶段。截至2021年第二季度，中国新能源汽车保有量达603万辆，产品消费逐渐规模化，众多主流车企的全新电动车平台正式量产，逐渐夯实我国在全球市场的龙头地位。

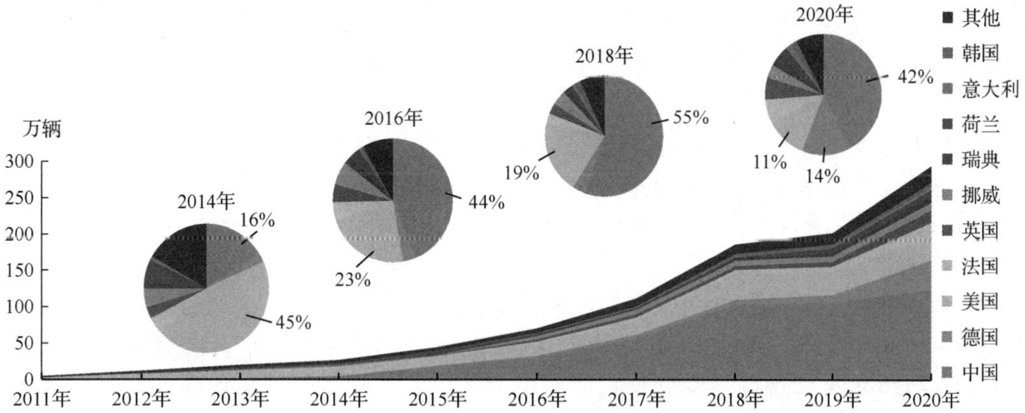

图1-7　2011—2020年全球新能源汽车销量及市场份额

数据来源：Marklines

中国新能源汽车企业深度参与全球市场竞争。在整车方面，中国品牌具有先发优势，合资、外资品牌与造车新势力加速产品投放，高端品牌全新纯电动车投产加速，新能源汽车企业呈现分化，低端产能和劣势造车新势力逐步淘汰。在动力电池方面，2020年全球装机量排名前五的动力电池企业中，中国企业占据两席，其中宁德时代以四分之一的市场份额连续三年占据第一，为戴姆勒、宝马、大众、丰田、本田、现代等全球头部车企供货，与LG化学形成全球动力电池领域双雄争霸的局面。

“三纵”技术路线并行发展，推动汽车产业电动化转型。根据新能源汽车发展战略，国内并行发展纯电动、插电式混合动力、燃料电池汽车的技术路线，市场呈现“纯电为主，插电为辅”的特点，燃料电池汽车加快进入示范导入期。《节能与新能源汽车技术路线图2.0》指出，2035年节能与新能源汽车销量将各占50%，汽车产业实现电动化转型；氢燃料电池汽车保有量达到100万辆左右，商用车实现氢动力转型。

（二）智能网联汽车进入技术快速演进、产业加速布局的新阶段

2020年11月发布的《智能网联汽车技术路线图2.0》明确提出：到2025年，L2和L3新车将达到50%，2030年超过70%，2025年C-V2X终端的新车装配率达到50%。2020年，智能网联汽车与新一代通信技术进一步融合，从概念原理、技术原型迈入创新应用新阶段，国内主要整车企业已经量产具有驾驶辅助功能的产品，自动驾驶渗透率持

续提升，同时发布具备 L3 有条件自动驾驶、L4 高度自动驾驶及 C-V2X 功能产品的量产计划。

国内众多城市开展智能网联汽车开放道路测试和示范运营，推动技术应用和产业发展。在道路测试方面，截至 2020 年年底，全国 20 多个省市开放测试道路超过 3200 千米，共计 70 余家企业申请近 700 张道路测试牌照、载人载物测试许可等，安全测试里程超过 530 万千米。为推动道路测试共享互认，长三角三省一市、京津冀已分别在 2019 年签署道路测试互认协议；2020 年 7 月，国务院办公厅再次发布《关于进一步优化营商环境更好服务市场主体的实施意见》，提出统一智能网联汽车自动驾驶功能测试标准，推动实现封闭场地测试结果全国互通互认。在示范区建设方面，截至 2020 年年底，工信部、公安部、交通运输部在全国各地先后支持建设 16 家国家级智能网联汽车测试示范区，其中工信部单独授权测试示范区 9 家，工信部与公安部联合授权 1 家，工信部与交通运输部联合授权 3 家。此外，工信部先后批复江苏（无锡）、天津（西青）、重庆（两江新区）、湖南（长沙）4 家国家级车联网先导区，加快推进城市级规模化示范应用。在商业化运营方面，2020 年以无人物流配送和特定区域内载人 Robotaxi 为代表的自动驾驶技术进入商业化测试验证阶段。

国内车企积极推动智能网联汽车产品的量产落地。2020 年，一汽红旗、上汽智己、吉利浩瀚、长城咖啡、长安 UNI、广汽 Aion 相继推出全新智能平台或高端品牌，智能网联产品赋能品牌实现向上突破。目前，国内主要整车厂均已量产搭载 L2 驾驶辅助系统的产品，部分车企推出搭载有条件自动驾驶的车型，如长安 UNI-T 及广汽的 Aion LX，具备高速公路场景下的有条件自动驾驶功能；拥有特定场景的 L4 的威马 Maven 车型也计划在 2021 年落地；蔚来 ET7 搭载“头顶”激光雷达和多达 33 个传感器，算力达到 1016TOPS，可以实现更高级别的辅助驾驶能力。

第二节　中国汽车技术发展情况

一、轻量化技术应用带动车身减重明显

近年来，随着能源危机、环境保护和交通安全问题得到持续关注，以及铝合金生产成本的降低，铝合金材料快速应用到车身和零部件领域，对整车减重贡献明显。

在乘用车方面，根据 2020 年新车型《公告》申报数据统计，在新产品电器配置、舒适性配置等需求不断增加的情况下，整备质量在 1800kg 以上的车型占比仍相对较低，多数新车型整备质量为 1000～1599kg，部分新产品整备质量下探到 1000kg 以下。

在商用车方面，根据机构统计，2015—2019 年，重型载货汽车整备质量平均每年下降 1%～1.5%；2020 年，随着新能源电池技术提升及电池系统降重，新能源货车整备质量呈下降趋势，整备质量在 12t 以下的车型数量逐步增加。

二、乘用车平均油耗持续下降

2016—2020 年，行业传统能源乘用车平均油耗逐年走低，从 2016 年的 6.87L/100km 降至 2020 年的 6.31L/100km，年均降幅为 2.10%（见图 1-8）。其中，考虑循环外技术等

减免优惠的影响后，2020 年国产传统能源乘用车的平均油耗下降 0.56L/100km；进口乘用车多为传统能源豪华车型，油耗水平普遍偏高，下降空间较大，其平均油耗下降了 0.78L/100km。计入新能源乘用车后，国产、进口乘用车油耗大幅降低，行业平均油耗由 2016 年的 6.43L/100km 降至 2020 年的 5.61L/100km，年均降幅达 3.32%。

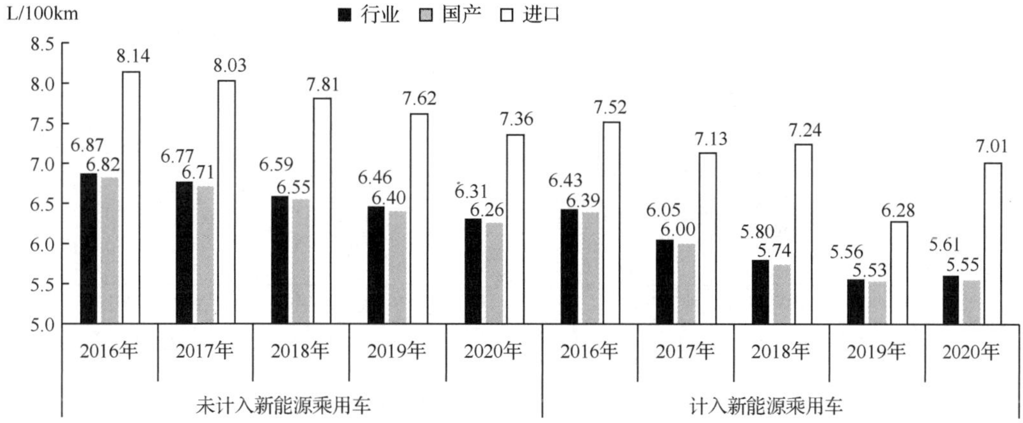

图 1-8 2016—2020 年乘用车平均油耗年度变化情况

数据来源：乘用车企业平均燃料消耗量与新能源汽车积分管理平台

《节能与新能源汽车技术路线图 2.0》预测，到 2035 年，乘用车（含新能源汽车）油耗达到 2.0L/100km，随着油耗标准的逐步加严，以及企业技术研发实现突破，2035 年传统燃油车全部升级为节能汽车成为行业共识，将有效促进油耗水平的降低（见表 1-2）。根据 2020 年新车型《公告》申报数据统计，超过 55%的传统燃油乘用车 100km 工况油耗在 7.0L 以下，仅不到 10%的中大型、大型乘用车 100km 工况油耗在 9.0L 以上。

表 1-2 《节能与新能源汽车技术路线图 2.0》实施目标路径

年份	乘用车油耗目标（L/100km）	货车油耗降低	客车油耗降低	混动车占比	新能源车占比	燃料电池汽车保有量（万辆）
2025	4.6	8%	10%	50%	20%	10
2030	3.2	10%	15%	75%	40%	100
2035	2	15%	20%	100%	50%	100

数据来源：《节能与新能源汽车技术路线图 2.0》

三、节能技术搭载率不断提升

（一）发动机涡轮增压、缸内直喷等传统节能技术应用占比快速攀升

根据《公告》及机动车出厂合格证数据统计，2020 年国产汽油乘用车搭载涡轮增压技术的车型产量占比已达 65.0%，较 2016 年的 32.9%有显著提升（见图 1-9）。国内众多主机厂家、发动机厂家均已成熟应用涡轮增压技术，并继续开发应用新型、效率更高的涡轮增压发动机产品；搭载缸内直喷技术的车型产量占比约 69.1%，较 2016 年的 21.3%

增长迅速，包括一汽、长安、长城、吉利均有缸内直喷发动机量产应用；搭载先进变速器的车型产量占比接近70%，CVT与DCT搭载规模最大，二者搭载率之和超过50%，6挡以上变速器应用率超过60%，其中，中国品牌整车企业主要以DCT为主，包括长城、长安、吉利、上汽、广汽等车企先后实现7挡DCT变速器量产。

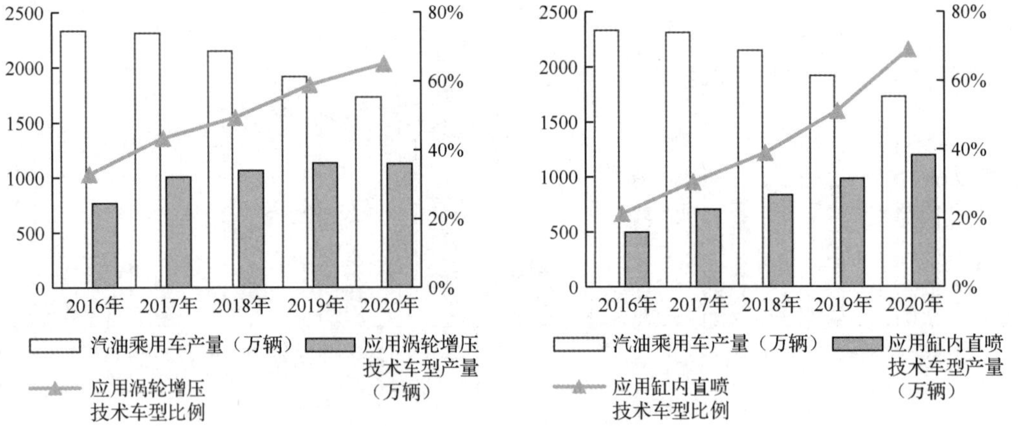

图1-9　2016—2020年汽油乘用车涡轮增压技术应用量及占比

数据来源：《道路机动车辆生产企业及产品公告》及机动车出厂合格证

（二）米勒循环、三缸发动机等新型节能技术应用取得重大突破

国内整车企业已大量应用“高压缩比+米勒循环+变排量附件+低摩擦技术”等先进节能技术，汽油机的热效率正逐步接近国际先进水平。如一汽2.0T机型，通过增压米勒循环技术组合实现了39%的热效率；广汽增压米勒循环三缸机型1.5TM达到了38.9%的热效率，其同平台产品2.0TM可达到39.4%的热效率；长安1.5TGDI机型通过深度米勒循环和高压缩比的技术组合已实现40%的热效率。此外，大部分整车企业已实现混合动力技术储备，48V混合动力车型将陆续推出。

四、新能源汽车整车及关键技术水平显著提升

（一）整车续驶里程、能耗等关键指标持续优化

在乘用车方面，2020年国产纯电动乘用车平均续驶里程达到382km，较2016年提升86%，续驶里程超过400km的纯电动乘用车产量占比达60%以上；平均电能消耗量降至12.49kWh/100km，较2016年下降21%。在新产品方面，2020年《新能源汽车推广应用推荐车型目录》中，续驶里程为300～400km的车型占纯电动乘用车的比例为26.3%，400km以上车型占比为61.8%。

在货车方面，2020年纯电动货车的平均续驶里程达321km，单位载质量能量消耗量（E_{kg}）平均值为0.244Wh/km · kg。2020年《新能源汽车推广应用推荐车型目录》中，重型货车续驶里程持续提升，不断满足长时间及中长途运输场景需求。其中，国产纯电动中重型货车续驶里程主要集中在200～400km，最长续驶里程可达600km；随着电池技

术的不断突破，纯电动中重型货车续驶里程逐步突破500km。

在客车方面，非快充类纯电动客车平均续驶里程大幅提升，由2018年的340km提升到2020年的425km，单位载质量能量消耗量（E_{kg}）平均值由2018年的0.18Wh/km · kg下降到2020年的0.15Wh/km · kg，优化7%，其中2020年分别有91%、82%产量的E_{kg}不大于0.17Wh/km · kg、0.15Wh/km · kg。

（二）动力电池系统能量密度提升明显

在乘用车方面，2020年纯电动乘用车的电池系统能量密度平均值为149.4Wh/kg，分别有86%、71%、11%产量的纯电动乘用车电池系统能量密度处于125Wh/kg及以上、140Wh/kg及以上、160Wh/kg及以上。2018—2020年，纯电动乘用车电池系统能量密度由2018年的142.7Wh/kg提升到2020年的149.3Wh/kg左右，提升5%。

在货车方面，2020年纯电动货车的电池系统能量密度平均值为141.7Wh/kg，分别有100%、89%、67%产量的纯电动货车电池系统能量密度处于125Wh/kg及以上、130Wh/kg及以上、135Wh/kg及以上。2018—2020年，纯电动货车的电池系统能量密度大幅提升，由2018年的128.9Wh/kg提升到2020年的142.8Wh/kg，提升11%。

在客车方面，2020年非快充类纯电动客车电池系统能量密度平均值为149.1Wh/kg，分别有34%、66%产量的非快充类纯电动客车电池系统能量密度分布在135～150Wh/kg、150Wh/kg以上。2018—2020年，非快充类纯电动客车电池系统能量密度大幅提升，由2018年的140Wh/kg提升到2020年的157Wh/kg，提升12%。

（三）电驱动总成系统相关技术指标达到国际水平

在驱动电机方面，功率密度、系统集成度、电机最高效率和转速、绕组制造工艺、冷却散热技术等方面持续进步，与国外先进水平同步发展。上海电驱动、精进电动已开发功率密度达3.8～4.6W/kg的产品，最高转速达13000～14000rpm，实现电驱动一体化集成，相关技术指标与国际水平并驾齐驱。在电机控制器方面，上海电驱动、中车时代、深圳汇川、精进电动等均推出基于IGBT定制化封装模块和标准模块的电机控制器样机。但在轮毂电机方面，技术主要被欧美供应商掌控，国内车企尚未实现量产。

五、智能网联汽车技术实现规模化应用

在智能化方面，视觉传感器、激光雷达、毫米波雷达等技术取得国产化突破，初步具备自主可控能力；自动紧急制动、自适应巡航、车道保持和自动泊车等核心自动驾驶控制算法已实现量产应用。在网联化方面，我国V2X通信技术发展与国际领先水平保持同步，大数据、云计算基础平台架构相较国外更具先进性，V2X产业体系基本形成，初步实现跨通信模组、跨终端、跨整车的互联互通网络和信息交互平台。此外，高精度地图、定位技术进展也与国际水平保持同步，已完成国家标准和团体标准两个层面的标准体系架构的构建，技术层面已实现广域亚米级、局部分米级定位，高精度地图的精度和覆盖范围已能支持有条件的自动驾驶。但在计算平台、车载专用芯片、关键机电一体化执行机构等产品技术上，与国外相比仍存在较大差距。

第三节　中国汽车产业发展机遇与挑战

2021 年是“十四五”规划开局之年，以国内大循环为主体、国内国际双循环相互促进的新发展格局正加速形成，我国积极顺应汽车产业电动化、网联化、智能化、高端化发展趋势，推动汽车产业发展迈向新阶段。与此同时，我国汽车产业仍面临国际环境复杂多变、全球汽车供应链不稳定等诸多挑战，市场优胜劣汰将进一步显现，产业变革升级与格局重塑将成为主基调。

一、汽车市场需求潜力仍巨大，新能源汽车仍是未来发展的重要方向

中国已连续多年稳居世界第二大经济体，人均 GDP 突破 1 万美元，总人口超过 14 亿人，中等收入群体超过 4 亿人，城镇化水平突破 60%，居民收入水平持续提升。此外，据社科院和国内外学者研究，“十四五”期间我国潜在经济增长率为 5%～5.5%，国内汽车市场仍具备逐步企稳的基础，经济的稳增长将带动汽车消费能力快速提升，尤其新能源汽车市场逐渐走向成熟。《新能源汽车产业发展规划（2021—2035 年）》明确了新能源汽车发展目标，2025 年新能源汽车销售量占比将达到 20%左右。根据有关机构预测，2025 年我国汽车产销规模有望达到 2800 万辆左右，新能源汽车市场规模将超过 500 万辆。

二、区域市场下沉，三四线城市及农村市场消费需求将有望持续释放

在坚持扩大内需、以国内大循环为主体的新发展格局下，城乡居民汽车消费存在较大差距，三四线城市及农村市场的消费需求潜力仍待挖掘。随着新能源汽车下乡活动持续推进以及消费者对新能源汽车的认知度和接受度增加，以宏光 MINI EV 为代表的微型电动汽车不再单纯追求续驶里程获得财政补贴，而是精准定位中短途出行市场，主打价格在 5 万元以下的纯电动车空白市场，自上市以来产量连续多月超过 2 万辆，跃居新能源汽车产销量排行榜榜首。后补贴时代，新能源汽车中高端市场面临转型阵痛期，而微型电动车能够凭借超高性价比优势，纯粹以市场需求为驱动，不仅驱动低端燃油车消费者转化，而且将部分低速车、摩托车及电动自行车用户转化成新能源汽车用户，满足其短途、经济代步的刚需，成为行业全新的增量。

三、智能网联汽车成为企业重要战略布局，但规模化商用尚需时日

随着智能化发展趋势日益凸显，整车企业、汽车零部件企业、互联网企业等加快推进汽车智能化的技术研发，智能网联汽车产业将在多方合力下快速发展，但短期受法律法规、技术水平、基础设施等限制仍不具备大规模商业化应用的条件。在产业变革的大背景下，智能网联汽车的技术特征、生产组织方式及服务形式等都在发生改变，不仅智能化对车辆行驶安全、责任判定等提出了更高的要求，而且网联化也从网络安全、数据安全和个人信息保护、软件升级等方面提出了新的行业管理难题。

四、市场竞争日趋激烈，内外部环境变化加速行业洗牌

合资企业在乘用车领域领先优势相对明显。根据机动车出厂合格证数据统计，2020

年中国品牌乘用车生产量为720.8万辆，同比下降7%，在乘用车中的占比仅为38%。2020年排名前10位的乘用车企业中（包括一汽大众、上汽大众、上汽通用、东本、广本、广丰等6家合资企业），德系、日系、韩系等合资品牌总产量合计占比达62%，中国品牌乘用车面临的压力和挑战较大。

重点合资企业在华开展新能源汽车布局，已逐步追赶中国品牌。在插电式混动乘用车领域，为了满足积分合规标准，合资品牌凭借在传统燃油车领域的技术优势和品牌影响力，加快布局插电式混合动力车型，对中国品牌形成压力。其中宝马、奔驰、大众等合资品牌全年产量占新能源乘用车总产量的比重达46%，与中国品牌基本保持持平。纯电动乘用车领域，现阶段中国品牌依旧占据主力（占比 79%），但外资企业特斯拉的上海工厂产能提升迅速，份额也在逐渐提升，2020年特斯拉的上海工厂产量提升至14万辆，占纯电动乘用车的比重达16%。

五、全球采购趋势强化，国内零部件企业竞争力有待提升

欧美地区的汽车工业强国在部分零部件的专利技术、关键原材料、生产工艺及设备等方面优势明显，国内的替代性和本地化生产难度较大。尽管部分海外进口零部件在国内有供应商生产同类产品，但汽车企业对供应商有严格的审核体系，且较长的零部件开发、试验验证和制造周期等仍然给零部件替代工作带来很高的难度和时间成本，国内供应商能否在短期内做出替代仍存在较大的不确定性。

在新能源汽车三电供应链方面，我国在动力电池正极、负极、电解液、铜箔、铝箔、壳盖等方面初步形成了较为完善的产业链，对外依赖性较弱，但仍存在电池上游材料产能提升严重滞后、价格大幅上涨，以及电池系统集成的部分材料及其装备仍然受制于人等薄弱环节。电动机和电控系统均存在一定的技术瓶颈和供应链风险，薄弱环节均集中在关键材料，如电动机的高速轴承钢、硅钢、绝缘材料，以及电控系统的IGBT半导体功率器件材料。

在智能网联汽车零部件供应链方面，国内智能网联汽车产业发展迅猛，市场的刚性需求正推动关键技术和零部件生产制造的国产化。目前，已经有部分国内公司提供了相关的产品技术方案，未来在技术攻关、扩大产能、提供量产级解决方案的基础上，有望打破当前国际市场的格局。但由于我国智能化技术发展起步相对较晚，在汽车电子电控方面基础相对薄弱，激光雷达、毫米波雷达等硬件制造和线控转向、线控制动等高精度电子控制方面尚处于追赶地位，尤其是在高性能芯片研发和设计制造方面仍需补齐短板，产品有待市场检验。

第四节　中国汽车产业高质量发展的措施建议

一、贯彻落实党中央决策部署，统筹推进节能与新能源汽车协同发展

中国作为应对全球气候变化、保护地球生态的重要参与者和贡献者，提出“2030年前实现‘碳达峰’，2060年前实现‘碳中和’”。中国汽车产业应按照国家的总体部署，坚持以全面绿色转型为引领，以绿色低碳发展为主线，大力发展节能与新能源汽车，加

快环保、节能、安全、信息化技术的突破和应用。围绕“双碳”目标，深入实施《新能源汽车产业发展规划（2021—2035年）》，充分发挥节能与新能源汽车产业发展部级联席会议机制，加强统筹协调、综合施策，积极推动多种技术路线竞相发展，促进产业整体水平提升。

二、强化基础研究能力，提升汽车产业链综合竞争力

切实将基础研究及关键技术攻关作为汽车产业高质量发展的核心，加大研发支持力度，统筹推进补齐短板和锻造长板。一是加强技术攻关，夯实产业基础，壮大产业主体，实现产业基础高级化和产业链现代化。围绕汽车产业战略需求深化基础研究，在骨干企业建设一批国家工程（技术）研究中心、国家工程实验室，支持企业开展技术成果工程化研究。二是推进新技术、新材料、新工艺、新模式、高端装备等的集成应用，采取政策引导、鼓励社会资本投入等方式，促进科技成果推广应用，围绕产业链搭建零部件、关键技术产品监测平台，提高产业配套能力。

三、牢牢把握安全底线，提升产品质量，推动品牌向上

依托国家汽车强制性标准体系，对照和借鉴国际先进水平，重点围绕产品安全、生态环境安全、网络和数据安全，加强落实制造企业责任制度，保障产业安全可持续发展。一方面，以培育具有国际竞争力的产品和企业为目标，鼓励国内企业“强强联合”，提升综合实力和资源整合能力，推动共同研发。另一方面，以高标准推动高端产品高质量发展。培育发展高要求的团体标准，引导社会团体先行制定具有创新性的团体标准，及时满足产业和市场急需。支持制定技术水平全面优于国家标准和行业标准的先进团体标准，鼓励制定质量分级评价团体标准，引导企业提升产品质量，推动实现品牌向上发展。

四、持续深化开放合作，提升企业国际竞争力

按照中央统一部署，持续落实对外开放与合作战略，抓住“一带一路”建设重大机遇，推动汽车产业国际产能合作，深化基础研究国际合作。一是坚持“引进来”与“走出去”相结合，鼓励国内重点企业积极参与国际竞争，培育新能源汽车产业新优势，深度融入全球产业链和价值链体系。二是积极为国际企业在华投资发展营造良好环境，进一步提升新能源汽车领域对外开放水平，鼓励外资投资节能环保项目。鼓励国际企业在华建设研发中心，加强国内行业协会与国际行业组织的沟通交流，支持国内企业在境内外与国际企业开展合作。

五、把握产业融合发展机遇，推动智能网联汽车产业高质量发展

加强顶层设计和多领域协同，推进智能网联汽车产业高质量发展。统筹协调跨行业资源，形成多领域协同推进合力。加快建立创新研发体系，集中力量突破一批支撑长远发展的关键共性技术。探索融合发展模式，构建新型产业生态。营造良好发展环境，加强安全监督管理，加快推广应用和试点示范。

Part 2　产业环境篇

第二章　中国汽车产业发展环境分析

申杨柳，王兆，刘斌*

摘要：本章梳理了2020年全年出台的汽车产业相关重要政策和标准，分析了其对产业和技术发展的影响。政策方面涵盖了产业规划、开放型经济新体制构建、生产准入、节能环保、智能网联、新能源汽车推广应用、促消费、汽车循环经济、进出口等内容。标准方面涉及汽车安全、汽车节能、新能源汽车、智能网联汽车、汽车电子/电磁、绿色低碳循环等重点领域。

关键词：汽车政策；标准体系；产业发展。

第一节　2020年汽车产业政策环境分析

一、2020年汽车产业政策环境概述

受疫情和市场降速调整双重因素影响，2020年我国汽车产业面临较大压力。2020年以来出台的汽车产业相关重要政策覆盖了产业规划、开放型经济新体制构建、生产准入、节能环保、智能网联、新能源汽车推广应用、促消费、汽车循环经济、进出口等方面。

（一）产业规划

1. 制定长远的产业发展规划，保障新能源汽车产业健康可持续发展

2020年11月2日，国务院办公厅发布了《新能源汽车产业发展规划（2021—2035年）》（以下简称《2035规划》）。《2035规划》立足产业发展新形势，明确了产业发展新愿景，即到2025年，新能源汽车新车销量占比达到20%左右，高度自动驾驶汽车实现限定区域和特定场景商业化应用，充换电服务便利性显著提高。力争通过15年持续努力，使纯电动汽车成为新销售车辆的主流、公共领域用车全面电动化、燃料电池汽车实现商业化应用。总体来看，《2035规划》讲求“近期抓得准、远期有引导”，为新能源汽车产业未来发展起到了举旗定向的作用。

2. 出台智能网联汽车顶层规划，对产业发展做出全面部署和系统谋划

2020年2月，国家发展改革委、中央网信办等11个部委联合发布《智能汽车创新

---

* 申杨柳，工程师，任职于中国汽车技术研究中心有限公司中国汽车战略与政策研究中心；王兆，研究员级高级工程师，中国汽车技术研究中心有限公司标准化研究所副所长（主持工作）；刘斌，研究员级高级工程师，中国汽车技术研究中心有限公司中国汽车战略与政策研究中心副主任。

发展战略》（以下简称《战略》），提出我国智能汽车产业发展愿景及重点工作任务。

《战略》分为从目前到2025年和2035—2050年两个阶段，指出“到2025年，中国标准智能汽车的技术创新、产业生态、基础设施、法规标准、产品监管和网络安全体系基本形成。实现有条件自动驾驶的智能汽车达到规模化生产，实现高度自动驾驶的智能汽车在特定环境下市场化应用”等分种类、有限定性的目标，并对2035—2050年智能汽车强国愿景逐步实现进行展望。《战略》提出技术创新体系、产业生态体系、基础设施体系、法规标准体系、产品监管体系、网络安全体系等6方面共20项主要任务，有助于企业准确把握产业发展趋势和国家鼓励方向，明确发展重点。

（二）开放型经济新体制构建

1. 全面对外开放，创造更加公平、开放、竞争的市场环境

一是全面放开汽车制造业。《外商投资准入特别管理措施（负面清单）（2020年版）》指出，2022年1月将取消乘用车外资股比限制，同时取消同一家外资车企在国内合资伙伴不超过两家的限制。二是进一步扩大外商投资范围。《鼓励外商投资产业目录（2020年版）》加强了对新能源汽车、燃料电池汽车、自动驾驶汽车和智能汽车投资的鼓励，并从基础核心零部件、基础材料等角度切入，通过刷新和提升性能指标的方式，进一步鼓励外资推动行业技术水平提升。

2. 加快自由贸易港等对外开放高地的建设

2020年6月1日，中共中央、国务院印发了《海南自由贸易港建设总体方案》（以下简称《总体方案》）。根据《总体方案》，对在海南实现增值30%以上的新能源汽车产品进入内地免征关税，在此过程中所涉及的生产设备进口实施“零关税”政策，并对进口营运用交通工具实施“正面清单”制度下的“零关税”政策。在税制政策及贸易等方面，《总体方案》具有前所未有的改革力度，将为新能源汽车制造、整车研发、贸易创造更好的环境。

（三）生产准入

1. 简化企业准入条件，强化企业主体地位和主体责任

2020年8月，工信部发布了《工业和信息化部关于修改〈新能源汽车生产企业及产品准入管理规定〉的决定》，对《新能源汽车生产企业及产品准入管理规定》进行了修改，删除了对企业“设计开发能力”的要求，放宽了新能源汽车产业准入条件；在产品生产前的实现路径、技术合作、内部管理等方面给予企业更大的自主性，减少了对新进入企业的束缚。但从另一方面来看，准入要求的放宽并不意味着汽车行业技术门槛的降低。对企业准入的重点监管方向由研发能力转向了生产能力、质量及一致性控制能力、售后及安全保障能力，同时增加了要求地方政府监督产品合规性的规定，对企业承担产品质量安全主体责任提出了更高的要求。

2. 进一步完善产品准入管理制度

在公告管理方面，2020年4月工信部第二次公开对《道路机动车辆产品系族管理实

施细则（征求意见稿）》《道路机动车辆产品准入新技术、新工艺、新材料应用评估办法（征求意见稿）》征求意见，探索开展道路机动车辆产品系族管理体系，完善新技术、新材料、新工艺应用评估制度，加快创新成果的市场化应用。

在认证管理方面，认监委于2020年4月17日修订发布了新版《强制性产品认证实施规则 汽车》，在旧版基础上进一步完善了认证制度设计，简化了申报要求，优化了实施程序，丰富了评价方式，提高了认证实施的便利化程度。

（四）节能环保

1. 发展绿色交通，打赢蓝天保卫战

2020年，在贯彻落实《关于印发打赢蓝天保卫战三年行动计划的通知》和《柴油货车污染治理攻坚战行动计划》的基础上，国家和地方政府主要围绕汽车排放、柴油货车治理、绿色出行、公共领域电动化、油耗积分等方面出台引导政策，包括《关于加快建立绿色生产和消费法规政策体系的意见》《京津冀及周边地区、汾渭平原2020—2021年秋冬季大气污染综合治理攻坚行动方案》等。同时，全国生态环境保护工作会议也提出要坚决打赢蓝天保卫战，深入推进柴油货车污染治理，进一步加大非重点区域治污力度等工作方向。在各类政策的综合作用下，各地在运输结构调整、新生产机动车污染防治水平提升、在用机动车排放检验、移动源排放远程监测、高排放柴油车和非道路柴油机械排放深度治理、非道路柴油机械和船舶环保监管、车用油品质量专项检查等方面取得了丰硕的成果。

2. 持续推动汽车产业节能降耗

为更好地发挥《乘用车企业平均燃料消耗量与新能源汽车积分并行管理办法》（以下简称《积分办法》）的作用，按照“十四五”规划要求，为促进我国节能与新能源汽车产业高质量发展，工信部对《积分办法》进行了修订，已于2021年实施。新版《积分办法》强调了纯电动乘用车续驶里程和电池能量密度在车型积分核算中的影响，并增加了低油耗车的概念，弥补了油耗改善不明显的问题，有利于在全国形成以节能和新能源汽车为特色的新一轮汽车发展势头，整个汽车产业链都将向节能和新能源方向转型。

3. 实施I/M制度，加强在用车辆监管

2020年6月22日，为贯彻落实国家打赢蓝天保卫战的有关要求，加快建立实施汽车排放检验与维护制度，防治在用汽车排放污染，生态环境部、交通运输部、国家市场监督管理总局三部门发布《关于建立实施汽车排放检验与维护制度的通知》，建立实施汽车排放检验与维护制度（I/M 制度），依法对在用汽车排放进行定期检验、监督抽测和维护修理，使汽车排放符合相关标准要求。该政策的发布标志着我国开始构建汽车排放检验与维护闭环管理制度，进一步加强在用车的环保监管。

（五）智能网联

1. 出台智能网联汽车准入管理文件，提供准入通道

2021年4月，工信部出台了《智能网联汽车生产企业及产品准入管理指南（试行）》

（征求意见稿）（以下简称《指南》），明确了在标准缺失的情况下，智能网联汽车生产企业及产品在准入时应该满足的要求，重点围绕功能安全、预期功能安全、网络安全、软件升级等内容进行了规定，填补了现行准入体系在智能网联汽车产品领域的空白，是《道路机动车辆生产企业及产品准入管理办法》的重要支撑文件。除对智能网联汽车产品本身提出要求之外，《指南》还对其设计、研发、验证、测试等过程提出了非常详细的要求，旨在通过保障过程安全达到保障产品安全的目的。

2. 深圳智能网联汽车管理条例公开征求意见

2021 年 3 月 23 日，深圳市公布《深圳经济特区智能网联汽车管理条例（征求意见稿）》（以下简称《管理条例》），从智能网联汽车道路测试和示范应用、准入和登记、使用管理、网络安全和数据保护、车路协同基础设施、道路运输、交通事故及违章处理、法律责任等方面制定了六十条法规，如智能网联汽车可在满足相关要求的基础上，在特区的高速公路和城市快速路开展测试示范，实行异地测试互认，允许开展无人化测试；允许在特区范围内销售、登记、上牌；允许开展道路运输商业经营活动并合法收取服务费用等。

《管理条例》为特区立法，区别于一般地方性法规，适用于变通原则，可以突破现有法规对智能网联汽车的制约内容。《管理条例》需配套政府规章及规范性文件具体落实。

3. 多地持续深化公共道路测试，测试项目不断丰富

为进一步推动中高级别自动驾驶车辆产业化，海南、北京、长沙、深圳等多地在 2020 年发布智能网联汽车测试示范管理文件或修订现有测试办法，逐步放开高速公路测试、载人测试、无人化测试等领域，有效推动中高级智能网联汽车测试示范深化开展。如海南省工信厅于 2020 年 8 月发布《海南省智能汽车道路测试和示范应用管理办法（试行）》（以下简称《办法》），提出有条件开展高速公路测试，允许载人、载物测试和示范应用。海南拥有独特的地理位置优势，交通体系较为封闭，且拥有经济特区立法优势，《办法》对高速公路法律限制的突破探索是地方先试先行的典范。

4. 不断完善信息安全法律法规

2020 年，我国陆续对多部信息安全领域的重要法规政策征求意见，范围涵盖了个人信息保护、数据安全等内容。《中华人民共和国数据安全法（草案）》于 7 月开始公开征求意见，内容按照国家安全观的总体要求，确立了数据安全保护管理的各项基本制度，系统提升了国家数据安全保障能力。《中华人民共和国个人信息保护法（草案）》于 10 月开始征求意见，基本形成了个人信息保护管理框架，也借鉴了国际经验，可更好地实现与国际相关管理制度的接轨。

5. 规范 OTA 技术在召回工作中的应用

2020 年 11 月 25 日，市场监管总局发布《关于进一步加强汽车远程升级（OTA）技术召回监管的通知》（以下简称《通知》）。《通知》要求生产者（包括国产车生产企业和进口车销售企业）对所有 OTA 升级活动进行备案，采用 OTA 方式消除汽车产品缺陷、实施召回的，还应依法制定召回计划、报备及发布公告。此外，当车辆发生被入侵、远程控制等安全事故时，生产者应组织调查分析，并报告调查分析结果。同时，《通知》要求加强 OTA 技术应用的监管工作，包括：多渠道报告，防止个别企业隐瞒车辆缺陷、规

避召回责任；加强汽车 OTA 安全监管技术研究，建立 OTA 监管数据平台，组织开展 OTA 安全技术评估；对车辆召回管理相关违法行为严格处理。《通知》的发布，标志着我国针对汽车 OTA 的监管开始起步。

6. 加快基础设施建设，助力车路协同发展

2020 年 4 月，国家发展改革委明确了新型基础设施建设的定义、分类和未来工作推进方向，包括 5G、卫星互联网、人工智能、云计算、数据中心、智能交通基础设施、智慧能源基础设施等。部分重要领域已发布了专项指导意见，如工信部于 2020 年 4 月出台《关于推动 5G 加快发展的通知》（工信部通信〔2020〕49 号）等。上海、北京、重庆等地方政府抢抓新型基础设施建设为产业复苏升级带来的重要机遇，在 2020 年发布了新型基础设施建设指南，通过技术创新支持、规划布局优化、规则标准完善等手段，全力布局新型基础设施。其中，车联网、智能交通等是各地方推动的重点领域。

（六）新能源汽车推广应用

1. 调整新能源汽车补贴政策

2020 年 3 月 31 日，国务院常务会议决定，新能源汽车购置补贴政策延长 2 年。2020 年 4 月 22 日，财政部等三部门发布《关于新能源汽车免征车辆购置税有关政策的公告》，一是明确了现行政策到期后延续的期限（至 2022 年年底）；二是明确免税流程同现行政策保持一致，同时明确了购置时间的确认标准；三是明确新政策实施后，对 2020 年 12 月 31 日前发布的《目录》依然有效。但是，关于技术要求的调整方案，此次政策并未明确，仍在制定中。

2020 年 12 月 31 日，工信部等四部委联合印发《关于进一步完善新能源汽车推广应用财政补贴政策的通知》，进一步明确了 2021 年新能源汽车推广应用财政补贴政策的有关要求。一是坚持平缓补贴退坡力度，保持技术指标门槛稳定。2021 年保持现行购置补贴技术指标体系框架及门槛要求不变。根据财建〔2020〕86 号文件要求，2021 年，新能源汽车补贴标准在 2020 年的基础上退坡 20%；城市公交、道路客运、出租（含网约车）、环卫、城市物流配送、邮政快递、民航机场及党政机关公务领域符合要求的车辆，补贴标准在 2020 年基础上退坡 10%。为加快推动公共交通行业转型升级，地方可继续对新能源公交车给予购置补贴。新政进一步完善了补贴政策的执行细节，稳定了行业预期，降低了企业操作成本。

2. 开展燃料电池汽车示范应用

2020 年 9 月 21 日，财政部、工信部、科技部、国家发展改革委、国家能源局（以下简称五部门），联合发布了《关于开展燃料电池汽车示范应用的通知》，包括支持方式、示范内容、示范城市群选择、组织实施、申报指南等内容。新政提出在示范期间，五部门将采取“以奖代补”的方式，对入围示范的城市群按照其目标完成情况给予奖励。奖励资金由地方和企业统筹用于燃料电池汽车关键核心技术产业化、人才引进及团队建设，以及新车型、新技术的示范应用等方面。新版政策重点致力于以下几点：一是构建燃料电池汽车产业链条，促进链条各环节技术研发和产业化；二是开展燃料电池汽车新技术、

新车型的示范应用，推动建立并完善相关技术指标体系和测试评价标准；三是探索有效的商业运营模式，不断提高经济性。

（七）促消费

1. 加快完善促进消费体制机制，进一步改善消费环境

2020 年，国家层面印发了《关于促进消费扩容提质加快形成强大国内市场的实施意见》《关于统筹推进商务系统消费促进重点工作的指导意见》《关于稳定和扩大汽车消费若干措施的通知》《关于以新业态新模式引领新型消费加快发展的意见》等多项促消费政策。例如，《关于稳定和扩大汽车消费若干措施的通知》提出五方面政策举措，即调整“国六”排放标准实施有关要求，完善新能源汽车购置的相关财税支持政策，加快淘汰报废老旧柴油货车，畅通二手车流通交易和用好汽车消费金融。

2. 多地方因地制宜制定出台促进汽车消费的政策

2020 年，在国家有关部署引导下，各地方积极出台促消费政策措施。据不完全统计，全年有 29 个省市自治区出台了促进汽车消费的相关政策文件，措施内容主要包括：对本地区购买新车或以旧换新的用户给予补贴，限购城市增加号牌配额，取消皮卡进城限制，鼓励农村汽车消费，对新能源汽车购置和使用环节给予补贴，支持出租车等公共领域用车置换为电动汽车，对完成产销目标或促销活动的车企发放专项奖励，提升二手车交易流通便利化水平，加大停车和充电基础设施建设力度，给予新能源汽车通行路权支持、提升汽车金融服务水平等方面。其中，广东省是 2020 年唯一由省级安排财政支持农村居民购车的，安排预算计划为 12 亿元；江西省则将取消皮卡进城限制作为促进汽车消费政策体制机制改革的重要举措。

（八）汽车循环经济

1. 引导报废汽车回收拆解行业进行升级改造

2020 年 7 月 31 日，《报废机动车回收管理办法实施细则》（以下简称《细则》）正式发布，自 2020 年 9 月 1 日起施行。《细则》是对《报废机动车回收管理办法》的细化落实，是国家管理报废机动车回收行业出台实施的首部部门规章，《细则》中提出了引导行业健康规范发展的新方向和促进循环经济发展的相关内容：一是提出行业总体发展方向是市场化、专业化、集约化；二是明确车企在机动车报废回收环节落实生产者责任延伸制度的内容；三是强化机动车所有人有关责任，促进其交售车辆的完整性；四是在报废环节支持提升动力蓄电池回收利用水平，提出回收拆解企业从报废机动车上拆卸下动力蓄电池应进行信息记录上传的要求。

《细则》的出台实施，有利于改善行业发展管理环境，促进行业走向规范化发展道路；有利于提高行业发展活力，持续提升社会服务水平；有利于畅通整个汽车产业链的有序运转，带动整个汽车产业健康可持续发展。

2. 规范和完善汽车零部件再制造行业发展环境

2020 年 8 月 11 日，国家发展改革委发布《汽车零部件再制造管理暂行办法（征求

意见稿）》（以下简称《暂行办法》）。此版《暂行办法》有以下亮点：一是采用了“再制造质量管理体系认证”“保险”等市场化程度较大的管理模式，将再制造产品与市场大环境充分结合；二是对再制造产品进行全生命周期追溯；三是明确再制造产品标识管理，将使再制造产品身份明晰；四是畅通旧件回收体系，此版《暂行办法》与《报废机动车回收管理办法》《报废机动车回收管理办法实施细则》紧密衔接。

总体上看，《暂行办法》解决了我国汽车零部件再制造行业发展的多个痛点，通过严保产品质量、创新管理模式、开展信息追溯、明确产品标识以及畅通旧件回收体系等多种举措，构建了科学、合理的管理体系。作为我国首个针对汽车零部件再制造全行业的管理法规，《暂行办法》的发布也为整个行业带来了难得的发展机遇。

（九）进出口

1. RCEP 正式签署，加快推动高标准自贸区建设

我国正在加快构建以国内大循环为主体、国内国际双循环相互促进的新发展格局。2020 年 11 月 15 日，东盟十国和中国、日本、韩国、澳大利亚及新西兰共 15 个国家正式签署《区域全面经济伙伴关系协定》（RCEP）。RCEP 及我国 FTA 战略的实施将为我国汽车产业国际化发展创造更为有利的外部环境，为打造更高水平的自贸协定奠定良好基础。长期来看，RCEP 框架下区域成分累积原则及部分产品的降税安排，将强化区域汽车产业链供应链优势；有助于我国汽车企业加快在 RCEP 区域的发展，加快产能布局并提升市场份额。

2. 中美签署《中美第一阶段经贸协议》，但贸易摩擦不确定性仍将长期存在

2020 年 1 月 15 日，中美双方在美国华盛顿签署《中华人民共和国政府和美利坚合众国政府经济贸易协议》（即《中美第一阶段经贸协议》），与汽车产业相关的章节包括知识产权、技术转让、金融服务和扩大贸易。2020 年 2 月 6 日，为促进中美经贸关系健康稳定发展，国务院关税税则委员会发布《关于调整对原产于美国的部分进口商品加征关税措施的公告》，调整对原产于美国约 750 亿美元进口商品的加征关税措施，自 2020 年 2 月 14 日 13 时 01 分起，2019 年 9 月 1 日起已加征 10%关税的商品，加征税率调整为 5%；已加征 5%关税的商品，加征税率调整为 2.5%。综合来看，我国对美整车和部分零部件暂停加征关税。而美国对我国整车及大部分零部件仍保持 25%的加征关税，严重冲击我国汽车及零部件出口。同时，疫情蔓延导致第一阶段承诺履行受阻和第二阶段协议谈判延后，中美贸易摩擦将呈现长期化、复杂化。

3. 税率调整促进构建汽车产业新发展格局

2020 年 12 月 23 日，《国务院关税税则委员会关于 2021 年关税调整方案的通知》印发，自 2021 年 1 月 1 日开始对部分汽车产品实施新的暂定税率和协定税率。根据中汽政研统计，在暂定税率方面，2021 年暂定税率表中涉及汽车相关产品的税号共计 87 个；在协定税率方面，2021 年协定税率表新增了 14 个插电混动产品税号，最惠国税率均为 15%，协定税率为 0～22.5%不等。

暂定税率和协定税率的调整，一方面有利于企业更好地吸引全球资源要素，满足企

业需求。此次暂定税率调整涉及的产品主要为先进设备、新能源原材料及智能网联相关零部件等，实施低于最惠国税率的优惠暂定税率，利于企业降低进口成本，并在一定程度上缓解供需矛盾。另一方面，引进国外先进产品和技术装备，有利于提高产品质量，加快企业科技进步。吸纳采用国外先进设备对产品换代更新具有重要作用，尤其是新能源和智能网联关键零部件及技术的应用，是汽车产业发展的方向。

二、2020 年政策变化对汽车产业的影响

（一）在提振汽车市场方面发挥了积极作用

为帮助行业企业应对下行压力叠加疫情冲击的影响，中央及地方政府在 2020 年多方联动，推动促进汽车消费的系列政策出台。

中央政府精准施策，着重解决实际问题，支持经济社会复苏的综合性措施有效对冲了疫情影响，促进了新能源汽车和商用车市场的加速复苏；但在构建和完善促消费体质机制类方面，相关政策措施偏少，未来在推动汽车消费潜在需求释放、升级和结构优化等方面仍有改善的空间。政策对直接拉动整体汽车市场增长有一定推动作用，但实际效果相对有限。

在中央政策的引导下，地方政府结合本地情况，多样化地促进当地汽车消费，一系列政策叠加疫情下出行的不便，有效提振了人们的汽车消费意愿，尤其是新能源汽车消费，农村地区汽车市场也恢复较好；但大部分地方政府出台的促消费政策均具有地方保护内容，或通过设置技术条件要求来限定支持的车型范围，使得部分产品无法获得政策支持，整体促进效果大打折扣。

（二）有助于营造更加开放、包容、公平的市场环境

汽车产业是国民经济的战略性、支柱性产业，是拉动消费、扩大内需的关键着力点。当前，我国汽车产业正处于由数量扩张向质量提升的重要阶段，但营商环境与汽车产业及经济社会发展的需要仍有差距。2020 年，我国全面深化改革，扎实推进“放管服”改革，在投资管理、生产准入、流通与后市场、循环经济等重点领域提出一揽子改革措施。不仅有利于激发市场活力和创造力，降低各种制度性交易成本，营造有利于激发企业创新能力的制度环境，为企业创新提供更好的发展空间，集中精力提质增效，还在规范行业健康发展、整治行业乱象等方面发挥了重要作用。

（三）智能网联汽车政策逐渐优化，商业化进程加快

我国高度重视智能网联汽车发展，通过发布顶层战略、完善标准体系、完善应用环境等政策措施，积极支持智能网联汽车关键技术突破，扩大示范应用场景和范围，为中高级智能网联汽车实现商业化应用创造了良好的条件。主要有以下两点：

一是逐步形成支撑智能网联汽车技术创新的政策法规环境。通过建设车联网标准体系、提出 OTA 升级等新技术监管方式等政策法规措施，为智能网联汽车明确技术发展路径和关键技术研发方向，逐步构筑规范的智能网联汽车技术创新环境，助力企业技术研发创新。

二是促进构建适应于中高级智能网联汽车商业化应用的政策法规环境。国家与地方政府均高度重视智能网联汽车发展对于产业转型升级的重要促进作用，通过拓展智能网联汽车道路测试类型、扩大智能网联汽车测试示范区域等措施助力企业加速测试示范。地方政府先行先试的方式有助于为中高级智能网联汽车政策法规优化提供破障思路，加速构筑中高级智能网联汽车产业化的政策法规环境。

（四）新能源汽车政策不断完善，加速市场化和规模化发展

随着疫情可控、政策可期、产品发力等多重向好因素叠加，2020 年下半年新能源汽车市场的表现已远超预期，2021 年产销规模有望再上新高。从政策趋势来看，政策撬动作用持续显现，多个应用领域将共同发力。购置补贴、免征车辆购置税、充电基础设施普及、免限行、免限购等财税及交通支持政策，将推动私人用车、出租网约、租赁、公交等传统市场的持续复苏和增长；同时，随着新能源汽车下乡、加快公共领域电动化等措施的深入实施，城市通勤代步及农村市场、城市物流、道路客运等新兴市场将逐步打开。

（五）利好企业“走出去”，积极参与国际竞争

一是我国坚持高质量“一带一路”倡议，推动贸易和投资自由化、便利化，为汽车出口和汽车企业国际化发展创造了良好环境。我国坚决维护多边贸易体制，积极参与世贸组织改革：推动签署区域经济伙伴关系协定，推进中日韩等自贸谈判，加快推动汽车产品关税减让，减少技术法规、投资等准入壁垒。此外，我国正在积极建设境外经贸合作区，搭建国际产能合作平台，促进整零企业联合出海。

二是我国正在加快推动汽车产品多双边互认，促进优势汽车出口产品更好地进入海外市场。我国正在积极参与国际汽车标准法规的制修订与协调工作，推动新能源汽车等优势领域中国汽车技术标准、相关方案为国际标准法规采用；积极布局推动中国汽车标准在“一带一路”沿线共建国家的互联互通工作，切实推动中国汽车标准“走出去”，扩大中国汽车标准的国际影响力。

三是中国品牌汽车企业加快“走出去”，积极融入全球汽车产业体系。在国内市场需求低迷、产能过剩问题突出、产业加快变革调整等背景下，主要的中国品牌车企纷纷将产品出口和国际化列入核心经营战略，汽车出口和海外投资规模不断扩大，骨干中国品牌车企通过自建、合作或收购的方式，加大本地化采购和生产，售后服务和品牌建设日益完善。但是，车企在“走出去”的过程中也面临着贸易保护主义、投资审查加严等风险。

第二节　2020 年汽车产业标准体系分析

一、2020 年汽车产业标准体系概述

在全球化背景下，标准已经成为促进全球经贸、技术、环境、社会等可持续发展的重要支撑。随着我国汽车产业规模的扩大，对汽车产业标准体系的完整性、先进性和创

新性需求持续增加。2020 年尽管存在疫情影响，我国汽车标准化相关工作仍有序推进，发布了一批重点领域的汽车生产标准，对促进汽车产业高质量发展产生了深远影响。

（一）我国汽车产业标准体系整体情况

截至 2020 年年底，我国汽车产业现行的强制性国家标准有 127 项，推荐性标准有 1256 项，包括推荐性国家标准 410 项、行业标准 846 项。我国汽车生产标准统计见图 2-1。

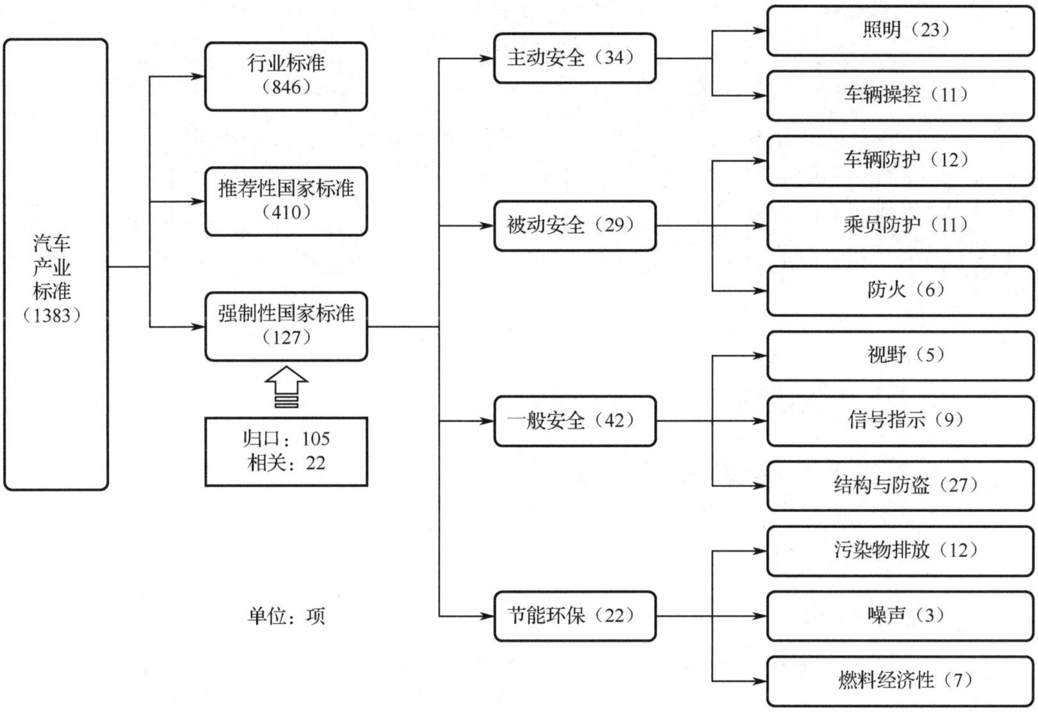

图 2-1　中国汽车产业标准统计

经过多年的发展，我国已经形成涵盖多种标准类型、多个重点领域、不断更新完善的汽车产业标准体系。其中，在强制性国家标准方面，我国的常规技术已与国际水平基本相当。目前，强制性国家标准主要包括以下几点：一是汽车主动安全，涉及照明与光信号装置、操控、制动、转向、轮胎等系统的安全性能要求；二是汽车被动安全，涉及座椅、头枕、门锁、安全带、凸出物等车身部件的安全性能要求，以及汽车碰撞安全性能、车身防护件性能、防止火灾等要求；三是汽车一般安全，涉及汽车视野、指示与信号装置、车辆结构及防盗、车辆信息安全等要求；四是节能环保，包括车辆的污染物排放限值及对应的试验方法、车辆噪声要求、车辆电磁兼容要求、车辆禁限用物质要求，以及车辆的燃油消耗量限值等。推荐性国家标准和行业标准主要包括汽车产品定义、分类、术语、词汇等基础标准，汽车整车产品各项性能试验方法，整车产品技术条件类标准，汽车各总成、零部件产品技术条件类标准，车辆说明文件等资料性标准、基础件标准，汽车管理类标准等。具体标准体系框架见图 2-2。

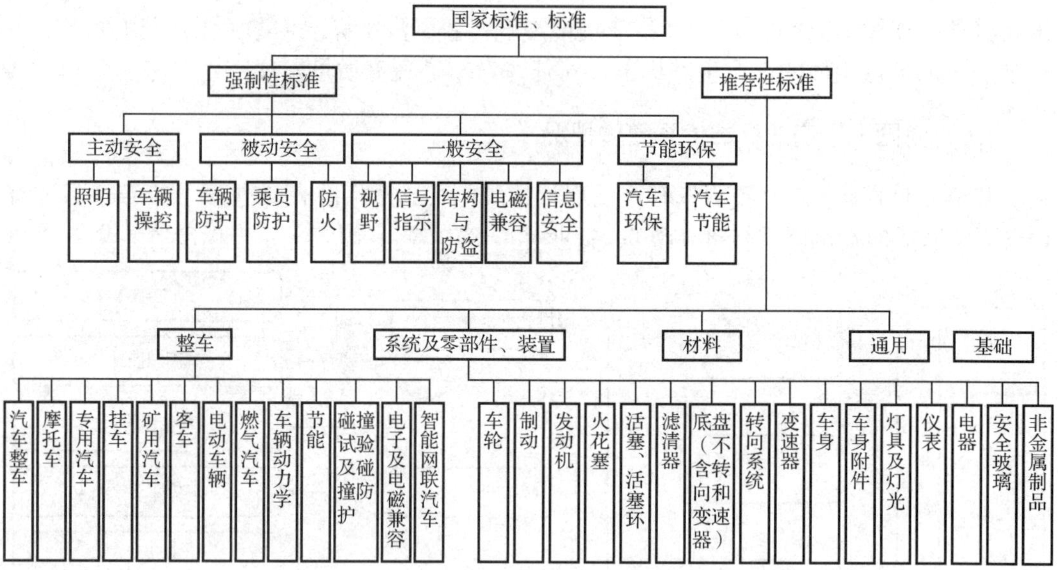

图 2-2　汽车产业标准体系框架

（二）2020 年汽车产业重点领域标准体系情况

2020 年我国新发布相关国家标准 49 项（含 4 项修改单）、标准 16 项，涉及汽车安全、汽车节能、新能源汽车、智能网联汽等重点领域。

1. 汽车安全标准体系

2020 年，汽车被动安全领域共发布国家标准 6 项。进一步扩展了汽车安全标准体系：完善了汽车约束系统标准体系，发布了 GB/T 38795—2020《汽车侧面气囊和帘式气囊模块性能要求》，填补了汽车安全气囊领域的标准，有效规范了汽车安全气囊的试验验证和研发。建立并完善道路交通事故分析标准体系：GB/T 39424.1—2020《道路车辆 交通事故分析 第 1 部分：术语》、GB/T 39424.2—2020《道路车辆交通事故分析 第 2 部分：碰撞严重度测量方法使用指南》、GB/T 39423—2020《道路车辆 评价乘员约束性能的事故数据收集》等标准，为道路交通事故的科学分析提供了理论和技术支撑，有助于增强道路交通事故的研究性和复现性。补充了商用车运输安全的标准要求：发布了 GB/T 38796—2020《汽车爆胎应急安全装置性能要求和试验方法》和 GB/T 38694—2020《车辆右转弯提示音要求及试验方法》，提升了商用车道路使用的安全水平。

2. 汽车节能标准体系

2020 年至今，汽车节能领域共发布国家标准 4 项，报批标准 4 项，进一步深化了节能标准内涵，扩展了标准体系内容：一是明确“新要求”：发布了 GB 19578—2021《乘用车燃料消耗量限值》，结合 GB 27999—2019《乘用车燃料消耗量评价方法及指标》，旨在落实 2025 年乘用车平均燃料消耗量达到 4.0L/100km 的目标。二是导入“新工况”：发布了适用于汽柴油车的 GB/T 19233—2020《轻型汽车燃料消耗量试验方法》、适用于纯电动汽车的 GB/T 18386.1—2021《电动汽车能量消耗量和续驶里程试验方法 第 1 部分：轻型汽车》和适用于混合动力汽车的 GB/T 19753—2021《轻型混合动力电动汽车 能量消耗量试验方法》3 项标准，开始了从新欧洲驾驶循环（NEDC）向中国工况（CATC）或全球统一轻型车辆测试循环（WLTC）的转换。三是扩展“新内容”：除整车节能标准之外，针对高效空调、怠速起停、能量回收等关键汽车部件/系统，研究制定了 4 项乘用车循环外节能技术评价方法标准，于 2020 年完成标准报批，实现了从整车节能向关键部件节能的延伸和扩展。四是开启“新任务”：顺利启动第四阶段轻型及重型商用车辆燃料消耗量限值、轻型汽车能源消耗量标识等 4 项标准的修订立项和研究工作。

3. 新能源汽车标准体系

2020 年，新能源汽车领域共发布国家标准 15 项，报批标准 14 项，进一步规范了产业发展。有代表性的是，GB 18384—2020《电动汽车安全要求》、GB 38031—2020《电动汽车用动力蓄电池安全要求》和 GB 38032—2020《电动客车安全要求》首批三项强制性国家标准，成为新能源汽车标准化工作的重要里程碑。三项强标综合了我国电动汽车产业的技术创新成果与经验总结，与国际标准法规进行了充分协调，对提升新能源汽车安全水平、保障产业健康持续发展具有重要意义。此外，2020 年燃料电池电动汽车领域发布了 GB/T 24549—2020《燃料电池电动汽车安全要求》和 GB/T 39132—2020《燃料电池电动汽车定型试验规程》标准，动力蓄电池方面还发布了 GB/T 38661—2020《电动汽车用电池管理系统技术条件》和 GB/T 39086—2020《电动汽车用电池管理系统功能安全要求及试验方法》等标准，对规范产品生产、支撑政府管理、促进行业健康发展起到了重要作用。

4. 智能网联汽车标准体系

2020 年，智能网联汽车领域进一步优化完善了智能网联汽车标准体系，以推动标准体系与产业需求对接协同、与技术发展相互支撑为导向，有计划、有重点地部署标准研究与制定工作：一是正式发布了首批三项智能网联汽车标准，包括 GB/T 39263—2020《道路车辆 先进驾驶辅助系统（ADAS）术语及定义》、GB/T 39323—2020《乘用车车道保持辅助（LKA）系统性能要求及试验方法》、GB/T 39265—2020《道路车辆 盲区监测（BSD）系统性能要求及试验方法》，宣告了智能网联汽车标准正式进入落地实施新阶段。二是加快推进行业急需标准的研制进程，全面支撑行业发展和政府管理需求，全年提交了 17 项标准立项申请，完成了 11 项标准征求意见及 6 项标准审查和报批工作。其中，《汽车驾驶自动化分级》《汽车信息安全通用技术要求》《商用车辆车道保持辅助系统性能要求及试验方法》等标准正式报批。三是横向拓展了标准细分领域，按照《车用操作系统标准体系》部署和要求，启动了 1 项标准项目和 5 项研究项目；完成了《智能网联汽车 数据通用要求》系列标准的立项申报工作。

5. 汽车电子/电磁兼容标准体系

2020 年，汽车电子与电磁兼容领域共发布强制性国家标准 1 项、推荐性国家标准 7 项；报批推荐性国家标准 6 项、行业标准 1 项。在电磁兼容领域，进一步完善了整车及零部件基础通用类电磁兼容标准子体系，发布了《道路车辆 电气/电子部件对窄带辐射电磁能的抗扰性试验方法》中 GB/T 33014.7—2020 射频功率直接注入法、GB/T 33014.8—2020 磁场抗扰法、GB/T 33014.9—2020 便携式发射机法和 GB/T 33014.10—2020 扩展音频范围的传导抗扰法 4 项标准。在功能安全领域，进一步完善了道路车辆功能安全和预期功能安全（SOTIF）标准体系，发布了旨在从设计开发源头避免动力电池起火、冒烟、爆炸的 GB/T 39086—2020《电动汽车用电池管理系统功能安全要求及试验方法》。在车载电子领域，配合 GB 7258《机动车运行安全技术条件》要求，发布了 GB/T 38892—2020《车载视频行驶记录系统》、GB 39732—2020《汽车事件数据记录系统》等标准。在诊断通信领域，进一步完善了车内总线、诊断标准体系，发布了控制器局域网诊断通信标准。

6. 绿色低碳循环标准体系

汽车产业绿色低碳循环标准体系包括汽车工业绿色评价管控标准体系、汽车环境负荷物质及可回收利用性管控标准体系、汽车拆解及总成标准体系、部件再制造管控标准体系、车用动力电池综合利用技术标准体系以及汽车产业“碳中和”标准体系等子领域。2020 年，绿色低碳循环领域共发布 6 项标准。其中，车用动力电池回收利用方面有 3 项，包括 GB/T 33598.2—2020《车用动力电池回收利用 再生利用 第 2 部分：材料回收要求》、GB/T 34015.2—2020《车用动力电池回收利用 梯次利用 第 2 部分：拆卸要求》、GB/T 38698.1—2020《车用动力电池回收利用 管理规范 第 1 部分：包装运输》等；汽车零部件再制造标准有 2 项，包括 QC/T 1139—2020《汽车零部件再制造产品技术规范 连杆》和 QC/T 1140—2020《汽车零部件再制造产品技术规范 曲轴》；此外，汽车有害物质检测方法标准有 1 项，为 QC/T 1131—2020《汽车材料中多环芳烃的检测方法》。

二、2020 年标准体系变化对汽车产业与技术发展的影响

（一）统筹安全和监管，汽车安全水平全方位提升

1. 强化了车辆传统领域安全技术水平

2020 年汽车安全标准体系持续完善，将进一步促进行业主被动安全技术开发。如在汽车约束系统方面，新标准的发布将规范汽车安全气囊的试验验证和研发，对降低汽车安全气囊的误作用和乘员离位伤害具有显著作用。此外，货运车型标准化将改善相关物流车辆标准现状，有利于物流行业发展和政府超载超限治理等。此外，道路事故分析标准体系建立，有利于事故数据的搜集和鉴定，强化交通事故分析和评估。GB/T 39423—2020 标准发布，有助于解决国内在设计防护效率更高的约束系统和改善约束系统之间的互相配合时缺乏相应的基础数据的现状，能够客观、全面地记录车辆及其约束系统在事故前、事故中和事故后的表现和相关参数，有助于正确、客观地评价约束系统的性能，提高乘员的安全性。

2. 为电动汽车产业发展划出底线

2020 年，我国发布了电动汽车领域首批三项强制性国家标准，覆盖了电动汽车部件、系统和整车多层面安全要求，主要内容与国际法规协调一致，部分检测指标比国际法规更加严格，体现了我国众多的自主技术和应用经验。其中，动力电池方面规定了电池热扩散和外部火烧等试验要求；增加了电池单体发生热失控后，电池系统 5 分钟内应不起火不爆炸且不得导致乘员舱发生危险，为乘员预留安全逃生时间等要求。整车方面增加

了电池系统热事件报警信号的要求，第一时间给驾乘人员安全提醒；电动客车增加了高压部件阻燃要求和电池系统最小管理单元热失控考核要求，进一步提高安全保障。电动汽车三项强标统筹考虑了新能源汽车技术发展趋势和潜在安全风险，从新技术研发应用和保障用户安全角度提出更多的系统级和整车级安全要求，有利于进一步推动技术进步、提升整体安全水平，保障人民群众生命财产安全。此外，对于功能安全，GB/T 39086—2020 从根源上为避免电动汽车起火、冒烟、爆炸等事故提供了技术保障。标准有助于加强行业对功能安全技术的理解和应用，提高电动汽车安全性及产品的国际竞争力，对于规范和提升企业的功能安全技术开发水平及整体提升我国新能源汽车的安全性具有重要的指导意义。

（二）加速车辆绿色转型和节能减排

随着汽车节能标准体系更新，将加速高油耗高排放车辆淘汰，推动先进节能技术应用，促进汽车产业绿色转型。通过实施新一阶段的 GB 27999—2019、GB 19578—2021 等标准，将持续推动车辆节能降耗。尤其是在“碳达峰”“碳中和”大背景下，持续降低车辆行驶环节的碳排放成为汽车产业无法回避的话题。预计在新一阶段汽车节能标准的要求下，如混合动力、高效率发动机、多挡位变速器等节能技术渗透率将持续提升，企业将加速导入更加低能耗的车型。轻型车能耗测试方法转换，对企业节能技术路径选择或有所影响。诸如前期在 NEDC 测试条件下表现突出的涡轮增压技术，在 WLTC 工况下的节能潜力有所减弱，直接促使企业开展新一轮节能技术潜力评估。此外，随着循环外技术标准的实施，为科学评价高效电机、停缸技术等提供了实施基础，怠速起停、能量回收、高效汽车空调等新技术的应用也将加速。

（三）支撑智能网联汽车发展

1. 开展智能网联汽车强制性国家标准研究，支撑政府管理需求

2020 年，智能网联汽车领域的首项强制性国家标准《智能网联汽车　自动驾驶数据记录系统》进入立项阶段，标准将为具备自动驾驶功能的车辆量产上路后的交通事故及交通违法行为的判责及分析提供客观的数据依据，是政府建立自动驾驶准入管理办法的急需项目。此外，我国将探讨《汽车整车信息安全技术要求与试验方法》《汽车软件升级通用技术要求》两项标准转为强制性国家标准的必要性和可行性。

2. 标准体系建设重点由驾驶辅助逐步过渡到自动驾驶

2017 年以来，标准体系建设主要围绕先进驾驶辅助系统，该领域的标准经过三年的快速发展开始逐步进入成熟期，已经能够支撑行业对于先进驾驶辅助系统的标准需求。随着自动驾驶技术的快速发展，政府和行业对该领域的标准需求日趋紧迫，智能网联汽车标准体系建设的焦点将逐步过渡到自动驾驶领域，该领域的标准研制工作也随之进入快速发展阶段。

3. 网联功能与应用领域由点到面建立起面向中长期的标准规划

随着汽车的“智能化+网联化”发展，网联功能与应用相关标准制定成为标准体系

建设的重点工作之一。2020 年编制并发布的“智能网联汽车网联功能与应用标准制定路线图”，为该领域后续标准建设指导了方向和路径。

（四）规范关键部件质量，服务整车发展

智能网联汽车关键感知、通信部件产品标准的制定，对企业实现上层智能网联功能起到有效的支撑作用。对摄像头、毫米波雷达、激光雷达、超声波雷达、卫星定位、惯导等车辆自身感知部件，以及车用蜂窝网络、直连通信、车载以太网等通信部件的产品性能及试验方法标准的制定也十分重要，将有效打通产业上下游，支撑智能网联汽车产业发展。

电动汽车和智能网联汽车关键部件相关基础通用类标准的制定，将有效地提升关键核心部件的安全性、稳定性、可靠性。车载感知部件、通信部件除基本性能外，其车规环境要求亦是其量产及落地的重要保障。电动汽车/智能网联汽车感知系统电磁兼容性、电动汽车驱动系统用电气和电子设备环境条件和试验方法、电动汽车 B 级电压系统及部件电气要求和试验方法、电动汽车/智能网联汽车关键核心部件/系统的功能安全等基础通用类标准的制定，为相关部件在车辆上的匹配应用提供了科学合理的评价体系。

电动汽车、智能网联汽车对于电子/电气性能的要求，已下探到集成电路、软件等底层部件。为实现稳定可靠的零部件级性能要求，传统的民用级芯片、控制器、软件逻辑架构已无法满足车辆安全性要求。域控制器、汽车芯片、车载软件的标准化工作，将有效地推进我国底层部件瓶颈技术的经验积累和产业升级，缩小产业链底层部件设计开发能力与国际领先水平的差距，加快汽车电动化、网联化、智能化发展的进程，为我国芯片、软件等基础领域的发展打下坚实基础。

（五）引导产业向绿色制造和智能制造转型

2020 年循环经济领域相关标准发布，对汽车再制造、车用动力电池回收利用等行业的快速规范化发展提供了基础保障。汽车单车综合能耗、水耗及绿色工厂等评价标准，支撑了汽车产业绿色制造体系的评价与管控要求；汽车禁用物质要求、汽车材料多环芳烃检测和汽车材料六价铬检测，完善了禁用物质系列标准，对汽车产业开展绿色选材，降低汽车生命周期环境负荷提供了保证。未来，将面向汽车产业“碳达峰”“碳中和”目标，构建汽车产业碳中和标准体系，系统开展企业层面温室气体排放核算以及汽车产品层面碳足迹核算方法等基础重点标准研究，促进汽车工业绿色低碳发展。此外，工业基础、智能制造等标准化和质量提升工程，将引导信息技术和装备制造业深度融合，进一步促进装备制造业整体水平提升，推进装备制造业转型和质量升级。

第三章　乘用车双积分管理政策实施情况

彭海丽，李富强，刘万祥，王芳*

摘要：本章梳理双积分政策出台以来的实施成效。在运行情况方面，2020 年负积分规模首次超过正积分，新能源乘用车核算倍数的下降、车辆大型化趋势等因素造成产业油耗小幅上升。从政策实施效果来看，政策在带动行业节能减排、增强新能源行业发展动力、推动节能与新能源技术进步、加深企业合资合作等方面均取得积极成效。新阶段积分政策将进一步推动节能与新能源汽车的共同快速发展。

关键词：双积分；油耗；积分交易；政策效果。

第一节　政策实施情况

一、2020 年积分核算情况

为提升乘用车节能水平，缓解能源和环境压力，建立节能与新能源汽车管理长效机制，促进汽车产业健康发展，工信部、财政部、商务部、海关总署和市场监管总局五部门，根据我国汽车产业发展实际，并充分借鉴美、欧等国家管理经验和做法，于 2017 年联合发布《乘用车企业平均燃料消耗量与新能源汽车积分并行管理办法》（以下简称《积分办法》）。《积分办法》对乘用车企业设定燃油汽车节能和发展新能源汽车两个考核目标，对应设立“油耗”和“新能源”两种积分，企业考核达标的产生正积分，不达标的产生负积分，并允许未完成发展目标、有负积分的企业通过购买新能源正积分等方式合规，通过积分交易，建立促进节能与新能源汽车协调发展的市场化机制。

2020 年是《积分办法》第一阶段的最后一个核算年度，突发的新冠肺炎疫情对我国经济社会发展造成较大冲击。为保障积分市场平稳运行，工信部自 2020 年年初即组织开展疫情影响研究，并于 2021 年 2 月发布《关于 2020 年度乘用车企业平均燃料消耗量和新能源汽车积分管理有关事项的通知》（工信部通装函〔2021〕37 号），对 2020 年积分核算实施三项调整措施：一是允许 2020 年度新能源汽车负积分延期至 2021 年抵偿；二是在油耗核算中，分别给予怠速启停、换挡提醒、制动能量回收等循环外技术车型 100km 油耗 0.15L、0.1L、0.15L（12V 为 0.05L）的减免优惠；三是按照中央支持湖北省经济社

---

* 彭海丽，工程师，任职于工业和信息化部装备工业发展中心数据管理处；李富强，工程师，任职于工业和信息化部装备工业发展中心数据管理处；刘万祥，工程师，任职于中国汽车技术研究中心有限公司中国汽车战略与政策研究中心；王芳，工程师，任职于工业和信息化部装备工业发展中心数据管理处。

会发展一揽子政策精神的要求，统筹考虑湖北省汽车企业困难和复工复产实际，给予湖北地区企业负积分按 80%计算的优惠。根据核算数据，实施第二、三项调整措施后，2020 年度行业平均燃料消耗量负积分规模减少 245 万分，新能源汽车负积分规模减少 3.7 万分，这一措施对缓解积分市场失衡风险具有显著效果。

根据《积分办法》及三项调整措施要求，2021 年 5 月起，装备中心依据《公告》、合格证、积分管理平台、循环外节能技术/装置数据采集系统等的相关信息，开展了 2020 年度乘用车企业燃料消耗量与新能源汽车积分审查核算工作。从行业整体核算结果来看，2020 年度中国境内 137 家乘用车企业共生产/进口乘用车 1983.02 万辆（含新能源乘用车，不含出口乘用车，下同），行业平均整车整备质量为 1510kg，平均燃料消耗量实际值为 5.61L/100km，燃料消耗量正积分为 436.74 万分，燃料消耗量负积分为 1171.43 万分，新能源汽车正积分为 437.00 万分，新能源汽车负积分为 106.55 万分。

（一）油耗积分合规压力持续增大

2020 年度，行业油耗负积分规模首次超过正积分。2016 年以来，随着油耗考核要求的逐年加严，企业达标压力持续加大，油耗正、负积分规模呈现相反走势，2020 年共产生油耗正积分 436.74 万分，较 2016 年下降 63%；油耗负积分 1171.43 万分，较 2016 年增长超过 7 倍，油耗负积分企业达 90 家，较 2016 年增加 64 家。

行业降耗进度较达标要求相对缓慢，导致油耗积分缺口逐年扩大。行业油耗积分走势主要受油耗达标要求和实际表现影响，其中，油耗达标要求主要与乘用车产品整备质量的分布、当年达标系数相关，而油耗实际值同时受到整备质量分布、新能源与节能产品的核算倍数的变化影响。从油耗达标要求看，2016 年乘用车行业平均车重 1410kg，油耗达标值为 6.98L/100km，而 2020 年平均车重 1510kg，达标值为 5.37L/100km，达标要求加严 23%；从实际表现看，2016 年行业油耗实际值为 6.43L/100km，2020 年达到 5.61L/100km，油耗实际下降了 13%，同期传统车油耗实际值分别为 6.87L/100km、6.31L/100km，下降了 8%。如图 3-1 所示为 2016—2020 年乘用车企业油耗积分变化。

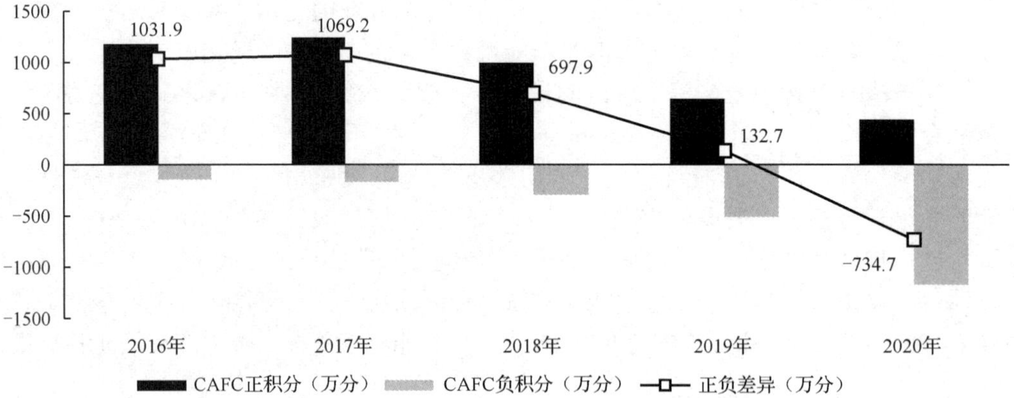

图 3-1　2016—2020 年乘用车企业油耗积分变化

从企业类型看，2016—2020 年国产乘用车企业油耗正积分规模年均下降 20%，负积分规模年均增长 77%，正负积分差额扩大。进口乘用车企业积分规模走势则主要受特斯拉进口量波动影响，2020 年特斯拉进口不足 7 千辆，同比下降 86%，产生油耗正积分仅为 4.8 万分，同比下降近 85%，带动进口企业正积分总量下降 87%。由于进口车型大多为高油耗豪华品牌车型，新能源车型占比较低，进口企业负积分规模年均增长 46%。

从企业积分规模排名看，油耗正积分规模前十名企业累计占比为 82%，负积分规模前十名企业累计占比为 56%。油耗考核表现较好的主要是新能源渗透率较高的企业（见图 3-2），油耗正积分规模排名前十名企业中，新能源渗透率均高于 19%，其中有 4 家只生产新能源汽车，前十名企业累计生产新能源汽车 72 万辆，占 2020 年行业总量的 60%。油耗负积分规模较大的前十名企业，主要特点是新能源渗透率较低，均不足 3%，累计生产新能源汽车 13.8 万辆，占行业总量不足 1%，而传统汽车规模累计达 889 万辆，占行业总量的 48%，新能源对企业降耗作用不明显。

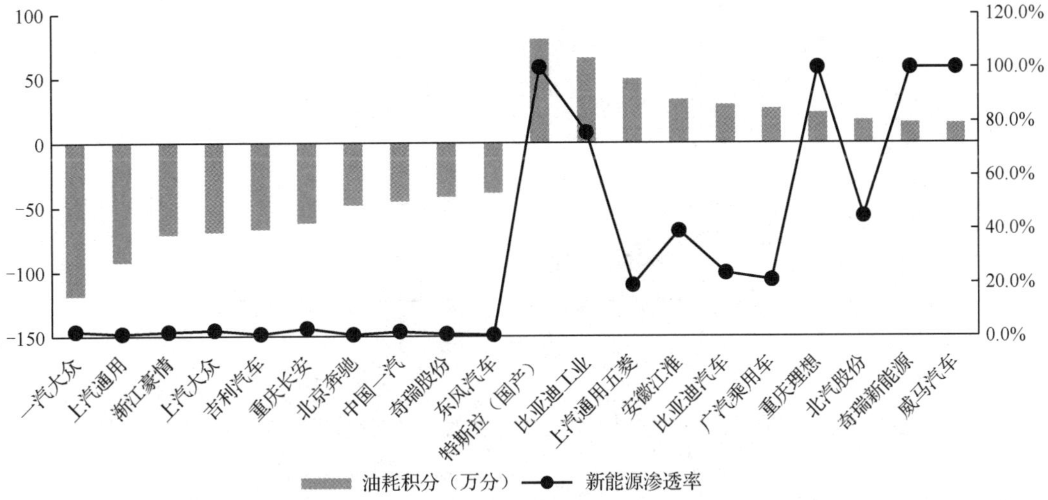

图 3-2　2020 年油耗正负积分规模前十名企业

（二）新能源正积分规模平均，单车积分出现下降趋势

2016 年以来，随着新能源汽车市场化进程加快，行业新能源正积分规模保持增长（见图 3-3）。虽然 2020 年新能源积分达标要求由 2019 年的 10%提升至 12%，负积分规模同比增幅为 24.5%。但得益于当年的新能源汽车规模同比增幅超过 10%，新能源正积分规模达 436.74 万分，同比增幅为 4.7%，超过 2019 年同比增幅。

从新能源平均单车积分来看，2016—2019 年，新能源乘用车的平均单车积分保持增长趋势，2020 年行业、国产、进口单车积分分别为 4.54 分/辆、4.56 分/辆和 3.41 分/辆，同比分别下降 7.2%、6.6%和 32.9%（见图 3-4）。2020 年单车积分出现下降，主要是由于 2020 年以宏光 MINI EV 为代表的主打性价比的 A00 级车型受到消费者的青睐，全年续驶里程低于 200km 的车型产量占比从不足 1%提高至 14%，同时在进口车方面，随着国产特斯拉 Model 3 长续航版的上市，特斯拉进口量减少，进口单车积分平均下降 1.67 分/辆，下降幅度远高于行业平均。

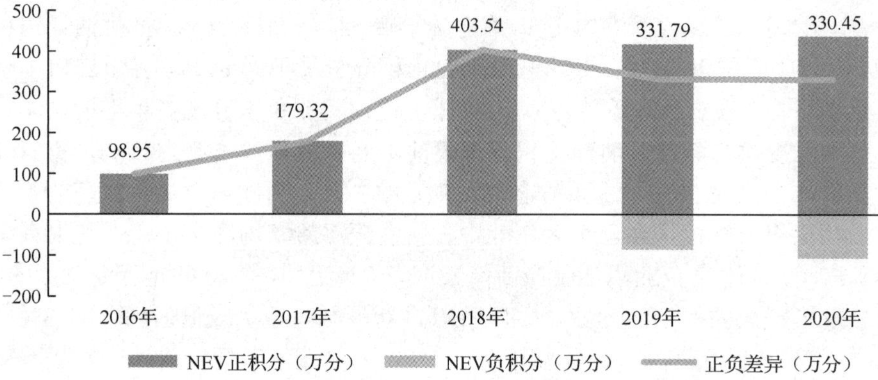

图 3-3　2016—2020 年乘用车企业新能源积分变化

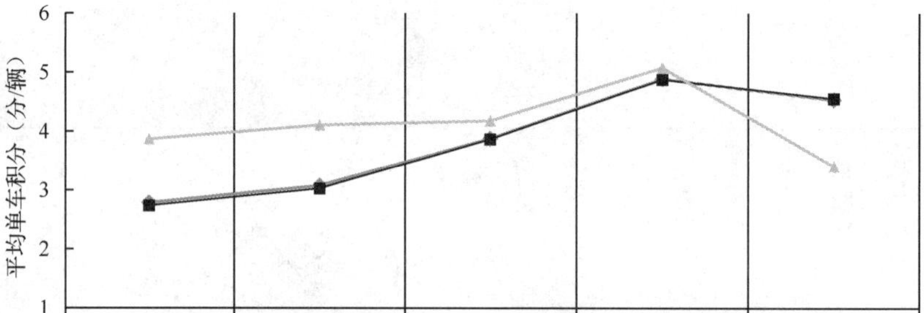

	2016年	2017年	2018年	2019年	2020年
行业	2.79	3.08	3.88	4.89	4.54
国产	2.74	3.03	3.87	4.88	4.56
进口	3.87	4.11	4.18	5.08	3.41

图 3-4　2016—2020 年新能源乘用车平均单车积分变化趋势

2020 年新能源正积分前十名企业格局变化较大，累计规模占比提高至 78%（见图 3-5）。从单个企业来看，比亚迪汽车、比亚迪工业、广汽乘用车、安徽江淮、北汽股份 5 家企业的新能源正积分规模近两年保持在前十名之列。2020 年特斯拉（上海）新能源正积分规模为 86 万分，占行业总规模的 19.7%，排名第一。上汽通用五菱凭借宏光 MINI EV 的热销，成为新能源汽车市场的新秀，新能源正积分规模为 44 万分，排名第三。长城汽车得益于欧拉系列产品销量的稳步提升，产生新能源正积分规模为 19 万分，排名第七。另有一些造车新势力发展迅速，威马汽车跻身前十名。

二、2020 年积分交易情况

（一）2020 年油耗积分转让规模提升明显

根据统计，2018—2020 年发生乘用车油耗积分转让订单共计 124 笔，累计交易规模为 426.0 万分，对应交易资金总额超过 11 亿元。其中，2020 年转让规模提升明显，高达 211.2 万分，同比增长超过 4 倍，占 3 年交易总量的近 50%（见图 3-6）。

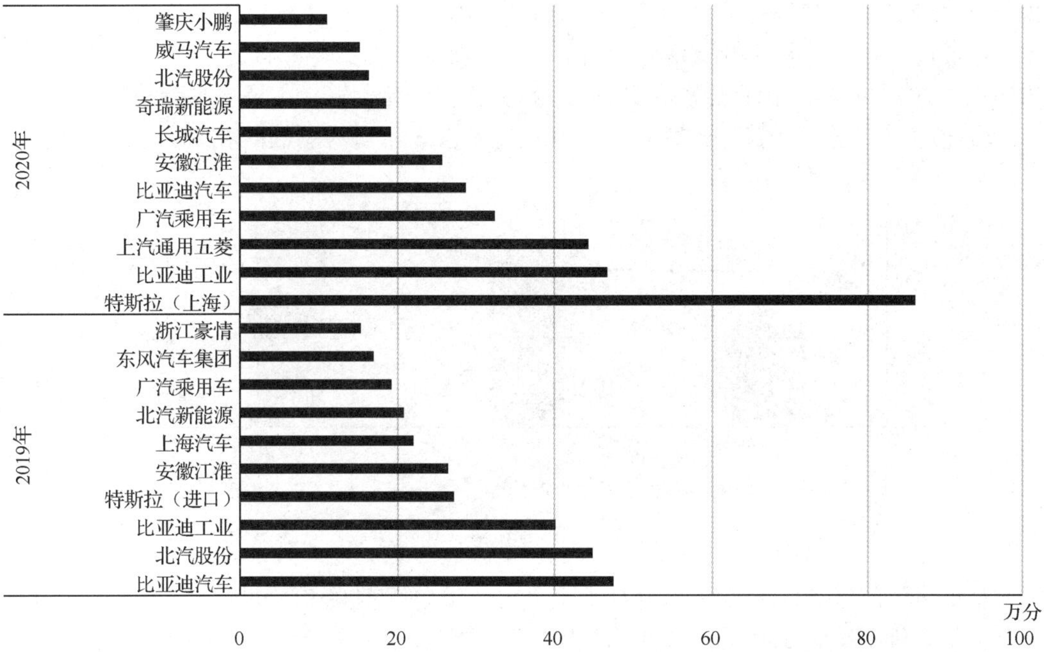

图 3-5　2019—2020 年新能源正积分排名前十企业

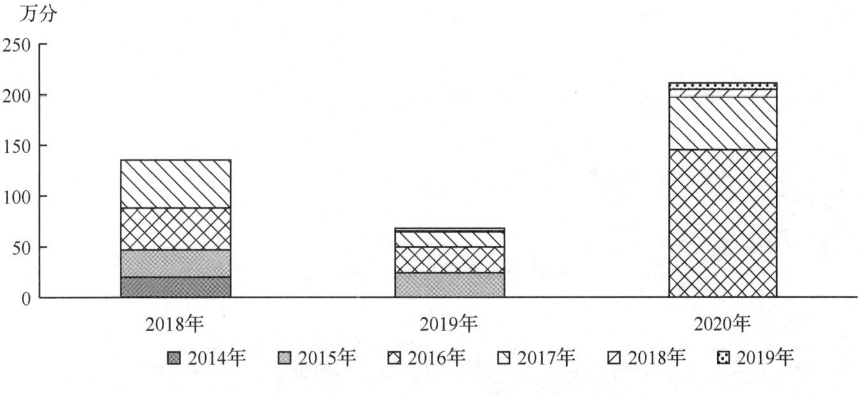

图 3-6　2018—2020 年油耗积分转让情况

根据《积分办法》要求，油耗正积分结转不超过 3 年，在转让交易中，企业普遍优先使用前期结转积分进行出让，其中来源于 2016 年度的积分占总规模的近 50%。2019 年、2020 年交易年度积分转让订单中，来自前期结转的积分规模比例超过 90%。2019 年产生的油耗正积分转让 6.4 万分，其余 99%结转于后续年度。从企业类型来看，2018—2020 年自主品牌企业累计出让油耗积分 263.9 万分。

（二）2020 年新能源积分交易规模和平均价格创新高

根据统计，2018—2020 年发生新能源积分交易订单共 186 笔，累计交易规模为 471 万分，对应交易总额为 31.7 亿元（见图 3-7）。其中，2020 年交易订单 73 笔，积分交易规模为 215 万分，同比增长 40%，占 3 年积分交易总量的 46%。在积分价格方面，2018 年、

2019 年由于历年结转积分存量较多，两个交易年中积分市场正积分供应远大于需求，积分价格低位运行。随着新能源积分考核的开始，加上 2019 年新能源积分可等额结转至 2020 年，2020 年积分市场供需趋于平衡，积分价格开始回升，市场平均价格为 1204 元/分，较 2019 年增长 10 倍，交易总额 25.9 亿元，占 3 年交易总额的 82%。

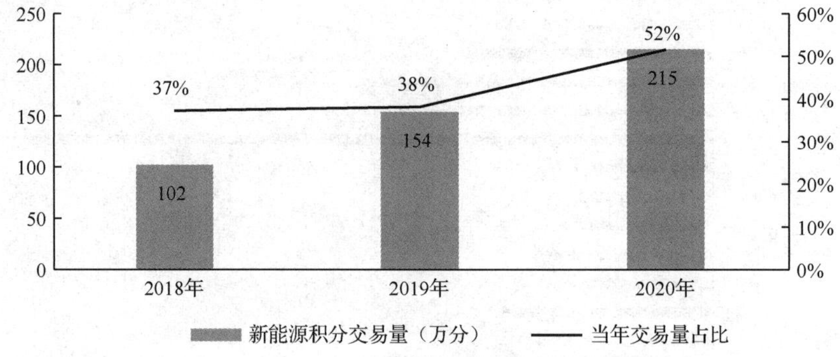

图 3-7　2018—2020 年交易年度新能源积分交易情况

从价格区间来看，2018 年积分订单交易主要集中在 1000 元/分以内；2019 年近九成订单交易单价不高于 500 元；2020 年超过五成的订单单价高于 1000 元，订单价格分布区间较 2018 年、2019 年扩大较快（见图 3-8）。

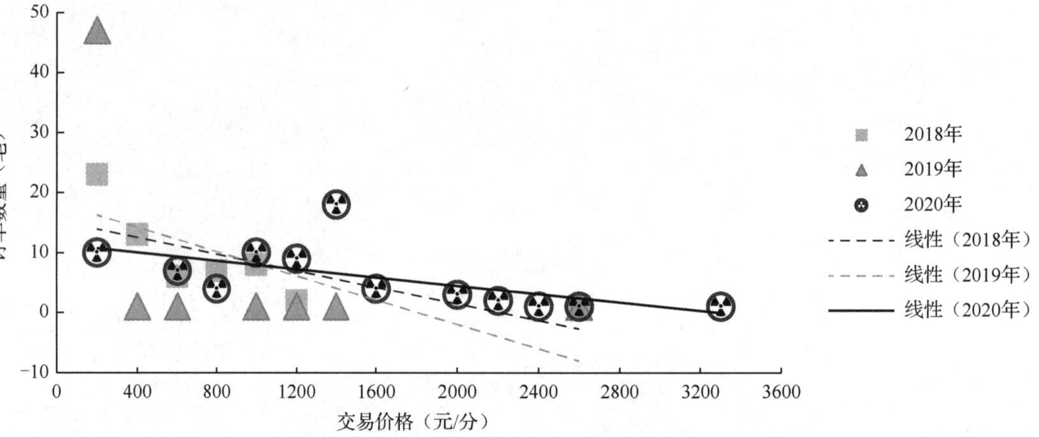

图 3-8　2018—2020 年交易年度新能源积分交易订单价格分布情况

三、积分市场运行分析

启动积分交易以来，《积分办法》实施的不同阶段，新能源积分的平均交易单价波动较大，2020 年交易价格重回千元以上，新能源积分的内在价值得到进一步体现。

2018 年进行乘用车企业 2016—2017 年度双积分考核，是对前期的追溯管理，两年产生油耗正积分总量约为油耗负积分总量的 7.7 倍。同时，为体现对企业早期导入节能与新能源技术的肯定和鼓励，允许使用 2013—2015 年结转油耗正积分进行负积分抵偿。因此，负积分企业对新能源汽车正积分的需求量不大，新能源汽车积分交易规模较小，平均交易单价不足千元。

2019年尚未考核新能源汽车积分比例，核算年度内油耗正积分结余较多导致当年交易价格相对较低。2019年进行乘用车企业2018年度双积分考核，《积分办法》未对2018年度新能源汽车积分比例提出考核要求，给予企业新能源汽车积分管理的过渡期。由于2018年新能源乘用车爆发式增长，行业油耗正积分约为负积分总量的3.4倍，行业新能源正积分较2017年提升了125%，同时，2015—2017年存在大量油耗正积分结余，当年积分市场供需规模差距较大，2018年度产生的新能源积分无结转比例，导致新能源积分平均交易单价为3年中最低，由此负积分企业预留自身结转油耗正积分，转而选择购买新能源正积分进行抵偿，带动当年交易规模扩大。

2020年积分供需关系趋于均衡，积分价格逐渐接近积分价值。2020年进行乘用车企业2019年度双积分考核，是考核新能源汽车积分比例要求的第一年，行业产生新能源负积分共85.54万分。同时，一方面由于油耗达标比例要求的加严，行业当年油耗正负积分比例收窄至1.26倍，增加了新能源正积分需求。另一方面，部分企业预期下一年度积分供需关系较为紧张，选择预留油耗正积分结转自用，购买新能源汽车正积分，导致积分市场需求进一步增加。此外，《积分办法》规定2019年度产生的新能源正积分可以等额结转一年，行业新能源正积分供给量较当年产生量有所减少，因此积分市场价格走高，交易规模和平均交易单价均为近3年最高。

2021年受外部环境变化及政策加严等多重因素影响，正负积分比例进一步收窄。2021年将对乘用车企业2020年度双积分进行考核，受政策要求加严及新冠肺炎疫情影响，2020年行业油耗负积分大幅增长并首次超过油耗正积分，随着新能源汽车积分比例要求的提高，造成企业积分合规压力增加。为缓解疫情影响造成的行业正负积分供需不平衡的风险，2021年2月，工信部研究制定了调整方案并发布实施，预计行业积分将保持供需平衡，积分交易价格将进一步体现其内在价值。

第二节 政策实施成效

《积分办法》实施以来，工信部建立了乘用车企业平均燃料消耗量与新能源汽车积分管理平台，会同四部门组织实施了3次积分交易，新能源汽车积分累计交易规模达471万分，油耗积分转让规模达426万分，累计交易金额为43亿元；行业企业发展节能与新能源汽车的决心不断增强，企业普遍加大研发投入、加快车型投放，产品性能质量稳步提升，市场主体活力有效激发，通过积分交易，促进了企业间的交流与合作，提高了资源配置效率。

一、推动行业节能减排

乘用车油耗水平持续下降。2016—2020年，乘用车平均油耗实际值从6.43L/100km降至5.61L/100km，年均降幅为3.3%（见图3-9）。行业传统能源乘用车油耗实际值从6.87L/100km降至6.31L/100km，年均降幅为2.1%。其中，2020年行业平均油耗同比微增0.9%，主要是由于新能源乘用车核算优惠倍数由3倍下降至2倍，同时从乘用车产品结构来看，传统能源车型高端化、大型化发展趋势明显，疫情等因素影响下低级别车型消费受到抑制，传统能源油耗下降幅度缩小。

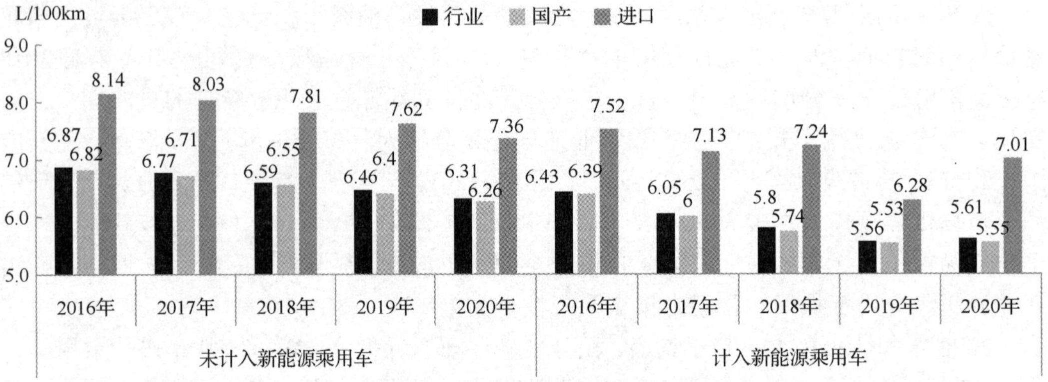

图 3-9　乘用车平均油耗年度变化情况

单车平均 CO_2 排放量逐年减少。据中汽中心测算，2016 年、2020 年单车平均 CO_2 排放量分别为 3.85 吨/辆、2.84 吨/辆（见图 3-10），呈逐年降低趋势，年均降幅为 7%；新能源汽车的推广使用，带动 2020 年节约成品油消耗超过 300 万吨，2016 年到 2020 年累计节约燃油超过 1000 万吨。

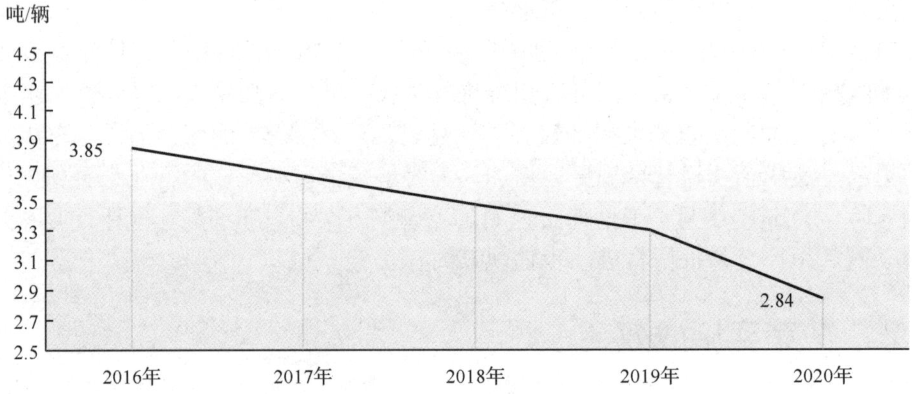

图 3-10　2016—2020 年单车平均 CO_2 排放量

二、增强新能源汽车发展动力

企业发展新能源汽车的积极性进一步提升。“双积分”交易施行以来，行业交易资金总额为 43 亿元，累计 56 家企业通过出售/出让积分获得资金收益。其中，新能源汽车积分交易资金累计 32 亿元，占比达 74%，交易规模逐年提升，因出售新能源汽车积分获得收益的企业，由 2018 年的 19 家增加至 2020 年的 34 家。随着积分价值进一步体现，积分政策在一定程度上弱化了补贴退坡对行业的影响，积分收益将反哺企业在研发、生产、销售等环节的投入，其发展新能源汽车的积极性有望得到进一步提高。

新能源汽车产量和渗透率持续攀升。按积分核算口径进行统计，2020 年生产或进口新能源乘用车产品的企业数量为 102 家，较 2016 年增加了 47 家；2020 年新能源乘用车产量（含进口量）为 120.5 万辆，较 2016 年增长超过 2.5 倍，新能源汽车渗透率进一步提升至 6.1%（见图 3-11）。

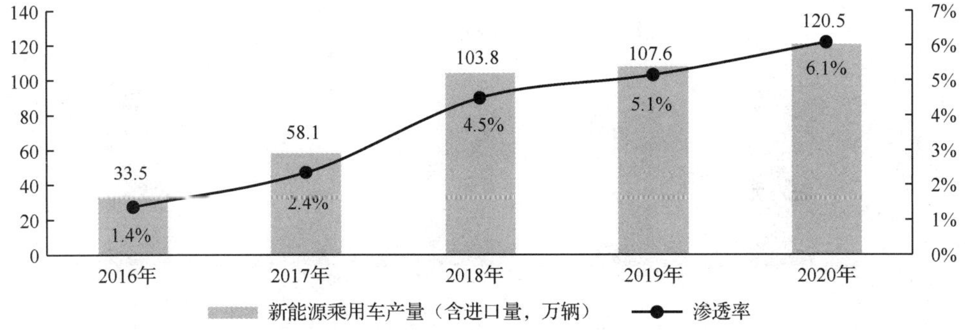

图 3-11　2016—2020 年新能源乘用车产量（含进口量）及渗透率变化

三、促进产业技术进步

（一）推动节能技术搭载率不断提升

《积分办法》对企业油耗考核要求逐年加严，在此基础上《积分办法》修订案进一步建立了传统车与新能源汽车积分结转关联，也设置了低油耗车型核算新能源积分达标值优惠，目的在于引导车企主动提升传统车的节能技术水平。《积分办法》的实施，带动了行业加速节能技术的搭载应用，涡轮增压、缸内直喷、先进变速器、混合动力等各项典型节能技术普及率不断升高。

涡轮增压和缸内直喷技术应用快速普及。截至 2020 年，国产汽油乘用车搭载涡轮增压技术的车型产量占比达 65%，相比 2016 年提升 32 个百分点（见图 3-12）；搭载缸内直喷技术车型产量占比约 69%，相比 2016 年增长 21%（见图 3-13）。

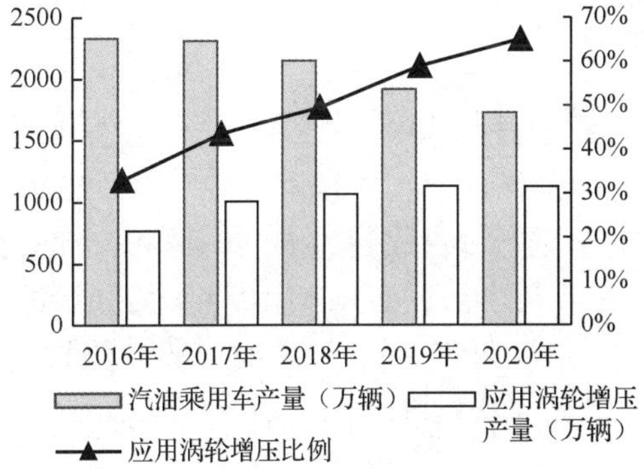

图 3-12　汽油乘用车涡轮增压搭载情况

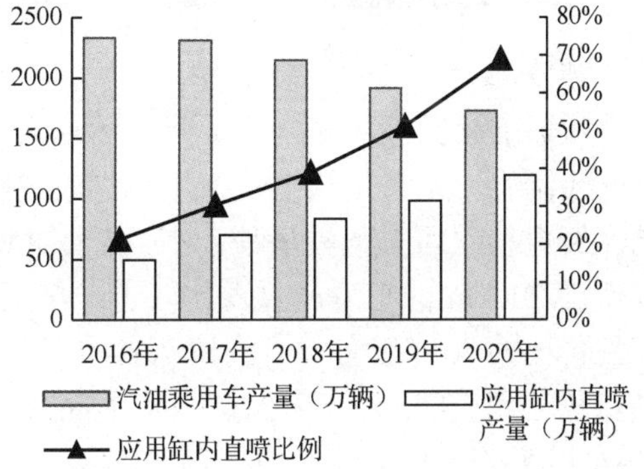

图 3-13　汽油乘用车缸内直喷搭载情况

先进变速器技术应用份额上升明显（见图 3-14）。2020 年搭载先进变速器车型产量占比接近 70%，其中 CVT 与 DCT 占比最高，二者搭载率之和超过 50%，6 挡以上变速器应用率超过 60%。

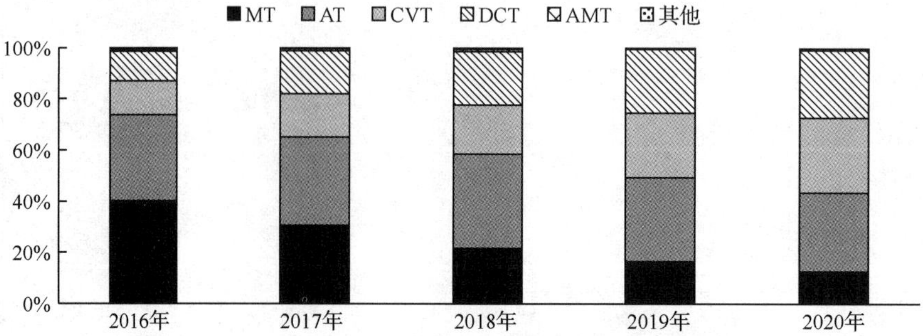

图 3-14　2016—2020 年先进变速器搭载情况

混合动力乘用车产量规模稳步提升（见图 3-15）。2020 年国产混合动力乘用车型产量规模超 40 万辆，相比 2016 年增加 3.4 倍，占乘用车总产量的比例提升至 2.3%。

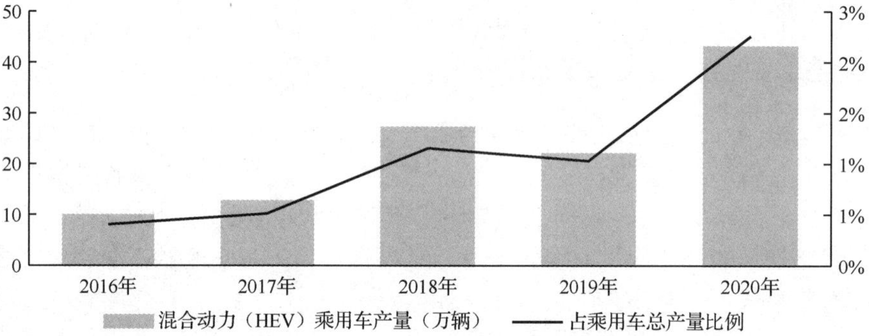

图 3-15　2016—2020 年混合动力乘用车情况

（二）带动新能源汽车关键技术水平不断提高

纯电动乘用车的续驶里程、电能消耗量等关键技术指标提升明显（见图 3-16）。《积分办法》促使企业不断加大先进技术研发力度，核心技术水平不断提高，自主创新能力进一步增强，尤其是纯电动乘用车续驶里程、电能消耗量等主要技术进步明显。2020 年国产纯电动乘用车续驶里程（*R*）高于 400km 的车型产量占比超过 60%，此外，续驶里程低于 200km 的车型产量占比较上一年提高，主要是由于以宏光 MINI EV 为代表的主打性价比的 A00 级车型受到消费者的青睐。整体来看，2020 年国产纯电动乘用车平均续驶里程达到 382km，较 2016 年提升 86%；平均电能消耗量降低至 12.49kWh/100km，较 2016 年下降 21%。

动力电池“降本提质”效果明显。据中国汽车工程学会调研数据， 2020 年磷酸铁锂动力电池单体能量密度达到 160～190Wh/kg，成本约 0.6 元/Wh，循环寿命达到 2000～4000 次；三元材料动力电池单体能量密度达到 240～260Wh/kg，成本约 0.7 元/Wh，循环寿命达到 1200～1500 次，目前，龙头企业开发的软包三元材料单体电池能量密度已达 300Wh/kg。动力电池系统方面，2020 年磷酸铁锂动力电池系统能量密度达到 120～140Wh/kg，成本在 0.9 元/Wh 左右，循环寿命在 3000 次左右；三元材料动力电池系统能量密度达到 140～160Wh/kg，成本在 1.0 元左右，循环寿命在 1200 次左右。2020 年，采用能量密度达到 300Wh/kg 的软包三元材料单体成组后的电池系统能量密度达到

200Wh/kg，成本在 1.1 元/Wh 左右，循环寿命在 1000 次左右。2012—2020 年，我国磷酸铁锂动力电池系统能量密度提升了 102.9%，成本下降了 74.3%，系统循环寿命从 1000 次提升至 3000+次。2015—2020 年，三元材料动力电池系统能量密度提升了 45.5%，成本下降了 63%，系统循环寿命从几百次提升至 1000～1200 次。

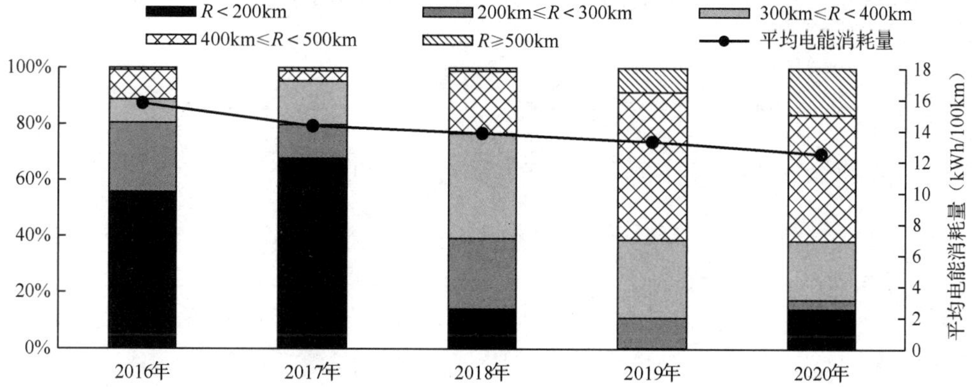

图 3-16　国产纯电动乘用车续驶里程和平均电耗情况

四、推动企业电动化转型和深度合作

《积分办法》实施以来，一方面，传统汽车企业加快电动化转型步伐，部分企业由谨慎观望态度转向积极主动和战略性投入，加速布局新能源汽车产业链，陆续发布和深入实施电动化转型战略；另一方面，不同企业股权关系、技术积累、产品规划等存在差异性，部分企业通过加大合资合作力度，推动实现优势互补和“双积分”合规。

第三节　2021—2023 年产业形势展望

为适应产业发展新形势，进一步优化管理机制，缓解《积分办法》实施中出现的企业在燃油汽车节能技术方面投入不够、积分交易市场供需不平衡等矛盾，2020 年五部门修订发布《关于修改〈乘用车企业平均燃料消耗量与新能源汽车积分并行管理办法〉的决定》（以下简称《积分办法》修订案）。《积分办法》修订案的主要变化点是明确了 2021—2023 年的相关指标要求、新增了低油耗汽车引导和新能源汽车积分结转措施等。整体上，新阶段的积分考核要求更加严格，同时鼓励节能车型发展，有望促进节能与新能源汽车的共同快速发展。

一、单车分值降低，引导企业注重规模效益

《积分办法》修订案中修改了新能源乘用车积分计算方法，对比上一阶段，新能源标准车型积分将下降较快，纯电动车型降低 32%～53%，插电式混合动力车型降低 20%，燃料电池车型降低 50%。政策通过适当降低新能源车型基准分值，弱化单车分值作用，引导企业生产更符合市场实际需求的新能源汽车产品。同时，新能源积分比例要求逐年提升，为实现积分合规，企业也将更加注重规模化的生产效益，推动新能源行业的产业

化进程及市场化培育。如表 3-1 所示为新能源标准车型积分对比。

表 3-1　新能源标准车型积分对比

车 辆 类 型	标准车型积分（2016—2020 年）	标准车型积分（2021—2023 年）	降　幅
纯电动乘用车	0.012×*R*+0.8，上限为 5	0.0056×*R*+0.4，上限为 3.4	32%～53%
插电式混合动力乘用车	2	1.6	20%
燃料电池乘用车	0.16×*P*，上限为 5	0.08×*P*，上限为 6	50%

二、低油耗车型优惠，促进节能技术加速发展

《积分办法》修订案提出，对生产/供应低油耗车型的企业在核算新能源汽车积分达标值时给予核算优惠，2021 年度、2022 年度、2023 年度，低油耗乘用车的生产量或者进口量分别按照其数量的 0.5 倍、0.3 倍、0.2 倍计算。优惠措施释放了支持传统能源车节能发展的积极信号，有助于增强企业发展节能技术的信心。此外，根据《乘用车燃料消耗量评价方法及指标》（GB 27999），计算企业平均燃料消耗量时，2021—2025 年新能源汽车折算系数 Wi 逐年下降，即新能源汽车的单车边际贡献越来越小，也使得企业必须加大发展低油耗汽车。如表 3-2 所示新能源与节能乘用车折算系数 Wi。

表 3-2　新能源与节能乘用车折算系数 Wi

车 型 种 类	2016 年	2017 年	2018 年	2019 年	2020 年	车 型 种 类	2021 年	2022 年	2023 年	2024 年	2025 年
新能源乘用车	5	5	3	3	2	新能源乘用车	2.0	1.8	1.6	1.3	1.0
油耗小于 2.8L/100km	3.5	3.5	2.5	2.5	1.5	油耗小于 3.2L/100km	1.4	1.3	1.2	1.1	1.0

假设某企业的传统能源车年产量为 100 万辆，其 2021 年新能源汽车积分比例要求为 14%，在乘用车产品全部为普通车型或低油耗车型的两种情境下，该企业新能源汽车积分达标值分别为 14 万分、5 万分，新能源汽车积分前后相差 9 万分，以 2020 年新能源汽车积分平均价格 1204 元/分计算，低油耗车型的核算优惠将为企业新能源汽车积分交易节省 1.1 亿元。

政策要求的低油耗车型技术要求可通过混合动力车型、48V 微混、小排量三缸机、先进柴油机及高效率内燃机等多项节能技术达到。结合成本和节油效果考虑，预计在政策推动下，48V、强混等混动技术将迎来快速发展。

三、新能源汽车正积分可结转，提升车企发展新能源积极性

《积分办法》修订案增加了新能源汽车正积分的结转规定，2019 年度的新能源汽车正积分可以等额结转一年，2020 年度的新能源汽车正积分按结转比例 50%向后结转，2021 年度以后新能源汽车正积分允许有条件结转，结转有效期不超过三年。允许新能源汽车积分结转，延长了积分有效期，有望提升车企发展新能源汽车的积极性，同时对行业积分供需起到动态调节作用，缓解行业积分供需失衡风险。

此外，《积分办法》修订案建立了企业传统能源车节能水平与新能源汽车正积分结转

的关联机制，即 2021 年度及以后年度乘用车企业平均燃料消耗量实际值（仅核算传统能源乘用车）与达标值的比值不高于 123%的，允许其当年度产生的新能源汽车正积分结转，结转比例为 50%，结转有效期不超过 3 年，进一步引导企业加大节能投入。

据调研，国内某合资企业作为典型的以传统能源车生产为主的企业，在政策实施带动下进一步优化产品规划，积极迎合市场需求，通过稳步提升新能源车型产量、优化新能源车型的技术水平、投产节油水平更高的 48V 普通燃油车型等策略，在政策趋严、工况切换、负积分大量增加的行业形势下，成功遏制住了企业油耗和新能源汽车双积分的逐年恶化，预计在 2022 年产生的油耗和新能源汽车双积分将同时转为正积分。具体来说，企业在持续研发并投产高水平的新能源车型的同时，积极进行传统燃油车的产品改进，2021 年将投产的某市场热销轿车的新一代燃油车产品，全系采用 48V 车载电气系统，根据电机安装位置的不同分为 BSG 系统（P0 级）和 ISG 系统（P1 级）。48V 轻混系统弥补了 12V 车载电气系统和高压车载电气系统的不足，在车辆滑行，减速或下坡时，将车辆行驶过程中的动能及势能转化或部分转化为车载可充电储能系统的能量并存储起来，根据扭矩需求增加或减少内燃机的负荷，使其在油耗较低的区域运行，是一种能够实现节油的节能技术。在此技术的加持下，这款产品的部分型号在 2021 年属于低油耗车型，能够为新能源汽车积分的核算带来优惠，将减少企业在 2021 年产生的新能源汽车负积分数量。

第四节　积分管理发展建议

发展节能与新能源汽车是汽车行业实现“碳达峰”“碳中和”目标的重要路径。《积分办法》作为促进新能源汽车产业发展、推动节能水平持续提升的重要手段，面对快速演变的产业形势，仍需加强产业运行评估，持续完善。

一、持续落实新能源汽车发展战略，加快后续积分政策研究

一是深入调查研究，加强跟踪指导，推动各级地方政府落实《新能源汽车产业发展规划（2021—2035 年）》要求，及时出台相关配套政策措施，保障规划目标顺利实现。二是加快研究 2024 年及以后积分政策，稳定行业预期，促进汽车产业“双碳”目标的稳步实现。

二、加强积分市场运行监测，保障政策发挥实效

一是密切关注宏观经济环境及汽车产业发展趋势，加强积分运行情况监测与走势研判，及时评估产业形势对积分政策实施的影响，做好风险应对预案储备。二是建立健全企业监管机制，强化事中事后监管，充分利用现有管理抓手，开展相关数据一致性核查工作，对数据造假、未按期抵偿等情形，严格按照《积分办法》及相关管理规定进行处罚。

三、研究积分管理经济措施，探索建立长效机制

长期来看，积分管理仍需进一步完善灵活性配套措施，建立长效调节机制，以保障积分市场平稳运行。参考国际惯例，研究出台经济管理措施将有利于稳定市场预期，解决积分价格的非理性波动、供需不匹配等问题，助推我国汽车产业健康可持续发展。

Part 3 检测服务篇

第四章　中国汽车检验检测行业现状及发展趋势分析

周华，颜燕，陈科*

摘要：汽车检验检测行业主要为汽车整车及零部件企业、政府相关部门和用户提供检验检测等合格评定相关的技术服务。检验检测贯穿企业技术开发、生产、销售、产品使用及回收利用等环节，对相关技术创新和产业转型升级具有重要的支撑和促进作用。本章从汽车检验检测行业总体概况、发展现状、主要问题、发展趋势四个方面，对汽车检验检测行业情况进行阐述。

关键词：汽车；检验检测；新能源；智能网联。

第一节　汽车检验检测行业发展概述

近年来，检验检测行业持续高速发展，2019 年全国检测认证相关业务营收为 3225.09 亿元，同比增长 14.75%。随着我国汽车产业特别是新能源和智能网联汽车领域的快速发展，汽车技术和产品呈现加快演进、多样化发展的趋势，作为产品研发验证和准入认证的重要支撑，检验检测行业也获得了快速发展的机遇，2019 年全国汽车检验检测业务营收为 300 亿元左右，约占全国检测认证市场总份额的 10%，在推动产业转型升级、保障公众出行安全等方面发挥了重要作用。

一、汽车检验检测简介

汽车检验检测主要分为新产品车型研发验证试验、市场准入强制性检测和在用车检测三部分。2019 年新产品车型研发验证试验、市场准入强制性检测业务规模逾 200 亿元。其中，新车及零部件相关产品强制性检测、研发验证试验所占比重较大。

强制性检测的目的是为了确保产品质量符合节能、环保、安全等国家标准，是车辆准入的前提，是汽车产品在使用周期内发生活动的前置条件和基础，国家多部委从各自职责出发，对该环节汽车的相关特性进行约束和管理。工业和信息化部对汽车生产企业及产品实施行政许可式的准入管理，并开展准入后监管；市场监督管理总局对汽车及其零部件强制性产品认证（CCC 认证）活动实施监管；生态环境部开展机动车环保信息公开及监督检查；交通运输部开展营运车辆油耗、安全达标管理，并以目录形式发布达标

---

* 周华，正高级工程师，中国汽车技术研究中心有限公司检测认证事业部总经理，中汽研汽车检验中心（天津）有限公司总经理；颜燕，正高级工程师，中汽研汽车检验中心（天津）有限公司副总经理；陈科，高级工程师，中国汽车技术研究中心有限公司首席专家，中汽研华诚认证（天津）有限公司高级技术总监。

车型。以上四类管理制度都是以强制性检测作为实施手段的。

研发验证试验是在产品设计和生产过程中对产品功能性和一致性的验证。研发验证试验正在由整车性能、安全、节能、环保技术验证向“新四化”“软件定义汽车时代”趋势下的新技术要求转变，新趋势下的汽车技术融合和技术迭代不断加快。研发验证试验有助于企业对产品和技术进行验证、评估与优化，推动汽车产品质量提升，同时也为检验检测业务发展带来了新的机遇。

二、汽车检验检测从业机构现状

随着我国“放管服”改革逐步深化，汽车准入管理制度发生了重大调整，强制性检测市场已经逐渐放开，检验检测业务市场整体也正在全面放开。目前，强制性检测业务主要由国营的检测机构承担，以传统工业和信息化部授权的 8 家具备国家级检测资质的检测机构为代表。随着道路机动车辆检验检测机构备案管理工作的实施，目前具备整车检测资质的有 18 家，具备汽车零部件检测资质的有 23 家。研发验证试验业务主要由国家级检测机构、民营检测机构和外资检测机构通过市场竞争来开展。民营机构整体显得“小、散、弱”，水平参差不齐，具有代表性的机构有华测检测认证集团股份有限公司、深圳市安车检测股份有限公司和谱尼测试集团股份有限公司等。随着落实外商“国民待遇”等一系列政策的出台，以 SGS、TÜV、BV、德凯等为代表的国外检测机构加速进入汽车检验检测市场。

目前，国内以上述几类类型为代表的主流汽车产品检测机构数量近百家，其各类分支机构覆盖了全国各个汽车产业集群，京津冀、长三角、珠三角、成渝地区以及华中城市群检测机构较为密集，东北、西北区域检测机构分布相对较少。从业务能力和服务范围来看，近年来各机构新建检测能力多以智能网联、新能源（包含氢燃料电池）、极限环境测试等领域为主，配套的相关道路试验测试场地资源也在不断丰富。传统国有检测机构目前仍是新一轮能力布局的主力军，外资综合性检测机构紧随其后，加快在新兴技术研发测试领域能力的投入，且投入规模日益扩大。随着我国汽车产品“走出去”步伐的加快，外资综合性检测机构的全球化视野和国际化业务经验优势越发明显。国有检测机构以及民营检测机构应加快推进国际化业务布局，以适应未来全方位的竞争。

三、汽车检验检测行业现状

传统强制性检测项目业务规模逐渐萎缩。从市场需求角度来说，自 2018 年以来，我国汽车产业持续承压；2020 年，在疫情冲击下，汽车产销量大幅下降。由于市场需求受到抑制，企业车型研发及投入进度延缓，新产品检验检测需求端规模下滑。2020 年，我国汽车生产与销售分别完成 2522.5 万辆和 2531.1 万辆，同比下降 2%和 1.9%。未来几年，在技术与产业的创新驱动下，跨领域协同合作、产能代工、汽车共享出行等全新商业模式将改变现有汽车产业生态，倒逼相关企业升级重组，新产品投放减少将导致强制性检测类业务减少。从政策管理角度来说，随着深化“放管服”改革和加强“事中事后”监管的逐步推进，自我声明、系族化管理、汽车准入制度等变革都将导致传统汽车产品强制性检测市场总体业务规模呈现萎缩趋势。

市场化进程不断加快，激烈竞争加快行业集约化发展。国家全面深化“放管服”改革，检验检测行业进一步放开，在促进行业竞争、激发市场活力、不断优化汽车企业营商环境的同时，也带来了市场竞争压力。地方国有资本和民营、外资资本快速涌入，国内多地出现重复投资和重复建设，造成了检测资源浪费、无序竞争的问题，影响了检验检测行业高质量发展，增加了监管的难度，对“大市场、大质量、大监管”理念形成了严峻的挑战。汽车检验检测市场正在由政府控制向客户和市场导向转变，在国家推动检验检测机构改革整合、重点培育具有国际影响力的民族品牌趋势下，行业集约化发展愈加明显。

四、汽车检验检测技术现状

汽车检验检测机构正处在技术转型的快速变革期。汽车产业技术环境日新月异，技术跨界融合趋势明显，“新四化”趋势进一步带来汽车产业形态、商业模式和企业组织形态等的重大变化。智能网联、燃料电池、软件测评、信息安全等一系列汽车领域相关标准体系正在加快制定。在新一轮科技革命和产业变革背景下，汽车技术和产品研发周期、迭代周期不断加快，对检验检测机构的技术能力提出了更高的要求。传统的检验检测能力和业务模式难以满足企业高质量研发测试的需求，检验检测机构的发展重心正加快由传统法规符合性检验检测逐渐向以新能源、智能网联为代表的高新技术研发测试转变。

第二节　汽车检验检测行业各领域发展现状

一、整车性能检验检测领域发展现状

近年来，随着测试技术的发展，先进的电气/电子/可编程电子系统得以大量应用于整车测试系统，大大提高了测试的便捷度和精确度，但随着智能驾驶、新能源车辆等更多更新的测试需求被提出，对应的测评方法体系还不完善。另外，整车主观评价、功能安全和可靠性等整车关键性能的测试需求被提了出来，所对应的测评方法体系目前也不完善。

（一）国内标准法规基本与国际接轨，部分领域还不完善

在整车测试领域，我国的技术标准体系主要是以欧洲标准体系为蓝本转化发展而来的。近年来，欧洲标准体系在整车灯光、整车转向制动、功能安全等关键技术领域发布了新的标准，我国也在积极研究现有国外法规内容，结合国内实际情况进行了标准转化工作，我国标准技术水平基本与国际先进水平接轨。同时，由于个人用户对车辆操纵性、舒适性和安全性要求的提升，整车主观评价、功能、安全性和可靠性等整车关键性能的测试需求被提了出来，迫切需要制定对应的行业标准或团体标准，从而快速、精准地对相关技术提供标准层面的支持，推动行业有序、快速发展。总体来看，目前国内的整车测试标准体系中涉及整车关键性能的测试手段和测评方法的标准体系还不完善。

（二）检验检测技术能力逐步升级

国外整车检测技术在自动化、精确化和综合化等方面有了新发展，在检验检测领域应用新技术，研制出了许多新型检测设备和仪器，汽车整车检测设备向着智能化方向发展。如无人道路测试系统（DTS）、惯性导航及 GPS 基站、FLEX-0 线控测试系统等新型智能化设备逐步应用于整车道路测试，大大提升了整车测试的智能化程度。

国内的整车关键性能检测起步较晚，目前，国内的整车测试还停留在传统的人工测试、零散化测试阶段，只能针对某一性能进行低精度试验，没有形成智能化、自动化的测试验证平台和有针对性的评价体系。目前，针对底盘动力学、轮胎性能等领域测试评价体系已由相关科研机构搭建完成，针对主观评价和新型底盘性能的研究工作正在进行中。未来五年，整车关键性能测试评价技术将抓住电动化、智能化、信息化、数据化产业机遇，在道路测试、功能安全、线控测试等领域进行技术积累，争取在部分重要技术节点上突破一些技术瓶颈，实现整车关键性能测试领域的“弯道超车”。

（三）整车性能领域检验检测领域要求提升

目前，国内整车企业及检验检测机构已经具备完整的整车正向开发流程测试验证能力，检验检测工作也逐步向开发流程上游转化，对检验检测技术提出了更高的要求。整车电动化战略转型加速，在三电技术领域取得了不同程度的技术突破，整体呈现平台化、一体化、高压化发展趋势。新能源整车方面，安全、节能及驾乘品质要求进一步提高，给新能源整车可靠性带来严峻考验，相关整车检验检测技术也成了重点研究对象。针对新的测试对象、测试场景和测试设备，整车检验检测技术提升将由粗放式技术积累转化为技术细节的精耕，整车性能检验检测技术将有力推动新能源整车研发验证试验水平，提升电动车性能品质。

二、汽车节能与环保检验检测领域发展现状

当前，受到国家战略的影响，特别是新能源汽车的发展，我国传统汽车行业受到巨大的冲击，作为服务于传统汽车的节能和环保检验检测行业也面临着深远的影响。

（一）标准和能力与国际水平接轨

目前，轻型车已经强制实施了第六阶段的排放标准、第四阶段的油耗标准；重型车已经强制实施了第六阶段的排放标准、第三阶段的油耗标准。至此，汽车排放控制水平基本与国际先进水平接轨，排放标准制修订工作开始关注实际道路（或实际工作状态）排放，并注重创建和实施有中国特色的监测方法和管理制度，初步完成“天—地—车—企”全方位达标监管体系的建立；逐步开展“油—路—车”结构性调整优化，汽车节能环保工作进入了全新阶段。

（二）检验检测技术高质量发展，逐步替代国外测试技术

随着我国机动车排放标准升级，汽车节能环保检测技术也得到快速发展，我国汽车检验检测技术也由完全借鉴国外相关技术，发展到在部分领域采用适应于我国实际情况

的技术，向高质量发展，如远程排放监控方法和“中国工况”。重型车远程排放监控方法已经在重型车“国六”排放标准中得到应用，“中国工况”也已经完成了在多项能耗试验方法标准中的导入，并逐步建立覆盖各领域的中国汽车产品测试工况体系，最终推进汽车节能环保领域的实际工况、认证工况和车型开发工况的统一。

（三）汽车节能与环保检验检测领域发展面临挑战

受国际环保压力和国家政策方针的影响，特别是来自新能源汽车的发展需求和传统汽车的排放标准约束，以及围绕“碳达峰”的油耗标准的加严，整车生产企业开始缩减对传统燃油车型的研发力度，转而对新能源相关技术和车型加大投入。在“新四化”的技术融合下，新造车势力越发活跃，然而一批传统整车生产企业在转型中败下阵来。企业规模缩小和新产品投放减少将导致强制性检测业务减少，汽车节能与环保检验检测领域也将受到冲击。

三、新能源汽车检验检测领域发展现状

近年来，在技术标准、财政补贴、税收减免、示范推广等多种措施的大力调节引导下，我国新能源汽车市场和产业发展处于国际领先地位，并逐步实现了由政策驱动向市场化长效机制驱动转变，促进了世界新能源汽车产业发展。新能源汽车及关键零部件检验检测能力和水平在此过程中也得到了长足发展，进一步促进了汽车产业转型升级和国际竞争力的提高。

（一）国内标准法规逐步完善，部分领域实现国际标准输出

新能源汽车产业的快速发展和技术进步推动了相关标准法规的制修订工作不断前进，建立了较成熟的标准法规体系，既考虑与国际标准的协调，同时结合中国国情逐渐向“中国工况”切换。已发布的燃料电池汽车现行标准涉及燃料电池汽车、发动机、电池堆、关键组件及材料、供氢系统等领域；动力电池标准覆盖了动力电池单体、模块、系统的电性能、可靠性、安全性和寿命等全部指标，在动力电池热失控及热扩散评价技术领域，中国作为牵头国主导全球电动汽车安全法规（EVS-GTR）的研究和起草工作，对国际测试标准的推动起到至关重要的作用；电驱动系统测试建立了从部件到系统的安全性、舒适性、可靠性、电磁兼容性等较为完善的标准体系；在传导充电领域，我国已经建立电动汽车、充电设施、充电接口、通信协议、高压附件等方面较完整的技术与测试标准体系。随着 GB 18384—2020、GB 38032—2020 和 GB 30381—2020 三项强制性国家标准的发布实施，电动汽车换电安全、充电安全等相关标准相继推出，我国新能源汽车标准法规体系不断完善并居于领先地位。

（二）检验检测技术不断提升但仍需完善

目前，燃料电池汽车及关键零部件检验检测技术不断提升，但在燃料电池汽车的氢安全、燃料电池发动机三高环境适应性及燃料电池发动机耐久性的检验检测技术方面仍需进一步健全；动力电池性能、寿命、安全性检验检测技术整体上与国际水平同步，在“热失控”和“热扩散”等个别领域居于国际领先水平；电驱动系统检测技术与国际水平

相当，对于一体化总成检验检测技术，国内率先形成了规范，并从实车应用出发基于运行大数据提出了振动条件、可靠性等相关技术要求；随着电动汽车保有量的不断增加，基于大数据和实车环境的充电系统及高压附件互操作性和安全性检验检测技术不断加强。为支撑和服务二手车市场发展，新能源汽车及关键部件服役寿命检验检测技术研究也提上了日程。

（三）新能源汽车检验检测领域快速发展

伴随着新能源汽车产业的发展和相关标准、法规的完善，带动了其检验检测能力和水平提高，国内各大汽车检测机构和部分车企纷纷建立新能源汽车检验检测中心，满足了相关标准测试项目实施和不同层次研发验证测试需求，有力保障和促进了新能源汽车及关键零部件规模化应用和产业健康、有序发展。

四、智能网联汽车检验检测领域发展现状

智能网联汽车是推动汽车产业变革的新生力量，已成为世界各国争相抢占的战略制高点。智能网联汽车的安全保障离不开检验检测的支撑，检验检测技术进步的同时，领域也在蓬勃发展。

（一）联合国自动驾驶法规已发布，建立智能网联汽车检测的标准法规的条件已基本具备

联合国世界车辆法规协调论坛（UN/WP.29）智能网联汽车工作组（GRVA）于 2020 年 6 月发布了网络安全性和网络安全性管理系统（UN R155）、软件更新和软件更新管理系统（UN R156）、自动车道保持系统（UN R157）的联合国法规，并于 2021 年 1 月起生效。国内标准方面，全国汽车标准化技术委员会在工业和信息化部国标委指导下牵头编制了《国家车联网产业标准体系建设指南（智能网联汽车）》，自动驾驶领域紧跟国际标准，ISO 自动驾驶工作组召集并牵头 2 项国际标准的制定，国标场地试验标准已经进入审查阶段。驾驶辅助系统领域已有 AEB、LKA、BSD 等标准发布。总体上，国内目前第一阶段目标（支撑驾驶辅助及低级别自动驾驶的智能网联汽车标准体系）已完成，“十四五”时期将完成高级别自动驾驶的智能网联汽车标准体系建设。

（二）国内众多城市开展智能网联汽车开放道路测试和示范运营

百度发布的《中国城市交通报告 2020》数据显示，截至 2020 年 12 月底，上海、北京、长沙等主要城市已发放自动驾驶路测牌照 409 张，开放测试道路里程已超 3000 千米，由工业和信息化部批复并与省市自治区级共同建设了国家智能汽车与智慧交通（京冀）示范区等共 9 个国家级自动驾驶/智能网联汽车示范区，天津（西青）国家级车联网先导区等 4 个车联网先导区；交通运输部组织并授牌了 7 家单位的封闭测试场地为自动驾驶测试基地。测试场景已涵盖乘用车、公交车、物流重型卡车、清洁车以及载人汽车测试与高速测试。腾讯、百度、华为、阿里巴巴等科技公司开发建立了自动驾驶仿真测试平台，清华大学、同济大学等国内高校应用自动驾驶仿真软件进行了自动驾驶开发及验证的前瞻性、基础性研究。

（三）国内检测机构陆续完成智能网联汽车检验检测能力建设

2018 年 8 月 3 日，中汽研汽车检验中心（天津）有限公司获得国内首家智能网联汽车质量监督检验中心授权，即“国家智能网联汽车质量监督检验中心（天津）”。其后，襄阳达安、中国汽研与湖南湘江智能先后获批，筹建国家级智能网联汽车质量监督检验中心。相关检测机构在 ADAS/AD 实车道路测试、在环仿真测试、毫米波雷达摄像头等关键零部件测试、功能安全测试、V2X 网联与信息安全测试、智能网联汽车 EMC 测试等方面，承担产品质量检验检测任务，为主机厂及零部件厂商提供产品验证服务。

五、汽车被动安全检验检测领域发展现状

（一）标准法规多借鉴欧洲标准，有效补充测评规则

目前，汽车被动安全法规标准主要有欧洲标准和美国标准。欧美汽车行业起步最早，也最早建立了健全的标准体系，并且基于技术的快速发展，欧美标准更新频率较高、及时性很强。国内汽车被动安全法规起步较晚，在一定程度上借鉴了欧洲标准。除标准法规之外，测评规则是促进被动安全性提升的另一重要举措，包括 C-NCAP、Euro-NCAP、IIHS、US-NCAP 等。这些规则更新速度快、前瞻性强、更贴近本区域现状，成为标准法规的有效补充。

（二）大部分核心技术由国外导入，正在突破符合中国国情的技术

被动安全性技术起源于欧美，长期以来在测试方法、测试设备、工具等技术领域，欧美一直占据主导地位。随着汽车智能化、网联化背景下的测试工具和方法逐步取得突破，如新型测试假人 Thor-AV 已进入工程应用阶段、复现 AEB 制动的牵引系统已可以供应市场、智能约束系统应用率逐步升高，带来更复杂、更具挑战的测试条件，原有技术已不能完全符合当今发展现状。

在整车碰撞检验检测技术方面，我国一方面借鉴了欧美新技术，包括碰撞相容性、侧碰远端保护以及信息化背景下的测试技术等；另一方面研究用更符合国情的技术，包括中国（东亚地区）体征的测试用假人、中国版台车和碰撞用蜂窝铝、后排乘客乘车安全技术等。在滑台检测技术方面，在正向冲击模拟上基本可以实现与实车碰撞的高度一致，测试技术较为成熟，但侵入模拟仍需进一步完善。在虚拟检测技术方面，国内处于起步阶段，目前已经成立包含合资、自主车企、超算中心和高校等机构参与的虚拟测试工作组，计划在 2025 版 C-NCAP 中体现虚拟测试的内容。

（三）领域产能过剩，新技术带动产业发展

领域产能过剩，市场竞争加剧。目前，国内拥有实车碰撞试验室 35 家，包括检验检测机构、主机厂自建试验室和部分零部件供应商自用检测室。在建立整车碰撞试验室的同时，几乎都会同时建设滑台试验室。多数试验室年均试验量低于 200 次，产能利用率偏低。汽车企业的兼并重组将导致企业数量减少，并最终导致新车型减少，强制性检测市场快速萎缩，检验检测市场规模会大幅缩小。同时，在企业中新技术的应用，也会对

检验检测业务带来明显的推动作用。强制性检测对汽车产品进行普遍性的测试，保证了汽车产品上市前的基础功能或性能要求；而车辆安全性设施的丰富和智能化产品的应用，使得车辆的使用场景更复杂，将会推动新的检验检测技术的发展和业务需求，增加检测检验市场的规模，带动该产业的技术发展。

六、汽车电磁兼容检验检测领域发展现状

（一）国内逐步形成一系列电磁兼容技术标准，但仍需提升

汽车电磁兼容作为一项新兴技术，相关测试工作的开展与电磁污染防控和车辆行驶安全息息相关。在标准法规方面，国外已经建立了由 ISO、CISPR 等国际标准化组织设立的标准，ECE、EC 欧盟地区标准，以及美国的 SAE、德国的 VDE、英国的 BSI 等国家标准，以及宝马、大众、通用、标致、NISSAN 等企业标准组成的标准架构，涵盖了较为完善的整车及汽车电子电磁兼容测试规范。以国外标准为参考，国内也逐步形成了一系列电磁兼容技术标准，很大程度上提升了汽车产品的电磁兼容相关产品的品质。鉴于部分参照的国际标准已经进行了修订，且仍有较多的国际标准有待研究，国内电磁兼容标准规范的先进性、全面性还有待提升。

（二）汽车电磁兼容检验检测体系初步建立，但与国外相比仍有较大差距

在电磁兼容检验检测体系建设方面，国内和国外均已取得了一些成果，建立了包括电磁兼容测试系统、电磁兼容仿真设计分析软件，以及整车和零部件电磁兼容检测、管理和认证机构等在内的汽车电磁兼容体系，保障了车辆应用与电磁环境相协调，但围绕测试系统的精度及先进性、电磁环境设计预测的适用性等方面，国内技术水平与国外相比仍有较大差距。

（三）业务量逐年攀升，但技术面临严峻挑战

近年来，国内外相关机构出台了多项汽车电磁兼容相关的政策法规来推动汽车电磁兼容检测技术的发展。在汽车电动化、网联化、智能化的浪潮下，汽车电磁兼容检验检测业务量逐年攀升，国内外多家检测机构、主机厂等加快进行电磁兼容测试能力的布局。伴随着车与环境、车与人、车与充电系统兼容性等技术研究成果的应用及推广，电磁兼容测试评价需求将会进一步释放。此外，车辆电子电器系统的日渐增多及道路电磁环境的日趋复杂使得车辆在实际环境中发生故障的案例也越来越多，汽车电磁兼容检测技术面临严峻挑战。

七、汽车关键零部件检验检测领域发展现状

汽车关键零部件的技术水平决定了整车的性能。随着国内消费水平的提升，消费者对于汽车安全性、舒适性与健康环保的要求也越来越高，这些都需要相应的关键零部件技术进行支撑。零部件技术进步对相关性能检验检测技术提出了更高的要求，这也推动了相关检验检测标准与能力的快速进步。

（一）汽车关键零部件检验检测标准紧随国际趋势

一方面，由于国内自主品牌车企研发能力的增强、合资车企研发工作的本土化，以及第三方机构及国内外核心零部件供应商的持续推进，我国汽车关键零部件检验检测标准持续紧跟国际趋势；另一方面，基于中国在部分领域特有的标准、技术及开发优势，汽车行人保护性能、汽车事件数据记录系统（EDR）等部分标准研究已经领先于国际水平，正在逐步建立自己的话语权。

（二）汽车关键零部件检验检测能力持续提升

随着国内车企研发投入的增大，关键零部件研发验证的需求也在快速增长，大量的检测需求促使汽车零部件的检测能力持续提升。整车企业、零部件企业与第三方机构在测试设备与试验室基础设施建设上大量投入，部分试验室的硬件设施水平已可与国际一流实验室相媲美。但除了硬件的持续投入之外，人员能力与相匹配的综合管理能力仍有待加强，整体能力稍显不足。

（三）领域竞争日趋激烈

相对于整车性能检验检测机构，汽车零部件检验检测机构的建设成本及其投入较小，门槛相对较低。随着我国准入制度改革的深入，可提供汽车零部件检验检测服务的机构越来越多。在公告检验检测服务方面，工业和信息化部装备工业发展中心已经发布了三批公开道路机动车辆检验检测机构备案信息，已有超过二十家零部件检验检测机构进入名单。此外，在验证检验检测服务方面，大量的跨国检测集团与民营检测机构也开始进入汽车零部件检测行业，如 SGS、华测等，汽车零部件检验检测市场的竞争变得愈加激烈。

第三节　汽车检验检测行业主要问题

一、法规相对滞后，国际影响力不够

标准法规升级是检验检测行业技术进步的主要推动力，国内汽车产业起步较晚，标准体系建设过程中大多参考欧美日地区，虽然近年来发展迅速，但仍然面临不足，与发达国家和地区相比仍然有差距，国际标准的主导权和影响力偏弱。

在排放节能领域，我国参与国际标准制修订（WP29）和相关研究不足，无法在国际标准的制定过程中体现国际影响力或建立品牌效应；与国际领先国家相比，我国对欧洲和美国等国家排放标准理解深度不够。在底层协议研究方面，国六排放标准引用了 SAE 和 ISO 的相关标准，我国目前基本没有参与国际标准底层协议 SAE 和 ISO 的制订或修订，对底层协议的要求和未来发展了解不深；我国正在对国际标准进行转化，从而改变我国标准“引用外国标准”的情况。

在燃料电池汽车“氢安全”方面，尚无完善的燃料电池汽车、系统及电池堆等方面与氢安全相关的标准。在燃料电池发动机三高环境适应性检验检测方面，目前国内虽已具备满足相应试验条件的检验检测设备，但是相关的检验检测标准及试验方法仍然处于缺失状态。在燃料电池发动机耐久性检验检测方面，依然存在着指标不明确、耐久工况不统一、试验方法不完善、评价方法不健全的问题。

二、核心检验检测技术研发跟不上标准升级步伐

（一）大部分核心技术由国外导入，与中国实际情况不匹配

国内汽车检验检测起步晚、更新快，检验检测核心技术研发升级迭代跟不上标准的升级速度。国内检验检测技术大多是在参考国外的基础上，进行补充完善，导致一方面缺乏核心技术的原创性，另一方面与中国的实际情况不能完全匹配。

碰撞测试中所采用的数据库是国外的交通事故数据，与国内实际交通状况存在差异：如碰撞速度、车内乘客分布等核心数据；碰撞测试所使用的核心工具——假人代表的是欧美人种的体型；核心测试设备包括数据采集设备、高速相机、三坐标测量仪器等全部进口。

在底盘系统电气化方面，其核心技术包括测试技术基本由国外头部企业掌握，相关的关键零部件生产制造企业与国外头部企业有较大差距；在耐久测试方面，在高端作动器或振动台上依赖进口，缺少核心技术，缺乏完善的驱动文件开发方法及判定依据。

（二）汽车检验检测能力急需健全

检验检测能力发展仍不健全，汽车标准体系和测评体系主要参照美国、欧洲国家或者日本的体系，自主体系尚不完善。特别是在新的技术领域，国外没有相应的检验检测需求，没有现成的方法可以借鉴，导致中国实际上相关检验检测领域已经开始发展，但还没有相应完善的检验检测能力与方法。

在智能网联方面，一是自动行车和自主泊车等技术仍在迭代，测试技术稍滞后于技术发展，需要加快测试规范开发，加快开放道路测试工具链应用；二是面向自动驾驶的测试环境与传统汽车不同，需要构建从零部件、系统到整车的新测试能力。

在被动安全性方面，碰撞用的重量明显低于真实车辆的平均水平；蜂窝铝总体强度和强度分布与真实车辆相比存在较大差异；牵引系统和假人无法真实反映车辆和乘客在 AEB 工况下的姿态变化；滑台试验在车辆姿态、入侵状态模拟中，精度和稳定性有待提升。

三、高精检测硬件研发能力不足

目前国内检测设备研发投入严重不足，市场主流的检测设备份额大多被国际大公司占据。一方面，国内缺乏政策引导，难有大量人力和物力投入到高精设备研发之中；另一方面，国际有许多现成的测试设备体系，即便国内的设备研发出来，也很难打开市场，或者说市场竞争不足，由此导致国内相关企业研发投入的动力不强，只有一些小型的或孤立的测试设备在国内有少量的研发和销售。

（一）测试装备依赖于国外进口，技术瓶颈现象明显

实车碰撞所使用的可导航台车、软目标物、仿真测试软件及系统等还依赖于国外进口。电磁兼容检测设备一直以来由欧洲主导，国内虽已经逐渐出现了电磁兼容技术方案的供应商，但在支持电磁兼容检测新技术、新方法落地的设备方面，开发能力仍有待加强。在悬架 K&C 试验台、轮胎六分力试验台、底盘耐久试验台等测试设备方面，国产设备在能力与精度上与国际一流设备存在差距，核心的高精尖测试设备依然依赖进口；汽车整车“轮胎滑移率—附着系数”测试，试验设备依赖国外，关键控制技术受制于人，测试效率低下，急需进行全工况轮胎场地测试负荷拖车及智能化测评分析系统平台的自主开发，解决技术瓶颈难题。

（二）国产测试设备性能难以满足高端测试需求

当前，电驱动系统测试所需的国产设备在配置灵活性上，以及环境条件稳定时，性能可以满足测试要求，但在复杂环境和复杂试验条件下的稳定性、控制精度与国外先进水平相比还存在一定差距，需要加大技术研发和工程化开发，如测功机台架在负载大幅度快速交变时的转速控制技术、早期故障检测和数据分析技术、HIL 测试系统软件硬件技术、声学信号采集分析技术、大数据分析与处理技术等。

四、急需突破共性关键技术

（一）符合中国市场的共性技术研究运用需要突破

目前，相当一部分的试验工况数据来自国外的测试验证经验，与国内的实际情况相比存在一定差异。中国的工况数据代表了我国实际道路驾驶情况，目前中国工况数据已经全面应用于新能源汽车和重型商用车能耗测试评价，同时纳入轻型车燃料消耗量试验方法中。但是轻型汽车的排放和油耗、重型汽车发动机排放测试标准还未导入中国工况数据，中国工况数据的推广应用还需要加强。

此外，当前国际上强制性检测法规主要聚焦于传统被动安全性领域，对不同驾驶场景和使用场景工况下的检测技术考虑不足，也没有符合中国道路工况的数据和检测方法。在汽车对车外人员的碰撞保护测试方面，急需开展契合中国实际道路场景的自行车骑行者保护、汽车对车外人员胸部碰撞保护、主动安全技术与被动安全技术相融合的车外人员碰撞保护技术。

（二）基础研究薄弱制约行业技术发展

面向产品多样性、功能多样性、车与环境及车与人的交互影响等方面涌现出大量的电磁兼容检测需求，相应测试标准与方法的制定离不开基础研究工作的支持，在电磁兼容理论、电磁干扰源、电磁干扰路径等基础研究工作方面的不足已成为电磁兼容测试技术发展的短板。

第四节　汽车检验检测行业发展趋势

一、汽车检验检测机构发展趋势

（一）行业发展对检验检测机构的要求越来越高

随着汽车行业管理重心由事前审批逐渐向事中、事后监管转移，准入环节法规类检测需求将明显减少。同时，在新一轮科技革命和产业变革背景下，汽车技术和产品研发周期、迭代周期加快，对检验检测机构的技术能力提出了更高的要求。伴随着民族汽车品牌进一步参与国际竞争，迫切需要检测机构提升应对海外市场准入的法规咨询、政策解读、产品测试等能力。检测机构的发展重心将由传统法规符合性测试逐渐向以新能源、智能网联为代表的新一代测试转变，政府授权的资质优势将不断弱化。

（二）综合性检验检测机构优势逐渐显现

我国汽车产品检验检测认证市场从业机构数量多，按照资本属性区分，有中央企业、地方国有企业、民营企业和外资企业。行业市场占有率和从业机构影响力呈现头部聚集效应。从市场占有率来看，中国汽车技术研究中心有限公司（中汽中心）、中国汽车工程研究院股份有限公司（中国汽研）等综合性技术服务机构具有“比较优势”。

（三）检验检测认证一体化发展趋势明显

国际知名的认证机构如 SGS、TÜV 等，都是集检验检测、认证等多种业务于一身的综合实体。在品牌影响力的加持下，其“一体化”“一站式”服务具有强大的市场竞争力。国内汽车技术服务企业也开始步入“检测认证一体化”发展模式，如中汽中心成立检测认证事业部，中国汽研设立认证公司，中机寰宇整合检测认证业务，等。检测认证一体化发展可以满足企业、市场等多方面的技术需求，大幅提高竞争力，为车辆生产企业提供一站式服务，降低企业成本；有利于打造国内行业龙头企业，提升行业综合实力和国际竞争力。

（四）“新四化”技术变革带来检验检测业务增量

技术发展日新月异，跨界融合趋势明显，“新四化”趋势带来了汽车产业形态、商业模式和企业组织形态等的重大变化，以 5G、云计算、大数据、人工智能等技术为代表的科技和产业革命带动汽车全产业链和关键技术的融合发展，为汽车产业价值链带来颠覆性改变，也孕育出汽车产品检测蓝海市场。未来，智能网联、燃料电池技术、软件测评、信息安全等一系列领域标准体系的制定，将给汽车产品检测认证市场带来新的市场机会。

二、汽车检验检测智能化发展趋势

实现检验检测行业智能化发展，能够有效提高检验检测机构的业务精细化和可视化管理水平，提升关键、核心检验检测设施设备应用能力，减少设备故障、异常失效带来的经营风险，提升相关业务的自动化、智能化服务能力，对于检验检测行业的服务能力提升具有重要价值。实现智能化检验检测的机构不仅能贯通自身业务流程（信息化），还能积累检测数据（数字化），分析挖掘检验检测大数据的应用价值（智能化），有效提升汽车产品整体研发检测能力，推动汽车行业的创新发展。智能检验检测已逐步成为新趋势、新常态。

（一）工业互联网平台在检验检测行业应用越发广泛

工业互联网平台以其全要素全产业链全价值链打通集成和分析优化能力，能够将工业全流程、产业全链条打通，提升数字化水平并实现数据资源积累。面向产品、用户和协同企业的应用逐渐发力，促进检验检测行业各类应用实现集成互通，工业系统全要素、全流程、全生命周期系统性协同、优化将成为现实，而聚焦汽车检验检测的设备智能物联的工业互联网平台会应运而生。通过综合性的系统集成平台，实现不同设备、不同数据格式的统一集成和共享，提供统一的数据访问方式，可以为未来功能模块扩展及与其他第三方系统的集成，提供有效的支撑路径。平台通过设备互联上云、检测流程上云、检测数据上云、检测报告上云，以及智能机器间的连接，最终将实现“人-机”连接、“云上检测”。

（二）以大数据为核心的检验检测数据价值深度挖掘势在必行

行业级的汽车检验检测数据平台通过检测业务全流程的管控，积累海量数据，并形成汽车检验检测行业大数据体系。通过研究数据接入机制、海量多源异构大数据管理、高负载和海量数据处理能力、实时性数据管理与提取机制、全面运营监控指标体系、统一的检验检测大数据语义集成与交互标准、感知实时数据资源动态清洗与提取能力、检验检测大数据可视化平台等理论方法与应用技术，对企业的检验检测大数据进行整合和管理。以汽车检验检测大数据池为核心，搭建高通用性的数据平台，提供行业级平台载体和数据分析工具，实现检验检测数据的多次利用和价值挖掘，解决现阶段存在的服务缺乏个性化定制、缺乏深度大数据挖掘、数据应用价值低等问题，促进传统检验检测业务与数字化技术的融合发展，实现检验检测大数据的价值再利用，最终实现行业资源共享，助力汽车检验检测行业业务链条的延伸。

三、汽车检验检测标准法规发展趋势

行业标准升级始终是汽车检验检测领域发展的重要契机，未来汽车行业将面临更加严峻的标准要求，汽车检验检测标准法规也将更加健全和严格。

在整车性能方面，需要制定整车底盘动力系统、功能安全、线控底盘等整车关键性能的测试评价标准，通过研究汽车实际使用场景下的测试工况，与试验场用户实际使用的关联分析，构建整车关键性能测试评价标准体系，尤其对整车的动力系统、关键零部件建立整车级测试评价标准，通过标准和规范促使整车综合性能提升，完善整车标准法规体系。

在节能环保方面，欧洲已经启动第七阶段排放标准研究工作，我国也在 2020 年启动了第七阶段排放标准的“预研”工作，围绕全面控制污染物排放、排放油耗协调控制和强化监管，进一步控制汽车排放和油耗。第五阶段燃料消耗量标准于2021年度发布，测试工况由NEDC切换为WLTC，企业存在更新油耗申报数据的集中检验需求。在重型车领域，全面覆盖非常规、非尾气污染物测试技术、重型混动车排放测试方法及技术，进一步完善生产一致性和在用符合性等管理技术要求。

在新能源汽车方面，需要制定燃料电池汽车的可靠性测试评价标准，构建燃料电池汽车的故障分层分级标准，能够通过对燃料电池汽车的可靠性的测试评价，减少市场在用车的故障率，提高车辆的商业化的水平，加快制定相应的政策法规和标准化体系。

在智能网联汽车方面，车辆的换道辅助检测、驾驶人状态监测、主动巡航和远程召唤等高阶驾驶辅助功能的测试评价方法是下一步的热点方向；车辆自动驾驶模拟仿真、封闭场地和实际道路综合测试标准体系将制定完成；支撑自动驾驶的环境感知、决策控制、人机共驾、人机交互、数据记录的系统级、整车级多层级测试验证，安全、舒适、能耗、交互、效率的智能网联汽车的多维测试评价体系将逐步完善。

四、汽车检验检测技术发展趋势

（一）突破仿真和实车测试工具依赖进口的技术瓶颈问题

在智能网联汽车领域，建设符合中国道路交通特征的智能网联汽车测试基础数据库，将对自动驾驶通用功能在典型场景及复杂环境的测试评价起到重要支撑作用。突破仿真系统和实车测试工具依赖进口的技术瓶颈问题，这也是智能网联汽车检测行业可持续发展的必要条件，中国自主知识产权的仿真测试工具链、兼容网联车辆的场地测试且符合中国国情的软目标物和高性能软目标物运动控制平台即将问世。智能网联汽车试验室内的复杂环境测试装备将是更具前瞻性的研究领域，如整车天线性能测试平台、道路环境场景物理模拟平台等。

（二）更符合国情的检验检测技术逐步投入运用

根据中国（和东亚地区）人体结构特点和耐受度，开发中国人体征的测试用假人，让“中国车保护中国人”；根据国内真实车辆状态，开发中国版碰撞台车和碰撞用蜂窝铝，台车质量更大，蜂窝铝硬度分布更合理；关注后排乘客乘车安全，国内人均汽车保有量仍偏低，多人同车出行比较普遍，后排位置使用率较高。

（三）新技术领域汽车全产业链的检验检测能力加快形成

在燃料电池汽车检验检测领域，正在形成覆盖“燃料电池汽车整车—燃料电池动力总成—燃料电池发动机—燃料电池堆—辅助系统—燃料电池组件及材料—车载供氢系统”全产业链的研发验证和法规检验检测能力，为行业健康、快速、有序发展提供技术支撑和技术保障。

Part 4　车型特征篇

第五章　2020 年乘用车新车型特征分析

姚勇，徐传康，王佳良*

摘要：本章依据《道路机动车辆生产企业及产品公告》数据，从燃料结构、车辆类型结构、车型级别等维度阐述了 2020 年乘用车新车型申报情况。基于整车参数特征、动力参数特征及核心零部件特征，分析了乘用车新车型技术特征及技术趋势，分析了 2020 年乘用车新车型的市场表现。2020 年上半年受疫情影响，新车型发布数量较少，但下半年乘用车企业加快了新车型研发，车型整体质量和技术水平有所提升，新车型产量呈逐月稳步攀升态势，对汽车市场回暖和产业高质量发展具有明显的推动效果。

关键词：乘用车；新车型；技术特征；发展趋势。

第一节　2020 年乘用车新车型申报情况

一、乘用车新车型申报基本情况

2020 年，工业和信息化部发布了第 327～339 批共计 13 批《道路机动车辆生产企业及产品公告》（以下简称《公告》）。如图 5-1 所示，共有 102 家乘用车企业发布了 1424 个乘用车新车型。整体来看，申报《公告》新车型数量按批次顺序大致呈“上半年波动下降、下半年逐渐攀升、年末急剧下降”的态势，下半年整体表现高于上半年各批次水平。其中，5 月第 332 批申报的新车型数量最少，仅为 14 个型号；11 月第 338 批共申报 293 个型号，代表全年单批次的最高水平。

分月看，由于 2020 年上半年受新冠肺炎疫情影响，虽然 1—5 月发布了 6 批次《公告》（第 327～332 批），但累计只有 331 个乘用车新车型，占全年乘用车新车型总量的 23%，比例不足 1/4，申报数量在疫情影响下整体处于较低水平。下半年随着疫情防控常态化的有效管控，宏观经济逐步回暖，叠加国家和地方政府利好政策的持续推动，以及乘用车企业加大优惠力度，乘用车市场产销形势迅速好转，乘用车企业申报《公告》的积极性被极大调动和激发，6 月乘用车新车型申报数量迅速反弹，环比增长 642.9%，此后申报数量逐渐攀升，到第 338 批达到峰值，新车型数量接近 300 个，占全年乘用车新车型总量的 20.6%。

具体到第 338 批《公告》，共有 47 个乘用车企业申报了 293 个新车型。如图 5-2 所

* 姚勇，高级工程师，工业和信息化部装备工业发展中心产品审查处处长；徐传康，工程师，任职于工业和信息化部装备工业发展中心产品审查处；王佳良，助理工程师，任职于工业和信息化部装备工业发展中心产品审查处。

示，TOP10 企业累计申报 181 个新车型，占该批次乘用车新车型总量的 61.8%。其中广汽乘用车申报 33 个新车型，高居榜首，在本批次的比例为 11.3%，是 2020 年全年唯一单批次申报新车型数量超过 30 个的企业，排在其后的上汽大众、上汽通用及北京奔驰的新车型申报数量均突破 20 个。在本批次中，2021 年年初国产上市的特斯拉 Model Y 首次出现在《公告》中。

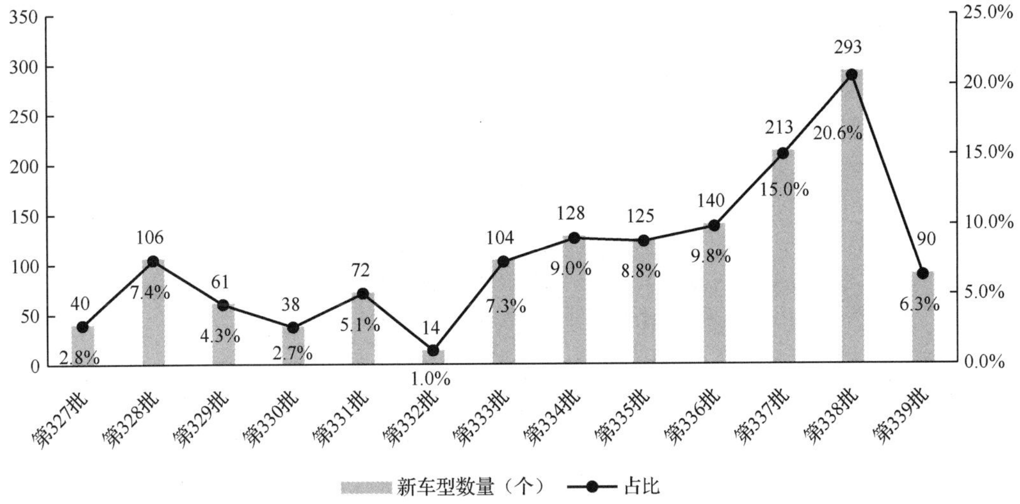

图 5-1　2020 年乘用车新车型情况

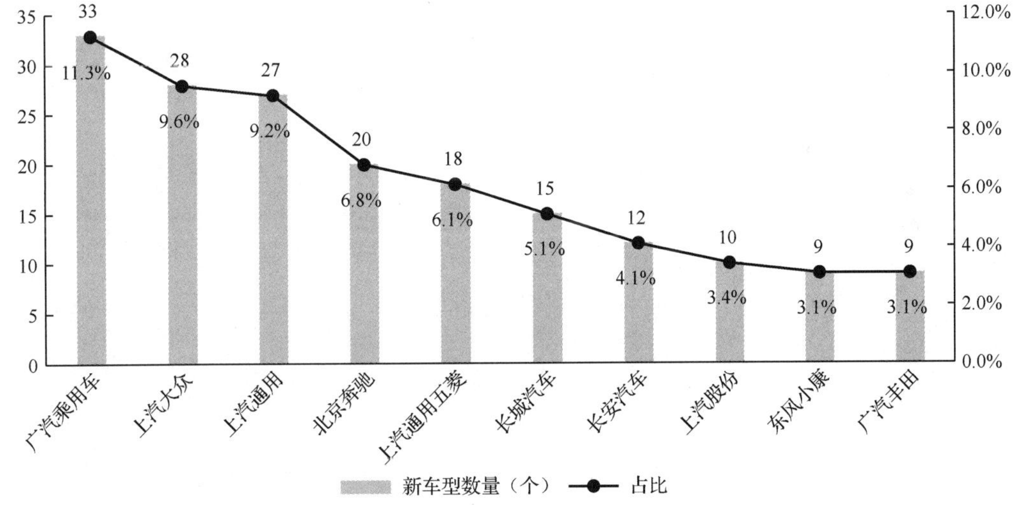

图 5-2　第 338 批 TOP10 乘用车企业新车型情况

二、乘用车新车型申报结构分析

（一）燃料类型结构分析

如图 5-3 所示，2020 年，71 家乘用车企业共申报 915 个传统燃料新车型，占全年乘用车新车型总量的 64.3%，其中上汽通用五菱、上汽大众、东风有限公司分别申报 62 个、

61 个、60 个新车型，位列传统燃料乘用车新车型申报前三名；其次是纯电动产品，74 家乘用车企业共申报 425 个纯电动新车型，占全年乘用车新车型总量的 29.8%，其中上汽通用五菱、广汽乘用车、比亚迪分别申报 47 个、27 个、22 个新车型，位列纯电动乘用车新车型申报前三名。包括纯电动、插电式混合动力、燃料电池在内的新能源汽车新车型数量占比为 34.5%，与传统燃料汽车相比仍有较大的差距。但随着乘用车生产企业更加重视新能源汽车市场发展及加大车型开发力度，预计未来几年新能源乘用车与传统燃料乘用车的新车型数量差距将逐渐缩小。

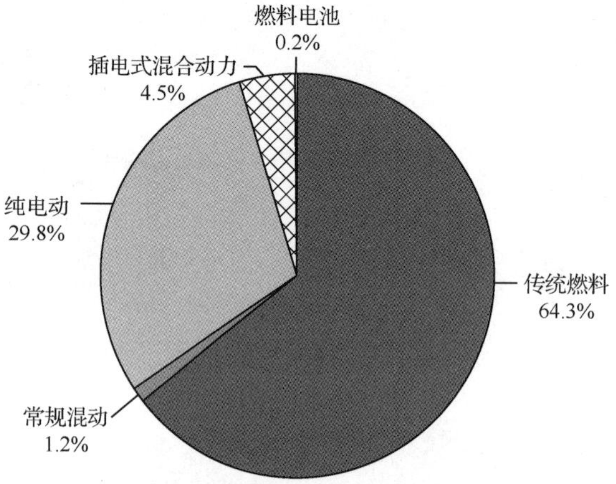

图 5-3　2020 年乘用车新车型燃料类型结构

如图 5-4 所示，从《公告》批次看新车型燃料类型结构，传统燃料新车型数量所占比重整体呈波动中下滑的趋势，最高出现在第 329 批，为 93.4%，到第 339 批下降到仅为 43.3%。从第 330 批开始，纯电动新车型数量所占份额稳定在 25%～43%，单批次申报数量最多的新车型出现在第 338 批，为 93 个型号，占比为 31.7%。在第 329 批、第 331 批和第 332 批，仅申报传统燃料和纯电动两种类型的新车型。2020 年乘用车企业积极推进多种技术路线并行发展，插电式混合动力新车型的申报数量在 12 月第 339 批大幅增加到 17 个型号，份额达到 18.9%。燃料电池新车型出现在年度最后三批《公告》中，各有 1 个型号。

（二）车辆类型结构分析

如图 5-5 所示，2020 年，82 家乘用车企业共申报 744 个 SUV 新车型，占全年乘用车新车型总量的 52.2%，超过一半的比例，其中上汽大众、广汽乘用车、一汽大众分别申报 44 个、32 个、32 个型号，占据 SUV 新车型数量前三位；其次是轿车，62 家乘用车企业共申报 528 个新车型，占全年乘用车新车型总量的 37.1%，其中上汽通用五菱、东风有限、一汽大众分别申报 61 个、32 个、27 个型号，位列轿车新车型数量前三位。SUV 新车型申报数量比轿车多 216 个，成为《公告》乘用车新车型的绝对主力。MPV 新车型申报数量为 119 个，占比为 8.4%。

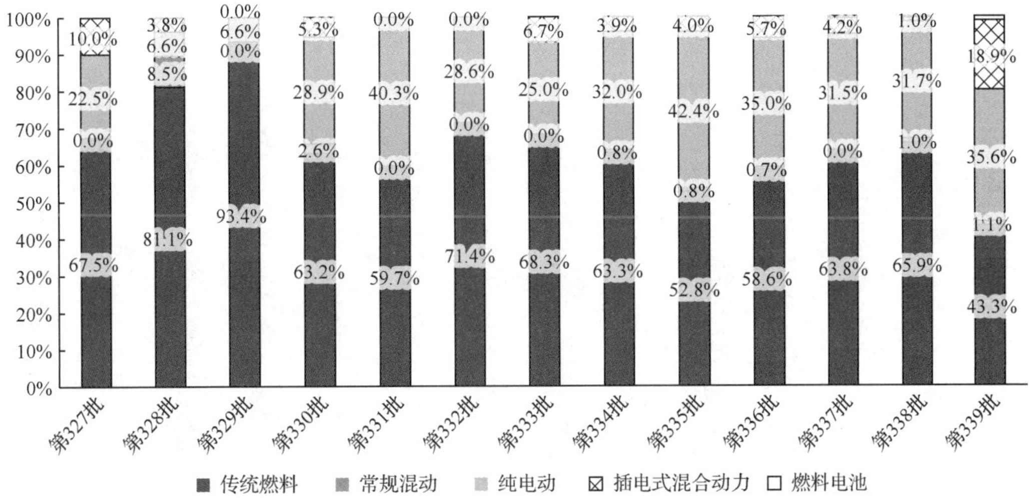

图 5-4　2020 年乘用车新车型分批次燃料类型结构情况

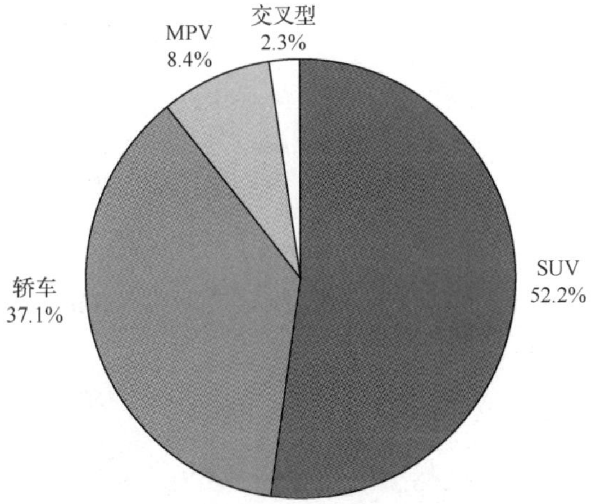

图 5-5　2020 年乘用车新车型车辆类型结构情况

如图 5-6 所示，从《公告》批次看新车型车辆类型结构，SUV 所占比重明显高于轿车及其他车辆类型。在 2020 年的 13 个批次中，SUV 新车型申报数量在第 327 批、第 330 批和第 332 批的所占份额均超过 65%，其中第 332 批的份额达到 71.4%，可见即使在因疫情导致市场低迷的艰难时期，大多数乘用车企业都将 SUV 放在最重要的位置，视为第一战略产品。轿车新车型申报数量仅在第 331 批和第 333 批与 SUV 相当或略超 SUV，其余批次都与 SUV 存在一定差距。

（三）车型级别结构分析

如图 5-7 所示，2020 年，70 家乘用车企业共申报 674 个 A 级新车型，占全年乘用车新车型总量的 47.3%，接近一半的比例；其次是 B 级，51 家乘用车企业共申报 364 个新车型，份额为 25.6%；46 家乘用车共申报 152 个 A0 级新车型，份额为 10.7%，A0 级、A 级、B 级合计 82.9%，占据乘用车新车型申报总量的主要份额，其他系别的乘用车新车型申报数量仅占17.1%。

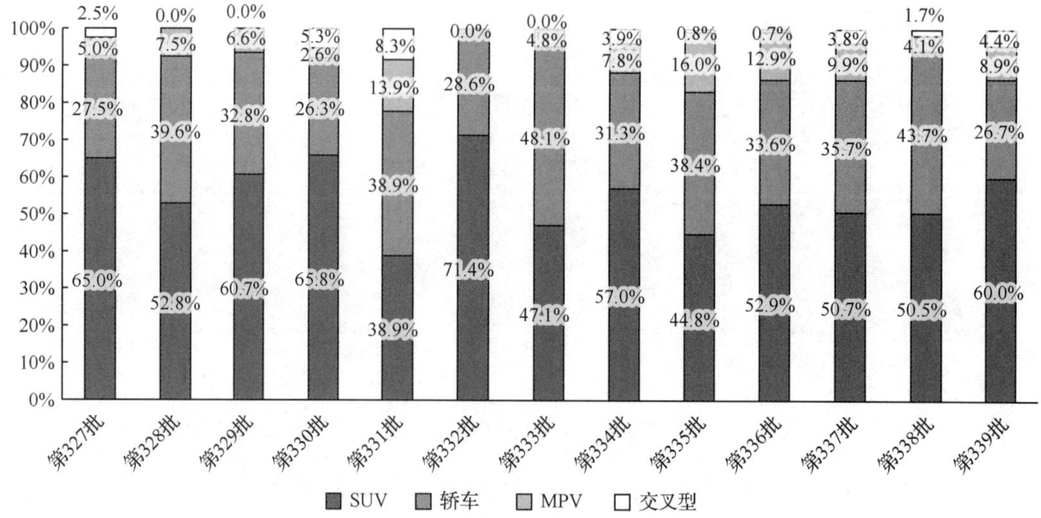

图5-6　2020年乘用车新车型分批次车辆类型结构情况

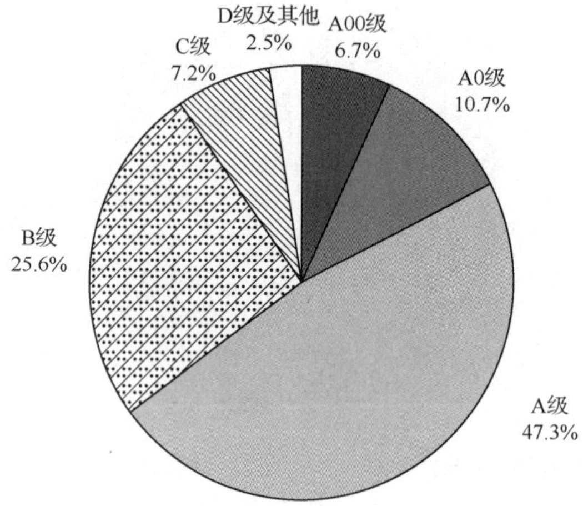

图5-7　2020年乘用车新车型级别结构情况

如图5-8所示，从《公告》批次看新车型级别结构，A级所占份额明显高于B级及其他级别。在2020年的13个批次中，A级新车型申报数量在6个批次的份额超过50%，其中在第328批的份额高达71.7%，可见A级仍是乘用车企业竞争的主战场。B级新车型数量仅在第332批、第337批超过A级，其中在第332批的份额达到50%。A0级新车型数量在第331批出现集中申报的情况，仅比A级少1个型号，同时远超B级。

（四）系别结构分析

如图5-9所示，2020年，81家中国品牌乘用车企业共申报945个新车型，占全年乘用车新车型总量的66.4%；其次是欧系，11家欧系乘用车企业共申报244个新车型，所占份额为17.1%；9家日系乘用车企业共申报132个新车型，所占份额为9.3%。不过从申报企业新车型的平均数量来看，欧系乘用车企业是最高的，平均每家企业高达 22 个新车型。

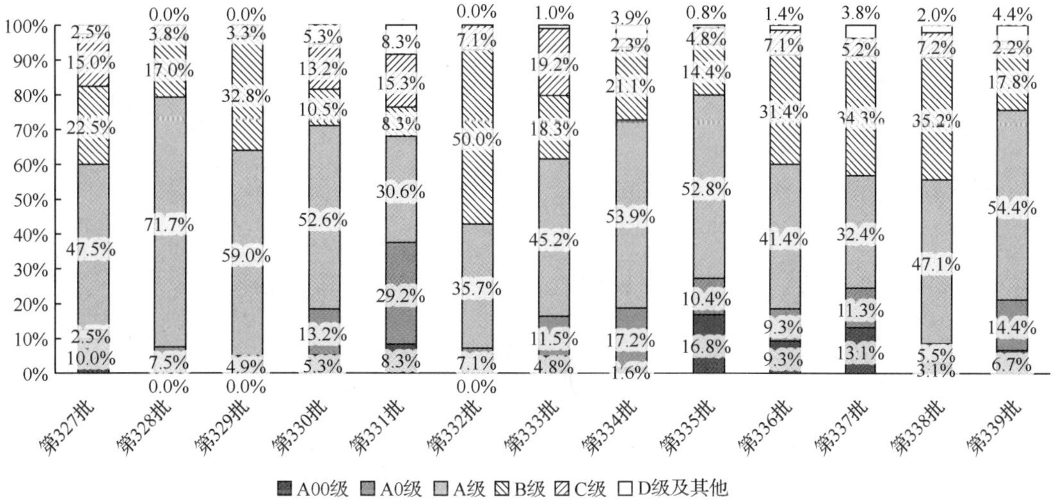

图 5-8　2020 年乘用车新车型分批次级别结构情况

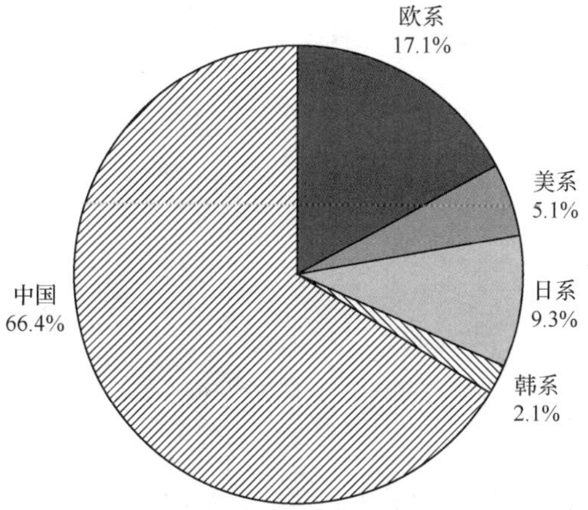

图 5-9　2020 年乘用车新车型系别结构情况

如图 5-10 所示，从《公告》批次看新车型系别结构，中国品牌乘用车新车型申报数量占各批次总量的份额大致呈“高—低—高—低—高”起伏滚动前进的态势，而欧系品牌所占各批次份额基本与中国品牌份额成反方向起伏滚动前行态势，但中国品牌所占份额整体明显高于欧系及其他系别。在 2020 年的 13 个批次中，有 7 个批次中国品牌申报新车型数量份额超过 70%，其中在第 336 批中所占份额高达 86.4%；欧系新车型申报数量所占份额仅在第 329 批超过中国品牌，其余批次除第 333 批外均与中国品牌存在较大差距。第 332 批仅有中国品牌和日系企业申报新车型，且日系的份额超过中国品牌。

三、重点企业新车型申报情况分析

分企业看，如图 5-11 所示，上汽通用五菱申报数量最多，共计 110 个新车型，是唯一一家申报数量超过 100 个新车型的乘用车企业；第 2～5 名依次是上汽大众、东风有限公司、一汽大众、广汽乘用车，分别申报 66 个、63 个、59 个、51 个新车型，其余乘用车企业申报的数量均少于 50 个型号。TOP10 乘用车企业共申报了 572 个新车型，占全年乘用车新车型申报总量的 40%，整体看产业集中度处于中等水平。

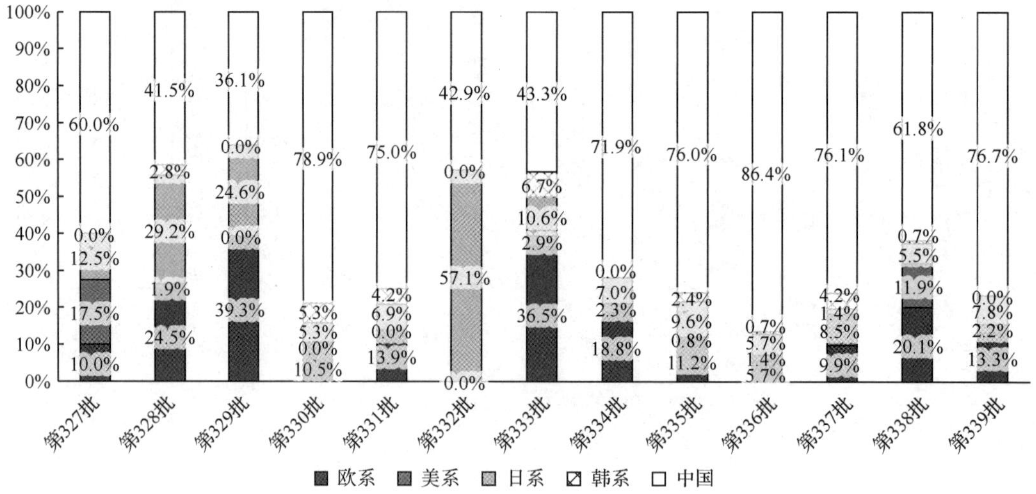

图 5-10　2020 年乘用车新车型分批次系别结构情况

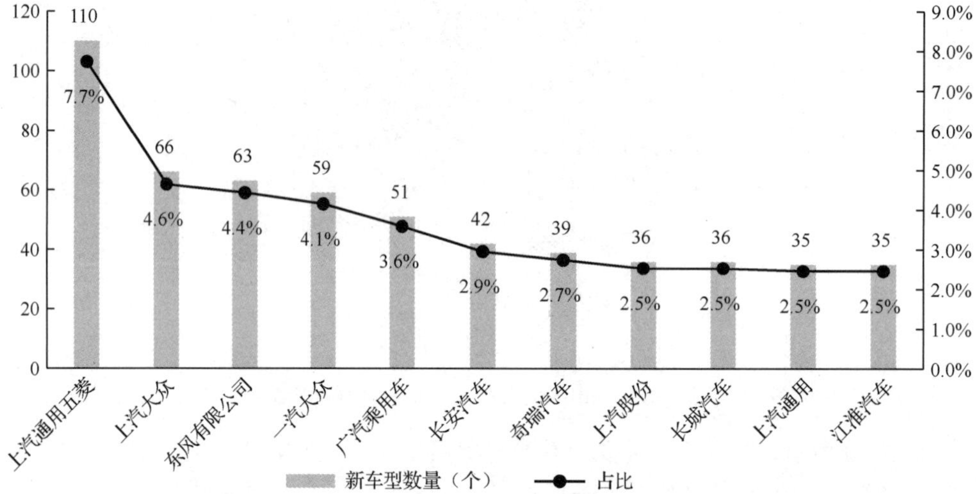

图 5-11　2020 年 TOP10 乘用车企业新车型情况

分批次看，如图 5-12 所示，上汽通用五菱申报的新车型集中在 2020 年下半年，上半年总共申请了 12 个新车型，其中第 329 批、第 332 批未申报新车型。上汽通用五菱全年申请新车型数量最多的批次出现在第 337 批，为 26 个型号，其次是第 335 批和 338 批，均为 18 个型号。这在一定程度上说明了 2020 年下半年疫情得到有效控制，汽车产业呈现逐渐回暖的态势。

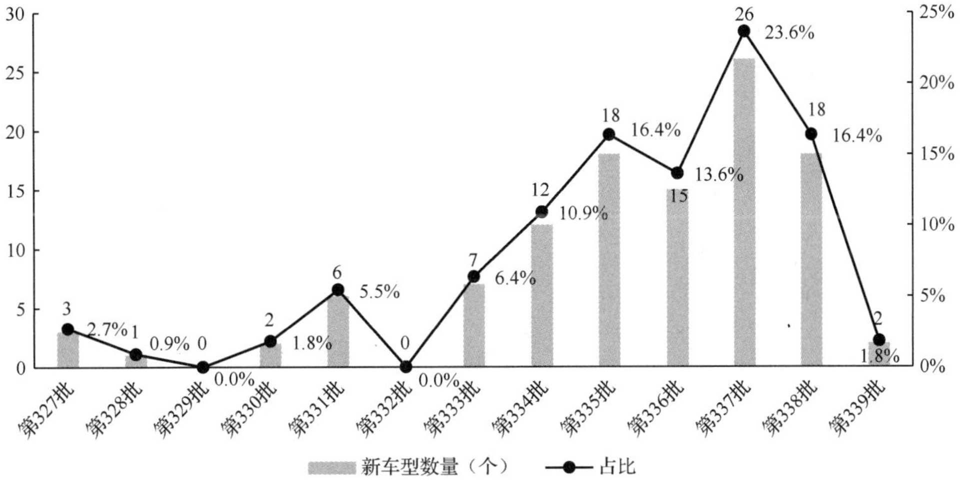

图 5-12　上汽通用五菱分批次发布新车型情况

第二节　2020 年乘用车新车型技术特征

一、整车参数特征分析

（一）空间及尺寸大型化趋势明显

随着人民经济能力的提升及消费升级的影响，消费者对汽车舒适性和内部空间的要求提升，从而导致同一级别的轴距、整车长度、宽度、高度有不断加大的趋势。同时，国内小型车市场需求逐渐萎缩，而中大型车市场则在不断扩大，合资品牌也争先将大型轿车和 SUV 引入中国市场，中国品牌则不断冲击高端需求，在整车配置、车身尺寸上不断向豪华车看齐，多重因素导致车型尺寸大幅提升，“乘用车大型化”趋势十分明显。

作为性价比高、用户群庞大的 A 级车型市场，众多厂家为提升产品竞争力，更好地满足消费者需求和抢占市场份额，新车型虽然价格仍停留在 A 级车价位，但在车身尺寸、内部空间方面纷纷向 B 级车看齐。通常 A 级车的轴距为 2600～2750mm，但从 2020 年 A 级《公告》新车型申报情况可以看出，如图 5-13 所示，2700～2749mm 的轴距已成为 A 级车首选，而超过 10%的新车型轴距在 2750mm 以上，并有继续向上扩展的趋势，部分批次轴距在 2750mm 以上的 A 级车超过 20%，与 B 级车的尺寸界线愈加模糊。

（二）轻量化技术发展初显成效

由于环保和节能的需要，以及对整车安全性能的要求，汽车的轻量化已经成为世界汽车发展的共同课题。实验证明，若汽车整车重量降低 10%，燃油效率可提高 6%～8%，轻量化是改善汽车燃油经济性的有效途径。对于新能源汽车而言，降低汽车的整备质量，可以提高汽车的动力性、减少电能消耗，进一步增加续驶里程，降低新能源用户“里程焦虑”。

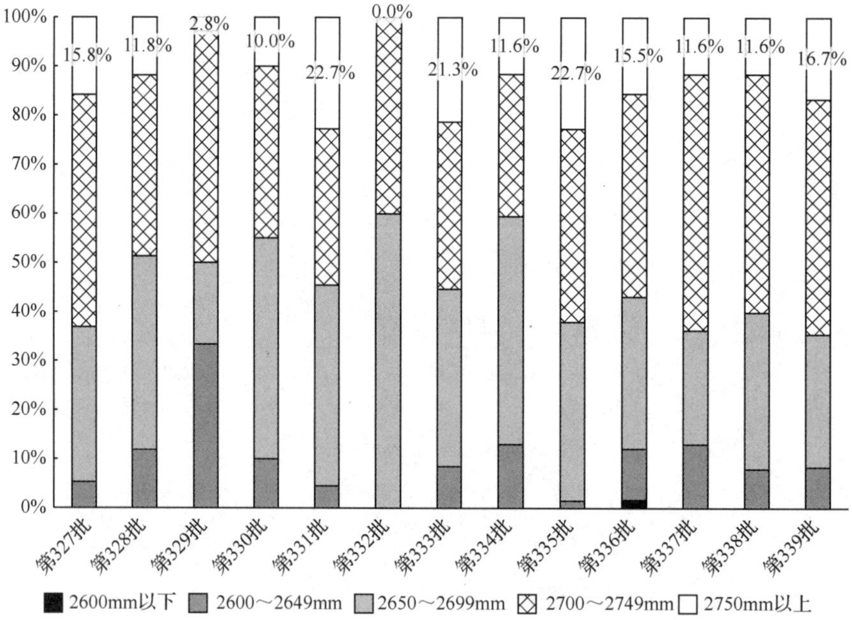

图 5-13　2020 年乘用车新车型分批次 A 级车申报轴距情况

铝合金材料具有密度小、强度高、弹性好、抗冲击性能优良、易加工成型等优点，早期铝材价格高、燃油价格低的时代，铝材没有被汽车产业广泛采用，而近些年，随着能源危机、环境保护和交通安全问题得到持续的关注，以及铝合金生产成本的降低，铝合金材料快速应用到车身和零部件领域，对整车减重贡献明显。如图 5-14 所示，从 2020 年《公告》新车型申报情况可以看出，在新车型电器配置、舒适性配置等需求不断增加的情况下，整备质量在 1800kg 以上车型的占比仍相对较低，多数新车型的整备质量控制在 1000～1599kg，部分新车型整备质量下探到 1000kg 以下，轻量化技术的应用初显成效。

二、动力参数特征分析

（一）小排量增压成主流

在油耗排放标准和法规日益严格，以及消费者对于发动机性能要求不断提升的趋势下，车企不断改进发动机成为必然。而在真正的电动化时代来临前，小排量涡轮增压发动机是当下实现动力性与燃油经济性兼得的必由之路。通过对增压发动机的调校与标定，可以提高发动机低转速时的扭矩，使汽车更多工作在低转速区间，进一步减少摩擦损失和泵气损失，节油效果明显，增加涡轮后，发动机的动力性也将显著提升。同时，减小的发动机体积，可为车厢内部腾出更大空间，进一步提升整车舒适性。因此，体积小、重量轻、动力强的小排量增压发动机成为汽车企业新车型动力系统选择的主流方案。

早期小排量发动机动力较弱，给消费者留下“小马拉大车”的不好印象，但在如涡轮增压技术、多气门技术、可变气门技术、全铝发动机技术等先进发动机技术的“加持”下，如今小排量发动机已脱胎换骨，获得市场的认可。如图 5-15 所示，从 2020 年《公告》新车型申报情况可以看出，2000mL 以上的大排量发动机占比极低，1600mL 以下的发动机排量成为市场主流，1000～1399mL 的小排量发动机车型占比超过 10%。

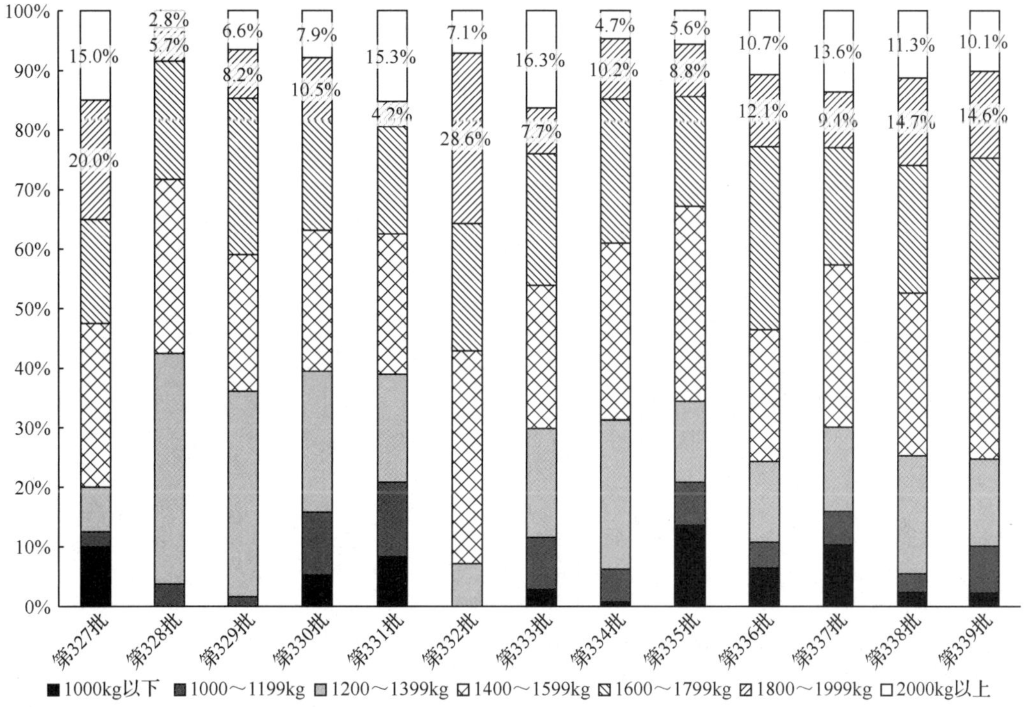

图 5-14　2020 年乘用车新车型分批次整备质量情况

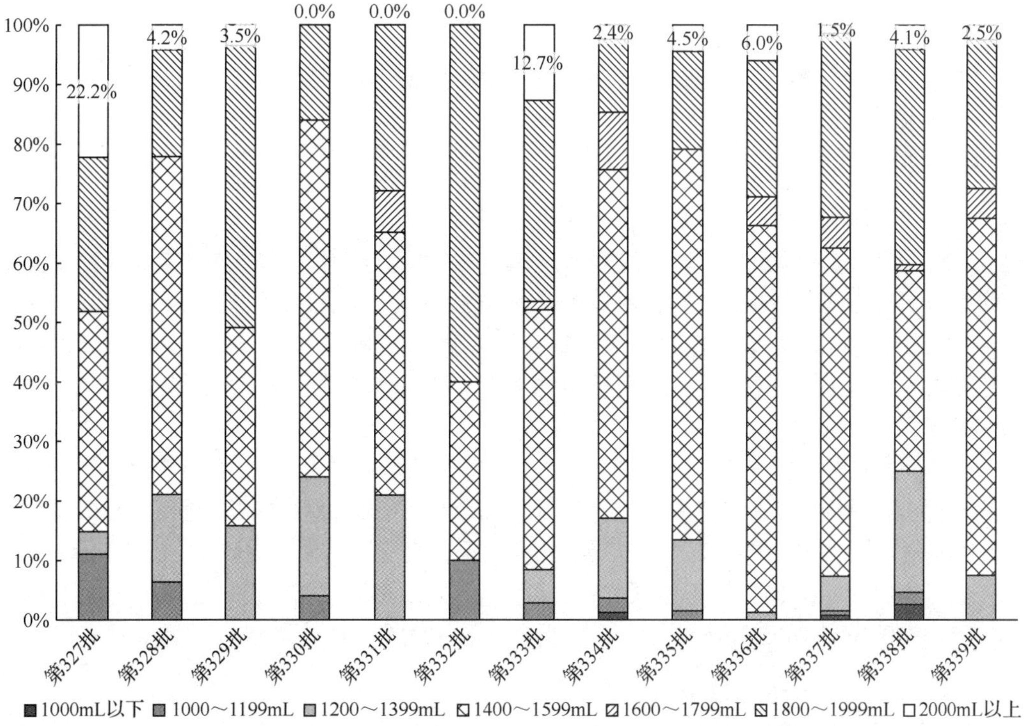

图 5-15　2020 年传统燃料乘用车新车型发动机排量情况

相比自然吸气式发动机，增压发动机有效利用了废气来推动涡轮旋转以增大进气量，相当于将原本在自然吸气发动机上排放浪费掉的热能动力重新利用起来，有利于降低油耗、减少氮氧化物的排放，同时，扭力方面也更有优势，更适合日常驾驶路况。如图 5-16 所示，从 2020 年《公告》新车型申报情况可以看出，增压发动机占比超过 70%，受到汽车厂商和消费者青睐。

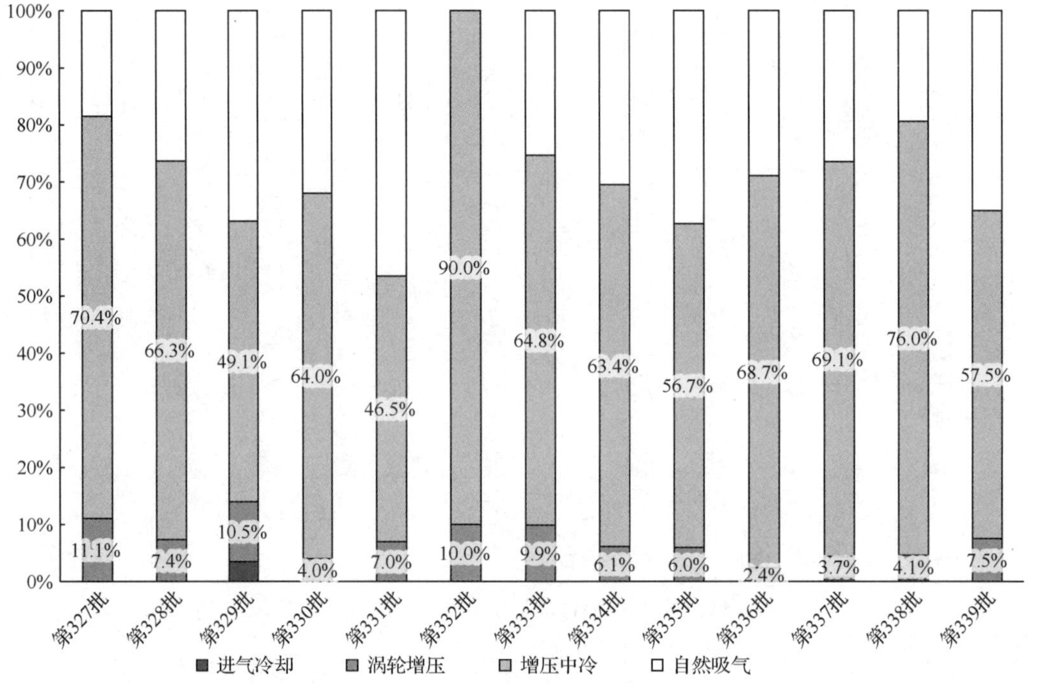

图 5-16　2020 年传统燃料乘用车新车型发动机进气方式情况

（二）节能技术大有所为

目前，我国面临化石能源短缺且污染物排放超标的挑战，汽车的保有量却不断提升，对此，国家制定相关法律、法规、标准和行动计划，助力汽车产业可持续发展。为促使汽车产业节能减排，国家制定中长期发展规划及乘用车第五阶段燃料消耗量标准，明确表示我国 2025 年的燃料消耗目标要下降至 4.0L/100km，《节能与新能源技术路线图 2.0》中则表明 2030 年的燃料消耗目标是 3.2L/100km，未来传统车节能技术仍大有所为。

汽车节能路径主要包括减少车辆行驶过程中所需能量、提高热动能转换效率、降低能量传输过程中损失、降低辅助系统能量消耗及优化车辆能源供需管理等，随着车辆轻量化、涡轮增压、混合动力、怠速启停等热门技术的逐渐应用，新车型油耗得到有效降低。如图 5-17 所示，从 2020 年《公告》新车型申报情况可以看出，超过 55%的传统燃油车新车 100km 油耗在 7.0L 以下，仅不到 10%的中大型、大型乘用车 100km 油耗在 9.0L 以上。

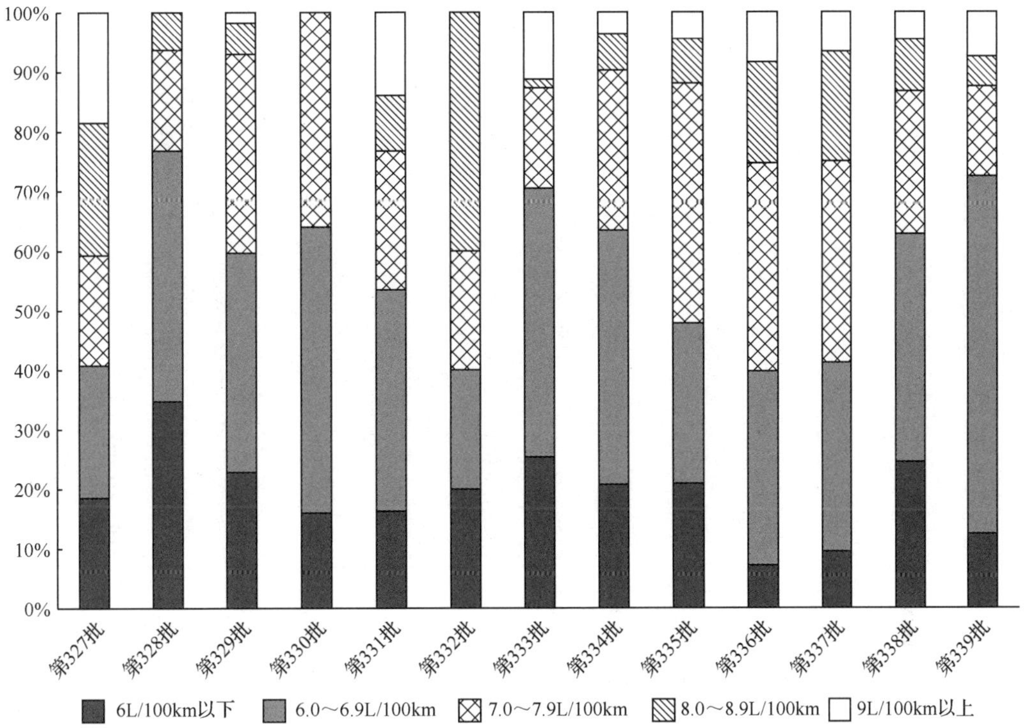

图 5-17　2020 年传统燃料新车型油耗情况

三、核心零部件特征分析

（一）三缸发动机重新得到应用

相比四缸发动机，三缸发动机具有能耗低、单缸效率高、体积小、重量轻、布置更加灵活等优势，在节能减排的趋势下，越来越多的车企投入三缸发动机的研制中，但由于自身 NVH 缺点较为明显，发展相对较慢。近几年通过增加平衡轴、双质量飞轮等设施改善抖动问题，采用涡轮增压技术提升动力，在发动机舱增加隔音罩、橡胶减震轮等方式降低噪声，现代化三缸机产品重新受到企业欢迎，尤其是在 A 级车中，这一趋势更加明显。如图 5-18 所示，从 2020 年《公告》新车型申报情况可以看出，部分批次 A 级车三缸发动机占比超过 15%，除较早使用三缸发动机的美系品牌和中国品牌外，日系品牌产品卡罗拉、雷凌等也逐渐推出三缸发动机产品，进一步降低了新车油耗。

（二）DCT 变速器搭载量上升势头明显

目前市面上自动挡车辆大多搭载 AT、CVT、DCT 三大类自动变速器，三类变速器的节油效果与技术成本成正比，其中 DCT 变速器能满足消费者对驾驶运动感和车辆节油的双重要求，与传统 MT 手动变速器相比，在整个换挡期间能确保最少有一组齿轮在输出动力，令动力没有出现间断的状况。作为一种综合性能优越的自动变速器，DCT 正在得到越来越多的搭载应用。如图 5-19 所示，从 2020 年《公告》中新车型申报情况可以看出，DCT 变速器申报占比最高，超过 28.0%。

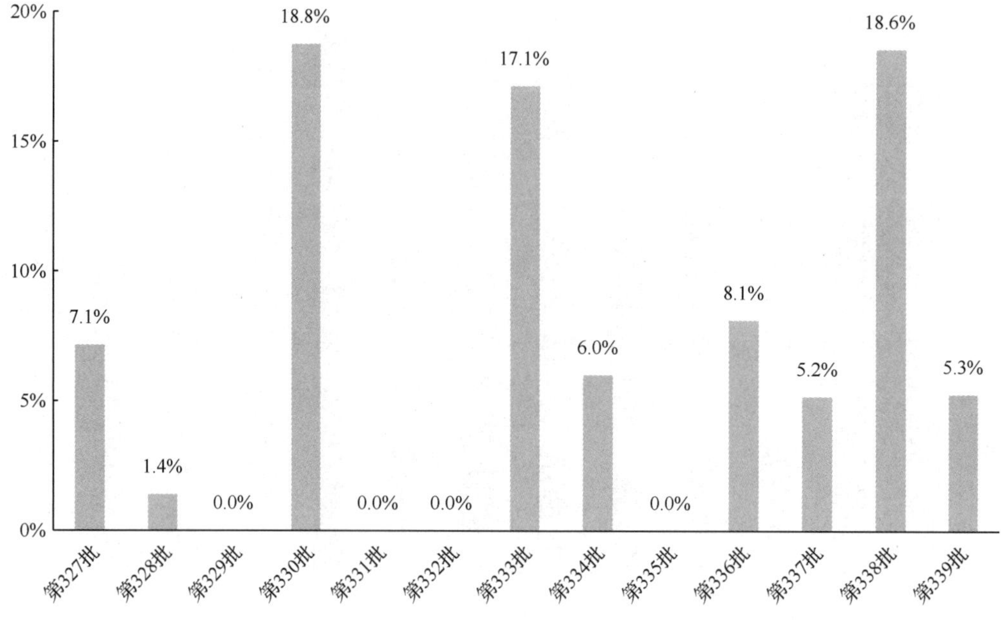

图 5-18　2020 年新车公告申报 A 级车三缸发动机占比情况

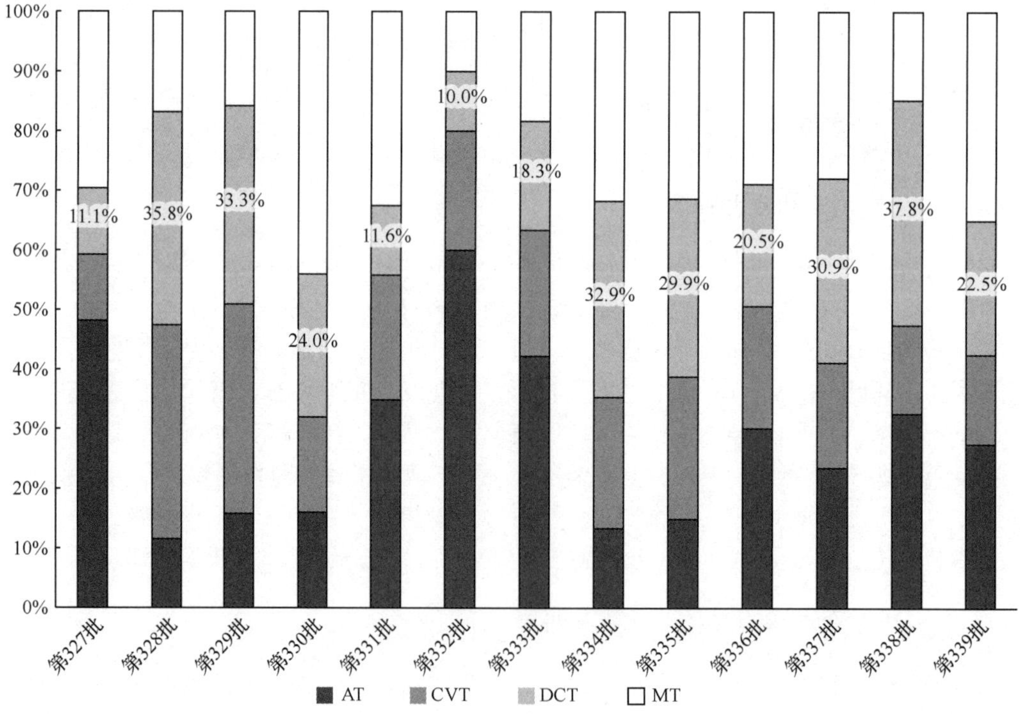

图 5-19　2020 年传统燃料新产品变速器类型情况

第三节　2020 年乘用车新车型市场表现

一、新车型产量统计概述

2020 年，新申报《公告》的产品月度产量整体呈现“爬坡效应”。如图 5-20 所示，12 月产量达到 114.7 万辆，全年累计产量为 605.7 万辆。从月度来看，由于新冠肺炎疫情影响，2 月新车型产量出现 15.1%的负增长，接着疫情在短时间内取得较好控制及防控常态化，3 月、4 月和 5 月在低基数下新车型产量环比出现超高幅度增长；进入“金九银十”汽车销售黄金期，宏观经济回暖明显，叠加乘用车企业加大车型促销力度，乘用车市场需求加速释放，生产企业积极性大幅提升，9 月新车型产量较 8 月增加 29 万辆，环比增速达到 49.0%，君威、奔驰 E 级、哈佛 H6、飞度和轩逸环比增量均在 1 万辆以上。

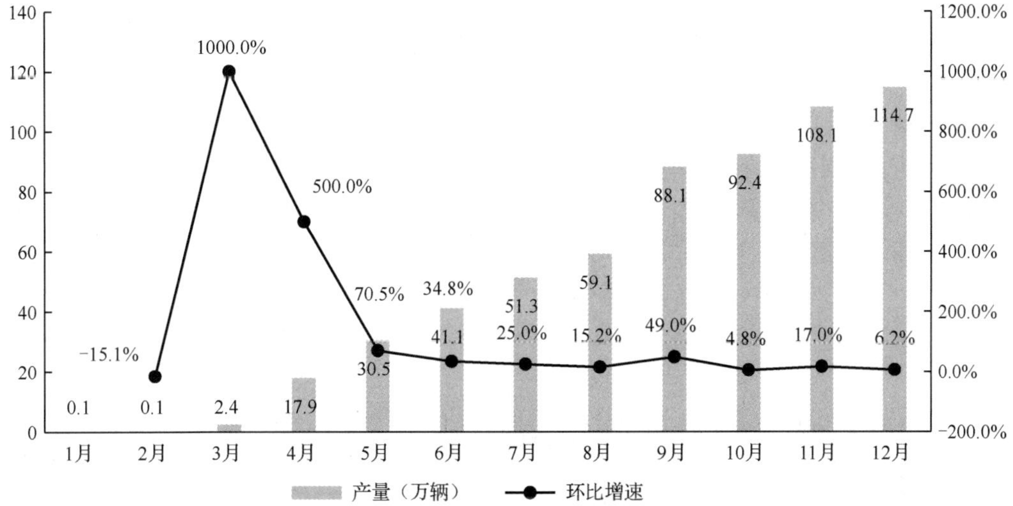

图 5-20　2020 年月度新车型产量情况

二、新车型市场结构分析

（一）燃料类型结构分析

从燃料类型看，传统燃料新车型产量占 2020 年新车型总量的比例高达 90.4%，仍是绝对的主力（见图 5-21），其余燃料类型占比不足 10%，轩逸、英朗 GT、速腾位列前三名，产量分别为 34.0 万辆、28.9 万辆、24.3 万辆。其次是纯电动汽车，新车型产量为 46.1 万辆，占 2020 年新车型总产量的 7.6%，其中宏光 MINI EV、特斯拉 Model 3、比亚迪汉、传祺 AION.S 和小鹏 P7 表现突出，占据前五位，产量分别为 12.8 万辆、6.4 万辆、2.73 万辆、2.65 万辆和 1.8 万辆。插电式混合动力汽车中的比亚迪汉、理想 ONE、探岳、途观 L 不俗表现，4 个车型产量均在 1 万辆以上。常规混合动力汽车由日系把控，2020 年主力新车为本田 CR-V、凌派，产量分别为 2.2 万辆、1.1 万辆。

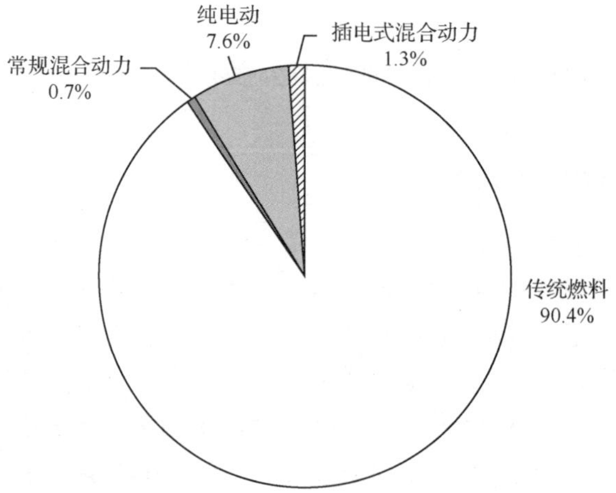

图 5-21　2020 年新车型产量燃料类型结构

从月度来看新车型产量燃料类型结构，整体上常规混合动力、插电式混合动力乘用车份额波动变化小、占比较低；传统燃料、纯电动乘用车份额大且变化也较大，除 1 月外，传统燃料乘用车份额呈逐月下降态势，而纯电动乘用车份额变化与之相反，呈逐月攀升态势，两者表现出此消彼长的格局。2020 年年初新车型申报较少，叠加新冠肺炎疫情影响，1 月、2 月出现比较极端的情况，1 月仅生产了传统燃料和纯电动新车型，2 月只生产传统燃料新车型，传统燃料乘用车新车型产量份额也从 2 月的 100%逐月下降到 12 月的 86.8%，与此相对，纯电动新车型产量份额从 2 月的零占比逐月攀升到 12 月的 11.0%（见图 5-22）。

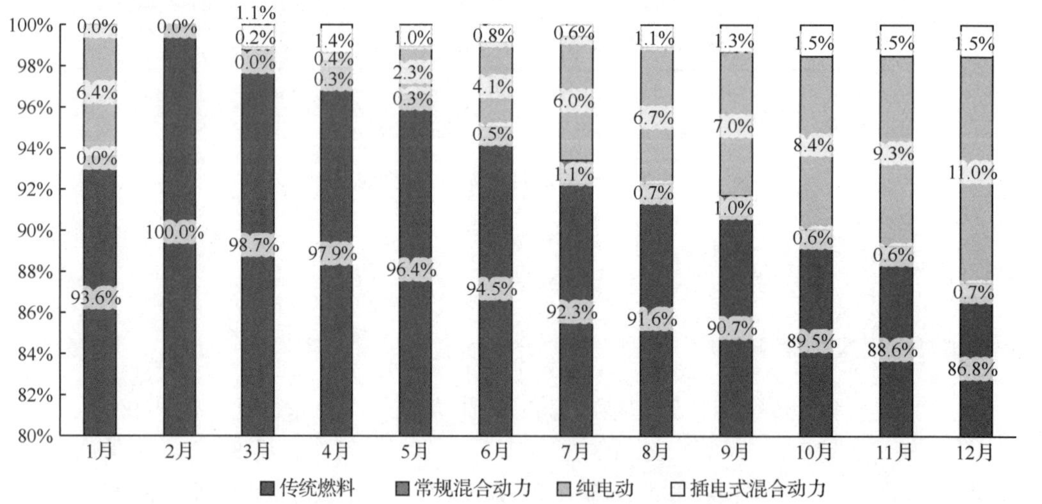

图 5-22　2020 年月度新车型产量燃料类型结构

（二）车辆类型结构分析

从车辆类型结构看，2020 年轿车、SUV 新车型产量分别为 294.4 万辆、290.1 万辆，所占比例分别为 48.6%、47.9%（见图 5-23），是拉动 2020 年新车型增量市场的主力车型，且两种车型差距细微。在轿车新车型中，轩逸、英朗 GT、速腾、宏光 MINI、奥迪 A4L、科鲁泽、朗逸产量均超过 10 万辆，位列前七名，累计产量达 134 万辆，贡献轿车新车型 45.5%的产量。在 SUV 新车型中，本田 CR-V、哈佛 H6、途观 L、探岳、途岳、奥迪 Q5L 产量均超过 10 万辆，位列前六名，累计产量达 83.2 万辆，贡献 SUV 新车型 28.7%的产量。MPV 新车型产量主要由凯捷、威然、嘉际、传祺 GM8、比亚迪宋 MAX、五菱宏光 PLUS、上汽大通 G50、阁瑞斯支撑，上述车型贡献了 MPV 新车型 64.2%的产量。在交叉型乘用车新车型中，睿行 M60、长安之星、五菱荣光表现较好。

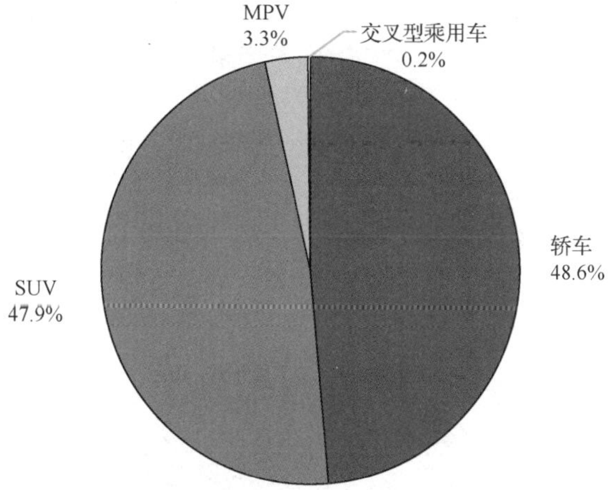

图 5-23　2020 年新车型产量车辆类型结构

从月度新车型产量车辆类型看，2020 年 1 月和 2 月未申报轿车新车型，因此这两个月新车型产量均为 SUV。2020 年 3—12 月，SUV、轿车主导新车型产量车辆类型结构变化，两者此消彼长，SUV 份额在 42%～51%波动，轿车份额在 47%～57%波动，整体上轿车月均份额略高于 SUV。MPV、交叉型乘用车新车型市场份额较小，两者最高份额出现在 11 月，分别为 3.8%、0.4%（见图 5-24）。

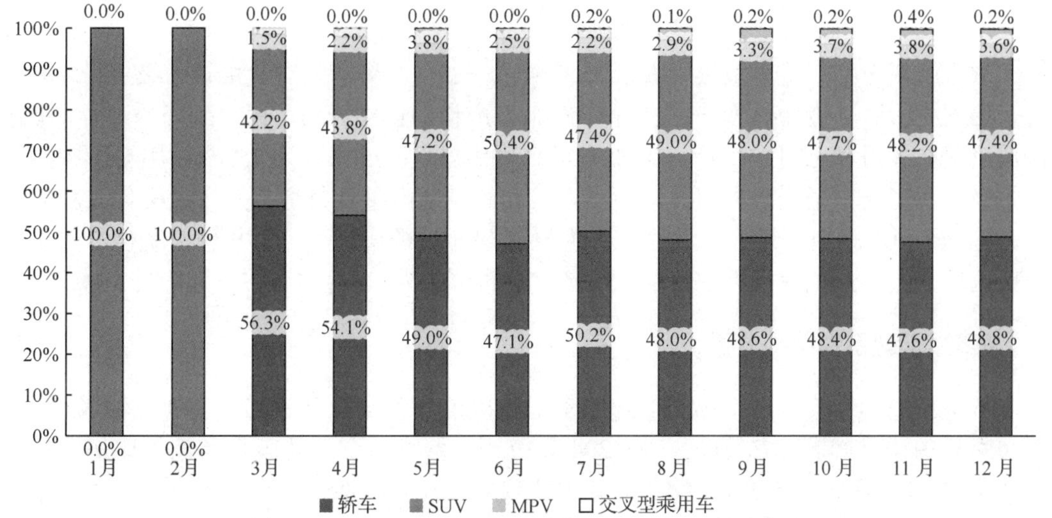

图 5-24　2020 年月度新车型产量车辆类型结构

（三）车型级别结构分析

从车型级别结构看，A 级新车型 2020 年产量为 391.1 万辆，占全年新车型总产量的 64.6%，占据主导地位，其中轩逸、英朗 GT、速腾、本田 CR-V、哈佛 H6、途观 L、探岳、途岳、科鲁泽、朗逸依次占据 1～10 名位置，各自产量均在 10 万辆以上，累计产量为 182.4 万辆，贡献 A 级新车型 46.6%的产量。其次是 B 级，其新车型产量为 117.9 万辆，占全年新车型总产量的 19.5%，其中奥迪 A4L、奥迪 Q5L、汉兰达、天籁、特斯拉 Model 3 新车型产量列前 5 位，奥迪 A4L 和 Q5L 产量超过 10 万辆，上述 5 款新车型累计产量为 42.9 万辆，贡献 B 级新车型 36.4%的产量。第三是 C 级，其新车型产量由一、二线豪华品牌及比亚迪和蔚来、理想、小鹏三家造车新势力主导，占全年新车型总产量的 6.7%，其中奥迪 A6L、宝马 5 系、奔驰 E 级、途昂、比亚迪汉是主力新车型，占据 C 级产量前五位，贡献 C 级新车型 62.6%的产量。此外，A0 级、A00 级占全年新车型总产量的比例分别为 5.9%、3.1%，两者累计不足 10%（见图 5-25）。

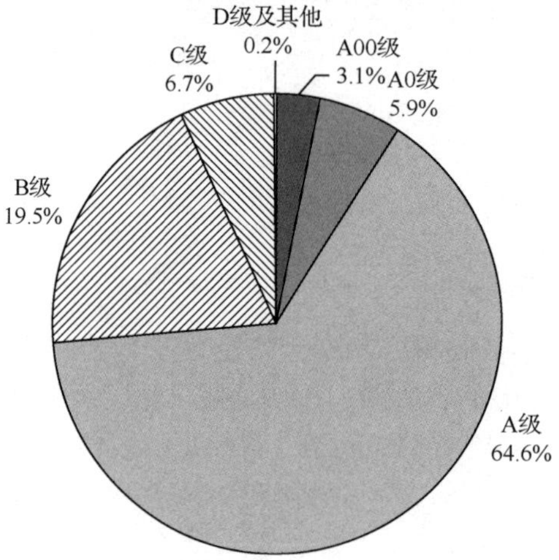

图 5-25　2020 年新车型产量车型级别结构

从月度新车型产量车型级别看，2020 年 1—2 月，新车型产量由 A0 级主导。从 3 月开始到 12 月，A 级新车型产量占全年新车型产量的份额经历了由升到降的过程，最低份额出现在 3 月和 12 月，均为 60.0%，最高份额出现在 5 月，为 75.7%，主要影响因素是本级别主力新车型表现出现波动、其余级别新车型数量逐月增多及产量变化。相对应地，其余级别新车型产量份额大致经历了与 A 级相反的历程，其中 B 级新车型产量份额表现比较明显，最低份额为 5 月的 15.6%，最高份额为 12 月的 21.3%（见图 5-26）。

（四）车型系别结构分析

从车型系别结构看，欧系品牌与中国品牌 2020 年新车型产量均为 200 万辆级别，欧系品牌比中国品牌多 3.7 万辆，为 204.5 万辆，两者占全年新车型产量的比例分别为 33.8%、33.1%（见图 5-27）。欧系品牌主要依靠大众、奥迪合资企业旗下的主力新车型如速腾、途观 L、探岳、途岳、朗逸、奥迪 A4L、奥迪 Q5L，中国品牌则依托长城汽车、上汽通用五菱、长安汽车、上汽乘用车、奇瑞汽车等众多企业旗下热销产品的合力贡献。日系新车型产量为 116.5 万辆，占全年新车型产量的 19.2%，丰田、本田、日产等合资企业旗下 30 个新车型中尤以轩逸、本田 CR-V 表现最为突出。美系新车型产量为 70.1 万辆，占全年新车型产量的 11.6%，上汽通用、特斯拉等旗下 24 个新车型中英朗 GT、科鲁泽贡献最大。

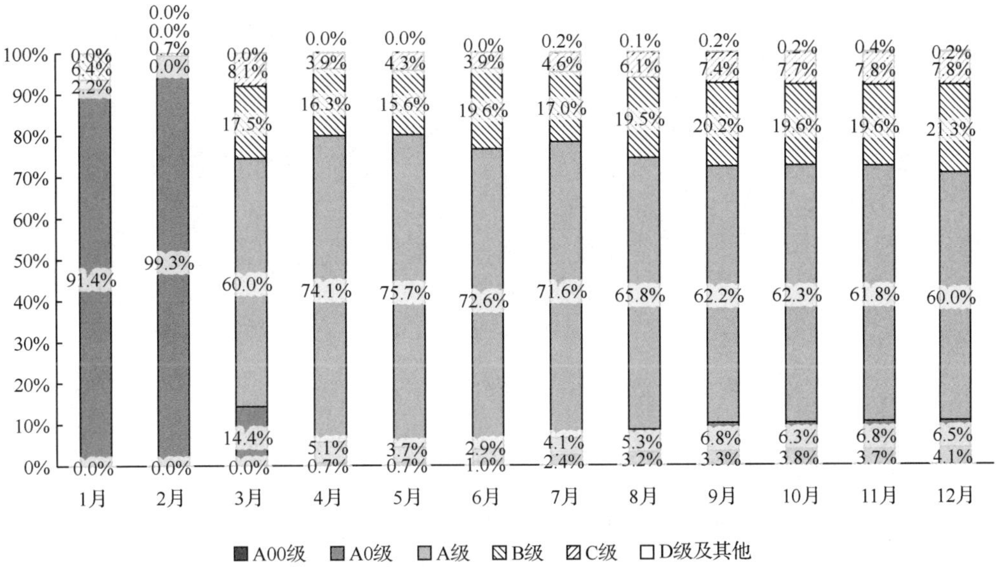

图 5-26　2020 年月度新车型产量车型级别结构

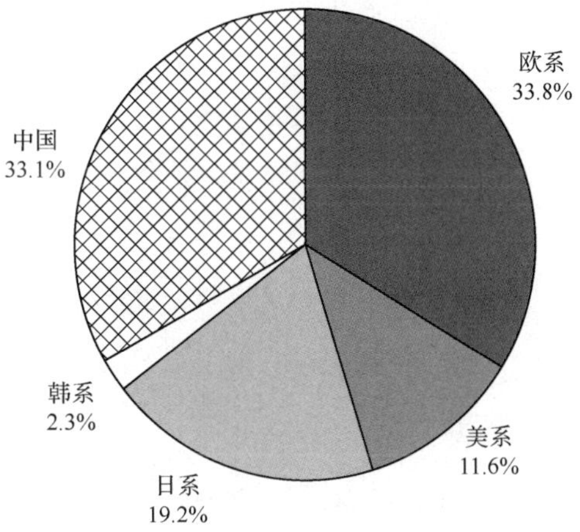

图 5-27　2020 年新车型产量车型系别结构

从月度新车型产量车型系别结构看，2020 年 1—2 月只生产了中国品牌新车型。2020 年 3—12 月，中国品牌新车型产量份额呈先降后升的态势，份额从 3 月的 36.1%下降到 5 月的 16.6%，再逐渐攀升到 12 月的 43.7%（见图 5-28）。相应地，欧系新车型产量份额则经历了与中国品牌近乎相反的月度走势，从 3 月的 26.0%攀升到 5 月的 58.2%之后，逐月下降至 12 月的 23.2%。美系新车型产量份额从 3 月的 37.9%逐月下降到 7 月的 8.2%之后，大体呈缓慢攀升走势，但份额水平与前几个月有较大差距。日系新车型产量份额大致呈先升后略降的走势，而韩系则呈逐月攀升态势，但份额有限。

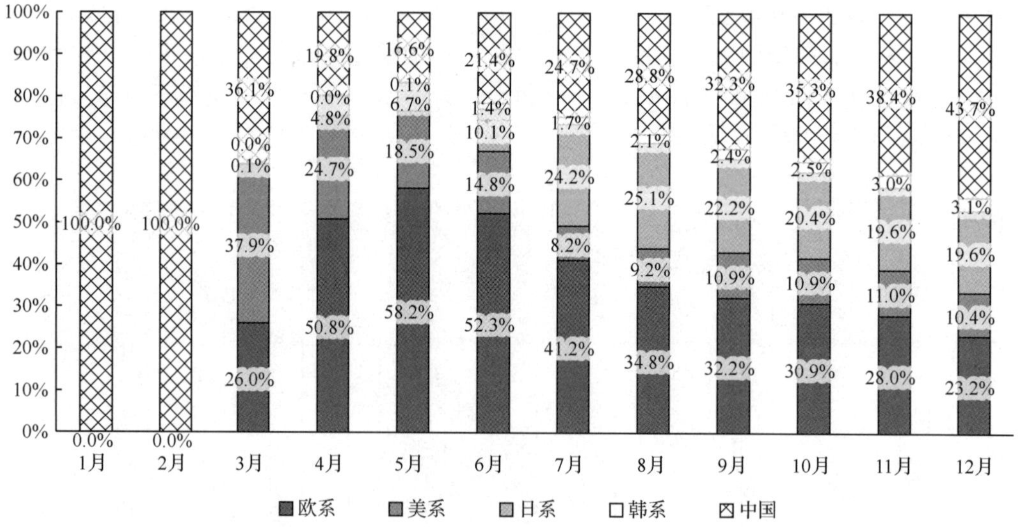

图 5-28　2020 年月度新车型产量车型系别结构

（五）企业结构类型分析

如图 5-29 所示，2020 年新车型产量 TOP10 乘用车企业累计产量为 431.1 万辆，占全年新车型产量的 71.2%。其中一汽大众、东风有限公司、上汽大众产量分别以 110.6 万辆、69.9 万辆、62.5 万辆，占据 1～3 名位置，占全年新车型产量份额分别为 18.3%、11.5%、10.3%。中国品牌企业中上汽通用五菱、长安汽车、长城汽车、上汽股份和吉利汽车 5 家企业进入前 10 名，上汽通用五菱以 31.2 万辆居第 5 位，上述五家中国品牌新车型合计产量占总产量份额为 18.2%，尚不足一汽大众 1 家的份额。

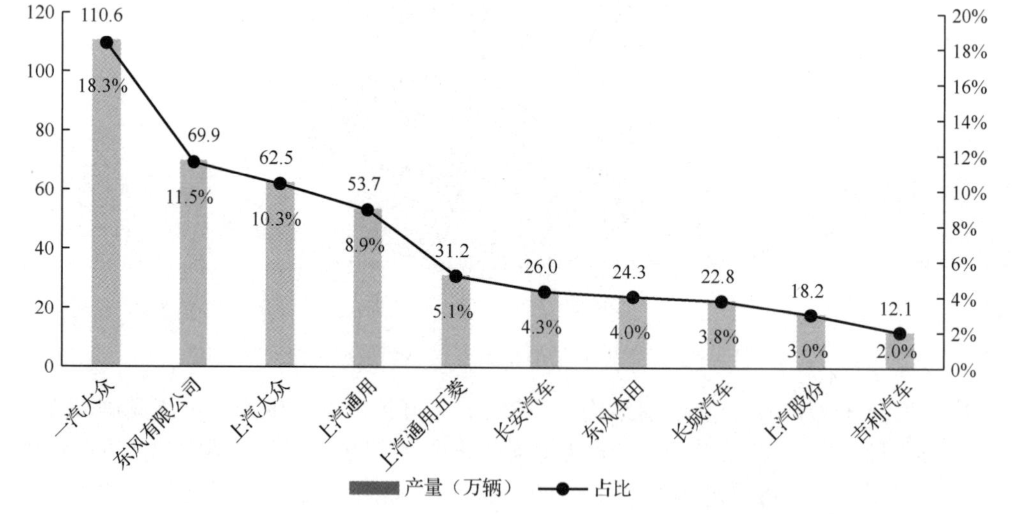

图 5-29　2020 年新车型产量 TOP10 乘用车企业表现

第四节　总结与展望

依据《公告》数据，从燃料结构、车辆结构、车型级别结构、系别结构维度阐述了 2020 年乘用车新车型申报情况，分析了乘用车新车型技术特征及技术趋势。依据机动车出厂合格证数据，分析了 2020 年申报产品《公告》的乘用车新车型的市场表现，在一定程度上反映了企业产品迭代优化的效果。

面对激烈的市场竞争，汽车厂商为扩大企业的市场份额及获得持续发展，加快新车型的研发和上市，以满足消费者多样化的需求。2020 年，虽然受疫情影响，上半年新车型《公告》申报数量较少，但整体质量有所提升，对市场驱动效果明显。尤其在新能源产品方面，特斯拉 Model 3 和宏光 MINI EV 分别凭借其领先的产品技术实力和极致的实用性，获得消费者的高度认可，为新能源市场的恢复提供有力支撑。2021 年，主流车企仍将规划布局多个新产品，中国品牌方面近年产品和品牌升级的策略初显成效，长城汽车“咖啡智能”平台首款旗舰 SUV 摩卡、吉利 CMA 架构下的旗舰 SUV 星越 L 等新车型逐步面市；日系品牌旗下奇骏、汉兰达等多款明星产品将迎来更新换代；威兰达、皓影等车型将推出插电式混合动力版本，进一步加速在中国新能源布局；德系品牌将不断完善其产品体系，大众 ID.3、ID.6 系列新车型将助力其电动化转型。

在能源短缺和环境污染问题突出的背景下，我国在贯彻绿色发展理念的基础上，通过政策引导汽车产业的转型升级，基于我国国情，现阶段采取了多元化技术和多种能源类型共同发展的路径。在汽车产业转型升级的过程中，传统汽车承担着不可或缺的重要角色，在坚持新能源驱动战略的同时，加快推动传统汽车的节能降耗和转型升级，实现传统汽车与新能源汽车融合发展。未来传统能源乘用车占比将呈现下降趋势，但得益于行业在高性能关键零部件技术、先进的燃烧技术、低模组技术、低功耗附件、余热利用、后处理等方面的技术研发和应用，未来行业先进发动机热效率显著提升，乘用车新车型油耗和污染物排放将有效降低。

面对日益严苛的双积分政策和排放法规要求，轻量化是降低能耗、减少排放的最为有效的措施之一。短期内，钢铁将仍然是汽车的主体材料形式，而铝合金、镁合金和碳纤维等先进材料的应用比例将逐渐提升。从轻量化技术发展路径来看，未来整车企业和零部件供应商仍将以材料技术为出发点，配合先进工艺的应用和结构设计的优化，在提升性能的同时，降低先进材料的成本，实现轻量化技术的推广应用。目前，先进轻量化材料成本较高，制造工艺复杂，多在高端豪华车上率先应用，随着技术普及和成本下降，有望加快推广应用。

第六章　2020 年商用车新车型特征分析

姚勇，徐传康，王佳良*

摘要：本章依据《道路机动车辆生产企业及产品公告》数据，从燃料结构、车辆类型结构、功能用途结构维度阐述了 2020 年商用车新车型申报情况。基于整车参数特征、动力参数特征、核心零部件特征，分析了商用车新车型技术特征及技术趋势，分析了 2020 年商用车新车型市场表现。通过研究发现，2020 年商用车新车型申报规模较大，申报车型在动力性、经济性、可靠性等方面技术水平不断提升，总体呈现轻量化、节能化、绿色化发展趋势。

关键词：商用车；新车型；技术特征；发展趋势。

第一节　2020 年商用车新车型申报情况

一、商用车新车型申报基本情况

2020 年，我国商用车市场增长趋势不减，新车型不断推出。2020 年共有 830 家企业申报了商用车新车型，合计申报商用车新车型 21544 个（见表 6-1）。

从整车与底盘分类来看，2020 年《公告》中商用车底盘、整车数量比例约 1∶9，各批次比例相对稳定。如表 6-1 所示，2020 年合计申报商用车底盘 2148 个，其中包含客车底盘 221 个型号、货车底盘 1927 个型号，客车、货车占比分别为 10.3%、89.7%。同时，2020 年合计申报商用车整车新车型 19396 个，其中，客车 2531 个，货车 16865 个，客车、货车占比分别为 13.0%、87.0%。由于商用车市场中货车需求规模占比较大且市场竞争相对激烈，而在疫情影响下 2020 年客车市场需求下降，在商用车整车及底盘新车型中，货车均在数量上占据主要地位。

表 6-1　2020 年商用车（含底盘）分类统计

批次	327	328	329	330	331	332	333	334	335	336	337	338	339	合计
数量（个）	528	720	277	666	1302	120	1611	2151	2226	2555	4075	3710	1603	21544
底盘（个）	60	90	19	69	132	9	170	215	199	232	389	404	160	2148

---

* 姚勇，高级工程师，工业和信息化部装备工业发展中心产品审查处处长；徐传康，工程师，任职于工业和信息化部装备工业发展中心产品审查处；王佳良，助理工程师，任职于工业和信息化部装备工业发展中心产品审查处。

续表

客车底盘（个）	13	7	1	10	25	2	26	24	18	23	37	20	15	221
货车底盘（个）	47	83	18	59	107	7	144	191	181	209	352	384	145	1927
整车（个）	468	630	258	597	1170	111	1441	1936	2027	2323	3686	3306	1443	19396
客车整车（个）	73	68	49	110	214	15	210	303	244	289	401	384	171	2531
货车整车（个）	395	562	209	487	956	96	1231	1633	1783	2034	3285	2922	1272	16865

如图 6-1 所示，其中前十家企业合计申报 5064 个商用车新车型（不含底盘），占比为 26.1%；其他企业合计申报 14332 个商用车新车型，占比为 73.9%。中国重汽、北汽福田、东风汽车、长安汽车、程力专汽申报数量均超过 500 个型号。随着商用车市场的快速发展及产品技术加快升级，各企业申报新车型频率、数量不断提升。尤其是中国重汽，随着产品布局向轻微型货车的拓展，产品申报数量远超其他企业。

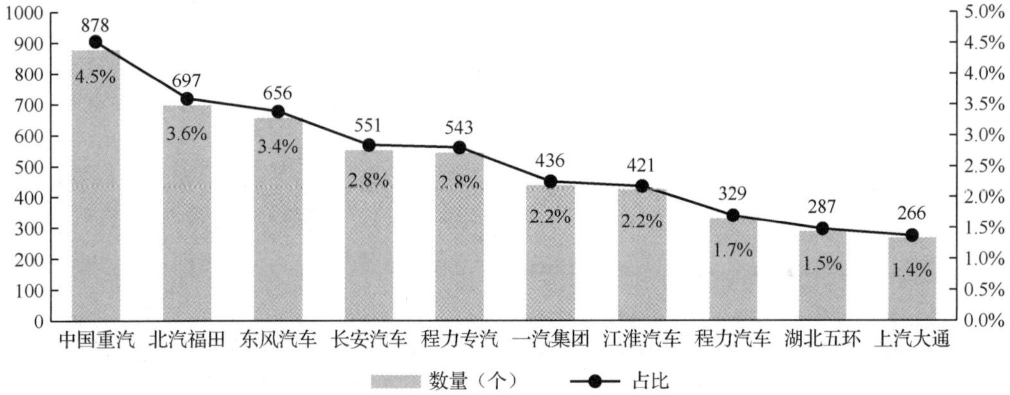

图 6-1　2020 年主要企业新产品（不含底盘）申报情况

如图 6-2 所示，2020 年全年共 13 个批次新车型《公告》。分批次来看，受疫情影响，2020 年上半年工程建设、物流运输等各项经济活动活跃度降低，经济环境及政策风向不确定性较高，因此企业商用车新车型申报节奏相对缓和，第 327～333 批每批次平均申报 747 个商用车新车型。2020 年下半年，随着疫情得到有效控制，各项经济活动加速重启，新老基建加速落地，疫情后期消费方式的变化也在逐渐显现，网上消费拉动物流运输行业得以进一步发展。在政策推动下，商用车市场的电气化、数字化、自动化发展加速推进，标准化、合规化发展也在加速实施。在市场需求和政策引导下，企业申报商用车新车型《公告》数量提升，第 334～339 批次平均每批次申报新车型 2720 个。其中，第 337 批次新车型申报数量达到全年最高，多达 4075 个。

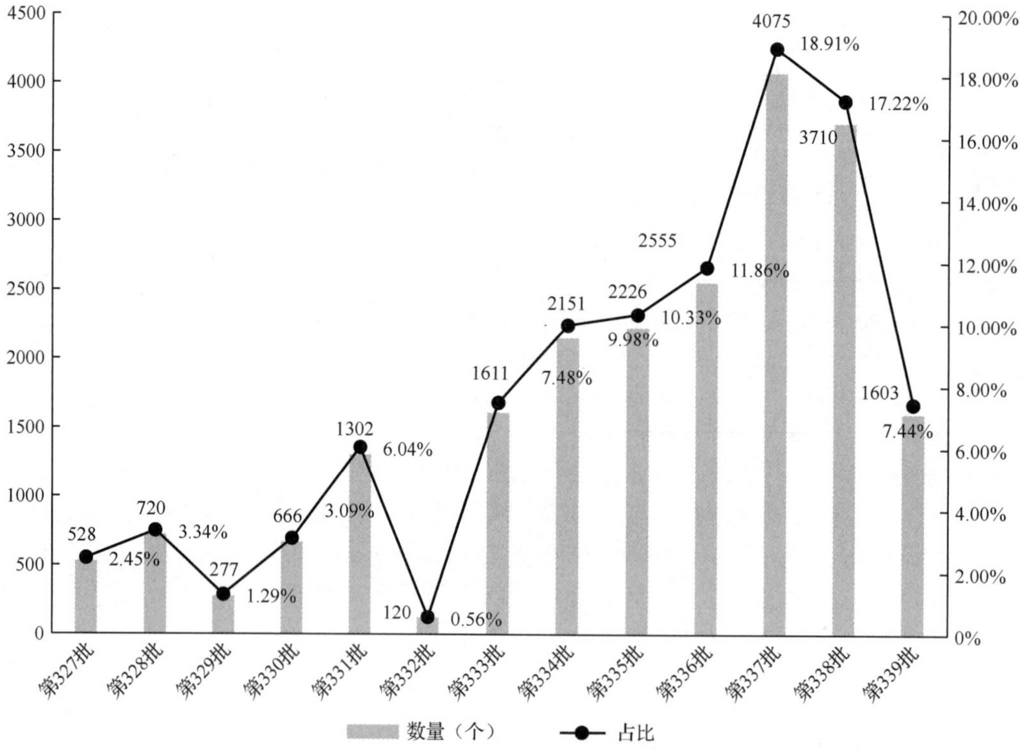

图 6-2　2020 年商用车新车型申报情况

二、商用车新车型申报结构分析

（一）燃料类型结构分析

如表 6-2 所示，2020 年申报的新车型燃料类型仍以传统能源为主，占总申报数量的 87.7%；其次为新能源，占比为 9.4%；清洁能源占比为 2.9%。随着各企业新能源战略布局的推进，新能源新车型申报进程不断加快。

表 6-2　2020 年各类型燃料（不含底盘）申报情况

分类	燃料种类	数量（个）	占比	分类	燃料种类	数量（个）	占比
传统能源	柴油	14546	85.5%	新能源	纯电动	1603	88.1%
	汽油	2462	14.5%		插电式混合动力	79	4.4%
	小计	17008	87.7%（申报总量）		燃料电池	137	7.5%
清洁能源	天然气	567	100.0%		小计	1819	9.4%（申报总量）
	小计	567	2.9%（申报总量）	—			

从传统能源来看，柴油车型申报数量占比较高，申报车型主要为中重型货车及轻型

货车；汽油车型申报数量较少，主要集中在部分轻型货车及轻客市场。天然气车型仍以中重型货车为主。从新能源申报车型来看，纯电动车型占比较高，尤其是纯电动轻型货车、大中客车、中重型货车申报数量较多；燃料电池申报新车型以大中客车为主。

（二）车辆类型结构分析

从车辆类型来看，如图6-3所示，在客车中，大、中、轻型客车分别申报新车型471个、397个、1657个，分别占客车新车型总数的18.7%、15.7%、65.6%，轻型客车新车型在客车市场占比最高。尽管受到疫情影响，出行需求回落，客车市场需求萎缩，但是由于轻型客车在具备载客功能的同时具备载货功能，被广泛应用于城乡、城际物流运输，在疫情影响下轻型客车需求仍能得到保持，产品更新需求持续增长。同时疫情刺激了救护、医疗、环卫等改装车的需求增长。因此，企业申报轻型客车新车型数量较高。

重、中、轻型货车及微型货车分别申报新车型8004个、3050个、5758个及59个，分别占据货车新车型总数的47.4%、18.1%、34.1%及0.3%。重、轻型货车新车型占比较高，以重型货车新车型数量占比最高。重型货车市场进入成熟发展阶段，市场竞争较为激烈，进口重型货车国产化也在加速部署，重型货车市场在头部企业的引领下加速产品迭代，新车型申报数量较多。另外，排放标准、超载超限等治理日益趋严，推动市场重型货车产品标准化、合规化发展，按轴收费实施、税费改革的实施也对重型货车市场需求更新产生影响，推动新车型申报数量进一步增加。

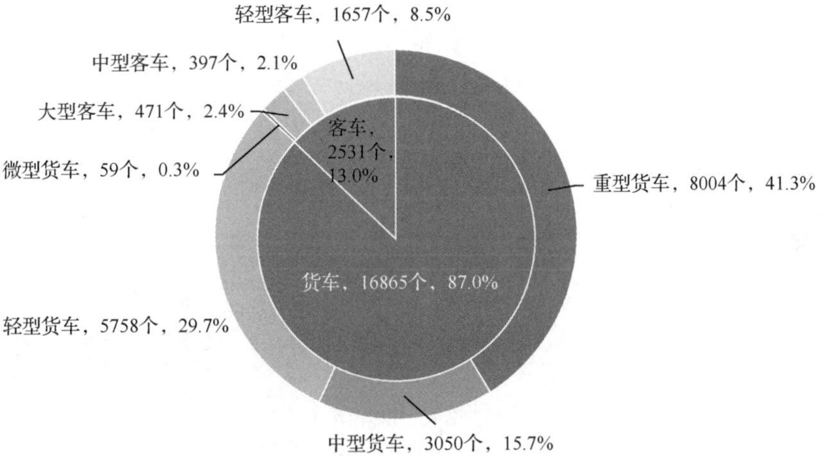

图6-3　2020年商用车新车型（不含底盘）车辆类型统计

（三）功能用途结构分析

如图6-4所示，从货车功能用途分类来看，专用车、载货车、自卸车、牵引车分别占比 74.6%、19.7%、4.0%、1.7%，专用车新车型占比最大且种类较多。在专用车中，混凝土搅拌运输车、压缩式垃圾车及绿化喷洒车等新车型数量贡献度较大。载货车在厢式运输车的支撑下，其新车型数量也相对较高，厢式运输车单类别申报新车型数量1044个，是新车型数量最多的单类别产品，印证了在疫情影响下，消费模式的转变带动了以快递、快运为主的物流运输行业的快速发展，从而拉动了厢式运输车需求的升级和演变。

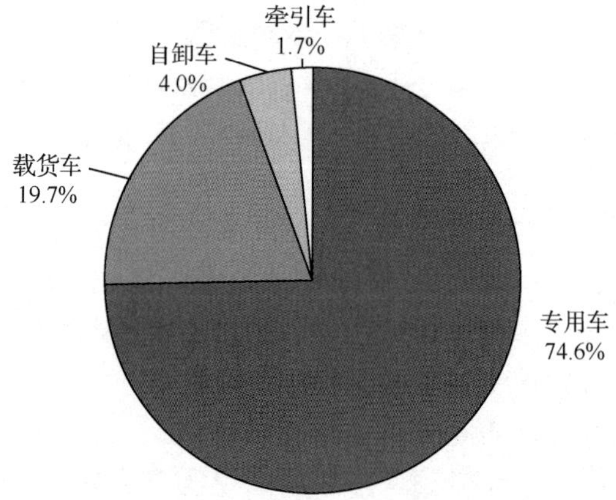

图 6-4　2020 年货车新车型（不含底盘）分功能用途统计

（四）企业结构分析

2020 年共有 753 家企业申报了货车新车型，占商用车整体申报企业总数的 90.7%，申报产品数量占商用车申报产品总数的 87.0%。从主要申报企业来看，如图 6-5 所示，前十家企业共申报 4752 个货车新车型（不含底盘），占比为 28.2%；其中中国重汽稳居榜首，申报数量远超其他企业；东风汽车、北汽福田申报数量也较高。除前十家外，其他企业共申报 12113 个新车型，占比为 71.8%。从企业申报的集中度来看，货车新车型申报主要集中在前三十家，随着市场竞争加剧，货车新车型申报的集中度也有所提升。

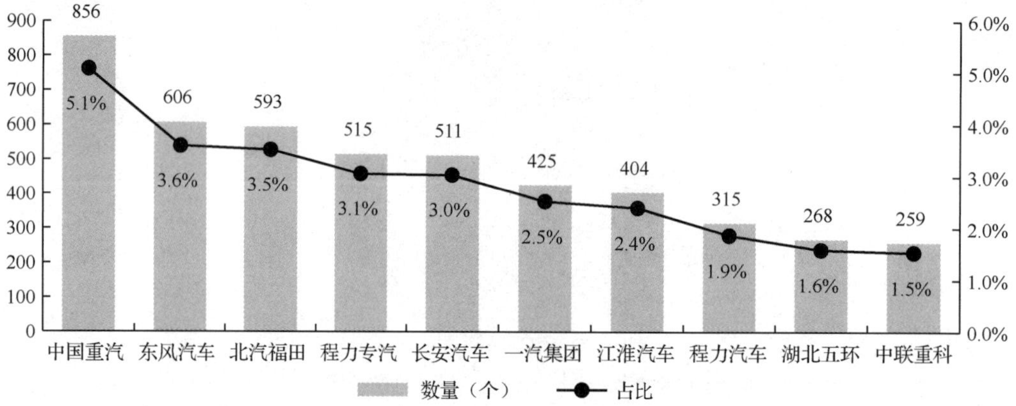

图 6-5　2020 年主要货车企业新车型（不含底盘）申报情况

2020 年共有 295 家企业申报了客车新车型，占商用车整体申报企业的 35.5%，申报新车型数量占商用车总数的 13.0%。从主要申报企业来看，如图 6-6 所示，前十家企业共申报 891 个客车新车型（不含底盘），占比为 35.2%。其中，宇通客车、厦门金旅、北汽福田、江铃汽车申报数量均超过 100 个型号。除了前十家外，其他企业共申报 1640 个新车型，占比为 64.8%。客车相对于货车市场，新车型申报数量较少，申报主要集中在前十家企业，行业集中度不断提升。

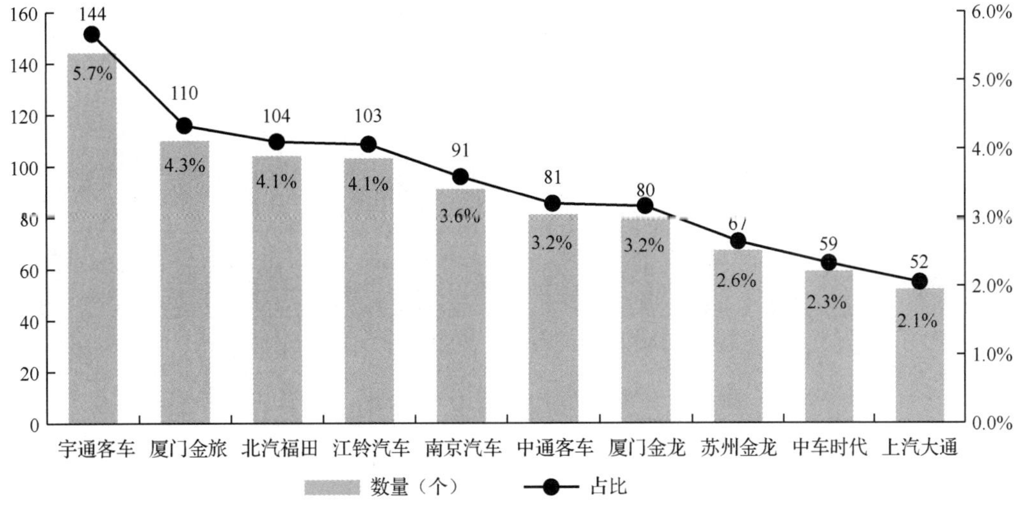

图 6-6　2020 年主要客车企业新车型（不含底盘）申报情况

第二节　2020 年商用车新车型技术特征

一、货车新车型技术特征

（一）轻型货车

2020 年，轻型货车（含微型货车）申报新车型 5817 个，占商用车整体比重为 30.0%。受新能源补贴下滑及限于应用场景、“国六”排放标准阶段性实施推进、蓝牌货车“大吨小标”治理等因素影响，新车型呈现新能源化程度低、“国六”加速升级及产品小型化等特点，其中，产品小型化主要体现在小排量动力配装比例较高。

如图 6-7 所示，分燃料类型来看，新车型主要以柴油动力和汽油动力等传统燃料为主，二者合计占比超过 90%，新能源汽车主要以纯电动车型为主，占比约 7%。现阶段受充电设施不完善、补贴下滑、应用场景有限等因素影响，新能源产品客户主要为集团客户、平台客户，市场成熟度较低。但从 2020 年新车型的燃料结构来看，纯电动车型比重相对稳定，也在一定程度上反映出新能源轻型货车进入由市场需求主导的阶段性稳定期。

从排放水平来看，2020 年，申报“国六”排放标准新车型有 4776 个，占比为 82.1%；申报“国五”排放标准新车型有 626 个，占比为 10.7%。为降低汽车尾气带来的环境污染，国家推出汽车“国六”排放标准并分阶段实施推进，2021 年 7 月 1 日是“国六”排放标准全面实施的最后时间点。为取得市场先机、扩大竞争优势，企业加速布局“国六”排放标准新车型。从 2020 年“国六”排放标准新车型申报节奏来看，呈现明显的“先低后高”走势，如图 6-8 所示，自第 333 批开始逐渐走高，并在第 337 批达到峰值，单批申报数量高达 946 个型号。第 338 批和第 339 批数量虽有回落，但仍保持较高水平。

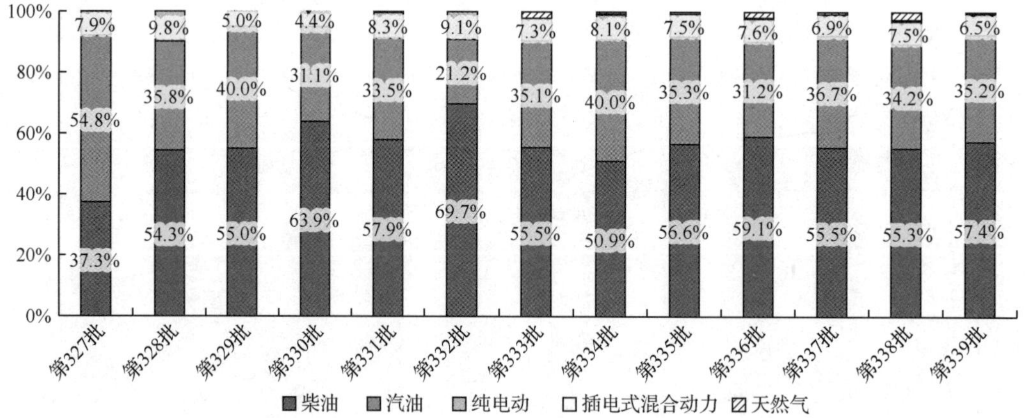

图 6-7　2020 年轻型货车（不含底盘）按批次燃料结构

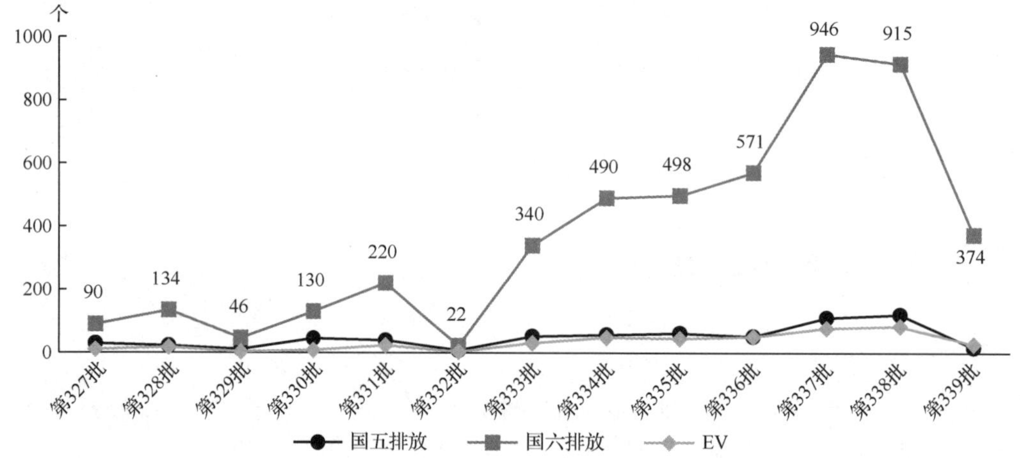

图 6-8　2020 年轻型货车（不含底盘）按批次排放结构

从新车型轴距分布来看，轻型货车需求相对集中，如图 6-9 所示，2020 年轻型货车新车型主要集中在 3201～3400mm 轴距段，共有 2421 个型号，占比为 41.6%，3201～3400mm 轴距段产品最受物流市场青睐，依然是轻型货车的主要需求。其次为 2601～2800mm 轴距段，共有 998 个型号，占比为 17.2%。受“大吨小标”治理影响，兼具价格、承载、进城等优势的轻型货车产品持续受到市场追捧，在 2020 年申报新车型中，2601～2800mm 轴距段轻型货车产品仍保持较高比重。

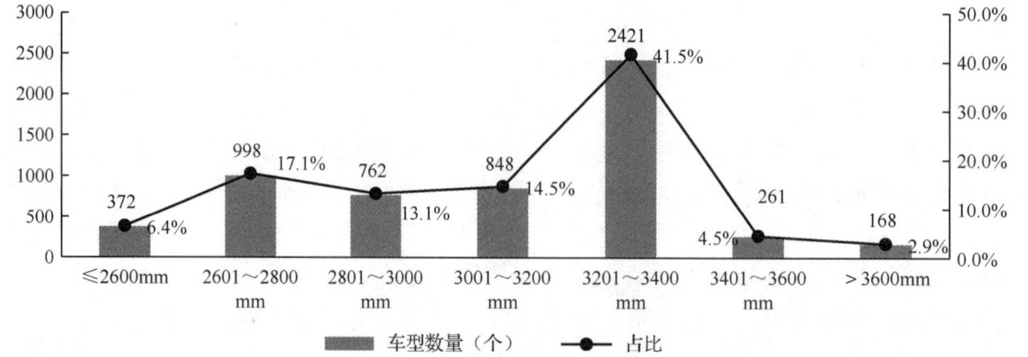

图 6-9　2020 年轻型货车（不含底盘）轴距结构

从车型来看，2020 年，“蓝牌”轻型货车申报新车型 5669 个，如图 6-10 所示，总质量主要集中在 4001～4500kg，共有 2876 个型号，占比达到 51%。从 2020 年发布的“蓝牌”轻型货车新车型中可以看出，总质量区间分布较广，但仍以高总质量车型为主，反映出终端市场对承载能力的需求。自 2019 年“5·21 事件”严查“蓝牌”货车“大吨小标”以来，“蓝牌”轻型货车源头治超和路面治超措施不断趋严，为保证最大承载能力，在申报高总质量车型的同时，企业通过轻量化等技术措施降低车辆整备质量，从而提升整车的额定载重水平。

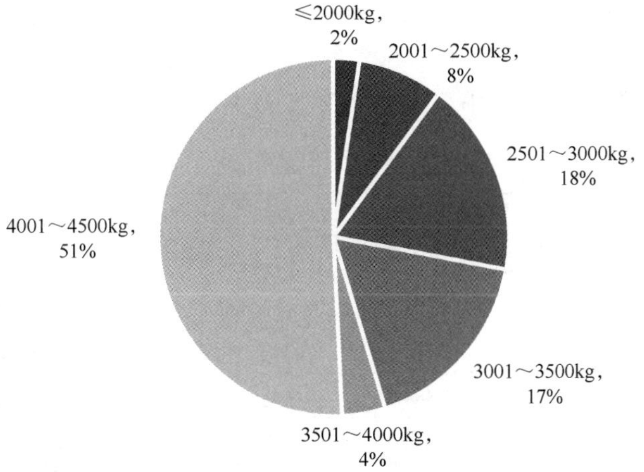

图 6-10　2020 年“蓝牌”轻型货车（不含底盘）总质量结构

“蓝牌”轻型货车从发动机排量来看，汽油机新车型申报 2039 个，柴油机新车型申报 3119 个，如图 6-11 所示，汽油机车型主要分布在 1200～3500mL 排量段，其中 1200～1499mL 排量段有 1194 个型号，占比为 58.6%，比重最高。柴油机车型主要分布在 1700～4500mL 排量段，其中 2000～2499mL 和 2500～2999mL 排量段占比较高，分别为 42.6% 和 33.4%。近年来，随着“蓝牌”货车“大吨小标”治理持续推进，“蓝牌”轻型货车配装的动力呈现小型化趋势。

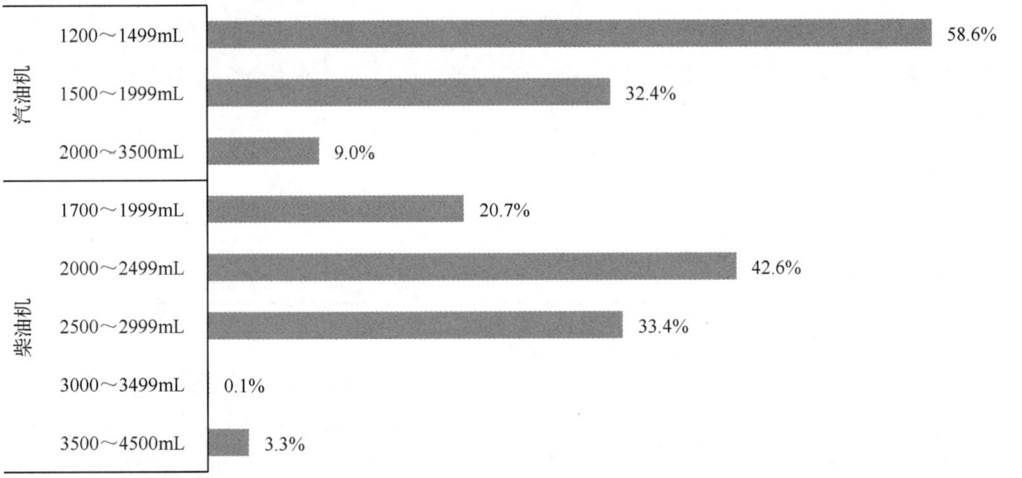

图 6-11　2020 年“蓝牌”轻型货车（不含底盘）发动机排量结构

（二）中重型货车

2020 年，中重型货车申报新车型 11054 个，占商用车比重的 51.3%。受高速公路“按轴收费”政策实施、超载治理常态化，以及运输效率提升等因素影响，新申报车型呈现标载化、大马力化、高端化等特征。

2020 年，从申报产品的驱动形式来看，牵引车申报以 6×4 车型为主，共申报 192 个型号；受“按轴收费”政策实施影响，4×2 车型申报数量增加，2020 年共申报 76 个型号，6×2 车型申报数量减少，共申报 12 个型号。载货车同样受“按轴收费”政策实施影响，两轴车型市场需求提升，共申报 600 个型号。自卸车受治超影响，市场上三轴超载车型向标载四轴车型转化，共申报 286 个型号 8×4 车型，如表 6-3 所示。

表 6-3　2020 年中重型货车（不含底盘）分驱动形式申报情况

牵引车		载货车		自卸车	
驱动形式	申报数量（个）	驱动形式	申报数量（个）	驱动形式	申报数量（个）
4×2	76	4×2	600	6×2	102
6×2	12	6×2	114	6×4	6
6×4	192	8×4	83	8×4	286
其他	1	其他	39	其他	133

2020 年，从申报产品的发动机排量段来看，牵引车申报以 10L、11L、12L 车型为主，如表 6-4 所示，分别申报 21 个、62 个、50 个型号，同时，13L 及以上的大排量车型申报数量也较大，2020 年共申报 81 个型号，呈现大排量趋势。载货车新车型主要集中在 4L、5L、6～7L 三款排量段，2020 年分别申报了 253 个、149 个、156 个型号。自卸车申报车型主要集中在 4～6L、7L、8～10L 三款排量段，分别申报了 148 个、101 个、118 个型号。

表 6-4　2020 年中重型货车（不含底盘）分排量段申报情况

牵引车		载货车		自卸车	
排量段	申报数量（个）	排量段	申报数量（个）	排量段	申报数量（个）
10L 以下	46	4L 以下	114	4L 以下	22
10L	21	4L	253	4～6L	148
11L	62	5L	149	7L	101
12L	50	6～7L	156	8～10L	118
13L 及以上	81	7L 以上	112	10L 以上	134

2020 年，从申报产品的发动机动力来看，牵引车新车型以 400～500 马力车型为主，共申报了 178 个型号，如表 6-5 所示，同时，500 马力及以上的大马力车型申报数量也较大，共申报 47 个型号，呈现大马力趋势。载货车新车型主要集中在 160～200 马力、200～240 马力，分别申报了 266 个、196 个型号。自卸车新车型主要集中在 200～240 马力、240～330 马力、330～500 马力三个马力段，分别申报了 100 个、113 个、238 个型号。

表 6-5　2020 年中重型货车（不含底盘）分马力段申报情况

牵引车		载货车		自卸车	
马力段	申报数量（个）	马力段	申报数量（个）	马力段	申报数量（个）
PS<400	56	PS<160	82	PS<200	74
400≤PS<450	105	160≤PS<200	266	200≤PS<240	100
450≤PS<500	73	200≤PS<240	196	240≤PS<330	113
PS≥500	47	240≤PS<270	92	330≤PS<500	238
—	—	PS≥270	200	PS≥500	52

2020 年，从申报产品的变速器型来看，牵引车、载货车、自卸车均以 MT 车型为主，分别申报了 226 个、765 个、501 个型号。牵引车 AMT、AT 车型的申报比例相对较高，分别申报了 34 个、20 个型号，合计比重接近 20%。载货车、自卸车的 AMT、AT 车型申报比例较低，均不到 5%，如图 6-12 所示。

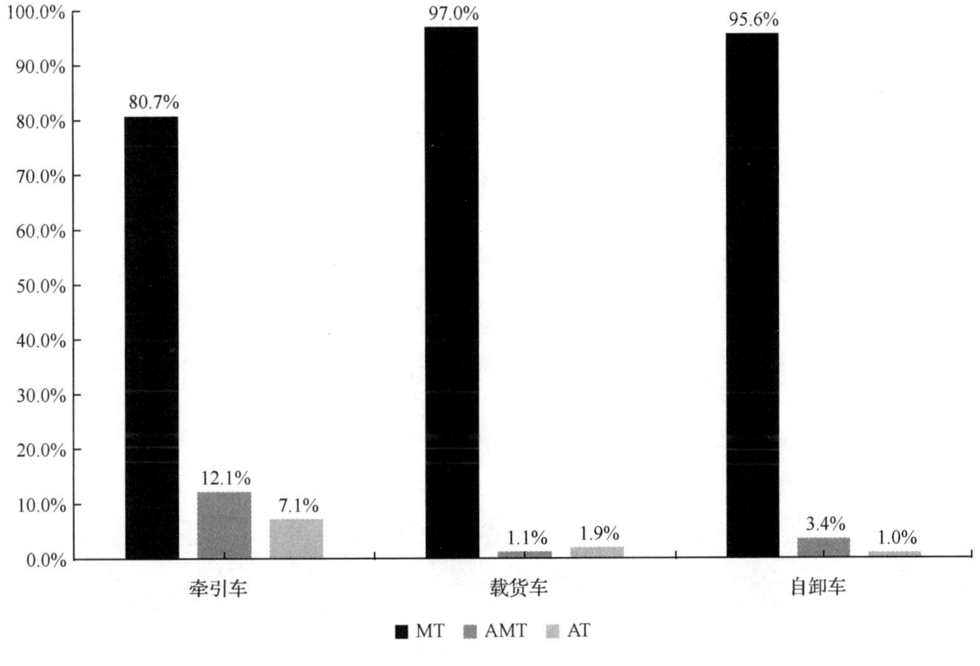

图 6-12　2020 年中重型货车（不含底盘）变速器型申报情况

二、客车新车型技术特征

2020 年，共申报客车新车型 2525 个，其中主要以欧系轻客为主，共申报了 1260 个型号，占比高达 49.9%。与欧系轻客相较，日系轻客仅申报了 174 个型号，占比为 6.9%，自“453 号文件”于 2014 年发布以来，日系轻客市场受限，其产品申报数量急剧减少，且该市场产品主要以专用汽车为主。此外，公交客车申报 683 个型号，占比为 27.0%，座位客车申报 344 个型号，占比为 13.6%，而校车因市场局限性仅申报了 64 个型号，占比为 2.5%，如图 6-13 所示。

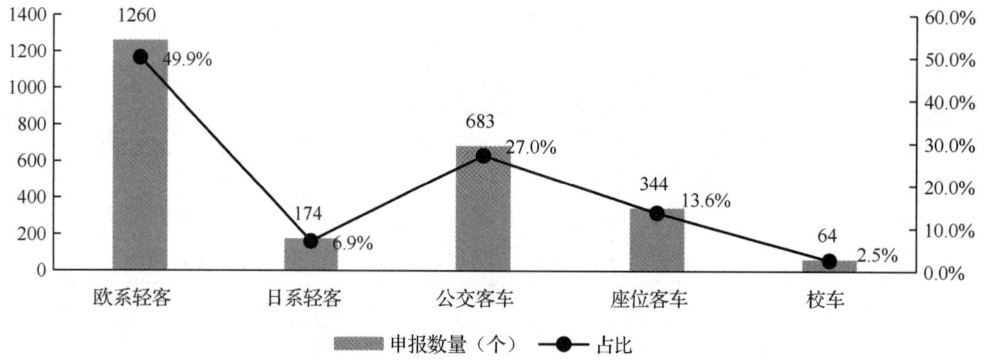

图 6-13　2020 年客车市场（不含底盘）产品申报情况

（一）公交客车

2020 年，公交客车共申报新车型 683 个。随着私家车的普及，以及城市轨道交通、共享交通的发展，城市公交客运量连续多年下滑，为提升车辆利用率、降低采购成本，公交客车产品向中型化发展，如图 6-14 所示，8～11 米公交成了城市公交市场的主力产品，共申报了 440 个型号，占比高达 64.4%。其中，10～11 米公交申报 235 个型号，占比为 34.4%；8～9 米公交申报 203 个型号，占比为 29.7%；而作为曾经公交市场主力的 11～12 米公交申报量趋少，2020 年申报了 100 个型号，占比为 14.6%；7 米以下公交产品主要服务于农村公交市场与城市微循环公交市场等小众市场，共申报产品 124 个型号，占比为 18.1%。

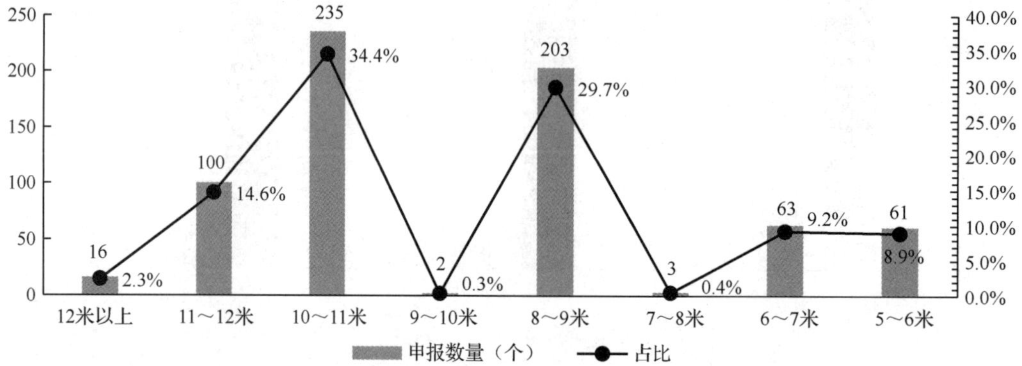

图 6-14　2020 年公交客车（不含底盘）产品分米段申报情况

在新能源政策的推动下，在公交市场，新能源客车基本完全替代了传统能源客车。如表 6-6 所示，2020 年新能源产品申报了 670 个型号，占比为 98.2%。其中，纯电动产品申报了 551 个型号，占比为 80.7%；燃料电池产品申报了 83 个型号，占比为 12.2%；插电式混合动力产品申报了 36 个型号，占比为 5.3%。纯电动目前是新能源公交的主要技术路线，重点开发燃料电池技术，插电式混合动力则主要作为产品线的补充。而传统能源公交仅申报了 13 个型号，基本退出市场。

表 6-6　2020 年公交客车市场（不含底盘）产品分燃料类型申报情况

分　类	燃 料 种 类	申报数量（个）	占　比
新能源	纯电动	551	80.7%
	燃料电池	83	12.2%
	插电式混合动力	36	5.3%
传统能源	柴油	9	1.3%
	汽油	1	0.1%
清洁能源	天然气	3	0.4%

（二）座位客车

居民出行多元化，高铁、航空、自驾等运输方式极大地压缩了公路客运市场的生存空间，座位客车市场需求持续下降。2020 年，座位客车新产品申报量远低于公交客车。目前，公路客运主要以中短途、高频次接驳运输为主，中型客车更贴合市场诉求，如图 6-15 所示，7～9 米产品申报数量较多，共申报了 156 个型号，占比为 45.3%。而作为曾经主打产品的大型客车，随着中长途公路客运市场地位的下滑，市场诉求减少，申报数量反而不及中型客车，10 米（含）以上产品共申报了 113 个型号，占比为 32.9%。5～6 米产品主要服务于农村客运，共申报了 60 个型号，占比为 17.4%。

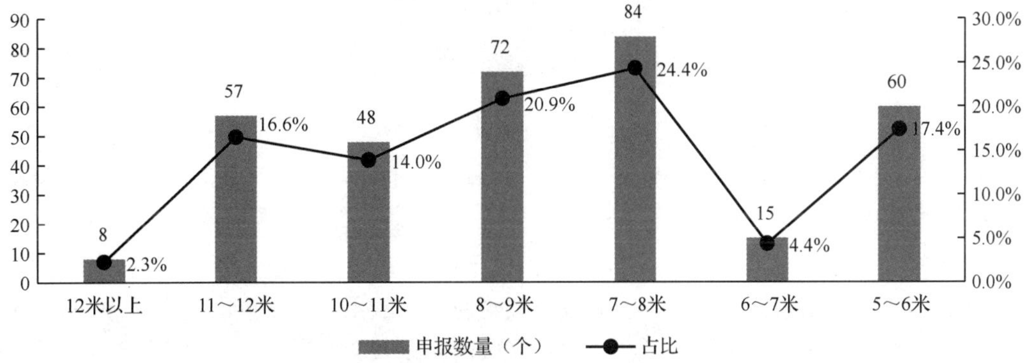

图 6-15　2020 年座位客车市场（不含底盘）产品分米数段申报情况

在座位客车市场，新能源客车需求较低，仅局限于公务用车，一方面是国内民用充电设置、高速充电设施布局不完善，另一方面是面对新能源客车高昂的采购费用，还未找到合适的盈利方式。如表 6-7 所示，2020 年，新能源产品申报 77 个型号，占比为 22.4%，其中以纯电动产品为主。传统能源产品申报了 261 个型号，占比为 75.9%。

表 6-7　2020 年座位客车市场产品（不含底盘）分燃料类型申报情况

分　类	燃 料 种 类	申报数量（个）	占　比
新能源	纯电动	67	19.5%
	燃料电池	10	2.9%

续表

分　类	燃料种类	申报数量（个）	占　比
传统能源	柴油	209	60.8%
	汽油	52	15.1%
清洁能源	天然气	6	1.7%

（三）欧系轻客

短轴产品主要应用于物流自备车市场，是城市物流的重要载体。如图 6-16 所示，欧系轻客主要以短轴产品为主，共申报了 629 个型号，占比为 50%。长轴产品与加长轴产品主要应用于改装车市场、通勤商旅市场，长轴产品申报了 580 个型号，占比为 46%，加长轴产品仅申报了 51 个型号，占比为 4%。

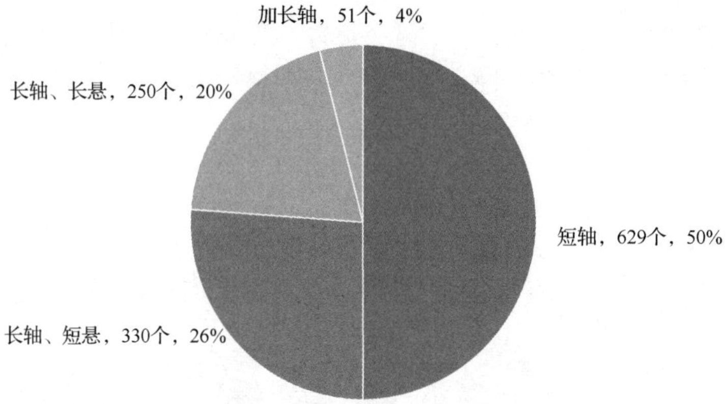

图 6-16　2020 年欧系轻客产品（不含底盘）分轴距申报情况

注：轴距≤3300mm 为短轴；3300mm<轴距≤3850mm 为长轴；其中车长>5850mm 为长悬，车长≤5850mm 为短悬；轴距>3850mm 为加长轴。

欧系轻客市场物流自备车需求居多，车辆采购方多为个体经营者，所以高昂的采购价格及民用充电桩还未完全普及等因素成了制约新能源欧系轻客发展的主要原因，如表 6-8 所示，欧系轻客产品以传统能源为主，柴油产品申报 993 个型号，占比为 78.8%，汽油产品申报 232 个型号，占比为 18.4%。新能源欧系轻客采购方多为企事业单位、物流公司，市场需求有限，新能源产品申报了 35 个型号，占比为 2.8%。

表 6-8　2020 年欧系轻客市场产品（不含底盘）分燃料类型申报情况

分　类	燃料种类	申报数量（个）	占　比
新能源	纯电动	34	2.7%
	燃料电池	1	0.1%
传统能源	柴油	993	78.8%
	汽油	232	18.4%

（四）校车

如图 6-17 所示，城市校车市场主要以 9 米以上产品为主，申报了 28 个型号新产品，占比为 33.7%，农村校车市场主要是以 7 米（含）以下产品为主，申报了 24 个型号，占比为 37.5%。7～8 米产品主要应用于校车租赁市场，申报了 12 个型号，占比为 18.8%。

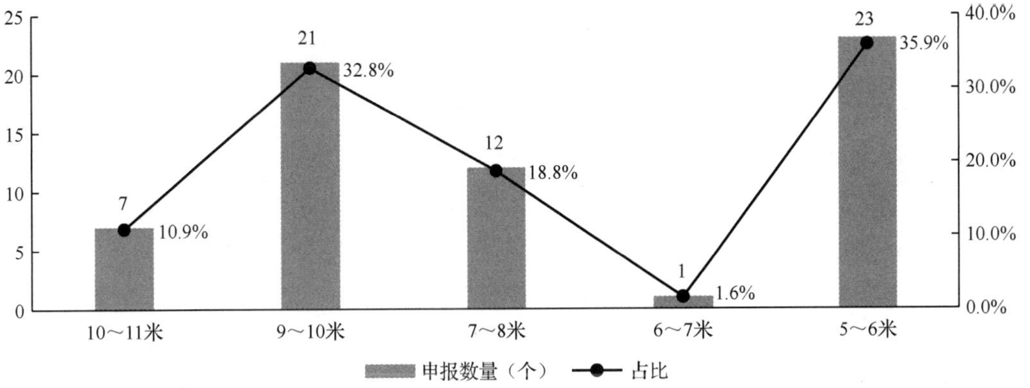

图 6-17　2020 年校车市场产品（不含底盘）分米数段申报情况

（五）日系轻客

受限于 453 号文件，M1 类日系轻客仅有 8～9 座产品，如表 6-9 所示，短轴产品申报了 24 个型号，占比为 13.8%，中轴日系轻客兼顾了车辆通过性与车内空间利用率，主要应用于改装车市场与团体通勤市场，申报了 140 个型号，占比为 80.5%，占据主导地位。长轴日系轻客申报了 10 个型号，占比仅 5.7%。

表 6-9　2020 年日系轻客产品（不含底盘）分轴距申报情况

分　类	申报数量（个）	占　比
短轴	24	13.8%
中轴	140	80.5%
长轴	10	5.7%

注：轴距≤2800mm 为短轴，2800mm<轴距≤3500mm 为中轴，轴距>3500mm 为长轴。

第三节　2020 年商用车新车型市场表现

一、新车型产量统计概述

2020 年，我国商用车公告新车型产量 61.2 万辆，占商用车市场总产量的 12.7%。从月度数据来看，如图 6-18 所示，随着新车型《公告》申报数量提升，新车型产量逐月提升，12 月新车型产量达到 14.1 万辆，当月产量占全部商用车总产量的比重高达 29.6%。

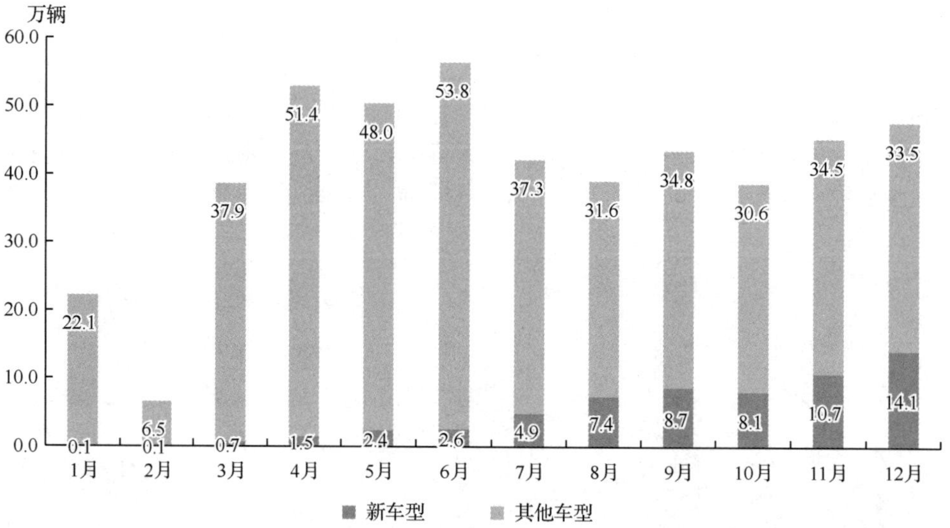

图 6-18　2020 年月度新车型产量

从车辆种类来看，如图 6-19 所示，2020 年商用车市场分别生产货车、客车《公告》新车型 55.7 万辆、5.5 万辆，分别占货车和客车总产量的 12.5%和 14.4%。

从细分类别层面看，大型客车新车型全年生产 1.3 万辆，占大型客车全年总产量的 30.7%，单类别占比最高。其中，新能源客车产量对大型客车新车型产量起到了主力支撑作用，占比高达 87.1%。在新能源推广政策的拉动下，新能源客车的新增和更新需求稳定增长。在货车中，轻型货车新车型全年产量为 43.6 万辆，单类别数量最多，占轻型货车全年总产量的 16.5%，占货车新车型产量的 78.3%，占商用车全部新车型产量的 71.2%，是《公告》新车型生产的重要贡献部分。具体来看，轻型货车中新车型的生产以载货车为主，其原因在于在大吨小标、超载超限等违法违规行为治理日益趋严的情形下，轻型货车标准化、轻量化的趋势日益加快，产品升级需求拉动产量快速增长。中型、重型货车新车型产量为 10.8 万辆，占据商用车全部新车型产量的 17.6%，也是商用车新车型中的主要产品，其中搅拌车、自卸车、牵引车占据较大比重。

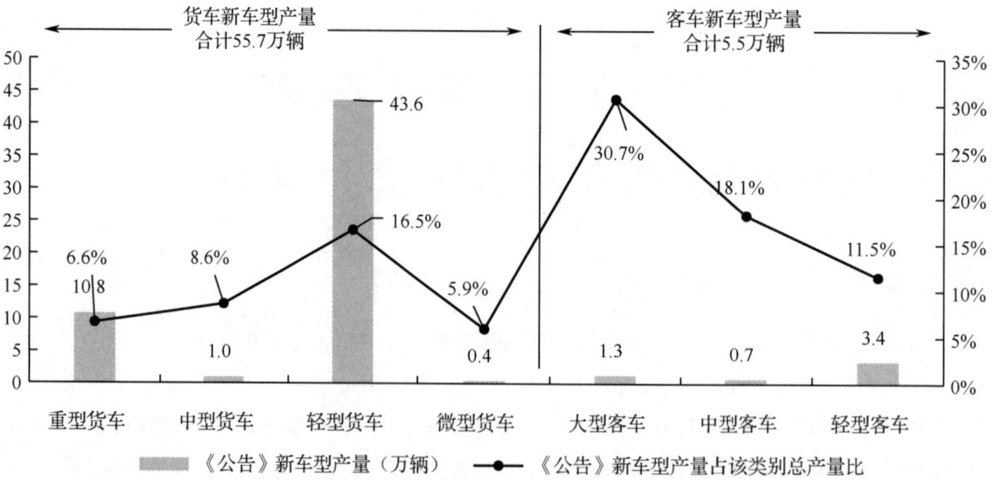

图 6-19　2020 年《公告》新车型产量分车辆类别

二、新车型生产企业结构特征分析

如图 6-20 所示，2020 年，上汽通用五菱、长安汽车、长城汽车、江铃汽车等企业产量较高，TOP10 企业新车型合计产量占商用车整体新车型产量的 68.6%，尤其是上汽通用五菱、长安汽车新车型产量较高，轻型货车产品快速推出，促进企业市场占有率的提升。从新车型对企业产量的贡献度来看，上汽通用五菱、长安汽车、江淮汽车均超过 30.0%，新产品贡献度较高，体现这些企业产品切换及改进升级较快。

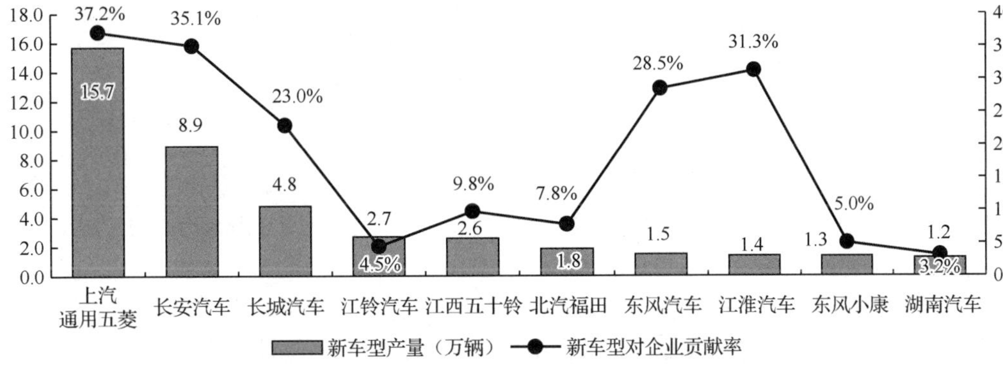

图 6-20　2020 年各企业商用车新车型产量情况

从货车企业来看，如图 6-21 所示，上汽通用五菱、长安汽车、长城汽车等企业产量较高，TOP10 企业新车型合计产量占到货车整体新车型产量的 93.0%。从新车型对企业产量的贡献度来看，上汽通用五菱、长安汽车、江淮汽车超过 30.0%。

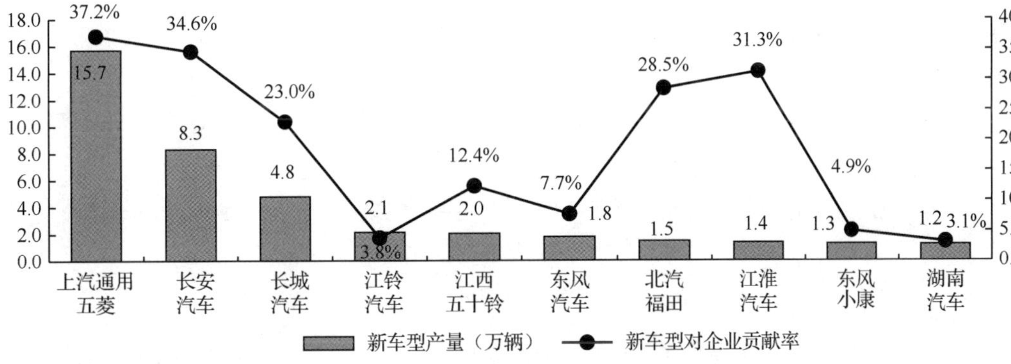

图 6-21　2020 年货车企业新车型产量情况

从客车企业来看，如图 6-22 所示，长安汽车、北汽福田、江铃汽车、宇通客车等企业产量较高，TOP10 企业新车型合计产量占客车整体新车型产量的 64.9%。从新车型产量的贡献度来看，长安汽车、比亚迪汽车、南京金龙、安徽安凯新车型贡献率较高，尤其是比亚迪汽车，新车型研发与生产进程较快。

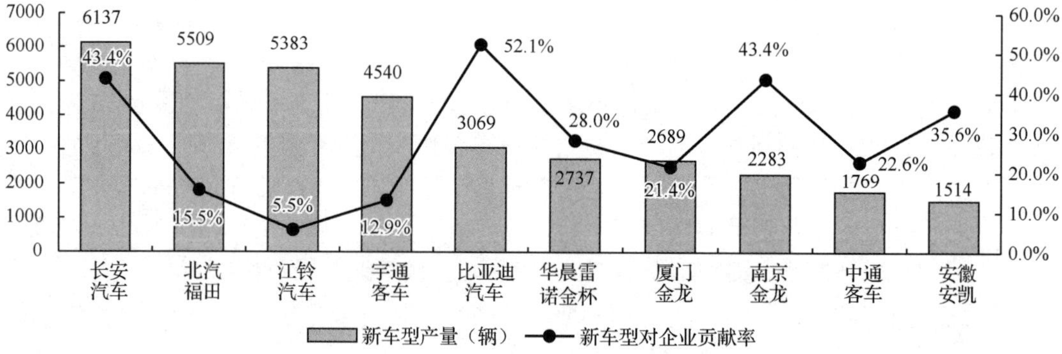

图 6-22　2020 年客车企业新车型产量情况

三、排放及燃料结构特征分析

2019 年 7 月 1 日，国内部分地区已经开始实行“国六”排放标准，至 2020 年 7 月 1 日，国内绝大部分地区实行“国六”排放标准，“国五”排放标准车型停止上牌。仅部分地区，如湖南、湖北、江西等省份，以及一些特殊车型，如危化品运输车、随车吊、清障车等，“国六”排放标准升级滞缓，“国五”排放标准车型还能够正常上牌。如图 6-23 所示，2020 年“国五”排放标准新品生产 141156 辆，占比为 23.1%，“国六”排放标准新品生产 438406 辆，占比为 71.7%。而纯电动产品主要以大中客产品为主，加上少量的轻货、轻客产品，2020 年生产了 30745 辆，占比为 5.0%。

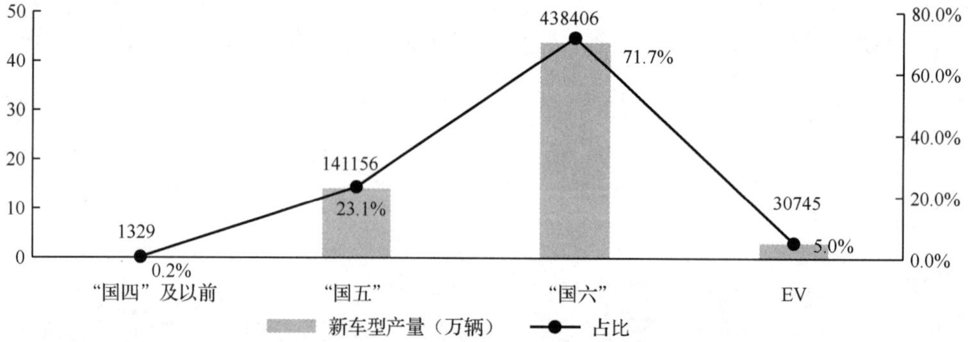

图 6-23　2020 年商用车新车型分排放标准生产情况

目前，商用车市场主要以柴油车与汽油车为主，其中轻型货车、日系轻客中汽油车的比重相对较高，而中重型货车、大中型客车、欧系轻客中则主要以柴油车为主。如表 6-10 所示，2020 年，柴油新车型产量为 258445 辆，占比为 42.3%，汽油新车型产量为 314309 万辆，占比为 51.4%，传统能源新车型产量比重高达 93.7%。新能源商用车动力弱于柴汽油车，采购成本高于柴汽油车。此外，其充电时间较长也降低了车辆的利用率，新能源商用车应用场景较少，主要集中在公交市场、城市物流市场、公务用车市场，2020 年其新车型产量约 3.3 万辆，占比为 5.4%。

表 6-10　2020 年商用车新车型产量分燃料类型生产情况

分　类	燃 料 种 类	产量（辆）	占　比
新能源	纯电动	30081	4.9%
	混合动力	2290	0.4%
	燃料电池	661	0.1%
传统能源	柴油	258445	42.3%
	汽油	314309	51.4%
清洁能源	天然气	5850	0.9%

第四节　总结与展望

随着产品标准法规的逐步完善，在超载超限治理、运输高效化、环保，以及新能源汽车产业快速发展等因素影响下，未来商用车新产品轻量化、节能高效、绿色化趋势将进一步发展。

一、轻量化

轻量化技术是实现商用车绿色发展的重要推动力，也是降低用户使用成本的重要举措。当前，新能源商用车市场从政策引导回归市场需求主导，轻量化技术在一定程度上提升新能源商用车的续航里程，是推进商用车新能源化的重要措施。另外，通过轻量化技术降低车身自重，可以有效降低燃油消耗的总量，降低商用车用户的燃油支出成本，既满足节能减排绿色发展的理念，又符合用户的经济利益需求。铝合金具有重量轻、易回收、耐腐蚀、残值高等优势，目前企业通过采用铝合金材质或局部的结构优化，可以有效地降低产品自重。

二、节能高效

随着物流运输效率的提升及环保要求的趋严，商用车呈现高效化与节能化的发展趋势。在长途运输方面，2020 年，牵引车申报了 81 个 13L 以上排量新车型，占比达到 31.2%，大排量趋势明显；在城市物流方面，2020 年，“蓝牌”轻型货车申报车型中，汽油车型 1200～1499mL 排量段有 1194 个型号，占比为 58.6%，柴油车型 2000～2499mL 和 2500～2999mL 排量段占比分别为 42.6%和 33.4%，配装动力呈现小型化、节能化趋势。在技术路线方面，基于“人—车—路”三要素，有效地降低能耗。企业通过预见性动力控制技术实现车辆最佳运行状态，通过高效动力总成技术提高发动机和传动系统效率，使动力总成始终运行在高效区；通过智能热管理技术以最低能耗保障发动机工作在最小的水温波动范围内，起到降低能耗的作用，使发动机更高效地工作；通过外流场优化管理，降低整车风阻。

三、绿色化

随着国家环保治理法规趋严，以及对新能源汽车产业发展的引导，绿色化、电动化成为行业发展的鲜明趋势。从2020年商用车新车型申报情况来看，清洁能源及新能源商用车申报数量占到商用车整体的12.3%，申报车型涵盖城市公交、环卫、物流运输、工程车等应用场景。同时，从申报车型特征来看，天然气新车型在应用车型、动力性、经济性等方面均有提升，最大功率达到390kW，排量达到14.5L，车辆综合性能进一步增强；新能源在纯电动、燃料电池等方面新申报车型数量增长较快，纯电动车辆最长续驶里程可达到600km，燃料电池最长续驶里程可达到680km。清洁能源和新能源新申报车型技术水平不断提升。

第七章　2020 年新能源汽车新车型特征分析

姚勇，徐传康，王佳良*

摘要：本章以 2020 年《新能源汽车推广应用推荐车型目录》(以下简称《推广目录》)数据为基础，分别针对新能源乘用车、新能源商用车，详细分析新能源汽车新车型的车型结构、技术特征、企业布局和市场表现，通过研究发展现状，基于整车参数特征、电池参数特征及驱动电机特征分析了新能源汽车新车型的技术特征及技术趋势。通过研究发现，目前新能源汽车市场的发展仍由纯电动产品为主导，燃料电池产业发展逐步加快，各企业立足于国家战略、能源战略、企业战略，逐步加快新能源汽车产品布局。

关键词：新能源汽车；推荐目录；技术特征；发展趋势。

第一节　2020 年新能源汽车新车型申报情况

一、新能源汽车新车型申报基本情况

2020 年工业和信息化部发布《新能源汽车推广应用推荐车型目录》(以下简称《推荐目录》)第 37～49 批共 13 个批次，累计申报企业 278 家，共计 5954 个新能源汽车新车型。其中，新能源乘用车 1339 个型号，占新能源汽车新车型总量的 22.5%；新能源商用车 4369 个型号，占新能源汽车新车型总量的 73.4%，商用车型号数量显著高于乘用车的，依旧稳居主导地位；新能源专用乘用车入选 246 个型号，占新能源汽车新车型总量的 4.1%。

分批次来看，如图 7-1 所示，第 42 批和第 43 批的新车型数量激增，其中第 42 批新车型达到 1919 个型号，占 2020 年新车型总量的 32.2%，为 2020 年最高水平，与第 41 批的 267 个型号相比，增幅高达 619%，主要由于新补贴政策发布，企业对 2018—2020 年已进入《道路机动车辆生产企业及产品公告》的车型进行重新梳理，筛选过后的部分车型列入第 42 批《推荐目录》中。

分技术类型来看，如图 7-2 所示，2020 年新能源汽车累计申报的 278 家企业、5954 个新车型，申报纯电动产品的共 268 家企业、5281 个型号，占新能源汽车新车型总量的 88.7%，车型总量的发展趋势仍取决于纯电动车型；申报插电式混合动力产品的共 59 家企业 379 个型号，占新能源汽车新车型总量的 6.4%，保持基本稳定的趋势；申报燃料电

* 姚勇，高级工程师，工业和信息化部装备工业发展中心产品审查处处长；徐传康，工程师，任职于工业和信息化部装备工业发展中心产品审查处；王佳良，助理工程师，任职于工业和信息化部装备工业发展中心产品审查处。

池产品的共 56 家企业 294 个型号，占新能源汽车新车型总量的 4.9%，在国家政策支撑下有望呈现递增趋势。

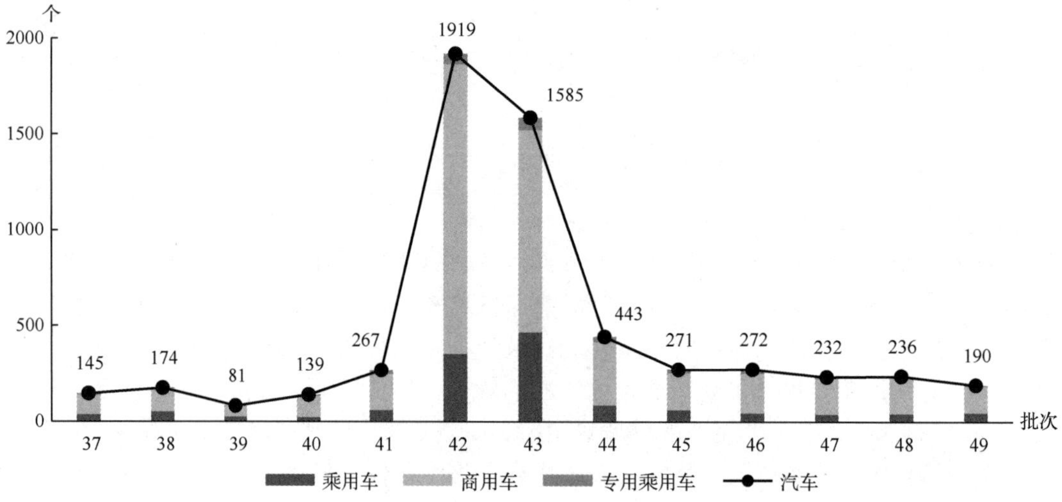

图 7-1　2020 年新能源汽车新车型分批次情况统计

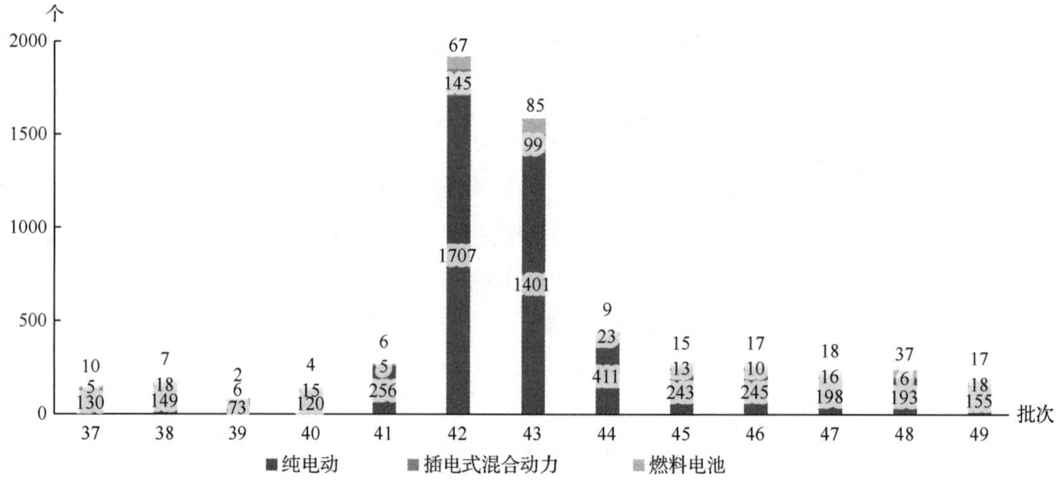

图 7-2　2020 年新能源汽车新车型分技术类型统计

二、新能源汽车新车型申报结构分析

（一）新能源乘用车新车型申报结构分析

2020 年，新能源乘用车申报企业总数量为 88 家，包含 101 个品牌、1339 个新车型。分批次来看，如图 7-3 所示，全年呈现“中间高，两端低”的发展特征，其中第 37～41 批新车型数量在疫情影响下处于低水平，但随着疫情防控常态化，总量呈现回升态势；第 42 批和第 43 批新车型数量实现激增，分别达到 354 个型号和 466 个型号，占 2020 年《推荐目录》乘用车新车型总量的 26.4%和 34.8%，远超同年其他批次。其中第 43 批新车型数量为 2020 年最高水平，占同期新能源汽车车型比例的 29.4%；第 44～49 批新车型数量呈现下降趋势，但仍高于上半年各批次水平。

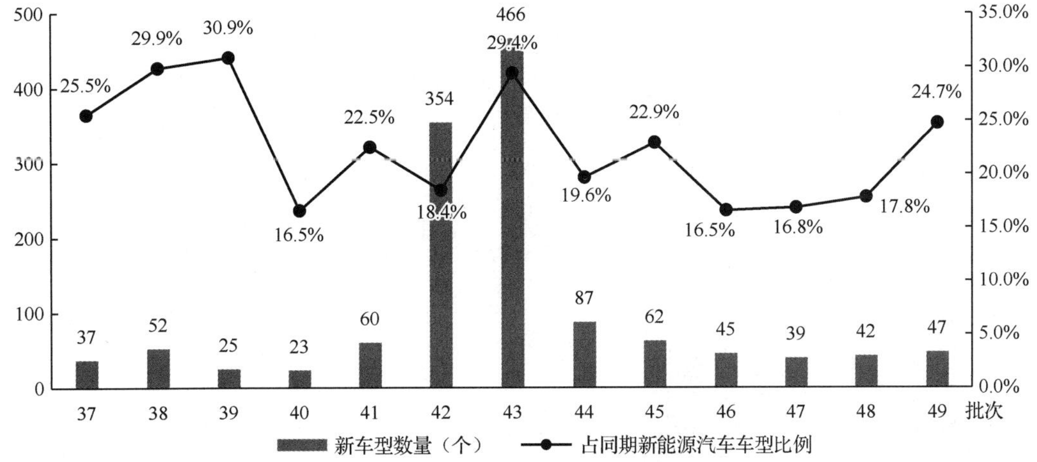

图 7-3　2020 年新能源乘用车新车型分批次情况统计

1. 技术类型结构分析

在 2020 年《推荐目录》中，申报纯电动乘用车新车型总量的共 84 家企业，包含 93 个品牌、1114 个新车型，占新能源乘用车新车型总量的 83.2%，纯电动仍是主要方向；申报插电式混合动力的共 30 家企业，包含 33 个品牌、221 个新车型，占新能源乘用车新车型总量的 16.5%；申报燃料电池的共 4 家企业，包含 4 个品牌、4 个新车型，占新能源乘用车新车型总量的 0.3%，商业化发展仍处于探索阶段。

从各批次来看，如图 7-4 所示，纯电动乘用车及插电式混合动力乘用车的市场份额涨跌互现，其中纯电动乘用车占比均在 60%以上。2020 年《推荐目录》中共有 6 个批次的纯电动乘用车，占比超过 90%，其中第 41 批中的纯电动乘用车的份额高达 98.3%，为 2020 年所有批次中最高的，而插电式混合动力乘用车仅占 1.7%；第 49 批中的插电式混合动力乘用车的份额达到峰值，较第 41 批提升 30.2 个百分点。

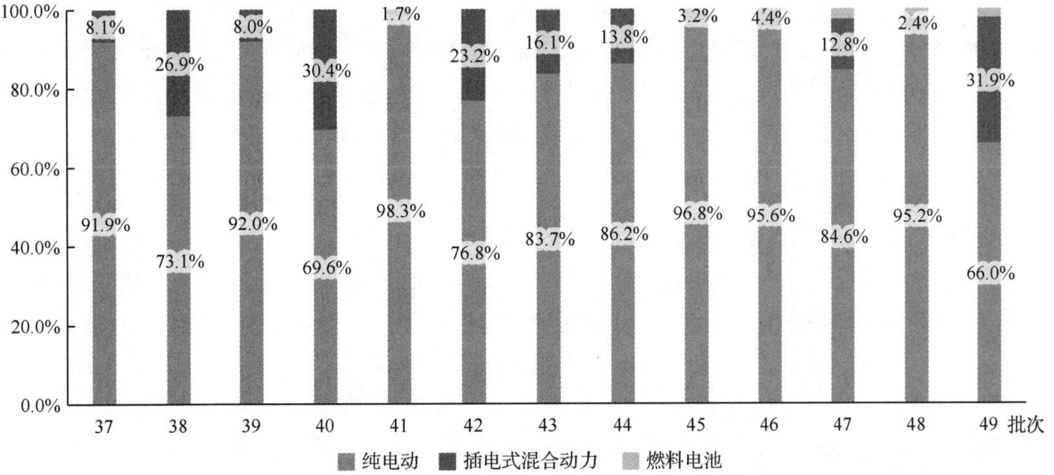

图 7-4　2020 年新能源乘用车新车型分技术类型统计

2. 车辆类型结构分析

从车辆类型结构来看，如图 7-5 所示，轿车以 709 个型号位居 2020 年新能源乘用车新车型榜首，帝豪、宏光 MINI 等车型领衔；SUV 共 540 个型号，以威马 EX5、哪吒 N01、小鹏 G3 为主的新势力产品强势入选；MPV 和交叉型分别为 65 个型号和 25 个型号。

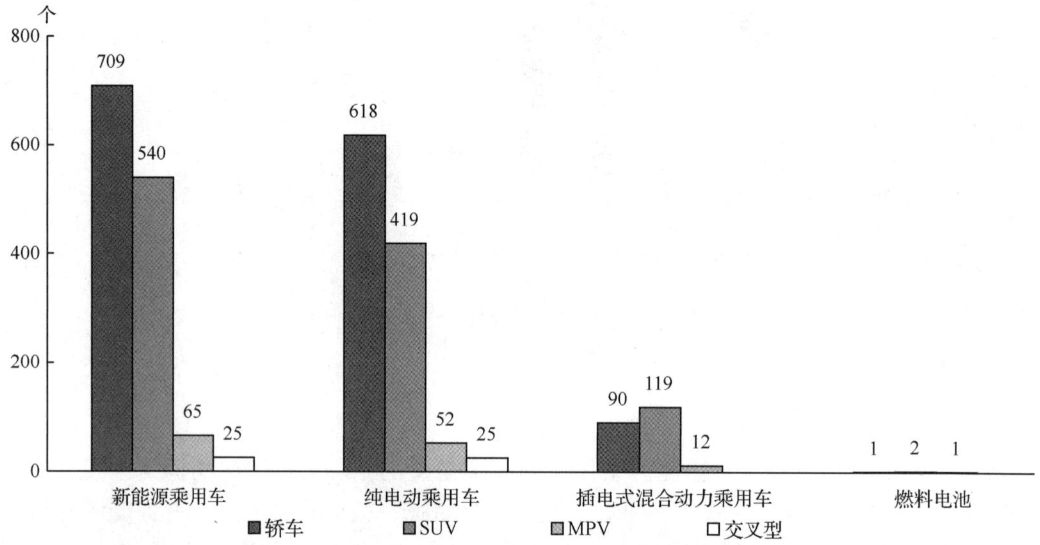

图 7-5　2020 年新能源乘用车新车型分车辆类型统计

纯电动乘用车车辆类型的结构趋势与新能源乘用车基本一致，其中，轿车以 618 个型号位居榜首，占纯电动乘用车新车型总量的 55.5%；SUV 共 419 个型号，占纯电动乘用车新车型总量的 37.6%；MPV 和交叉型分别为 52 个型号和 25 个型号，占纯电动乘用车新车型总量的比例分别为 4.7%和 2.2%。

插电式混合动力乘用车中，SUV 为主要方向，以 119 个型号位居榜首，占插电式混合动力乘用车新车型总量的 53.8%，主力车型如理想 ONE、魏派 VV7、比亚迪唐等；轿车共 90 个型号，占插电式混合动力乘用车新车型总量的 40.7%，由比亚迪秦领衔，沃尔沃 S90、宝马 5 系等合资车型紧随其后；MPV 共 12 个型号，占插电式混合动力乘用车新车型总量的 5.4%，包含比亚迪宋 MAX、嘉际和上汽大通 EUNIQ5。

3. 车型级别结构分析

2020 年，从新能源乘用车来看，如图 7-6 所示，A 级车仍为市场主力，以 566 个型号位居榜首，威马 EX5、帝豪等车型领衔，占新能源乘用车新车型总量的 42.3%，份额自第 47 批开始持续提升，并于第 49 批达到 55.3%的峰值；A00 级车共 235 个型号，由上汽通用五菱旗下三款产品领衔，占新能源乘用车新车型总量的 17.6%，并于第 45 批达到 33.9%的峰值；在高端化趋势下，B 级和 C 级车型数量相对提升，其中，B 级车共 244 个型号，占新能源乘用车新车型总量的 18.2%，传祺 AION 系列产品强势入选；C 级车共 71 个型号，占新能源乘用车新车型总量的 5.3%，新势力产品小鹏 P7、理想 ONE 及比亚迪旗下的旗舰轿车产品比亚迪汉入选。

从纯电动乘用车来看，A 级车仍位居榜首，占纯电动乘用车新车型总量的 39.6%，不及在新能源乘用车新车型总量中的份额；A00 级车占纯电动乘用车新车型总量的 21.1%，在上汽通用五菱旗下产品的推动下，超越 B 级车跃居第二；B 级车和 C 级车占新能源乘用车新车型总量的比例分别为 17.1%和 3.4%，在消费升级和高端化发展趋势下，份额有望持续提升。

从插电式混合动力乘用车来看，A 级车占据绝对的主导地位，占插电式混合动力乘用车新车型总量的 56.1%，由比亚迪“王朝”系列的秦、唐、宋领衔；B 级车和 C 级车分割另一半市场，占插电式混合动力乘用车新车型总量的比例分别为 23.1%和 14.9%，其中博瑞 GE、魏派 VV7、理想 ONE、宝马 5 系等车型入选。

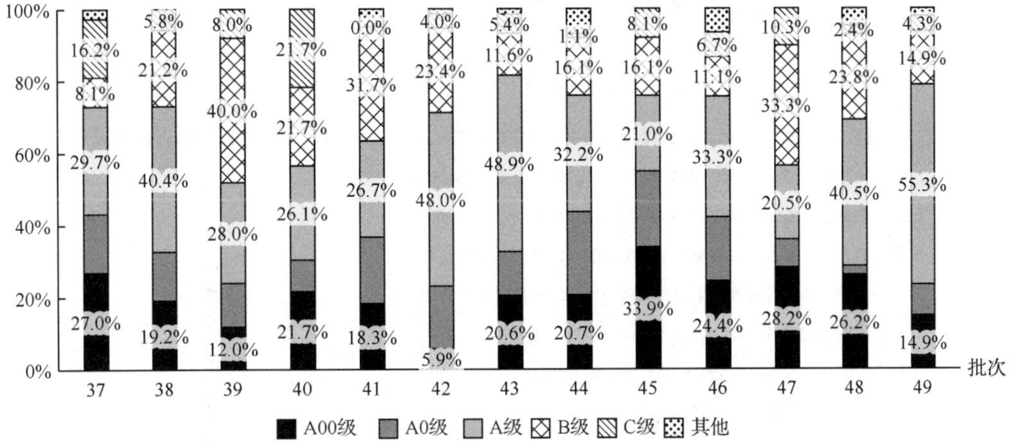

图 7-6　2020 年新能源乘用车新车型分车型级别份额

4. 企业结构分析

2020 年，从新能源乘用车新车型来看，如图 7-7 所示，TOP10 企业共申报 605 个型号，占新能源乘用车新车型总量的 45.2%，且各企业申报车型数量均超过 40 个型号。其中，上汽通用五菱汽车股份有限公司以 111 个型号位居第一名，市场份额为 8.3%，其次为比亚迪汽车工业有限公司和广汽乘用车有限公司；威马汽车制造温州有限公司作为唯一进入 TOP10 的造车新势力企业，以 55 个型号位列第六名。品牌方面，如图 7-8 所示，新车型 TOP10 品牌共申报 636 个型号，占新能源乘用车新车型总量的 47.5%，其中，比亚迪以 116 个型号位居第一名，市场份额为 8.7%，其次为吉利和传祺；威马和哪吒作为进入 TOP10 的造车新势力品牌，分别以 60 个型号和 42 个型号位列第五名和第九名。

纯电动乘用车新车型 TOP10 企业共申报 536 个型号，占纯电动乘用车新车型总量的 48.1%，其中，上汽通用五菱汽车股份有限公司以 110 个型号位居第一名，市场份额为 9.9%，其次为广汽乘用车有限公司和安徽江淮汽车集团股份有限公司；造车新势力方面，威马汽车制造温州有限公司和浙江合众新能源汽车有限公司进入 TOP10，分别以 55 个型号和 42 个型号车型位列第五名和第七名。品牌方面，新车型 TOP10 品牌共申报 556 个型号，占纯电动乘用车新车型总量的 49.9%，其中，比亚迪以 84 个型号位居第一名，市场份额为 7.5%，其次为宝骏和传祺；造车新势力方面，威马、哪吒和小鹏进入 TOP10，分别以 60 个型号、42 个型号和 35 个型号位列第四名、第九名和第十名。

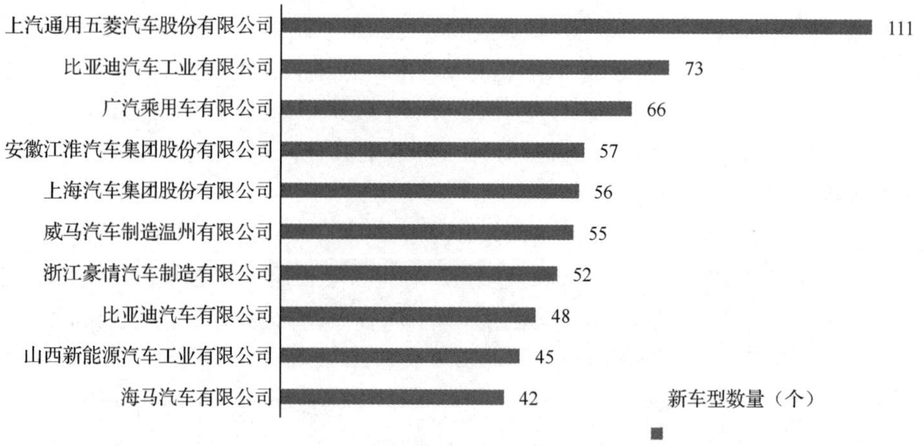

图 7-7　2020 年新能源乘用车新车型 TOP10 企业统计

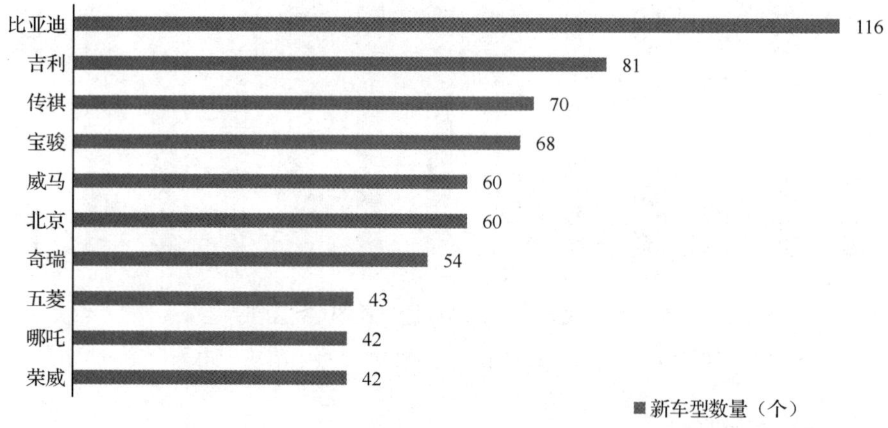

图 7-8　2020 年新能源乘用车新车型 TOP10 品牌统计

插电式混合动力乘用车市场集中度相对较高。新车型 TOP10 企业共申报 164 个型号，占插电式混合动力乘用车新车型总量的 74.2%，其中，浙江吉利汽车有限公司以 36 个型号位居第一名，市场份额为 16.3%，其次为上海汽车集团股份有限公司和浙江豪情汽车制造有限公司；造车新势力方面，理想和重庆金康进入 TOP10，分别以 12 个型号和 10 个型号位列第六名和第九名；华晨宝马汽车有限公司和大庆沃尔沃汽车制造有限公司作为合资代表进入 TOP10，分别以 10 个型号和 8 个型号位列第八名和第十名。

从品牌来看，新车型 TOP10 品牌共申报 158 个型号，占插电式混合动力乘用车新车型总量的 71.5%，吉利和比亚迪以 32 个型号并列第一名，市场份额均为 14.5%，其次为领克和荣威；造车新势力方面，理想和赛力斯进入 TOP10，分别以 12 个型号和 8 个型号位列第五名和第十名；沃尔沃、大众和宝马作为合资代表进入 TOP10，分别以 11 个型号、9 个型号和 9 个型号位列第六名、第八名和第九名。

（二）新能源商用车新车型申报结构分析

2020 年，商用车市场电动化进程不断推进，新能源及混合动力新车型不断推出，如表 7-1 所示，全年共 13 个批次的新能源商用车新车型公告，共 4369 个型号。分批次来看，第 42 批申报数量最多，共 1511 个新能源商用车新车型；第 39 批申报数量最少，仅 54 个新能源商用车新车型。

表 7-1　2020 年新能源商用车新车型分批次情况

批次	37	38	39	40	41	42	43	44	45	46	47	48	49	总计
数量（个）	100	118	54	110	186	1511	1055	329	191	205	185	188	137	4369

1. 技术类型结构分析

从技术类型来看，如图 7-9 所示，纯电动车型占据绝对优势，2020 年共申报 3926 个型号，占比为 89.9%，是市场上主流的新能源商用车产品，反映出政策对于纯电动新能源类型的优势推广；燃料电池新车型共 290 个型号，占全部新能源车型的 6.6%；插电式混合动力共 153 个型号，占全部新能源车型的 3.5%。从占比趋势来看，纯电动车型占比优势较为稳定，燃料电池车型占比呈现逐渐提升趋势，插电式混合动力车型占比逐渐减少。

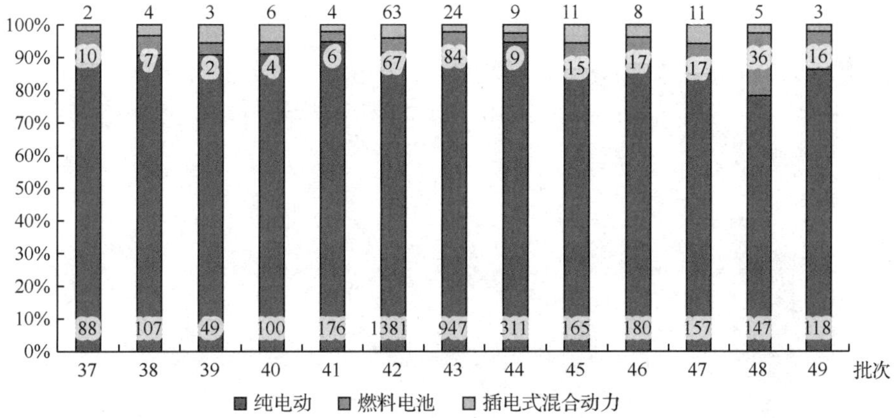

图 7-9　2020 年新能源商用车新车型分技术类型统计

2. 车辆类型结构分析

2020 年，新能源货车共申报 992 个型号，其中，中重型货车申报 543 个型号，占新能源货车新车型总量的 54.7%，轻型货车申报 449 个型号，占新能源货车新车型总量的 45.3%。新能源客车共申报 827 个新车型，如图 7-10 所示，其中，大中型客车申报 616 个型号，占新能源客车新车型总量的 74.5%，轻型客车申报 211 个型号，占新能源客车新车型总量的 25.5%。

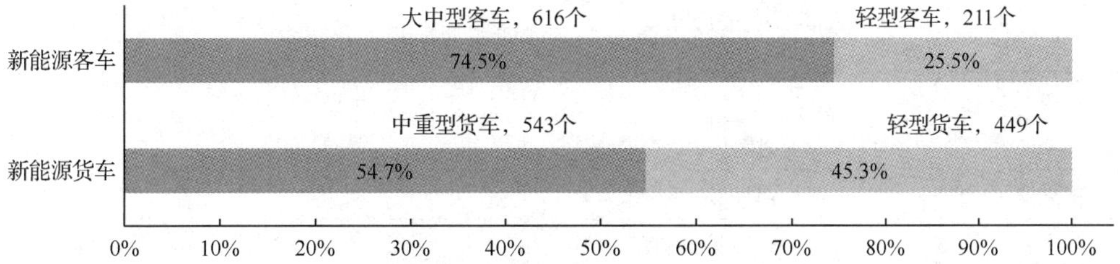

图 7-10　2020 年新能源商用车申报车辆类别结构

3. 功能用途结构分析

从功能用途来看，新能源货车目前主要是城市物流车及环卫车等专用车，这两类车型申报数量较多，新能源载货车 2020 年申报 227 个型号，牵引车、自卸车现阶段新能源应用率较低，申报车型数量较少，如图 7-11 所示。

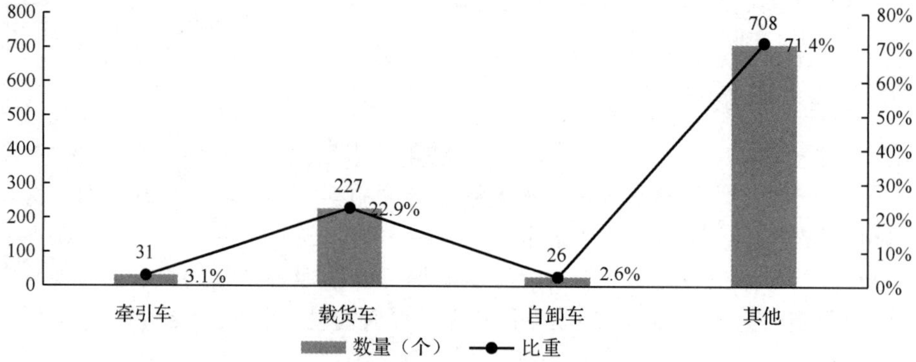

图 7-11　2020 年新能源货车分功能用途申报情况

新能源客车的申报主要以公交车型为主，2020 年新能源公交客车共申报 670 个型号，比重达到 81.0%，其次为公路客车，2020 年申报 77 个型号，比重为 9.3%，宽体轻客、窄体轻客申报数量较少，如图 7-12 所示。

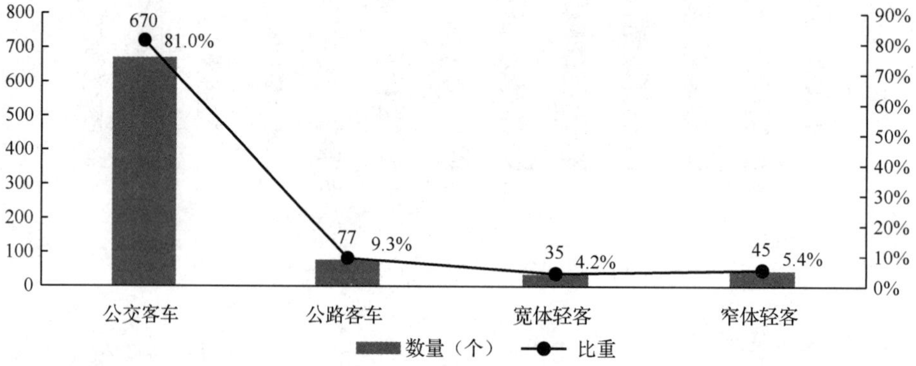

图 7-12　2020 年新能源客车分功能用途申报情况

4. 企业结构分析

2020 年，新车型 TOP10 企业共申报了 547 个型号的新能源整车，占总体申报量的 30.1%，其中，南京金龙申报了 80 个型号，占比为 4.4%，位居第一名，如表 7-2 所示。

表 7-2　2020 年新能源汽车新车型申报企业结构

序　　号	企 业 名 称	申报数（个）	占　　比
1	南京金龙客车制造有限公司	80	4.4%
2	郑州宇通客车股份有限公司	70	3.8%
3	北汽福田汽车股份有限公司	62	3.4%
4	吉利四川商用车有限公司	56	3.1%

续表

序　　号	企 业 名 称	申报数（个）	占　　比
5	中通客车控股股份有限公司	54	3.0%
6	中车时代电动汽车股份有限公司	54	3.0%
7	广西汽车集团有限公司	52	2.9%
8	比亚迪汽车工业有限公司	42	2.3%
9	程力汽车集团股份有限公司	40	2.2%
10	长沙中联重科环境产业有限公司	37	2.0%
	合计	547	30.1%
	其他	1272	69.9%

新能源货车新车型 TOP10 企业共申报了 275 个型号的新能源货车，占总体申报量的 27.5%，其中，南京金龙申报了 41 个型号，占比为 4.1%，位居第一名，程力汽车申报了 40 个型号，占比为 4.0%，位居第二名，如表 7-3 所示。

表 7-3　2020 年新能源货车新车型申报企业结构

序　　号	企 业 名 称	申报数（个）	占　　比
1	南京金龙客车制造有限公司	41	4.1%
2	程力汽车集团股份有限公司	40	4.0%
3	长沙中联重科环境产业有限公司	37	3.7%
4	吉利四川商用车有限公司	34	3.4%
5	北汽福田汽车股份有限公司	27	2.7%
6	北京环卫集团环卫装备有限公司	21	2.1%
7	广西汽车集团有限公司	20	2.0%
8	安徽爱瑞特新能源专用汽车股份有限公司	19	1.9%
9	陕西汽车集团有限责任公司	18	1.8%
10	郑州宇通重工有限公司	18	1.8%
	合计	275	27.5%
	其他	717	72.5%

新能源客车新车型 TOP10 企业共申报了 395 个型号的新能源客车，占总体申报量的 47.8%，其中，宇通客车申报了 69 个型号，占比为 8.4%，位居第一，如表 7-4 所示。

表 7-4　2020 年新能源客车新车型申报企业结构

序　　号	企 业 名 称	申报数（个）	占　　比
1	郑州宇通客车股份有限公司	69	8.4%
2	中通客车控股股份有限公司	48	5.8%
3	中车时代电动汽车股份有限公司	43	5.2%
4	南京金龙客车制造有限公司	39	4.7%

续表

序号	企业名称	申报数（个）	占比
5	厦门金龙旅行车有限公司	37	4.5%
6	北汽福田汽车股份有限公司	35	4.2%
7	厦门金龙联合汽车工业有限公司	34	4.1%
8	广西汽车集团有限公司	32	3.9%
9	比亚迪汽车工业有限公司	29	3.5%
10	金龙联合汽车工业（苏州）有限公司	29	3.5%
	合计	395	47.8%
	其他	432	52.2%

第二节　2020 年新能源汽车新车型技术特征

一、新能源乘用车技术特征

（一）整车参数特征

从整车参数来看，如图 7-13 所示，2020 年《推荐目录》中共 816 个型号的车长超过 4.5m，占新能源乘用车新车型总量约 61%，自第 45 批起车长超过 4.5m 的新车型比例逐批次提升，第 49 批比例达到 70%，赛力斯 SF5、奔驰 E 级和合创 007 等多款新车型入围，产品大型化趋势显著。此外，共 266 个型号的车长不足 4m，占新能源乘用车新车型总量约 20%，上汽通用五菱旗下产品宏光 MINI 及宝骏 E100 为主要贡献车型；共 257 个型号的车长为 4～4.5m，占新能源乘用车新车型总量约 19%。

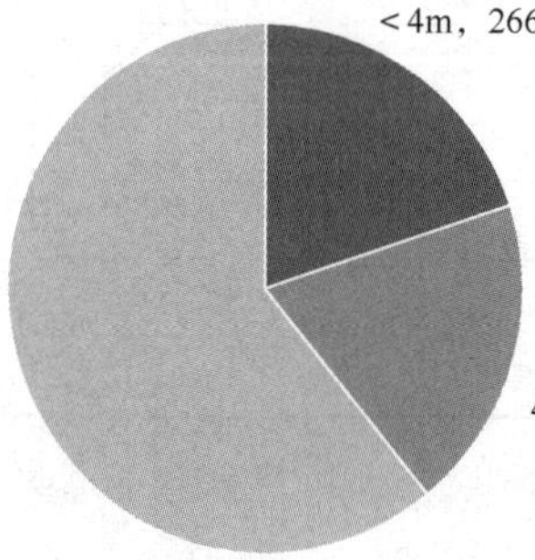

图 7-13　2020 年新能源乘用车新车型分车长统计

（二）电池配套及技术特征

从电池配套系统来看，如图 7-14 所示，2020 年《推荐目录》中共 79 家企业、1051 个型号配套三元锂电池，占新能源乘用车新车型总量约 79%，仍是市场主力，其中，广汽乘用车有限公司以 63 个型号位居第一名；共 33 家企业、217 个型号搭载磷酸铁锂电池，占新能源乘用车新车型总量约 16%，其中，上汽通用五菱汽车股份有限公司以 65

个型号位居第一名，且自第 43 批起，磷酸铁锂电池的份额呈现显著提升趋势。在纯电动乘用车中，共 74 家企业、862 个型号配套三元锂电池，占纯电动乘用车新车型总量的 77.4%；33 家企业、202 个型号搭载磷酸铁锂电池，占纯电动乘用车新车型总量的 18.1%。在插电式混合动力乘用车中，共 27 家企业、189 个型号配套三元锂电池，占插电式混合动力乘用车新车型总量的 79%；3 家企业、15 个型号搭载磷酸铁锂电池，占插电式混合动力乘用车新车型总量的 6.8%。

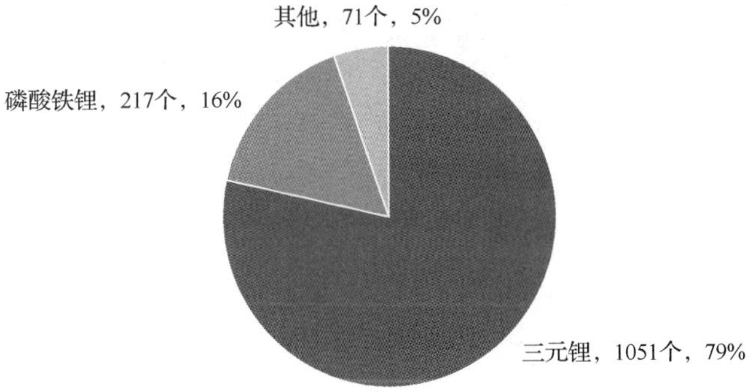

图 7-14　2020 年新能源乘用车新车型分电池类型统计

从电池配套企业来看，如图 7-15 所示，2020 年共 143 家电池总成配套企业为新能源乘用车提供服务，TOP10 企业配套总量共 508 个型号，占新能源乘用车新车型总量的 37.9%，其中，宁德时代新能源科技股份有限公司以 108 个型号位居第一名，市场份额为 8.1%，其后为广汽乘用车有限公司和威马汽车制造温州有限公司。

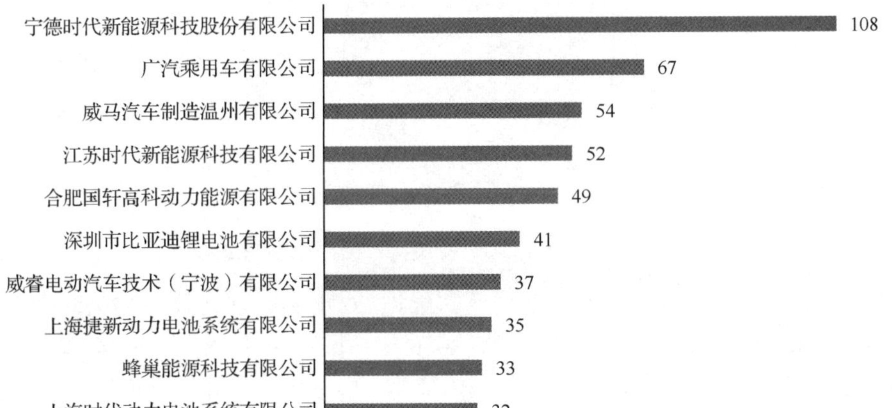

图 7-15　2020 年新能源乘用车新车型电池总成配套 TOP10 企业

此外，共 97 家单体电池配套企业为新能源乘用车提供服务，如图 7-16 所示，TOP10 企业配套总量共 794 个型号，占新能源乘用车新车型总量的 59.3%，其中宁德时代新能源科技股份有限公司以 343 个型号位居第一名，其次为合肥国轩高科动力能源有限公司和江苏时代新能源科技有限公司。

从电池续驶里程来看，如图 7-17 所示，根据 2021 年补贴新政，纯电动乘用车工况法续驶里程（R）不低于 300km，按此标准，2020 年《推荐目录》中共有 982 个型号的纯电动乘用车符合 2021 年国家补贴的产品技术要求，其中，续驶里程 300km≤*R*<400km 的新车型共 293 个型号，689 个型号的续航里程均不低于 400km。

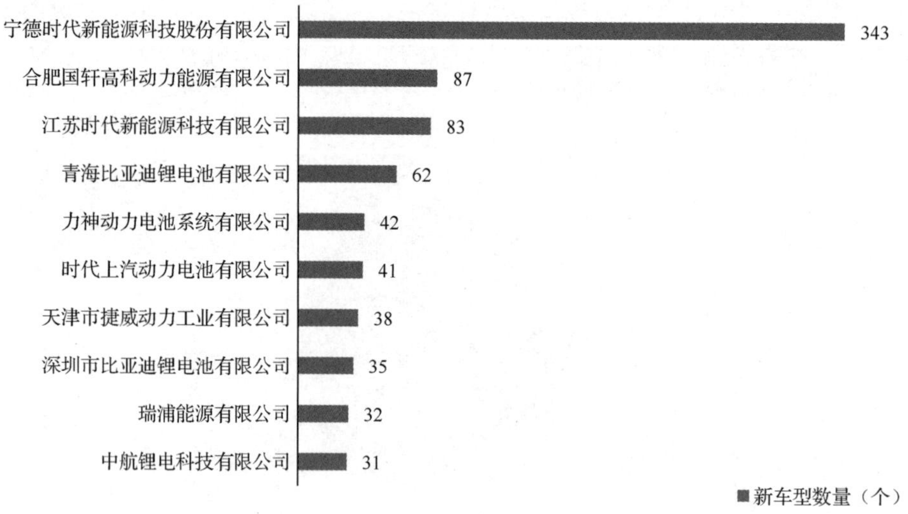

图 7-16　2020 年新能源乘用车新车型单体电池配套 TOP10 企业

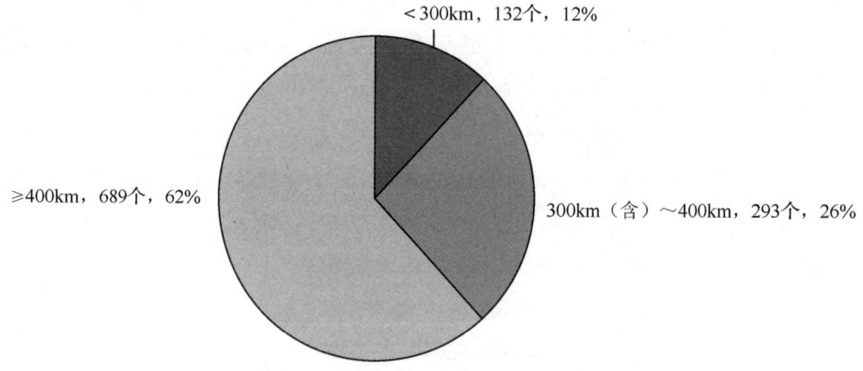

图 7-17　2020 年新能源乘用车新车型续驶里程统计

从电池能量密度来看，如图 7-18 所示，根据 2021 年补贴新政，纯电动乘用车的电池能量密度不低于 125Wh/kg，按此标准，2020 年《推荐目录》中共有 1040 个型号的纯电动乘用车符合 2021 年国家补贴的产品技术要求，占纯电动乘用车新车型总量的 93.4%，其中电池能量密度 125Wh/kg≤*R*<140Wh/kg 的车型共 122 个型号，140Wh/kg≤*R*<160Wh/kg 的车型共 431 个型号，487 个型号车型电池能量密度均不低于 160Wh/kg。

（三）驱动电机配套及技术特征

从驱动电机配套系统来看，2020 年《推荐目录》中共 88 家企业、1297 个型号搭载永磁同步电机，占新能源乘用车新车型总量的 96.9%，占据绝对主体地位，其中包含 1079 个型号的纯电动乘用车和 214 个型号的插电式混合动力乘用车；此外，8 家企业、42 个型号搭载其他电机，占新能源乘用车新车型总量的 3.1%，其中包含 35 个型号的纯电动乘用车和 7 个型号的插电式混合动力乘用车。

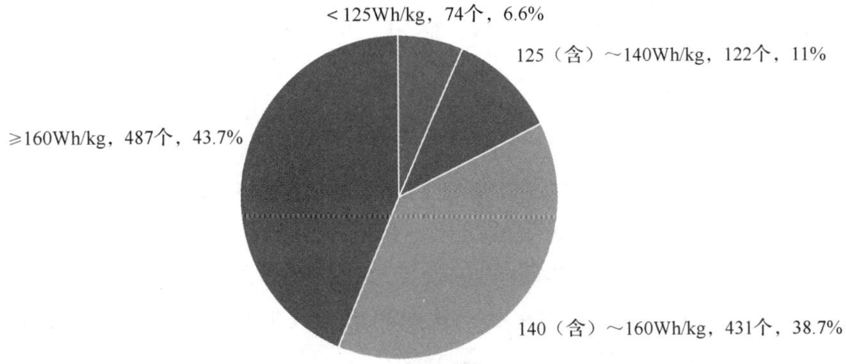

图 7-18　2020 年新能源乘用车新车型电池能量密度统计

从驱动电机配套企业来看，如图 7-19 所示，2020 年共 130 家驱动电机配套企业为新能源乘用车提供服务，TOP10 企业配套总量为 632 个型号，占新能源乘用车新车型总量的 47.2%，其中长沙市比亚迪汽车有限公司以 114 个型号位居第一名，其后为浙江方正电机股份有限公司和精进电动科技股份有限公司。

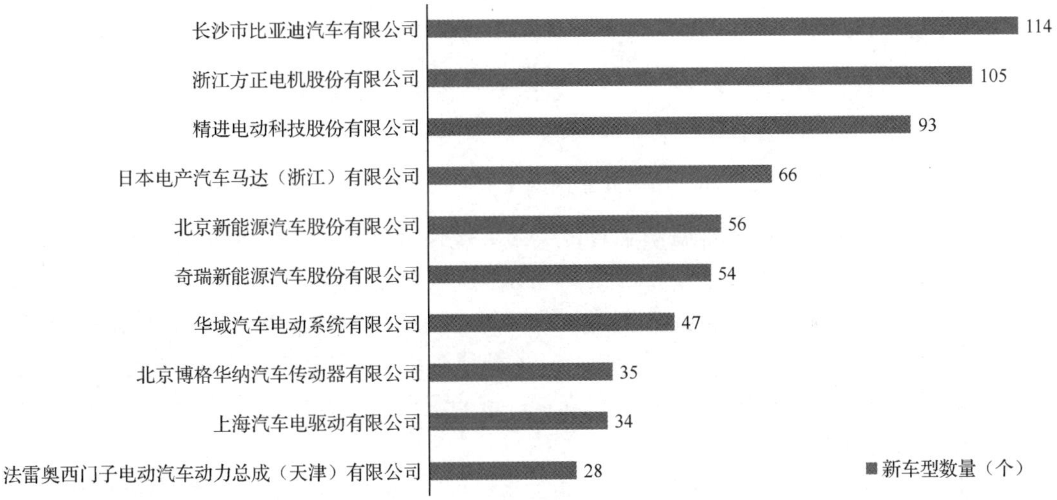

图 7-19　2020 年新能源乘用车驱动电机配套 TOP10 企业

二、新能源商用车技术特征

（一）新能源货车技术特征

1. 新能源中重型货车

随着新能源技术的快速发展，新能源中重型货车基于应用场景差异，在总质量与整备质量、技术路线与续驶里程、电池、电机等方面的技术瓶颈逐步取得突破，进一步夯实新能源中重型货车市场的发展和应用基础。

目前，新能源中重型货车仍以纯电动技术路线为主，2020 年纯电动中重型货车在《推荐目录》中共 904 个型号，占比为 90%；燃料电池中重型货车共 79 个型号，占比为 7.9%；

插电式中重型货车 21 个型号，占比为 2.1%。近几年，新能源财政补贴政策逐步退坡，但各地方纷纷加码氢燃料电池汽车技术，加大氢燃料汽车政策支持力度，推动传统企业、造车新势力等积极布局氢燃料产业，不断丰富中重型货车的技术路线。

（1）质量参数。

从 2020 年《推荐目录》来看，新能源中重型货车总质量集中在 12～18t 和 6～12t，占比分别为 46.8%和 33.6%。如图 7-20 所示，新能源中型货车以 6～12t 为主，占新能源中型货车新车型总量的 84.9%，总质量 8.5t、12.5t、10t 是新能源中型货车的主要车型；新能源重型货车车型以 12～18t 为主，占新能源重型货车新车型总量的 67.5%，总质量 18t、31t、25t 是新能源重型货车的主要车型。

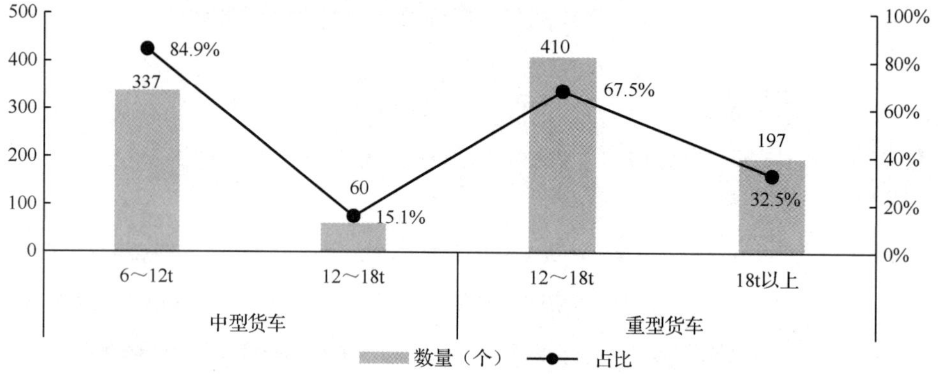

图 7-20　2020 年新能源中重型货车总质量分布

从新能源中重型货车整备质量来看，总体呈现轻量化趋势。在 2020 年《推荐目录》，新能源重型货车新车型的最小整备质量为 3.1t，最大整备质量为 21.7t。其中，整备质量为 6t 以下车型占 18.7%，6～12t 车型占 47.4%，12～18t 车型占 30.0%。如图 7-21 所示，中型货车以 6～12t 车型为主，占比为 52.4%；重型货车以 12～18t 车型为主，占比为 49.4%。随着新能源电池技术提升以及电池厂家降重，新能源重型货车整备质量呈下降趋势，12t 以下车型数量逐步增加。

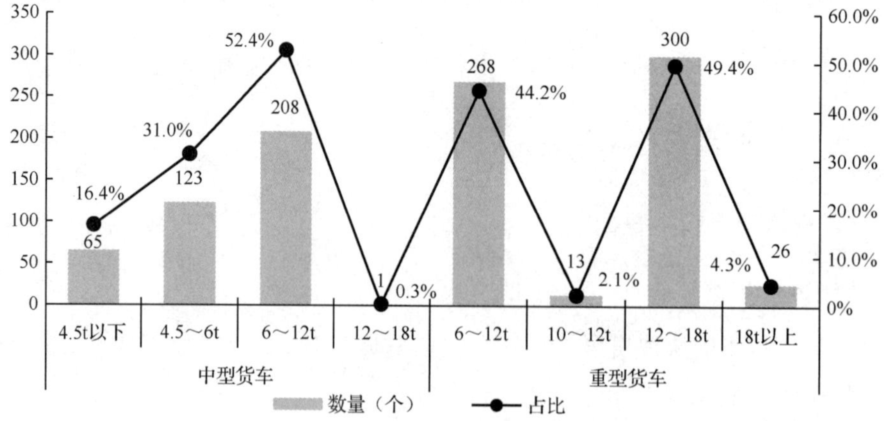

图 7-21　2020 年新能源中重型货车整备质量分布

（2）电池配套及技术特征。

2020 年新能源中重型货车动力电池仍以磷酸铁锂电池为主，如图 7-22 所示，《推荐目录》中磷酸铁锂电池共 923 个型号，占比为 92%；三元锂电池共 49 个型号，占比为 5%。总体来看，磷酸铁锂电池由于成本低、循环寿命高、可快速充电等优势，在新能源中重型货车中应用较普遍。

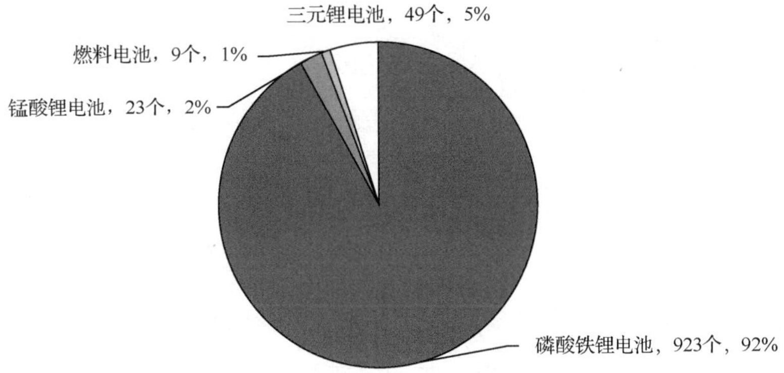

图 7-22　2020 年新能源中重型货车主要电池类型

从续驶里程来看，2020 年《推荐目录》中，纯电动中重型货车续驶里程主要集中在 200～400km，如图 7-23 所示，最长续驶里程可达到 600km，为北汽福田申报的纯电动医疗车；随着电池技术的不断突破，纯电动中重型货车续驶里程逐步突破 500km。插电式混合动力中重型货车续驶里程仍较短，且市场发展插电式混合动力车型的积极性降低。燃料电池中重型货车续驶里程集中在 300km 以上，最长续驶里程可达到 680km，为上汽大通申报的燃料电池冷藏车。新能源中重型货车的续驶里程持续增加，不断满足长时间及中长途运输场景需求。

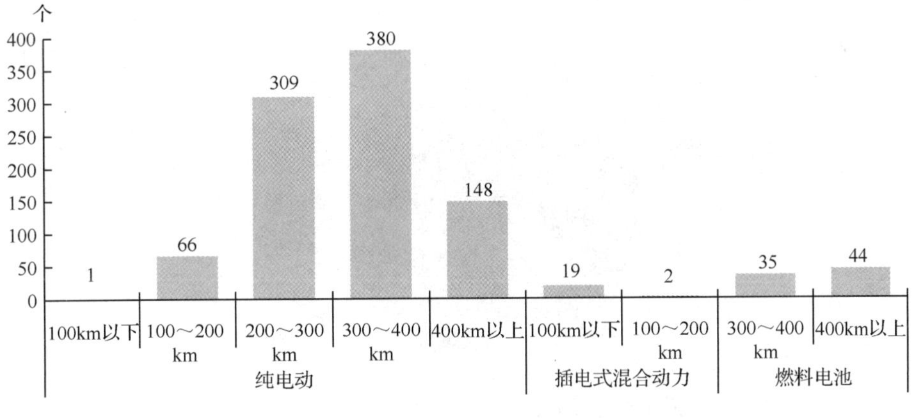

图 7-23　2020 年新能源中重型货车续驶里程

从能量密度来看，如图 7-24 所示，新能源中重型货车动力电池密度主要集中在 140（含）～160Wh/kg，占比为 67.3%，体现出中重型货车领域电池技术的进一步提升。2020 年，新能源中重型货车动力电池的能量密度最高可达到 164Wh/kg，其中磷酸铁锂电池能量密度较高，主要分布在 140（含）～160Wh/kg；三元锂电池能量密度主要分布在

140Wh/kg 以下，140（含）～160Wh/kg 占比较小，进一步凸显磷酸铁锂电池的技术优势。

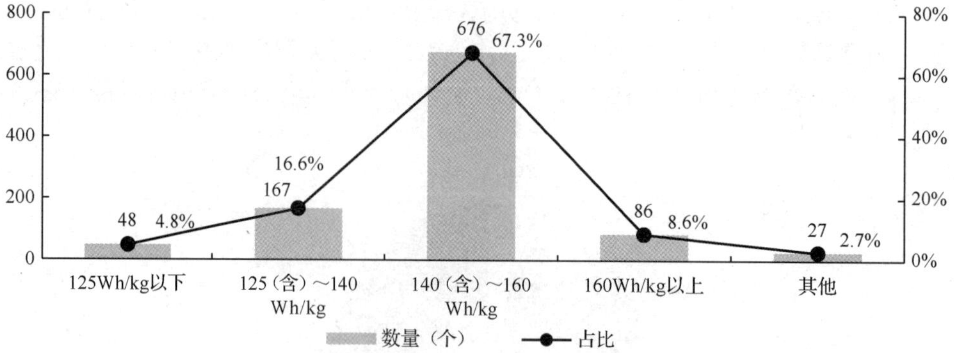

图 7-24　2020 年新能源中重型货车动力电池的能量密度

（3）电机技术特征。

由于永磁同步电机相较其他电机在体积、重量、效率等方面均具有优势，在新能源汽车市场应用较普遍。2020 年《推荐目录》中应用永磁同步电机的新能源重型货车车型的占比近 100%，驱动功率最高达 280kW，转速为 1500r/min，扭矩为 1700N · m。从驱动电机来看，新能源重型货车动力性能有所提升。

2. 新能源轻型货车

分技术路线看，2020 年申报新能源轻型货车共 723 个型号，包含纯电动和插电式混合动力两种技术路线，如图 7-25 所示，纯电动共 708 个型号，占比为 97.9%，插电式混合动力车型共 15 个型号，占比为 2.1%。经过多年的技术积累，同时考虑零排放、有路权、使用成本低等优势，纯电动技术路线成为轻型货车新能源化的主要方向，而插电式混合动力技术路线目前尚处于探索阶段。

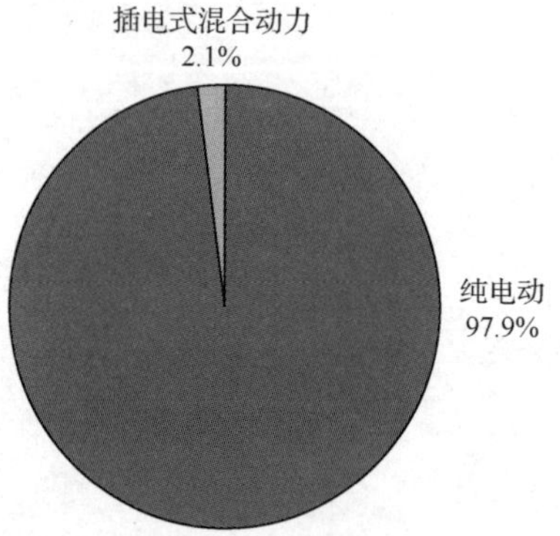

图 7-25　2020 年新能源轻型货车技术路线结构

分续驶里程看，2020 年轻型货车新车型的续驶里程普遍保持较高水平，如图 7-26 所示，97.2%的车型续驶里程超过 200km，其中 13.3%的车型续驶里程超过 400km。近年来，随着新能源补贴逐步退坡、各地路权放开，新能源物流车销量虽然减少，但回归市场需求主导，终端用户的选车标准在产品质量、售后和续航等方面都有了更高的要求，促使新车型技术持续提升。

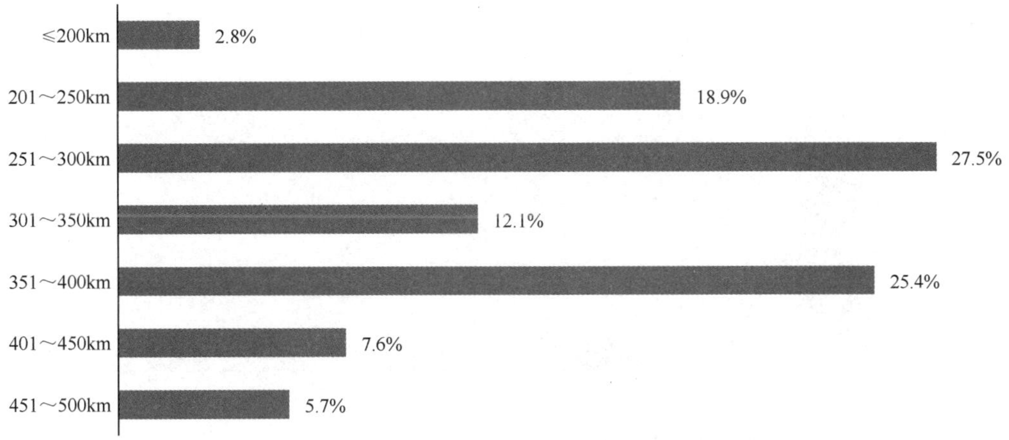

图 7-26　2020 年新能源轻型货车续驶里程结构

从储能装置种类来看，2020 年新能源轻型货车储能装置种类分为磷酸铁锂电池、三元锂电池和锰酸锂电池，如图 7-27 所示，其中磷酸铁锂电池占比为 72.8%，是新能源轻型货车的首选配套储能装置。新能源轻型货车以物流车为主，该车型工具属性强、车辆使用强度高，动力电池长期处于“工作状态”，动力电池的温度也会出现不同程度的升高。磷酸铁锂电池正极材料电化学性能比较稳定，在高温环境下安全系数相对较高，因此成为新能源轻型货车的首选配套储能装置。

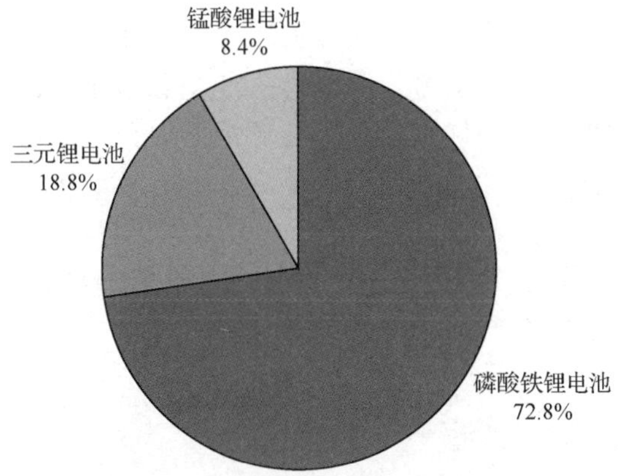

图 7-27　2020 年新能源轻型货车储能装置种类结构

（二）新能源客车技术特征

如图 7-28 所示，2020 年，新能源客车产品共申报 2642 个型号。公交客车属于社会公益项目，受国家财政补贴，可以集中建设充电设施，同时可以通过采购更多的车辆或优化公交线路来抵消车辆因充电时间过长而利用率降低的缺点，所以新能源客车更易于在公交市场推广。新能源公交客车申报了 2201 个型号，占比为 83.3%。购置成本高、车辆利用率低等因素制约了新能源客车的盈利性，使新能源座位客车在长途公路运输、旅游客车运输等领域发展缓慢，其主要应用于城市通勤、公务用车等小众市场，新能源座位客车共申报 218 个型号，占比为 8.3%。新能源轻客产品主要应用于城市物流市场，盈利性低同样是制约其发展的主要原因，新能源欧系轻客与日系轻客共申报了 223 个型号，占比为 8.5%。

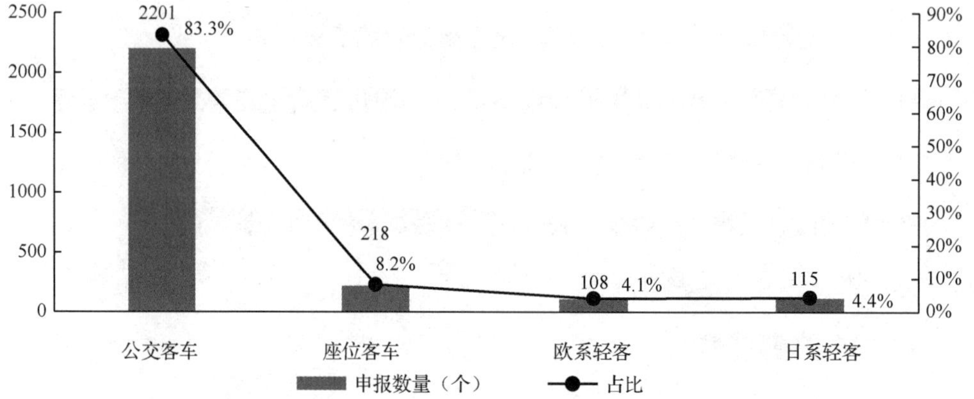

图 7-28　2020 年新能源客车产品分车型申报情况

新能源客车主要应用于公共运输领域，安全性就尤为重要。此外，车辆的使用频次相对较高，如新能源公交客车平均每天要充电 1 次或 2 次，需要采用寿命长的电池。同时，新能源客车续航普遍较高，单车配备电池组较多，低成本的电池耗材成为首选。磷酸铁锂电池具有稳定性高、寿命长、成本低等优点，成了目前最主流的配套电池体系。如图 7-29 所示，2020 年，配备磷酸铁锂电池的新能源客车产品共申报 2265 个型号，占比为 85.8%。锰酸锂电池成本低，性能指标相对优异，与国内的新能源客车政策结合度高，但其寿命一般，能量密度不高，在实际使用过程中并非最优选择，配备锰酸锂电池的新能源客车产品共申报 252 个型号，占比为 9.5%。相较于磷酸锂电池，三元锂电池具有能量密度高、低温耐受性高等优点，与新能源规划的契合度较高，被认为是未来主流动力电池应用体系，但其稳定性与寿命低于磷酸铁锂电池，还需要进一步优化，配备三元锂电池的新能源客车产品共申报 42 个型号，占比为 1.6%。钛酸锂电池具备寿命长、充电快、能量密度高、稳定性高、耐寒耐热等优点，但高成本是制约其发展的主要原因，配备钛酸锂电池的新能源客车产品共申报 59 个型号，占比为 2.2%。

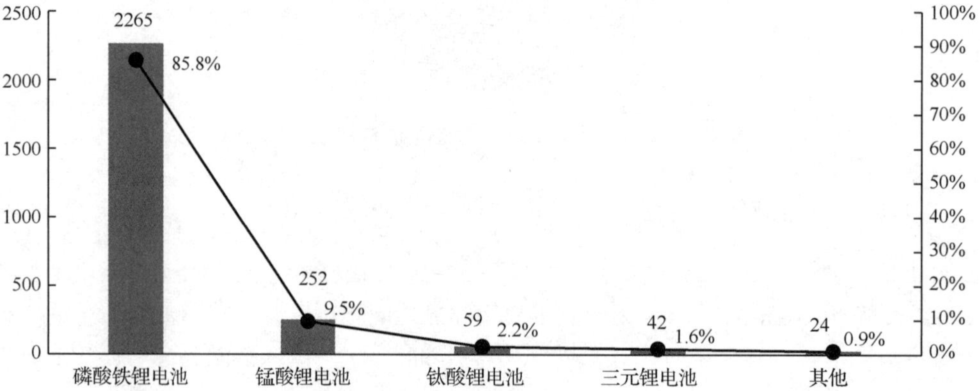

图 7-29　2020 年新能源客车产品分电池类型申报情况

新能源客车主要应用于城市公交、城市通勤、公务出行、城市物流等市场，其中以城市公交居多。据统计，单台公交客车平均每天行驶里程数约 200km，考虑到冬季车辆续航会有 20%～40%的折扣，新能源公交客车配置 200～500km 的续航，每天充电一次即可保障当天的使用需求。而在城市通勤、公务出行、城市物流等市场，单台车辆平均每天行驶里程低于 100km，车辆配置 200～500km 的续航，3～5 天充电一次即可保障日常使用。综合考虑新能源客车的车辆利用率与车辆成本的平衡关系，续航为 200～500km 的新能源客车更加贴合市场的需求。如图 7-30 所示，2020 年，续航为 200～500km 的新能源客车产品共申报 1715 个型号，占比为 64.9%。续航为 500～800km 的新能源客车主要服务于中长途公路运输，共申报了 706 个型号，占比为 26.7%。

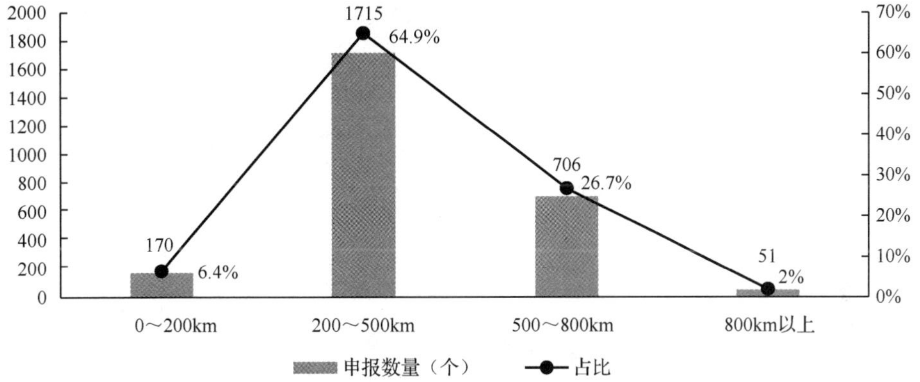

图 7-30　2020 年新能源客车产品分续航申报情况

第三节　2020 年新能源汽车新车型市场表现

2020 年新能源汽车《推荐目录》新车型累计产量为 122.2 万辆，占整体汽车产量的比例为 5.1%，占新能源汽车总产量的比例为 95.5%。如图 7-31 所示，新能源乘用车新车型产量为 109.8 万辆，占新能源汽车总产量的比例为 89.9%；新能源商用车新车型产量为 9.0 万辆，占新能源汽车总产量的比例为 7.4%；新能源专用乘用车新车型产量为 3.3 万辆，占新能源汽车总产量的比例为 2.7%。

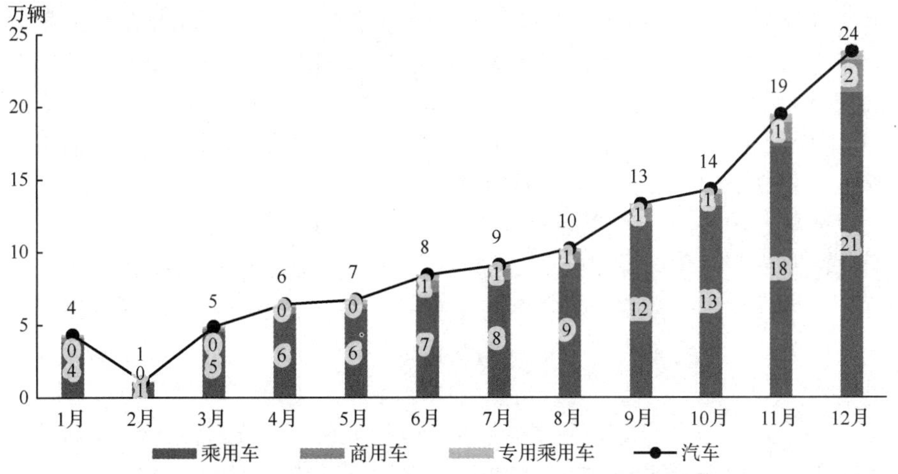

图 7-31　2020 年新能源汽车《推荐目录》新车型月度产量

一、新能源乘用车新车型市场表现分析

（一）新车型产量统计分析

2020 年《推荐目录》新车型累计产量为 109.8 万辆，占乘用车总产量的 5.8%，占新能源乘用车总产量的 95.6%，新车型仍是新能源汽车高速增长的重要驱动力。从月度走势来看，如图 7-32 所示，2—3 月受疫情影响，企业停工停产，整体产量低迷；4—6 月企业开始复工复产，消费需求释放，产量逐步恢复；7—12 月经济快速回暖的同时，以宏光 MINI、特斯拉 Model 3、比亚迪汉、小鹏 P7 等为代表的新车型拉动私人消费者需求大增，产量实现大幅提升，以满足高涨的终端需求。

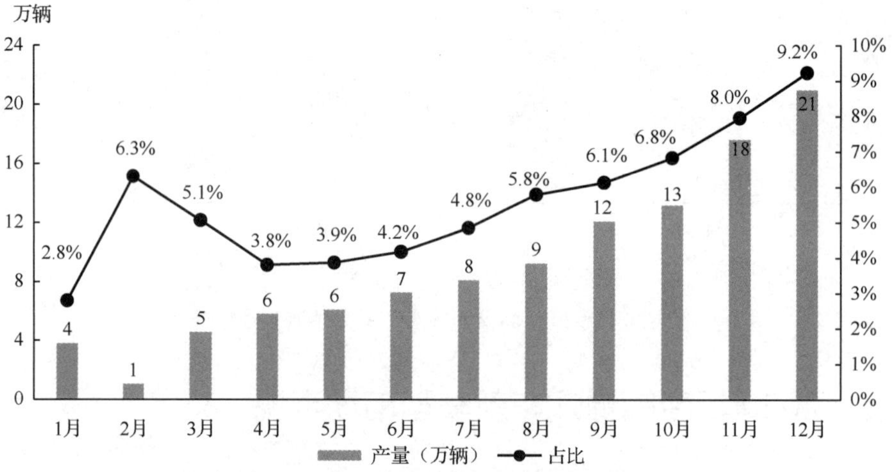

图 7-32　2020 年新能源乘用车《推广目录》新车型月度产量

（二）新车型市场结构特征分析

2020 年《推荐目录》的新车型中，纯电动乘用车累计产量为 88.8 万辆，占新能源乘用车新车型总量的 80.9%，其中国产特斯拉 Model 3、宏光 MINI EV 累计产量分别达到 14.3 万辆和 12.8 万辆，占纯电动乘用车新车型总量的比例超过 30%，成为市场的重要驱动力。插电式混合动力乘用车累计产量为 20.9 万辆，占新能源乘用车新车型总量的 19.1%，其中中国品牌造车新势力产品理想 ONE 以 3.6 万辆稳居榜首，占插电式混合动力乘用车新车型总量的 17.1%，其次是宝马 5 系，以 2.4 万辆位居第二名。

从企业来看，2020 年《推荐目录》中新车型 TOP10 企业累计产量为 74.2 万辆，占新能源乘用车新车型总量的 67.6%，其中，上汽通用五菱汽车股份有限公司以 16.6 万辆位居榜首，市场份额为 15.1%，其次为特斯拉（上海）有限公司和比亚迪汽车工业有限公司；重庆理想汽车有限公司作为唯一入围新车型 TOP10 的造车新势力企业，以 3.3 万辆位列第十名。

从品牌来看，2020 年《推荐目录》中新车型 TOP10 品牌累计产量为 74.3 万辆，占新能源乘用车新车型总量的 67.7%，其中比亚迪以 15.8 万位居榜首，市场份额为 14.4%，

其次为特斯拉和五菱，产量均超过 10 万辆；作为造车新势力的代表，蔚来和理想位列第六名和第九名，在纯电动和插电式混合动力市场均占据有利地位，累计产量分别达到 4.4 万辆和 3.6 万辆；大众汽车作为唯一入围的合资品牌，累计产量达 4.3 万辆，位居第七名，以油改电产品为先驱，再依托纯电 MEB 平台推出 ID 系列产品，在新能源市场的份额有望进一步提升。

从车型来看，纯电动乘用车 TOP15 车型累计产量为 61.0 万辆，占纯电动乘用车新车型比例为 68.7%，中国车型占据主导地位，其中特斯拉 Model 3 以 14.3 万辆位居榜首，市场份额为 16.1%，为唯一入围的合资车型，宏光 MINI EV 以 12.8 万辆紧随其后，为产量超过 10 万辆的两款车型。插电式混合动力乘用车 TOP15 车型累计产量为 17.5 万辆，占插电式混合动力乘用车新车型总量的 83.8%，中国车型与合资车型分别入围 8 个型号和 7 个型号，其中理想 ONE 以 3.6 万辆位居榜首，市场份额为 17.1%，其后为宝马 5 系和比亚迪唐。

二、新能源商用车新车型市场表现分析

（一）新产品产量统计分析

2020 年《推荐目录》中的新能源商用车新车型共生产 9.0 万辆，占新能源商用车整体产量的 94.1%，占商用车整体产量的 1.9%，如图 7-33 所示。受新冠肺炎疫情影响，2020 年上半年新能源商用车生产进度缓慢，4 月恢复启动后产量逐步提升，下半年在新能源汽车下乡、市场需求反弹等作用下，产量贡献度逐步提高。

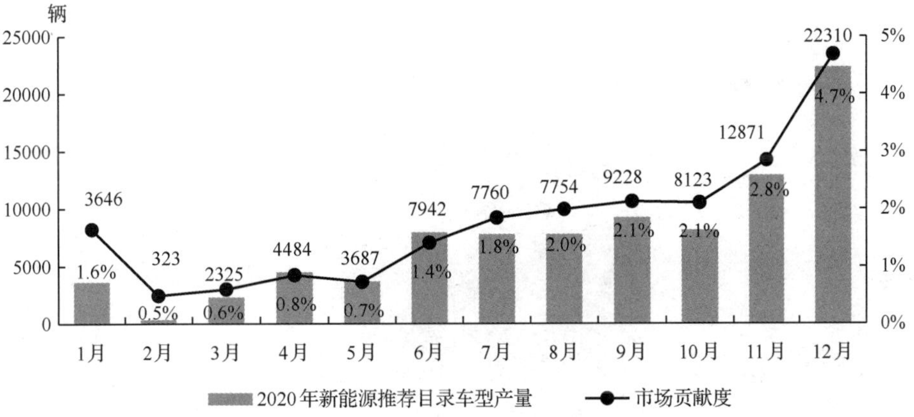

图 7-33　2020 年《推荐目录》中新能源商用车新车型产量表现

（二）新产品市场结构特征分析

从新能源商用车各技术类型生产情况来看，2020 年《推荐目录》中的纯电动商用车新车型共生产 8.5 万辆，占新能源商用车整体产量的 93.6%，主要应用在公交客车、物流载货车等场景，如表 7-5 所示；插电式混合动力商用车生产 0.4 万辆，产量相对较少，主要应用在公交客车场景；燃料电池车型生产 0.1 万辆，主要应用在公交客车场景，环卫、长途干线等市场应用也不断拓展。

表 7-5　不同技术路线车型的主要用途

<table>
<tr><th>分类</th><th>用途</th><th>产量（辆）</th><th>占比</th><th>分类</th><th>用途</th><th>产量（辆）</th><th>占比</th></tr>
<tr><td rowspan="8">纯电动</td><td>公交客车</td><td>49845</td><td>58.8%</td><td rowspan="3">插电式混合动力</td><td>公交客车</td><td>4052</td><td>94%</td></tr>
<tr><td>载货车</td><td>13631</td><td>16%</td><td>专用车</td><td>180</td><td>4.2%</td></tr>
<tr><td>日系轻客</td><td>8375</td><td>9.9%</td><td>载货车</td><td>79</td><td>1.8%</td></tr>
<tr><td>欧系轻客</td><td>4957</td><td>5.9%</td><td rowspan="5">燃料电池</td><td>公交客车</td><td>1281</td><td>88.2%</td></tr>
<tr><td>专用车</td><td>4540</td><td>5.4%</td><td>专用车</td><td>96</td><td>6.6%</td></tr>
<tr><td>公路客车</td><td>2331</td><td>2.8%</td><td>牵引车</td><td>63</td><td>4.3%</td></tr>
<tr><td>牵引车</td><td>783</td><td>0.9%</td><td>自卸车</td><td>10</td><td>0.7%</td></tr>
<tr><td>自卸车</td><td>221</td><td>0.3%</td><td>公路客车</td><td>3</td><td>0.2%</td></tr>
</table>

从车型结构来看，如图 7-34 所示，2020 年共生产新能源商用车新车型 90453 辆，占全部商用车产量的 1.9%。其中包含新能源货车 19603 辆、新能源客车 70850 辆，新能源客车在数量上占据绝对优势，占新能源商用车新车型总量的 78.3%。从车辆类别来看，新能源货车产量以轻型货车为主，政策强调了新能源轻型货车的路权优势，有效拉动了市场需求。在新能源客车中，大型、中型、轻型客车产量均较高，全年分别生产 30144、22044、18662 辆，分别占新能源客车新车型总量的 42.5%、31.1%、26.3%。大型、中型、轻型客车新能源产量占其全部产量的比重分别为 70.3%、53.8%、6.3%，其中以大型客车市场占比较高，需求量较大，主要受到新能源公交客车的需求拉动。

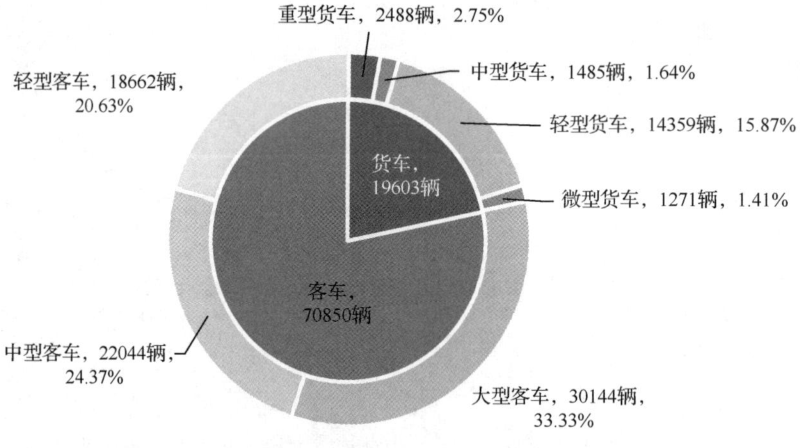

图 7-34　2020 年新能源商用车新车型车辆类别统计

分企业来看，如图 7-35 所示，新能源商用车生产企业 TOP10 以新能源客车企业为主，其中宇通客车以年产 14806 辆新能源客车居产量首位。前十名的生产企业中，仅有东风汽车生产新能源货车的占比较高，达 79.7%。

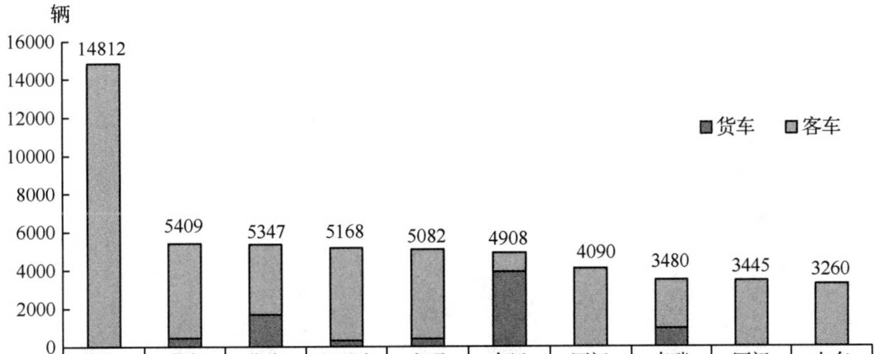

	宇通客车	南京金龙	北汽福田	比亚迪汽车	中通客车	东风汽车	厦门金旅	奇瑞汽车	厦门金龙	中车时代
■ 客车	14806	4964	3664	4843	4684	994	4090	2530	3445	3254
■ 货车	6	445	1683	325	398	3914	0	950	0	6

图 7-35　2020 年新能源商用车新车型产量分企业统计

如图 7-36 所示，新能源货车企业中，东风汽车占据绝对优势，2020 年生产新能源货车 3914 辆，占全部新能源货车产量的 20%，其产品以纯电动轻型货车为主。北汽福田、重庆瑞驰、一汽集团及吉利商用车在新能源商用车市场也占据较大份额，但与东风汽车相比仍有较大差距。新能源货车 TOP2～5 之间的产量差距相对较小，其产品均以新能源轻微型货车为主，市场竞争较为激烈。

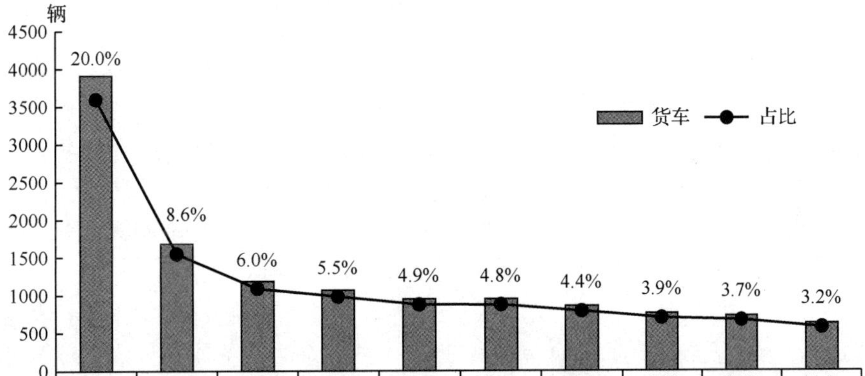

	东风汽车	北汽福田	重庆瑞驰	一汽集团	吉利商用车	奇瑞汽车	山东东方曼	中联重科	宇通重工	长安汽车
货车	3914	1683	1185	1069	951	950	857	760	726	622
占比	20.0%	8.6%	6.0%	5.5%	4.9%	4.8%	4.4%	3.9%	3.7%	3.2%

图 7-36　2020 年新能源货车新车型产量分企业统计

新能源客车企业格局与货车企业格局相类似，呈现“1+*N*”状态。在新能源客车企业中，宇通客车占据绝对优势，2020 年生产新能源客车 14806 辆，占全部新能源客车产量的 20.9%。TOP2～5 企业产量及市场份额差距相对较小，其中，比亚迪汽车、中通客车产品同样以大中型客车为主，南京金龙、厦门金旅其产品以轻型客车为主（见图 7-37）。

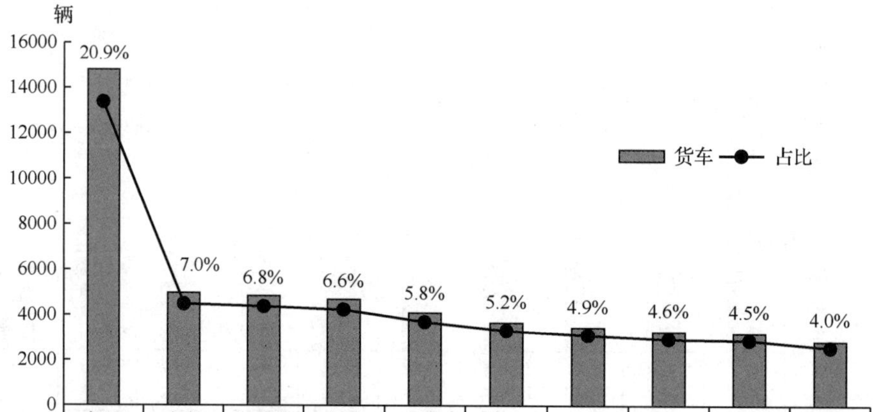

	宇通客车	南京金龙	比亚迪汽车	中通客车	厦门金旅	北汽福田	厦门金龙	中车时代	苏州金龙	安徽安凯
货车	14806	4964	4843	4684	4090	3664	3445	3254	3195	2836
占比	20.9%	7.0%	6.8%	6.6%	5.8%	5.2%	4.9%	4.6%	4.5%	4.0%

图 7-37　2020 年新能源客车新车型产量分企业统计

第四节　总结及展望

一、“三纵”技术路线并行发展，纯电动产品主导市场

依据新能源汽车发展策略，国内新能源汽车并行发展纯电动汽车、插电式混合动力（含增程式）汽车、燃料电池汽车“三纵”技术路线，但由于 2014 年新能源汽车推广政策制定纯电战略及市场中的新旧纯电车型共同发力，目前新能源汽车市场的发展由纯电产品主导。同时，《新能源汽车产业发展规划（2021—2035 年）》提出，到 2035 年纯电动汽车成为新销售车辆的主流，未来纯电动仍是主要方向。新能源商用车目前的主要技术路线为纯电动，其产品主要痛点在于综合成本高、续航有焦虑、充电不方便、质量服务差 4 个方面。相对于纯电动，燃料电池技术一方面能够解决环保问题，另一方面，续驶里程比较长，适合中长途运输，并且在燃料添加方面具备便利性。未来发展氢燃料电池商用车将作为整个氢燃料电池行业的突破口，以客车和城市物流车为切入领域，逐步推广至载重量大、长距离的中重型货车、牵引车、港口拖车及乘用车等。在技术路线方面，企业将着重加强整车轻量化、高效动力系统、动力电池集成与管理、整车控制与节能、安全预警及智能网联等方面的研究，切实提高新能源产品技术水平，提升产品安全性能。

二、加速新能源汽车市场布局，四大阵营竞争加剧

在乘用车双积分政策的推动下，传统企业加速新能源汽车市场布局。目前，新能源乘用车已形成中国、合资、新势力、豪华四大阵容，其中中国阵营开启高端化进程，一方面以比亚迪为代表打造高端化新能源汽车产品比亚迪汉，另一方面，广汽埃安、东风岚图、吉利几何、北汽极狐等新能源子品牌相继成立；合资阵营在发展战略、平台研发、

产品规划、产业链等方面的电动化布局全面提速，大众汽车成为合资品牌电动化战略的领头羊；新势力阵营呈梯队分化态势，蔚来、理想、小鹏三家凭借明确的市场定位和差异化竞争优势表现突出，尾部企业则加速退出；豪华阵营加速平台引进和产品国产化，其中特斯拉率先抢占纯电动产品市场，而奔驰、宝马、奥迪领衔的传统豪华品牌均制定了各自的电动化战略，加速转型进程。同时，江铃、一汽解放等传统商用车企业甚至乘用车企业纷纷大力开展新能源商用车战略规划，加快产品迭代及产能建设，加强对新能源商用车技术的投资和研发，抢抓新能源商用车市场机遇。

三、新能源汽车应用场景不断拓展

受新能源汽车车型续航里程短、自重大、单车价格高、充电不方便等多因素影响，除了乘用车外，新能源商用车的实际应用场景较少，主要是在城市物流、环卫、公交等公共服务领域，新能源汽车具备路权优势。同时，运营里程短，充电较方便。未来，随着电池技术水平的提升、充电设施的完善，以及换电模式的发展、氢燃料电池技术的成熟，新能源汽车的续航、自重、成本等问题得到解决后，将会出现更多的中重型新能源汽车车型应用于中长途运输等更多场景。

Part 5　乘用车篇

第八章　2020 年中国乘用车市场及趋势分析

刘万祥，彭海丽，李富强，杨熙*

摘要：本章围绕 2020 年乘用车生产情况，分析国内乘用车生产运行特征及结构性亮点，从车型结构、车型级别、系族分布、排量分布、重点集团及区域分布等多方面展开，深入分析 2020 年乘用车生产运行特征，并预判乘用车市场发展趋势。在利好政策的支撑下，乘用车市场发展仍有潜力，产业格局及结构将持续调整，品牌发展高端化，新能源、智能网联等技术应用提速。

关键词：乘用车；市场结构；趋势研判。

第一节　2020 年中国乘用车生产运行特征

一、中国乘用车市场进入降速调整期，整体规模小幅下滑

（一）乘用车生产运行呈现良好的恢复态势，全年降幅收窄

2020 年受全球新冠肺炎疫情、国际贸易环境变化、新一轮产业变革等内外部因素影响，我国乘用车市场展现出强大韧性和活力。根据机动车出厂合格证数据统计，2020 年我国乘用车生产 1905.4 万辆，同比下降 5.3%，降幅较上一年收窄 4.6 个百分点。如图 8-1 所示为 2014—2020 年中国乘用车生产运行走势。

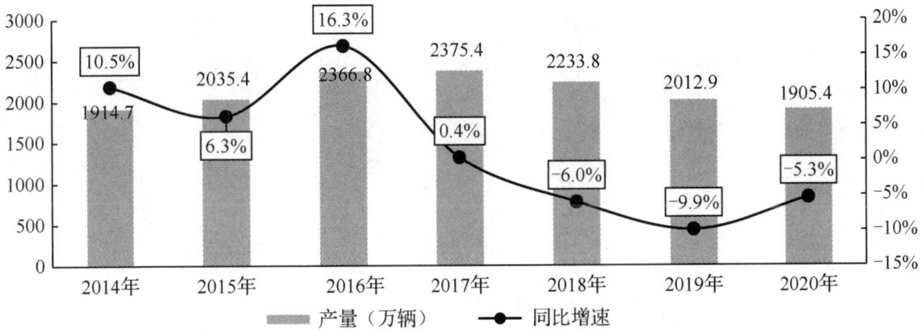

图 8-1　2014—2020 年中国乘用车生产运行走势

数据来源：机动车出厂合格证

---

* 刘万祥，工程师，任职于中国汽车技术研究中心有限公司中国汽车战略与政策研究中心；彭海丽，工程师，任职于工业和信息化部装备工业发展中心数据管理处；李富强，工程师，任职于工业和信息化部装备工业发展中心数据管理处；杨熙，助理工程师，任职于工业和信息化部装备工业发展中心数据管理处。

（二）月度产量为“前低后高”攀升态势，增速呈“V”型回升

2020 年第一季度，乘用车生产呈现低迷走势，随后在我国疫情防控形势持续向好、复工复产加速推进以及各地推进促消费政策的情况下，前期被压抑的部分购车需求逐步释放，4 月以来乘用车生产持续改善，5 月开始连续八个月实现两位数的正增长，第二季度市场呈现良好的稳步回升态势（见图 8-2）。

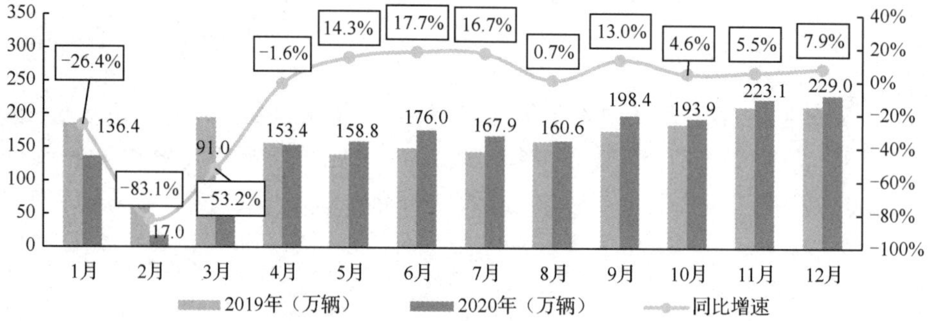

图 8-2　2020 年中国乘用车生产运行月度走势

数据来源：机动车出厂合格证

二、中国乘用车产量全球占比持续提升，保持领先优势

（一）2020 年全球乘用车产量降幅扩大，市场表现疲软

自 2016 年全球乘用车生产规模超过 7000 万辆，在全球经济不景气、经济增长放缓的背景下，市场增速开始逐渐放缓，2018 年首次出现小幅下降态势。2020 年在新冠肺炎疫情蔓延的影响下，乘用车市场需求放缓，并进一步萎靡。根据 Marklines 数据显示，2020 年全球累计生产乘用车 5603 万辆，降幅进一步扩大至 16.7%（见图 8-3）。

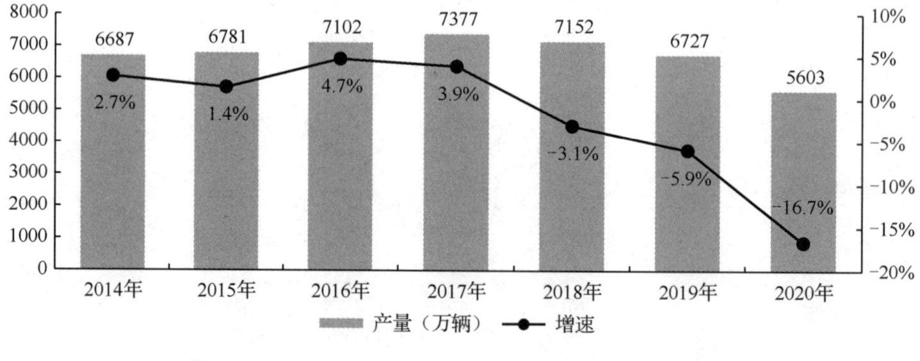

图 8-3　2014—2020 年全球乘用车市场生产运行走势

数据来源：Marklines

（二）中日德乘用车产量占比突破 50%，中国市场份额提升

从全球乘用车产业分布格局看，中日德三国乘用车产量连续多年位居前三名，自

2014年以来，已连续七年合计占比超过50%（见图8-4）。自加入WTO以来，中国逐渐走向全球市场化，主流外资车企产销扩充以及自主品牌的迅猛发展，助力中国乘用车市场份额快速增长。2020年以来，中国在防控新冠肺炎疫情方面的措施卓有成效，加快汽车产业复工、复产、复市、复销，4月起乘用车市场开始实现产销正增长，呈现持续良好的回升态势，成为众多跨国汽车企业最重要的生产及销售平台，维持了全球乘用车产业链的良好运转。Marklines数据显示，2020年中国乘用车产量占比达到37.20%，较2019年提升4.6个百分点，在疫情下为维持全球乘用车产业链的良好运转做出了重大贡献。

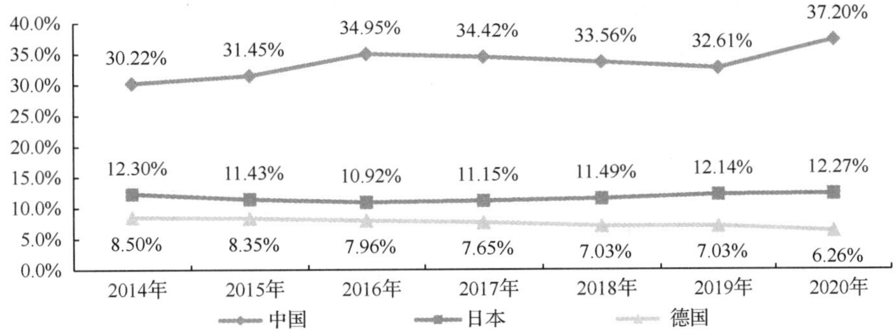

图8-4　2014—2020年全球乘用车产量TOP3国家

数据来源：Marklines

第二节　2020年中国乘用车市场结构特点

一、轿车车型产量小幅下降，SUV份额持续提升

中国乘用车市场经过多年的发展，基本形成以轿车、SUV车型为主的市场格局。受国内消费环境、人口政策等因素影响，乘用车市场结构呈现明显变化。SUV车型日益得到消费者青睐，与轿车类市场规模差距逐步缩小。根据机动车出厂合格证数据统计，SUV车型产量规模自2015年开始大幅提升，2017年达到峰值，产量达980万辆。轿车车型产量于2016年达到峰值（1192万辆）后，连续4年呈现下滑态势，2019年产量不足1000万辆，2020年产量下滑至896万辆；SUV车型产量也呈现小幅下滑，2020年产量约868万辆，占比由2012年的12%提升至46%，整体规模与当年轿车车型产量差距进一步缩小（见图8-5）。

二、轿车市场发展大型化，A级车依旧占据主力

根据机动车出厂合格证数据统计，2020年我国轿车车型产量中，A级车型主导地位突出，2020年A00级、A0级、A级车产量分别为30万辆、44万辆、524万辆，A级及以下级别车型产量同比下降19%，占轿车总量的59%，相比2019年下降近6个百分点。B级及以上级别车型产量提升至297万辆，同比增长超过8%，占比提升至33%。轿车车型逐渐呈现大型化发展趋势，A级车占据市场主导位置，产量份额开始小幅收缩，A0级车产量大幅下滑，B级以上级别车型产量则逐年提升（见图8-6）。

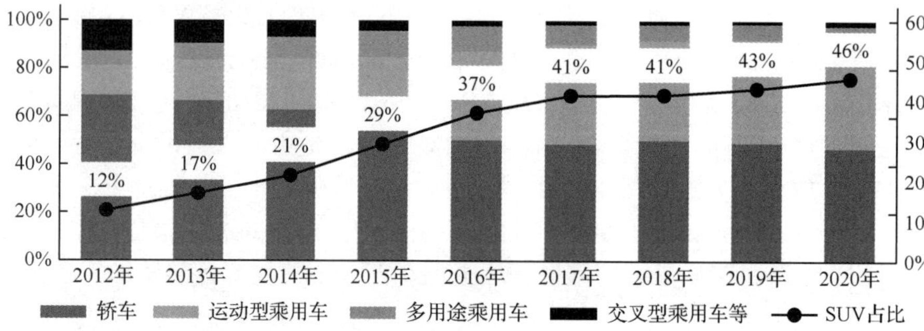

图 8-5　2012—2020 年乘用车各产品品种产量分布

数据来源：机动车出厂合格证

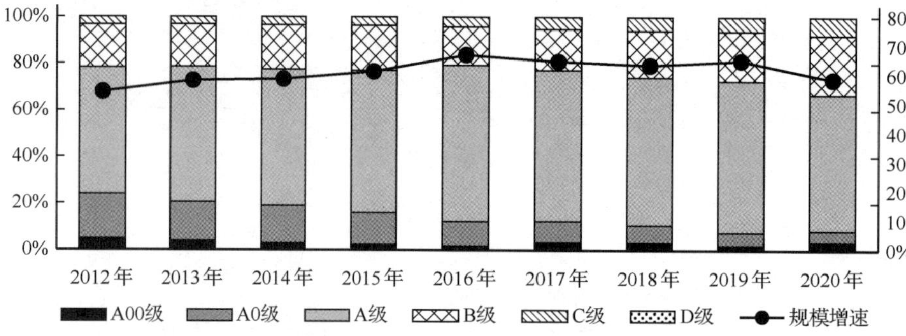

图 8-6　2012—2020 年不同级别轿车产量分布

数据来源：机动车出厂合格证

三、中国品牌市场份额下半年回升明显，全年占比近 40%

面对日益严峻的竞争形势，中国品牌企业积极加强品牌培育，持续探索品牌提升路径，通过建立海外设计研发中心、海外收购等方式不断提升品牌竞争力，围绕市场需求打造具有特色的品牌系列，如长安 CS 系列、比亚迪年代系列、长城哈弗系列、上汽荣威系列、广汽传祺系列等，畅销车型得到消费者认可。

根据机动车出厂合格证数据统计，从月度趋势看，中国品牌 2020 年下半年市场份额呈现明显回升。其中，12 月中国品牌乘用车生产 103.3 万辆，同比增长 17%，占乘用车生产总量的份额提至 45%，为全年份额新高（见图 8-7）；德系品牌产量为 45 万辆，同比下降 14%，占比近 20%；日系品牌产量为 53 万辆，同比增长 14%，占比为 23%。2020 年中国品牌全年产量为 720.8 万辆，同比下降 7%，累计占比近 40%；德系、日系品牌车型产量分别为 481.2 万辆、469.5 万辆，占比均为 25%，同比增长分别为-5%、1%。

四、小排量乘用车市场份额小幅下滑，全年占比为 68%

2020 年受新冠肺炎疫情影响，全球原油需求及经济发展阶段受挫，对应原油综合变化率负向区间运行，导致零售价下调。国内成品油价格呈现“四涨五跌十二搁浅”的格局。油价下调带动私家车主使用成本呈现明显下降，在一定程度上改变了市场对大排量乘用车的短期消费结构。2020 年，我国 1.6L 及以下排量的乘用车车型产量降幅明显，1.6L 以上排量车型则保持 5%以上的生产增速。根据机动车出厂合格证数据统计，2020 年，1.6L 及以下排量车型的产量为 1289 万辆，占比为 68%；1.6～2L 排量车型的产量为 569 万辆，占比为 30%；2L 以上排量车型的产量为 47 万辆，占比维持较小份额，约 2%。如图 8-8 所示为 2012—2020 年不同排量乘用车产量分布。

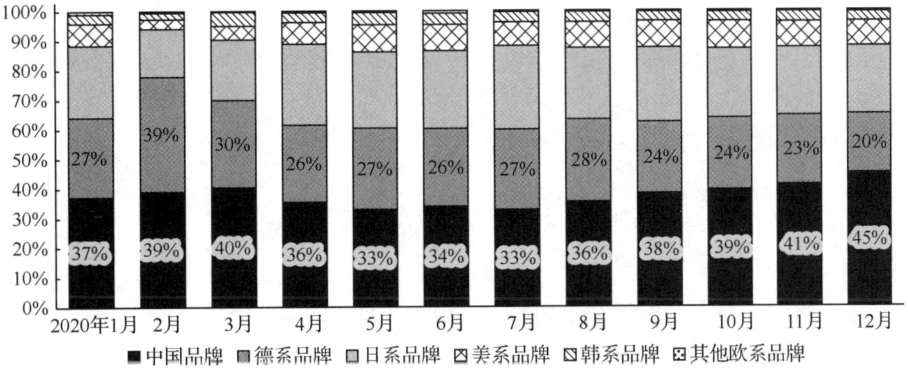

图 8-7　不同系别 2020 年乘用车生产量分布

数据来源：机动车出厂合格证

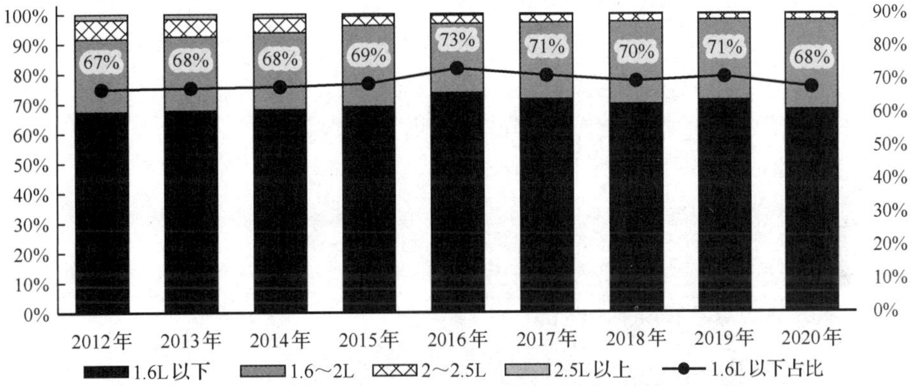

图 8-8　2012—2020 年不同排量乘用车产量分布

数据来源：机动车出厂合格证

五、头部集团企业产量集中度较高，排名保持相对稳定

根据机动车出厂合格证数据统计，2020 年产量排名前 10 位的乘用车集团企业合计生产 1797.6 万辆，占乘用车总产量的 94%，生产集中度较高（见图 8-9）。上汽、一汽、东风三家集团企业稳居前 3 位，产量分别为 431.9 万辆、319.9 万辆、259.8 万辆，合计占比为 53%；上汽集团领先优势明显，占比为 23%。

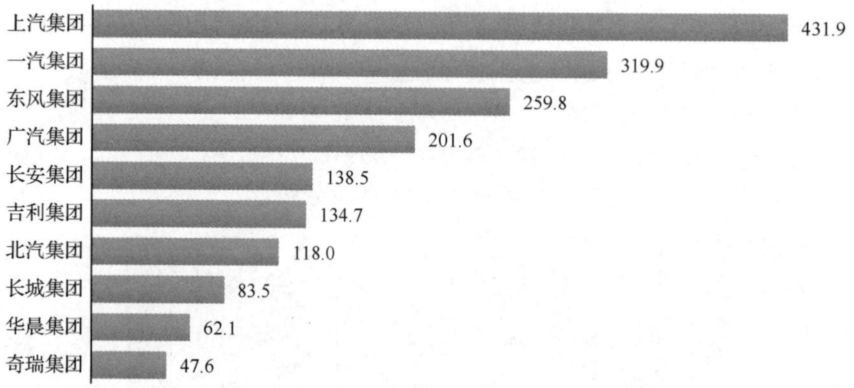

图 8-9　2020 年 TOP10 乘用车集团企业生产情况（万辆）

数据来源：机动车出厂合格证

六、八省市生产规模超过百万辆，集中于东部地区

我国汽车产业经过多年快速发展，产业集群逐步壮大，目前已形成了长三角、珠三角、华中、京津冀、成渝、东北六大汽车产业集群，对推动企业专业化分工、有效配置生产要素、促进区域经济发展发挥了重要作用。根据机动车出厂合格证数据统计，2020 年广东生产乘用车 291 万辆，以较大优势位居首位，占全国乘用车生产总量的 15.3%；湖北、上海、吉林、重庆、浙江、江苏、河北生产乘用车均超过 100 万辆，八省市合计生产 1192 万辆，占全国生产总量的 62.5%，生产集中度相对较高；青海、西藏等地受当地地理条件、消费水平、相关汽车配套产业发展不足等限制，目前市场规模仍处于全国尾部，全年生产不足 10 万辆（见图 8-10）。

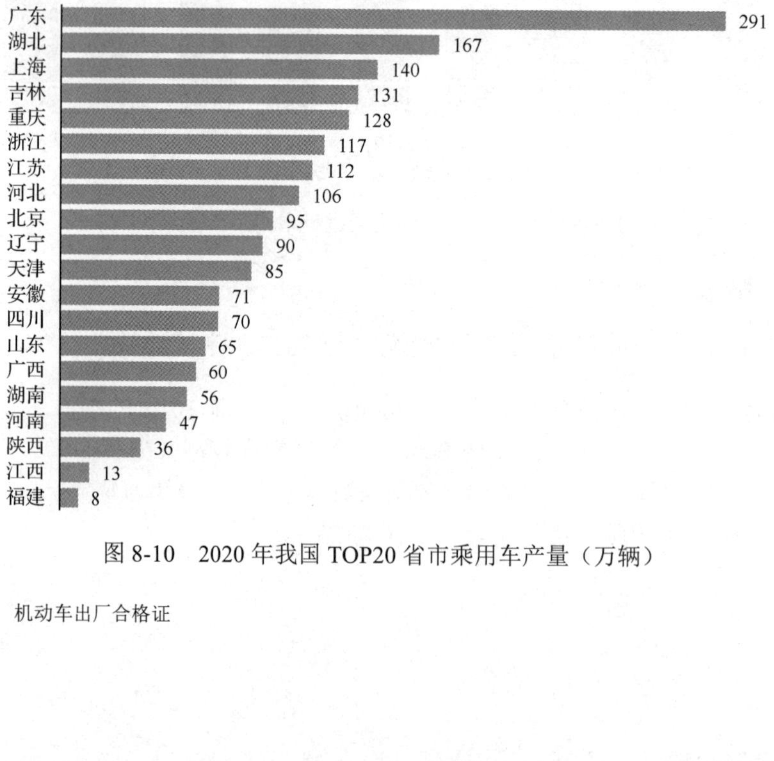

图 8-10　2020 年我国 TOP20 省市乘用车产量（万辆）

数据来源：机动车出厂合格证

第三节　乘用车市场发展趋势

一、市场结构：消费升级趋势下，市场竞争日趋激烈

根据公安部数据统计，截至2020年年底，我国汽车保有量为2.81亿辆，汽车千人保有量为199辆，仍处于较低水平。

在市场存量方面，随着中国新中产规模扩大、女性消费者迅速增多、用户年轻化、换购比例增加，不断升级的用户需求正加速推进，不断渗透到产品、市场和服务中；在产品方面，配置的搭载率逐年增高、产品越加科技化，消费者购车由功能需求向情感需求转变，购车更加理性和多元化；在市场方面，中国消费者购车预算加大，豪华车、中高级别车受关注，个性化车型（高端电动车、旅行车等）受关注；在服务方面，消费者越加挑剔，出现了新金融模式、新出行方式、新服务方式。

从级别看，汽车消费升级趋势明显，高端产品需求不断增加，豪华车市场有望持续增长。中国新车市场逐步由新购向增换购转变。根据行业机构数据统计，汽车换购在新车销售中的占比在40%以上，并成为消费升级的内生动力。品牌和产品是用户升级的主要方向，产品换购流向以A级车为主，B级车增长明显，豪华品牌呈现逐年快速增长趋势。品牌升级则遵循从中国品牌向合资品牌和豪华品牌升级的趋势，新能源汽车和智能网联汽车等快速发展。

二、区域市场变化：整体市场消费有望持续下探

（一）一二线城市依旧是市场增长的主要驱动力

近两年来，宏观经济下行、楼市价格增长等带来的挤压效应导致低级别城市的乘用车消费增速放缓。从车市增速来看，虽然一至六线城市的消费需求同比均出现下降，但随着疫情防控常态化，一线城市经济迅速回暖，叠加限购指标加大，需求加速释放，车市下滑幅度远小于其他级别城市。

（二）四五线城市及农村居民有望成为增购需求的主要来源

现阶段，我国中小城市和农村人均汽车保有量低于大城市。一方面，我国中小城市和农村居民收入水平较低，另一方面，基础设施的落后以及高峰期的拥堵程度几乎不亚于大城市，分别制约了中小城市和农村居民的购买力和购买意愿。而从美国、日本的经验看，提高汽车保有量的潜力主要在人口密度较低的城市及郊区。随着新一轮新能源下乡活动启动，农村地区的消费需求将逐渐凸显。另一方面，四五级及以下城市的乘用车消费暂时受到抑制，但“第一辆车”的刚需尚未饱和，四五级城市市场从中长期看仍然是汽车市场的主体。

三、市场主体：品牌竞争力持续提升，企业集聚效应凸显

随着汽车市场需求以增购、换购为主，用户购车消费升级趋势日益明显，中国品牌

高端化发展趋势明显。一汽、东风、长安、上汽、北汽、吉利等纷纷发布红旗、岚图、UNI、智己、极狐、领克等高端品牌战略，持续推动品牌向上和产品高质量发展，提升品牌价值。与此同时，我国扩大对外开放，行业发展逐步呈现国内竞争国际化、市场竞争白热化的态势，中国品牌面临更激烈的竞争局面。在市场存量竞争态势下，呈现“强者愈强、弱者愈弱”的趋势，强者开始加速拓展存量市场份额，行业集中度提升。在此趋势下，中小型企业及新进企业的竞争压力不断增加，行业淘汰加剧。

从竞争格局看，我国汽车市场将持续深度调整，中外资企业面临更加激烈的竞争。伴随外资及合资企业在新能源领域发力，其汽车整体市场份额有望持续增长，市场参与企业数量将呈现大幅减少趋势，中资的市场份额可能持续滑落，而美系、法系和韩系汽车品牌受贸易摩擦及自身发展的影响较大，福特、PSA 等合资企业的自身经营发展陷入困境。在市场下行态势下，德系、日系汽车品牌市场份额有望保持较快增长，产业整体向中国、德国、日本三系产品集中，未来或将呈现“三分天下”的态势。

四、新技术趋势：新能源、智能网联等技术应用提速

（一）智能网联等新技术将成为推动汽车转型的动能之一

当前，新一轮科技革命和产业变革蓬勃兴起，智能网联汽车已成为汽车产业发展的战略方向。《智能汽车创新发展战略》明确指出，到 2020 年，中国标准智能汽车的技术创新、产业生态、路网设施、法规标准、产品监管和信息安全体系框架基本形成。智能汽车新车占比达到 50%，中高级别智能网联汽车实现市场化应用，重点区域示范运行取得成效。智能道路交通系统建设取得积极进展，大城市、高速公路的车用无线通信网络（LTE-V2X）覆盖率达到 90%，北斗高精度时空服务实现全覆盖。到 2025 年，中国标准智能网联汽车的技术创新、产业生态、路网设施、法规标准、产品监管和信息安全体系全面形成。

（二）智能网联汽车比例提升，智能化产品应用加速

我国汽车产业智能化产品投放、示范应用加速。根据中汽中心数据统计，2020 年全年上市的新车高配产品中，搭载 L1 的产品为 287 款，占全部上市新车的 40.7%；搭载 L2 的新车产品为 316 款，占比达 44.8%；其中，L2 的智能化产品占比快速增长，从 1 月的 36% 增长至 12 月的 42%。同时，中高级智能网联汽车示范应用步伐持续加快，疫情催生了自动驾驶物流运输、无人配送等需求，智能化产品的商业化应用加速成熟。

（三）汽车节能技术需求迫切，新能源汽车发展提速

面对日益严重的能源危机和环境污染问题，推进传统汽车节能与环保技术升级、发展新能源汽车是易于实现和快速见效的解决途径。一方面，近年来我国出台了一系列政策、标准支持和引导汽车节能与环保技术发展，建立及完善汽车安全、节能、环保等领域强制性标准；另一方面，新能源汽车综合性能持续提升，不断赶超同级别燃油车，成为接力淘汰车型有效的替代品。长期来看，汽车电动化整体趋势将不断深化，新能源汽车市场将保持稳定增长趋势。

第九章 2020 年中国品牌乘用车产业与技术发展分析

刘明，于涛，张博*

摘要：近年来，中国品牌乘用车的发展进入了快车道，技术不断创新，整体进步明显。新能源汽车技术达到国际先进水平，整车智能化、网联化水平不断提升，关键技术和基础支撑技术部分实现自主突破。本章旨在汽车产业新一轮技术变革背景下，结合国家政策及行业发展趋势，分别从智能网联、新能源、整车安全三项关键技术领域，分析 2020 年中国品牌乘用车产业与技术的发展现状和瓶颈，总结中国品牌乘用车高质量发展面临的机遇和挑战，并给出了前瞻共性技术和核心技术创新发展的建议。

关键词：中国品牌；智能网联；新能源；整车安全。

第一节 中国品牌乘用车产品技术发展分析

一、中国品牌乘用车发展历程

（一）产销随行业大势实现高速增长

中国品牌乘用车产业发展迅速。2010 年，我国乘用车销量达到 1375.8 万辆，首次超越美国，成为全球最大的乘用车消费市场，并在接下来的十年始终居于首位。中国品牌乘用车也伴随着国内汽车市场的发展，取得了长足的进步，其主要发展历程如下：一是在 2000 年左右，以奇瑞、吉利和长城为代表的中国品牌采取低端产品先行、自主价格优势的策略正式进入乘用车市场。在中国加入 WTO 后汽车产品全面进入家庭，中国品牌开始井喷式发展并在 2009 年实现总体销量超过其他国别品牌，迎来第一次扩张；二是在 2013 年，中国品牌借助 SUV 车型实现弯道超车，以长城哈弗为代表的 SUV 车型销量迅猛增长，中国品牌乘用车价格突破 10 万元；三是在 2017 年，中国品牌乘用车销量达到巅峰，占比达 43.9%（见图 9-1）。同时，中国品牌开启高端化发展战略，造车新势力也初具规模，中国品牌乘用车的产品力和品牌力持续向上。虽然随后几年市场占有率连续走低，2020 年中国品牌乘用车共销售 774.9 万辆，同比下降 8.1%，占比仅为 38.4%，但其发展态势整体向好。

---

* 刘明，高级工程师，北京汽车股份有限公司汽车研究院常务副院长；于涛，高级工程师，北京汽车股份有限公司汽车研究院技术管理部部长；张博，中级工程师，北京汽车股份有限公司汽车研究院技术管理工程师。

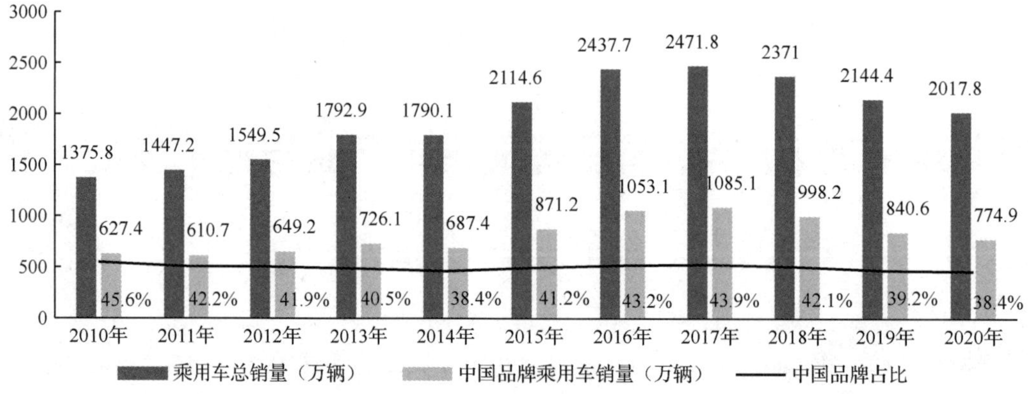

图 9-1　2010—2020 年中国品牌乘用车销量

数据来源：中国汽车工业协会

一是销量向头部企业集中，中国品牌乘用车规模效应凸显。上汽乘用车、吉利、长安、长城等企业的产品销量超过或接近百万辆级别，尤其是在 SUV 和 MPV 两大细分市场超前布局，占据优势市场地位，在产业链上拥有较强的话语权。二是新能源乘用车发展迅猛，中国品牌先发优势明显。经过对新能源汽车产业的培育与扶持，产业链各个环节逐步成熟，新能源汽车产品受到消费者的认可，市场已由纯政策驱动演变为政策和消费“双轮驱动”。据中汽协数据显示，2020 年我国新能源乘用车产销量分别为 124.7 万辆和 124.6 万辆，同比增长 11.3%和 14.6%，中国品牌占据绝对优势（见表 9-1），2019 年销量前 10 名的车型均为中国品牌；2020 年中国品牌占据销量前 10 名中的 8 席，其中既有传统车企电动化转型的成功，也有造车新势力的加入，新能源乘用车市场呈现群雄逐鹿的态势。三是产品质量稳步提升，品牌高端化发展和核心技术突破均取得显著成效，助力中国品牌乘用车快速崛起。

表 9-1　中国新能源乘用车销量排名

排　名	2020 年		2019 年	
	车　型	销量（辆）	车　型	销量（辆）
1	特斯拉 Model 3	137459	北汽 EU 系列	110894
2	宏光 MINI	112758	比亚迪元	61900
3	欧拉 R1	46774	宝骏 E100	60050
4	埃安 Aion S	45626	奇瑞 eQ	39401
5	全新秦 EV	41219	比亚迪唐	34014
6	奇瑞 eQ	38249	埃安 Aion S	32126
7	理想 ONE	32624	荣威 Ei5	30550
8	比亚迪汉 EV	28772	帝豪 EV	29441
9	蔚来 ES6	27954	比亚迪 E5	29311
10	宝马 5 系 PHEV	23433	欧拉 R1	28498

数据来源：中国汽车工业协会

（二）产品质量稳步提升

中国品牌乘用车质量稳步提升，与合资品牌差距逐步缩小。随着消费结构和产品质量的升级，消费者对中国品牌的质量要求逐步向国际/合资品牌看齐。根据君迪新车质量研究（IQS）显示（见图 9-2），2010—2020 年，中国品牌与合资品牌的新车百车故障数（PPH）差值及本身的绝对值均呈逐年递减趋势，2015 年前差值在 30 以上，2019 年 PPH 差值仅为 9。同时，中国品牌乘用车的产品质量受到消费者认可，研究显示，以质量和性能为主要购车因素的中国品牌车主比例从 2015 年的 16%提高至 2020 年的 25%，以价格为主要购车因素的比例从 12%下降至 6%。总体而言，近年来中国品牌新车总体质量表现逐年提升，与合资品牌的差距逐步缩小。

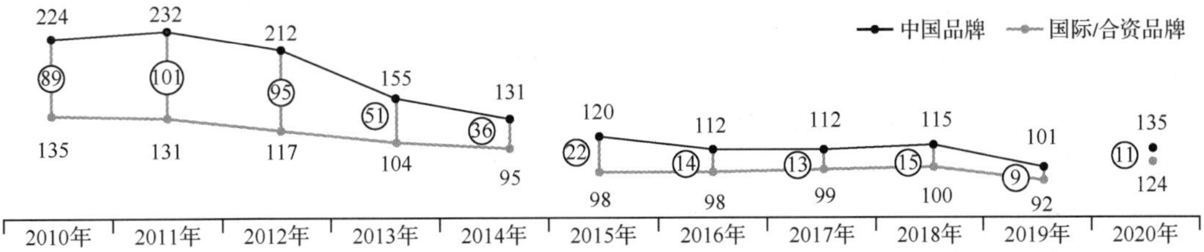

图 9-2　汽车质量（IQS）趋势

数据来源：君迪 2020 年度论坛

（三）品牌向高端化发展

品牌向上，挺进高端乘用车市场初见曙光。中国品牌在站稳 A 级 SUV 市场后均实施品牌向上战略，向高端化发展。数据显示，中国品牌乘用车向上突破趋势明显，单车平均价格已由 9 万元上升到 12.1 万元。2017 年以后，传统车企和造车新势力分别在燃油与新能源领域直接突破 20 万元，甚至进入 40 万～50 万元区间。其中，北汽高端电动品牌 ARCFOX，借助华为全套生态解决方案推出 Hi 版车型，搭载 3 颗激光雷达，实现城市开放道路自动驾驶。一汽红旗以“中国式新高尚精致主义”为品牌理念引领品牌向上，旗舰产品 H9 创造了中国品牌豪华轿车标杆。东风集团发布岚图品牌，定位“零焦虑高端智慧电动品牌”。长城实行“一车一公司一品牌一作战团队”机制，推出 WEY、坦克等高端品牌，市场均给予较好响应。吉利集团结合沃尔沃、路特斯为中国品牌向上赋能，成功打造极氪、领克、极星等高端品牌。蔚来汽车进入高端市场，凭借产品力和创新的服务模式，争夺 BBA 传统豪华品牌用户群体。

（四）创新体系、研发能力不断增强，自主核心技术持续突破

中国品牌乘用车创新体系日趋完善、研发能力逐步增强。我国汽车工业起步较晚，为了发展汽车工业，采取与国外品牌合资建厂的方式，通过市场换技术、换经验。经过二十年的发展，我国已建立完善的汽车工业体系，带有合资品牌的大厂均推出其所属的中国品牌，长城、比亚迪、吉利等民营企业也发展势头良好，造车新势力不断涌现，共同构成中国汽车品牌阵营。目前，合资品牌仍占有领先地位，但中国品牌的发展也进入

了快车道，创新技术进步明显。新能源汽车技术达到国际先进水平，整车产品关键性能指标与行业持平，部分关键零部件已掌握核心技术。整车智能化、网联化水平不断提升，借助我国信息技术与互联网的产业优势，智能座舱、智能驾驶、智能架构等关键系统快速迭代发展，基础支撑技术部分实现自主突破。汽车产业研发投入、研发体系、科技人才等技术创新要素不断提质增效。

二、中国品牌、合资品牌新能源乘用车产品技术发展分析

（一）中国品牌新能源乘用车产品技术先发优势明显

“十三五”期间，我国出台了对新能源汽车产业的全方位的激励政策，促使我国新能源汽车技术水平取得较大进步。动力电池系统能量密度平均值从 2018 年的 131Wh/kg 提升至 2019 年的 141Wh/kg，2020 年达到 160Wh/kg，单车型能量密度最高突破 190Wh/kg。电机技术较快发展，高校、科研机构、整车企业均加强研发投入，设计、制造、集成技术有较大提高，我国乘用车驱动电机产品功率密度达到 3.3～3.6kW/kg，最高转速提高至 12800rpm 以上。电控核心零部件取得国产化突破，整车控制器和电池管理系统（BMS）相对成熟，比亚迪成功研制 IGBT 功率模块并实现产业化。根据免征车辆购置税的新能源汽车车型目录统计，电动车平均续航里程从 2018 年的 317km 增加至 2019 年年底的 365km，并在 2020 年提升至 397km，2021 年多家车企陆续推出 500～600km 续航的产品。电动车 100km 能耗从 2018 年的 14.5kWh/100km 下降至 2020 年的 13.5kWh/100km，降幅达 6.9%。

面对用户多样化的出行需求，中国品牌选择多元化的动力发展路线。吉利汽车推出智能电动汽车解决方案 SEA 浩瀚架构和涵盖传统动力、混合动力的 CMA 架构；长城汽车的柠檬平台兼顾高效内燃机、混合动力、纯电动和氢能源四种不同的动力方案；比亚迪汽车掌握“三电”核心技术，同步推进燃油车技术研发，形成插电混动技术优势，推出 DM-p 和 DM-i 超级混合动力系统。

（二）合资品牌新能源乘用车产品加速布局

为应对能源、环保形势对车用能源及动力系统的需求，同时在交通能源战略转型过程中抢占先机，欧洲、美国、日本积极制定新能源汽车政策，推动企业快速布局新能源汽车产品。

欧洲法规设立严格的碳排放标准，2021 年乘用车碳排放量需达到 95 g/km，2025 年较 2021 年降低 15%。该标准迅速促进欧洲车企布局新能源产品，2020 年欧洲新能源汽车销量为 136.71 万辆，同比增长 142.4%。在企业方面，2019 年大众汽车推出基于 MEB 平台的电动车，2021 年推出基于 PPE 平台的电动车，车型集中采用 75～150kW 的“多合一”电驱产品，重点推进“硅碳负极+富锂三元”正极电池体系、固态电池技术等。2021 年梅赛德斯-奔驰乘用车继续推进电动化战略，推出大型纯电车型架构平台和 EQS、EQA、EQB 和 EQE 4 款全新纯电车型，并提高插电混动车型的比例。

美国能源部支持先进车辆技术的开发和部署，包括高效发动机、新型材料、电池技

术、电力驱动系统、燃料技术及替代燃料等，持续推动科研机构和企业研发先进环保的汽车技术。在美国国家层面的大力支持下，新能源车辆技术发展迅速。特斯拉全面布局电池产业链，从上游原材料、电池技术研发到电池制造，掌握核心技术；动力系统前后驱动单元均为高度集成“三合一”；电机从感应电机（Model S/X）到永磁开关磁阻电机（Model 3/Y），体积更小，成本更低，能量转化效率更高；电控系统与意发半导体合作开发 SiC MOSFET 功率模块，逆变效率从 82%提升至 90%，电机电控系统整体向低损耗、高效率发展，提升续航里程。福特汽车布局开发固态电池技术，与传统锂离子电池相比，质量更轻、能量密度更高，能以更低的成本提供更大的续航里程。

日本汽车产业总体目标为未来 15 年持续减少传统燃油车比例，并在 2050 年之前实现零碳排放。技术路线上呈现多元化发展的特点，混合动力汽车、纯电动汽车、氢燃料电池汽车、清洁柴油车等都被称为“下一代自动车”，当前市场占比已接近 40%，其中，混合动力汽车市场份额最大，纯电动汽车和氢燃料电池车占比较低。丰田汽车主攻混合动力和氢燃料电池方向，近两年也开始在纯电动领域发力，丰田在“三电”核心技术方面经历了四次换代升级，利用擅长的 HEV 技术全方位地强化 PHEV、FCEV 和 EV 新能源车型的开发。在动力电池领域，自主研发固态电池，采用硫化物路线，重点突破电芯内部高阻抗等核心问题，预计 2022 年实现小规模的商业化。

（三）中国品牌新能源乘用车核心技术急待突破

我国新能源乘用车在供应链体系、技术积累取得较大提升的同时，部分核心技术尚未完全自主掌控，依然依靠国外零部件供应商，主要存在以下问题：

一是动力总成成本高、集成化程度低。目前我国新能源乘用车动力总成相比国外先进技术存在体积大、重量大、最高转速低、集成化程度低的问题，不利于车辆布置、整车 NVH 调校等。急需研发并推广高功率密度、高扭矩密度、高集成度、低成本的动力总成，充分利用电机高效工作区，进一步提高车辆续航里程。

二是锂离子动力电池能量密度及安全性有待提升。高能量密度的锂离子动力电池是发展的主要方向。电池材料是提升电池能量密度和汽车续航里程的核心因素。同时，高能量密度的电池会增加电池在异常情况下发生燃烧、爆炸的风险，因此，在维持电池能量密度的前提下，对其安全性能的提升一直是学术与工业界解决的难点。

三是混合动力核心技术急需取得突破。虽然关键零部件领域取得较大发展，但自主核心技术与国外还存在明显差距，发动机电子控制单元、高效变速器、高压共轨等高度依赖国外进口，在国内还没有形成规模化生产。

三、中国品牌、合资品牌智能网联乘用车产品技术发展分析

（一）中国品牌乘用车智能化、网联化技术处于有利地位

近年来，多部委出台了诸多政策和纲领性文件，在国家层面对智能网联汽车的发展进行顶层设计指导。到 2025 年，中国定义的智能网联乘用车的发展路径、创新技术、产业生态、基础设施、法规标准、产品监管和网络安全体系基本形成。实现有条件自动驾

驶汽车达到规模化生产，高度自动驾驶的智能网联汽车在特定环境下市场化应用。智能交通系统和智慧城市相关设施建设取得积极进展，新一代车用无线通信网络（V2X）在部分城市、高速公路逐步展开应用，高精度时空基准服务网络实现全覆盖。

在智能网联化发展趋势下，产品展现出新的特点（见图 9-3）。一是软件定义汽车成为主流趋势，互联网领域的 SOA（面向服务的架构）理念逐步普及；二是高级别自动驾驶是汽车智能网联化的关键。在产品形态复杂度方面，传感器复用性、控制器集成化、多模态感知融合技术趋势凸显，整车架构从分布式架构向集中式架构演进，域控制集成化令产品形态复杂度开始下降。在软硬件方面，一是软件开发体量加速提升，呈指数级上涨态势；二是软件集成赋予智能座舱差异化的体验；三是控制算法成为自动驾驶系统的核心板块。

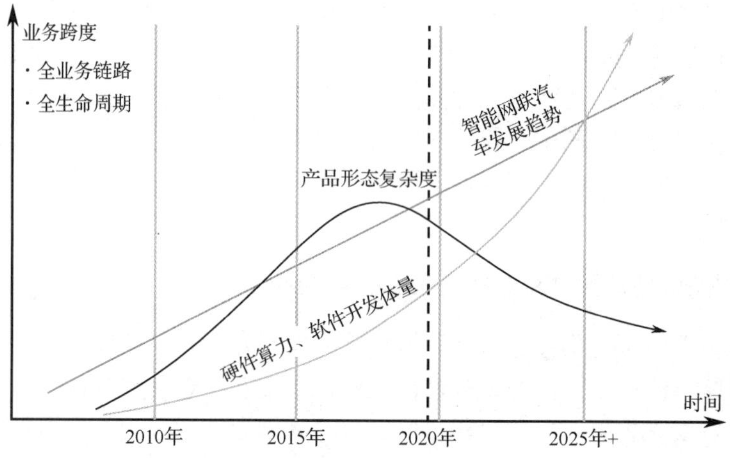

图 9-3　智能网联化综合发展路线

得益于国内 ICT、互联网技术的迅猛发展，中国在智能驾驶与车联网技术方面处于比较有利的地位，与世界先进水平相比不存在代差。国内车企积极推动汽车的智能网联化发展，2020 年国内主要整车厂均已量产搭载 L2 驾驶辅助系统的产品（见表 9-2），部分车企推出搭载有条件自动驾驶的车型，如长安 UNI-T 及广汽的 Aion LX，拥有特定场景的 L4 的威马 Maven 车型也计划在 2021 年落地。蔚来 ET7 搭载“头顶”激光雷达和多达 33 个传感器，算力达到 1016TOPS，可以实现更高级别的辅助驾驶能力。以百度和滴滴为代表的科技公司在国内多地开展无人驾驶出租车的运营（见表 9-3），为自动驾驶技术的量产落地提供了重要的示范意义。

表 9-2　中国品牌自动驾驶配置搭载情况

智能驾驶分级	典型功能	吉利	长安	上汽	广汽	一汽	小鹏	TESLA	蔚来	长城	理想
		领克 01	UNI-T	MARVEL X	Aion LX	EHS9	P7	Model 3	ES6	VV6	ONE
L2	I-ACC	●	●	●	●	●	●	●	●	●	●
	APA2.0	●	●	●	●	●	●	●	●	●	●
	APA2.5	○	●	●	●	●	●	●	●	●	●
	RPA		●			●	●	●	●		●

续表

智能驾驶分级	典型功能	吉利	长安	上汽	广汽	一汽	小鹏	TESLA	蔚来	长城	理想
		领克 01	UNI-T	MARVEL X	Aion LX	EHS9	P7	Model 3	ES6	VV6	ONE
L2+	HWA	○	●	○	●	●	●	●	●	—	○
	SuperCruise	○	●	○	●	●	●	●	●	—	○
	自主导航驾驶	—	—	—	—	●	●	●	●	—	○
L3	HWP					○	○	○			
	TJP		○		○		○	○			
L4	AVP					○	○				
	限定场景 L4						●	●	●		

数据来源：根据互联网资料整理，●代表标配、○代表选配。

表 9-3 国内 Robotaxi 运营情况

企业	运营地区	呼叫方式（App）	投放车辆（辆）	用户审核	打车方式	运营时间
Pony.ai 小马智行	广州南沙区	PonyPilot	50	需要	站点打车	8:00—22:30
百度 Apollo	长沙梅溪湖/洋湖片区	百度地图、百度	45	不需要	站点打车	9:30—16:20
文远知行	广州黄埔区	WeRide Go	20+	不需要	站点打车	8:00—22:00
AutoX	上海嘉定汽车城	高德	30	需要	自由启停	7:30—22:30
滴滴	上海	滴滴出行	30	需要	站点打车	—

数据来源：互联网资料整理

视觉传感器、激光雷达、毫米波雷达等技术取得国产化突破，初步具备自主可控能力。自动紧急制动、自适应巡航、车道保持和自动泊车等核心自动驾驶控制算法已实现量产应用。在网联化方面，V2X 产业体系基本形成，初步实现跨通信模组、跨终端、跨整车的互联互通网络和信息交互平台。高精度定位实现广域亚米级、局部分米级定位，高精度地图的精度和覆盖范围已能支持有条件的自动驾驶，但计算平台、车载专用芯片、关键机电一体化执行机构等技术仍与国外存在较大差距。

（二）合资品牌乘用车加速发展智能网联技术并处于产业链优势地位

合资品牌的 L2 辅助驾驶已具备大规模量产能力，L3、L4 自动驾驶处在研发和小规模测试阶段，如戴姆勒与博世合作共同开发针对城市道路路况的 L4/L5 自动驾驶汽车。欧美地区的互联网科技企业、ICT 企业也在自动驾驶领域进行重点布局并已开始路测（见表 9-4）。在技术层面，国外企业在车载芯片领域布局较早，德州仪器、恩智浦等传统汽车芯片制造商和英伟达、高通、英特尔等消费电子芯片制造商的各类芯片均已量产并大规模应用，已掌握全部工具链并处于领先地位。同样，如计算平台、整车控制器、电池管理系统等关键零部件也由博世、大陆等国外供应商主导市场。在软件方面，国外企业对操作系统和底层控制算法均有更强的话语权。

表 9-4　国外 Robotaxi 运营情况

企业	运营地区	呼叫方式（App）	投放车辆（辆）	投入运营时间	面向对象	订单数	运营时间
Pony.ai	加州尔湾	PonyPilot	10	2019 年 1 月	公众开放	—	—
Lyft	拉斯维加斯	Lyft	100+	2018 年 5 月	公众开放	5 万+	每天两班，每班 10 小时
Cruise	加州、亚利桑那州	Cruise Anywhere	100+	2017 年	限公司员工	—	—
Waymo	亚利桑那、凤凰城、加州山景	Waymo One	600	2018 年 12 月	公众开放需要审核	10 万+	7×24h

数据来源：互联网资料整理

（三）中国品牌乘用车的发展受到芯片和操作系统的制约

未来智能网联汽车的核心是“软件开发+大数据 AI 驱动”，关键在于控制器的算力和基础软件的开发，而算力的关键在芯片，基础软件的核心在操作系统，这两方面均已成为中国品牌汽车智能网联化转型的壁垒。

（1）自主汽车芯片产业链薄弱。

汽车芯片产业内领先的企业均为国外公司，据中国汽车芯片产业创新联盟数据显示，国内汽车产业车用芯片自研率仅占 10%，芯片进口率超 90%。除了如恩智浦、德州仪器等传统的汽车芯片巨头外，英特尔、高通、英伟达等消费电子领域的芯片企业也开始向汽车领域渗透，并在智能化和网联化等细分领域占得先机。同时，以特斯拉为代表的造车新势力开始推出自研 FSD 芯片。我国的汽车芯片起步较晚，比亚迪在 IGBT 芯片上具有完整的产业链，华为借助在 ICT 领域芯片研发的优势同步向汽车领域进行探索，以地平线为代表的初创公司推出了可量产的自动驾驶征程系列芯片，但由于整个汽车芯片的自主产业链不够顶尖和完善，尤其在 2020 年，芯片成为整个科技圈的焦点，多方因素重叠导致全球芯片供应紧张，“芯片风波”从消费电子产业蔓延到汽车产业。随着智能化和电动化的发展，传感器和控制器越来越多，汽车产业将更加依赖芯片的供应。芯片已成为整个汽车产业发展的瓶颈，对于中国品牌汽车而言形势更为严峻。

（2）汽车操作系统无完整生态。

随着现代汽车电子电器架构从“分布式”向“域集中式”直至“中央集中式”的演进，以及互联网企业进入汽车产业的“降维打击”，作为硬件资源管理的核心和软件运行的平台，操作系统成为软件定义汽车的关键环节，而标准化和生态又是操作系统的两大要素，标准化提供了一套标准的接口与逻辑，是软硬分离的基础；生态是要建立一套开发者共赢的生态环境，引入第三方应用，不断为产品赋能。总体来看，座舱域与多媒体和互联网应用强相关，多采用 Android，部分采用 Linux。驾驶域采用 QNX、VxWorks 等嵌入式实时 RTOS 操作系统，动力域和车身域多采用 AutoSAR 系统。此外，大众“vw.OS”开启了整车厂自研操作系统的序幕，华为的“鸿蒙”系统也代表了国内科技企业在操作系统领域的崛起。但多数中国品牌企业很难掌控车载操作系统的话语权，不能形成“硬件—操作系统—上层应用—数据”的完整生态链，无法抓住智能网联汽车的价值核心：一是因为目前主流车用操作系统包括工具链等核心知识产权均为外国企业掌控，不能做到自主可控；二是选择第三方操作系统必然面临着车企与互联网公司的利益博弈，无法建立开放共赢的生态系统。

四、中国品牌整车安全技术发展分析

（一）中国品牌乘用车整车安全技术进步明显

与欧美国家相比，2015年前的中国品牌乘用车整车安全水平较低，只是满足了国家强制法规的要求。中国出口的乘用车品牌在国外一些NCAP机构的测试中曾出现过0星、1星的情况，但在近15年来，随着国家的汽车安全标准逐步完善，以及第三方测评机构如C-NCAP、C-IASI测试规则的推出和升级，中国品牌乘用车的安全技术水平得到了迅速的提升。

国内的主要主机厂都成立了专门的安全团队进行汽车安全性能的研发，包括整车安全性能集成、碰撞安全CAE仿真、碰撞安全测试等。一些主机厂（如吉利、长城、长安等）建设了高水平的碰撞安全试验室，用于新开发车型的安全性能评估。各大主机厂在产品开发中广泛采用基于有限元理论的CAE仿真技术，用于指导设计车身结构耐撞性设计和乘用约束系统匹配。车身设计普遍采用安全笼式车身结构加前端溃缩吸能结构，同时加大了高强钢的应用比例，部分车型开始应用超高强热成型钢。在约束系统方面，驾驶人及乘员安全气囊、安全带已成为标配。由于成本原因，中国品牌乘用车的安全气囊一般采用单级点火式气体发生器，安全带一般采用预紧限力安全带。在一些品牌的高端车型上，侧面安全气囊、安全气帘已成为标配，安全带也开始采用双预紧限力安全带。约束系统的供应商包括合资的Autoliv、TRW及国产的锦恒、太航常青等。对于约束系统ECU及点爆工况的标定，由于不掌握这一核心技术，国内主机厂普遍依赖于国外供应商如博世等的开发及供应。

（二）合资品牌乘用车整车安全技术发展领先

整车安全技术是合资品牌的传统强项，几乎所有的安全技术都起源于合资品牌。例如，被动安全技术以梅赛德斯-奔驰的安全车身设计、沃尔沃汽车的三点式安全带等技术的发明为标志，在国外一直持续提升。主动安全技术出现于2000年以后，最初在豪华车型上得到应用，以沃尔沃的 City Safety、梅赛德斯-奔驰的PRE-SAFE、奥迪的Pre sense为代表。近年来，在被动安全方面，合资品牌乘用车侧重于高比例热成型钢的应用，如沃尔沃XC90车身的热成型钢比例已达到33%。同时，合资品牌较为普遍采用先进约束系统，如采用双级点爆混合气体发生器安全气囊、双预紧双限力安全带、膝部气囊等。在开发过程中，除了考虑对于标准测试假人（5、50、95 百分位假人）的保护效果外，还考虑了对于特殊群体如老年人、幼儿、肥胖者、孕妇等的保护。

（三）中国品牌乘用车整车安全面临自动驾驶技术和动力电池安全技术的挑战

（1）交通事故场景评估需进一步完善。

目前，整车安全性能的评估是基于试验室有限的被动安全和主动安全的测试工况，并不能完全覆盖实际道路交通事故下的场景，由此开发的整车安全技术并不能对所有的交通事故场景进行保护。如何对整车安全技术在各种交通事故场景下的防护效果进行评估并由此进行技术的提升是一个重大的挑战。比较可行的解决方案是对实际道路交通事故中的安全技术防护效果进行评估及利用仿真手段进行虚拟评估。

（2）动力电池安全技术急需提升。

随着电动车销量的逐步提升，电动车碰撞安全的重要性日益受到消费者的重视。电动车发生碰撞事故时，不仅需要对车内的乘员进行保护，还需要对高压系统进行保护，以防止高压系统的损害造成漏电、热冲击、燃烧、爆炸等危及乘员的后果。所以针对纯电动车的碰撞安全，要考虑额外的安全技术包括电池单体抗挤压性和针刺性能力、电池模组及电池包的抗撞击能力等。

（3）自动驾驶场景下乘员约束系统的提升。

在 L3 及以上的自动驾驶级别中，乘员将逐步从驾驶任务中解脱出来，可以从事其他活动，如娱乐、进食、休息等，因此乘员姿态和车内布置将更为多样。现有的乘员约束系统（安全气囊、安全带等）是针对正常乘员坐姿开发和设计的。在自动驾驶时，乘员的乘坐方式、方向、活动空间有更大的灵活性，现有的约束系统将不能提供有效的保护。

第二节　中国品牌乘用车高质量发展面临的机遇和挑战

中国品牌乘用车面临着消费市场和供应链两端的挑战。受新冠肺炎疫情及中美贸易摩擦、科技摩擦的叠加影响，中国品牌乘用车遭遇极大的困难和挑战。一是汽车营销活动及线下销售受限，销售不畅，需求不能正常释放；二是供应链尤其是国际供应环节不稳不畅，影响正常的生产供给。2020 年汽车产销量整体出现下滑，并更加向产业优势的头部企业集中，品牌淘汰战加速爆发，汽车产业及产业格局加速颤变和深度重塑。加速推进汽车“四化”产业转型与升级，实现高质量发展，是中国品牌乘用车应对当前困难与挑战的必由之路，也是产业共识。

在政策端，各个国家和地区都把节能汽车、新能源汽车、智能网联汽车放在核心发展地位，制定一系列的规划及法律法规支持产业发展，持续扩大新能源汽车推广应用，如新能源汽车税收减免政策；完善基础设施建设，提升基础设施便利性，研究第三方进小区建桩鼓励政策，协同推进智能化基础设施建设，加快布局 V2X 通信设施建设等；统筹示范应用和产业化推广，推进智能网联汽车技术在社会开放道路的规模化和产业化应用。

在市场端，2020 年中国乘用车销量共计 2017.8 万辆，中国品牌销量为 774.9 万辆，仅占乘用车销量的 38.4%，上升空间巨大；我国千人汽车保有量及出行需求还未完全释放，出行消费有极大空间。因此，未来具备核心竞争力的头部品牌乘用车企业将迎来快速发展的机遇。但与此同时，随着国外企业布局新能源产业发布电动化战略，加快汽车电动化转型，新能源汽车市场将迎来激烈竞争，缺乏核心竞争力的企业将加速淘汰。

在产品端，中国品牌在关键核心零部件领域取得较大发展，但总体处于价值链低端的状况仍然没有发生根本性改变，我国乘用车企业需加速转型升级，加快掌握核心技术，研发高质量产品，通过品牌向上、产品向上，逐步迈向高质量发展。通过分析汽车产业面临的重大影响因素，对于不同层级的机遇与挑战，大致如表 9-5 所示。

表 9-5　中国品牌乘用车发展面临的机遇和挑战

影响因素	影响层面	机　遇	挑　战
中美贸易摩擦	产业	重视并集中力量解决技术瓶颈问题；中国品牌技术供应商及零部件供应商崛起	技术瓶颈及零部件的供应
	市场	洋品牌形象受损，光环不再，消费者更加倾向中国品牌；开发非西方市场、“一带一路”沿线	出口受阻、壁垒增高、增厚
	企业	品牌向上阻力变小，助力更大	口碑及技术品质产品力支撑
	产品	进口车替代	技术品质产品力支撑
“双循环”新发展格局	产业	汽车制造强国、品牌强国战略提速；更加完整、自主、可控的国内供应链布局	汽车产业更加开放，内外资同等待遇
	市场	内需扩大，中国为最大汽车市场的地位更加稳固	进口车关税下降
	企业	在国内市场能立足便能存活	淘汰赛加剧、加快
	产品	目标人群多元化，产品差异化空间大	产品定位的精准化要求更高
“碳中和”战略实施	产业	动力能源非传统化、新能源化加速；政策及法规导向更加坚定	汽车节能减排低碳标准化、强制法规化
	市场	新能源车市场渗透率会加速提升	新能源汽车资格赛基本结束，淘汰赛开启，竞争加剧
	企业	创造低碳节能环保亮点	技术储备与支撑
	产品	低碳节能环保	低碳节能环保技术
新基建及数字经济	产业	汽车智能化、网联化的前置基础基本具备，技术逐渐成熟	产业格局重塑，造车新势力崛起
	市场	无智能不汽车，智能化程度及可靠度成为乘用车竞争焦点；营销平台化，线上销售活跃；直播、体验式及沉浸式销售成为现实	智能系统的安全性（系统运行、数据、隐私等）问题凸显，成为用户主要焦虑；新营销乱象及问题丛生
	企业	与ICT等的跨界融合；更多的合作伙伴与合作机会；可换道竞赛与超车；尝试新营销方式	ICT等智能化技术自主化程度低，成为制约发展的新短板；新营销人才短缺；营销平台技术及建设受制于人
	产品	可聚焦可感知智能化亮点；软件定义汽车；多标准多技术路线可选择	技术更新迭代快，智能化方案与路线错误或落后风险
“90后”新生代消费主体	产业	洋品牌不再自带光芒；小众个性化品牌亦有生存发展空间；	品牌分化、异化、标签化更加明显
	市场	消费升级、感知至上；需求个性化、差异化；营销平台化，线上销售活跃；直播、体验式及沉浸式销售受青睐	消费者需求变化快，难以捕捉；平台营销鱼龙混杂
	企业	柔性化设计与生产；尝试新营销方式	不理解“90后”的思维模式与消费习惯，缺乏应对的新思维与新手段
	产品	多品种、小众化、定制化	设计生产难度提高

续表

影响因素	影响层面	机　遇	挑　战
乡村振兴与新型城镇化	产业	汽车下乡扶持政策	政策的有效性
	市场	乘用车城乡普及；汽车需求及购买力稳步提升	需求更加多元化、层级化、场景化、定制化
	企业	响应乡村振兴与新型城镇化政策；营销渠道与网点乡镇化	现有销售网络与渠道以大中城市为主，小城市及乡镇基本空白
	产品	满足城乡应用场景需求	成本控制能力

第三节　中国品牌乘用车发展策略

一、新能源技术发展策略

（1）多种技术路线组合策略灵活布局。

基于国家法规要求和新能源战略推进，多元化的电动化汽车路线将快速发展。同时，多动力源组合带来的“多样性”将成为不同品牌创造“差异化”特征的重要手段。由于充电设施建设的推进程度不同，用户出行需求会加速分化，从满足用户需求角度看，多元化动力系统就是“用户出行需求多样化”的必然结果。随着整车电动化应用程度加深，发动机热效率逐渐提升，产品运行工况越来越集中在高效区，动力系统可组合为三个技术方向（应用场景）来满足不同车型平台需求，基于车型提供给用户出行需求进行差异化定义（见图 9-4）。

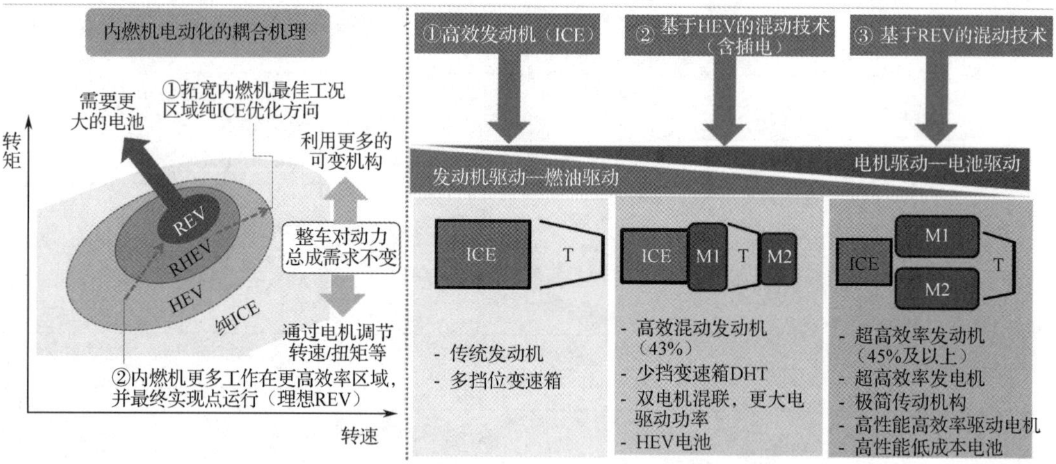

图 9-4　中国品牌新能源路线的应对策略

（2）车企连横合纵模式发展。

随着全球汽车电动化趋势加速，造车新势力异军突起，面对汽车智能网联化、新能源化发展浪潮，国内外各大车企呈现“抱团”发展趋势。现阶段，各车企主要在优势资源互补、协同开发、技术共享方面开展合作，以求降低全产业链成本、实现共赢。一是战略合作：前瞻共性技术创新、汽车全价值链运营、探索聚焦新商业模式，以联盟形式开发新车型；二是连横合纵：通过模块化实现跨企业动力总成电气化零部件通用、共享及组合，着眼于“中国制造一体化”，建立跨企业模块化动力总成平台，共享共用，通过模块化降低成本。

（3）核心技术突破。

重点掌握混合动力整车集成、专用发动机、专用动力耦合系统、高性能电机、高水平功率型电池、电控系统开发优化六项技术。在混合动力整车集成方面，加强整车热管理、低压能量管理、动力匹配、整车电器集成、制动能量回收、轻量化、低滚阻、低摩擦、低风阻等技术突破，以及整车电磁兼容技术研究开发和应用。在专用发动机方面，开发阿特金森循环发动机、高压喷射、缸内直喷+歧管喷射、大比例中冷 EGR、高能点火、高滚流比气道、稀薄燃烧技术。在专用动力耦合系统方面，进行构型优化和研究，重点在系统集成度、可靠性、耐久性、高效性、性价比等方面开展相关研究。在高性能电机方面，探索新一代车用电机驱动系统解决方案，从设计、工艺、新型材料应用等方面入手，开展新能源汽车驱动电机和电控系统研究，进一步提高其性能水平、功率密度和可靠性，形成各种新能源汽车配套用电机系列产品，开展各种驱动电机的关键技术、制造工艺、测试方法等研究，形成驱动电机产品标准和认证规范。在电池方面，针对不同类型的正负极材料，开展新体系电池的基础性研究工作，包括锂空气、锂硫、全固态电池等新体系电池的研究布局、关键技术攻关，提升循环性能、倍率性能，包括体积能量密度等技术。在电控方面，进行自主车规级芯片、自主车规级操作系统、自主核心传感器、执行器的研究与开发，使用量产化自主车规级芯片、自主车规级操作系统开发出符合功能安全标准要求的控制器，到 2025 年之前独立、成熟地掌握电控系统的开发能力，形成大批量配套的量产化产品。

二、智能网联技术发展策略

现阶段，汽车智能化、网联化趋势明显，自动驾驶浪潮已经来临，汽车正处于从功能产品向智能终端转变的阶段，加上移动互联网及应用服务的蓬勃发展，必将逐步形成面向用户出行的服务新生态。参考从功能手机到智能手机的变革，智能网联整车产品也会转化成为“产品的基本属性+智能化+无缝多元化服务”的有机系统，形成面向服务的架构（SOA）形态的产品。汽车也能借助智能化，成为一个足够开放、延展性强、面向服务的智能终端。在行业的新趋势与新变革下，从硬件定义汽车向软件定义汽车的过渡是大势所趋，软件、计算平台、多行业跨界融合，车路协同等技术成为汽车研发的核心。

（1）跨界融合。

汽车作为一个移动的智能空间，构成人、生活、空间的重要环节，逐渐成为消费电子技术和生态在车内场景的延展。当前，消费电子正在从单一的设备交互向多设备协同的方向发展，汽车同样面临相同的趋势。这对整车硬件智能化的水平提出了更高的要求，在汽车硬件同质化的现状下，要充分基于用户画像，使用人工智能、多设备协同、多模态融合交互等技术构建具有情景感知能力的智能座舱，实现对各种技术的承接、融合再创新。同时，依托于我国互联网行业的产业和技术优势，加速跨领域生态系统的建设，使智能网联汽车成为智慧生活的移动智能终端。

（2）车路协同。

智能网联汽车是机、电、信息一体化产品，需要汽车、交通设施、信息通信基础设施（4G/5G、数字地图、高精定位、数据平台）等多个产业跨界合作。智能网联汽车正从单车智能化向智慧交通和智慧城市融合发展。要通过 4G 网络 LTE-V2X 和 5G 网络的 NR-V2X 等技术，实现车辆与其他交通参与者、路侧基础设施和云控平台的信息交互、深度融合和高度协同，一方面应弥补单车感知能力和算力的不足，降低对车辆传感器及硬件性能的要求，另一方面，应搭建全局信息动态共享的物联网系统，实现数据驱动的智能交通系统。

（3）软件定义汽车。

“软件定义汽车”意味着软件在车辆中扮演的角色逐步放大，其内涵主要包括：以软件/功能来定义汽车，应用互联网领域中面向服务的架构（Service-Oriented Architecture，SOA）做支撑，重视操作系统和自动驾驶算法的开发，在整车开发流程中融入新的软件开发和管理思路，将敏捷开发应用在人机交互、体验设计、数字化运营等多维度内容中。

（4）新型电子电器架构。

面向服务的架构将应用程序的不同功能单元（称为服务）通过服务之间定义良好的接口和契约联系起来，独立于实现服务的硬件平台、操作系统和编程语言。要在 SOA 的软件框架下，将功能抽象成一个完备的原子服务集合，通过定义新的组合服务与流程服务，去实现新的产品功能。

（5）自动驾驶软件。

自动驾驶以算法与数据的积累为核心驱动力，通过开展人工智能算法的基础研究，不断优化神经网络、深度学习等算法在自动驾驶上的应用，以模块化、平台化模型开发为理念，掌握多源信息融合的环境感知算法、高精度定位算法、路径决策规划算法和车辆运动控制等核心算法，结合大规模路试和具有中国特色的道路工况、周围环境（人、车、物）等，形成智能驾驶控制决策算法。

（6）计算平台。

核心计算平台产业已经开始变革。下一代电子电器系统架构采用高速车载以太网技术，并逐步引入域控制器，实现智能驾驶、智能座舱领域等各个板块的集中控制，并随着电子技术的发展最终走向中央计算平台。计算平台要实现模块集成化、接口标准化，同时满足功能安全、信息安全、车规级软硬件标准的要求，还要支持多种通信协议、OTA 升级等。在硬件层面提升芯片算力，具备强大的协同处理能力，满足自动驾驶等高实时性与复杂计算的要求。在软件层面要实现动态虚拟化，完整的支持不同安全等级的架构能力，并具备完整的开发工具链。

（7）中国标准。

智能网联汽车的区域属性和社会属性不断增加，根据技术能力现状和未来发展趋势，需要建立适应我国国情并能与国际接轨的智能网联汽车中国标准体系。标准体系要符合中国消费者的驾驶习惯和交通环境，并体现交叉领域的标准协同，如道路基础设施标准、地图数据标准、V2X 通信标准、交通法规及信息安全标准等；支撑各级别自动驾驶的需求，涵盖不同技术路线的差异性，全面推进智能网联汽车的技术发展与量产应用。

三、整车安全技术发展策略

（1）被动安全技术。

近年来，先进车身安全技术包括大比例热成型钢在乘员舱应用、多条碰撞载荷传递路径设计、轻量化材料在车身上应用。先进乘员保护技术包括多级点爆安全气囊、多级预紧限力安全带、压溃式转向管柱、主动式安全头枕、防冲击座椅等。随着损伤生物力学技术的发展，一系列高生物逼真度假人被开发并逐步用于评估约束系统防护作用，如THOR假人、WorldSID假人、Q系列儿童假人等。对于弱势道路使用者的保护需求也驱动着被动行人安全领域技术的发展。车辆的前保险杠、发动机罩、机舱布置的设计都需要考虑对于行人的保护。

（2）主动安全技术。

主动安全技术的发展对于中国品牌是一个重要的机遇。EuroNCAP率先于2014年将AEB纳入评分体系，并于2016年将AEB行人纳入评分体系。中国C-NCAP、C-IASI测评体系也将主动安全评估纳入其评分体系，测试场景根据国内交通事故情况持续更新，得分比重日益增加。对于主机厂来说，核心的关键技术在于基于多传感器信号融合的目标物判定、基于事故数据的冲突场景定义及测试用例设计、冲突场景下车辆横向及纵向控制决策等。虽然主动安全功能在自动驾驶SAE分级中属于L0、L1层级，然而主动安全性能却是自动驾驶能否成功的必要前提。降低道路交通伤亡事故需要被动安全、主被动安全融合、主动安全共同作用，被动安全已发挥了巨大作用，但其防护效果已到达一个瓶颈；主动安全具有巨大的潜力来降低交通伤亡，但同时对其可靠性及应用场景普适性提出了挑战。随着自动驾驶技术的进一步发展，交通事故发生率将大幅度降低，但同时会带来事故形态、约束系统设计、测试评估方法的巨大变化。车辆安全领域技术的发展仍然潜力巨大，对于中国的主机厂而言，需要尽快在车辆安全领域的研究和产品开发的一些关键技术上取得突破、提高自主开发能力、降低产品开发成本。

第十章　2020年中国传统及新型节能技术发展与应用情况分析

刘国庆，孙旭东，王小明*

摘要：2020年中国乘用车销量为1919万辆，传统燃油乘用车占比仍高达94%以上，快速提升传统燃油乘用车节能水平是汽车产业实现2030“碳达峰”的关键手段。本章依托行业研究机构、汽车生产企业、关键零部件供应企业等优势资源，基于乘联会乘用车产销量、交强险上牌量、行业机构预测等汽车行业数据和信息，对我国当前乘用车节能技术发展与应用情况进行了全面的系统梳理和深入分析。主要从节能减排政策和法律法规、传统节能技术发展与应用、新型混动节能技术发展与应用等方面展开，剖析2020年我国节能汽车产业发展现状及趋势变化，并结合国际汽车产业发展趋势和国内外差异，对我国节能汽车技术高质量发展进行评析、论述和预判。

关键词：乘用车；节能技术；传统动力；混合动力；技术趋势。

第一节　节能技术发展概况

一、节能减排行业背景

“碳达峰”“碳中和”背景下，发展节能汽车对我国汽车强国战略具有重要意义。当前全球变暖日趋严重，2015年政府间气候变化专门委员会（IPCC）根据《巴黎协定》指出，世界各国承诺将全球平均气温较工业化前水平控制在升高2℃之内（理想状态为达到1.5℃），2020年9月，我国在第75届联合国大会期间正式提出2030年前实现“碳达峰”，并于2060年前实现“碳中和”；2021年3月，“碳达峰”“碳中和”纳入“十四五”规划，正式成为国家重大战略方向。根据国际能源署预测，2050年内燃机将以多种混合动力形式存在，占比达58.3%。同时，我国石油高度依赖进口，2020年依存度高达73%，节能减排已成为关乎环境和国家发展权的重大课题。

交通出行是碳排放的重要组成部分，根据国际清洁交通委员会（ICCT）数据显示，交通运输业碳排放占总量的23%左右，其中道路交通约占交通出行的71%。根据乘联会统计数据显示，2020年我国乘用车总销量为1919万台，其中传统汽车（含非插电式混

---

* 刘国庆，博士，高级工程师，吉利汽车动力总成研究院发动机设计总工程师；孙旭东，工程师，吉利汽车动力总成研究院项目管理部部长；王小明，工程师，吉利汽车动力总成研究院变速器整机开发工程师。

动）的占比高达 94%；插电式 PHEV/EV 的占比为 6%。2020 年中国以煤电为主的火电占总发电量的 70.19%，基于当前能源结构，纯电动车的全面发展仍需要相当长的时间，短期内取决于电动车技术本身针对客户续航里程、安全性、成本等痛点需求的突破，中期看大功率居民电网建设以及法规关于电动车的碳排放要求，长期则要看中国能源结构调整进展情况。因此，从目前的体量和技术发展来看，在交通领域发展节能汽车是节能减排、助力 2030 年“碳达峰”的主力。

2020 年，在“一带一路”倡议下，国内不少优秀车企积极“走出去”参与全球竞争。2020 年，我国出口汽车 99.5 万辆，尽管当前出口总量占比较小，但市场发展潜力大；而沿线国家的汽车市场、法规需求差异大，我国乘用车动力总成在大力发展推进电动车的过程中，兼顾混动在内的多种节能汽车是解决能源危机和环境污染的战略举措，也是从汽车大国迈向汽车强国的必由之路。

二、乘用车节能减排法规发展情况

油耗法规驱动消费升级，双积分政策的修订助力汽车节能技术大发展。自 2005 年我国实行第 1 阶段油耗目标以来，至 2020 年已经历了四个阶段，是最关键的汽车法规之一，内燃机面临的最大挑战与技术升级驱动力也正源于此。如图 10-1 所示是 2005—2030 年中国乘用车油耗法规和内燃机技术升级趋势。过去 15 年，油耗法规大幅促进了国内先进内燃机节能技术的应用与推广，至 2017 年左右，纯粹的传统内燃机应对日益严格的油耗法规已力不从心，混合动力成为节能车的重要发展方向。如图 10-2 所示为 2010—2020 年国内某 SUV 车型节油升级技术路线与用户实际油耗统计，通过小排量直喷增压和 HEV 强混等节油技术升级，在过去 10 年该车型市场用户综合节油率的提升达到 31%，混合动力与 10 年前的大排量自吸相比，节油率更是高达 52%。

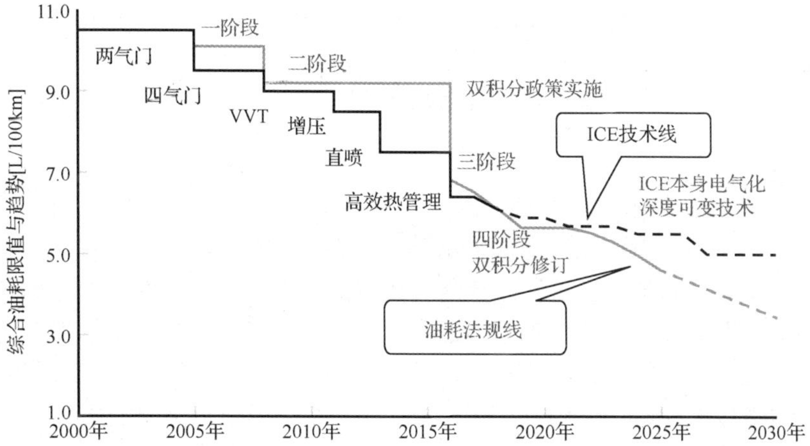

图 10-1　2005—2030 年中国乘用车油耗法规与内燃机技术发展趋势

混合动力是国内汽车公司平均燃料经济性（CAFE）法规技术平衡点，已成为未来节能动力的主要发展方向。为促进电动车技术的推广应用，2017 年工业和信息化部出台《乘用车企业平均燃料消耗量与新能源汽车积分并行管理办法》，简称双积分政策，该政策中的电动车能耗按 0 计算且折算 CAFE 有放大效应，一段时间内对内燃机油耗的要求有所降低，这显著促进了 2.0L 大排量高性能增压发动机的应用，也提升了客户对动力性的需求。2019 年，工业和信息化部对双积分政策进行了修订，修订后的政策对传统车总体来说是“宽进严出”，并对节能车匹配新能源积分要求减半，以车重为 1415kg 的乘用车为例，市场准入油耗为 9.0L/100km，但要达到 CAFE 油耗自平衡及节能车的标准，油耗标准需提升为 4.6L/100km，以目前技术水平，针对传统动力需通过强混合动力技术来满足节能要求。2020 年 10 月，由工业和信息化部指导、中国汽车工程学会组织全行业 1000 余名专家修订编制的《节能与新能源汽车技术路线图 2.0》正式发布，明确指出节能汽车在一定时期内仍是市场主力，具有较大的节能减排潜力，2025 年实现混动比例 40%，2030 年实现 45%，2035 年所有燃油车混动化，进一步为燃油车节能减排发展指出了明确的技术方向。

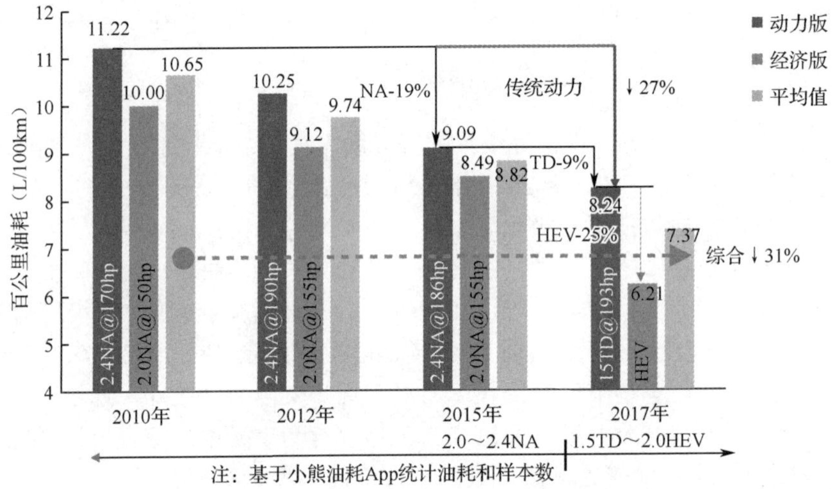

图 10-2　2010—2020 年国内某 SUV 车型节油升级技术路线与用户实际油耗统计

三、中国乘用车节能减排技术发展概要

国产传统能源乘用车各项先进节能技术发展迅速，搭载率快速提升，整体逐渐与国外领先动力水平差距缩小。根据乘联会统计数据、机动车交强险上牌量，截至 2020 年年底，涡轮增压、缸内直喷、三缸增压发动机在汽油乘用车上的搭载率已分别达到 65%、69%、4.3%，先进变速器和怠速启停在国产传统能源车中的搭载率超 50%和 70%。

在发动机方面，高压直喷、涡轮增压、水冷中冷、集成排气歧管、变排量机油泵、低黏度机油等先进节能技术已广泛采用，通过这些节能技术组合，国产传统发动机峰值热效率最高水平接近 40%；混动专用发动机（DHE）普遍采用高压缩比、米勒/阿特金森循环及中冷 EGR、电子水泵及智能热管理系统等技术进一步提升热效率，国内最新量产混动专用发动机峰值热效率最好水平达 43%，处于国际先进水平。

在变速器方面，我国自动变速器呈爆发式增长，乘用车多档化发展迅速。自主品牌整车企业以 DCT 为主，吉利、长城、长安等多个车企先后实现 7DCT 变速器大批量量产，长城 9DCT 于 2021 年 3 月率先实现上市。在 MT、CVT 领域，扭质比与国外主机厂水平相当，AT 与国外主机厂尚有一定差距。与国外领先水平相比，我国自主变速器依然面临着提升效率与可靠性等多方面挑战。在混动技术方面，随着油耗法规的日趋严格及电气化程度的推进，自主企业开始加快混合动力布局，成果显现。在混动架构方面，中国品牌车企中的混动专用变速箱（DHT）架构百花齐放，大多数车企都已或将应用 P1+P3 架构，且长城、广汽、吉利和奇瑞等车企都在研发或将推出多挡位双电机混动变速箱。

48V 混动系统则因其较高的节油性价比而受到较多的关注和研究，比亚迪、长安、长城、吉利和奇瑞等车企均推出了相应的混动技术和产品。

第二节　传统节能技术发展与应用情况分析

一、汽油直喷技术发展与应用情况分析

（一）汽油直喷技术发展概述

当前，直喷技术为传统发动机的主流技术，国内车企的直喷技术开发和应用水平与国际领先水平相当。与气道喷射（PFI）技术相比，缸内直喷（GDI）可降低缸内温度，提高进气密度，在增加进气量的同时可有效抑制爆炸，同等条件下可有效提升动力、改善油耗，同时可实现进气气路和燃油油路的解耦，精确控制缸内燃油量，灵活组织缸内混合气的形成，通过合适的喷射策略还可有效降低排放，特别是冷启动的碳氢（HC）。直喷技术于 1997 年由三菱汽车首次大批量商业化应用以来，逐渐得到广泛应用，国内应用起步则相对较晚。2008 年以前主要由奔驰、宝马等豪华品牌在国内应用，得益于当时的排放要求较低（国三/欧三排放标准），首批引入国内的直喷发动机均采用了分层稀燃降低油耗，以中置直喷喷雾引导为主。至 2008 年，大众公司结合小排量增压技术在国内推出的 EA211/EA888 系列直喷发动机极大地推动了该项技术在国内市场的应用，随后福特、通用等陆续推出了 EcoBoost、Ecotec 等系列明星直喷发动机，直喷机型渗透率快速提升，如图 10-3 所示为 2010—2020 年中国市场直喷发动机在乘用车上的搭载率，截至 2020 年年底，直喷发动机占比超过 60%，已成为汽油机的主流应用技术。

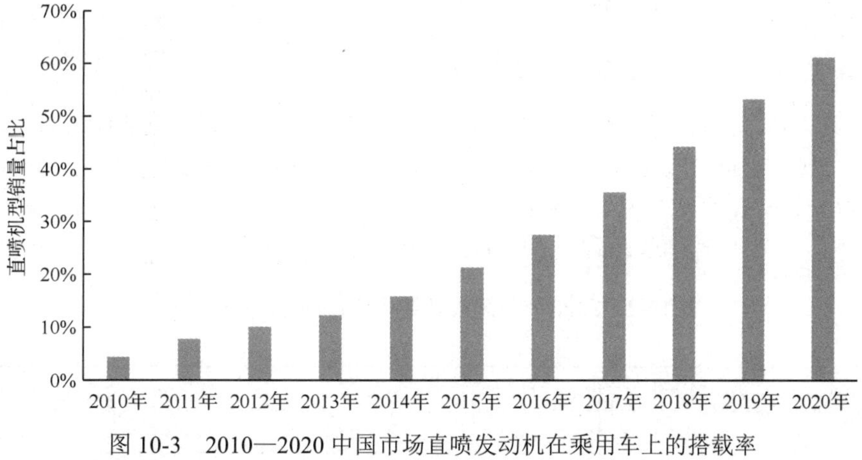

图 10-3　2010—2020 中国市场直喷发动机在乘用车上的搭载率

数据来源：IHS 统计数据

近年来，随着国内乘用车节油法规的进一步严格，以及规模化后直喷系统成本的下降，国内车企快速跟进。2017 年起，长安、长城、上汽、吉利等中国品牌车企陆续推出自己的直喷发动机，并突破了直喷燃烧系统开发关键技术，不少车企已通过多轮技术迭代升级，无论从关键技术指标还是从指标技术特征来看，目前国内主流车企直喷发动机的开发和应用水平已与国外先进水平齐平，如表 10-1 所示为截至 2020 年年底，国内主要车企 1.5TD 发动机技术特征。

表 10-1　截至 2020 年年底，国内主要车企 1.5TD 发动机技术特征

品牌	宝马	大众（国内未上市）	福特	本田	现代	吉利	长安	长城	一汽
发动机型号	宝马 B38	EA211 1.5TD HP	Dragon 1.5TD	L15BN	G4FS	JLH-15TD	JL473ZQ5	GW4B15A	CA4GB15TD
排量（mL）	1499	1498	1497	1498	1497	1477	1494	1499	1498
气缸数及排列	L3	L4	L3	L4	L4	L3	L4	L4	L4
压缩比	11	10.5	11	10.3	10.5	10.5	10	10.5	11.5
喷射方式	中置直喷	侧置直喷	复合喷射（PFI+GDI）	侧置直喷	侧置直喷	中置直喷	侧置直喷	侧置直喷	侧置直喷
喷油压力（bar）	200	350	250	200	350	200	350	350	350
额定功率/转速（kW/rpm）	103/4600～6500	110/5000～6000	128/6000	143/5500	125/5500	132/5500	132/5500	124/5000～5600	124/5500
扭矩/转速（N·m/rpm）	220/1250～4300	250/1500～3500	243/1750～4500	260/1600～5000	253/1500～4000	265/1500～4000	300/1250～3500	285/1400～3000	258/1300～4350
主要技术特征	涡轮增压 缸孔喷涂 全可变气门升程 排气歧管与蜗壳集成 全可变机油泵 电子节温器 DVVT 单平衡轴	涡轮增压 DVVT 进气中置 OCV 阀 闭缸技术 干式皮带 热管理模块 全可变机油泵 水冷中冷 缸孔喷涂	涡轮增压 复合喷射 一缸停缸技术 电控活塞冷却喷嘴 单平衡轴 二级变排量机油泵 缸盖集成排气歧管	涡轮增压 D-VVT 正时链条 电控式废气旁通阀 集成排气歧管 排气 VTEC 活塞带冷却油道	集成排气歧管 电控废气旁通阀 涡轮增压 热管理系统 低压 EGR 进气 CVVD 120mJ 高能点火 全可变机油泵 中置 DVVT	涡轮增压 中置 DVVT 干式皮带 两级可变机油泵 0W-20 机油 集成排气歧管 集成式水泵 单平衡轴	双流道增压器 中置 D-VVT 链条传动 全可变机油泵 电控 PCJ 0W-20 机油 水冷中冷 集成排气歧管 电控式废气旁通阀	中置 DVVT CVVL 双节温器 两级可变油泵 静音链条 电控旁通阀 集成排气歧管	米勒循环 双涡管单流道增压器 电控废气旁通阀 集成排气歧管 中置 D-VVT 热管理模块 二级变排量机油泵 电控活塞冷却喷嘴
车型名称	宝马 X1	途观	福克斯	雅阁 260Turbo	索纳塔	领克 03	长安 UNI-T	哈弗 H6	奔腾 T77

（二）汽油机直喷技术现状

1. 直喷机型在不同排量和机型上的应用

汽油增压机型全面直喷化，自吸发动机直喷渗透率逐渐上升。根据 IHS 数据统计（见表 10-2），2020 年直喷技术在增压技术上的渗透率高达 86.2%，在 2.0T 级别机型中的应用更是高达 98.8%。受成本限制，目前直喷技术在自吸发动机上的搭载率相对较低，2020 年为 23.7%，处于快速增长阶段，与 2019 年相比提升了 5 个百分点。

表 10-2　2020 年中国市场直喷汽油机销量分类统计

单位（万台）

类　别	增压机	自吸	2.0T	1.5T	1.0T
缸内直喷	1037.3	191.1	380.6	353.7	17.5
气道喷射	165.9	615.2	4.6	101.9	5.1

续表

总　量	1203.2	806.3	385.2	455.7	22.6
直喷占比	86.2%	23.7%	98.8%	77.6%	77.4%

数据来源：IHS

2. 高压喷射压力

350bar 直喷系统已成为市场主流。提高直喷燃油喷射压力，可以有效改善燃油雾化蒸发，改善缸内燃烧过程，提高燃烧效率，显著降低排放，特别是碳烟颗粒排放。研究表明，同等条件下与 200bar 相比，350bar 燃油喷射系统可降低颗粒原始排放 50%左右。同时，更高的喷射压力可以增加单位时间内的燃油喷射流量，有利于高性能动力燃油喷射量增加的需求。

2017 年以前，市场主流直喷燃油喷射压力以 150～250bar 为主。大众于 2017 年年底在欧洲正式发布 EA 1.5T EVO，首次将 350bar（35MPa）高压直喷系统应用于量产机型。2019 年，“国六”A 和 B 阶段排放标准陆续实施，对直喷机碳烟颗粒排放提出了更高的要求，进一步加剧了 350bar 燃油喷射系统的升级需求，逐渐取代目前市场主流的 200bar 燃油喷射系统，成为各主机厂新开发机型的主要方向。如表 10-3 所示为国内外 350bar 及以上汽油缸内直喷技术应用统计。

表 10-3　国内外 350bar 及以上汽油机缸内直喷技术应用统计

品牌	发动机名称	直喷系统压力（MPa）	搭载车型	量产时间	2020 年销量（万台）	备　注
大众	EA211 EVO	35	8 代高尔夫	2017 年	31.2	未进入中国市场
通用	Ecotec	35	英朗	2018 年	1.8	中国销售
沃尔沃	VEP4 GEN3	45	CX60	2019 年	1.7	中国销售
马自达	SkyActive-X	70	马自达 3	2019 年	—	2021 年在中国销售
长城	GW4B15A	35	哈弗 H6	2019 年	20.8	2021 年在中国销售
长安	ZL473ZQ3	35	逸动	2019 年	2.4	中国销售
比亚迪	472QA	35	唐 DM-i	2019 年	1.6	中国销售
一汽	CA4GC	35	红旗 HS5	2019 年	10.4	中国销售
广汽	4B20J1	35	广汽传祺	2017 年	20.8	中国销售

数据来源：IHS

3. 喷油器布置方式

直喷系统两种喷油器的布置方式——中置喷射和侧置喷射平分秋色，但逐步向中置喷射倾斜。喷油器在缸盖布置形式上的变化对缸内混合气的形成过程十分关键，其发展过程经历的三个阶段：一是 2008 年以前，直喷机普及早期及法规相对宽松的阶段，为了实现稀薄分层燃烧降低油耗，混合气以喷雾引导为主，喷油器布置多采用中置喷射，燃烧系统的布置困难，加工精度要求高、成本高，主要在宝马等豪华品牌上搭载；二是 2008—2017 年，直喷机逐渐普及、排放法规加严，均质均匀分布燃烧成为直喷技术的主流发展方向，混合气形成以气流引导与壁面引导相结合，为降低加工要求，全新开发主流直喷发动机多采用侧置喷射，如本田、丰田、大众、福特、长安、长城、奇瑞等直喷发动机均采用侧置喷射布置；三是 2017 年以后，随着排放法规的加严、国内生产制造能力的提升，以及高性能发动机对混合气形成控制精度要求更高更灵活，中置喷射逐渐成为新的发展趋势，如吉利开发的 1.5TD、福特开发的 Dragon 1.5TD，以及长城开发的 1.5TD 发动机均采用了中置直喷技术，大众、本田等受限于平台化生产线改造限制，目前仍以侧置直喷为主。

4. 直喷系统供应商现状

尽管国内车企在直喷技术应用上取得了快速提升，但零部件核心技术及供应则完全由外资和合资企业掌握，处于完全垄断的地位。主要供应商有联合电子（博世）、日本电装、马瑞利、大陆等。

（三）汽油机缸内直喷技术发展趋势

1. 超高压技术

超高压燃油喷射技术是未来直喷技术的重要发展方向。当前国内外汽油机缸内直喷技术主流为 350bar，持续提升喷射压力可以改善燃油雾化，达到优化燃烧、减少碳烟颗粒的排放（见图 10-4），为满足未来更严格的排放法规，各主机厂和相关零部件供应商也在持续研究和开发更高轨压的直喷系统，沃尔沃于 2020 年开始陆续推出的 DriveE 发动机的升级版 B 系列，在标配 48V BSG 的同时，在行业内首次推出 450bar 量产直喷系统，以应对即将到来的“欧 7”排放标准，喷油压力增加，导致驱动力需求增加，燃油泵驱动方式也做了适应性调整，由驱动力较小的凸轮轴驱动升级为曲轴直驱。

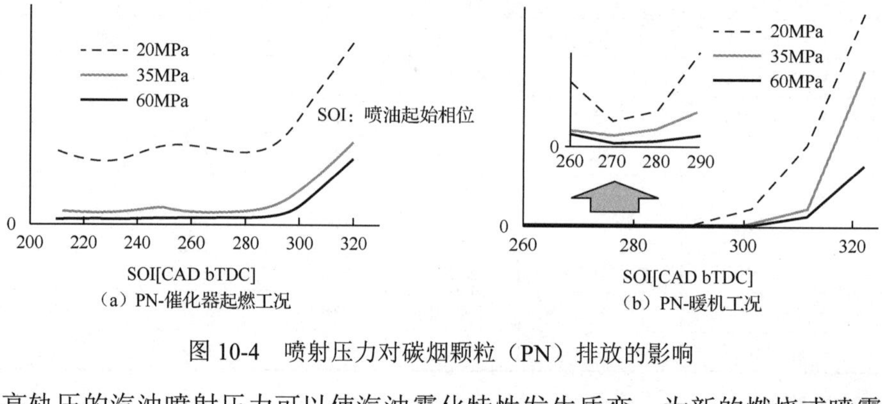

图 10-4　喷射压力对碳烟颗粒（PN）排放的影响

更高轨压的汽油喷射压力可以使汽油雾化特性发生质变，为新的燃烧或喷雾方式带来更多的可能性。2020 年马自达推出的 SkyActive-X 发动机则采用了意大利马瑞利最新开发的高压直喷系统，轨压高达 700bar（最高可达 1000bar），并采用 10 孔喷油器，改善雾化特性，以满足新的燃烧方式（SPCCI）对喷雾的要求。日本电装 Denso 的研究表明，在 1000bar 的高轨压下，采用推迟喷射时间至压缩冲程可以显著降低缸内温度，同时可促进缸内湍流的形成，大幅改善缸内爆震并加快燃烧速度，结合更高的压缩比，可以十分显著地降低发动机的油耗。

2. 智能软件精确控制

持续提升小流量喷油器控制精度是重要的发展方向。随着燃油压力的提高，在车辆催化器起燃、怠速及过渡工况燃油需求量较小时，喷油持续时间缩短，会落入喷油器流量的弹道区和过渡区，继而导致发动机转速波动、排放恶化。因此，除了喷油器喷雾设计和流量设计选型外，持续提升小流量工况下的控制精度对于直喷系统十分关键。目前，主要通过可控喷油器针阀动作的软件策略，即喷油器闭环控制策略（CVO）的功能计算出喷油器针阀开启的实际持续时间，并根据目标持续时间和实际持续时间的偏差对激励时间进行闭环修正，从而实现对喷油量的精确控制。它能确保喷油器在弹道区运行范围内，以最小喷油量稳定运行。以弹道区为例，未使用闭环控制策略，喷油量偏差约±40%，采用闭环控制测量，喷油器偏差降低至±22%（见图 10-5）。

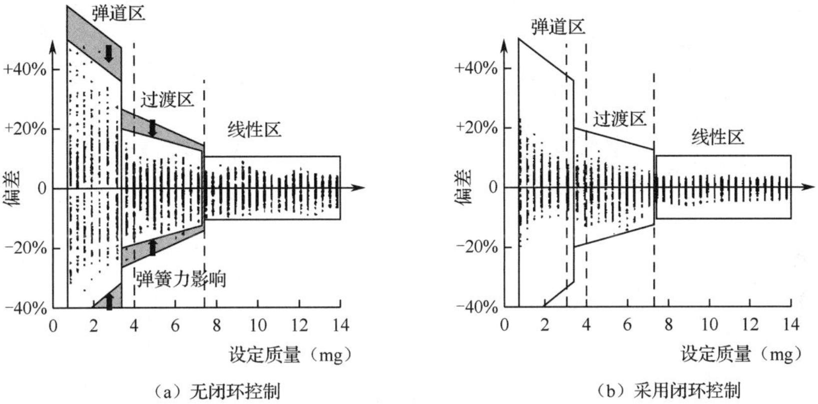

图 10-5　采用小脉宽闭环控制的效果

3. 高效供油效率

高压力、高强度、高效率是高压油泵的重要技术发展方向。更高的供油压力要求需要提高高压油泵本体的机械强度，通过优化泵体的设计方案，采用本体与安装法兰一体式锻造工艺，减少焊接变形，增大装配精度，实现柱塞轴线与法兰面更高的垂直度能力。供油压力的升高会降低供油的体积效率，主要因素是部分汽油会从高压通道泄漏到低压油路。采用高效的聚合物对柱塞与柱塞套进行密封，减少柱塞与柱塞套之间的泄露，尤其在发动机低速时，供油效率明显提升，可以更快地建立轨压、快速启动（见图 10-6）。另外，这种密封方式可以减小柱塞直径，进而减小凸轮载荷和驱动扭矩。

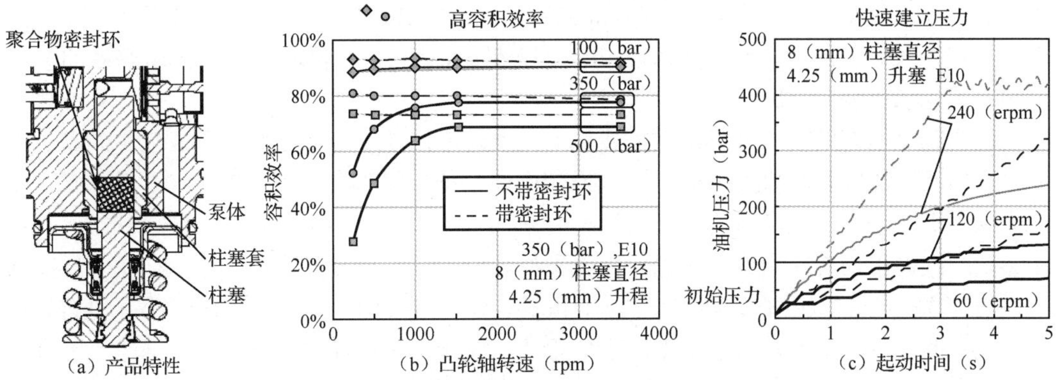

图 10-6　密封环对供油效率和压力建立的关系

4. 快速响应喷油器

针阀快速响应、减小两次喷射间隔是喷油器的重要技术发展方向。超高的系统压力会导致作用在衔铁上的压力增加，衔铁的上升速度降低。如图 10-7 所示，采用双衔铁方案可以有效提高衔铁提升针阀的速度，实现快速响应的功能。在催化器加热和加速阶段，多次喷射次数和喷射结束时刻对颗粒物生成起主导作用，由于喷油的窗口期为固定时长，此时两次喷射的间隔时间尤为重要，衔铁上的通油孔采用斜孔，如图 10-8 所示，迫使燃油直接撞击挡套，促进衔铁再次提升，减小第二次开启的时间间隔。

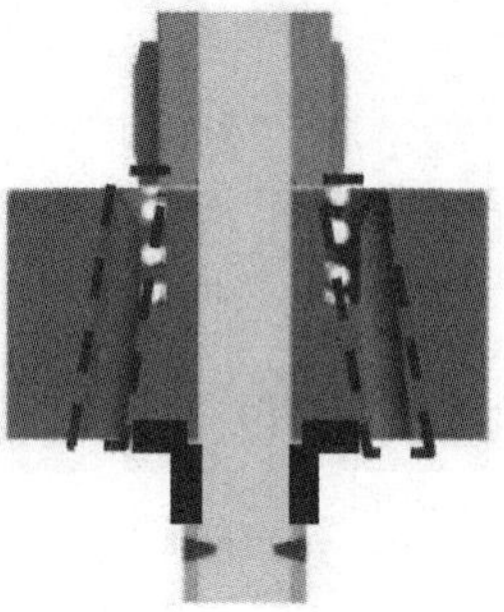

图 10-7　双衔铁设计方案

图 10-8　斜孔衔铁方案

二、涡轮增压技术发展与应用情况分析

（一）涡轮增压市场发展概述

随着油耗法规和市场消费升级，涡轮增压已成为传统发动机市场主流方向。相比自然吸气发动机，同等排量下涡轮增压可大幅提升发动机动力水平，通常可达 70%以上。在同等动力条件下，结合“Down-sizing Down-speeding”策略，增压技术通过运行工况优化可大幅降低油耗，NEDC 油耗优化可达 20%。得益于增压器成本持续降低，近年来其市场份额逐年增长，根据交强险数据，2020 年中国市场乘用车市场中应用涡轮增压技术的发动机总销量为 1145.7 万台，占全部市场发动机动力产品的 63.4%。根据 IHS 预测，未来五年，涡轮增压机型在乘用车发动机中的占比将达到 77%；两级增压、双流道涡轮增压、可变截面涡轮增压 VGT（Variable Geometry Turbocharger）、电动增压技术的应用也将持续增长，特别是 VGT 技术应用；未来 5 年，VGT 涡轮增压技术应用产品的总销量将高速增长（见图 10-9）。

国内几乎所有的汽车主机厂均已成熟应用涡轮增压技术或正在继续开发应用新型、效率更高的涡轮增压器发动机产品。从 2020 年中国市场乘用车汽车销量 TOP10 厂家来看，一汽大众、上汽大众、上汽通用、吉利汽车、东风日产、上汽通用五菱、长安、长城、东风本田、广汽本田均在应用或研发涡轮增压机型。应用涡轮增压技术，大众走在所有厂家前列，其典型的发动机应用为 EA211—1.4T 和 EA888 1.8T/2.0T 三款涡轮增压产品。此外，由于降油耗的需要，提升动力响应性的市场驱动，大众及中国品牌长城、比亚迪等已经开始研发应用 VGT 涡轮增压产品，在技术上走在行业前列。

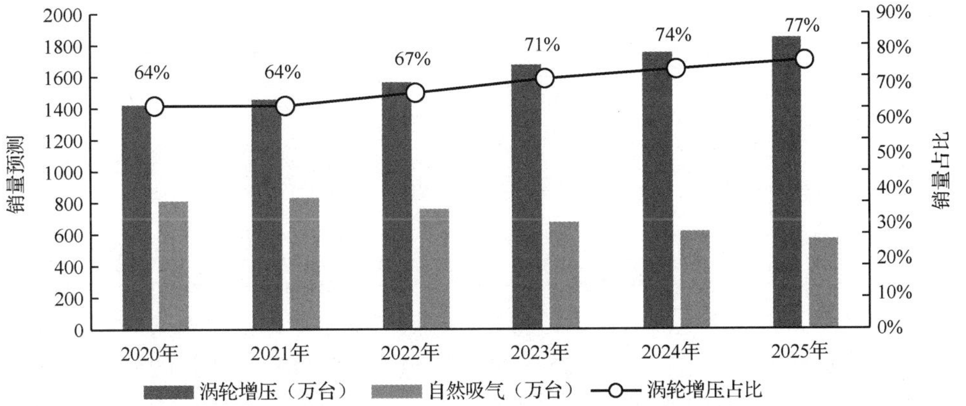

图 10-9　2020—2025 年中国乘用车市场涡轮增压应用增长预测

数据来源：IHS

（二）涡轮增压技术现状

目前，涡轮增压器供应以国外供应商为主，国内厂家技术提升很快，市场增长迅速。2020 年，国内乘用车市场涡轮增压器专业供应商厂家主要有博格华纳、霍尼韦尔、三菱重工 MHI、博世马勒、石川岛 IHI、大陆、ZAGE 等，这些外资企业占据国内乘用车市场绝大部分份额。中国品牌方面，增压器供应商企业主要有康岳科技、哈尔滨东安实业、宁波丰沃、宁波天力、奕森科技、西菱动力、长城蜂巢动力等。目前来看，中国品牌增压器无论是研发实力、技术、生产能力，还是市场占有率方面均与外资品牌存在较大差距，但差距逐渐缩小，渗透率在逐步提升。当前增压器行业技术研发的重点是耐高温性能、电控技术新型高效增压技术等方面。2020 年，中国乘用车市场发动机用涡轮增压器的大部分产品已经从真空放气阀控制向电控放气阀控制升级，材料耐温性能大大提高，可靠性较以往产品有大幅提升，NVH 噪声控制已经达到较高水平。由于可变截面涡轮增压器 VGT 既能够提升低速低负荷时的动力响应性，提升低速效率降低油耗，又能兼顾高速大负荷时的进气量需求，保证高速动力输出。因此，VGT 在汽油机中的应用也越来越普遍，大众 EA211 1.5TSI EVO 发动机、长城 1.5T、比亚迪 1.5T 发动机均已经采用 VGT 技术。

增压器耐高温性能提高。由于汽油机本身排气温度高于一般柴油机，且为了实现节油和优化排放性能，发动机尽量不采用加浓空燃比的方式来降低排温成为主要发展方向，为保证涡轮增压器的高可靠性，增压器蜗壳材料的耐温要求越来越高。从一般铸铁蜗壳材料耐温 850℃到现在耐温达 1100℃的不锈钢材料 1.4849，材料等级不断提升，如表 10-4 所示为涡轮增压器耐高温材料性能及应用情况。

表 10-4　涡轮增压器耐高温材料性能及应用情况

材 料 名 称	稳态耐高温（℃）	应用厂家典型机型
铸铁+Nb	850	现代 2.0T，五菱 1.5T
D5S/D3.5	930	通用 1.3T/2.0T，长安 1.5T

续表

材 料 名 称	稳态耐高温（℃）	应用厂家典型机型
1.4826+Nb	950	长城 1.5T/长安 1.5T
1.4837+Nb	980	大众 EA211 1.4T/ EA888 2.0T
1.4848+Nb	1000	沃尔沃 Drive-E 2.0T
1.4849+Nb	1020	大众 EA211 1.5 TIS HP

电子控制放气阀成为主流方向。2020 年，车用汽油发动机涡轮增压器放气阀大部分已经使用电控放气阀。与传统真空放气阀相比，电控放气阀使增压器响应更快，发动机动力输出的响应速度有较大提升。同时，由于不再依赖真空泵的真空源，节省了能耗，采用电控放气阀增压器的发动机燃油经济性更好。

汽油 VGT 应用成为增压技术发展新方向。VGT 的工作原理是采用可变机构实现不同工况下的废气流量最佳可控。VGT 可变截面涡轮增压器如图 10-10 所示，在涡轮增压器废气流道进入涡轮叶片的通道截面内，设计有能改控制气流截面大小的阀片，当阀片在电控阀的驱动下转动时，可改变进入涡轮叶片处的废气量。在 ECU 的控制下，不同转速及负荷下的最佳废气流量是不同的，使通过标定参数匹配调整阀片位置得以实现。VGT 可有效降低涡轮迟滞，加快动力响应，同时可在发动机高负荷工况下增大导流叶片开度、降低排气背压、减少缸内残余高温废气、改善点火角、降低油耗。近年来，受排放门事件推动，RDE 排放循环测试要求将逐渐在欧洲和中国市场导入，增压技术使用策略逐渐从“Down-size”向“Right-size”转变，全工况不采用加浓保护策略成为未来发展的重要方向，Miller、中冷 EGR 等相关节油技术可有效降低排温和缸内燃烧温度，近年来逐渐得到广泛应用和关注，VGT 可有效改善这些技术带来的低速扭矩低、动力响应慢等问题，同时以提高喷嘴环材料耐温等方式有效解决了 VGT 积碳、结焦、喷嘴环变形等导致的喷嘴环卡滞等关键可靠性问题，随着成本进一步降低，VGT 应用越来越广泛，成为重要的发展方向。2017 年年底，大众在欧洲发布 EA211 全新升级机型 1.5TSI EVO，在行业内首次大批量应用汽油 VGT 技术，沃尔沃 2.0TD 平台升级低功版 B4 搭载 VGT 上市，中国品牌长城、比亚迪也将陆续量产 VGT 发动机（见表 10-5）。

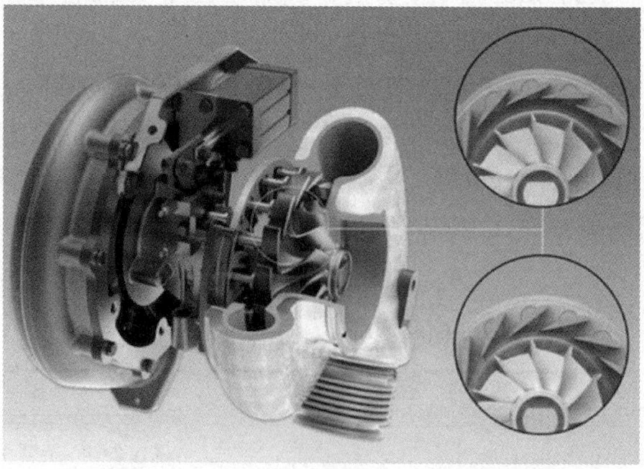

图 10-10　VGT 增压器及工作原理示意图

表 10-5　2020 年中国市场乘用车应用 VGT 技术的发动机参数表

基 本 参 数	大众 EA211 1.5TSI EVO	长城 GW4B15C VGT	比亚迪 DM-I 1.5TD
型式	L4	L4	L4
排量（L）	1.498	1.499	1.497
缸径×行程（mm）	74.5×85.9	75×84.9	76×82.5
压缩比 CR	12.5	11	12.5
喷油系统	350bar DI	350bar DI	350bar DI
涡轮增压器	VGT	VGT	VGT
配气机构	DVVT/停缸/米勒循环	中置 DVVT/CVVL	中置进气 VVT
最大功率（kW/rpm）	96/5000～6000	135	102/5200
最大扭矩（N · m/rpm）	200/1400～4000	270/1500～4000	231/1350～4000
排放标准	Eu6d	CN6b	CN6b

（三）涡轮增压器技术发展趋势

未来，涡轮增压技术发展趋势主要体现在以下七个方面：

（1）新技术、新型材料、新型制造工艺技术的应用，如水冷蜗壳技术、更高耐温材料技术等。

（2）电控、电动化方向发展，泄压阀及废气旁通阀等执行器电控化，直接采用高速电机驱动压叶轮实现增压。

（3）进一步实现小型化紧凑设计，应用小涡轮、低转动惯量涡轮，响应速度更快，涡轮迟滞效应更小。

（4）制造高度自动化，完全数控加工，精度进一步提高。

（5）更高的涡轮效率、更高的压比及流量应用范围，高可靠性。

（6）优化涡轮流道设计，双流道、多流道设计以充分利用废气能量，将多缸机排气干扰尽可能减少。

（7）NVH 性能进一步提升，新型降噪高速轴承技术应用新型蜗壳及流道设计以降低噪声设计技术应用。

三、三缸发动机技术发展与应用情况分析

（一）三缸发动机市场发展概述

随着小排量增压节油技术的发展，三缸发动机具有结构紧凑、摩擦低、循环效率高、排气干涉小、成本低等诸多优点，近年来在国内市场发展迅速，而其也因振动问题长期被市场特别是被消费者诟病，三缸技术成为内燃机行业热点话题和重要发展方向。2017 年以来，通用、宝马、福特、本田等企业在国内市场大规模地应用三缸小排量发动机，带动三缸发动机成为传统动力重要发展方向，自 2018 年开始，吉利、广汽等中国品牌车企纷纷加入三缸发动机的产品阵营，不断推出一系列优秀的新一代三缸发动机车型，相比老三缸发动机，新三缸发动机完成从动力性、NVH 性能、燃油经济性到可靠性的全

方位升级。国内市场三缸发动机车型由 2017 年以前每年 30 余款，经历 2018 年爆发式的增长期，于 2019 年达到 307 款，三缸发动机总的市场份额至 2019 年达到顶点——6.2%的销量占比（见图 10-11）；同样，三缸发动机在≤1.6L 小排量发动机市场中的销量占比呈逐年增长趋势（见图 10-12）。目前，丰田、大众两大市场占有份额巨大的车企也在国内市场布局三缸发动机：丰田 M15C 1.5L 自吸三缸发动机在 2021 年年初搭载新款卡罗拉和雷凌上市，大众也计划将 EA211 EVO 系列 1.0T 三缸发动机于 2022 年引入中国市场。

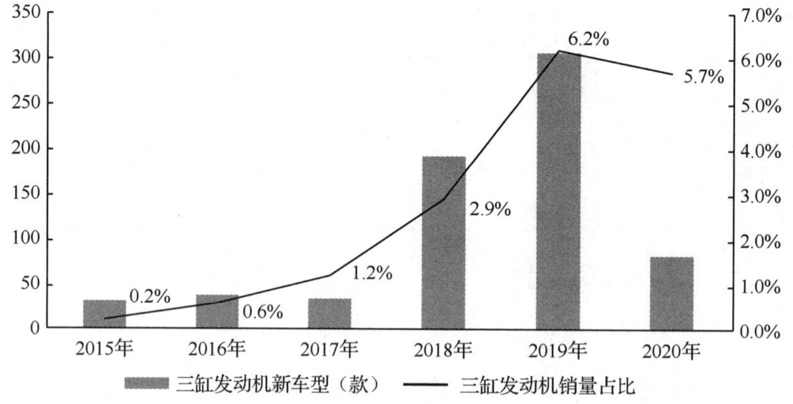

图 10-11　2015—2020 年三缸机新车型数量及三缸机销量占比

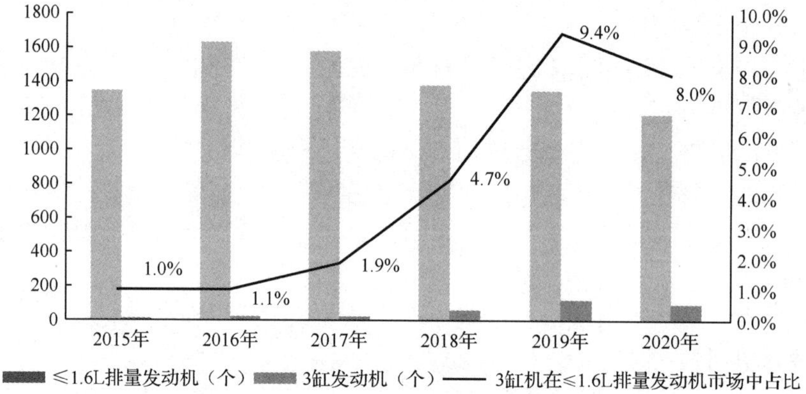

图 10-12　2015—2020 年≤1.6L 排量发动机中三缸发动机销量占比

市场和消费者对于三缸发动机的负面印象总体有所好转，但未产生根本改变。20 世纪 80 年代以来，早期的低端三缸发动机给市场和消费者留下了廉价、噪声大、抖动、低端等根深蒂固的印象。根据中国流通协会与车云网于 2019 年联合发布的《2019 小排量发动机市场趋势与使用满意度白皮书》显示：潜在用户与实际用户之间存在较大偏差，超 1/3 的潜在用户仍存在三缸发动机动力不足、噪声振动比四缸发动机大等认知局限，但超过 97%的实际用户对其各方面性能表示接受、满意。发动机的小排量化、少缸化已成为企业节能技术及满足日益严格的油耗法规要求的重要手段，同时，三缸发动机作为进一步节能小排量化的重点角色变得尤为凸显。消费者对于三缸发动机的认可度有所回暖，而针对三缸发动机的技术透明化，如何进一步打消消费者对三缸发动机的顾虑，仍需要各大车企重点关注。

（二）三缸发动机技术现状

三缸发动机相对于同排量四缸发动机，具有较多优势：重量更轻、体积更小，符合轻量化发展趋势；缸数的减少降低了发动机运转时的摩擦损失、泵气损失和散热损失，提升燃油经济性、热效率；受益于单缸容积大、较小的排气干扰，其搭配低惯量涡轮技术，排气脉冲对涡轮有更好的推动效果，三缸发动机具有更好的低速扭矩和更小的涡轮迟滞；三缸发动机的开发可通过发动机平台模块化实现，在四缸发动机通用缸径冲程、燃烧系统等基础上减缸，研发出不同排量、性能的产品，大大减少研发周期及成本，提高零部件通用化率，通过柔性化生产满足多元化的市场需求。三缸发动机技术的发展经过以下三个重要阶段。

第一代以成本为开发目标，兼顾油耗，布置紧凑，满足低成本 A0/A00 级别需求，典型特征是排量小，如 0.8～1.2L 自吸发动机，无平衡轴，也无平衡策略相关设计，应用技术简单，成本低，主要搭载满足 A0 及以下级别的车型需求，如以早期的奇瑞 QQ、比亚迪 F0 及日系小车搭载的 0.8、1.0L 发动机为代表。

第二代结合小排量增压技术，以油耗为主，布置紧凑，兼顾成本，满足 A 级车型需求，典型特征：小排量（1.0～1.2L）增压发动机，直喷，无平衡轴，通过曲轴平衡设计改善三缸发动机的振动，扭矩为 170～180N · m，代替传统自吸 1.8L 发动机，如福特 1.0TD/本田 1.0TD 等。

第三代以动力和油耗性能为主要开发目标，排量以 1.5L 为主，集成行业最先进的技术，大型轻量化设计，并具有和四缸相当的 NVH 特性，同时兼顾混动应用，满足 A+及以上级别高性能版需求，如表 10-6 所示为市场主流三缸 1.5TD 发动机性能和同级四缸发动机性能对比。典型的技术特征：中置直喷，高效增压，高效燃烧，集成排气，单平衡轴，大量可变技术如 VVT、可变机油泵等，先进的双质量飞轮（根据搭载变速箱情况略有不同），大量的轻量化设计可集成混动应用，通常搭载于豪华车的低配车型或混动车型、中端品牌的高配性能车型，如宝马 B38-1.5TD、福特 1.5TD Dragon、吉利领克 1.5TD、日产 MR15DDT-1.5TD 等，其中福特 1.5TD 还采用随机停缸技术，日产 1.5TD 则采用了可变压缩比等最新先进节能技术，进一步降低节油率。

表 10-6　市场主流三缸与四缸发动机性能对比

发动机	搭载车型	排量	功率（kW）	扭矩（N · m）	加速（s/100km）
三缸	领克 03	1.5T	132	265	7.90
	缤越	1.5T	130	255	7.90
	宝马 X1	1.5T	100	220	9.07
	新福克斯	1.0T	92	170	11.34
	英朗	1.0T	92	170	12.10
四缸	思域	1.5T	130	220	8.50
	领动	1.4T	95.6	211	10.74
	朗逸	1.4T	96	225	8.30
	卡罗拉	1.2T	85	185	10.37

近年来，三缸发动机 NVH 技术发展迅速，振动大等技术难题逐步攻克，新三缸发动机总体振动水平和四缸发动机接近。受结构差异影响，三缸发动机和四缸发动机在平衡方面有明显的差别，四缸发动机的 1 阶 2 阶力矩是自平衡的，2 阶往复惯性力是不平衡的，发动机会上下振动，用户感知不是很明显，通常为 1.8L 及以上排量的发动机才采用双平衡轴来解决振动问题；三缸发动机平衡相反，往复惯性力是自平衡的，但 1 阶 2 阶力矩都不平衡，会造成发动机摇摆，用户感受非常明显。市场上新开发的三缸增压发动机普遍通过增加平衡轴、双质量飞轮、减震齿轮、高刚度缸体缸盖等技术，配合悬置调教、传递路径隔音等技术，发动机整体振动大幅改善，总体可以达到与同排量四缸发动机振动水平相当。

（三）三缸发动机未来发展路线及趋势

混动应用将是三缸发动机未来发展的主要方向。根据《节能与新能源汽车技术路线图 2.0》的规划，到 2035 年，汽车产业要实现电动化转型，传统能源动力乘用车全部为混合动力型。三缸发动机的小型化、轻量化、高效率，为混动系统等车型提供合理的空间布局、轴荷分配及燃油经济性：发动机舱横向空间紧凑，三缸发动机横向占用空间小，为驱动电机的布置留下更多的空间，可以充分发挥电驱部分的效率；借助电机低速扭矩特性优势，弥补三缸发动机在低速振动上的缺陷，同时让发动机更多地运行于最佳经济油耗区，有效地提高燃油经济性；采用超高压直喷、高效燃烧、高压缩比、阿特金森循环、EGR 等先进技术，附件高度电气化，可提高发动机热效率、减少机械损失，更好地匹配混动系统。

目前，市场上陆续推出不少优秀的三缸混动应用车型。2020 年吉利正式发布了领克 01 HEV 版，采用了 1.5T Miller 三缸发动机，于 2021 年出口欧洲市场；理想 ONE 以东安 1.2T 三缸发动机作为“增程器”开发的增程式插电混动车，逐渐取得市场认可。丰田 M15C 1.5L 自吸三缸发动机匹配混动系统在 2021 年年初搭载新款卡罗拉和雷凌上市，预示着丰田在中国市场布局三缸发动机的开始。混合动力对于三缸发动机等小排量发动机的需求，或是未来主机厂主要的技术发展趋势之一。

四、先进变速器技术发展与应用情况分析

（一）先进变速器市场发展概述

近年来，我国汽车市场规模迅速增长，变速器作为传动系统中最重要的组成部分之一，迎来了巨大的市场发展机遇。目前，国内乘用车手动挡市场份额跌幅显著，自动挡需求快速上升，装配量占比快速提升。2021 年，中国乘用车自动变速器的搭载率增长较稳定，自动变速器的整体搭载率已达 84%，其中 AT 搭载率占比为 27%，DCT 搭载率占比为 28%，CVT 搭载率占比为 25%，AMT 的搭载率占比为 0.1%；混动专用变速箱逐年递增，预计 2028 年将达到 11%，随着消费升级的趋势不断延续，以及乘用车价格中枢的不断提升，预计自动变速箱渗透率将持续提升，2028 年有望达到 98%，接近美国、日本等发达国家水平（见图 10-13）。

（二）先进变速器技术现状

1. 传统变速器技术现状

当前国内各类自动变速器竞相发展。在手动变速器市场逐步萎缩的背景下，AT、CVT和DCT三种自动变速器的技术路线因各具优势（见表10-7）呈现竞争态势。当前及未来中长期仍将共存发展；多挡化、小型化和轻量化成为AT发展的重点升级方向，随着结构和性能的完善，CVT正在逐步向大排量车型应用拓展，国内DCT市场推进势头良好，而AMT边缘化趋势加强（见表10-8）。

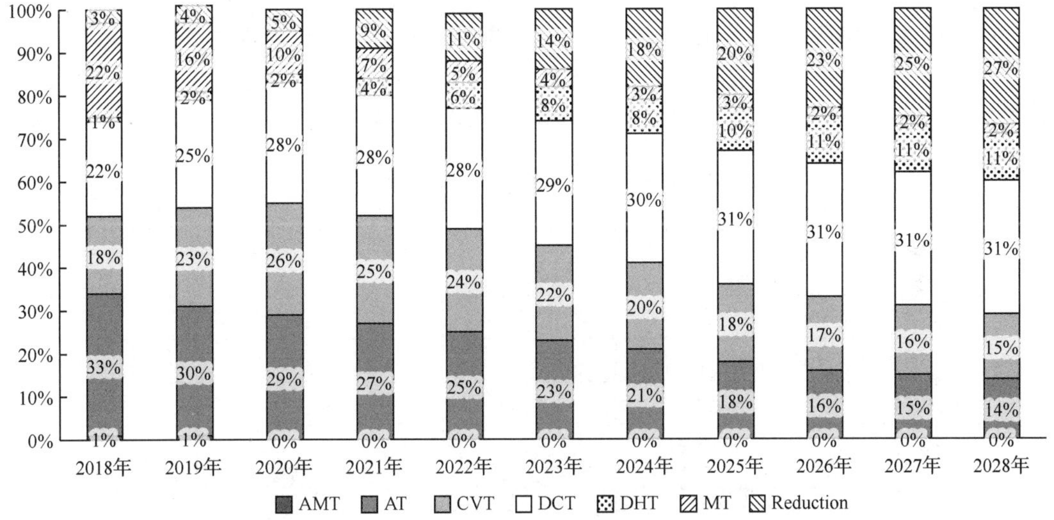

图10-13　变速器市场份额预测

数据来源：IHS

表10-7　传统变速器分类及特点

种　类	MT	AMT	AT	DCT	CVT
优点	结构简单 成本低 扭矩范围广	结构较简单 成本较低 扭矩范围广	技术成熟 换挡品质高 扭矩范围广	成本较低 油耗较低 换挡品质较好	无级变速 低负荷区高效率换挡品质较好
缺点	操作复杂 舒适性差	换挡动力中断 舒适性差 控制系统要求高	成本高 结构复杂 低挡数油耗高	结构较复杂 稳定性略差	结构复杂 控制系统要求高 扭矩范围受限
油耗	较低	较低	油耗高	较低	较低
舒适性	差	较差	较好	较好	好
成本	低	较低	高	高	较高
应用	低成本乘用车、商用车	低成本乘用车、商用车	各类车辆、中小排量乘用车	中小排量乘用车	中小排量乘用车

表 10-8　主流整车品牌的自动变速器技术路线

类　型	搭 载 厂 家
AT	合资品牌如通用、福特、克莱斯勒、丰田、本田、三菱、现代、标致雪铁龙、大众、宝马、奔驰等，中国品牌如吉利、华泰、长安、长城等
CVT	合资品牌如日产、丰田、本田、通用、福特等，中国品牌如江淮、奇瑞、北汽、上汽、比亚迪等
DCT	合资品牌如大众、通用、福特、菲亚特、沃尔沃、保时捷、宝马、奔驰等，中国品牌如吉利、上汽、广汽、比亚迪等

（1）AT 领域。

产品技术成熟应用广泛，2020 年国内主要配套 AT 的车企总产能于 2020 年达到 847 万台，包括通用、福特、丰田、现代、奔驰等，第三方供应商主要有爱信、ZF、现代派沃泰，中国品牌主要有盛瑞传动、双林 DSI 等（见表 10-9）。

表 10-9　国内主要 AT 供应商及产能

变速器企业	企 业 性 质	产　地	产　品	年产能（万台）
艾达（天津）	外商独资	天津	6AT	80
天津艾达	中外合资	天津	6AT	80
AW（苏州）	外商独资	苏州	4AT	24
唐山爱信	外商独资	唐山	6AT	40
爱信吉利	中外合资	宁波	6AT	40
广汽爱信	中外合资	广州	6AT	40
上海 ZF	中外合资	上海	6AT/8AT	12
现代派沃泰	外商独资	日照	6AT	100
上汽通用	中外合资	烟台、上海	6AT/9AT	126
长安福特	中外合资	重庆	6AT/8AT	104
东安三菱	中外合资	哈尔滨	6AT	15
盛瑞传动	国内自主	潍坊	8AT	60
双林 DSI	国内自主（收购）	济宁、湘潭	6AT	60
内蒙古欧意德	国内自主	鄂尔多斯	6AT	45

数据来源：2020 年中汽协、企业官网

（2）CVT 领域。

中国品牌奇瑞和江麓容大是 CVT 领域的领先企业。奇瑞将 CVT 技术转让给万里扬；江麓容大的 CVT 产品于 2009 年投放市场，2016 年年底年产 50 万套的生产基地投入使用。随着技术逐步进步，万里扬 CVT25/28 的扭矩适用范围已提升至 250/280N · m，基本可以满足 1.6L 及以下排量乘用车、A0 级及 A 级乘用车需求。CVT 具有油耗较低、平顺性好、成本较低等优点，较适用于家用乘用车需求。随着国内产能供给的不断提升，CVT 渗透率有望加速提升，主要应用领域以日系品牌为主。近年来，美系通用、福特也纷纷加大应用，主要供应商包括日产、本田、丰田、通用等车企，第三方供应商主要有万里扬、邦奇等。2020 年，国内主要 CVT 供应商的及产能如表 10-10 所示。

表 10-10　国内主要 CVT 变速器供应商及产能

变速器企业	企 业 性 质	生 产 基 地	主 要 产 品	产能（万台）
加特可（广州）	外商独资	广州	CVT	120
本田汽车零部件	外商独资	佛山	CVT/AT	100
丰田汽车（常熟）零部件	外商独资	常熟	CVT	24
上汽通用	中外合资	烟台	CVT	45
现代派沃泰	外商独资	日照	CVT	40
上汽变速器	国内自主	柳州、烟台	CVT	40
南京邦奇	国内自主（收购）	南京、宁波	CVT	75
万里扬	国内自主	芜湖、金华	CVT	70
江麓容大	国内自主	长沙、泸州	CVT	20

数据来源：2020 年中汽协、企业官网

（3）DCT 领域。

DCT 主要以德系及中国品牌汽车配套为主，大众、上汽、长城、广汽、吉利、长安、比亚迪、江淮等实现内部供应，第三方供应商主要有格特拉克、上汽变速器等（见表 10-11）。

表 10-11　国内主要 DCT 变速器供应商及产能

变速器企业	企 业 性 质	生 产 基 地	主 要 产 品	产能（万台）
大众变速器（天津）	外商独资	天津	DCT	144
大众变速器（大连）	外商独资	大连	DCT	100
格特拉克（江西）	中外合资	南昌	6DCT/7DCT	100
上汽变速器	国内自主	上海	6DCT/7DCT	65
长城	国内自主	保定	7DCT	50
杭州依维柯	中外合资	杭州	7DCT	40
吉利	国内自主	宁波	7DCT	120
重庆青山	国内自主	重庆	5DCT/7DCT	40
比亚迪	中外合资	深圳	6DCT	30
东方格特拉克	中外合资	武汉	6DCT	25
江淮	国内自主	合肥	DCT	15
一汽轿车	国内自主	长春	7DCT	10
广汽传祺	国内自主	广州	7DCT	10

传统自动变速箱配套分车企自产、供应商外购两种渠道。从全球范围来看，外资企业丰田、大众、通用等大型汽车集团有能力进行内部开发和生产，以自产变速箱为主，

部分企业需要采购外部变速箱，如宝马、PSA 等。对于国内合资品牌而言，大部分外资母公司技术实力强，具有独立研发制造自动变速箱的技术能力，且在国内设立变速箱工厂，如丰田、通用、日产、大众等（见表 10-12）。

表 10-12　国际主流车企外购自动变速器配套情况

车　企	AT	DCT	CVT
通用	自产、爱信、ZF	自产	自产、加特可
福特	自产、爱信	自产	邦奇
FCA	爱信、ZF	自产	加特可
大众	爱信、ZF	自产	自产
奔驰	自产	自产	自产
宝马	ZF、爱信	格特拉克	
PSA	爱信		
雷诺	加特可	格特拉克	加特可
丰田	爱信		爱信
本田	自产、ZF		自产
日产	加特可		加特可
现代	自产	自产	自产

近年来实力较强的中国品牌车企加大了对 DCT 等研发的制造投入，DCT 变速器逐渐由外购转向自研制造。目前，吉利、比亚迪、上汽、长城等量产车型上应用较多，外购则主要来自格特拉克的 DCT。AT 和 CVT 则以外购为主，中国品牌车企主要采购 AT（爱信、现代派沃泰）、CVT（万里扬、邦奇）。综合来看，中国品牌车企的自动变速箱配套情况如表 10-13 所示。从变速箱供应商角度来看，在 AT 领域，爱信、ZF、上汽通用、长安福特、现代派沃泰配套份额较高；在 CVT 领域，Jatco、丰田（常熟）零部件、邦奇、万里扬配套份额较高；在 DCT 领域，大众变速器、格特拉克、上汽变速器配套份额较高。

表 10-13　中国品牌车企外购自动变速器配套情况

车　企	AT	CVT	DCT
奇瑞	盛瑞传动	万里扬	格特拉克
吉利	DSI、爱信	万里扬、邦奇	格特拉克、自产
长城	现代派沃泰	邦奇	格特拉克、自产
一汽	爱信	万里扬	自产
上汽	爱信	自产	自产
东风	爱信	邦奇	格特拉克
北汽	爱信	邦奇、万里扬	
华晨	爱信		研发组
江淮	爱信	邦奇	自产

续表

车　　企	AT	CVT	DCT
力帆	爱信	邦奇、万里扬	
比亚迪	现代派沃泰	万里扬	自产
长安	爱信	邦奇	自产
广汽	爱信	邦奇	杭州依维柯
东南	现代派沃泰	邦奇	
海马	现代派沃泰、东安三菱	邦奇	
众泰	现代派沃泰、东安三菱	邦奇	上汽变速器

从车企角度来看，日系丰田、本田、日产以CVT为主，德系大众以DCT为主，美系通用、福特以AT为主，中国品牌以DCT、CVT、AT为主。从自动变速箱的配套关系来看，AT领域的爱信分别与广汽、吉利合资建厂，未来对于国内AT厂商将有较大冲击。DCT领域以车企自制为主，第三方主要有格特拉克。CVT领域的万里扬配套奇瑞、吉利、比亚迪等国内主流车企，发展前景较好（见表10-14）。

表10-14　传统自动变速器配套情况

公　　司		主要配套整车厂
AT	爱信（天津、苏州、唐山）	一汽大众、上汽大众、长安汽车、广汽、吉利、神龙等
	天津艾达	一汽丰田
	ZF	华晨汽车等
	上海ZF	长城汽车、上汽大众、一汽大众等
	现代派沃泰	北京现代、东风悦达起亚、长城汽车等
	内蒙古欧意德	华泰汽车
	盛瑞传动	江铃汽车、凯翼汽车、众泰汽车、力帆汽车
	长安三菱	众泰汽车、海马汽车
	上汽通用	上汽通用
	长安福特	长安福特
	DSI	吉利汽车、力帆汽车等
CVT	加特可	东风日产、东风乘用车等
	本田汽车零部件	东风本田、广汽本田
	丰田（常熟）零部件	一汽丰田、广汽丰田
	上汽通用	上汽通用
	上汽变速器	上汽通用五菱、上汽乘用车
	南京邦奇	吉利汽车、江淮汽车、东南汽车、北汽、海马、众泰等
	万里扬	奇瑞、吉利、一汽、小康、比亚迪等
	湖南江麓容大	重庆力帆、浙江众泰

续表

公　司		主要配套整车厂
DCT	大众变速器（天津、大连）	一汽大众、上汽大众
	格特拉克（江西）	长城、长安福特、江铃、观致
	上汽变速器	上汽乘用车、上汽通用、上汽通用五菱、长丰猎豹、众泰等
	东风格特拉克	东风
	杭州依维柯	广汽乘用车、广汽菲克
	宁波上中下	吉利
	重庆青山	长安
	比亚迪	比亚迪
	安徽星瑞齿轮传动	江淮
	一汽轿车	一汽轿车

2. 新能源汽车变速器技术现状

对于混合动力汽车而言，变速器仍然是必不可少的核心部分，比传统汽车还要复杂。多挡位的纯电动车将成为发展趋势。混合动力汽车的自动变速器主要源于对原有传统自动变速器的升级，也就是说，与传统车型相比，混合动力汽车对自动变速器的需求没有太大变化。特别是在混合系统中使用 DCT 具有明显的优势。混合动力变速器是将发动机与驱动电动机的动力以一定的方式耦合在一起，并能实现变速、变矩的传动系统，可分为专用混动变速器（DHT）和基于传统变速器集成混动单元（驱动电动机及相应的控制系统）的改进型混动变速器（Add-on），各有特点（见表 10-15）。

表 10-15　各类混动变速器技术特点

类别	Add-on 式					DHT 式
构型	P0	P1	P2	P3	P4	以丰田 THS 系统为代表
结构特点	电动机通过皮带与发电动机的曲轴相连	电动机布置在发动机后、分离离合器前，与发动机曲轴相连	电动机布置在分离离合器后、变速器前，与变速器输入轴相连	电动机布置在变速器后，与变速器输出轴相连	电动机布置在后桥上	使用离合器、行星齿轮或定轴齿轮组将双电动机有机集成
对比分析	①混合度小 ②改动小 ③节油率低 ④低压微混系统	①混合度小 ②改动小 ③节油率低 ④低/高压中混系统	①混合度大 ②改动小 ③节油率高 ④高压强混系统	①混合度大 ②改动大 ③节油率高 ④高压强混系统	①混合度大 ②改动大 ③节油率高 ④高压强混系统	①混合度大 ②全新设计 ③节油率高 ④高压强混系统

新的混合动力专用变速器驱动系统 DHT，其主要依靠电动驱动发挥作用，与传统的驱动系统相比有明显区别。DHT 变速器的优势因符合发展需要，越来越受到行业的重视。DHT 系统具有结构紧密有效率、更加节能环保、电气驱动性能更强的明显优势。DHT 的形式多种多样，主流企业均提出了自家的解决方案，如丰田推出的 THS 系统，经过丰

田近 20 年的推广，已占有混动系统市场近 70%的份额。此外，份额较高的典型 DHT 系统还有本田 i-MMD、通用 Voltec System 和大众 Twin Drive 等。此外，国内厂商也推出了不同的解决方案，包括上海精进提出的利用双电动机实现串并联混合驱动的 DHT 方案、上汽推出的电驱动变速器 EDU、万里扬研制的混合动力无级变速器 C38P2P3 等。

混合动力汽车在节约能源及排放污染物等方面显著优于普通内燃机动力汽车，在未来 20 年内仍是不可替代的产品，当前全球的混动（含 PHEV）构型呈现百花齐放的格局，其中单电动机并联、动力分流、双电动机串联/并联三大构型是主流技术方向，当前主流车型混动架构及动力总成形式如表 10-16 所示，混动变速器向集成化、小型化、高转速和高转矩方向发展。

表 10-16　主流车型混动架构及动力总成形式

主机厂		混动架构							动力总成		代表车型
		PS	P0	P1	P2	P2.5	P3	P4	发动机	变速器	
德系	大众				●				2.0T	8AT	奥迪 Q7 e-tron
	沃尔沃			●				●	2.0T	8AT	XC60-T8
	宝马							●	1.5T	6AT	X1-xDrive25Le
日系	丰田	●							1.8L	ECVT	卡罗拉
	本田			●			●		2.0L	ECVT	CRV
美系	通用	●							2.0T	EVT	凯迪拉克 CT6
中国品牌	比亚迪		●				●	●	2.0T	6DCT	比亚迪唐
	长城		●					●	2.0T	6DCT+2AT	长城 WEY P8
	吉利					●			1.5T	7DCT	领克
	汉腾		●					●	1.8T	6DCT	X7
	长安			●			●	●	1.5T	单级减速	CS75
	广汽			●			●		1.5T	ECVT	传祺 GS4
	上汽			●			●		1.6T	2AT	荣威 eRX5

（三）先进变速箱技术发展趋势

传统自动变速器预计在 2025 年达到应用顶峰，技术升级主要集中在扭矩提升、小型化、轻量化、结构优化、降成本、P1/P2/P2.5/P3/P4 混动拓展等方面。

AT 正在往 8AT、9AT 甚至 10AT 的方向上进化，现有的 6 速 AT 将会被 8 速 AT 取代。但挡位大于 8 速的 AT 类型依旧较少，分别是 ZF 横置 9AT、奔驰纵置 9AT、福特/通用的纵置 9AT、10AT、爱信纵置 10AT 及本田横置 10AT；10AT 主要由通用/福特、雷克萨斯/本田/现代等主流集团合作研发。

CVT 驾驶平顺性较佳且传动效率高，但是其扭矩承载能力较弱。因此，其主要配备于一些扭矩较小的小型乘用车，约束了发展前景。未来随着 CVT 扭矩容量的提升，其有望被配套于更多家用型乘用车中，同时兼容混动技术。

基于传统自动变速器（AT/AMT/DCT/CVT）的附加式混动技术，其最大的优点是可以充分利用现有的内燃机传动系统技术和产品平台，但节油效果难以做到极致，DHT 系统结构更加紧密有效率，并追求综合效率最佳、综合性能最好且兼顾性能的平衡，是目前混动系统构建全速域、全场景、高效能、高性能的最优解决方案，更易于实现模块和控制器集成。

大众、奔驰、宝马、日产、现代等整车企业主要采用 P2 技术方案。而车企的技术路线延续性较强，预计未来以 P2 技术方案为代表的并联结构有望占据主流，以丰田为代表的功率分流有望以成熟的技术占据较大市场份额。如图 10-14 所示为主流整车企业混合动力变速器应用分析。

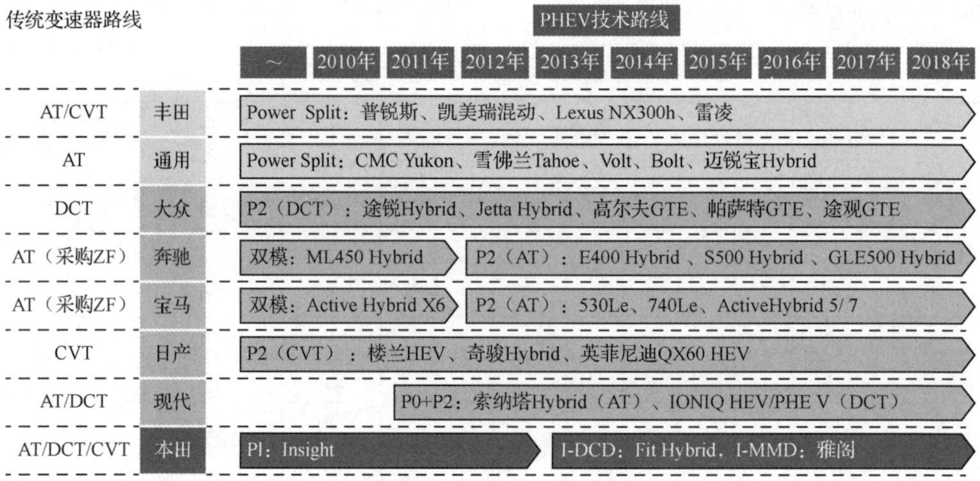

图 10-14　主流整车企业混合动力变速器应用分析

资料来源：前瞻产业研究院

据估计，到 2030 年电动汽车将占中国汽车产量的 80%以上。混合动力汽车始终需要配备 AT、DCT 和 ECVT。变速器仍然是混动汽车必不可少的组件。经过特殊修改后的 AT 和 DCT 才能装配到混动汽车上。ECVT 专利保护期满后，预计 ECVT 的份额将大大提升。在短期内，DCT 的主驱动器前后放置解决方案是比较可行的，但是长期趋势仍是“BSG+DCT”高集合程度的构成，其中电机轴数量为奇数。随着新能源汽车技术的不断发展，零部件集成化设计已经成为必然趋势。通过集成化设计，一方面可以简化主机厂的装配，提高产品合格率和安装维护效率；另一方面，可以减少连接线等部件，达到轻量化、降低成本等目的。此外，目前全球主流纯电动汽车大都采用电机匹配单级减速器的架构，但随着能耗等要求的提升，未来纯电动汽车有望逐步采用多挡变速箱。新能源汽车积分与电耗水平挂钩，车企为了获得更高的新能源汽车积分，必然努力提高整车电耗水平，而采用多挡变速器成本增加但收益明显，未来有望得以广泛应用。

五、怠速启停技术发展与应用情况分析

（一）怠速启停市场发展概述

随着我国乘用车第五阶段油耗标准的实施，汽车企业油耗压力越来越大，在新车型

研发中对燃油经济性的考量将占据越来越重要的位置。混合动力、怠速启停等多项节能技术逐渐被推广应用。在这些技术之中，怠速启停技术是专为传统发动机怠速工况设计的节能减排方案。

工业和信息化部发布的《关于修改〈乘用车企业平均燃料消耗量与新能源汽车积分并行管理办法〉的决定》规定了2020年度企业平均燃料消耗量积分核算中，对标准配置怠速启停系统装置的车型，其燃料消耗量可相应减免一定额度（可累加），其定义的怠速启停系统是指在车辆即将停止或车辆停止且发动机处于怠速状态时，能够自动关闭发动机，并且能够根据驾驶人的操作或车辆需求重新启动发动机的系统。搭载该系统的车型燃料消耗量核算减免额度为0.15L/100km。在一系列政策法规的推动下，越来越多的汽车制造商开始搭载怠速启停技术方案。

作为全球最大的汽车市场，在政策和市场的双重引导下怠速启停技术的应用增长迅速。根据HIS统计的数据显示，自2017年来怠速启停技术装备率不断提高，2020年度我国销售的车辆中49.6%装备了传统12V启停系统，1.9%装备了12V BSG系统，1.9%装备了48V BSG系统，7.4%为电动及其他混合动力系统，39.2%没有装配怠速启停系统（见表10-17）。

表10-17　2017—2020年国内销售车辆装备怠速启停系统的比例

类　　别	2017年	2018年	2019年	2020年
未装备怠速启停	65.3%	54.4%	43.7%	39.2%
传统12V启停	31.8%	40.2	48.9%	49.6%
12V BSG	0%	0%	0.5%	1.9%
48V BSG	0%	0.2%	0.8%	1.9%
电动及其他混动	2.9%	5.2%	6.1%	7.4%

（二）怠速启停技术现状

目前市场上怠速启停功能主要有以下两种技术方案。

（1）分离式起动机和发电机方案（Separated Motor Generator，SMG，传统12V启停，见图10-15），主要是在原车系统上将传统起动机更换为寿命更长、功率更大的增强型起动机，又可称作起动机加强技术。由于采用独立的起动机和发电机，对原车改动最小，系统零件少、安装方便、成本低，是最普遍也是应用最广的技术方案。该技术方案目前主流的供应商是博世、电装、法雷奥。此技术方案硬件采用增强型蓄电池（EFB）或玻璃纤维吸附式蓄电池（AGM）和增强型电机，保证快速启停及耐久功率衰减后仍能正常启动，同时带有怠速启停功能的发动机控制单元（ECU）、电池传感器、轮

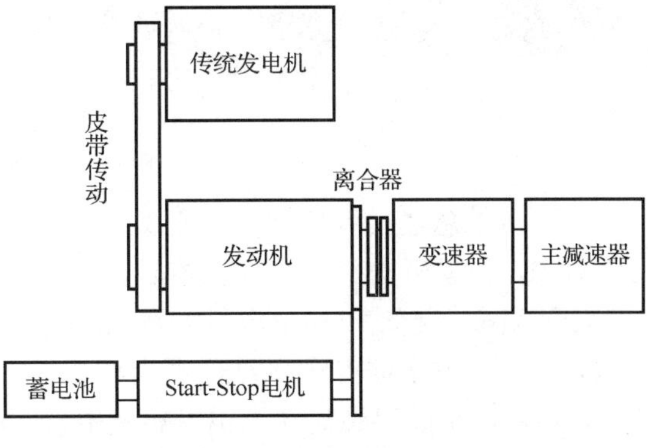

图10-15　分离式起动机和发电机方案

速传感器、双向检测曲轴位置传感器、EL（Efficiency Line）高效发电机。

普通铅酸蓄电池无法承受怠速启停系统的频繁大电流放电，其主要原因是隔板无法让大量的电离子快速通过。因此带有怠速启停系统的车辆需要用增强型蓄电池，用 AGM 超细玻璃纤维棉隔板技术提升电池的连续放电性能，除此之外耐酸性高，吸附电解液更强，从而达到更小的内阻，延长铅酸累蓄电池的寿命；最重要的是其深度放电性能好，允许短时间频繁大电流放电，其与普通蓄电池结构对比如图 10-16 所示。

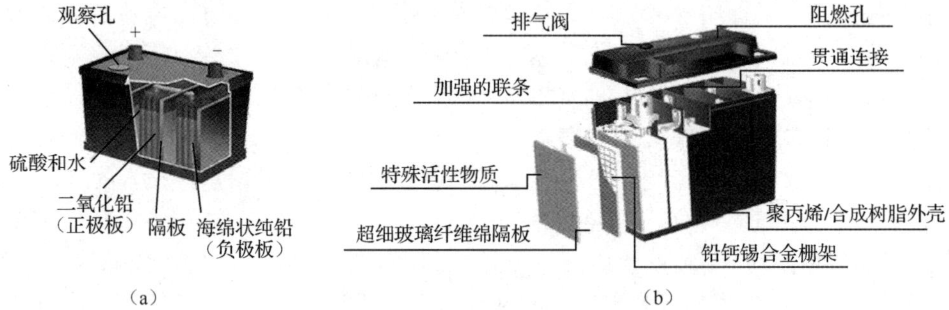

图 10-16　普通蓄电池（a）和 AGM 超细玻璃纤维隔板增强型蓄电池（b）对比

普通起动机与增强型起动机结构差异较大，定子总成、电枢总成、单导向总成、电磁开关总成、刷架总成、减速机构总成等组成部件在设计及性能方面均存在明显差异（见图 10-17）。普通起动机耐久启动次数仅 5 万次，平均拖动转速低，电机功率略小；电机质量轻，为 2.2～2.4kg。增强型起动机耐久次数多达 30 万次，电机功率大，电机重量大，为 2.9～3.2kg。

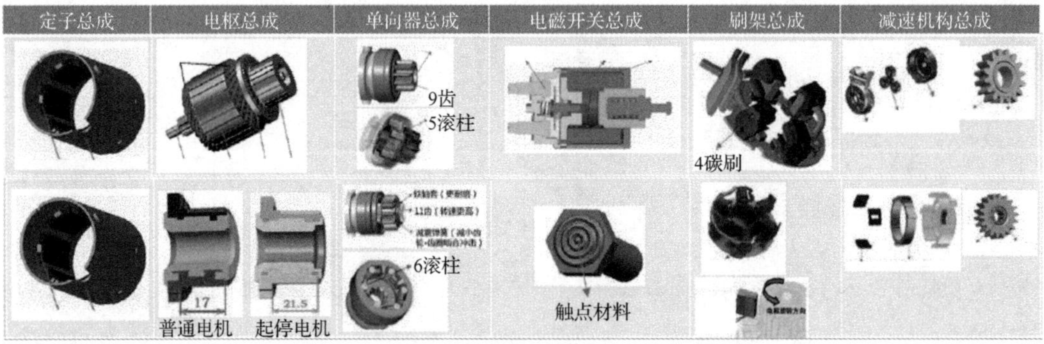

图 10-17　普通起动机和增强型起动机结构对比

除了常规怠速启停功能外，分离式起动机和发电机方案还可以实现停机位置管理、直接启动，以及低速滑行熄火（扩展启停）等功能，进一步拓宽怠速启停工况范围。

（2）集成式起动机和发电机方案（Integrated Motor Generator，IMG，BSG 启停，见图 10-18）。该方案拥有一体式启动/发电机，一般采用 BSG 电机，主流供应商是法雷奥、博世。BSG 电机既可做启动机也可做发电机，因此除了怠速启停它还能够实现发电功能。但为了防止低温启动困难，一般仍然保留传统起动机。BSG 电机一般功率更大、启动速度更快，但需要配置 12V/48V 锂电系统，相较于分离式启动机方案，对整车改动更大、造价更高。此技术方案硬件采用多电池架构，启动/发电机一体机，12V/48V DC/DC 转换器，12V锂离子电池。增加锂离子电池的优势如下：能量回收能力强——可达5kW以上，是铅酸电池的至少5倍；循环寿命长——可达3000次循环，是铅酸电池的10倍；重量轻——更高能量功率密度，轻至铅酸电池的一半。相比分离式起动机和发电机方案优势体现为：更快的怠速启停性能，更好的怠速启停感受，全车速域的滑行熄火，BSG电机加速助力，实现更大的启停工况范围。

目前，国内外对于怠速启停技术的技术路线应用各有不同。欧洲品牌如梅赛德斯-奔驰的旗下产品大量使用48V BSG方案。大众集团奥迪品牌旗下车系普及了12V BSG方案，而大众品牌则仍然采用传统的12V怠速启停方案。日本品牌如丰田在其产品中加入了混合动力配置车型，除此之外的传统动力配置车型上基本全部配备了传统12V启停方案。中国品牌如吉利的领克系列配备传统12V怠速启停方案，吉利品牌旗下产品则根据产品定位不同而分别使用48V BSG方案或12V怠速启停方案。

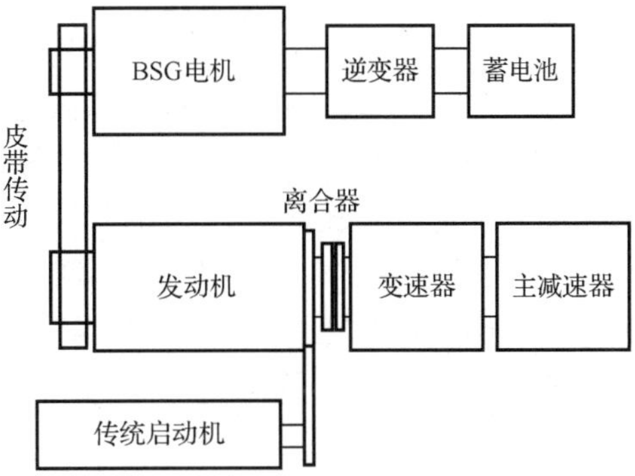

图10-18 集成式起动机和发电机方案

（三）怠速启停技术发展趋势

根据IHS预测数据显示，2020—2023年我国销售车辆装备怠速启停系统的车辆逐年递增，2020—2023年装备BSG怠速启停方案的车辆增幅明显（见图10-19）。预计未来国内销售车型将会具有更高的怠速启停方案装配普及率，并且从传统12V传统系统启停方案大规模装备转向BSG怠速启停方案及深度混合动力方向发展。长期来看，随着电气化产业的不断成熟，12V/48V怠速启停技术的成本将进一步下降，成本已经接近常规机械节能技术，相较于HEV及PHEV车型，12V/48V怠速启停技术车辆在售价上更接近传统燃油车，在减少油耗、降低使用成本的同时，减少消费者付出额外的购车成本，作为全面新能源化前的过渡方案具有一定的市场竞争力。

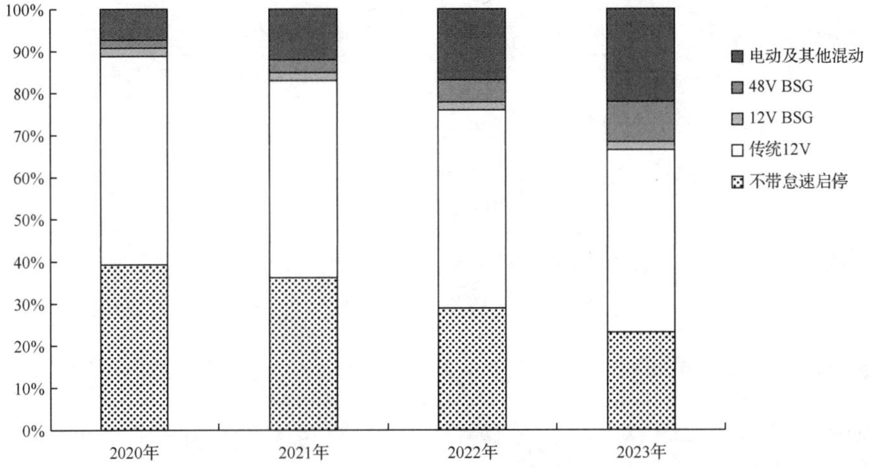

图10-19 2020—2023年国内销售车辆装备怠速启停系统的占比预测

第三节　新型节能技术发展与应用情况分析

一、48V 技术发展与应用情况分析

（一）48V 节能技术发展概述

当前相对于强混 HEV，48V 系统油耗/成本收益率高。自 2011 年奥迪、宝马、戴姆勒、保时捷、大众 5 家欧洲车企联合推出 48V 系统以来，其逐渐成为传统汽车节能减排的重要发展方向。在国内，2020 年“中国节能汽车技术路线图 2.0”将 48V 系统由原来 1.0 版的“电子电器”技术领域调整到“混合动力”技术领域进行研究。近 3 年来，48V 系统的装机量整体处于持续上涨趋势。2020 年，国内 48V 系统车型市场销量为 44.2 万辆，推出 48V 技术主机厂数量达到 18 家，如图 10-20 所示为 2020 年国内 48V 系统车型销量统计情况。

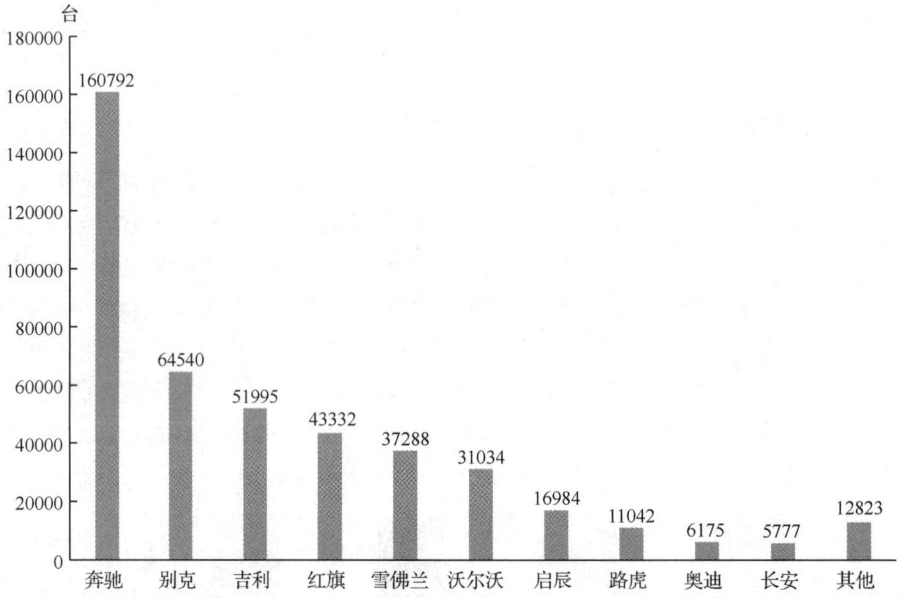

图 10-20　2020 年国内 48V 系统车型销量统计

奔驰和吉利是最早推动 48V 系统量产的企业之一，2020 年奔驰相关销量达到 16 万台，吉利在 5 万台以上，销量超过 1 万台的车企还包括别克、红旗、雪佛兰、沃尔沃、启辰、路虎。2020 年起，沃尔沃对 Drive-E 2.0TD 系列发动机进行了全面升级，48V 作为标配成为新发动机序列的主要特征，且动力序号由 T 系列（增压）升级为 B 系列（BSG）。

（二）48V 节能技术现状

当前各车企量产车型以 P0 为主，如吉利 1.5TD MHEV、奔驰 EQ Boost 48V 轻混系统，综合节油率为 8%～10%。为进一步提升节油率，48V P2 逐渐成为研究热点（见图 10-21）。采用 P2 电机的功率可从 P0 的 10kW 左右提升至 17kW 以上，显著提高内燃

机额外助力，且可实现纯电行驶、纯电空调等，综合油耗改善可提升至 13%～15%，P0 与其他混动组合如 P0+P3、P0+P4 成为重要的发展方向。

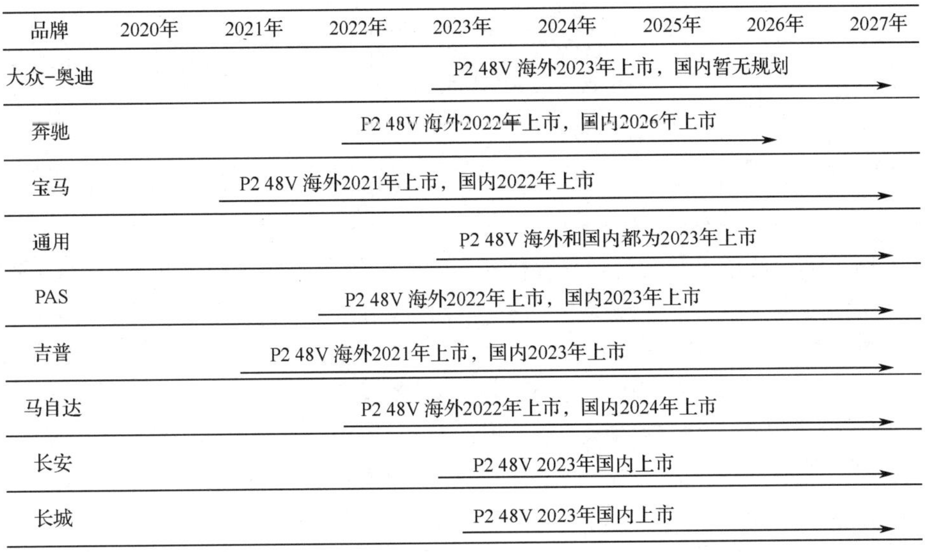

图 10-21　48V P2 架构各厂家开发进展

相比强混，48V 轻混系统（特别是 P0）整机集成难度较小，技术发展主要受相关零部件水平限制，主要由集成电机、动力电池组（锂电池为主）及电压控制器（DC/DC 转换器）这三大件组成。

（1）作为混动系统中主要的能量转换装置，48V 系统中的电机具有成本低、集成度高、形式多样等多个特点。

从电机类型来分，48V 的电机类型有类似传统发电机的爪极式励磁电机、小型化的异步电机、永磁同步电机，以及基于集中绕组的励磁式电机等。爪极式电机从传统发电机继承而来，占据主流市场地位；异步电机占据小部分市场份额，其余电机形式均处于研发及推广阶段。

目前 48V 电机的主要制造商为法雷奥及索恩格（原博世 SG），其产品均为爪极式电机，占据了目前约 80%以上的 48V 电机市场；而异步电机的主要制造商为炜湃科技（原大陆电子）及上海电驱动等制造商，国内部分传统起发电机制造商虽然在参与研发，但均未有量产产品上市（见表 10-18）。

表 10-18　48V 电机的主要制造商及产品信息

厂　商	索恩格	法雷奥	炜湃科技	博格华纳	马瑞利	上海电驱动
电机形式	爪极混合励磁	爪极混合励磁	异步/永磁	爪极混合励磁	异步	异步/永磁
冷却形式	风冷/水冷	风冷/水冷	风冷/水冷	风冷/水冷	水冷	风冷/水冷
电机外阔直径	148mm	166mm	150mm	152mm	190mm	155mm
电机基本长度	168mm	170mm	160mm	160mm	164mm	155mm
定子直径	143mm	144mm	144mm	144mm	139mm	144mm
重量	9.6kg	9.8kg	<10kg	<10kg	19kg	9.5kg

续表

厂　商	索恩格	法雷奥	玮湃科技	博格华纳	马瑞利	上海电驱动
峰值发电功率	12kW	14kW	12kW	12kW	20kW	8kW
持续发电功率	6kW	4kW	4kW	4kW	/	3.5kW
峰值电动功率	10kW	12kW	10kW	10kW	12kW	10kW
持续电动功率	/	4kW	/	/	/	3.5kW
最高转速	18000rpm	18000rpm	20000rpm	18000rpm	18000rpm	18000rpm
峰值效率	87%	83%	/	85%	85%	90%

（2）48V 电池是轻混系统的能量存储装置，可存储回收能量，同时为整车提供辅助动力。48V 电池通常仅包含 1 个或 2 个模组，每个模组由 12～14 节电芯串联而成，整包尺寸较小，布置在后备箱、副驾椅附近或中通道。在电性能方面，48V 电池的一些技术指标相对较高，譬如支持高频持续充放电，充放电倍率达到 20～30C，低温功率支持冷启动等。

第一代 48V 电池为 8～10Ah 产品，室温峰值功率可达 15kW，多用于 48V P0 拓扑车型，采用自然冷却或者主动风冷。主流制造商有万向和博世，均已量产，其中万向采用 LFP-C 体系自研电芯，在 2018 年 3 月搭载吉利博瑞 GE 首次批产，之后陆续应用于上汽通用、沃尔沃、捷豹路虎等主流车企。博世采用 NCM-C 体系电芯，搭载应用的主机厂有玛莎拉蒂、SGM、长城、一汽等。此外，国内威睿主要给吉利供货，骆驼电池在日产启辰星上搭载应用，风帆等厂家产品则还处于开发和预研阶段。随着轻混系统拓扑升级，48V 电池发展方向之一是提升容量。在 P0+P2/P2.5/P3/P4 拓扑中，电池容量需达到 16～20Ah，常温下峰值功率可达 26kW，主要采用液冷，博世和万向的相关产品即将批产；另一个方向是电池一体化集成的代表厂家是奔驰，该产品将 BMS/模组、冷却系统、DC/DC 全部整合为一，DC/DC 和模组共用冷却流道，整包容量为 20Ah，重量约 12.6kg（见表 10-19）。

表 10-19　48V 电池主流产品信息

产品图片	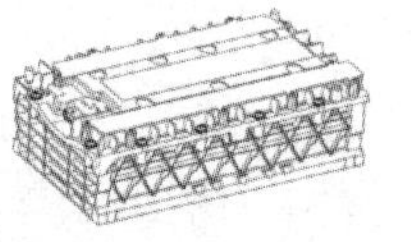	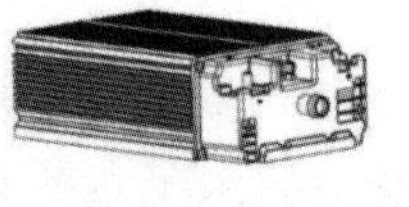	
制造商	博世	万向	奔驰
材料（正/负）	NCM/Graphite	LFP/Graphite	NCM/Graphite*
模组配置	12S1P	14S1P	12S1P
容量/Ah	8	8	20
重量/kg	6	8	12.6

*注：根据电压反馈的材料体系。

（3）48V DC/DC 作为 48V 系统与传统 12V 系统连接的桥梁，实现 48V 和 12V 能量的相互转化，并加入无电池发电模式，即在 48V 电池意外断开后，能从 12V 蓄电池取电来满足 48V BSG 的用电需求，需要 48V DC/DC 能够持续稳定升压。目前，已有国内外多家企业正在研发及生产 48V DC/DC 产品，外资及合资品牌主要有法雷奥、海拉、联电，中国品牌有天邦达、奉天等，具体产品信息如表 10-20 所示。

表 10-20　国内 DC/DC 产品信息

产品图片				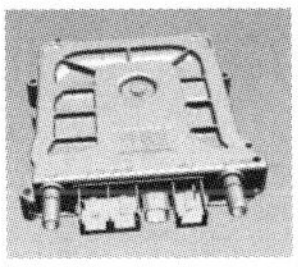		
供应商	法雷奥		联电		海拉	天邦达
重量/g	2480	1840	2100	3000	1700	2400
功率/kW	1.8	3.0	1.8	3.0	1.8	1.8

（三）48V 技术发展趋势

根据 IHS 预测，48V 系统市场占比将逐年递增，到 2028 年市场占比有望超过 10%。目前主流方案为 P0，可与其他方案结合使用。据 IHS 预测，P2 架构在 48V 系统中的市场份额将逐渐增加。随着各车企 48V 车型的普及，未来 3 年内，市场上将会陆续出现集成化程度更高的第二代 48V 系统车型（见图 10-22）。

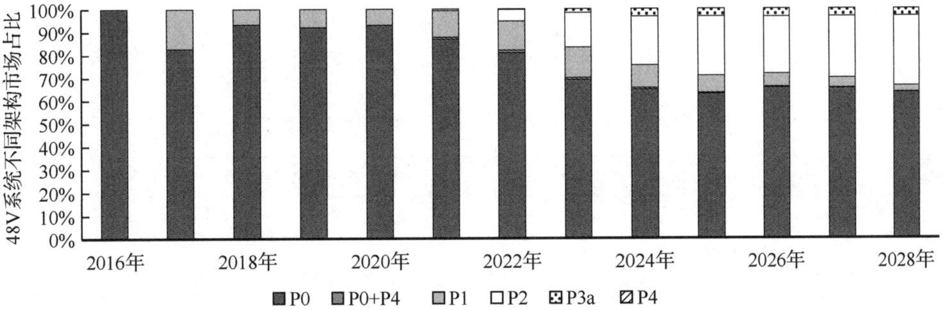

图 10-22　48V 架构销量预测（IHS）

在宏观政策引导及油耗法规趋严、普通燃油车向新能源汽车过渡的时代背景下，发展 48V 轻混具有很大的潜力。而随着更多的中国品牌和合资品牌新车型对技术的应用，48V 轻混在中国的普及化进程不断加快。根据 IHS Markit 的预测，2025 年 48V 轻混系统全球装车辆将达到 1100 万辆，在混动汽车中占据半壁江山；而在中国市场上，随着新能源汽车补贴加速退坡，48V 轻混系统将更早成为混动系统中的主流。

尽管 48V 轻混系统改装方便，但由于 48V/12V 的高压差及功率传输方式的变化，其对电源系统提出了新的挑战，尤其是如何保持与 12V 系统相似的转换效率，在低 EMI 和小尺寸的前提下符合汽车安全完整性等级 ASIL D 的系统级功能安全性，实现 ISO26262 所要求的设计，并具备出色的恶劣条件耐受性。

二、混合动力技术发展与应用情况分析

（一）混合动力技术发展概述

为进一步降低油耗、减少温室气体排放，世界各国及组织严苛的油耗和排放法规及

政策相继出台。各汽车企业纷纷宣布传统纯燃油汽车停售/停产时间表（见表 10-21），并将混合动力汽车和新能源汽车作为未来发展重点，以应对日益严苛的法规要求。2020 年中国汽车工程协会发布的《节能与新能源汽车技术路线图 2.0》中预测，混合动力汽车在 2035 年销量将达到传统节能汽车总销量的 100%。

表 10-21　各品牌/政策企业传统燃油汽车停售/停产时间表

品牌/整车企业	时　间	计　划
戴姆勒	2022 年	停产停售旗下全部传统燃油车
捷豹路虎	2020 年	所有车型将是电动或混动版本
福特（林肯品牌）	2022 年	停售停产所有传统燃油汽车
丰田	2025 年	停止生产纯燃油汽车
大众	2030 年	实现所有车型电动化，传统燃油车彻底停售
长安	2025 年	全面停售传统燃油车
北汽	2025 年	停售除军民两用结合和专用车外所有燃油汽车

2020 年的中国乘用车市场，混合动力车型市场接受程度提高、增速迅猛。受新冠肺炎疫情影响，2020 年中国乘用车市场出现一定的萎缩，全年销量为 2017.8 万辆，较 2019 年降低 5.9%，而混合动力销量则快速增长，2020 年销量为 40.8 万辆，同比增长 38.2%，增幅甚至超过纯电动汽车（2020 年销量同比增长 13.3%，见表 10-22）。

表 10-22　2019—2020 年中国乘用车销量数据对比

年　份	2019 年（万辆）	2020 年（万辆）	涨　幅
乘用车	2144.4	2017.8	−5.9%
纯电动汽车	120.6	136.7	13.3%
混合动力汽车	29.5	40.8	38.2%
插电式混合动力汽车	19.3	20.6	6.7%

数据来源：IHS

受法规政策推动及混合动力汽车的市场接受度提高的影响，混合动力汽车将是各汽车企业的重点发展方向。

（二）混合动力技术现状

从 20 世纪 90 年代开始，混合动力技术就已成为美国、日本、欧洲等各个发达国家和地区汽车企业的研究重点。国内各大自主品牌不甘落后，也储备了混合动力技术。

以丰田为代表的汽车企业主要采用行星齿轮功率分流式混合动力技术（THS）。功率分流式混合动力技术通过行星齿轮调整发动机的动力分配为机械能和电能，让发动机的转速和转矩与整车需求解耦，使其一直工作在油耗和排放最佳的工作区域。丰田 THS 系统由 THS-I 到 THS-IV 已经历四代的演变（THS 系统构型演变过程见表 10-23）。演变的重要原因是驱动电机到轮端速比从 4.113 增加到 10，提高电机转速，降低扭矩需求，减小电机尺寸和成本。当前采用该技术的品牌/整车企业主要有丰田、通用和福特。

表 10-23　丰田 THS 混合动力构型演变历程

	THS-I /THS-II	THS-III	THS-IV
构型	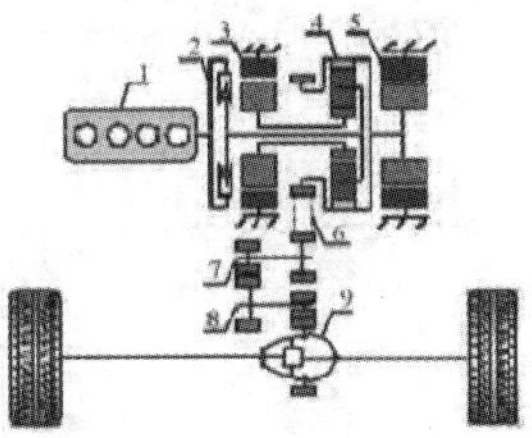	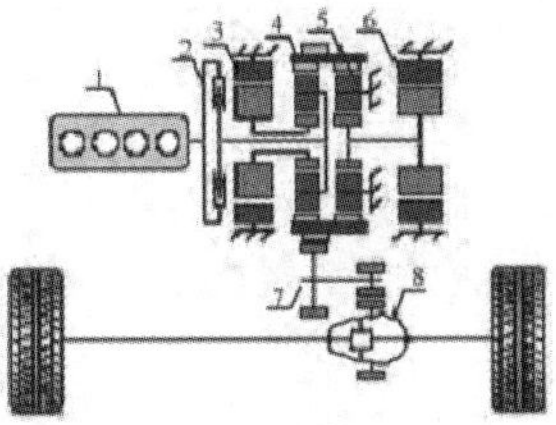	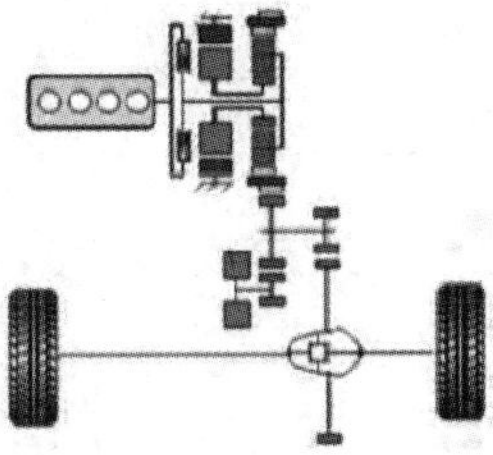
结构	单行星排	双行星排	单行星排
驱动电机到轮端速比	4.113	8.615	10

以大众为代表的汽车企业主要采用单电机 P2 构型的混合动力系统。P2 系统将电机布置在变速器输入轴之前，具有系统集成相对简单、改造成本低，传动效率高及加速性能好等优点。但是由于布置空间小，电机功率受到限制，节油效果有限且需同时开发变速器。目前采用该系统的主要为欧洲汽车企业，如大众、奥迪、戴姆勒等。

中国汽车企业及日本本田主要走串并联混合动力技术路线。串并联混动系统是由离合器、定轴齿轮组组成的双电机系统，动力模式可在纯电、串联驱动和并联驱动间无缝切换（具体工作模式见图 10-23）。该系统可通过串联模式，使发动机的转速、扭矩与整车需求解耦，让发动机一直工作在高效区。串并联混动系统体积小，布置方便，节油效果好。

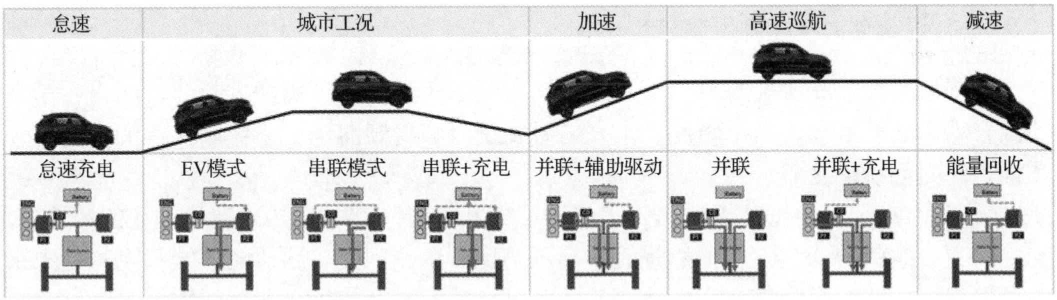

图 10-23　串并联混合动力系统工作模式

单电机 P2 构型的混合动力系统节油潜力低，无法应对未来严苛的油耗法规。行星齿轮功率分流式混合动力技术开发难度大且动力性不佳，市场主流的三种混动系统技术优缺点对比见如表 10-24 所示，结合国内市场需求及企业自身情况，串并联混合动力逐渐成为国内汽车企业主流技术路线。

表 10-24 三种混动系统技术路线优缺点对比

技术路线	功率分流方案	串并联方案	P2
结构	行星齿轮系统+双电机	双电机+定轴齿轮+离合器	在离合器和变速器间增加电机
开发成本	高	高	较高
开发难度	极高	高	较高
空间布置	优	优	布置困难
节油率	高	高	一般
动力性	一般	优	优

当前国内混合动力关键子系统及零部件发展迅速。随着主流技术路线基本确定，各汽车企业的混合动力系统竞争力主要取决于子系统和零部件的技术水平，混合动力技术以降低整车油耗为目标，主要核心零部件包括专用发动机、专用动力耦合机构、高性能电机、电池和控制器等。在专用发动机方面，随着提高压缩比、降摩擦、阿特金森循环、冷 EGR 等技术的运用，当前混合动力专用发动机热效率普遍达到 40%以上。在专用动力耦合机构方面，开发混动专用变速器将电机、机电耦合机构、电机控制器集成化已成为国内汽车企业主流路线。机电耦合机构的行业平均效率达 81%～85%，最高效率达到 97%。在高性能电机方面，随着高密度绕组技术、电机高速化和高效热管理技术的应用，国内电机各项指标已达国际先进水平，持续功率密度达 1.6kW/kg，峰值效率达 97%。在电池方面，当前已开发出的 6A · h 三元锂高功率型电池，质量功率密度大于 4kW/kg，质量能量密度达 108W · h/kg，循环寿命超过 8000 次（2C 充放电）；6A · h 磷酸锂铁高功率型电池的质量功率密度大于 5.6kW/kg，质量能量密度大于 79 W · h/kg，循环寿命超过 20000 次（50%放电深度）；在控制器方面，中国品牌基本已掌握电控系统的自主开发。

（三）混合动力技术发展趋势

在国内相关政策法规的驱动下，混合动力汽车成为未来市场的大趋势。国内各车企的混合动力技术路线基本已确定，未来的研发投入必将倾向于子系统零部件的性能提升和混合动力系统优化。

（1）混合动力专用发动机的热效率将持续提升。预计 2025 年热效率达到 42%～44%，2030 年达到 46%～48%。稀薄燃烧、超高压缩比、余热回收、涂层隔热等技术将是未来的发展重点。随着新能源政策推动，替代燃料发动机也将成为企业关注重点。

（2）电机效率、功率密度、成本、集成化和安全性技术是发展重点。在电机效率和功率密度方面，预计 2025 年功率密度能达到 5.0kW/kg，电机系统超过 80%区域效率达到 90%。在集成化方面，“三合一”甚至“多合一”电驱结构已成技术发展方向。在安全性方面，耐高压电器元件、高效热管理等技术持续发展。

（3）能量/功率密度、降低成本、寿命和安全性已成为电池技术发展的主要矛盾，需从材料技术、工艺和设计三方面实现电池技术的突破，高能量密度正极材料、高密度储锂负极材料、高密度厚电极、新型电解液溶剂和安全性技术是未来的研发重点。

（4）随着自主芯片、自主操作系统等研究与开发，电控系统向智能化/网联化发展。

第四节　总结与展望

2020 年是电动车大发展的元年，也是传统节能汽车发展承上启下的关键时间点。受市场与法规双重驱动，各车企都在加快推动传统动力系统节能技术优化升级，并基于自身的经验积累发展相应的高效发动机、先进变速器、混合动力技术等，以实现进一步节能减排，先进节能技术应用渗透率显著提升。汽车节能环保技术的研发和推广力度加大，推动了国内传统动力和节能技术的研发，实现了汽油直喷技术、先进涡轮增压技术、三缸发动机技术、先进变速器技术、怠速启停技术、混合动力技术及 48V 技术等关键技术的突破及大规模应用，总体而言，国内车企节能技术应用水平与国外先进差距显著缩小。

从传统汽车到混合动力，再到纯电动汽车的转型发展是循序渐进的过程，三大技术路线均衡发展，才能更好地满足市场此消彼长的趋势。未来 5～10 年，基于内燃机的汽车仍将占据汽车产品的重要份额，推广混合动力与先进节能技术在节能汽车上的应用，是我国汽车产业降低能源消耗、减轻环境污染、实现能源安全的重要保障，也是实现交通领域 2030“碳达峰”的关键。

Part 6　商用车篇

第十一章　2020 年中国商用车市场及趋势分析

胡葳，周坤，丁浩轩*

摘要：本章围绕 2020 年中国商用车生产情况，对商用车整体及细分客车、货车市场产量的车型结构、燃料类型、竞争格局等多方面表现入手，深入分析 2020 年中国商用车生产运行特征，预判商用车市场发展趋势。2020 年中国商用车产量呈现整体规模大、增长高，货车增长、客车下滑，以及传统能源增长、新能源下滑等特征。

关键词：货车；客车；生产运行；趋势预判。

第一节　2020 年中国商用车生产运行特征

一、2020 年中国商用车产量规模达到历史高位

随着中国经济结构调整，经济总量逐步提升，商用车作为特殊的生产资料与生产工具在国民经济发展中扮演着重要角色，市场需求规模提升拉动商用车生产规模持续扩大，产能逐步增长。2016 年以来，在经济发展、GB1589 标准等系列法规推动下，商用车生产规模大幅提升，年均生产规模达到 400 万辆左右，如图 11-1 所示。2020 年，老旧车淘汰、集中治超、按轴收费等政策叠加疫情抑制需求释放，形成杠杆效应，撬动商用车生产规模达到 483.2 万辆，同比增长 18.6%，企业产能利用率大幅提升。

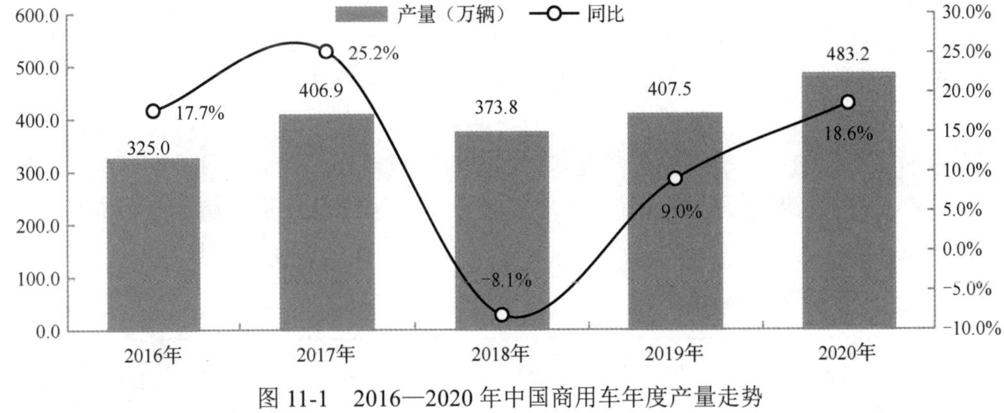

图 11-1　2016—2020 年中国商用车年度产量走势

数据来源：机动车出厂合格证

注：本章商用车仅包括 G50 分类的货车、客车、专用车，并根据行业需求进行车类分类。

---

* 胡葳，工业和信息化部装备工业发展中心数据管理处工程师；周坤，中国汽车技术研究中心有限公司中汽数据有限公司工程师；丁浩轩，中国汽车技术研究中心有限公司中汽数据有限公司工程师。

二、2020 年中国商用车产量总体呈现“前低后高”特征

2020 年中国商用车市场受新冠肺炎疫情影响，月度产量走势表现较往年有所异常。整体呈现“上半年低、下半年高”的走势。上半年受疫情影响，企业复工复产缓慢，产量在 3 月后逐步恢复，4 月以后产量持续走高，积压产能快速释放，明显高于 2019 年同期水平。如图 11-2 所示。

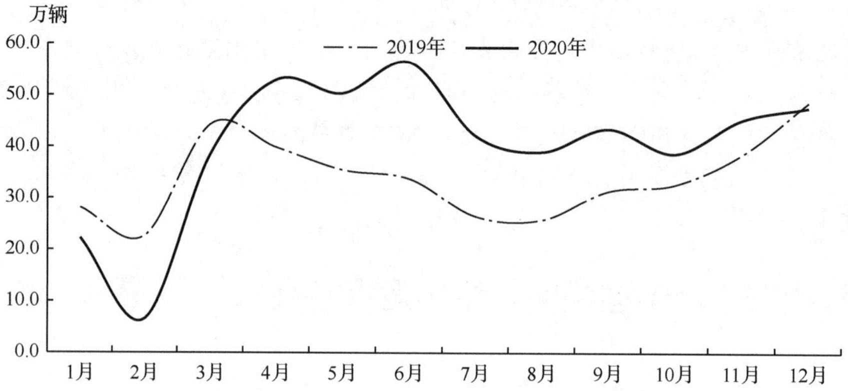

图 11-2　2020 年中国商用车月度产量变化

数据来源：机动车出厂合格证

三、2020 年中国货车产量增长，客车产量下滑

从 2020 年生产的主要车型来看，中国货车产量为 445.0 万辆，同比增长 20.6%，占商用车比重为 90.6%，占比增长 1.5 个百分点；客车产量为 38.2 万辆，同比下滑 0.6%，占商用车比重为 9.4%，占比下滑 1.5 个百分点，如表 11-1 所示。一方面，受新冠肺炎疫情影响，客运量大幅下滑，地方财政收支偏紧，公交、客运、公务车辆需求减弱，客车产量有所下滑。客车各车型中，仅轻客在卫生医疗用车和物流车需求拉动下，产量及占比有所提升，大中客市场产量低迷。另一方面，疫情带动居民生活和消费方式向线上迁移，治超和存量更新政策加码，推动货运市场快速发展，货车产量实现增长。尤其是中重型货车，产量规模及市场贡献度均大幅提升。客车下滑、货车增长成为 2020 年中国商用车市场主要生产特征之一。

表 11-1　2020 年中国商用车各车型产量情况

分　类	细分车型	2020 年产量（万辆）	同比增幅	占　比	占比变化
货车	微型货车	6.9	208.1%	0.6%	0.9%
	轻型货车	263.5	15.3%	61.9%	−2.7%
	中型货车	11.1	−4.9%	3.2%	−0.7%
	重型货车	163.5	29.1%	34.3%	2.4%
	货车合计	445.0	20.6%	90.6%（商用车）	1.5%

续表

分 类	细分车型	2020 年产量（万辆）	同比增幅	占 比	占比变化
客车	轻型客车	29.8	12.0%	69.2%	8.8%
	中型客车	4.1	-32.0%	15.7%	-4.9%
	大型客车	4.3	-26.1%	15.1%	-3.9%
	客车合计	38.2	-0.6%	9.4%（商用车）	-1.5%

数据来源：机动车出厂合格证

四、传统能源车型为主，新能源车型结构性下滑

2020 年，中国商用车生产车型仍以传统能源为主，产量同比增长 19.9%，占商用车整体产量的 94.7%。其中柴油车产量为 324.9 万辆，同比增长 26.7%，在传统能源车型中占比为 71.0%，在老旧车淘汰及置换、治超等政策推动下，占比增加 3.8 个百分点；汽油车产量为 132.0 万辆，同比增长 8.5%，在传统能源车型中占比为 28.9%，占比下降 3.0 个百分点。清洁能源车产量为 15.9 万辆，在油价下跌带动下天然气价格持续下行，推动天然气车产量持续增长，如表 11-2 所示。

表 11-2 2020 年中国商用车各燃料类型产量情况

分 类	燃料种类	2020 年产量（万辆）	同比增幅	占 比	占比变化
传统能源	柴油	324.9	26.7%	71.0%	3.8%
	汽油	132.0	8.5%	28.9%	-3.0%
	混合动力	0.7	-79.9%	0.2%	-0.8%
	小计	457.7	19.9%	94.7%	1.0%
清洁能源	天然气	15.9	17.4%	3.3%	0.0%
新能源	纯电动	9.0	-20.6%	93.9%	0.9%
	插电式混合动力	0.4	-20.5%	4.6%	0.0%
	燃料电池	0.1	-51.9%	1.5%	-1.0%
	小计	9.6	-21.4%	2.0%	-1.0%

数据来源：机动车出厂合格证

2020 年，中国新能源商用车市场持续低迷，逐步退坡的财政补贴转向运营支持，但受限于技术和应用场景，在商用车市场仍未发挥出明显作用，新能源商用车市场仍具备广阔的发展空间。2020 年，新能源商用车产量为 9.6 万辆，同比下滑 21.4%，占商用车产量的 2.0%，占比同比下滑 1.0 个百分点。其中，纯电动商用车在续驶里程、应用场景、企业产品布局等方面的突破下，对市场贡献率有所提升，燃料电池商用车仍处于发展初期。

第二节　2020 年中国货车生产运行特征

一、2020 年中国货车生产运行特征概述

（一）货车 2020 年月度产量走势特征

2020 年，货车累计生产 445.0 万辆，同比增长 20.6%。2 月受疫情影响，生产经营活动停滞，产量大幅下滑。随着疫情逐步得到有效防控，企业复工复产稳步推进，为促进经济回升，国家及各地方政府一方面加大基建投资力度，加快项目开工建设，另外一方面，通过消费补贴等形式促进居民消费，带动工程及物流用车需求，货车市场需求回升，产量稳步增长。如图 11-3 所示。

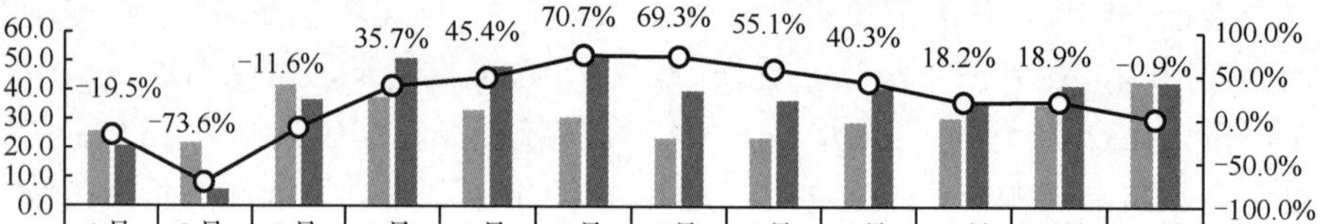

	1月	2月	3月	4月	5月	6月	7月	8月	9月	10月	11月	12月
2019年	25.2	21.4	40.9	36.8	32.5	30.2	23.1	23.3	28.6	30.0	34.6	42.6
2020年	20.3	5.6	36.1	50.0	47.3	51.5	39.2	36.1	40.1	35.5	41.1	42.2
增长率	-19.5%	-73.6%	-11.6%	35.7%	45.4%	70.7%	69.3%	55.1%	40.3%	18.2%	18.9%	-0.9%

2019年（万辆）　2020年（万辆）　增长率

图 11-3　2020 年货车月度产量走势

数据来源：机动车出厂合格证

（二）中重型货车同比增幅较大，比重提升

从车辆类别来看，2020 年中重型货车累计产量为 174.6 万辆，创历史新高，同比增长 26.2%，占货车总量的 39.2%，较 2019 年提升 1.8 个百分点。轻型货车累计产量为 270.4 万辆，同比增长 17.2%，增幅小于中重型货车，比重为 60.8%。如表 11-3 所示。

表 11-3　2020 年货车产量车辆类别结构

车 辆 类 别	2019 年产量（万辆）	2020 年产量（万辆）	同 比 增 幅	2020 年比重	占 比 变 化
中重型货车	138.3	174.6	26.2%	39.2%	1.8%
轻型货车	230.8	270.4	17.2%	60.8%	-1.8%
合计	369.1	445.0	20.6%	100.0%	0.0%

数据来源：机动车出厂合格证

注：中重型货车指总质量>6t 的货车，轻型货车指总质量≤6t 的货车，以下分析均采用此分类。

（三）货车产量以传统能源为主，新能源车型产量下滑

从燃料类型来看，2020 年货车产量仍以传统能源车为主，累计产量约 426.9 万辆，同比增长 20.9%，占货车总量的比例高达 95.9%。受补贴退坡影响，2020 年新能源货车累计产量约 2.3 万辆，同比下滑 14.3%，占货车总量的 0.5%。清洁能源货车主要以天然气牵引车为主，在牵引车需求大增及气价低位运行等因素影响下，2020 年产量达到 15.8 万辆，同比增长 18.7%。如表 11-4 所示。

表 11-4　2020 年货车产量燃料类型结构

分　类	燃料种类	2019 年产量（辆）	2020 年产量（辆）	同比增幅	2020 年比重	占比变化
传统能源	柴油	2356529	3009967	27.7%	67.6%	3.8%
	汽油	1174747	1259106	7.2%	28.3%	-3.5%
	小计	3531276	4269073	20.9%	95.9%	0.3%
新能源	纯电动	24552	22195	-9.6%	0.5%	-0.2%
	插电式混合动力	237	311	31.2%	0.0%	0.0%
	燃料电池	1683	169	-90.0%	0.0%	0.0%
	小计	26472	22675	-14.3%	0.5%	-0.2%
清洁能源	天然气	133222	158103	18.7%	3.6%	-0.1%
	其他	64	47	-26.6%	0.0%	0.0%
	小计	133286	158150	18.7%	3.6%	-0.1%
总计		3691034	4449898	20.6%	100.0%	0.0%

数据来源：机动车出厂合格证

二、2020 年中国中重型货车生产运行特征

（一）中重型货车 2020 年月度产量走势特征

2 月受疫情影响，工厂停工停产，中重型货车产量大幅下滑，随着国内疫情逐步得到控制，生产经营活动稳步恢复正常，商用车产能得到恢复。在需求端，国家及各地方政府加大基建项目投资，项目开工建设速度加快，拉动工程类车辆需求，政府联合企业通过消费补贴等形式鼓励居民消费，拉动物流市场需求。同时，“国三”排放标准车辆淘汰及治超政策促进老旧车及不合规车辆的淘汰更新，中重型货车产量稳步增长。如图 11-4 所示。

（二）牵引车占较大比重，牵引车、载货车增幅较高

从功能用途来看，2020 年牵引车累计产量为 78.5 万辆，同比增长 39.2%，占比为 45.0%；载货车累计产量为 28.4 万辆，同比增长 41.7%，占比为 16.3%，自卸车累计产量为 26.7 万辆，同比增长 25.9%。如图 11-5 所示。

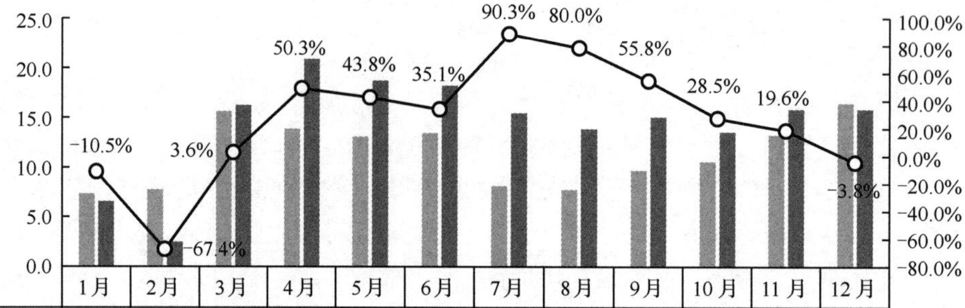

	1月	2月	3月	4月	5月	6月	7月	8月	9月	10月	11月	12月
2019 年	7.4	7.8	15.8	14.0	13.2	13.6	8.2	7.8	9.8	10.7	13.4	16.6
2020 年	6.6	2.5	16.4	21.1	18.9	18.4	15.6	14.0	15.2	13.7	16.0	16.0
增长率	-10.5%	-67.4%	3.6%	50.3%	43.8%	35.1%	90.3%	80.0%	55.8%	28.5%	19.6%	-3.8%

2019年（万辆） 2020年（万辆） 增长率

图 11-4　2020 年中重型货车月度产量走势

数据来源：机动车出厂合格证

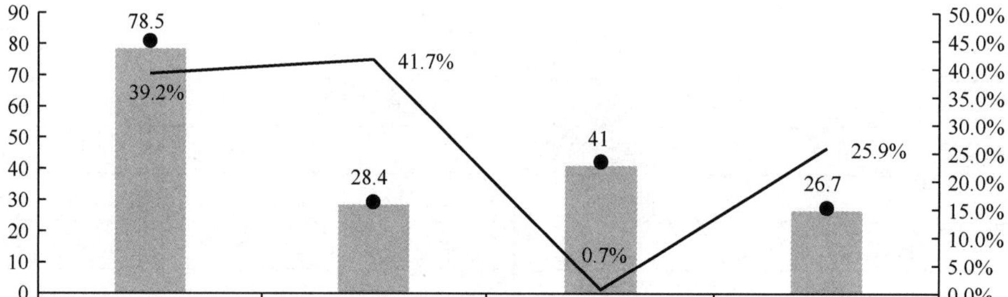

	牵引车	载货车	专用车	自卸车
产量	78.5	28.4	41	26.7
比重	45.0%	16.3%	23.5%	15.3%
同比	39.2%	41.7%	0.7%	25.9%

产量（万辆） 比重 同比

图 11-5　2020 年中重型货车产量分功能用途结构走势

数据来源：机动车出厂合格证

（三）以柴油车为主，其次为天然气汽车，新能源比重较小

从燃料类型来看，中重型货车以柴油车为主，2020 年累计产量为 159.3 万辆，同比增长 27.9%，占比为 91.2%。新能源汽车受补贴下滑影响，2020 年累计产量为 4289 辆，同比下滑 47.1%，仅占 0.3%。天然气汽车 2020 年累计产量为 14.9 万辆，同比增长 14.6%，占比为 8.5%。如表 11-5 所示。

表 11-5 2020 年中重型货车产量燃料类型结构

分 类	燃料种类	2019 年产量（辆）	2020 年产量（辆）	同比增幅	2020 年比重	占比变化
传统能源	柴油	1245432	1593108	27.9%	91.2%	1.2%
	小计	1245432	1593112	27.9%	91.3%	1.2%
新能源	纯电动	6419	4078	-36.5%	0.2%	-0.2%
	插电式混合动力	净增长	42	净增长	0.0%	0.0%
	燃料电池	1683	169	-90.0%	0.0%	-0.1%
	小计	8102	4289	-47.1%	0.3%	-0.3%
清洁能源	天然气	129659	148527	14.6%	8.5%	-0.9%
	其他	64	42	-34.4%	0.0%	0.0%
	小计	129723	148569	14.5%	8.5%	-0.9%
总计		1383257	1745970	26.2%	100.0%	0.0%

数据来源：机动车出厂合格证

（四）受“按轴收费”影响，牵引车、载货车短轴产品增幅较大

从驱动形式来看，牵引车产量以 6×4 为主，2020 年累计产量为 74.2 万辆，同比增长 36.1%，占比为 94.5%。受“按轴收费”政策实施影响，4×2 车型产量同比增幅较大，2020 年产量为 4.2 万辆，同比增长 151.8%。载货车产量以 4×2 产品为主，2020 年产量为 19.6 万辆，同比增长 47.0%，占比为 69.0%。自卸车以 8×4 产品为主，2020 年产量为 14.0 万辆，同比增长 20.8%，占比为 52.2%。如表 11-6 所示。

表 11-6 2020 年中重型货车产量驱动形式结构

牵引车				载货车				自卸车			
驱动形式	产量（万辆）	同比增幅	比重	驱动形式	产量（万辆）	同比增幅	比重	驱动形式	产量（万辆）	同比增幅	比重
6×4	74.2	36.1%	94.5%	4×2	19.6	47.0%	69.0%	8×4	14.0	20.8%	52.2%
4×2	4.2	151.8%	5.4%	6×2	5.0	40.6%	17.5%	4×2	4.8	23.8%	18.1%
6×2	0.1	-56.5%	0.1%	8×4	3.4	14.4%	12.0%	6×4	4.3	23.6%	16.1%
其他	0.0	-7.4%	0.0%	其他	0.4	117.1%	1.6%	其他	3.6	58.4%	13.6%

数据来源：机动车出厂合格证

（五）中重型货车呈现大马力化趋势

从动力结构来看，中重型货车马力段集中在 400～500 马力。受物流运输高效化发展趋势影响，中重型货车呈现大马力化趋势，2020 年。450～500 马力段产品产量为 36.2 万辆，同比增长 168.7%，500 马力以上产品产量为 14.6 万辆，同比增长 22.7%，增幅较大，如图 11-6 所示。

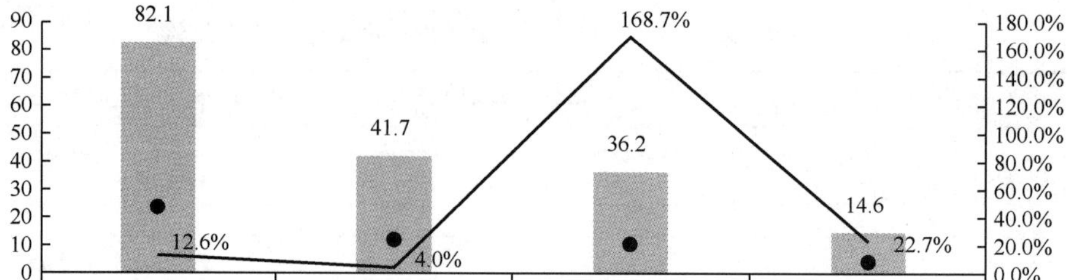

	PS＜400	400≤PS＜450	450≤PS＜500	PS≥500
产量（万辆）	82.1	41.7	36.2	14.6
比重	47.0%	23.9%	20.8%	8.4%
同比	12.6%	4.0%	168.7%	22.7%

产量（万辆） ● 比重 —— 同比

图 11-6 2020 年中重型货车产量分马力段结构走势

数据来源：机动车出厂合格证

（六）TOP10 企业市场集中度提升，一汽位列第一

2020 年中重型货车 TOP10 企业合计产量约 139.6 万辆，同比增长 32.9%，合计占比为 80.0%，较 2019 年提升 4.0 个百分点。其中，一汽集团产量约 35.8 万辆，同比增长 20.5%，占比为 20.5%，位居产业第一名。中国重汽产量约 23.7 万辆，同比增长 102.9%，占比为 13.6%，较 2019 年提升 5.1 个百分点，提升幅度较大，如表 11-7 所示。

表 11-7 2020 年中重型货车生产企业结构

企业名称	产量（辆）	同比增幅	比重	占比变化
一汽集团	357979	20.5%	20.5%	-1.0%
中国重汽	236815	102.9%	13.6%	5.1%
东风汽车	186326	17.9%	10.7%	-0.8%
陕汽集团	167013	21.1%	9.6%	-0.4%
北汽福田	166573	33.1%	9.5%	0.5%
东风柳汽	77708	43.5%	4.5%	0.5%
上汽红岩	57761	13.1%	3.3%	-0.4%
江淮汽车	53775	31.2%	3.1%	0.1%
中联重科	48157	26.5%	2.8%	0.0%
三一汽车	44051	42.1%	2.5%	0.3%
合计	1396158	32.9%	80.0%	4.0%
其他	349812	5.0%	20.0%	-4.0%

数据来源：机动车出厂合格证

三、2020 年中国轻型货车生产运行特征

（一）轻型货车 2020 年月度产量走势特征

2020 年，轻型货车市场累计生产 225.5 万辆，同比增长 17.5%。2 月受疫情影响，轻型货车产量大幅下滑。随着疫情得到有效防控，企业复工复产稳步推进，政府在民生消费方面的政策持续深化，进一步盘活经济，促进物流业发展，拉动轻型货车需求增长。同时，治超和环保政策持续推进带来的运力补充和换购需求，也对轻型货车市场形成重要支撑，产量稳步回升。如图 11-7 所示。

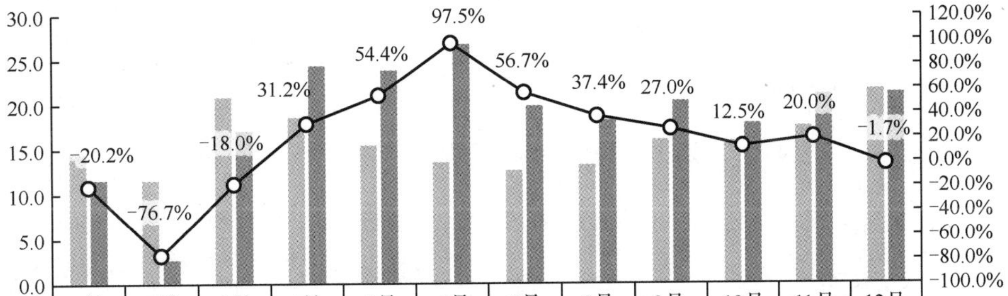

	1月	2月	3月	4月	5月	6月	7月	8月	9月	10月	11月	12月
2019年	14.6	11.6	20.9	18.6	15.5	13.6	12.7	13.3	16.1	15.9	17.6	21.7
2020年	11.6	2.7	17.1	24.4	23.9	26.8	19.9	18.2	20.4	17.9	21.1	21.3
增长率	-20.2%	-76.7%	-18.0%	31.2%	54.4%	97.5%	56.7%	37.4%	27.0%	12.5%	20.0%	-1.7%

2019年（万辆）　2020年（万辆）　增长率

图 11-7　2020 年轻型货车月度产量及增长率

数据来源：机动车出厂合格证

（二）网购需求增长拉动载货车产量走高

从功能用途结构来看，2020 年生产的轻型货车主要以载货车为主，如表 11-8 所示，累计生产 195.9 万辆，同比增长 18.9%，占比为 86.9%，较 2019 年增长 1.0 个百分点。尤其是后疫情时代的网络购物需求增长，用于绿通、快递运输的通用厢式车、仓栅车比重增长明显。

表 11-8　轻型货车功能用途结构

功 能 用 途	2019 年产量（万辆）	2020 年产量（万辆）	同 比 增 幅	2020 年比重	占 比 变 化
载货车	164.8	195.9	18.9%	86.9%	1.0
栏板车	100.1	110.9	10.8%	49.2%	-3.0
通用厢式车	39.5	49.5	25.5%	22.0%	1.4
仓栅车	25.2	35.4	40.6%	15.7%	2.6
专用车	12.8	15.0	17.6%	6.7%	0.0

续表

功能用途	2019 年产量（万辆）	2020 年产量（万辆）	同比增幅	2020 年比重	占比变化
冷保车	3.3	5.2	57.6%	2.3%	0.6
垃圾车	2.2	2.0	-12.7%	0.9%	-0.3
清障车	0.8	1.6	89.1%	0.7%	0.3
服务车	1.9	1.4	-29.0%	0.6%	-0.4
平板车	1.0	0.8	-20.6%	0.4%	-0.2
其他	3.4	4.0	18.8%	1.8%	0.0
自卸车	14.4	14.6	1.1%	6.5%	-1.0
合计	192.0	225.5	17.5%	100.0%	0.0

数据来源：机动车出厂合格证

（三）传统燃料汽车为主，新能源产量下滑

2020 年，中国轻型货车市场需求依然以传统燃料汽车为主，如图 11-8 所示，传统燃料汽车产量占比为 98.8%，累计生产 222.8 万辆，同比增长 17.3%。新能源汽车产量占比为 0.8%，累计生产 1.7 万辆，同比小幅增长 0.3%，以纯电动车型为主。清洁能源占比为 0.4%，主要是天然气车型，累计生产 1.0 万辆，同比增长 168.8%。近年来，新能源补贴持续退坡、各地路权政策不断扩大，新能源物流车市场需求逐步由政策主导回归市场主导，但由于市场需求和使用场景受限，产量短期内难有较大突破。

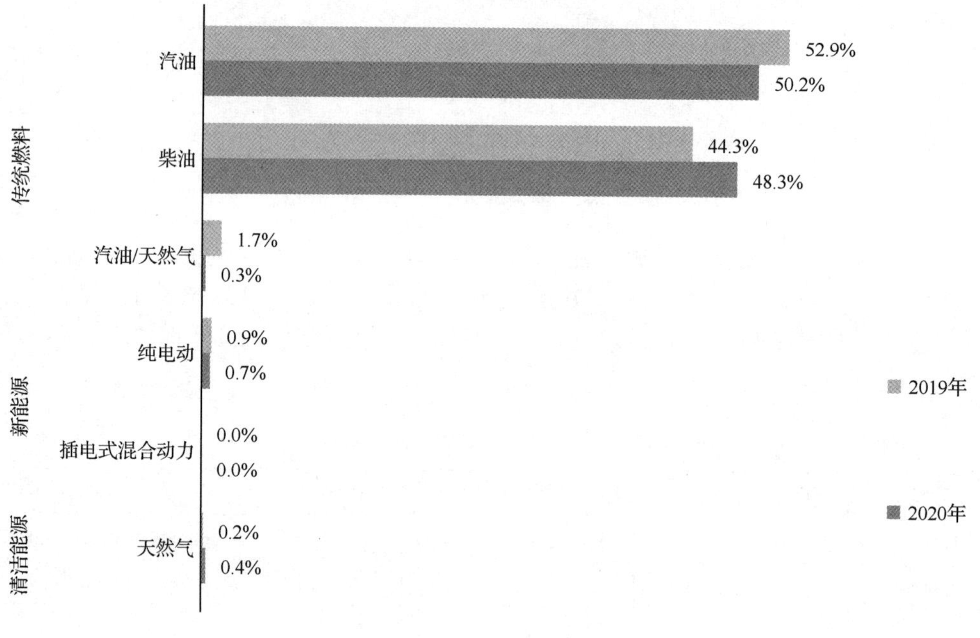

图 11-8　2020 年轻型货车燃料类型结构

数据来源：机动车出厂合格证

（四）“国六”排放产品占比稳步提高

2020 年“国六”排放标准的轻微型货车累计生产 113.5 万辆，占比为 50.3%。《重型柴油车污染物排放限值及测量方法（中国第六阶段）》对“国六”排放标准的实施时间点进行了限定，自 2021 年 7 月 1 日起，所有生产、进口、销售和注册登记的重型柴油车应符合“国六”排放标准。随着全面实施“国六”排放日益临近，企业加快“国六”产品的生产和投放，“国六”产品的占比逐步走高，如图 11-9 所示，2020 年 12 月份其产量比重达到 62.3%。

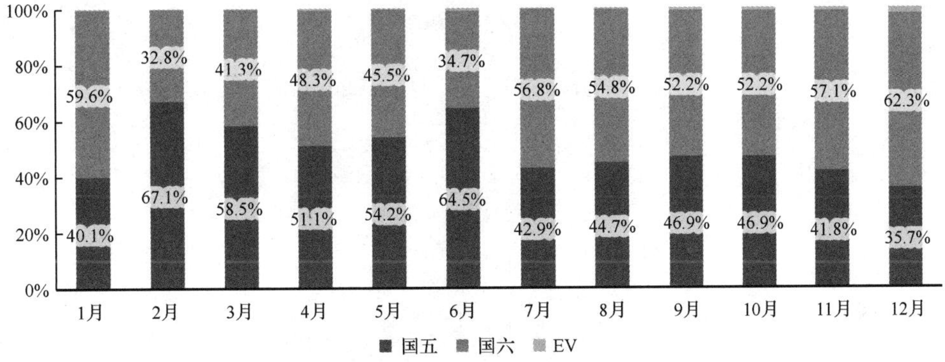

图 11-9　2020 年轻微型货车排放结构

数据来源：机动车出厂合格证

（五）重载“蓝牌”轻卡受限，产量持续下滑

2020 年，重载“蓝牌”轻卡累计生产 4.0 万辆，同比下滑 71.1%，占“蓝牌轻”卡总量的比重为 1.8%，较 2019 年下滑 5.4 个百分点。自 2019 年“5.21 大吨小标”事件后，相关部门强化车辆上牌环节和年检环节的监管，不断推进“蓝牌”轻卡的源头治超、路面治超措施，重载“蓝牌”轻卡需求大幅萎缩。如图 11-10 所示，2020 年重载“蓝牌”轻卡月产量逐步下滑，12 月仅为 1745 辆。

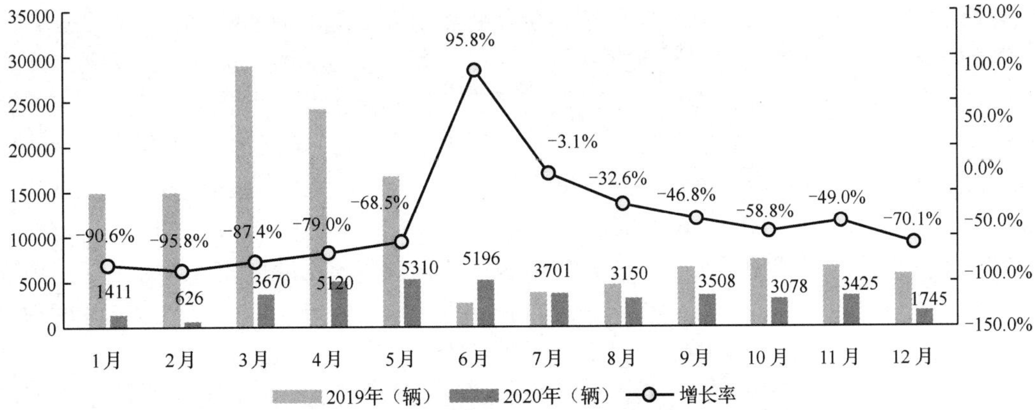

图 11-10　2020 年中重载“蓝牌”轻卡月度产量走势

数据来源：机动车出厂合格证

注：重载蓝牌轻卡指轴距为 3200～3600mm、货厢宽大于 2100mm、发动机排量小于 3L 的“蓝牌”轻卡。

（六）轻型货车企业集中度进一步提升

2020 年，轻型货车 TOP10 企业合计生产 178.0 万辆，市场份额为 79.0%，较 2019 年提升 4.7 个百分点，市场集中度进一步提升。如图 11-11 所示，其中上汽通用五菱以 18.6%的市场份额位居首位，北汽福田和长安分列第二、三位，市场份额均超过 10%，三者合计份额为 45.7%。

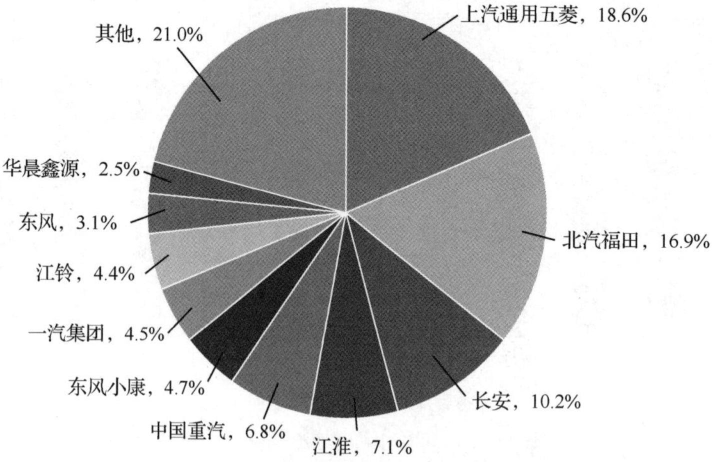

图 11-11　2020 年 TOP10 企业份额结构

数据来源：机动车出厂合格证

四、2020 年中国皮卡生产运行特征

（一）皮卡 2020 年月度产量走势特征

2020 年，中国皮卡市场在政策和需求拉动下实现逆势增长，全年生产 44.9 万辆，同比增长 15.7%。逐月来看，2020 年以来，全社会集中力量进行疫情防控，多数企业减产或停产，皮卡产量处于较低水平。尤其是在疫情最为严峻的 2 月，如图 11-12 所示，当月产量仅为 3977 辆，同比下行 79.9%。随着疫情逐渐得到控制，得益于皮卡的生产资料属性，皮卡需求在疫情稳定后率先恢复增长。复工复产的深入推进，皮卡生产企业加快排班排产，保障需求供应，第二三季度分别生产 15.2 万辆、12.0 万辆，分别实现 37.8%和 66.7%的同比增长。其中，6 月实现了单月最高产量约 6.3 万辆，同比增长 111.6%。随着“地摊经济”模式的推广以及放开皮卡进城政策效用的逐渐释放，皮卡的使用场景和需求范围进一步拓展。长城、江淮等皮卡企业纷纷推出新产品，提升产量，深度满足市场需求，实现以需求带动供给、以供给促进需求的动态循环，拉动皮卡市场产量的稳定增长。第四季度皮卡基数的不断提升，仍能实现皮卡产量的稳定增长，单季度生产皮卡约 12.7 万辆，同比增长 12.5%。

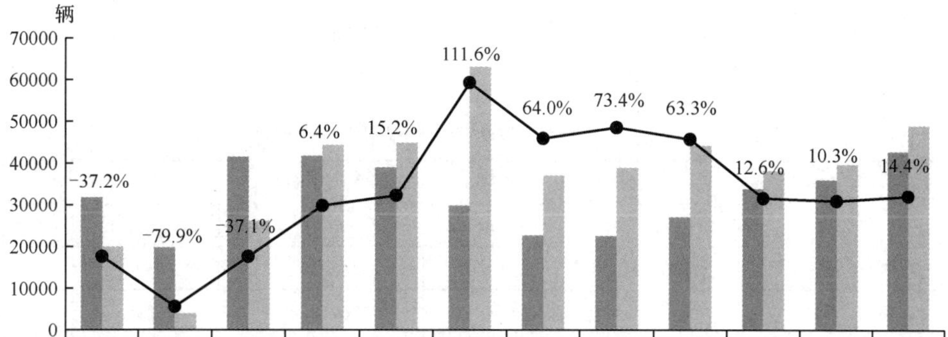

	1月	2月	3月	4月	5月	6月	7月	8月	9月	10月	11月	12月
2019年	31700	19765	41520	41728	38989	29788	22617	22469	27080	33842	35976	42773
2020年	19917	3977	26127	44382	44913	63020	37100	38955	44225	38117	39684	48915
同比	-37.2%	-79.9%	-37.1%	6.4%	15.2%	111.6%	64.0%	73.4%	63.3%	12.6%	10.3%	14.4%

图 11-12　2019—2020 年皮卡市场月度产量走势

数据来源：机动车出厂合格证

（二）物流运输和“地摊经济”的发展拉动皮卡载货车市场

从功能用途结构上看，如图 11-13 所示，载货车是皮卡市场的主流产品，2020 年合计生产载货车共计 44.4 万辆，同比上涨 16.1%，占皮卡总产量的 98.9%，相比 2019 年提升了 0.3 个百分点。专用车产量共计 4987 辆，同比下滑 8.7%，占皮卡总产量的 1.1%。载货车占比进一步提升或受到“地摊经济”及疫情加速物流行业发展拉动；专用车占比小幅下滑，主要是疫情导致部分企业经济活动活跃度下行，工程车和作业车需求减少。

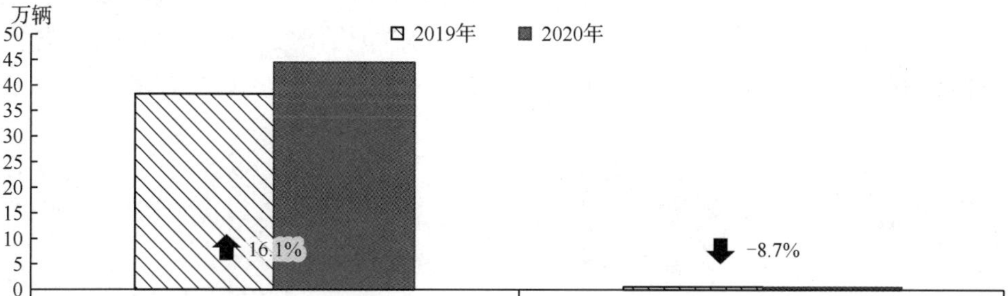

	载货车	专用车
2019	382783	5464
2020	444345	4987

图 11-13　2020 年皮卡功能用途结构

数据来源：机动车出厂合格证

（三）需求驱动下，柴油皮卡占据市场主流

从燃料类型结构上看，如表 11-9 所示，传统能源皮卡始终是皮卡市场的主流产品，2020 年传统能源汽车产量占全部皮卡产量的 99.7%，同比提升 0.1 个百分点。具体来看，在传统能源产品中，柴油皮卡占据市场主流，2020 年生产柴油皮卡约 32.7 万辆，同比

增长 25.0%，占全部皮卡产量的 72.8%，同比提升 5.4 个百分点。柴油皮卡具有动力强、经济型强的优势，更能满足载货或工程等应用场景下的皮卡需求，产品供给不断强化。

表 11-9　2020 年皮卡燃料类型结构

	新能源	传统能源			总计
		柴油	汽油	传统能源合计	
2019 年（辆）	1380	261582	125285	386867	388247
2020 年（辆）	1345	327068	120919	447987	449332
同比增速	-2.5%	25.0%	-3.5%	15.8%	15.7%
2020 年比重	0.3%	72.8%	26.9%	99.7%	—
占比变化	-0.1%	5.4%	-5.4%	0.1%	—

数据来源：机动车出厂合格证

随着“国六”排放标准在多地落地实施，2020 年生产的传统能源皮卡以“国六”排放标准为主，符合“国六”排放标准的皮卡生产了 37.6 万辆，同比增长了 319.0%，占全年皮卡产量的 83.7%，同比提升了 60.6 个百分点。

（四）皮卡生产呈现高端化发展趋势

从档次结构上看，如图 11-14 所示，以实用性为主导的中端皮卡是当前市场的主流，产量占比稳定在 50%以上。但 2020 年低端、中端皮卡产量占比分别为 27.2%、50.1%，份额相比 2019 年略有回落，分别下行 5.4、4.1 个百分点。高端皮卡产量份额显著增长，2020 年高端皮卡份额升至 22.7%，同比上涨 9.5 个百分点。高端皮卡的产量占比显著提升反映出了皮卡市场的高端化发展趋势。随着皮卡解禁的进一步放宽，越来越多的城市取消皮卡限制，政策环境的松动丰富了皮卡的应用场景，推动众多企业突破皮卡的传统使用体验，不断进行高端化尝试，推出高端皮卡新产品以满足市场需求。

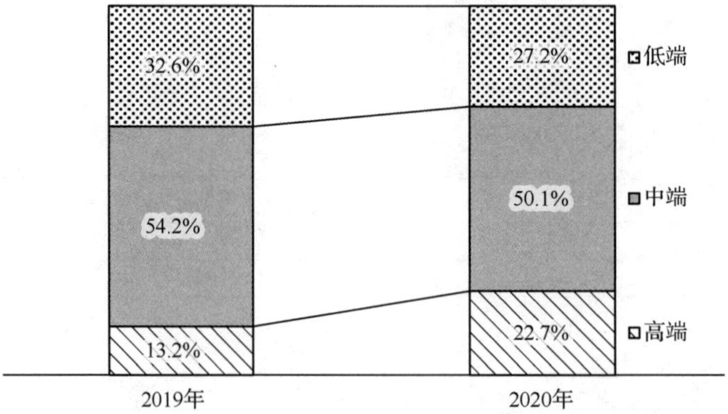

图 11-14　2019—2020 年皮卡市场档次结构走势

数据来源：机动车出厂合格证

注：皮卡档次分类以皮卡指导价为依据，低端：10 万元以下，中端：10 万～12 万元，高端：12 万元以上。

（五）皮卡市场呈现“1+*N*”竞争格局

在皮卡市场快速恢复的情形下，市场竞争愈发激烈。长城汽车、江西五十铃及庆铃汽车等凭借热门产品实现了产量和份额的正增长。如表 11-10 所示，以上三家企业的皮卡产量增长超过 20%，产量份额同比分别上行 7.2%、0.7%及 0.2%。其中，长城汽车凭借热门产品以绝对优势成为皮卡市场领头羊，皮卡产量大幅领先于其他企业，2020 年长城汽车生产皮卡约 20.9 万辆，同比增长 36.9%，产量占全部皮卡产量的 46.4%，份额同比增长了 7.2%。其他企业则出现了不同程度的产量及市场份额的下滑。其中，长安汽车 2020 年生产皮卡 10818 辆，同比下滑 35.2%，份额下滑 1.9%，下滑幅度最大。同时，在热门产品的推动下，2020 年皮卡市场 TOP10 企业产量占全部皮卡产量的 96.0%，同比提升了 0.8 个百分点，皮卡市场集中度不断提升。

表 11-10　2020 年皮卡市场产量 TOP10 企业竞争结构

企业名称	2020 年产量（辆）	同比增幅	比　重	占比变化
长城汽车	208530	36.9%	46.4%	7.2%
江铃汽车	63882	7.3%	14.2%	-1.1%
郑州日产	41289	-4.1%	9.2%	-1.9%
江西五十铃	39524	25.0%	8.8%	0.7%
江淮汽车	17347	11.6%	3.9%	-0.1%
北汽福田	13750	0.3%	3.1%	-0.5%
上汽大通	13520	-9.2%	3.0%	-0.8%
庆铃汽车	12088	23.8%	2.7%	0.2%
长安汽车	10818	-35.2%	2.4%	-1.9%
中兴汽车	10504	-15.6%	2.3%	-0.9%
其他	18080	—	4.0%	-0.8%
总计	449332	15.7%	—	—

数据来源：机动车出厂合格证

第三节　2020 年中国客车生产运行特征

一、2020 年中国客车生产运行特征概述

（一）客车 2020 年月度产量走势特征

2020 年，中国全年生产客车 38.2 万辆，同比下滑 0.6%。客车市场出现小幅萎缩，主要由于新冠肺炎疫情对 2020 年全年的经济情况影响持续存在，出行需求受限，客车市场需求减少，企业排产较为谨慎。从月度数据来看，如图 11-15 所示，第一季度是我国受疫情影响最为严重的时期，居家隔离等疫情防控措施严格实施，需求端出行需求大幅减少，供给端企业减产停产，第一季度产量下滑显著。随着疫情得到控制，复工复产不

断推进，各项经济活动逐渐恢复，积压需求逐渐释放，第二季度逐渐恢复生产节奏。7月、8月处于传统的销售淡季，生产进程有所放缓。9月重新恢复正增长，但受到全年需求承压的影响，年底生产增速再次出现回落。

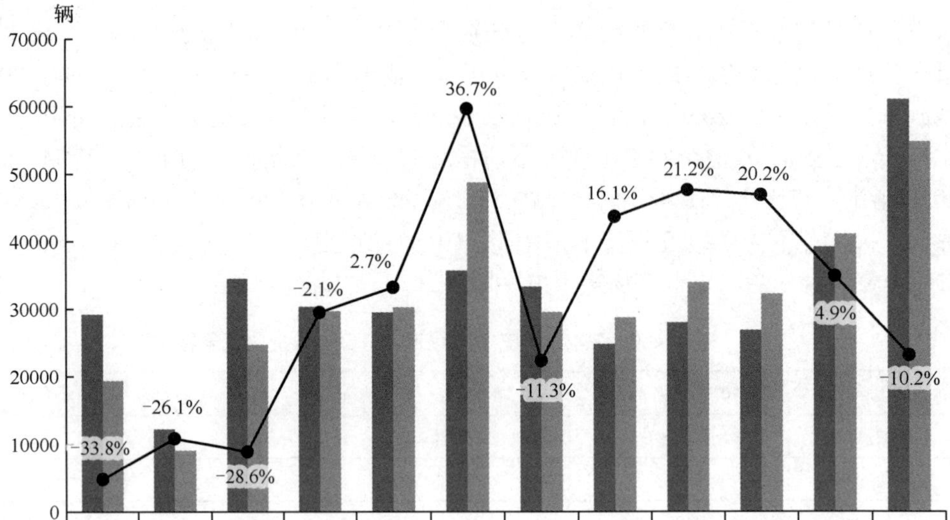

	1月	2月	3月	4月	5月	6月	7月	8月	9月	10月	11月	12月
2019 年	29195	12212	34505	30313	29475	35647	33327	24745	27993	26790	39136	60981
2020 年	19318	9027	24638	29681	30264	48717	29557	28727	33928	32206	41036	54740
同比	-33.8%	-26.1%	-28.6%	-2.1%	2.7%	36.7%	-11.3%	16.1%	21.2%	20.2%	4.9%	-10.2%

图 11-15　2019—2020 年客车市场月度产量走势

数据来源：机动车出厂合格证

（二）大中型客车与轻型客车走势出现分化

从车辆类别结构来看，大中型客车与轻型客车产量出现分化。如图 11-16 所示，2020 年，大中型客车生产约 8.4 万辆，同比下滑 29.1%，产量占客车总产量的 22.0%，份额下行了 8.8 个百分点，市场活跃度明显弱于 2019 年。而轻型客车在具有一定载货属性且物流运输快速发展的背景下，整体产量延续了上涨趋势，2020 年生产轻型客车约 29.8 万辆，同比增长了 12.0%，产量占客车总产量的 78.0%，份额上涨 8.8 个百分点，整体走势明显好于其他客车类别。

二、2020 年中国大中型客车生产运行特征

（一）大中型客车 2020 年月度产量走势

如图 11-17 所示，2020 年，中国大中型客车市场表现低迷，一方面源于新冠肺炎疫情的影响，大中客企业停工停产，2020 年第一季度，大中型客车产量同比降幅高达 60%；进入第二季度，国内居民的公共出行受疫情影响依然受限，大中型客车市场并未有明显好转；第三季度，居民出行趋于正常化，大中型客车市场前期受到疫情抑制的市场需求得以释放，

但随后受新冠肺炎疫情反复的影响，大中型客车市场再次收紧。另一方面，新能源客车补贴标准持续下调，新能源客车市场收缩，进一步加剧了大中型客车市场产量的下滑。

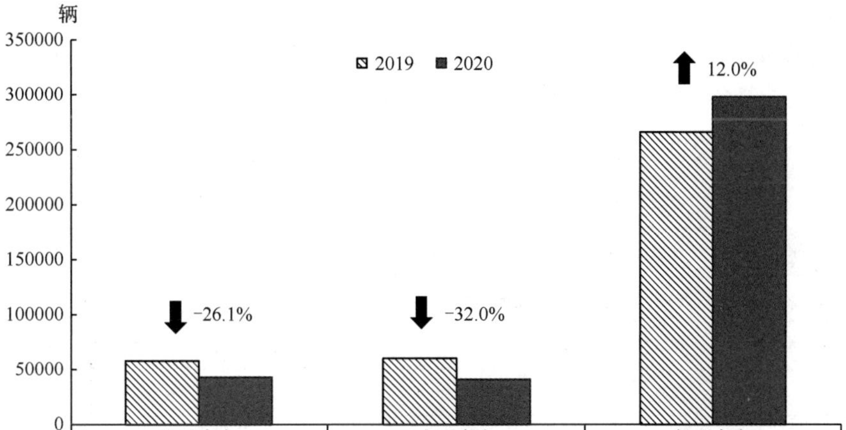

	大型客车	中型客车	轻型客车
2019	58024	60274	266021
2020	42893	41010	297936

图 11-16　2019—2020 年客车产量车辆类别结构

数据来源：机动车出厂合格证

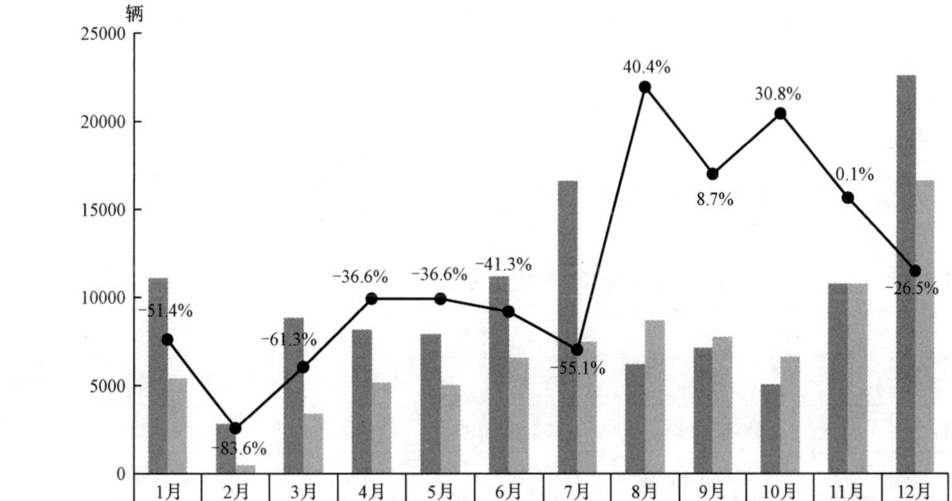

	1月	2月	3月	4月	5月	6月	7月	8月	9月	10月	11月	12月
2019年	11111	2796	8830	8158	7904	11194	16606	6193	7115	5053	10746	22592
2020年	5403	459	3414	5172	5010	6573	7461	8694	7737	6609	10756	16615
同比	-51.4%	-83.6%	-61.3%	-36.6%	-36.6%	-41.3%	-55.1%	40.4%	8.7%	30.8%	0.1%	-26.5%

图 11-17　2020 年大中型客车市场月度生产情况

数据来源：机动车出厂合格证

（二）大中型客车市场呈现公交化趋势

2020 年，受新冠肺炎疫情的影响，各细分市场均出现不同程度的下滑。其中，座位客车主要应用于长途公路客运、商务旅游接待等市场，随着国内疫情防控常态化，居民长途出行与旅游出行需求远低于往年，所以座位客车市场受到疫情的冲击最大，如表 11-11 所示，其产量降幅高达 33.9%，比重为 32.0%，较 2019 年下滑了 2.3 个百分点。此外，新冠肺炎疫情加剧了大中型客车市场公交化趋势，公交客车比重高达 61.9%，较 2019 年提升了 1.1 个百分点。校车属于专用类客车，是一个小众市场，其受到疫情的影响较小，降幅为 11.0%，比重仅 6.0%，较 2019 年提升了 1.2 个百分点。

表 11-11　2020 年大中型客车市场分车型生产情况

分　类	2019 年产量（辆）	2020 年产量（辆）	同 比 增 幅	2020 年比重	占 比 变 化
公交客车	71973	51976	−27.8%	61.9%	1.1%
座位客车	40652	26877	−33.9%	32.0%	−2.3%
校车	5673	5050	−11.0%	6.0%	1.2%
总计	118298	83903	−29.1%	100.0%	0.0%

数据来源：机动车出厂合格证

（三）长途公路客运、旅游客运市场受创严重

在座位客车市场，11～12 米客车与 8～9 米客车主要应用于中长途公路运输、旅游客运等市场，受新冠肺炎疫情影响较大，如表 11-12 所示，11～12 米客车降幅为 48.6%，比重为 16.0%，较 2019 年下滑了 5.5 个百分点，8～9 米客车降幅为 51.6%，比重为 18.3%，较 2019 年下滑了 7.8 个百分点。而 10～11 米与 7～8 米客车主要应用于团体通勤、公务车等市场，受到疫情的影响较低，10～11 米客车降幅为 16.0%，比重为 22.0%，较 2019 年提升 4.0 个百分点，7～8 米客车降幅为 12.7%，比重为 37.2%，较 2019 年提升 7.8 个百分点。

表 11-12　2020 年座位客车市场分米段生产情况

分　类	2019 年产量（辆）	2020 年产量（辆）	同 比 增 幅	2020 年比重	占 比 变 化
大于 12 米	744	552	−25.8%	1.7%	0.1%
11～12 米	9957	5120	−48.6%	16.0%	−5.5%
10～11 米	8362	7027	−16.0%	22.0%	4.0%
9～10 米	1568	1493	−4.8%	4.7%	1.3%
8～9 米	12079	5846	−51.6%	18.3%	−7.8%
7～8 米	13615	11889	−12.7%	37.2%	7.8%
总计	46325	31927	−31.1%	100.0%	0.0%

数据来源：机动车出厂合格证

（四）公交客车呈现中型化趋势

如表 11-13 所示，公交客车市场以 10～11 米与 8～9 米公交客车的产量居多，其中

10～11 米公交客车比重高达 40.2%，8～9 米公交客车比重高达 41.1%。11～12 米公交客车作为曾经的主流产品，占比仅为 16.7%。随着私家车的普及，城市轨道交通的建设与共享交通的兴起，国内城市公交客运量连续五年下滑，在运输频次不变的前提下，单车运力下滑，公交客车向中型化发展。

表 11-13　2020 年公交客车市场分米段生产情况

分　类	2019 年产量（辆）	2020 年产量（辆）	同比增幅	2020 年比重	占比变化
12 米以上	623	640	2.7%	1.2%	0.4%
11～12 米	10381	8679	−16.4%	16.7%	2.3%
10～11 米	27963	20875	−25.3%	40.2%	1.3%
9～10 米	44	61	38.6%	0.1%	0.1%
8～9 米	32485	21368	−34.2%	41.1%	−4.0%
7～8 米	477	353	−26.0%	0.7%	0.0%
总计	71973	51976	−27.8%	100.0%	0.0%

数据来源：机动车出厂合格证

（五）新能源客车加速普及

在政府的大力扶持下，新能源客车在国内快速普及，尤其是新能源公交，已经基本实现了对传统能源公交的替代。如表 11-14 所示，截至 2020 年年底，新能源客车的比重已经高达 64.0%，较 2019 年提升 1.8 个百分点。其中纯电动客车的比重为 57.7%，较 2019 年提升了 0.7 个百分点。随着居民出行多元化，中长途公路客运市场逐渐萎缩，对柴油与天然气客车的影响是十分巨大的，柴油客车降幅为 33.4%，比重为 30.2%，较 2019 年下滑了 2.0 个百分点，天然气客车降幅为 66.7%，比重为 0.8%，较 2019 年下滑了 0.9 个百分点。

表 11-14　2020 年大中型客车市场分燃料类型生产情况

分　类		2019 年产量（辆）	2020 年产量（辆）	同比增幅	2020 年比重	占比变化
新能源	纯电动	67506	48427	−28.3%	57.7%	0.7%
	燃料电池	1033	1284	24.3%	1.5%	0.7%
	混合动力	5268	4061	−22.9%	4.8%	0.4%
传统能源	柴油	38013	25311	−33.4%	30.2%	−2.0%
	汽油	4391	4124	−6.1%	4.9%	1.2%
清洁能源	天然气	2087	696	−66.7%	0.8%	−0.9%
总计		118298	83903	−29.1%	100.0%	0.0%

数据来源：机动车出厂合格证

（六）市场不断整合，宇通客车“一家独大”

大中型客车市场整合，中小型客车企业逐步退出市场，如表 11-15 所示，2020 年大中型客车市场产量 TOP10 企业的市场集中度为 78.3%，较 2019 年提升了 1.9 个百分点。宇通客车在大中型客车市场的竞争地位十分稳固，比重高达 35.3%。中通客车、比亚迪汽车、中车时代等企业受益于新能源客车市场，在大中型客车市场占据了一席之地。产量 TOP10 企业中，比亚迪汽车、安徽安凯、一汽丰田产量实现了同比提升，其中，比亚迪汽车增长 10.4%，比重提升了 2.3 个百分点；安徽安凯增长 10.9%，比重提升了 1.3 个百分点。

表 11-15　2020 年大中型客车市场产量 TOP10 企业竞争格局

企业名称	2019 年产量（辆）	2020 年产量（辆）	同比增幅	2020 年比重	占比变化
宇通客车	42470	29639	−30.2%	35.3%	−0.6%
中通客车	9108	6215	−31.8%	7.4%	−0.3%
比亚迪汽车	4895	5405	10.4%	6.4%	2.3%
苏州金龙	6284	4422	−29.6%	5.3%	0.0%
厦门金龙	5740	4405	−23.3%	5.3%	0.4%
厦门金旅	5493	3522	−35.9%	4.2%	−0.4%
北汽福田	4587	3281	−28.5%	3.9%	0.0%
安徽安凯	2723	3021	10.9%	3.6%	1.3%
中车时代	6397	2982	−53.4%	3.6%	−1.9%
一汽丰田	2710	2807	3.6%	3.3%	1.1%
其他	27891	18204	−34.7%	21.7%	−1.9%

数据来源：机动车出厂合格证

三、2020 年中国轻客生产运行特征

（一）轻客 2020 年月度产量走势特征

疫情影响下，2020 年第一季度中国轻客产量出现了同比下滑，但国内的疫情防控拉动了救护类、物资运输类轻客需求的增长。而随着疫情受到有效的控制，经济恢复带动商超物流、电商快递等区域配送环节轻客需求增加，自第二季度起，轻客市场产量高速增长。如图 11-18 所示。

（二）欧系轻客市场增幅明显

如表 11-16 所示，2020 年，受疫情的影响，国内居民出行受限，反而刺激了电商、城市物流的发展，欧系座位客车（自备车）产量有了明显的增长，增幅达 30.2%，比重较 2019 年提升 7.8 个百分点。此外，国内对疫情的严格防控，拉动了救护车需求的增长，作业车产量增幅为 36.2%，比重提升 2.1 个百分点。受 453 号文件的影响，日系座位客

车市场仅余 8 座以上市场，市场比重仅 2.1%。此外，中巴座位客车同比下滑 40.3%，比重较 2019 年下滑了 3.3 个百分点，一方面受到国内疫情的影响，另一方面则是因为低端乘用车进入农村市场，压缩了农村公路客运的生存空间。

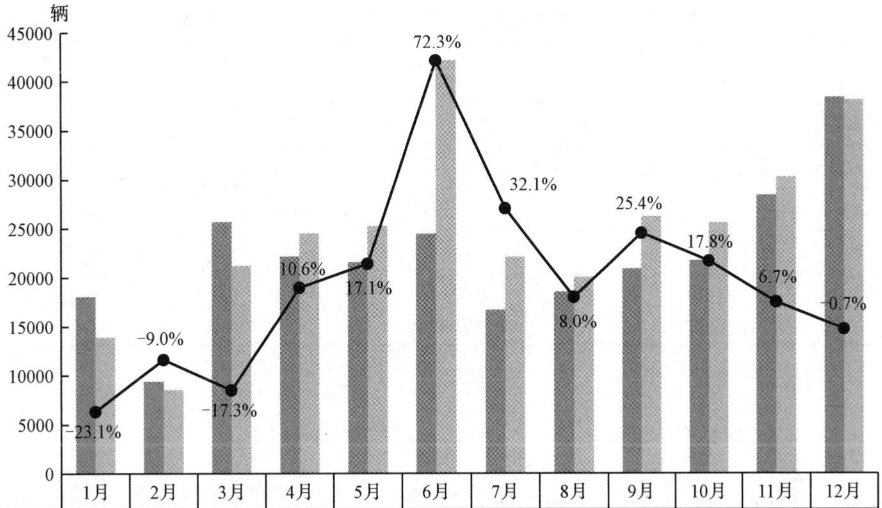

	1月	2月	3月	4月	5月	6月	7月	8月	9月	10月	11月	12月
2019年	18084	9416	25675	22155	21571	24453	16721	18552	20878	21737	28390	38389
2020年	13915	8568	21224	24509	25254	42144	22096	20033	26191	25597	30280	38125
同比	-23.1%	-9.0%	-17.3%	10.6%	17.1%	72.3%	32.1%	8.0%	25.4%	17.8%	6.7%	-0.7%

图 11-18　2020 年轻客市场月度生产情况

数据来源：机动车出厂合格证

表 11-16　2020 年轻型客车市场分车型生产情况

分　类	2019 年产量（辆）	2020 年产量（辆）	同比增幅	2020 年比重	占比变化
欧系座位客车	128117	166752	30.2%	56.0%	7.8%
日系座位客车	11167	6235	-44.2%	2.1%	-2.1%
物流车	71944	69561	-3.3%	23.3%	-3.7%
作业车	26003	35414	36.2%	11.9%	2.1%
工程车	3839	2679	-30.2%	0.9%	-0.5%
中巴座位客车	19033	11357	-40.3%	3.8%	-3.3%
中巴公交	5918	5938	0.3%	2.0%	-0.2%
总计	266021	297936	12.0%	100.0%	0.0%

数据来源：机动车出厂合格证

（三）欧系轻客以短轴产品为主，长轴产品有所增长

短轴欧系轻客主要以物流自备车为主，疫情限制了居民的出行，反而促进了城市物流市场需求的增长，拉动物流自备车的增长。如表 11-17 所示，短轴欧系轻客产量约 14.1 万辆，同比增长 27.1%，比重高达 61.4%。长轴短悬与长轴长悬欧系轻客，车内空间较大，主要应用于改装车，医用类专用车需求的增长拉动了长轴欧系轻客产量的增长，长

轴短悬欧系轻客产量同比增长 57.5%，比重较 2019 年提升 4.8 个百分点。此外，长轴长悬欧系轻客产量同比提升 6.0%。

表 11-17　2020 年欧系轻客市场分轴距生产情况

分　类	2019 年产量（辆）	2020 年产量（辆）	同 比 增 幅	2020 年比重	占 比 变 化
短轴	111172	141259	27.1%	61.4%	-2.0%
长轴短悬	42097	66284	57.5%	28.8%	4.8%
长轴长悬	20273	21494	6.0%	9.3%	-2.2%
加长轴	1933	1158	-40.1%	0.5%	-0.6%
总计	175475	230195	31.2%	100.0%	0.0%

注：轴距小于等于 3300mm 为短轴；轴距大于 3300mm 且小于等于 3850mm 为长轴，其中车长大于 5850mm 为长悬，车长小于等于 5850mm 为短悬；轴距大于 3850mm 为加长轴。

数据来源：机动车出厂合格证

（四）新能源轻客发展缓慢，产品依然以传统能源为主

轻客的运营主体主要是企业、私营个体等，其较高的采购价格及配套设施的投入，极大地削减了新能源轻客的盈利能力，所以近年来新能源轻客的发展基本停滞。如表 11-18 所示，2020 年，新能源轻客产量不足 2 万辆，同比下滑 9.2%，比重为 6.6%，较 2019 年下滑了 1.6 个百分点。柴油轻客主要是以欧系轻客为主，产量约 21.4 万辆，同比提升 25.4%，比重为 71.1%，较 2019 年提升了 7.7 个百分点。汽油轻客则主要是以日系轻客为主，产量约 6.4 万辆，同比下滑 12.4%，比重为 21.6%，较 2019 年下滑了 6.0 个百分点。

表 11-18　2020 年轻客市场分燃料类型生产情况

分　类		2019 年产量（辆）	2020 年产量（辆）	同 比 增 幅	2020 年比重	占 比 变 化
新能源	纯电动	21639	19639	-9.2%	6.6%	-1.5%
	燃料电池	307	0	-100.0%	0.0%	-0.1%
	混合动力	1	0	-100.0%	0.0%	0.0%
传统能源	柴油	170338	213590	25.4%	71.7%	7.7%
	汽油	73524	64418	-12.4%	21.6%	-6.0%
清洁能源	天然气	212	289	36.3%	0.1%	0.0%
总计		266021	297936	12.0%	100.0%	0.0%

数据来源：机动车出厂合格证

（五）欧系轻客企业表现突出

2020 年，轻客市场产量 TOP10 企业的市场集中度为 86.2%，较 2019 年提升了 3.2 个百分点。如表 11-19 所示，受益于欧系轻客市场，江铃汽车增幅为 28.0%，比重较 2019 年提升了 4.1 个百分点，上汽大通增幅为 83.3%，比重较 2019 年提升了 6.7 个百分点。

而日系轻客企业正在逐步转型至微面或商务 MPV 市场，其中，长安汽车降幅为 33.5%，比重较 2019 年下滑 3.2 个百分点，华晨雷诺金杯降幅为 25.6%，比重较 2019 年下滑 1.7 个百分点。

表 11-19　2020 年轻客市场产量 TOP10 企业竞争格局

企业名称	2019 年产量（辆）	2020 年产量（辆）	同比增幅	2020 年比重	占比变化
江铃汽车	76419	97787	28.0%	32.8%	4.1%
上汽大通	28151	51590	83.3%	17.3%	6.7%
北汽福田	26853	32365	20.5%	10.9%	0.8%
南京汽车	23497	21876	−6.9%	7.3%	−1.5%
长安汽车	20888	13900	−33.5%	4.7%	−3.2%
华晨雷诺金杯	13115	9760	−25.6%	3.3%	−1.7%
厦门金龙	6735	8132	20.7%	2.7%	0.2%
东风汽车	8618	8046	−6.6%	2.7%	−0.5%
厦门金旅	9874	7935	−19.6%	2.7%	−1.0%
宇通客车	6664	5478	−17.8%	1.8%	−0.7%
其他	45207	41067	−9.2%	13.8%	−3.2%

数据来源：机动车出厂合格证

第四节　总结及展望

受新冠肺炎疫情影响，2020 年我国汽车市场整体遇冷，但商用车市场仍实现了逆势增长，产量规模及增速均达到了近 5 年以来的最高值。在基建投资、物流运输快速发展的拉动下，货车市场活跃度明显提升，整体货车市场贡献度显著高于客车。具体来看，用于工程建设的重型货车及用于物流运输的轻型货车是货车市场乃至整体商用车市场增长的主要支撑。同时，低碳化、电动化也在推动商用车产品的发展，满足“国六”排放标准、新能源等类别商用车的产量和占比均有提升。

当前，我国商用车市场已经进入成熟阶段，规范化、标准化、专业化不断推进，同时，电动化、低碳化、信息化及智能化发展带来新的市场机会。2021 年仍面临较多不确定性，商用车市场面临众多的“危”与“机”，宏观经济、政策环境及市场主体将同步发力，促进商用车市场稳定可持续发展。

一是经济恢复性增长将有力支撑商用车市场发展。2021 年是疫情后经济加快恢复发展的特殊年份，推动经济持续恢复、构建新发展格局，应对外部不确定性仍是宏观主线。作为“十四五”开局元年，2021 年宏观经济发展的总基调仍是稳中求进，挖掘内需潜力，有效扩大居民消费能力，合理发挥投资带动作用，在 2020 年疫情抑制下，2021 年经济将呈现全面反弹，有力支撑商用车市场发展。

二是多项政策形成合力，促进商用车增换购需求释放。从政策层面来看，2021 年宏观政策将继续保持连续性、稳定性、可持续性，积极的财政政策和稳健的货币政策将继续保持对经济恢复的必要支持力度。此外，如促消费、推进新能源汽车产业发展等扶持政策仍将推动商用车产业发展。在行业政策方面，推动节能减排、健全法规标准、构建道路运输管控长效机制，强化汽车产业事中事后监管，在规范产业发展的同时，进一步倒逼企业优化产品布局，调整产品结构，促进商用车加快更新迭代。同时，区域性老旧柴油货车淘汰更新政策延续、高排放车辆路权限制、“大吨小标”等超载治理推进，“国六”排放标准全面实施，将进一步形成政策合力，优化存量结构，释放市场增换购需求。

总体来看，在宏观经济向好、多项政策发力的推动下，货运市场平稳发展，客运市场逐步恢复，企业产销量保持高水平，2021 年我国商用车市场需求仍将保持历史高位。

第十二章　2020 年中国品牌中重型载货车产业与技术发展分析

张金凤，姜智勇，韩睿，陈锦霞*

摘要： 本章依托对中国品牌中重型载货车企业长期的市场洞察、客户需求分析、技术及产品发展趋势研究等方面的信息积累，基于《中国汽车工业产销快讯》、上市公司年报、行业研究机构分析、政策法规等汽车行业资料，对我国中重型载货车运行特征和技术发展进行系统梳理和深入分析。主要从中国品牌中重型载货车产业与技术发展趋势、股比放开后环境变化及产品技术发展方向等方面展开，剖析 2020 年我国中重型载货车发展现状及未来趋势变化，提出中重型载货车发展的阶段性问题，并结合国际中重型载货车发展趋势和国内外差异，为我国中重型载货车高质量发展提出建议。

关键词： 中重型载货车；技术发展；后合资时代；存在问题；发展趋势。

第一节　中国中重型载货车产品技术发展分析

自 1956 年 7 月，长春第一汽车制造厂生产出第一辆“解放”牌载货车以来，中国品牌中重型载货车不断创新发展。2020 年，受国家超载超限治理趋严、按轴收费、“国三”标准车淘汰及“国六”标准排放要求升级等因素的影响，我国中重型载货车市场销量继续保持高速增长。为深入分析中国品牌中重型载货车产品技术发展现状及未来趋势变化，提出中重型载货车发展的阶段性问题，将重点从环保、节能、安全性、舒适性、可靠性、轻量化等方面进行分析。

一、企业加快绿色发展，加大“国六”标准车及天然气车研发投入

（一）“国六”排放标准实施

“国六”排放标准实施，促使载货车生产企业缩短产品开发周期，技术要求高，对生产企业是个巨大的挑战。

2019 年 7 月 1 日起对天然气车和重点区域城市车辆实施“国六”排放标准；2020 年起，北京地区全面实施柴油车“国六”排放标准；2021 年 7 月 1 日起，全国其他地区

* 张金凤，高级工程师，一汽解放汽车有限公司产品管理部高级主任；姜智勇，中级工程师，一汽解放汽车有限公司战略管理部洞察室主任；韩睿，中级工程师，一汽解放汽车有限公司产品管理部品系产品策划室主任；陈锦霞，中级工程师，一汽解放汽车有限公司产品管理部平台产品策划师。

柴油车全面实施“国六”排放标准，“国六”排放标准是目前国际上最严格的排放标准，距 2017 年 7 月 1 日全国柴油车“国五”排放标准的全面实施仅四年时间，对载货车生产企业是个巨大的挑战。

满足“国六”排放标准的载货车，系统复杂、技术跨度大、对使用条件敏感，燃油、机油、尿素等要素任何一个不达标都会造成发动机后处理系统失效，可以说“国六”排放标准将主导发动机和后处理系统的一次技术革命。“国六”发动机基本型和整车基本型开发至少需要 36 个月的时间，经过两个冬季寒区标定；参照欧洲汽车排放升级，一般留给企业四年左右的准备时间。我国重型车“国六”排放标准从发布到重点区域实施间隔仅一年，企业的产品开发周期过短，开发验证时间不足，使产品质量存在风险。

（二）天然气载货车快速增长

2020 年，天然气（NG）载货车销量继续保持增长，累计销售 13.77 万辆，同比增长 63.5%。2015—2020 年天然气载货车销量及增速如图 12-1 所示。

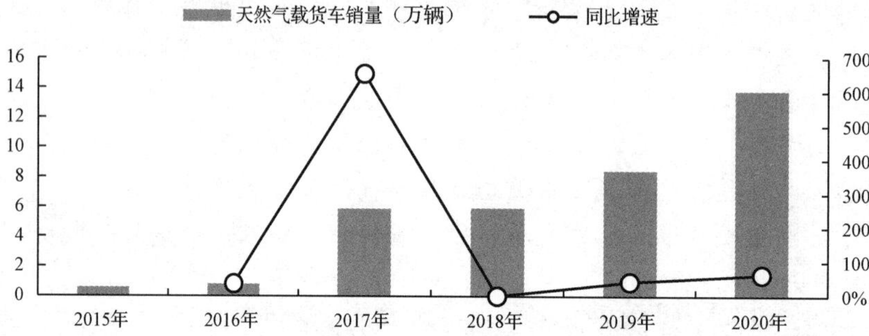

图 12-1　2015—2020 年天然气载货车销量及增速

数据来源：中国汽车工业协会

1. 有利因素

为满足国家 2030“碳达峰”、2060“碳中和”的战略目标要求，在国家宏观调控下，气源日趋稳定、调峰能力逐步完善、加气站逐年增多，并且天然气载货车具有路权优势，一系列宏观政策为天然气载货车发展按下快车键，将形成长期利好。

天然气载货车“国六”排放标准比柴油车全面实施早两年，产品可靠性得到了市场充分验证，且柴油车实施“国六”排放标准后二者差价减小，使天然气载货车投资回收周期相对改善，将进一步拉动天然气载货车市场增长。

2. 不利因素

2020 年第四季度的天然气气荒，导致天然气与柴油的价格比升至 1.0 以上，短期内抑制了天然气载货车产品销量。基于天然气消费的季节性（欧美国家冬季天然气价格是夏季的 1.2～1.5 倍），天然气与柴油的价格比季节波动现象将一直存在，但受总体宏观政策环境影响，将逐步趋于稳定。

二、舒适性显著提升

载货车属于生产资料，早期客户关注承载能力，对舒适性要求不高。随着时代的发展、技术的进步，以及驾驶人年轻化、对载货车的驾驶体验关注提升，载货车越来越趋向“轿车化”，并集工作、生活、休息于一体，推动舒适性快速提升。

（一）驾驶室平地板趋势明显

随着货运里程增加、运输效率提升、驾驶时间延长，以车为家的客户数量不断增长，对载货车家居化、舒适性的要求不断提高。平地板驾驶室可在中央区域构建储物、家居及扩展功能，改善了车内空间，提升了驾乘体验。未来几年，平地板产品将成为载货车市场主流。

（二）AMT趋势明显

分析欧美自动机械变速器（Automated Mechanical Transmission，AMT）的发展经历，牵引车AMT导入较其他车型相对提前，占比更高，当前欧美牵引车AMT占比已经达到95%以上。

2020年，中国AMT市场快速增长，各主流载货车生产企业全力推广AMT产品，包括解放、欧曼、东风、重汽等企业，且增长趋势明显。AMT发展趋势及预判如图12-2所示。

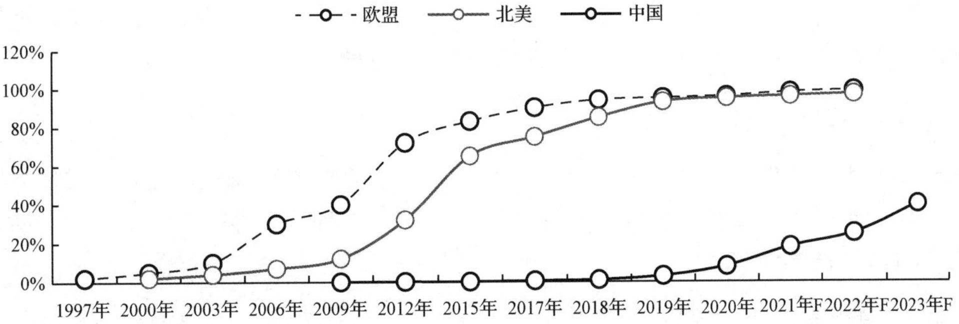

图12-2　AMT发展趋势及预判

数据来源：公开资料整理

（三）卧铺舒适性显著提升

为了改善驾驶人在车内的睡眠质量，很多载货车的卧铺宽度达到了75～80厘米，并且有越来越宽的发展趋势。此外，有些车企设计了“三段式”卧铺，中间一段可以翻起，后面可以放下一个小桌，更便于车内驾乘人员生活、工作。

（四）独立空调与独立暖风广泛应用

对于载货车驾驶人来说，车辆就相当于他们的另一个家，很多驾驶人都想有一个冬暖夏凉的工作、生活、休息环境。现在的载货车不仅普及了冷暖空调，保证行驶时车内环境的舒适，还有一些配置了独立空调及独立暖风，保证停驶时车内环境的舒适。

三、节油技术显著提升

随着物流行业的竞争加剧，客户对载货车的全生命周期成本提出了更高的要求，燃料费用在全生命周期成本中占30%左右，控制油耗对于降低物流成本至关重要。同时，国家节油标准法规持续升级，工业和信息化部发布的四阶段油耗标准要求再降低15%～20%。车企需要持续加大产品节油技术研发及应用力度，降低整车油耗。

整车节油技术提升主要包括四个方面，分别是提高发动机热效率、优化传动系统、优化空气动力、降低轮胎滚动阻力。

（一）提高发动机热效率

提高发动机热效率有四个发展方向，一是改善发动机进气效率，提高燃油品质；二是通过高压缩比、高燃烧温度、高燃烧放热率，提升发动机的燃烧效率；三是改进发动机结构设计，进一步提高电控管理系统的精确性；四是改善热能回收技术，通过产品技术升级将发动机热效率提升到接近50%。

（二）优化传动系统

对变速箱与发动机进行系统化开发，优化巡航控制系统，降低发动机转速，能够提高传动效率。同时，改善传动系统润滑油，以降低摩擦，减少传动损失。

（三）优化空气动力

通过采用优化的空气动力学模型减少空气阻力，降低整车油耗。同时，优化导流罩和保险杠、牵引车与半挂车匹配、车厢裙板、车厢尾部导流罩等零部件的结构，实现整车空气动力学性能最优。

（四）降低轮胎滚动阻力

采用低滚阻的轮胎材料及优化轮胎花纹等措施实现节油。

四、安全性显著提高

随着国家标准法规的升级，对载货车的安全性提出了更高的要求，促进了载货车安全技术的提升。

2017年，国家标准《机动车运行安全技术条件》（GB 7258—2017）发布。其要求：2019年1月1日开始，总质量大于等于12000kg的货车，应装备符合标准要求的车辆右转弯音响提示装置等；2020年1月1日开始，质量大于等于12000kg的危险货物运输货车的后轴应装备空气悬架，以及修改了应装备驾驶人汽车安全带佩戴提醒装置的车辆类型和功能要求等。

交通运输部针对营运货车，发布《营运货车安全技术条件 第1部分：载货汽车》（JT/T 1178.1—2018）、《营运货车安全技术条件 第2部分：牵引车辆与挂车》（JT/T 1178.2—2019）、《危险货物道路运输营运车辆安全技术条件》（JT/T 1285—2020）等系列标准，提出了一系列安全技术要求，如总质量大于或等于12000kg且最高车速大于90km/h

的载货汽车，应安装电子稳定性控制系统（ESC）；总质量大于18000kg且最高车速大于90km/h的载货汽车，应具备车道偏离报警功能和车辆前向碰撞预警功能等。以上安全技术要求的实施，对提高载货车的行驶安全性起到了重要的推动作用。

五、可靠性和耐久性显著提升

随着超载超限治理力度加强，运费价格降低，提升运输效率成为公路运输企业提高盈利能力的重要手段。客户需要在规定的条件和时间内完成货物交付，因此，载货车的可靠性和耐久性成为客户选车和购车的重要评价要素。

近年来，我国载货车企业从设计、制造、验证等多方面采取措施，提升可靠性和耐久性。例如，应用CAE分析软件及DFMEA、Q-Plan等质量工具，从设计端保证产品质量；运用PFMEA等质量工具，从制造端严控生产质量；应用基于用户场景的损伤载荷测试等技术制定试验方案，从验证端确保产品质量达标，使产品寿命由1990年的80万千米逐步提升到2020年的150万千米，发动机保养里程由1万～3万千米提升到5万～10万千米，同时大量应用免维护轮端、传动轴等零部件。

随着国家《汽车产业中长期发展规划》及“制造强国战略”等政策相继颁布实施，智能保养、预防性诊断等技术将逐步普及，设计、制造、验证水平日益成熟，中国载货车的可靠性和耐久性将逐步达到国际一流水平。

六、轻量化技术广泛应用

2016年以来，随着《汽车、挂车及汽车列车外廓尺寸、轴荷及质量限值》（GB1589—2016）标准、《超限运输车辆行驶公路管理规定》等标准法规的实施，国家治理超载超限的法规要求日益严格，超载超限车辆的生存空间逐步减少。载货车轻量化能够提升载货量、提高货运效率，为客户带来更大的经济利益。

轻量化的实现途径主要包括轻量化材料应用、轻量化结构设计和轻量化制造工艺，每个领域的轻量化都需要多项技术的支撑。

（一）轻量化材料应用

高强度钢、铝合金等金属材料及工程塑料、非金属复合材料等轻量化材料在载货车上广泛应用。例如，高强度钢板单层车架、高强度钢车厢、铝合金壳体变速箱等。

（二）轻量化结构设计

通过整体构造、集成构造的优化设计，整合零部件，减少零部件数量，去除冗余，实现降重。前后少片钢板弹簧悬架、大容量天然气单气罐等轻量化结构的零部件广泛应用。

（三）轻量化制造工艺

对于强度高、塑性差等难成形的高强度钢采用热冲压成形新工艺，辅以热处理工艺，使得零部件达到最佳力学性能指标。例如，用液压挤压成型加焊接等工艺制造车架纵梁、副车架、后桥支架等，可提高零部件性能，降低加工难度，减轻质量。

七、颜值、科技化、信息化显著提升

客户对载货车“颜值”、科技化、信息化的需求，影响载货车的技术发展趋势。

为提升载货车“颜值”，流线型车身造型将会逐步取代原来棱角分明的车身结构，使车辆整体美观性和协调性越来越突出；中控大屏、手机互联、行车记录仪等科技化、安全化、实用化配置也将越来越多地成为车辆的标准配置；大车队客户需要对车辆进行信息化管理，车联网等信息化技术解决了大车队客户远程车辆管理的难题，同时也可以服务车企开展车辆运营数据的分析和统计。

第二节　后合资时代中重型载货车产业技术发展分析

一、环境发展分析

（一）股比放开政策驱动国际化进程

2020 年 6 月 23 日，国家发展和改革委员会与商务部联合发布了《外商投资准入特别管理措施（负面清单）（2020 年版）》，提出自 2020 年 7 月 23 日起，放开商用车制造外资股比限制。

股比放开政策给国际领先的载货车企业提供了深度参与中国市场的机会，标志着中国品牌载货车正式进入后合资时代。目前来看，中国品牌载货车企业已经在市场中占据了主导地位，虽然其技术水平与国外相关企业有一定的差距，但是其产品具有价格优势，预计股比放开政策对中国载货车产业带来的冲击有限。

对国际领先的载货车企业而言，中国庞大的载货车市场容量及良好的发展趋势，都使得国际领先车企提升了中国市场在其全球战略中的重要性。在这样的市场背景下，多家国际领先车企宣布了中国本土化生产战略，未来两年内，国产载货车与国际载货车将首次在中国市场迎来正面交锋，国产中高端载货车市场会受到一定的冲击。

（二）股比放开政策驱动市场变化

中国中高端品牌重型载货车市场在需求端、政策端、供给端的共同推动下，市场占比开始提升。我国专业车队客户对产品性能的要求、运营成本的管控，以及个人客户对产品舒适度、智能化的追求，都同时推动重型载货车市场的产品升级。法规和标准升级（包括排放限制、安全配置等）、中国载货车企业推动品牌向上，从供给端推动了重型载货车向高端化发展，预计 2030 年高端市场将占中国重型载货车市场的 25%左右。届时，中国重型载货车市场规模仍会占全球重型载货车市场规模的 40%～50%。在这样的背景下，股比放开之后，中国载货车产业竞争格局和市场可能会发生颠覆性变化。

（三）政策法规升级驱动产品高端化

基于国家 2030“碳达峰”、2060“碳中和”的战略目标要求，国内载货车排放及油耗标准日益严格，更多排放控制装置、后处理装置成为强制要求，更多节油措施被广泛

应用。与此同时，带动了载货车研发制造和零部件采购等方面的成本上升，间接促进了载货车向高端化发展。

为满足日益严格的交通安全要求，政府持续推动载货车安全法规升级，使更多安全相关配置和车联网相关配置成为标配（如ESC、AEBS、爆胎应急安全装置等），为产品质量和技术水平以及安全性带来较大提升，推动载货车向高端化发展。

（四）客户结构及需求升级

从需求端来看，中国品牌重型载货车市场中车队客户比例逐年提升，市场结构逐渐向欧盟成熟市场的方向发展，对产品性能、运营成本的要求提升。伴随消费升级和年龄层转变，个体消费者对舒适度、智能化的要求也逐渐增加；从供给端来看，中国品牌载货车企业为了提升品牌竞争力、提高利润水平、丰富产品组合，相继推出中高端产品，对客户开展高端品牌价值观引导。在两者的同时推动下，重型载货车市场需求升级。

二、产品技术发展方向

（一）品牌向高端化发展

后合资时代，中国重型载货车市场将会呈现一定的品牌高端化趋势。为抢占更多的中高端重型载货车市场份额，中国车企将会充分利用客户基础，打造中高端产品，彰显技术实力，塑造高端品牌形象，以提升综合品牌竞争力。通过差异化定位，增加中高端产品，填补产品型谱中的空白，为客户提供更多选择。同时以中高端产品性价比优势阻击国际领先车企产品。这些举措将会推动中高端重型载货车市场需求，加速品牌高端化。

（二）全生命周期成本为核心竞争力

全生命周期成本（Total Cost of Ownership，TCO）理念源于欧盟，通过多年实践，逐渐形成了完整的TCO要素和计算模型。国际领先车企的产品在油耗、可靠性等核心性能，以及基于用户需求的定制化能力方面都领先于我国车企。产品性能优势在特定场景下为客户带来更高的全生命周期利润，为国际车企提供更好的价值定位。近年来，随着我国市场的国际化发展，通过国际领先车企的宣传和引导，基于TCO的价值理念也慢慢被市场熟知和接受。

随着客户的TCO意识不断提升，国内主流车企也在不断尝试建立不同运输场景下的TCO要素和计算模型，全方位、全产业链推广TCO的理念，基于TCO分析来指导产品定义、设计、制造等环节，TCO理念将会推动中国品牌载货车高质量发展。

（三）传统产品技术快速提升

国际领先车企在核心技术上深厚的积累，使其产品在基于TCO的价值定位上竞争力明显优于我国产品。在燃料效率方面，我国重型载货车的性能正在接近进口重型载货车水平，但燃料消耗仍然高出10%左右。在可靠性方面，与进口重型载货车相比，我国重型载货车产品仍然具有一定差距，未来还有较大的提升空间。在客户差异化需求满足方面，我国重型载货车中高端产品同样与进口重型载货车存在一定差距。在动力性方面，我国重型载货车中高端产品动力大幅提升，目前动力性已达到或接近进口重型载货车指标，市场需求基本满足，未来动力提升的空间较小。

国际领先车企产品本土化生产给中国车企提供了近距离学习的契机，这将推动中国品牌载货车升级换代。具体表现为自主 AMT 技术快速发展；液力缓速器、空气悬架及轻量化技术广泛应用；机箱桥长换油周期及整车 B10 寿命持续攻关，进一步缩小与国际领先产品的差距；通过空气动力学模型优化来降低风阻，改善发动机热效率，提升燃油经济性等。

在产品研发方面，通过模块化、平台化等方式，减少不同产品之间以及每一代产品之间的变化，加速研发流程，降低研发成本，同时结合新材料、新工艺等实现产品轻量化，更好地满足市场需求。

在整车生产方面，通过模块化、平台化，提高零部件通用率，提升工装夹具通用性，降低生产复杂度和成本。制造数字化、智能化不断深度应用，优化生产线布局，提升生产效率和产品质量。

（四）新兴技术广泛应用

电动化、智能化、网联化、共享化是新兴技术发展趋势的主旋律，基于商用车的特殊应用场景，新能源和自动驾驶成为行业关注的重点。后合资时代，国际领先车企的进入将会使新兴技术领域的竞争更加激烈。但是不同于传统技术，国内外车企在新能源和自动驾驶等新兴技术领域基本处于同一起跑线上。

1. 新能源技术快速发展

目前，行业内普遍认为有两类技术路线更适用于商用车。一是纯电动技术路线，适用于固定使用区域或单程运距较短、充电或换电便捷的使用场景，例如，环卫、港口、矿山等。二是燃料电池技术路线，相比于纯电动技术路线，燃料电池技术更适合运距长、路线比较固定且时效性要求高的应用场景，例如，快递、快运、冷链、绿通等。

部分国际领先车企正逐渐减少在传统发动机领域的投入，采用战略合作方式获取并使用国际主流发动机厂商产品，通过此举释放出的资金将集中用于发展新能源技术等对企业在行业长期转型中能取得成功的至关重要的技术上。同时采用外部合作与自主研发相结合的技术模式，加速技术积累并逐步掌握燃料电池核心技术，降低新技术开发带来的资金和技术风险。这也为我国主流车企发展提供了参考。

2. 自动驾驶产品将率先落地

商用车的生产资料属性要求其必须具备低成本、高安全、高可靠的特性，基于这些因素使自动驾驶技术更容易在商用车上实现大规模商业化落地。

自动驾驶技术主要分为算法、硬件和基建设施。在算法方面，掌握核心算法使自动驾驶应用更适应商用车企业的车型设计、核心应用场景，以及满足客户定制化需求。将算法与整车测试深度融合，掌握研发主动权，加速产品技术更新迭代，掌握价值链核心环节，避免对于供应商过度依赖而产生的技术瓶颈，这些将是国内外车企的发展方向。在硬件方面，发动机控制器、转向器等执行层硬件为车企的传统核心竞争力。感知层和计算层作为供应商优势领域，预计未来将相对通用化，难以对车企的竞争力带来影响。在基建设施方面，通过提前参与，车企可以间接影响基建决策，并对技术方案、规则设定等进行提前预判。

与新能源技术相同，国际领先车企同样采用外部合作与自主研发相结合的技术路线，加速技术积累并逐步掌握自动驾驶核心技术，以降低可能产生的风险。

3. 向数字化转型

载货车企业利用数字化转型打通研、产、供、销全价值链数据流，提供一站式解决方案，实现客户需求“端到端”的数字化管理，能够有效缩短产品开发周期、减少试制和生产投入、提高生产效率、降低生产成本、实现精准营销。

第三节　中国中重型载货车产业发展存在的问题及挑战

公路运输具有机动灵活、高效快捷、适应性强等特点，普遍应用于我国货物运输的各种流转环节，是我国国民经济发展的重要基础和加速生产要素流通、促进市场繁荣的重要保障，在综合运输体系中占据主力地位。中国品牌载货车发挥了至关重要的作用，目前已进入高速发展阶段，需求量处于全球领先水平，取得了令人瞩目的成绩。但是，中国品牌载货车企业大而不强，对关键核心技术掌控少，处于新形式、新机遇、新要求、新技术快速变化的时期，为持续保持中国品牌载货车高质量发展，需重点攻克以下问题及挑战。

一、管理端存在的问题及挑战

（一）企业和产品市场准入及监管体系需要优化

发达国家汽车产品的市场准入均由国家政府直接管理，经过几十年的不断完善，欧盟、美国和日本已经形成较为完善的法规管理和监管体系，有效引导和规范车辆产品持续符合安全、环保、节能和防盗等方面的法规要求。随着全球汽车产业深度融合和市场全球化进程加快，推动区域间不同汽车法规标准协调统一，并建立市场互认制度已成趋势。

目前，全球汽车产品管理方式主要分两种：一是以欧盟为代表的“型式认证+自愿召回”；二是以美国为代表的“自我认证+强制召回”。其他汽车生产国往往参照欧盟或美国的管理形式，形成具有各自特点的管理体系。

欧盟是由政府主管机关进行认证，通过工厂的生产一致性审查来确保汽车产品质量的。而在流通过程中问题车辆的管理上，欧盟并没有美国强制召回要求的那样严格，而是责令汽车企业对问题车辆进行自主召回。

美国汽车认证制度的最大特点是“自我认证+强制召回”，由汽车生产厂家对其进入市场的产品自行负责，即美国对汽车产品市场准入实施自我认证的管理模式；对进入市场的汽车产品实施严格的事后监督和抽查工作，对不符合美国汽车技术法规或者存在安全、环保等缺陷的车辆实施严格的产品召回制度。

日本的汽车认证制度总体上与欧盟一样，也使用型式认证制度，但日本在采取欧盟的型式认证制度的同时又引入了美国的机动车辆召回制度。从某种意义上讲，日本的汽车市场准入管理制度同时借鉴了欧盟和美国两种认证制度。

中国汽车工业相对发达国家起步较晚，中国的车辆准入管理模式主要参照欧盟的模式，但法律地位（管理依据）、认证管理方式、管理理念却存在较大差异。在管理理念方面，欧盟更倾向以“相信企业、放宽准入、社会监督、市场调节”为原则，制定科学有效的检测项目及组合，确定合理的认证工作量，减少企业、认证机构乃至交通管理部门“检测—审查—批准”的负担，通过社会监督、市场调节实现国家监管的目标。而我国因为政府职能部门的多头管理，呈现出较为复杂的认证准入体系，整体为“企业准入（工业和信息化部监管）+产品准入（工业和信息化部、生态环境部、市场监管总局、交通运输部监管）+生产一致性管理（工业和信息化部、生态环境部、交通运输部、公安部监管）+运输市场监管（交通运输部监管）”的模式。

随着中国品牌载货车的高质量发展，企业和产品市场准入及监管体系急需改善。中国、欧盟、美国汽车准入管理对比如表 12-1 所示。

表 12-1　中国、欧盟、美国汽车准入管理对比

管理形式分类		中国	欧盟	美国
企业准入		√	×	×
产品准入	强制性产品认证	√（安全、节能、环保）	√（安全、节能、环保）	×（自我认证）
	产品公告	√（安全、节能、环保）	×	×
	环保信息公开	√（环保）	×	×
	营运车达标车型准入	√（安全、节能）	×	×
生产一致性		√	√	×
市场监管	召回	√ 不严格，主动召回、强制召回	√ 严格，自愿召回	√ 严格，强制召回
	年检	√（新车强制检测，每年强制年检，多年后半年强制）公安、交通、环保三检	× 大部分国家无	× 大部分州无
	强制报废	√（根据年限和里程强制报废，且回收价格低，存在非法改装和组装）	×	×
	驾照管理	√ 严格（载货车 A2/B2/C1 等）	√ 严格	√ 严格
	车辆安全事故应急处理及救援	无配套标准	√ 紧急呼叫系统 eCall Regulation(EU) 2015/758	无配套标准
	道路最高限速	√ 高速 80 或 100km/h	√ 高速等大部分 90km/h，强制安装限速器	√ 部分 90 或 100km/h 等多种，加州 90km/h
	车辆限速	√ GB 7258（危险品运输车限速 80km/h）	√ 92/6/EEC（N2 和 N3 类限速 90km/h）	√ FMVSS No. 140（GVW 大于 11793kg 的载货汽车限速 92km/h，目前尚处于草案阶段）
	治超	√ 各地方不统一，且以罚款为主	√ 严格（对驾驶人、公司、货主等处罚，严重职业禁入）	√ 严格（对驾驶人、公司、货主等处罚，严重职业禁入）

（二）标准法规的颁布实施缺乏统筹管理

中国品牌商用车标准体系已有一定的模式，有许多标准可遵循。从标准重要程度来看可分为强制性标准、推荐性标准，从标准制定来看可分为国家标准、部委标准、行业标准、企业标准、地方标准、团体标准，从标准应用来看可分为整车标准、总成标准、零部件标准等。汽车成为一个由多项标准管控的具有明显法规特征的产品。从汽车标准法规的演变过程来看，核心标准都是围绕安全、环保和节能三大主题不断完善和提升的。整体上，标准法规引领中国品牌载货车向欧盟、北美、日韩等国际一流产品发展。

以环保法规为例，我国开始实施“国一”排放标准是 2001 年，“国二”排放标准是 2004 年，“国三”排放标准是 2008 年，“国四”排放标准是 2015 年，“国五”排放标准是 2017 年，“国六”排放标准是 2021 年，从“国一”到“国六”仅用了 20 年时间，达到与欧盟同步的水平，排放标准法规实施时间详见表 12-2。

表 12-2　中国与国际排放标准法规实施时间对比

<table>
<tr><th>年度</th><th colspan="2">中国</th><th colspan="2">欧盟</th><th colspan="2">美国</th><th colspan="2">日本</th></tr>
<tr><td>2001</td><td rowspan="3">国一</td><td rowspan="3">NO_x：8.0
PM：0.36</td><td rowspan="4">欧III</td><td rowspan="4">NO_x：5.0
PM：0.10</td><td rowspan="3">EPA1998</td><td rowspan="3">NO_x：5.43
PM：0.14</td><td rowspan="2">JP97</td><td rowspan="2">NO_x：4.5
PM：0.25</td></tr>
<tr><td>2002</td></tr>
<tr><td>2003</td><td rowspan="2">JP2003</td><td rowspan="2">NO_x：3.38
PM：0.18</td></tr>
<tr><td>2004</td><td rowspan="4">国二</td><td rowspan="4">NO_x：7.0
PM：0.15</td><td rowspan="3">EPA2004</td><td rowspan="3">NO_x：3.40
PM：0.14</td></tr>
<tr><td>2005</td><td rowspan="3">欧IV</td><td rowspan="3">NO_x：3.5
PM：0.02</td><td rowspan="4">JP2005</td><td rowspan="4">NO_x：2.0
PM：0.027</td></tr>
<tr><td>2006</td></tr>
<tr><td>2007</td><td rowspan="3">EPA2007</td><td rowspan="3">NO_x：1.63
PM：0.014</td></tr>
<tr><td>2008</td><td rowspan="7">国三</td><td rowspan="7">NO_x：5.0
PM：0.10</td><td rowspan="5">欧 V</td><td rowspan="5">NO_x：2.0
PM：0.02</td></tr>
<tr><td>2009</td><td rowspan="7">JP2009</td><td rowspan="7">NO_x：0.7
PM：0.01</td></tr>
<tr><td>2010</td><td rowspan="13">EPA2010</td><td rowspan="13">NO_x：0.27
PM：0.014</td></tr>
<tr><td>2011</td></tr>
<tr><td>2012</td></tr>
<tr><td>2013</td><td rowspan="10">欧 VI</td><td rowspan="10">NO_x：0.4
PM：0.01</td></tr>
<tr><td>2014</td></tr>
<tr><td>2015</td><td rowspan="2">国四</td><td rowspan="2">NO_x：3.5
PM：0.02</td></tr>
<tr><td>2016</td><td rowspan="7">JP2016</td><td rowspan="7">NO_x：0.4
PM：0.01</td></tr>
<tr><td>2017</td><td rowspan="4">国五</td><td rowspan="4">NO_x：2.0
PM：0.02</td></tr>
<tr><td>2018</td></tr>
<tr><td>2019</td></tr>
<tr><td>2020</td></tr>
<tr><td>2021</td><td rowspan="2">国六</td><td rowspan="2">NO_x：0.4
PM：0.01</td></tr>
<tr><td>……</td></tr>
</table>

每一次排放标准升级切换，整车、发动机、系统、零部件都要做接近全新的研发、试制、试验、认证等工作。建议面向未来10年，统筹规划安全、环保和节能等方面的重大标准法规的实施节奏，在法规实施时间上进行统一，以便整车企业制定本企业产品预研、开发、投放节奏，降低企业研发、试制、标定、试验、生产准备、认证等的人员、费用、资源等投入，实现精准、精益的集约化研发模式。释放企业潜力，激发企业活力，支撑企业构建预研一代、开发一代、生产一代的研发格局，引领中国品牌车企加大技术创新与突破力度，扩大产品成熟与领先优势，突破关键核心技术，为中国品牌载货车迈向全球市场营造有利条件。

（三）新能源标准法规建设需要完善

自2009年开展“十城千辆”示范推广试点以来，中国品牌中重型新能源载货车产业发展取得了长足进步，产业规模全球领先；产品技术水平接近国际先进水平，部分技术指标国际领先。但在当前阶段，中国品牌中重型新能源载货车还未达到完全成熟的水平，电池热失控、充电自燃、操作失灵、动力不稳等问题时有发生，产品质量和安全性能遭到了部分消费者的质疑。经系统分析，造成新能源载货车产品质量和安全性问题的原因主要为以下两类。

1. 新能源载货车安全标准不完善

充电安全标准缺失、新能源汽车碰撞安全等重要标准不完善。

2. 新能源载货车管理规范不健全

新能源载货车在注册、年检、事故处理、报废等环节的具体管理规范不健全，产品安全事故风险防控体系有待进一步加强，主要涉及事前、事中、事后监管。

（1）事前监管。新车登记注册检测环节，对三电系统免检是暂时还是永久性的，在法规上没有明确说明。

（2）事中监管。在用车年检及驾驶员管理培训环节，新能源载货车6年免检后上线检测的装备、方法、技术判定、结果输出物等管理规范尚未明确；新能源车老旧、损毁、报废的认定标准、处置程序尚未明确；新能源车司乘人员在使用、维护、应急处置、备灾方法设备等方面的培训、教育、检验尚未明确。

（3）事后监管。交通事故救援、现场处置与调查取证、责任判定与司法鉴定环节，急需制定相应处置手册、行动规范、技术标准、执法司法准则。例如，新能源汽车事故处理工作缺乏针对性的操作规范，按照现有针对传统车事故的处理流程处理，存在发生二次伤害的风险。

二、市场端存在的问题及挑战

（一）市场竞争秩序混乱

2020年，与载货车运力需求直接相关的公路货运量和公路货运周转量两项指标同比降幅均超过20%，但商用车销量首次突破500万辆，同比上升11%。在“活少车多”的情况下，安能、壹米滴答、中通快运、韵达快运、百世快运、商桥等商用车物流企业纷纷打出 5～7 折不等的优惠；占公路货运 70%以上的小车队和个体运营商议价能力弱、空载率高，为提高单车运力和盈利能力，部分客户选择超载超限产品，为迎合客户需求和提升市场占有率，行业中部分企业通过低价销售一些法规“擦边球”产品，甚至“大吨小标”的违规产品，抢占合规经营企业的市场份额，导致载货车市场竞争无序的乱象。

部分货运场和货车驾驶人，为多拉货物、降低物流成本，对在用车进行非法改装，在完成车辆注册登记后私自改变车辆的尺寸、外形、功能和结构等。例如，自卸车增加货厢高度、长度和宽度，加强货箱结构强度，更改轮胎规格，增加钢板弹簧数量等；搅拌车更换罐体等；甚至改变车辆主要总成部件，更换与原车型不一致的发动机、变速箱、车桥或者车架，擅自更换车身。这些非法改装车辆给交通安全带来隐患。行业主管部门对生产一致性主要通过通报、约谈、抽查等方式进行监管，对严重违规问题发布暂停或撤销相关产品公告，处罚力度相对较小，导致违法成本较低，不利于形成良好的市场竞争环境和汽车产业的高质量发展。

（二）市场需求增长内生动力不足

1. 法规升级延长了车辆更换周期

2020 年，中国载货车销量暴涨，主要来自“国三”淘汰、“国四”限行、超载超限治理及按轴（车）收费等政策的强力支撑，需求呈透支状态。2021 年，“国六”排放标准、三阶段油耗、达标车型（配置 ESC、AEBS）等法规实施，整车价格增长 10%左右，导致客户的购车成本增加，成本回收周期延长，车辆更换周期将由 3～5 年延长到 4～6 年，直接影响车辆更新需求，减少市场需求总量。

2. 国际品牌在国内建厂加剧竞争

商用车股比放开，斯堪尼亚在江苏如皋的工厂计划于 2022 年正式投产，产能为 5 万辆/年，未来将按照市场需求逐步调整产能，力求成为斯堪尼亚高端卡车的生产中心。沃尔沃于 2021 年宣布国产化战略，意欲收购江铃重汽，利用其生产线生产沃尔沃产品。中外车企遭遇战将在 2022 年国际车企第一批车下线后正式打响；2025 年后，中国载货车市场的竞争将进入白热化阶段。

3. 国际形势、经济状况制约海外市场突破

从宏观经济来看，我国通过推行“双循环”战略，将支撑 2021—2025 年 GDP 实现 5%以上的中速增长，由此，我国经济进入新的调整期，GDP 对于国内商用车销量增长预计难以起到支撑作用。全球疫情短期难消、国际局势不明朗、全球经济复苏进程延迟、全球供应链重构等影响下，中国品牌载货车出口量将受到不利影响。

目前，股比放开，国内竞争加剧；法规趋严，价格增长；运输结构优化，运输效率提升，国内载货车市场增长乏力。各车企需提升对海外市场的重视程度，突破短期内疫情、政治、经济等方面的不利因素，扭转当前海外研发、生产、营销、服务等布局零散的现状，制定系统化、规模化的海外战略规划，加速“走出去”步伐，进一步提升海外市场销量。

4. 多式联运发展抑制载货车需求

《国家综合立体交通网规划纲要》指出：到 2035 年，基本形成国内 1 天送达、周边国家 2 天送达、全球主要城市 3 天送达的“全球 123 快货物流圈”，大幅提升多式联运占比、换装效率（多式联运换装 1 小时完成率 90%以上），运输结构更加优化，物流成本进一步降低。推动不同运输方式之间邮件及快件的装卸标准、跟踪数据等有效衔接，实现信息共享。发展航空快递、高铁快递，推动邮件快件多式联运，实现跨领域、跨区域和跨运输方式顺畅衔接，推进运输全程透明化。运输结构调整、运输效率大幅提升、运输成本降低，将带来公路运输货运周转量的减少，抑制载货车的市场需求量。如图 12-3 所示为公路货运周转量占比变化趋势及预测。

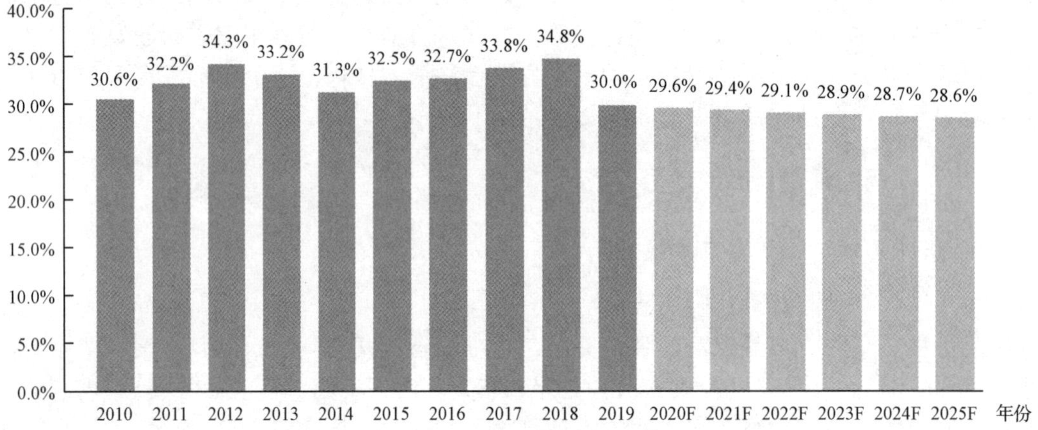

图 12-3　公路货运周转量占比变化趋势及预测

数据来源：国家信息中心

（三）经营性租赁市场占有率有待提升

载货车经营性租赁在欧美国家和地区是相对成熟的市场，渗透率达到 25%；而与此相应的是，载货车经营性租赁在我国还属于新兴金融模式，渗透率不足 1%。租赁模式可以在一定程度上消除货源、运价波动的影响，进行风险分摊，结合租赁的方式可灵活调整用车数量需求和租期安排，还可以规避政策给物流企业的载货车资产配置带来的不确定因素。节能、环保、安全等法规趋严，不仅导致部分承运公司淘汰大量车型，也会使承运公司做出一些非理性的购车行为，带来资产的错配和浪费。2020 年，头部快递公司纷纷大规模购车，以应对 1 月 1 日开始实施的按轴（车）收费政策。全国开始实施黄标车淘汰、“国三”排放标准车型淘汰，导致物流企业的用车成本不断飙升。经营性租赁模式下，物流企业只有车辆使用权，租赁期 3～5 年不等，能很好地规避政策带来的影响。2019 年 4 月 21 日，国务院办公厅转发交通运输部等部门的《关于加快道路货运行业转型升级促进高质量发展的意见》，鼓励货车租赁、挂车共享与接驳甩挂。同时，物流企业开始向“轻资产”运营方向靠拢。未来物流企业对车辆管理解决方案的需求将不断增加，经营性租赁作为车辆资产管理的一种方式，将会被越来越多的企业选择。

经营性租赁淘汰的二手商用车还面临诸多问题亟待解决，如流通企业整体规模偏小，二手车交易过程中信息不透明，缺乏金融服务支撑，再制造体系、售后服务体系缺失，配件供应体系有待完善，交易环境和设施都相对落后，整车企业对二手商用车的认证体系不完善，二手商用车评估体系有待建立等。

三、企业端存在的问题及挑战

（一）资金周转困难，企业经营压力大

汽车产业正处于传统领域向新兴领域过渡、跳转的时期，各企业为保证可持续、高质量发展，大力投入产品和技术研发、生产制造、营销推广等费用。同时，人工成本逐年上涨，行业持续增长动能不足，企业净利润下滑，经营压力加大。

从资产负债率来看，2020 年我国汽车制造业这一指标处于高位。亏损企业数量为 3245 家，也处于历史高位。在这个过程中，会有部分企业破产和淘汰，行业将进一步整合，吸引优质资产进入汽车产业，推动我国汽车工业做强。如图 12-4 及图 12-5 所示分别为我国汽车制造业资产负债变化和亏损企业情况。

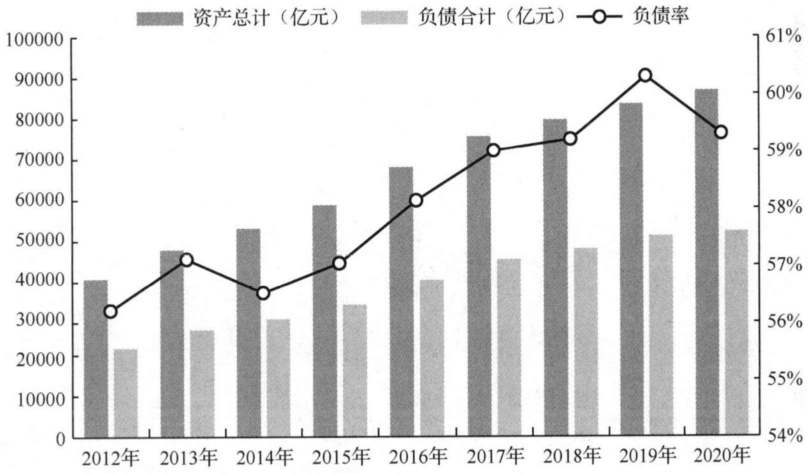

图 12-4　我国汽车制造业资产负债变化

数据来源：国家统计局

注：含乘用车企业。

（二）研发投入低，创新能力不足

经过几十年的发展，中国载货车企业研发投入保持平稳增长，但大多数企业研发投入占总收入的 5%以下，研发创新能力整体不足，突破核心技术能力仍薄弱。一方面，由于产品同质化竞争严重，企业盈利能力低，企业对产品研发投入少；另一方面，由于载货车零部件产业集群空间分布不集中，未有效形成整车配套优势和专业化集聚效应，使得企业利润下降，进一步压缩企业对产品研发的投入。车企极易进入“研发投入低—产品同质化—价格战—利润低—研发投入低”的恶性循环中。同时，零部件企业研发投入不持续，整车协同开发能力弱。整车及零部件协同创新开发处于初级阶段，整车、零

部件企业协同开发与合作交流不足。整车开发要求技术、品质不断升级，但对零部件企业缺乏有效的引导和支持，导致零部件企业技术滞后，无法匹配整车企业发展节奏。整车企业与零部件企业的配套关系不稳定，使得处于弱势地位的零部件企业缺乏持续研发投入的动力和信心。

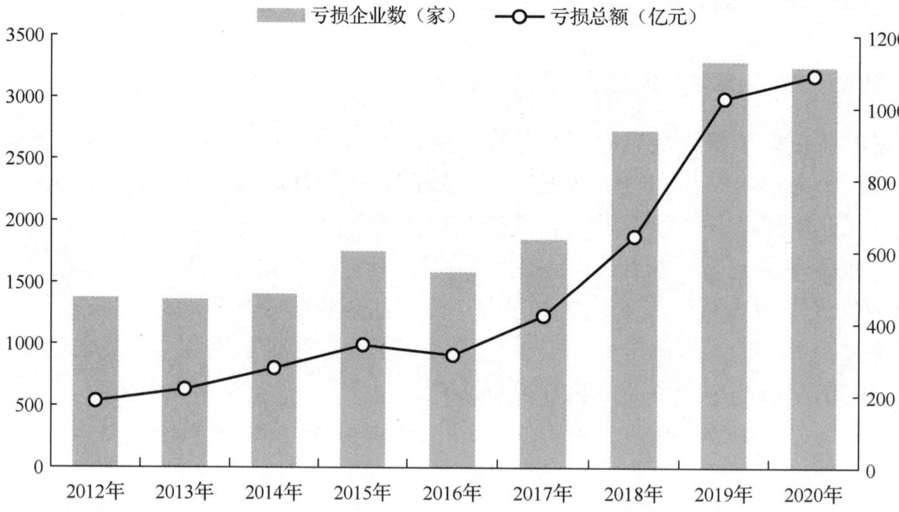

图 12-5　我国汽车制造业亏损企业数量及亏损额

数据来源：国家统计局

注：含乘用车企业。

（三）自动化制造水平低，智能制造待建立

载货车自动化、智能化水平整体较低，驾驶室焊装、喷涂应用自动化较多，总装仍然主要依靠人工。生产不均衡，存在较大的波峰波谷状态，导致人员的数量、技能水平极不稳定，对工人队伍的技能状态很难有长远的规划，导致产品制造质量不稳定。由于产品种类多、结构变化大、生产效率低，现场组织难度加大。新能源汽车、智能汽车的生产、试制、试验、检测等设备设施投入滞后，工艺技术人员能力不足，缺乏培养机制，严重影响了新能源汽车及智能汽车的技术进步。

（四）营销服务创新不足，缺乏价值驱动的商业模式

当前，中国车企在营销领域的创新多倾向于通过电商化、数字化等手段，实现品牌线上传播声量的放大和销售线索的引流转化，意在提高新车销售和售后维保的客户价值。但总体上，新车销售和售后维保的客户价值实现度不高，且仅覆盖了客户全生命周期价值点的一部分，在品牌传播、产品体验、二手车、汽车金融、数字化消费、移动出行等众多价值点上的营销创新仍有待深入推进。

未来，车企需通过“升级客户、升级渠道、升级产品”三大战略，加快实现从“销售产品”向“经营客户价值”的营销模式转变。其中，“升级客户”战略强调构建基于价值驱动的客户生态运营能力，涵盖品牌体系内的核心客户与品牌体系外的潜在客户（竞

争对手、供应商、互补品等)；“升级渠道”战略指整体上的传统经销商体系急需改造升级，尤其是线上渠道经营需补足，形成全渠道的网络覆盖能力，以充分满足客户的产品需求和服务需求；“升级产品”战略指将从工程技术视角打造产品转变为更多基于最佳客户体验的产品竞争力。

四、产品端存在的问题及挑战

（一）行业资源整合不够，阻碍产品创新进度

行业资源整合不够，高校、科研机构、企业缺乏“产学研用”合作，企业过分看重与销量有关的技术应用，对基础研究和关键技术的重视和投入不足。企业间的合作和共享不畅通，缺乏技术交流、共创、共享，使得新技术的获取速度、途径有限，在一定程度上阻碍了产品创新进度和幅度。在市场增长乏力但新技术、新产品快速发展的阶段，中国品牌载货车必将形成技术共创、共享的开发机制。

（二）技术创新不足，关键核心技术掌控少

目前，企业研发费用投入不足，缺少研发人员及国际顶尖研发领军人才，缺乏技术经验积累，能力有待提升，关键核心技术需要突破。

柴油发动机电控系统及集成式后处理系统研发能力有待提升。在柴油发动机电控系统方面，仍严重依赖国际供应商的技术和产品支持；在柴油发动机集成式后处理系统方面，核心技术被国际公司垄断。

在新能源汽车的燃料电池电芯和双极板、氢动力发动机、混合动力的整车驱动及热管理控制、制动能量回收控制方面缺少自主技术。

智能网联汽车需要突破的技术包括自动驾驶软件，感知、融合及规划算法，人机交互系统，一体化解决方案；基于 5G 的智能车路协同平台架构，5G 基站与北斗基站共站地址的电磁兼容等关键技术；高精度定位系统，全天候、全覆盖的交通环境多元异构的融合感知系统；车载环境感知系统，车辆自主感知与智能决策技术等。

第四节　中国中重型载货车产业发展建议

一、改善管理环境

目前，载货车产业由工业和信息化部、生态环境部、交通运输部、市场监管总局、公安部、国家发展和改革委员会等共同管理，有的管理标准不统一、同一标准的实施时间不一致，企业应对困难，“多头管理、九龙治水”是产业长期存在的问题。加速推进国务院“放管服”改革工作，统一执行国家标准，统一由一个部门牵头管理，企业参与相关标准制修订和管理政策制定工作，结合产业发展实际情况，在疫情时保证产业链、供应链安全，油品、尿素和基础设施同步升级，保证政策标准科学有效实施，促进产业高质量发展。

简化事前审批，加严事中、事后监管，改善执法环境，统一执法标准，提高企业违

法成本，引导企业合法合规经营，鼓励技术和规模领先企业带动行业发展。

鼓励企业创新，支持企业研发创新产品，应用新结构、新材料的新产品和突破技术瓶颈产品等。在保证安全的情况下，通过管理政策给予支持，与现行管理标准不一致的条款给予豁免，采用灵活方式加快产品准入，鼓励先行先试，形成良好的创新环境。

二、推进产业加速整合

随着生产一致性管理日益严格，企业依法合规经营。同时，安全、环保、节能法规标准持续升级，载货车产业准入门槛大幅提升。竞争发展需要提高效率和降低成本，因此，企业向数字化转型是必然趋势。由于传统核心业务利润率出现结构性下滑，新兴领域需要大量持续性投资，企业的成本压力飞速上升，需要通过规模化摊平研发成本。这种发展方式有利于技术和规模领先的企业，符合优胜劣汰、适者生存的客观规律。未来产业的集中度将进一步提高，单一工厂年生产规模在 2 万辆以下的传统企业经营将越来越难，将被整合或转型退出。中国中重型载货车现有产能远大于未来 100 万～130 万辆的年市场需求，产能过剩现象突出。预计到 2030 年，国内中重型载货车制造将集中在 3～5 家先进企业集团，产业集中度达到 95%以上。

整合各种资源优势，采用“产学研用”相结合的方式，重点支持汽车电子和控制软件、新材料新工艺等领域的技术开发，形成国家、行业和企业的多级技术研发平台。大力发展新能源及节能、智能、网联等领域的科技企业孵化器，形成形式多样化、投资主体多元化、管理服务网络化的科技体系。国家投资或组织骨干企业联合行动，构建多种形式的联盟，开展共性技术或产品的联合攻关。充分借鉴大众与福特合作开发皮卡，奔驰与沃尔沃成立合资公司开发燃料电池等合作模式，这些模式不仅能够有效节约双方的研发成本，并且在全球经济下行压力俱增的大环境下，有利于两家公司在可行的时间框架内实现绿色协议目标。

三、直面国际化竞争

中国载货车品牌国际化发展历程分三个阶段，第一阶段为 1980—2000 年，属于技术引进阶段，改革开放初期，中国品牌商用车技术相对落后，以引进、购买外资技术为主。第二阶段为 2000—2020 年，属于合资合作阶段，中国加入 WTO 后，商用车迎来了第二波合资合作潮，重汽、福田、东风等企业先后与欧盟知名商用车企业合资合作，吸收先进技术和管理经验。第三阶段为 2020 年以后，2020 年取消商用车外资股比限制，斯堪尼亚在国内独资建厂，有的合资合作企业将推出合资品牌产品，带动商用车向高端化发展，参与国际竞争。如图 12-6 所示为中国商用车品牌国际化发展历程。

近几年，京东、顺丰等大的物流公司追求车辆运输时效性，采购欧盟知名商用车企业产品。中重型载货车需求量在 2017 年跨上了 130 万辆平台，2020 年市场需求 178 万辆，创历史新高。未来，市场需求预期回归平稳，国内存量竞争更加激烈，国际化竞争态势凸显。

面对国际化竞争，中国品牌商用车企业应继续巩固和强化需求把握精准、成本控制细致、产品定制灵活、渠道覆盖全面等优势。重点是开展自主创新，持续提升产品竞争力，打造高品质产品，抢占高端市场，形成中国制造口碑。电动化、智能化、网联化、共享化是汽车产业发展的方向，中国的环境更有利于“新四化”发展，要把握机遇，突破技术瓶颈，快速实现能源转型、智慧转型、数字化转型。营造开放合作环境，借鉴先进的经验和成果，为我所用。在技术、产品、生态等方面进行合作，这样才能与合作伙伴一起实现可持续发展和共赢。

图 12-6　中国商用车品牌国际化发展历程

数据来源：公开资料整理

四、加速“走出去”步伐

“十四五”国家汽车工业发展规划提出，2025 年，国内 1～2 家汽车企业进入全球汽车企业排名前 10 强，1～2 个品牌进入全球汽车品牌价值榜单前 15 名。

从市场维度、竞争维度、自身发展维度来看，市场周期性风险、客户需求升级、股比放开竞争国际化、本土存量竞争难寻突破等因素都驱动中国载货车急需“走出去”。全球载货车销量与各区域的宏观经济、政策法律、运输结构等密切相关，受商业周期影响，各区域商用车销量波动不一，尤其在全球经济动荡中呈现的区域互补，有利于风险对冲。中国载货车市场虽然规模稳居全球前列，但缺乏价值空间，企业的盈利性面临很大的挑战，北美和欧盟仍为全球最大利润池，且中国市场利润增长落后于全球平均水平。中国载货车历经多年发展，整车性能、可靠性与欧美产品的差距日益缩小，同时保持了较大的价格优势。随着技术水平和产品质量不断提高，提供全价值链的综合解决方案能力不断提升，开始与欧美传统品牌载货车在许多细分市场同台竞技，结合“一带一路”倡议的推进，将加速中国载货车“走出去”的步伐。

中国载货车企业“走出去”的路上，布满荆棘。首先，要加速高端化、高品质化进程，提升产品质量，打造产品口碑，树立品牌形象；其次，要组建自有品牌销售网络，布局配件中心，提升售后服务水平，以完善的营销、服务体系给客户良好的使用体验；最后，要针对客户需求进行市场细分化和专业化开发，深入客户用车一线、发现问题、改进问题，构建价值驱动的产品体系，不断增强与客户之间的信任度和品牌黏性，帮助客户降低运营成本，提高产品全生命周期收益，实现中国载货车与海外客户合作的多样性和长期性，为客户创造价值，达到互利共赢、抢占海外市场的目标。

五、创新驱动，掌握关键核心技术

随着“国六”排放标准全面实施，企业创新驱动，掌握关键核心技术迫在眉睫。一些技术瓶颈问题摆在我们面前，加之国际新冠肺炎疫情存在不确定性和复杂性，导致采购成本高、供应链紧张等严重问题。这些问题都制约了中国载货车的高质量发展。瓶颈技术要不来、买不来、讨不来，唯一的出路是国家政策支持，企业加大技术投入，吸引领军人才，勇于创新，上下求索，久久为功，不断突破，把关键核心技术掌握在自己手中。

六、坚持绿色发展

坚持绿色发展是国家的五大发展理念之一。商用车是污染源之一，中国品牌商用车企业责无旁贷，应当率先垂范加快绿色发展。

带头严格执行国家排放标准，开发应用环保材料，加大产品技术投入和创新，持续推进节能减排，柴油机热效率提升到接近 50%，提高天然气载货车产销比例，大力发展新能源车，纯电动、混合动力、燃料电池三条技术路线并举，探索多种商业模式。利用车联网加强生态创新，打造绿色生态。

加大制造技术投入和创新，优化工艺，提升物流效率，提高劳动生产率，淘汰落后产能，发展智能制造，建设绿色智能工厂。

七、产品向高端化发展

随着国家物流枢纽建设完善、高速公路按车（轴）收费实施，车辆通行效率提升，高速公路上平均车速提升，全社会物流效率将显著提升，对载货车性能和品质的要求更高，促进载货车向高端化发展；国内载货车客户结构发生变化，“80/90/00 后”成为驾驶人主体，对高品质车辆需求提升；随着国家运输结构调整，持续推进“公转铁、公转水”，将逐步淘汰部分中低端商用车，高端物流载货车和专用车市场将稳步增长。

合资合作车企的高端车型陆续国产化，纷纷推出高端产品，能够满足高端客户的需求。2020 年，平地板、AMT、天然气、节能减排、高 B10 寿命等要素产品比例提升，在具体产品表现方面，牵引车将向大马力、高可靠、轻量化、高品质方向发展；载货车将向轻量化、大马力、专属化方向发展；自卸车将向轻量化、大马力、高品质、专属化方向发展；专用车将向轻量化、专属化、清洁能源方向发展。客户需求和技术进步推动中国品牌商用车向高端化发展已成必然。

八、产品向智能网联化发展

从道路交通安全来看，2019 年我国道路交通事故万车死亡人数为 1.8 人，同比降低 6.7%，道路交通安全形势仍不容乐观，车辆作为道路交通三要素中至关重要的一环；从重型载货车全生命周期成本来看，我国驾驶人工资支出占总使用成本的 25%～30%，随着人均收入的增长、人口老龄化的加速，驾驶人的工资支出占比将越来越高；从驾驶人的工作强度来看，大多数驾驶人每天驾驶超过 12 小时，每月出勤超过 25 天，工作负荷大；从驾驶人年龄结构来看，2020 年我国载货车驾驶人平均年龄为 37 岁，45 岁以下占比近 80%，“80/90 后”的驾驶人是中坚力量，基本上是倡导优生优育生育观念下的独生子女，家人及本人对车辆安全的关注度排名首位。

为提高道路交通安全性，保护驾驶人、司乘人员及货物安全，急需大幅提升车辆主动、被动安全性；为降低驾驶人工资支出，提高物流企业及个人的盈利能力，需要减少驾驶人数量；为降低驾驶人的驾驶疲劳强度，需匹配智能化配置。2020 年，国家发展和改革委员会、工业和信息化部等 11 个部委联合发布《智能汽车创新发展战略》，首次将智能汽车提高到国家战略层面，进一步强调智能化与网联化协同发展，明确我国市场化主导、开放合作、培育智能汽车创新发展平台等新型市场主体，智能汽车将通过单车智能加车联网的模式实现自动驾驶。政策导向叠加汽车“新四化”进程加速，ADAS（Advanced Driving Assistance System，高级驾驶辅助系统）渗透率有望大幅提升。目前，ADAS 正处于从 L2 向 L3 渐进发展的阶段。例如，一汽解放在 2020 年对外发布量产 L3 自动驾驶重型载货车，东风商用车和中国重汽将在 2021 年年底前量产交付 L3 自动驾驶重型载货车，高等级自动驾驶商用车在港口、园区等限定区域下开始商业化应用等。同时，随着国务院发布《交通强国建设纲要》，各地方政府正在大力推进 5G-V2X 等基础设施建设，车联网的加速发展将逐步实现跨行业融合技术突破，进一步实现车与车（V2V）、车与路（V2R）、车与互联网（V2I）、车与人（V2P）之间的通信，车辆可拥有更丰富的信息来源。单车智能加车联网协同的模式将大大提升车辆安全性，车辆可实现提前预警、主动控制、紧急制动、智能驾驶决策和计算云端冗余等一系列保证驾驶安全的功能。

九、持续优化全生命周期成本

随着快递物流业快速发展，法人客户逐渐增多，车队规模及专业化程度提升，对综合性服务能力要求提高，倒逼中国载货车提升综合竞争力。散货驾驶人被线上平台集聚，中国载货车提供全价值链的综合解决方案能力日益凸显。中国载货车企业由商用车制造销售企业向一体化运营服务提供商转型是大势所趋。中国载货车企业要坚持以客户为中心，以产品和服务为主线，以创新为动力，以人才为根本，优化全价值链产品和服务，提供全生命周期收益最优的一体化物流解决方案，创造更多价值，实现社会、企业、客户和谐共赢发展。

十、全面深化改革

全面深化改革是国家“四个全面”战略布局之一，《国企改革三年行动方案（2020—2022 年）》的出台，明确了国企改革的目标、时间表、路线图，坚定了国有企业市场化改革方向，建立了现代企业制度，坚持机构能增能减、干部能上能下、员工能进能出、收入能多能少的改革原则。中国载货车国内竞争国际化、加快“走出去”步伐，需要进行现有体制和机制改革，实现管理制度与国际接轨。中国载货车企业应攻克技术瓶颈，匹配高质量发展需要，鼓励创新和“多打粮食”、绩效“赛马”，激发活力，释放潜能，调动广大员工的积极性和创造性，增强员工使命感、责任感，撸起袖子加油干，为企业做出新的更大的贡献，促进中国载货车高质量发展。

第十三章　2020 年中国专用汽车产业与技术发展分析

姜春生，伍丽娜，张帆，陈韬*

摘要：本章综合阐述了 2020 年中国专用汽车产业特征和市场发展概况，详细剖析了专用汽车产业现存问题，重点介绍了专用汽车产业产品技术和生产线工艺领域的新技术及应用情况，从轻量化、制造技术升级、网联化及新能源化四个方面对专用汽车产业技术发展情况进行论述。

关键词：专用汽车；市场概况；产品技术；存在问题；技术发展。

第一节　2020 年中国专用汽车生产运行特征

一、专用汽车产业年度运行基本情况

2020 年，统筹疫情防控和经济社会发展取得重大成果，国民经济运行持续稳定恢复。据统计，2020 年，全国社会物流总额达 300.1 万亿元，按可比价格计算，同比增长 3.5%，推动我国专用汽车产业产销量保持较大幅度增长。在生产端，根据机动车出厂合格证数据统计，2020 年，我国专用汽车累计生产 190.2 万辆，同比增长 20.67%，占商用车总量的 34%；在销售端，专用汽车（含普通自卸车）实现销售 201.60 万辆，同比增长 23.2%。

2020 年，专用汽车（含普通自卸车）各类别销售占比如图 13-1 所示。2019—2020 年专用汽车（含普通自卸车）销售情况按类别统计如图 13-2 所示。

其中，仓栅类专用汽车累计销售约 46.61 万辆，同比增长 42.31%，占比为 23.12%。销量涨幅最大的仓栅类产品为畜禽运输车，全年累计销售 1.29 万辆，同比增长 133.91%。在国家政策法规影响下，运输专用化要求不断深入，贴近产品功能层面的专用化运输车辆需求旺盛。

厢式类专用汽车累计销售约 77.66 万辆，同比增长 23.23%，占比为 38.52%。销量涨幅最大的厢式类产品为救护车，全年实现销售 1.51 万辆，同比增长 110.75%。救护车作为院前急救环节的重要载体和最前线的应急救援装备，是公共卫生领域的重要装备，受疫情影响，其销量大幅增加。

罐式类专用汽车累计销售约 17.08 万辆，同比增长 25.15%，占比为 8.47%。销量最大的罐式类产品为混凝土搅拌运输车，累计销售 9.90 万辆，占比为 57.9%，销量增幅达

---

* 姜春生，汉阳专用汽车研究所高级工程师；伍丽娜，汉阳专用汽车研究所工程师；张帆，汉阳专用汽车研究所工程师；陈韬，汉阳专用汽车研究所高级工程师。

42.20%。依托于基建类项目纷纷落地，混凝土搅拌运输车市场需求旺盛，近年来一直保持快速增长的势头。

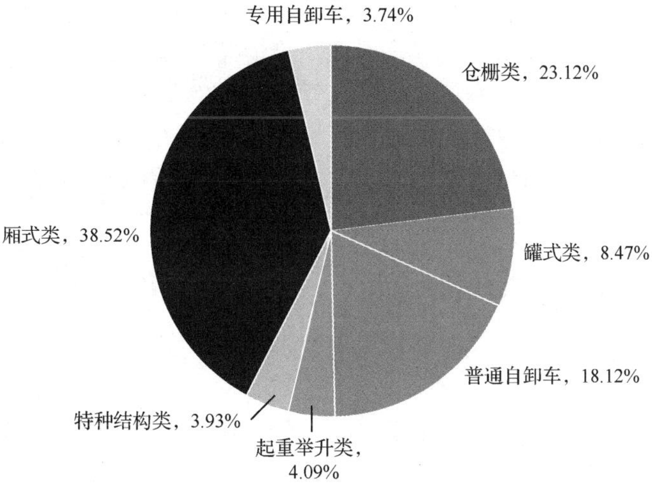

图 13-1　2020 年专用汽车（含普通自卸车）各类别销售占比

数据来源：中国汽车工业协会专用车分会

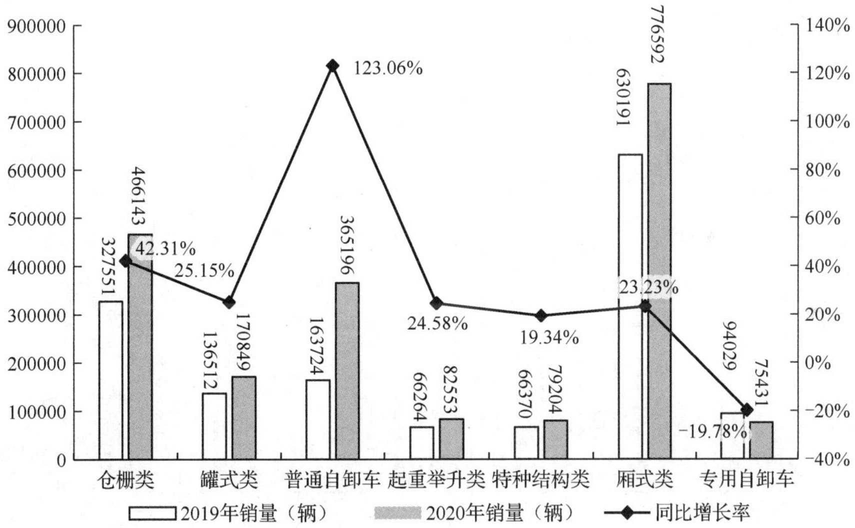

图 13-2　2019—2020 年专用汽车（含普通自卸车）销售情况按类别统计

数据来源：中国汽车工业协会专用车分会

起重举升类专用汽车累计销售约 8.26 万辆，同比增长 24.58%，占比为 4.09%。销量增幅最大的起重举升类产品为桥梁检测车，累计销售 212 辆，同比增长 72.36%。我国公路桥梁建设规模快速增长，管养单位对养护作业重视力度不断加大，进一步刺激了桥梁检测的市场需求。

特种结构类专用汽车累计销售约 7.92 万辆，同比增长 19.34%，占比为 3.93%。其中混凝土泵车实现销售 1.18 万辆，达到 76.84%的涨幅。在疫情防控取得阶段性进展之后，为拉动内需，基建类项目纷纷开工，促使混凝土泵车需求达到历史新高。

普通自卸车累计销售约 36.52 万辆，同比增长 123.06%，占比为 18.12%。普通自卸车一直以来均保持较高的增长幅度，近年来受“大吨小标”事件影响，各地政府部门把控力度加大，不断开展行业整顿工作，造成销量增幅有所放缓。

专用自卸车累计销售约 7.54 万辆，同比下降 19.78%，占比为 3.74%。销量涨幅最大的专用自卸车产品为纯电动自卸式垃圾车，涨幅达到 117.15%。各地各部门已明确城市类专用汽车产品逐步新能源化的发展方向，激发了新能源垃圾分类专用汽车产品的市场需求。（见图 13-1、图 13-2）。

二、专用汽车市场运行特征分析

（一）市场需求特征分析

从月度销量走势来看（见图 13-3），2020 年第一季度，正值春节期间且受新冠肺炎疫情影响，国内专用汽车企业生产经营活动大多停滞，市场需求也受到相应抑制。专用汽车在第一季度的销量大幅下滑，尤其是 2 月出现 72.64%的大幅下降。从 4 月开始，国内疫情逐渐得到控制，全国范围内复工复产，叠加国家基建投资力度进一步加大，大批基建类投资项目在复工后集中开工，专用汽车市场需求出现井喷式增长，尤其在 5—9 月，同比增幅均超过 60%。

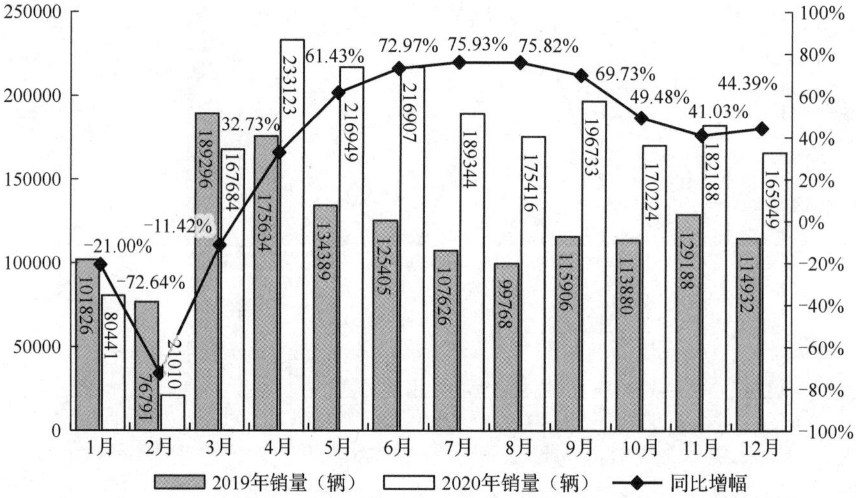

图 13-3　2020 年专用汽车（含普通自卸车）各月销量情况统计

数据来源：中国汽车工业协会专用车分会

在细分产品上，厢式类、仓栅类专用汽车产品一直以较高的市场需求占据专用汽车产销总量的较大份额。从 2020 年专用汽车产品销量排名上分析（见表 13-1），厢式运输车、仓栅式运输车销量依然占据前两位，且产业份额均在 20%以上。电子商务的迅速崛起推动了国内物流行业蓬勃发展，公路运输体制逐步健全，普通运输类专用汽车产品需求量逐年上升。

2020 年，翼开启厢式车的销量涨幅最大，实现 98.56%的增幅，翼开启厢式车具备普通厢式运输车的基本功能，又能满足多方向装卸的需求，近年来受到用户的青睐。此外，清障车销量也出现大幅上升，2019 年开始，河北各地对达到报废年限的汽车实行严格的报废处理，大批报废汽车需运往拆解厂，在一定程度上激发了清障车的市场需求，2020 年，清障车年销量达 2.17 万辆，同比上涨 52.50%。

表 13-1　专用汽车年销量排名前十位产品情况统计

序　号	产 品 名 称	2020 年（辆）	2019 年（辆）	增 长 率	行 业 份 额
1	厢式运输车	599582	454437	31.94%	36.32%
2	仓栅式运输车	449566	298302	50.71%	27.23%
3	混凝土搅拌运输车	98985	69608	42.20%	6.00%
4	冷藏车	71886	47909	50.05%	4.35%
5	汽车起重机车	54465	43107	26.35%	3.30%
6	自卸式垃圾车	31025	53237	−41.72%	1.88%
7	翼开启厢式车	29105	14658	98.56%	1.76%
8	随车起重运输车	22678	17762	27.68%	1.37%
9	清障车	21660	14203	52.50%	1.31%
10	绿化喷洒车	20050	16800	19.35%	1.21%

数据来源：中国汽车工业协会专用车分会

（二）产业区域竞争格局分析

据统计，2020 年专用汽车产品在全国范围内 31 个省市自治区实现销售（见表 13-2）。其中，销量排在前 5 位的区域分别是广东、山东、江苏、河北、河南，合计占比达到 40.5%。

以产品类别划分，普通运输类专用汽车产品，如厢式类、仓栅类产品销量排名前 5 位的区域合计占比分别达到了 47.15%、46.74%，销售区域主要集中在西南及中部地区，这与当地自然资源丰富尤其是农副产业发达有关，其产品外销需求旺盛，进一步刺激了对仓栅类专用汽车产品的需求。

工程建筑类专用汽车产品，如罐式类、普通自卸地产品销量排在前 5 位的区域合计占比分别达到了 46.22%、45.49%，销售区域主要集中在沿海及中东部地区，该区域经济较为发达，基础设施建设项目推进速度较快，形成了罐式类产品（如混凝土搅拌运输车、洒水车及普通自卸车产品）的需求市场。

作业类专用汽车产品如起重举升类、特种结构类、专用自卸类产品销量排在前 5 位的区域合计占比分别为 50%、43.5%、39.56%，销售区域主要集中在中东部地区，该区域地域面积较大，区域经济较为发达，在一定程度上推动了作业类专用汽车产品需求。

表 13-2　2020 年专用汽车销售区域统计

单位：万辆

区域	仓栅类	罐式类	普通自卸类	起重举升类	特种结构类	厢式类	专用自卸类	总计	占比
广东	3.00	1.97	3.29	1.35	0.63	14.00	0.46	24.70	12.25%
山东	4.28	1.23	2.22	0.60	0.76	6.47	0.77	16.32	8.10%
江苏	1.64	1.97	2.41	1.13	0.50	5.60	0.52	13.78	6.84%
河北	3.56	1.24	2.23	0.38	0.64	5.15	0.53	13.73	6.81%
河南	4.19	0.96	2.33	0.29	0.44	4.54	0.34	13.10	6.50%
浙江	0.84	0.92	3.83	0.24	0.36	5.40	0.34	11.92	5.91%
云南	6.49	0.42	1.26	0.24	0.26	1.47	0.24	10.38	5.15%
四川	3.26	0.64	2.53	0.33	0.29	2.05	0.29	9.39	4.66%
湖北	1.11	1.21	1.25	0.67	0.99	2.61	0.71	8.54	4.24%
湖南	1.62	1.43	1.27	0.22	0.40	2.27	0.31	7.51	3.72%
安徽	1.83	0.41	1.18	0.31	0.30	3.03	0.22	7.27	3.61%
广西	2.52	0.39	1.34	0.19	0.20	1.95	0.17	6.75	3.35%
福建	0.96	0.37	1.21	0.16	0.15	2.55	0.15	5.54	2.75%
江西	0.98	0.29	1.48	0.09	0.17	1.90	0.24	5.15	2.55%
贵州	2.27	0.18	0.84	0.10	0.09	1.26	0.25	4.98	2.47%
山西	1.18	0.45	1.17	0.20	0.22	1.43	0.23	4.87	2.42%
陕西	0.84	0.56	1.17	0.30	0.29	1.53	0.14	4.83	2.39%
辽宁	1.17	0.17	0.58	0.12	0.10	2.05	0.11	4.28	2.12%
重庆	1.48	0.19	0.98	0.15	0.13	0.91	0.30	4.15	2.06%
北京	0.24	0.27	0.50	0.07	0.16	2.34	0.11	3.70	1.83%
新疆	0.58	0.44	0.61	0.22	0.16	1.34	0.19	3.53	1.75%
甘肃	0.39	0.21	0.50	0.10	0.14	0.93	0.15	2.43	1.21%
天津	0.36	0.20	0.30	0.08	0.07	1.33	0.06	2.41	1.19%
上海	0.06	0.16	0.31	0.07	0.10	1.46	0.05	2.21	1.10%
吉林	0.40	0.14	0.32	0.06	0.21	0.94	0.09	2.16	1.07%
黑龙江	0.24	0.14	0.38	0.08	0.10	1.01	0.17	2.11	1.05%
内蒙古	0.28	0.14	0.43	0.12	0.11	0.87	0.13	2.07	1.03%
海南	0.52	0.11	0.16	0.04	0.03	0.41	0.06	1.33	0.66%
宁夏	0.25	0.07	0.08	0.26	0.03	0.36	0.02	1.07	0.53%
青海	0.06	0.06	0.15	0.06	0.04	0.34	0.06	0.75	0.37%
西藏	0.01	0.03	0.22	0.02	0.02	0.18	0.15	0.63	0.30%

数据来源：中国汽车工业协会专用车分会

（三）产业集中度分析

依据波特产业竞争理论，市场集中度低的产业产品一般具备几个属性或特征，如保质期短暂、储运成本过于昂贵、产品难以规模化生产、受原材料供应制约等。专用汽车产品大多具备专项作业功能，个性化、定制化需求明显，产品难以规模化生产，导致专用汽车产业集中度相对较低。

据统计，2020 年我国实现销售的专用汽车企业达 929 家，如表 13-3 所示。其中，仓栅类、普通自卸类专用汽车生产企业数相对较少，但年销量一直保持较高的水平，且多集中在各大主机厂，这与近年的“放管服”政策有关，产品生产资质多集中在各大主机厂中，企业平均销量比较高。厢式类专用汽车生产企业数量和销量均排在首位，这主要得益于近年来国内物流运输行业的高速发展，市场需求迅速扩大，各企业销量水平较高。起重举升类、罐式类、专用自卸类、特种结构类专用汽车为具有专项功能的作业类车辆，个性化需求较多，且具备一定的技术门槛，市场份额相对较小，各企业平均销量水平不高。

表 13-3 2020 年专用汽车企业销量统计

类　别	生产企业数量（家）	年度销量（万辆）	平均销量（辆）
仓栅类	120	46.61	3884
普通自卸类	102	36.52	3580
厢式类	515	77.66	1508
起重举升类	150	8.26	551
罐式类	339	17.08	504
专用自卸类	301	7.54	250
特种结构类	480	7.92	165

数据来源：中国汽车工业协会专用车分会

三、专用汽车产业生产特征分析

企业生产主要是面向市场，根据市场需求，企业的生产特征主要有四种，即备货生产（MTS）、订货生产（MTO）、订货组装（ATO）和定制生产（ETO）。其中备货生产、订货生产是最基本的生产特征，而订货组装、定制生产则是在前两种基本生产特征基础上的组合和混合。专用汽车产品功能用途不同，所面对的市场需求特征不同，企业生产特征也有所不同，整个产业生产特征较为复杂。

以产品功能划分，大多数专用汽车产品生产均符合订货生产类型，一般采用订单式生产，其中部分规模化生产的企业，产品型式逐步固定，逐渐从订货生产向订货组装的生产特征转变。

此外，公路运输类及一般工程建筑类运输车辆，如仓栅类、普通厢式类、普通自卸车、普通运输半挂车等，因市场需求较为稳定，且市场需求量大，从而生产计划的主动权较大，该系列产品的生产特征可归纳为备货生产类型，生产端可根据计划安排生产进度，保证一定的产品库存，以应对大规模的市场需求。

特别地，基于特定应用场景下的专用汽车产品市场需求，对产品个性化、定制化要求较高，该部分市场需求不具备固定的市场及用户，具有临时性、小批量的特点，该部分产品的生产特征属于定制生产。

第二节　中国专用汽车技术发展分析

一、产业新产品新技术情况

在产业政策推动和市场需求拉动下，各产业技术融合不断深入，轻量化、新能源、智能网联等新技术在专用车辆产品上得到了局部应用推广。近年来，具备新动能、体现新势力的专用汽车新产品和新技术应用不断涌现。同时，智能制造作为企业提质增效和转型升级的最直接有效的实施途径，不断推动企业效率品质提升，专用汽车企业通过进行工艺及生产线升级，并进一步探索产品数字化和智能化管理模式，借助生产装备升级，提高产品自动化生产水平，提升企业生产效率和产品品质。

（一）产业新产品及技术亮点分析

随着市场分工不断细化，专用汽车市场需求逐步朝着个性化、专用化、高效化方向转变。近几年来，专用汽车企业为准确把握市场动向，快速抢占市场先机，不断推陈出新，开发出面向特定应用场景下的新产品，并通过跨产业技术应用及融合，落实各产业技术在专用汽车产业的新应用，解决新需求下的产品适用性问题。

1. 配网高空带电作业机器人平台

为提高带电作业安全性，减轻操作人员的劳动强度，以及降低强电磁场对操作人员的人体损害，徐州海伦哲专用车辆股份有限公司适用性地开发出配网高空带电作业机器人平台（见图 13-4），通过在汽车底盘上安装升降臂架，升降臂架顶端安装带单作业机器人手臂，可实现操作人员在绝缘斗内或驾驶室内完成作业，并借助于人机交互作业实现目标定位，机器人自动完成压接、剥皮、断线、破母等作业（半自主式或自主式），降低带电作业人员劳动强度。产品技术亮点如下。

图 13-4　配网高空带电作业机器人平台

（1）通过多传感器融合定位系统，实现毫米级的导线准确识别定位，并运用人工智能技术，主动规划作业路径，高效完成作业任务。

（2）带电作业机器人单侧手臂长度超过 1.1 米，操作范围是人工作业范围的一倍以上，并且机器人手臂力量均衡，不受作业场地及环境限制。

（3）机器人在空中可达到近 300° 的可视空间，借助于控制系统反馈及自动扫描 3D

建模，作业过程中不受光线影响，即使在夜间也可正常带电作业。

目前，带电作业机器人只能从事简单的带电作业任务，如搭接开关引线作业类工作，未来带电作业机器人研发企业将重点拓展多场景、多回线路应用，使其具备带电断/接架空线路引线、带电安装验电接地环等更多功能。

2. 大件垃圾破碎车

为解决大件垃圾在收运过程中效率低、工艺复杂、成本高的问题，福建龙马环卫装备股份有限公司开发出大件垃圾破碎车（见图 13-5），通过机械臂自动上料、移动式破碎、车车对接技术实现大件垃圾的收集、处理、运输的一体化，有效地降低了大件垃圾的收运及处理成本，大大提高了大件垃圾的处理效率。产品技术亮点如下。

图 13-5　大件垃圾破碎车

（1）输送带折叠角度可调范围大，满足各类型不同高度转运车辆对接转运作业，破碎后的垃圾通过后置输送带直接转运至垃圾转运车内，作业效率高。

（2）安装了红外线防碰撞装置（见图 13-6），能够可视化监控整个作业过程，保证操作安全。

（3）采用双向螺旋式排布刀具（见图 13-6），低转速大扭矩切剪式破碎，破碎效率高，破碎效果好。

（a）红外线防碰撞装置　　（b）双向螺旋式排布刀具

图 13-6　大件垃圾破碎车的防撞及破碎装置

（4）配备自动除尘装置，破碎垃圾时自动开启，降低破碎时二次污染。

3. 隧道清障车

隧道内交通事故往往连环群发，且事故状态多样，而由于隧道空间的局限性，给清障救援工作带来很大的技术难度。在有限的隧道空间内，面对横七竖八、侧翻倒卧的事故车辆，难以开展即时有效的救援工作。为解决隧道里清障救援的难题，广东粤海清障车有限公司通过自主研发，设计开发出隧道清障车（见图 13-7），解决隧道空间限高的难题。产品技术亮点如下。

图 13-7　隧道清障车

（1）配装既可纵向滑动又可 360° 旋转的吊臂，保证吊臂在后向、侧向起吊时具有足够的长度，并通过优化设计，使吊臂可在约 30°～45° 的低变副角度就具有强大的起吊能力（见图 13-8）。

图 13-8　隧道清障车低变副角度作业

（2）吊臂上配装了多个绞盘，可在起吊拯救扶正事故车辆时，分别对事故车辆进行起吊、牵拉、放倒等操作，从而能安全快速地扶正侧翻倒卧的事故车辆（见图 13-9）。

图 13-9　隧道清障车扶正事故车作业

（3）配装有能在起吊作业时贴近地面伸展的下 H 型支腿，不仅对整车起支撑作用，还能比常规的上 H 型支腿省出救援空间，使事故车能贴近自身来翻转放正，从而解决了隧道横向空间不足的难题。

4. 绿化综合养护车

盈峰环境科技集团股份有限公司研发出集“绿化修剪破碎+碎枝收集+绿化浇灌”等功能为一体的绿化综合养护车，适用于城市道路、公路和公园景区等场景的绿化带修剪、收集和喷洒养护作业（见图 13-10）。该车具备修剪和浇灌等多种功能，可对绿化带进行自动修剪破碎、真空气力收集和残留枝叶冲洗，满足日常园林绿化综合养护的机械化需求。产品技术亮点如下。

图 13-10　绿化综合养护车

（1）作业效率高。采用高速旋转刀片对绿植进行修剪，修剪效率高，是人工修剪效率的 30 倍左右；修剪范围大，修剪高度覆盖 0.2～3.7 米，最大修剪宽度可达 1.3 米（见图 13-11）。

图 13-11　绿化综合养护车作业工况

（2）全方位修剪。五自由度修剪臂架（见图 13-12），可以实现车辆左右两侧修剪，以及绿化带的水平、垂直等多种角度位置修剪。

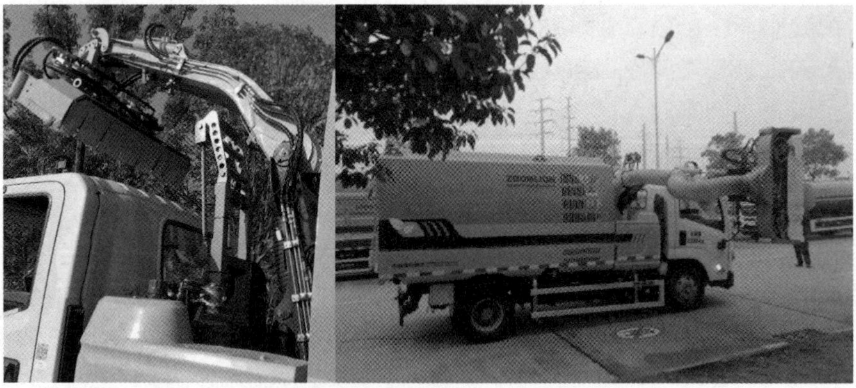

图 13-12　绿化综合养护车关键部件

（3）采用回转编码器和倾角传感器，实时监测臂架动态，安全可控。

（4）设计专用的臂架运动控制程序，一键实现臂架的自动展出和收回，以及刀盘的水平移动和上下移动。

5. 全地面起重机

徐州工程机械集团有限公司研发出全球首款可安装 140 米风机的全地面起重机（见图 13-13），工况覆盖能力广、作业效率高，创造了平均 1.5 天/台的风机吊装记录，全地面起重机应用车在工程应用领域大幅提升，在产品性能、转场能力等方面，超越了国际标杆水平，提升了中国产品在国际工程机械高端装备领域内的全球竞争力。产品技术亮点如下。

图 13-13　全地面起重机作业工况

（1）独创整机协同计算与大侧向刚度风电专用臂架技术，将轮式起重机风机安装高度从 110 米提升到 140 米，创造了轮式起重机风电安装的世界纪录。

（2）匹配六轴机械+二轴液压驱动，整机携带主臂、超起、支腿、风电臂总重 268 吨时，爬坡能力高达 30%，转场效率全球领先。

（3）专有新型开闭式结合液压系统，操作平顺，微动性好，搭载作业、行驶智能控制系统，安全可靠。

6. 新生儿救护车和脑卒中救护车

我国在 2017 年发布了《关于印发进一步改善医疗服务行动计划（2018—2020 年）

的通知》（国卫医发〔2017〕73 号），对加强院前急救体系的“五大中心”建设提出了明确要求，为院前急救领域救护车的专业化发展指明了方向。近年来，宁波凯福莱特种汽车有限公司研发生产了新生儿救护车（见图 13-14）和脑卒中救护车，并不断进行技术突破和产品更新。

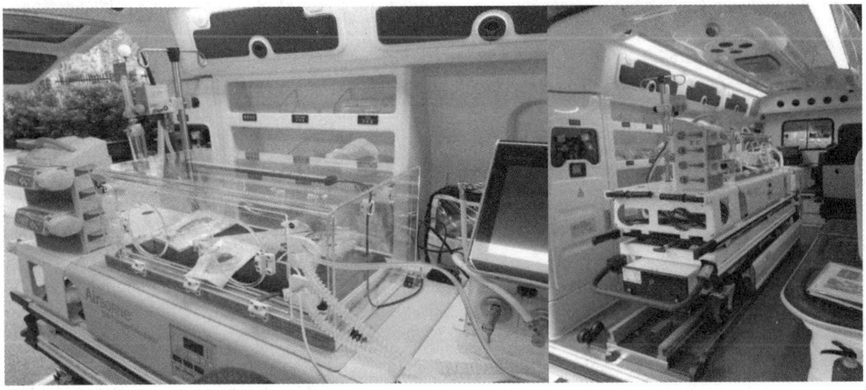

图 13-14　新生儿救护车

（1）新生儿生命保障集成系统研发。新生儿救护车采用电动担架搭载了婴儿暖箱、监护设备、抢救设备、集中供电/供氧装置。电动担架的应用极大减轻医护人员的工作强度，专业化集成系统的应用实现与医院救护的无缝对接，大大提高了新生儿长途转运的成功率，降低转运风险。

（2）院前急救移动 ICU 研发。脑卒中救护车搭载车载 CT、X 光等快速成像设备，以及电源管理系统等装置，相当于在院前急救救护车中设置了一个移动 ICU，能够在现场快速救治急症突发病人，极大提高此类病人的生存率。

7. 连续油管作业车

国内页岩气连续油管作业井深达 6000 米，水平段达 2000 米，中石化四机石油机械有限公司设计开发出的连续油管作业车（见图 13-15）可满足 0.07～6300 米连续油管移运，有效解决了恶劣路况通过性差的棘手问题，非常适合国内崎岖地区双车载大管径连续油管作业，满足国内页岩气、煤层气等非常规油气资源开采中连续油管射孔、打捞、冲砂、配合压裂、钻塞工程作业的需要。产品技术亮点如下。

图 13-15　连续油管作业车

（1）采用动力车和滚筒运输车分体布置的方式，减少整机重量、长度、转弯半径，实现油管容量的最大化（达到目前世界上常规底盘车最大缠管能力），提高整机移运性。

（2）下沉式安装油管滚筒，满足大管径、大容量连续油管缠绕运输，降低整机高度及重心。采用车橇两用结构，提高设备转场运输效率。

（3）配置数据采集系统一体化仪表，方便实现设备运行参数及作业参数的采集、存储和显示，并实时监控作业机各部件工作状态。

（4）集成在线检测装置，实现全天候对连续油管疲劳裂纹、椭圆度、壁厚及焊缝的实时高精度检测，并直观显示结果跟踪记录。及时发现油管缺陷，提升作业安全性，减少现场作业事故的发生。

（二）产业创新性技术应用

1. 环卫车行人识别控制技术应用

基于计算机视觉、图像识别以及深度学习技术，福建龙马环卫装备股份有限公司开发出环卫车行人识别控制系统（见图 13-16），通过摄像头采集环卫车全作业范围的实时路况信息，并实时将路况信息传输给核心处理系统，通过行人识别与距离检测技术，结合环卫车自动控制系统所需的行人距离等关键参数，进而自动决策开启与关闭作业功能，保证作业过程中水不会喷洒到行人和车辆，降低环卫作业引发的市政投诉和事故率。

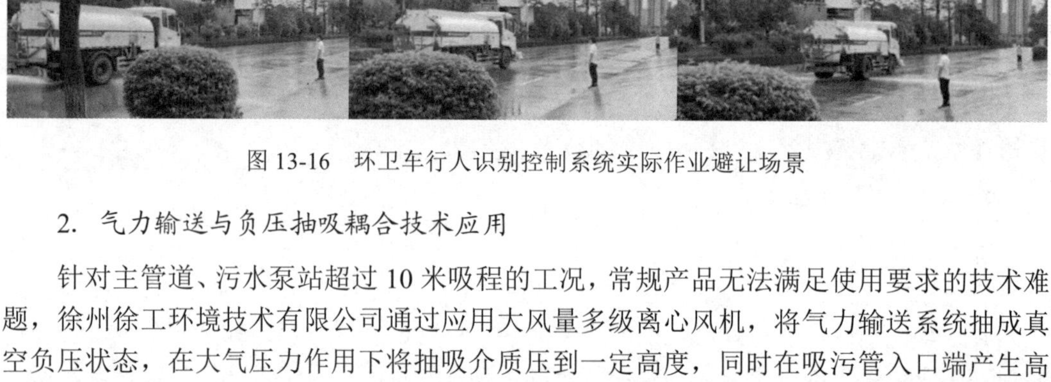

图 13-16　环卫车行人识别控制系统实际作业避让场景

2. 气力输送与负压抽吸耦合技术应用

针对主管道、污水泵站超过 10 米吸程的工况，常规产品无法满足使用要求的技术难题，徐州徐工环境技术有限公司通过应用大风量多级离心风机，将气力输送系统抽成真空负压状态，在大气压力作用下将抽吸介质压到一定高度，同时在吸污管入口端产生高速的气流，污水、污泥或干性物料等物质在高速气流带动下进入污泥罐中，可实现复杂工况下的抽吸作业，以及 20 米以上大深度和 100 米长距离抽吸作业，匹配 ϕ200mm 管径吸污管，使整车作业效率达到最佳，能够适应更多作业工况（见图 13-17）。

图 13-17　气力输送与负压抽吸耦合技术作业工况

3. 重载单横臂独立悬架技术应用

徐工集团工程机械有限公司设计开发重载单横臂独立悬架技术，基于构建悬架油缸与单横臂组合承载的悬架原理，实现结构紧凑且大载荷承载，载重能力与国际最高水平同等情况下，离地间隙从 300 毫米提升到 500 毫米。突破起重机越野通过性与载重能力不能兼顾的技术瓶颈，是目前产业内承载能力最强、通过性最高的高速车辆悬架技术。

4. 智能臂架技术应用

在混凝土泵车技术领域，三一集团有限公司运用机电液联合控制技术，实现智能布料，臂架抖动≤±150 毫米，并基于变权重轨迹规划求解，引入分段控制和权变系数，实现多节臂架自适应联动，以最快速度逼近目标，通过动态倾角传感器、油缸位移传感器、油缸油杆腔/无杆腔压力传感器、高精度 GPS 数据融合，实时计算臂架姿态，精准控制臂架振动。借助于带阀芯位置和流量反馈的总线数字多路阀，实现液压回路闭环控制，提高臂架控制精度及安全性（见图 13-18）。

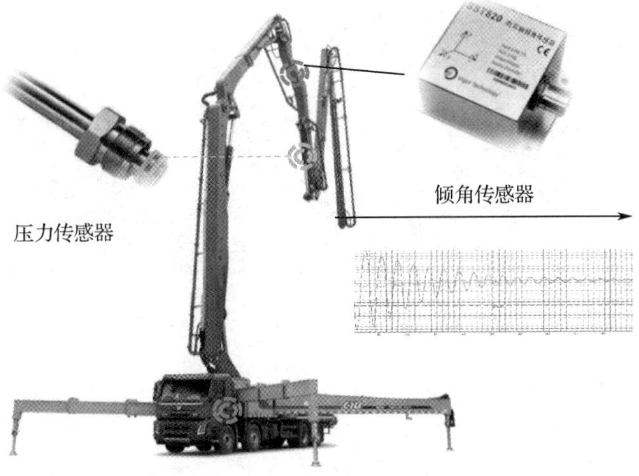

图 13-18　智能臂架技术示意

二、制造工艺技术突破

近年来，各行各业都致力于提质增效、转型升级，专用汽车企业为应对大规模生产需求，纷纷开展生产线升级、涂装升级、工艺创新，产品工艺水平取得了飞速发展，产品自动化生产水平也有显著提高。生产制造车间从最初的手工式作坊过渡到半自动化生产厂房，制造工艺水平显著提升，通过模块化产品设计、结构化工艺、自动柔性装备、制造管理系统，打通全价值链体系，全面提升企业的制造工艺技术水平。

（一）制造生产线升级

1. 车架自动焊接生产

扬州中集通华专用车有限公司在充分考虑生产线柔性化生产要求的前提下，搭建车架自动焊接生产线，所涉及的工装、夹具、模具能实现快速切换，充分考虑模具及夹具的回流、存放，留有相应的缓存区域，避免工序间拥堵，实现不同产品规格、不同工艺的柔性化生产，有效解决专业焊接人员短缺和稳定性问题。

车架焊装线整体物流输送点主要涵盖：

（1）车架拼装工位纵梁、横梁的吊装。

（2）车架拼装后至缓存工位的吊运。

（3）双线合并单线的横移等。

2. 机器人自动组对焊接技术

三一集团有限公司基于组对方案、电弧寻位应用、机器人间跨平台数据交互应用，通过实时数据交互实现结构件自动组对。该技术可使转台焊接自动化率提升 12%，显著提高转台焊缝质量（见图 13-19）。

图 13-19　机器人自动组对焊接技术

3. 中厚板折弯自动化

三一集团有限公司基于自主研发的折弯跟随底层程序，自动建立仿真模型，推导跟随公式，在线仿真及实际生产测试，完成程序定稿，解决折弯脱爪现象等产业难题（见图 13-20）。

图 13-20　中厚板自动折弯机

在折弯过程中基于深度学习及实时计算，可稳定提升折弯及成型质量；通过机器人实现下模自动换模，上模旋转式结构收纳存储，提升空间利用率，上模旋转架采用电动驱动，降低劳动强度，提升换模效率 200%，目前生产中折弯故障率低于 0.3%。

（二）制造工艺创新

制造工艺创新主要表现在救护车制造工艺升级。

（1）医疗舱内饰材料与生产工艺创新。采用高强度高分子复合板材代替玻璃钢材料，新材料具有高强度轻量化、环保再生利用、安全性高等优点。以真空吸塑一体成型工艺替代了传统手工制作玻璃钢内饰工艺，突破了大型真空吸塑件产业化的瓶颈，提高产品一致性，借助于模块化装配工艺，提升生产、装配效率（见图 13-21）。

图 13-21　吸塑一体成型工艺示意

（2）座椅软包采用真空一体发泡工艺，乘坐更舒适，表面无缝隙，可水洗、消毒，避免血渍、污渍、病菌残留。

（三）涂装工艺升级

国家生态环境部生态环保系列法律法规的出台，促使国内专用汽车涂装工艺经历了粗放型、简易喷漆、手工打磨等阶段，逐步升级到目前的“底漆、中涂、面漆”三道工序喷漆阶段，并且经过完整的前期处理工作，包括抛丸/喷砂、脱脂、表调、磷化、电泳等，进一步提升了涂层的防锈效果。此外，绝大多数专用汽车企业已经形成了完善的涂装工艺，专用汽车喷涂方式从地摊喷涂到自动喷涂，从简单的废气吸附装置到吸附脱附一体化系统逐步升级；涂装材料也从油性漆到水性漆，从溶剂喷涂到粉末涂装，涂装工艺正在进行深刻的变革。

一些专用汽车头部企业开始尝试各种先进的涂装工艺，如采用轿车级的阴极电泳防锈工艺、纳米陶瓷环保前处理配合静电粉末喷涂工艺等工艺技术，整个工艺流程自动化程度达到 95%以上，同时在工艺过程中无任何有毒重金属及化学成分物质排出，真正做到了绿色环保。

第三节　中国专用汽车产业技术发展存在的问题

专用汽车产业经过多年的技术沉淀及产业提升，与各产业技术融合更加紧密，产业整体技术水平不断迈上新台阶。在长期的发展进程中，专用汽车产业技术发展仍面临一些问题，相较于乘用车，专用汽车产业规模较小，规模经济尚不明显，部分产品技术准入门槛较低，一些企业并不具备足够的研发能力，产品同质化现象较为严重，在一定程度上阻碍了专用汽车产业技术发展。

一、产品技术发展问题

（一）自主创新能力不足

产业的技术创新、更新换代，其核心要求是企业具备高水平的自主创新能力。目前，在专用汽车产业，无论是研发支出还是研究成果，都难以为专用汽车产业技术创新提供有力的支撑。产业内大部分企业生产方式仍以劳动密集型为主，一方面，由于国内的专用汽车市场需求特征较为复杂，企业大多重市场轻研发，疲于满足市场需求，并且产品技术多为互相沿用，自主创新能力不足；另一方面，企业研发投入力度普遍较低，未充分利用企业自身技术实力进行产品研发、技术创新，在创新能力提升方面投入不足。

（二）缺乏自主核心技术

专用汽车产业内企业大多缺乏与竞争对手拉开差距或不可复制的核心技术优势，更多的是因企业规模、生产实力等方面占优而成为产业龙头，产品技术不可复制性较低，这也是造成国内专用汽车产业产品同质化现象较为普遍的原因之一。此外，由于产业内企业知识产权保护意识不足，未形成强有力的产品技术管理及保护体系，产业内产品技术相互模仿，造成企业产品研发积极性不高。

二、产业技术发展问题

（一）产品标准化程度低

专用汽车的产品属性决定了专用汽车产品的多样化，尽管在国家及产业标准的约束下，专用汽车产业已形成各类产品技术规范，但由于专用汽车市场的个性化需求较多，难以形成统一的设计规范，更加无法建立标准化的生产线，一方面，制约了专用汽车生产效率，另一方面，也使配套零部件无法标准化供应，不仅延长了供货周期，也增加了产品生产成本。

（二）产品专用化程度低

在专用汽车不同的应用领域，延伸出“一车多用”的市场需求。目前，国内多数专用汽车企业并不具备成熟的产品技术可行性把控能力，又缺乏完善的试验验证流程，造成多数“一车多用”产品不仅不符合人机工程学，反而为了兼顾多功能导致核心功能无法满足；另一方面，分工更加细化，推动专用汽车市场需求不断细化，延伸出各种个性化需求，催生出一批另类的“一车多用”产品，尤其在普通运输领域，普适性专用汽车所引发的各类事故更是屡见不鲜。

第四节　中国专用汽车产业发展趋势分析

一、轻量化技术助力产品升级

2020 年，我国的超载超限治理和节能环保监察力度进一步提升，轻量化技术在专用汽车领域的应用将进一步深化，高强钢、铝合金、复合材料等新材料应用范围更加广泛。轻量化技术主要通过轻量化材料、轻量化结构等方式得以实现，在轻量化材料应用方面，宝钢、涟钢等材料供应商均以开展供应商先期介入（EVI）服务为契机，深入专用汽车产品设计—生产—售后全生命周期当中，进一步提升轻量化材料在专用汽车领域的应用效果；在轻量化结构设计方面，现代设计理念（如概念设计、有限元分析等）在专用汽车产业的认可度将进一步提升，推动专用汽车产品轻量化设计从整车轻量化、底盘轻量化逐步延伸到关键零部件轻量化。

二、制造与涂装工艺升级助推行业变革

一直以来，专用汽车产业产品质量参差不齐，实现产品质量提升成为产业变革和突围的重要抓手，随着国内制造业水平不断提升，激光切割机、焊接机器人等高精度、智能化制造设备在专用汽车产业的应用范围逐步扩大；模块化组装、柔性化拼装的生产线技术路线在产业内也逐渐被企业熟知；轿车级的阴极电泳防锈工艺、纳米陶瓷环保前处理配合静电粉末喷涂工艺等涂装工艺技术开始被采用，专用汽车产业产品质量提升逐步进入快车道，推动专用汽车产业产品升级及技术提升。

三、智能化、网联化技术融合更加深入

随着在全国范围内智能网联汽车技术的示范推广和落地实施，推动了智能网联技术在专用汽车领域进一步应用发展。目前，基于智能网联底层技术的无人驾驶专用汽车（如矿山运输车、环卫清扫机等）已基本实现最大限度减少人工干预。随着国内 5G 技术的发展，物联网技术与无人驾驶技术的深度融合，专用汽车上装关键部件、系统和监管平台的自动控制技术与车辆底盘在感知协同、控制同步和通信交互等方面的匹配性研究将更加深入，推动专用汽车从简单无人驾驶向无人化作业方向发展。

四、新能源化发展更加全面

在国家、地方政策驱动，以及“碳达峰”“碳中和”目标的持续推动下，在新能源配套设施逐步完善以及购置和使用成本降低等市场利好因素的加持下，新能源专用汽车的消费潜力得以释放，专用汽车新能源化前瞻性技术研究力度正在不断加强。

现阶段的新能源专用汽车仅仅实现了底盘新能源化，其专用功能控制大多仍依赖于液压、气动等执行机构。伴随着新能源控制技术研究的不断深入，上装控制也将逐步实现新能源化，并进一步提高新能源底盘与专用作业装置的匹配性、适用性水平；以燃料电池、混合动力等新能源为动力源的专用汽车正逐步推向市场，专用汽车新能源化应用范围将持续扩大。

Part 7　新能源汽车篇

第十四章　2020 年中国新能源汽车市场及趋势分析

刘万祥*

摘要：本章对我国新能源汽车市场发展、市场结构变化等情况进行系统梳理，总结了 2020 年新能源乘用车、商用车发展新特点，并基于现阶段发展情况提出未来新能源汽车市场发展趋势。2020 年，我国新能源汽车市场呈现前低后高走势，全年产量实现 127.9 万辆，同比增长 8.9%，产量全球占比超过 40%，产销规模自 2015 年起连续六年居世界首位。从车型结构来看，新能源乘用车高低两端车型热销带动市场增长、客车规模持续萎缩、货车仍以轻型物流车为主。从动力类型来看，纯电动车型仍占据我国新能源汽车市场主导地位；插电式混合动力车型分布中，合资品牌市场规模也在逐渐提升；燃料电池车型以商用车为主。随着国家和地方支持政策持续落实、商用车应用领域不断拓展，将推动公共领域车辆电动化进程，2021 年新能源汽车整体规模有望大幅增长。

关键词：新能源汽车市场；车型结构；发展趋势。

第一节　2020 年中国新能源汽车市场整体情况

一、市场规模连续六年居全球首位，2020 年产量全球占比 42%

自 2015 年起，我国新能源汽车产销规模跃居全球首位，已连续六年蝉联全球第一，新能源汽车产业发展取得积极成效（见图 14-1）。根据机动车出厂合格证数据统计，2020 年我国新能源汽车产量为 127.9 万辆，同比增长 9.0%，产量全球占比超过 40%，相比 2019 年（53%）有所下降。根据公安部数据统计，截至 2021 年 6 月，我国新能源汽车保有量达 603 万辆，约占全球保有量的 50%，领先优势明显。

二、月度产量呈现“前低后高”走势，市场渗透率提至 5.2%

受新冠肺炎疫情影响，2020 年上半年新能源汽车月度产量同比增速均为负数，1—6 月产量均低于 10 万辆，同比降幅均超过 29%；尤其 2 月产量降至 1.2 万辆，同比降幅近 78%。2020 年下半年，随着我国抗疫工作有效推进、经济环境持续改善，新能源汽车市场快速复苏，月度销量从 7 月起呈现增长态势，月度产量增幅逐渐扩大，且呈现稳步提升态势；12 月更是创下历史新高，产量达 24 万辆，同比增长 58%，延续往年“年底翘尾”走势（见图 14-2）。我国新能源汽车全年累计生产 127.9 万辆，占汽车总量的比例提至 5.2%，相比 2019 年增长 0.6 个百分点。

---

* 刘万祥，中国汽车技术研究中心有限公司中国汽车战略与政策研究中心工程师。

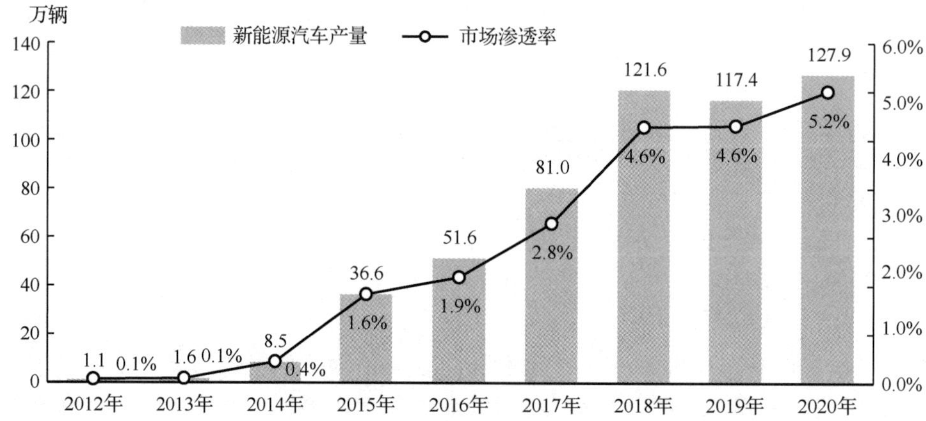

图 14-1　2012—2020 年中国新能源汽车产量及市场渗透率

数据来源：机动车出厂合格证

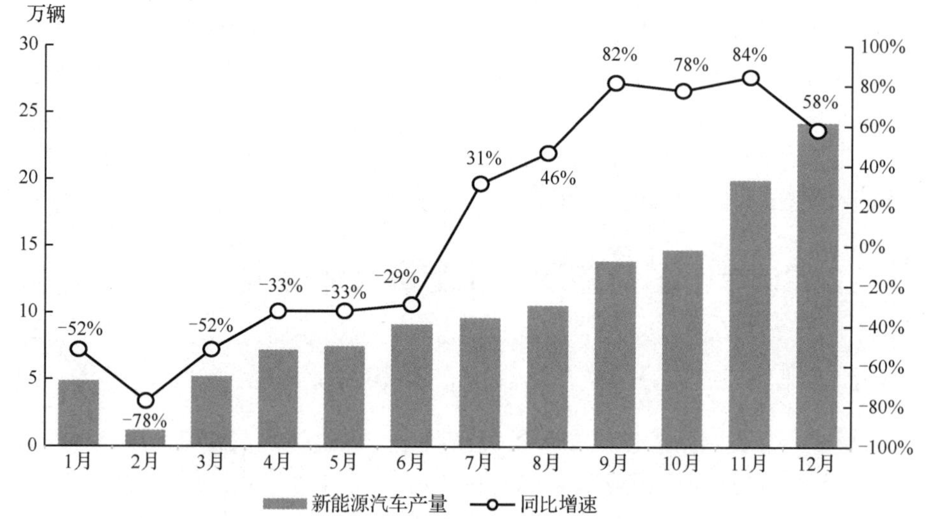

图 14-2　2020 年新能源汽车月产量走势及同比增速

数据来源：机动车出厂合格证

第二节　2020 年中国新能源乘用车市场情况

一、新能源乘用车整体规模提升，市场化进程加快

（一）新能源乘用车规模增长明显，市场渗透率超过 5%

根据机动车出厂合格证数据统计，2020 年我国新能源乘用车产量达 114.8 万辆，同比增长 12.5%，占新能源汽车总产量的比例由 2019 年的 87%提升至 90%。从历年新能源乘用车市场渗透率变化来看，我国乘用车新能源化进程提升迅速，由 2015 年的 1.1%提升至 2020 年的 5.7%（见图 14-3）。

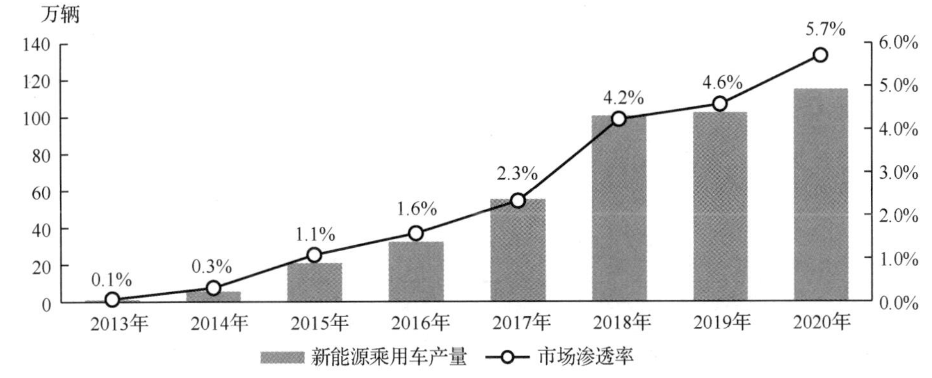

图 14-3　2013—2020 年中国新能源乘用车产量及市场渗透率

数据来源：机动车出厂合格证

（二）乘用车市场集中度相对较高，前十位企业产量占比近七成

分企业来看，根据机动车出厂合格证数据统计，2020 年我国有产量的新能源乘用车企业超过 90 家，产量排名前十位的企业产量合计 79 万辆，占整体新能源乘用车的 69%，市场集中度较高。其中，上汽通用五菱依靠宝骏、宏光 MINI 车型，12 月产量攀升至 4.2 万辆，连续 5 个月位居首位，2020 年累计产量为 17.5 万辆。此外，特斯拉（上海）、上汽大众等外资、合资企业位居前十位（见图 14-4）。

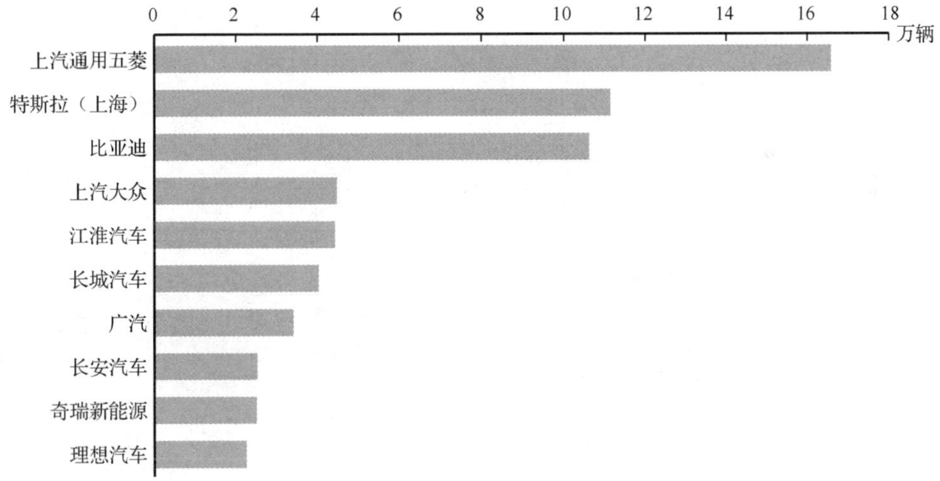

图 14-4　2020 年新能源乘用车产量排名前十位企业及车型销量分布

数据来源：机动车出厂合格证

（三）造车新势力[1]产量提升明显，成为市场主要推动力之一

2020 年，蔚来、威马、小鹏等造车新势力企业开始大规模量产，产量提升明显，合计占比达 27%。2020 年，蔚来、威马、小鹏等 18 家造车新势力企业累计产量超 31 万辆，

1 近年来，在新能源汽车领域，从无到有衍生的企业及品牌，主要包括蔚来、小鹏、威马等。

其中，蔚来、小鹏、理想汽车等国内造车新势力企业产量达 17.1 万辆，占新能源乘用车总量近 15%；排名前列的蔚来、理想汽车产量均已超过 3.5 万辆（见表 14-1）。2021 年，市场保持稳步增长，第一季度累计产量达 13.8 万辆，占新能源乘用车总量的 28%；蔚来、理想汽车、小鹏 3 家国内造车新势力企业仍排名前列，产量合计 4.9 万辆，占新能源乘用车产量的 10%。

表 14-1　2020 年中国造车新势力企业产量情况

序　号	企 业 名 称	车 辆 品 牌	产量（辆）
1	特斯拉（上海）有限公司	特斯拉牌	143091
2	安徽江淮汽车集团股份有限公司	蔚来牌	44461
3	重庆理想智造汽车有限公司	理想智动牌	35890
4	肇庆小鹏新能源投资有限公司	小鹏牌	29657
	海马汽车有限公司		
5	威马汽车制造温州有限公司	威尔马斯特牌	26315
	湖北星晖新能源智能汽车有限公司	威马牌	
6	浙江合众新能源汽车有限公司	哪吒牌	15150
7	杭州长江乘用车有限公司	零跑牌	8060
8	中恒天智骏（赣州）汽车有限公司	国机智骏牌	3298
	国机智骏汽车有限公司		
9	福建省汽车工业集团云度新能源汽车股份有限公司	云度牌	3153
10	河南速达电动汽车科技有限公司	速达牌	1796
11	江铃控股有限公司	爱驰牌	1653
12	江苏吉麦新能源车业有限公司	凌宝牌	857
13	福建天际汽车制造有限公司	天际牌	313
14	兰州知豆电动汽车有限公司	知豆牌	197
15	前途汽车（苏州）有限公司	前途牌/QIANTU	17
16	江苏敏安电动汽车有限公司	敏安牌	3
17	枫盛汽车（江苏）有限公司	枫叶牌	1
18	国能新能源汽车有限责任公司	龙基牌	1
总计			313913

数据来源：机动车出厂合格证

二、不同动力类型车型产量分布稳定，合资企业产品集中为插电式混动车型

（一）纯电动车型占据主导地位，近年市场占比在八成以上

从历年市场规模发展来看，我国不同动力类型的新能源乘用车产量规模提升明显，同期市场分布较为稳定，且长期占据七成以上（见图 14-5）。其中，2020 年我国纯电动

乘用车、插电式混合动力乘用车产量分别为92.1万辆、22.7万辆。据公安部数据统计，截至2020年年底，我国纯电动乘用车保有量已达400万辆，占新能源乘用车总保有量的81.3%。

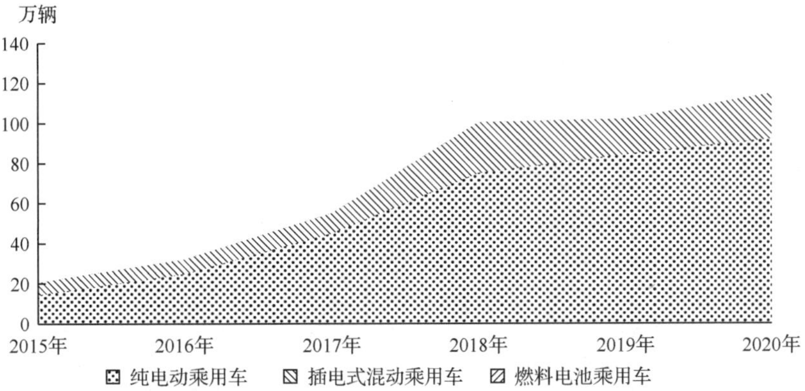

图14-5　2015—2020年我国不同动力类型新能源乘用车产量

数据来源：机动车出厂合格证

（二）纯电动乘用车中国品牌优势明显，占比近79%

纯电动乘用车领域，主要以中国品牌、美系品牌为主。根据机动车出厂合格证数据统计，2020年中国品牌继续保持优势，全年累计生产73万辆，占全球纯电动乘用车产量的79%；对应美系品牌累计产量已达14.9万辆，占比为16%（见图14-6）。从月度产量走势来看，新冠肺炎疫情短期影响第一、二季度市场规模，第三季度市场快速复苏后，中国品牌产量占比基本保持在75%以上，尤其是2020年12月，中国品牌纯电动乘用车产量提升至15.7万辆，占全球纯电动乘用车产量的比例提至85%，相比11月增长6个百分点。

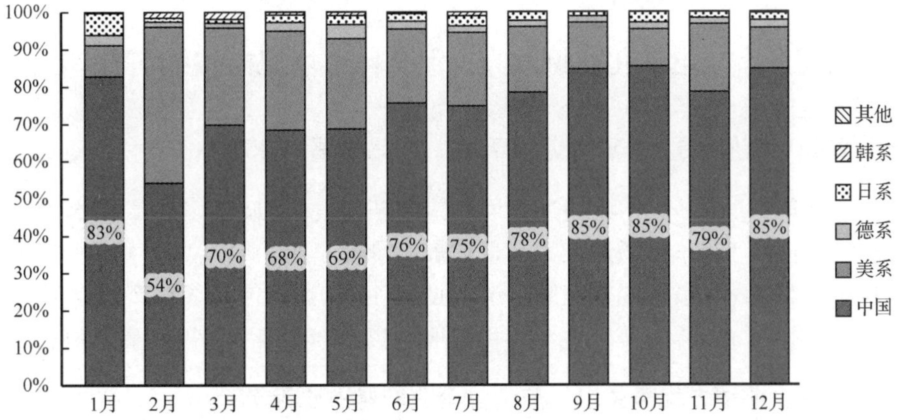

图14-6　2020年纯电动乘用车产量分布及品牌占比

数据来源：机动车出厂合格证

（三）2020 年下半年插电式混动乘用车中国品牌提升明显，全年规模超过外资品牌

插电式混动乘用车领域，2020 年以来，一汽大众、华晨宝马、北京奔驰等合资品牌车型规模量产，上半年合资品牌累计产量小幅赶超自主品牌，下半年自主品牌产量开始大幅提升。2020 年 12 月，中国品牌插电式混动乘用车产量提升至 2.2 万辆，占全球插电式混动乘用车产量的 78%，相比 11 月提高 13 个百分点；德系品牌产量为 4239 辆，占比为 15%。2020 年全年，中国品牌插电式混动乘用车累计产量达 12.3 万辆，占插电式混动乘用车总量的 54%，赶超外资品牌产量规模。德系品牌累计产量为 8.5 万辆，占插电式混动乘用车总量的 37%（见图 14-7）。

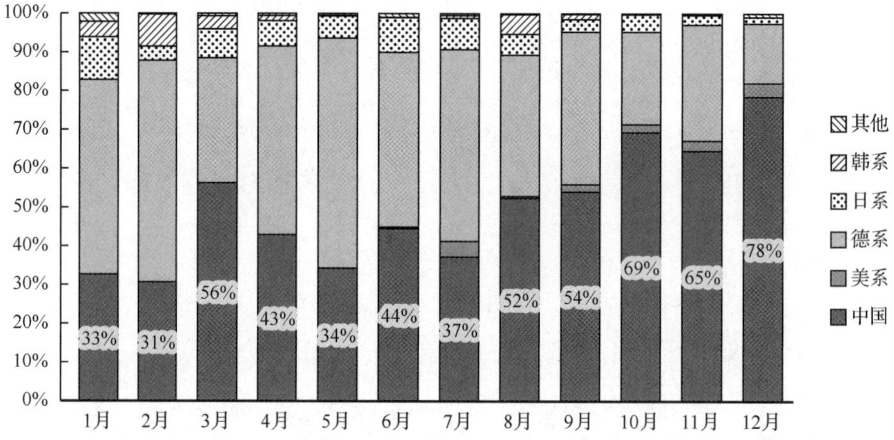

图 14-7　2020 年插电式混动乘用车产量分布及品牌占比

数据来源：机动车出厂合格证

第三节　2020 年中国新能源商用车市场情况

一、新能源客车电动化比例较高，但整体市场规模持续下降

（一）2020 年新能源客车产量近 6 万辆，同比降幅为 25%

受宏观经济环境、高铁网络快速发展、国内环保政策加严等影响，公路客运量和公交客运量有所下滑，客车市场进入“存量竞争”阶段。2020 年叠加新冠肺炎疫情影响，我国客车及新能源客车市场规模持续下滑（见图 14-8）。新能源客车产量近 6 万辆，同比下降 25%，新能源客车占整体客车销量的比例也由 2019 年的 40%持续下降至 36%。

（二）头部企业领先优势突出，前十位企业产量占比为 75%

根据机动车出厂合格证数据统计，2020 年有产量的新能源客车企业超过 70 家，生产车型多为纯电动（见表 14-2）。分企业来看，排名前十位的企业产量合计 4.5 万辆，占新能源客车总量的 75%，生产集中度较高，且头部企业领先优势明显，郑州宇通客车产

量超 1.5 万辆，占比为 25%，排名首位；比亚迪、中通客车稳居第二、三位，产量分别为 5667 辆、4434 辆。

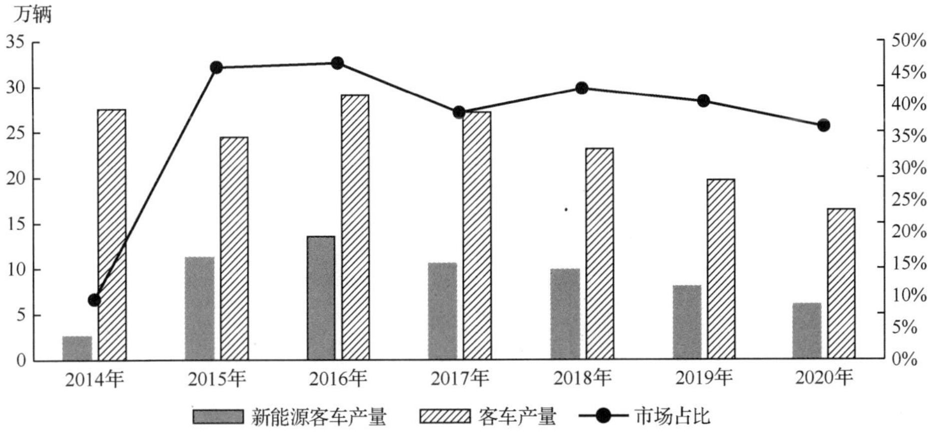

图 14-8 2014—2020 年中国客车及新能源客车产量及市场占比

数据来源：机动车出厂合格证

表 14-2 2020 年中国新能源客车前十位企业产量分布

单位：辆

企业名称	BEV（电池动力汽车）	FCV（燃料电池汽车）	PHEV（插电式混动汽车）	总计
郑州宇通客车	13951	35	1084	15070
比亚迪	5667	0	0	5667
中通客车	4295	71	68	4434
中车时代	3197	5	70	3272
苏州金龙	3024	16	207	3247
安凯汽车	3054	5		3059
北汽福田	892	86	2028	3006
厦门金龙	2694	30	275	2999
上海申沃	2084	0	0	2084
厦门金旅	1760	243	21	2024
前 10 合计	40618	491	3753	44862

数据来源：机动车出厂合格证

二、新能源货车规模小幅下降，市场渗透率仍处于较低水平

（一）2020 年新能源货车整体产量下降 3%，轻型物流车为市场主力

2020 年，我国新能源货车（含专用车）产量仅 7.4 万辆，相比 2019 年产量规模下降 3%，占同期货车总产量的 3%，市场渗透率较低。其中，纯电动轻型货车（总质量为 3.5t 以下）产量约 5.6 万辆，占新能源货车总量的 75%（见图 14-9）。整体来看，新能源货车

替代传统燃油货车的进程仍处于初期阶段，但在部分城市细分市场，如城市物流领域，货车电动化正在提速，纯电动轻货替代燃油轻卡的可能性越来越大。

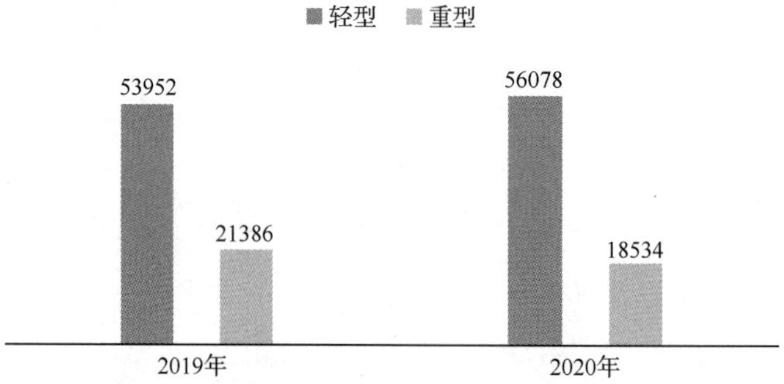

图 14-9　2019—2020 年新能源货车产量分布（辆）

数据来源：机动车出厂合格证

（二）货车企业布局较为分散，前十企业集中度有所下滑

根据机动车出厂合格证数据统计，2020 年我国有产量的新能源货车企业超过 140 家，前十位企业产量合计约 2.7 万辆，占整体新能源货车产量的 62%，前十位企业集中度较去年的 71%有所下降（见图 14-10）。年产量不足 1000 辆的企业近 128 家，不足 100 辆的企业数超过 90 家，产量分布相对分散。从企业排名来看，重庆瑞驰产量超 8000 辆，同比增长 82%，位居首位。

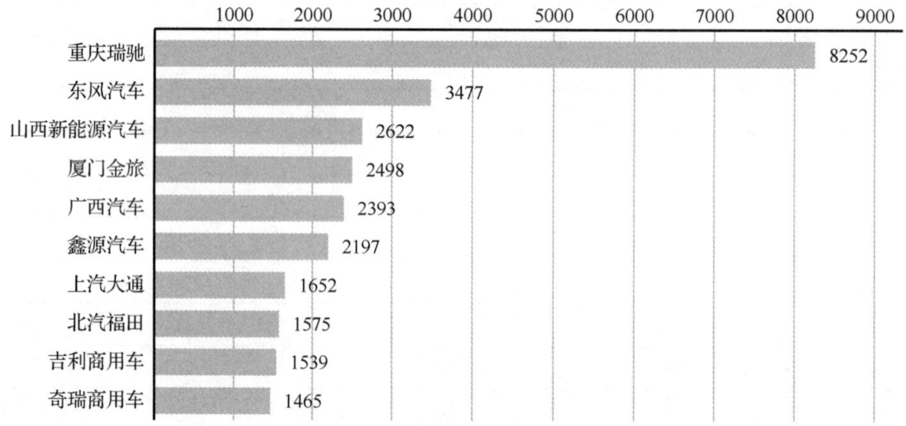

图 14-10　2020 年前十位新能源货车企业产量分布（辆）

数据来源：机动车出厂合格证

三、燃料电池汽车仍处于小规模示范阶段，整体规模以商用车为主

与锂离子电池汽车相比，燃料电池汽车具有更环保、零排放、能源加注快等优势，与插电式混合动力汽车、纯电动汽车需求互补、并行发展，各家车企也在积极布局氢燃料电池汽车业务。根据机动车出厂合格证数据统计，2020 年我国燃料电池汽车销量为 1453 辆。从车辆类型来看，车型全部为燃料电池商用车，其中客车 1284 辆，占比为 88%；

货车 169 辆，占比为 12%；从企业分布来看，2020 年我国有产量的燃料电池汽车企业共 27 家，包括厦门金旅、飞驰汽车、云南五龙、中通客车、吉利商用车等。

第四节　中国新能源汽车市场发展趋势分析

一、“双碳”目标下，市场整体规模持续稳步提升

加快推动全面绿色转型，实现“碳达峰”“碳中和”目标，是“十四五”乃至更长时期我国高质量发展的重要议题。现阶段，我国新能源汽车市场将逐步从政策驱动型向政策、市场双轮驱动转型，市场驱动作用力明显提升。以“碳达峰”“碳中和”目标为导向，对汽车产业发展提出了更高的要求，将倒逼汽车产业加快绿色化转型，加快新能源汽车的普及进程。2020 年，在全球新冠肺炎疫情、国际贸易环境等因素影响下，我国政企多方合力、联合推动汽车消费，有效推动新能源汽车市场快速恢复提升。2021 年，延续去年增势，1—6 月产量实现 113.0 万辆，同比增长超过 2 倍，全年有望突破 200 万辆。

二、企业加速新能源汽车产品布局，重塑市场格局

随着我国新能源汽车市场规模不断扩大，全球重点跨国汽车企业不断加快进入我国的步伐，新一代电动化产品不断投入市场，凭借传统燃油车树立的品牌优势，跨国汽车企业对原有市场格局的冲击将日益明显。互联网、科技公司等资本大量涌入新能源汽车领域，科技公司与传统车企协同合作将更加深化。同时，造车新势力企业市场拓展加速，新能源汽车传统格局面临重塑。我国新能源汽车市场将进入全面角逐的时代，多元化竞争格局进一步向纵深发展。

三、智能网联技术规模化应用有望成为市场发展新动力

近年来，智能网联成为汽车发展的战略方向，新能源汽车与互联网、大数据、人工智能等新兴技术加速融合，新能源汽车产品形态向智能座舱发展。基于语音识别的人机交互系统不断优化；车辆远程控制、OTA 升级等功能加速普及；车道偏离预警、自适应巡航、自动泊车等智能网联技术普及率不断提升。综合来看，我国新能源汽车智能化程度不断提高，相较于传统燃油车的新优势也在逐步建立，智能网联新技术的规模化应用有望成为新能源汽车市场发展的新动力。

四、利好政策加持，公共领域新能源汽车推广有望提速

国务院办公厅印发的《新能源汽车产业发展规划（2021—2035 年）》中明确“加快新能源汽车在分时租赁、城市公交、出租汽车、场地用车等领域的应用”的政策导向，提出公共领域车辆电动化目标。工业和信息化部等部门已组织编制《推动公共领域车辆电动化行动计划》，有望加快全国公共领域车辆电动化进程。从产品来看，2020 年以来，中型、重型新能源货车车型数量同比提升近一倍，一批换电式及燃料电池商用车车型已进入目录，随着新车车型种类的不断增多，新能源商用车适用场景也将不断拓展。

第十五章　2020 年中国新能源汽车技术发展与应用情况分析

谢世滨，李常珞*

摘要：新能源汽车经过十多年的发展，技术创新和迭代速度不断加快。纯电动和混合动力汽车平台化和系统集成化呈现百花齐放的格局，充电方式由最初的交流充电逐步发展为交流充电、直流充电、无线充电、换电多技术路线并举，空调热泵和电池液冷等热管理技术推广迅速，并朝着集成化方向快速发展。混合动力在发动机、变速器、增程式等技术领域进步明显，但在节油率方面还有进一步提升的空间。燃料电池在燃料电池电堆、关键材料及燃料电池系统方面取得了长足进步，但核心材料和零部件国产化率还需进一步提高。商用车燃料电池汽车已进入商业化阶段，乘用车也在快速导入，全国已建成 116 座加氢站，还有 167 座在建或拟建，随着车载氢能储存及氢能基础设施的不断完善，燃料电池汽车应用前景十分广阔。

关键词：纯电动；插电式混合动力；燃料电池。

第一节　中国新能源汽车技术发展概况

发展新能源汽车是国家的战略选择。习近平主席在联合国大会上做出 2030 年实现“碳达峰”、2060 年实现“碳中和”的重要承诺，彰显了中国倡导的人类命运共同体的大国担当。化石能源开采和使用过程中排放的二氧化碳不但导致全球气候不断上升，而且作为一次性能源迟早会枯竭，发展新能源是人类可持续发展的必由之路，更是中国实现能源自主和安全的战略选择。传统能源汽车作为化石能源的使用大户，向新能源汽车转型就显得特别重要和迫切。

新能源汽车经过多年的发展，在国家财政和税收的强力支持下，已形成较为成熟的技术体系和发展路径。2001 年国家“十五”启动新能源汽车重大专项，“十一五”明确了“三纵三横”的技术路线。纯电动汽车、混合动力汽车、燃料电池汽车销量节节攀升，2020 年市场渗透率达到 5.4%。电池、电机、电控等关键核心领域也在不断突破，电池出货量全球第一，技术水平也处于全球领先。

近年来，新能源汽车技术发展迅速，在部分技术领域已达到国际领先水平。整车平台电压和集成度不断提高，主流车企正在积极开拓 800V 高压平台，相配套的核心零部

* 谢世滨，宁波极氪智能科技有限公司副总裁；李常珞，吉利汽车中央研究院新能源开发中心副主任。

件和元器件也在积极布局。中日联合发布的 ChaoJi 充电方案已进入标准制定与产业应用的阶段，并因其良好的技术兼容性，将成为国际充电技术路线的重要参与者。燃料电池汽车质子交换膜关键材料催化剂和双极板已经实现国产化，100kW 以上的电堆产品已经陆续投放市场，且耐久性和可靠性水平不断提高。

第二节　纯电动和插电式混合动力技术发展与应用情况分析

一、整车平台化技术百花齐放，车企需加大 800V 高压平台投入

整车企业通过平台化技术对新能源各系统零部件进行模块化和标准化开发，提高零部件的通用性，降低整车开发时间，减少开发成本和采购成本，提升不同车型共线生产可能性，同时大幅减少整车故障率。

平台化分为整车级平台化和新能源零部件级平台化，如表 15-1 所示为国内整车企业的新能源整车级平台。

表 15-1　中国整车企业新能源整车级平台

整车企业	类　型	整车级平台	车　型
蔚来汽车	EV	NP1	ES8/ES6/EC6
		NP2	ET7
理想汽车	REEV	LRM1.0	One
		LRM2.0	X01/X02/S01/S02
小鹏汽车	EV	SEPA	P7/P5
吉利汽车	EV	SEA	Zeekr 001
长城汽车	PHEV	柠檬	—
	EV	ME	欧拉 R1
比亚迪汽车	EV	E	e1/e2/e3 等
	PHEV	DM-i	秦 plus DM-i 等
		DM-p	唐 DM、汉 DM 等
广汽集团	EV	GEP	Aion Y、Aion V 等
大众集团	EV	MEB	ID.3、ID.4 等
		PPE	Macan 电动版等
北汽集团	EV	IMC	ARCFOX αS、ARCFOX-GT 等
上汽集团	EV	E1	MARVEL R
		E2	智己 EP33

除整车级平台外，整车企业将高压零部件也进行平台划分，一般划分标准为功率、扭矩、物理尺寸、工作电压、电芯体系等平台。如整车企业定义的高压系统电压平台，当前市场上主要存在 400V 和 800V 两种电压平台，整车企业依据不同电压平台进行标准化产品开发设计。整车企业定义的车载充电机的功率平台，当前市场上主要有 3.6kW、

7.2kW、11kW、22kW 等功率平台，整车企业依据平台功率选择适合车型的车载充电机开发。

二、系统集成化程度逐步提高，深度集成方案将成主流

新能源系统的集成化可划分为两个阶段。第一阶段为物理集成，已规模应用，如电机、电机控制器、变速器三合一，车载充电机（OBC）、直流电压转换器（DC/DC）、高压配电（PDU）三合一。第一阶段系统集成方案有布置灵活、售后维护成本低等优点，但单车成本、体积、重量、功率密度等仍需继续优化。

目前，主流车企和供应商主要集中在第二阶段的系统深度集成，也是集成化的发展趋势。第二阶段主要有两个方案，对电机、电机控制器、变速器、OBC、DC/DC、PDU 进行集成，对 Battery、OBC、DC/DC、PDU 进行集成。如表 15-2 所示为部分车企及供应商第二阶段的集成方案应用于量产车型的情况。整体来看，第二阶段集成方案有功率密度高、单车成本低、重量轻等优点，且能共享冷却水道、外壳，减少线束和连接器。此外，微处理器（MCU）、采样电路、保护电路、通信电路、电磁兼容、功率器件有集成共用的可行性，成为提升集成度的重点方向。

表 15-2　中国整车企业新能源系统集成

<table>
<tr><th>集成化阶段</th><th>集 成 方 案</th><th>代 表 车 型</th></tr>
<tr><td rowspan="2">第一阶段</td><td>集成电机+电机控制器+变速器</td><td rowspan="2">比亚迪 e2
几何 A 车型
蔚来 ES8
欧拉 好猫</td></tr>
<tr><td>集成 OBC+DCDC+PDU</td></tr>
<tr><td rowspan="2">第二阶段</td><td>集成电机+电机控制器+变速器+OBC+DCDC+PDU</td><td>北汽 极狐 阿尔法 S</td></tr>
<tr><td>集成 Battery+ OBC+DCDC+PDU</td><td>特斯拉 Model 3</td></tr>
</table>

三、多种充电技术路线并进，充电生态日趋完善

（一）交流充电

车载充电机功率逐年提升，自 2020 年开始，3.3kW 的车载充电机已不再是主流，取而代之的是 6.6kW、11kW、22kW 车载充电机。在确保高功率交流充电的同时，车载充电机正在从单一的车载充电机（OBC）发展为 ODP（车载充电机、DC/DC、PDU 三合一），产品成本进一步降低，集成度大大提高。

在输入功率提升的同时，车载充电机的“能量流向”也从单纯的充电功能向充放电一体化功能快步发展，形成了车到车交流充放电（V2V）、车到用电负载（V2L）的应用。

（二）直流充电

目前市场上占有率较高的直流桩单枪最大功率集中在 120kW，输出电压以 500～750V 为主，基本可以满足各车企当前的发展需求。

随着整车 800V 电压平台的发展，整车续航里程进一步提升，客观上加大了整车对于

大功率快速充电的需求，如表 15-3 所示为主要车企基于 1000V 超级充电桩的分布情况。

表 15-3　主要车企基于 1000V 超级充电桩的分布情况

厂　家	适配车型	最高输出电压	最大输出功率	数　量
特斯拉	全系列	500V（预留 1000V）	150～250kW	6300+桩（800 座充电站）
蔚来	全系列	500V/1000V	180kW	620+桩
小鹏	全系列	500V/1000V	180kW	200+桩
广汽	埃安	1000V	480kW	已建成若干示范（2021 年计划建成 100 座站）

1000V 超级充电桩将采用全水冷充电模块和水冷充电枪，在确保整机良好的可靠性和免维护性的前提下，进一步减小枪线线径和重量，极大地提升了用户的使用体验。

（三）无线充电

无线充电产品主要由地面端控制器、车端接收器、地面发射线圈三部分构成，关键技术在异物检测（FOD）、活体检测（LOD）、对位要求（PD）、电磁兼容技术，以及产品的可靠性与耐久性。

2017 年开始，国内外主机厂开始储备无线充电技术，由于无统一的标准，系统方案设计呈现多样化。线圈有 DD 型、DDQ 型、BP 型，通信有 Wi-Fi、4G、蓝牙等各种形式，导致无线充电技术产业化进程缓慢。

2020 年国家标准化委员会发布 GB/T 38775 电动汽车无线充电系统系列标准，涵盖产品通用技术、通信交互、电磁兼容、测试验证等多方面技术要求。无线充电技术标准的完善，加快了无线充电产业的发展进程。截至 2021 年 4 月，国内已有 1 款量产车型、5 款规划车型搭载无线充电汽车产品（见表 15-4）。

表 15-4　无线充电汽车产品

车　型	规　格	量产时间
北汽极狐	7kW	2021 年 04 月
一汽红旗	11kW	预计 2021 年 Q3
上汽智己 L	11kW	预计 2022 年 Q1
东风岚图 FREE	11kW	预计 2023 年
恒驰	11kW	预计 2023 年
华人运通高合	11kW	预计 2022 年 Q4

随着整车电量的不断提升及不断缩减的充电时间要求，无线充电产品的功率主要以 11kW 为主，系统效率在 90%以上。车端接收器采用一体式方案，电磁兼容（EMC）性能优异，体积与重量较分体式优势明显。

（四）换电技术

换电技术包括站端换电技术和车端换电技术，主要分为车联网/充换电网/电网的融合、运行服务网络和平台的数字化智能化、定位/更换装置的自动化、底盘和快换电池箱结构接口改进、换电兼容/充电管理及安全监控等几大类。

站端换电技术包括换电车辆和电池定位技术、换电装置控制技术、站级监控技术、充电管理技术和换电兼容技术。站端换电基础设施和电池系统的标准化和通用化问题是制约换电发展的主要因素。换电装置、定位技术、通信协议等标准化，以及换电平台、集装箱的模块化，应满足其扩展、迭代、升级要求。常见的换电方式有底盘换电、分箱换电、侧方换电，不同换电特性如表 15-5 所示。

表 15-5　不同换电特性对比

换电形式	电池隐蔽性	电池箱密封性	换电设备成本	换电自动化	操作工艺标准化	插接件安全风险	换电时长	应用厂商	代表车型
底盘换电	好	好	高	全自动	易实现	低	<5 分钟	北汽、蔚来、奥动	北汽 EU 系列、蔚来 ES 系列
分箱换电	差	差	低	半自动	不易实现	高	5～10 分钟	力帆盼达、伯坦	力帆 300EV
侧方换电	较好	较好	较高	半自动	不易实现	较低	5～11 分钟	时空电动	ER30

数据来源：充电联盟

车端换电技术焦点集中于换电快速性和安全性，电池包与车身电气、冷却和锁止机构的匹配性、可靠性和耐久性，换电电池监控管理及长寿命，以及换电标准化要求等。市场上的换电模式都是企业针对自己的车型应用，无法兼容其他企业的换电业务。电池包规格、尺寸、布置方式等难统一，电池机械和高低压电气接口及安装方式也不尽相同，电池管理系统的控制逻辑和通信协议规范较少，因此标准化是提升换电技术发展和规模化应用的关键及重要基础。

四、热管理技术是降能耗的重点举措，集成化是必由之路

传统汽车的热管理系统主要为发动机、变速器的散热系统和汽车空调，而新能源汽车的热管理系统涵盖了新能源汽车几乎所有的组成部分，主要包括动力电池、驱动电机、整车电控及智能模块，复杂程度更高。新能源汽车的热管理技术包括空调系统低能耗技术、电池系统冷却技术等。

（一）空调系统低能耗技术

在空调制热系统方面，传统汽车与新能源汽车差异较大，纯电行驶时插电式混动汽车、纯电汽车都无法利用发动机余热，一般使用高压水冷加热器（PTC）或热泵系统进行制热。但常用的高压水冷加热器耗电量较大，导致汽车的行驶里程大幅下降，制热效率较高的热泵系统成为新能源汽车热管理的发展方向。如表 15-6 所示为国内新能源整车企业热泵应用情况。

表 15-6　中国新能源整车企业热泵应用情况

整车企业	代表车型
蔚来汽车	EC6
吉利汽车	Zeekr 001
比亚迪汽车	e1/e2/e3 等
广汽集团	Aion Y
大众集团	ID.4
红旗汽车	E-HS9
东风汽车	FREE
上汽集团	MARVEL R

（二）电池系统冷却技术

新能源汽车电池系统对于工作环境温度要求十分严格，过高或过低的环境温度将显著影响车辆的续航里程及电池寿命。而目前新能源乘用车广泛采用电池液冷技术，其通过液体对流换热方式将电池产生的热量带走，液体换热系数高、热容量大、冷却速度快，对降低电池最高温度、保持温度一致性效果良好。相较于风冷，液冷方案更易实现余热回收。但是从成本角度考虑，液冷成本高于风冷，如表 15-7 所示为国内新能源整车企业电池冷却方式应用情况。

表 15-7　中国新能源整车企业电池冷却方式应用情况

整车企业	代表车型	液冷/自然冷却
蔚来汽车	EC6	液冷
小鹏汽车	P7	液冷
吉利汽车	Zeekr 001	液冷
长城汽车	欧拉 R1	自然冷却
比亚迪汽车	e1/e2/e3 等	液冷
广汽集团	Aion Y	液冷
大众集团	ID.4	液冷
红旗汽车	E-HS9	液冷
东风汽车	FREE	液冷
上汽集团	MARVEL R	液冷
五菱汽车	五菱 MINI	自然冷却

（三）热管理集成技术

新能源汽车热管理系统零部件数量越来越多，系统功能也越来越丰富，这使热管理系统重量和成本显著增加，对整车布置空间的需求加大；同时，高压加热器、低压泵类、阀类等电器元件增多，能耗增加，控制也越来越复杂。目前，国内整车厂热管理系统集成度不高，机舱布置复杂。这受限于整车架构设计，未提前规划集成化布置需求，也受限于现有供应商产品设计开发能力，大多数供应商产品单一，还未建立比较成熟的多元产品集成供货能力。

而随着热管理系统零部件集成化趋势日益明显，部分国内整车厂已经开始从集成化、智能化、轻量化、降本增效等维度出发，对热管理系统零部件进行布置和功能集成，降低整车成本及重量，合理简化机舱布置。在确保功能安全可靠的前提下，以最大限度开发多种系统工作模式来配合整车能量管理，降低能耗，增加续航里程。热管理集成技术是新能源热管理技术发展的一个重要趋势。

五、混合动力控制技术日趋成熟，专用发动机还需重点突破

（一）混动动力系统技术

国内各主机厂都已经完成混合动力平台的开发，并在不停地进行技术迭代。比亚迪从2008年发布的第一代DM混动系统，到2020年的DM-i、DM-p（见图15-1）双平台战略，实现动力系统及控制系统100%自主研发。2019年上汽也发布了自主开发的第二代EDU混动系统，并在2020年上市的名爵eMG6上对该混动系统进行了升级，进一步提升了系统效率和驾乘体验。吉利除了7DCTH混动技术，也在不断布局新型混动平台的开发，如于2021年上市的一款大型SUV搭载了P1+P4混动系统，并自主研发了GHS2.0混动架构。长城历时三年研发的柠檬混动DHT系统（见图15-2）于2020年完成全球首发，通过双电机混联技术，在全速域范围内实现了效率与性能的完美平衡。

2020年，增程式混动车型迅猛发展，从理想one的异军突起，到东风岚图FREE的强势入局，增程式解决方案在混合动力领域持续发力。部分主机厂插电式混动系统技术应用情况如表15-8所示。

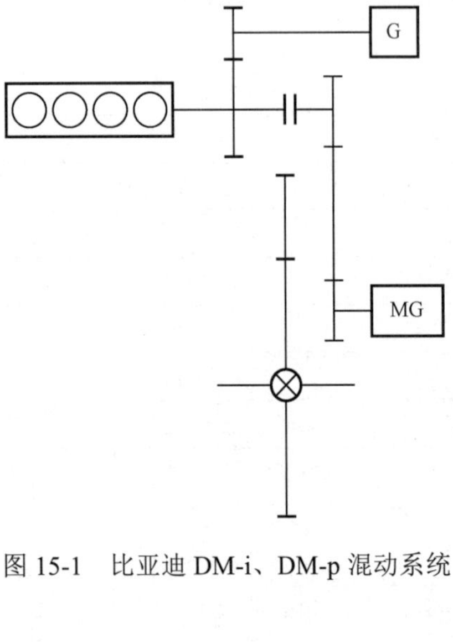

图15-1　比亚迪DM-i、DM-p混动系统

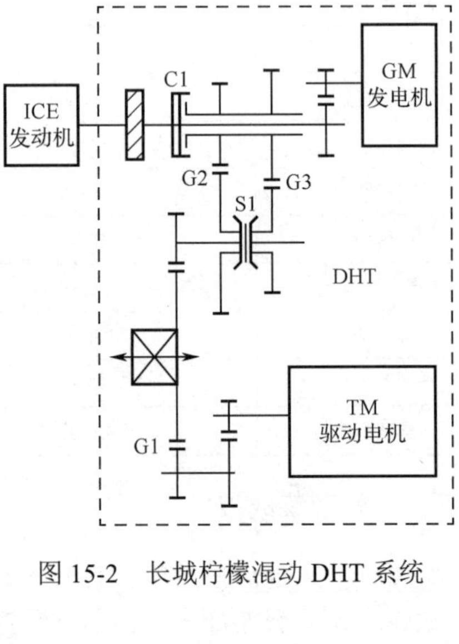

图15-2　长城柠檬混动DHT系统

表 15-8　部分主机厂插电式混动系统技术应用情况

车企 应用 参数	比亚迪	吉利	长城	上汽	理想	丰田
混动系统	DM-p DM-i	7DCTH	柠檬混动 DHT	EDU	增程发电系统	THS
代表车型	秦 Plus DM-i	星越 PHEV	WEY VV7 PHEV	名爵 eMG6	理想 one	卡罗拉 E+
发动机	1.5L/1.5T	1.5T	1.5L/1.5T	1.5T	1.2T	1.8L
变速器	EHS	7DCT	DHT130	6DCT	—	ECVT
动力电池电量	8.3kW · h/ 18.3kW · h	11.3kW · h/15.7kW · h	17.7kW · h	11.1kW · h	40.5kW · h	10.5kW · h
纯电里程	55km/ 120km	56km/ 80km	70km	70km	180km	55km

（二）混合动力变速器技术及应用情况

随着各主机厂在新能源领域的布局，越来越多的混动专用变速箱 DHT 面世，如比亚迪 DM-i、DM-p 混动系统、长城柠檬 DHT 混动系统，以及吉利全新的 GHS2.0 混动系统。吉利的 7DCTH 和上汽的第二代 EDU 则采用双离合变速箱+P2.5 电机的形式，在成本上具有一定的优势。由于 DHT 混动系统可以采用功率分流控制形式，大部分工况下均可保证发动机处于最佳工作点，可以实现较低的油耗水平。因此，DHT+阿特金森循环发动机这套黄金组合逐渐成为主流，但相较于丰田行星齿轮结构的 THS 混动系统，在油耗方面仍有一定的差距。

（三）混合动力发动机技术及应用情况

与传统汽车不同的是，混动系统可以通过电机进行动力补偿，所以对发动机的需求侧重点逐步由最初的动力性转变为经济性。比亚迪最新发布的 DM-i、DM-p 混动系统使用的骁云插混专用 1.5L 阿特金森循环发动机和 1.5Ti 米勒循环发动机，热效率分别高达 43%和 40%。长城柠檬 DHT 混动系统采用的 1.5L 的阿特金森循环和 1.5T 的米勒循环混动专用发动机，使动力系统综合效率达 50%以上。作为增程式混动车型，东风岚图 FREE 也是使用热效率为 41.07%的阿特金森循环发动机，相较于理想 one 的 1.2T 发动机更具竞争优势。可见，热效率更高的阿特金森循环及米勒循环发动机越来越受到车企的青睐，随着混合动力技术的发展，越来越多的车企也将逐步开始着手混动专用发动机的研发，吉利和奔驰便已宣布联合开发一种高效的模块化发动机，用于未来的油电混合动力车型。

第三节　燃料电池技术发展与应用情况分析

一、燃料电池电堆及关键材料技术水平不断提升，国产化率还有待提高

（一）电堆

燃料电池电堆按照所使用的双极板材料分为石墨双极板电堆和金属双极板电堆。前者主要因石墨有较好的抗腐蚀能力而普遍应用于对寿命要求较高的商用车上。后者则因金属的良好机械性能和导电导热性能而具有较高的功率密度和抗振动能力，因而较适用于乘用车。随着金属板电堆技术和产能的提升以及成本的下降，商用车对燃料电池功率需求的提高，其在商用车上的应用也逐渐增加。

在 2019 年上半年以前，电堆功率大多在 30～60kW。随后，各电堆企业相继推出了 100kW 以上的电堆产品，功率密度达 3.0～4.2kW/L，设计的耐久性在 10000 小时及以上。如表 15-9 所示列举了国内部分燃料电池电堆企业及其产品的部分技术参数。

表 15-9　中国部分燃料电池电堆企业及其产品的部分技术参数

企　业	双极板材料	额定功率（kW）	低温启动（℃）
新源动力	金属	140	-30
上海神力	石墨	142	-30
上海氢晨	金属	150	-20/-30①
捷氢科技②	金属	140	-30
未势能源③	金属	139	-30
爱德曼	金属	128	-30
国电投氢能	金属④	88	-30
明天氢能	金属	75	-30
江苏清能	金属	150	-30
氢璞创能	金属	140	-30

数据来源：由各企业提供

注：近期各企业的电堆产品迭代极快，表内信息仅用以说明行业状况和发展趋势。

① -20℃启动成功率为 100%，-30℃启动成功率>95%。

② 捷氢科技是上汽集团旗下子公司。

③ 未势能源是长城汽车旗下子公司。

④ 金属是钛。

电堆功率的提高，首先是因为国内企业电堆技术水平的大幅度提升，功率和功率密度正逐渐接近甚至超过国际先进水平，但寿命、可靠性和低温适应性等与国外先进水平仍有差距，质子交换膜、催化剂、碳纸和双极板等关键材料的基础和总体情况仍较为薄弱。其次是因为国家补贴政策提高了燃料电池系统额定功率指标，额定功率 50kW 以上的系统才能获得部分补贴，80kW 以上的可获得足额补贴。最后是因为燃料电池重卡成

为新的应用场景，高载重的重卡需要高功率电堆。

质子交换膜燃料电池是当前最适合车用的一类燃料电池，其主要关键材料有质子交换膜、催化剂、碳纸（或碳布）和双极板等。目前催化剂和双极板已国产化并应用于国产电堆，但质子交换膜和碳纸的国产化还未实现。

（二）质子交换膜

质子交换膜是燃料电池的最核心材料，是“心脏”，其作用是传递氢离子并隔离阳极和阴极，以及氢气和空气。燃料电池的运行条件和性能很大程度上取决于质子交换膜。质子交换膜的发展趋势是全氟型向部分含氟直至非氟型和低温型（<100℃）向高温型（100℃至约 180℃）发展。目前国产电堆产品里用的基本都是美国戈尔公司的 GORE-SELECT®复合型全氟质子交换膜，其运行温度低于 100℃。由于受限于氟化工严苛的工艺条件和设备要求，国内开发质子交换膜的单位较少，同时质子交换膜生产工艺要求也极为严苛，并且使用风险较大（如针眼大小的局部缺陷会导致整个电堆报废），因而其国产化进展较为缓慢。

（三）催化剂

目前普遍应用的燃料电池催化剂是碳载纳米铂（Pt/C）。国内开发燃料电池催化剂的公司较多，但实现批次公斤级制备的较少。不同于质子交换膜，国产催化剂（Pt/C）已经应用于国产电堆，其性能与进口催化剂相当，价格和交货期都极有竞争力。下一代阴极催化剂将会是碳载纳米铂钴合金（PtCo/C）或碳载纳米铂镍合金 PtNi/C，目前国内催化剂厂家已有样品。

（四）碳纸

在所有关键材料里，国内开发生产碳纸（或碳布）的公司是最少的，主要原因是受限于原材料碳纤维的供应以及产品较低的预期营收。国产电堆普遍应用的仍是进口碳纸。随着国产碳纤维技术和碳纸造纸技术的提升以及碳纸需求量的提高，碳纸的国产化进程将会加速。

（五）双极板

石墨双极板出现和应用较早于金属双极板，国内已经通过技术引进和自主开发实现了国产化。金属双极板的国产化则以自主开发为主。2021 年 3 月 28 日，上海治臻新能源装备有限公司的全球产能最大的年产千万片级的金属双极板生产线投产，可满足 3 万台 100kW 电堆的需求，标志着燃料电池终端需求已迈入快速增长期。

二、燃料电池系统尚在培育期，全功率型燃料电池系统是发展方向

国内燃料电池汽车普遍采用电电混合的技术路线，即燃料电池系统和二次电池系统同时给汽车电机提供电力，并且燃料电池系统一般运行在稳态工况下，是适合国内燃料电池技术和产业现状的技术路线。此技术路线对燃料电池系统的控制以及零部件的要求较低，适合前期的发展，是产业化过程中的过渡方案。目前，随着技术及零部件的进步，

如大功率燃料电池电堆的量产，以及对低温冷启动等性能的更高要求，全功率型的燃料电池系统成为研发方向。例如东风集团日前推出了自研的全功率型氢燃料电池系统，搭载在全功率型氢燃料电池车型氢舟（AX7-FCV）上。如表 15-10 所示列举了国内部分燃料电池系统企业及其产品技术参数。

表 15-10 中国部分燃料电池系统企业及其产品技术参数

企　业	双极板材料	额定功率（kW）	低温启动（℃）
新源动力	金属	115	−30
捷氢科技①	金属	117	−30
上燃动力②	金属	64	−30
德燃动力	金属	80	−30
重塑科技	石墨	110	−30
亿华通	石墨	120	−30
爱德曼	金属	101	−30
国电投氢能	金属③	67	−30
明天氢能	金属	60	−30
江苏清能	金属	100	−20

数据来源：由各企业提供

注：近期各企业的燃料电池系统产品迭代极快，表内信息仅用以说明行业状况和发展趋势。

① 捷氢科技是上汽集团旗下子公司。

② 上燃动力是长城汽车旗下子公司，生产乘用车用燃料电池系统。

③ 金属是钛。

目前商用车用燃料电池系统较为成熟，城市公交和物流车用系统的额定功率一般在 50～80kW。2020 年，燃料电池重卡在港口、厂区及矿山等的应用场景得到认可，重卡用大于 100kW 的系统已经装车验证。相比之下，乘用车用燃料电池系统发展仍较为缓慢，技术上难度较高（如集成度要求高），推广上受加氢基础设施限制。

目前，国内处于领先水平的燃料电池系统，其额定功率大于 100kW，功率加减载速率达 30kW/s，无外加热源下可实现−30℃低温冷启动，基本具备车用全功率燃料电池动力系统的应用条件，但相应的车载寿命试验仍需验证。当前燃料电池系统开发的趋势是“商乘两用”，即系统是一个平台产品，可先在商用车上推广应用，等燃料电池乘用车推广条件具备后再搭载到乘用车上。此开发策略是降本增效的有效途径之一。

三、燃料电池汽车推广速度加快，商用车已进入商业化导入期

燃料电池汽车主要分全功率和增程式（“电电混合动力”）两种，前者是汽车电机的电力主要由燃料电池系统提供，后者则是燃料电池系统和二次电池系统同时为电机提供电力，其中燃料电池系统提供较稳定的电力。国外燃料电池汽车基本采用全功率型的技术路线，国内燃料电池汽车则普遍采用增程式的技术路线，这是针对我国技术和市场情况，探索出的适合国内氢燃料电池技术和产业发展的技术路线。此技术路线是产业化过程中的过渡方案，全功率型燃料电池汽车将是主流技术方向。

2016 年被业界认为是中国燃料电池汽车的元年。从 2016 年至 2020 年，工业和信息化部发布的《新能源汽车推广应用推荐车型目录》中，涉及燃料电池的共 45 批，包括 571 款产品，分别来自亿华通、重塑科技、潍柴动力和雄韬股份等 60 多家公司。国内开发燃料电池系统最早的一批单位是以大连新源动力和上海神力科技为代表的电堆公司，而后是以亿华通、上燃动力、重塑科技和德燃动力为代表的系统公司，以及以上汽（捷氢科技）、长城汽车（未势能源）和宇通客车等为代表的汽车公司。其中，燃料电池客车 394 款，燃料电池专用车 165 款，燃料电池乘用车 6 款，燃料电池底盘 6 款。从中可以看出，中国的燃料电池汽车以商用车为主。目前国内燃料电池商用车已经进入商业化导入期，2018 年、2019 年和 2020 年的产销量分别是 1527/1527 辆、2833/2737 辆和 1204/1182 辆。

近年来，燃料电池客车技术进步显著，在 100km 氢耗（7.0kg/100km）、续驶里程、0～50km/h 加速时间、最高车速和冷启动温度等方面，均实现或者超额完成了“节能与新能源汽车技术路线图 1.0”提出的 2020 年指标，但在寿命和整车成本方面与路线图目标相比仍有一定差距。

燃料电池乘用车的推广主要受加氢基础设施薄弱以及零部件成熟度低等因素的限制，目前燃料电池乘用车上公告的只有 6 款。燃料电池乘用车目前处于示范运营阶段的导入期，如长安将有 50 辆车在重庆示范营运，广汽有小规模的示范运营计划，长城的 C 级 SUV 将在 2021 年量产，并在 2022 年中国冬奥会上示范运营。

四、氢能基础设施建设相对滞后，急需社会加大投入

氢能基础设施包括氢气的制备、储存、运输和加注，其中氢气制备是氢能应用的基础，氢气的储运是核心保障。

氢气的主要制备方法有化石燃料制氢、工业尾气副产氢回收和可再生能源发电并电解水制氢，分别对应“灰氢”、“蓝氢”和“绿氢”。中国是产氢大国，年产 2000 多万吨，主要以灰氢和蓝氢为主，绿氢占比较小（不到 1%），并且用作燃料电池燃料的能源消费不足 0.1%。作为环境友好的燃料电池汽车的燃料，灰氢不可取，蓝氢可以用，绿氢是方向。

氢气是极难压缩的气体，密度仅为空气的 1/14，因此提高氢的储运效率是氢能产业发展的关键。氢气的储运方式主要包括高压气态储运、低温液态储运、固体储氢储运和有机液态储氢储运等，其中高压气态储运是目前常用的方式。高压气态运输的效率较低（1～2wt%），长距离运输的成本高。与高压气态储运相比，低温液态运输的储氢密度可提高 10 倍以上，适合大规模长距离运输。配合大规模风电、水电、光电等清洁电能电解水制氢，低温液态储运氢是较理想的储运方式，是未来重要的发展方向。目前，欧洲、美国、日本等国家和地区的液氢技术相对较为成熟，已进入规模化应用阶段。

氢气的成本主要包括制氢成本和储运成本。目前褐煤制氢是成本最低的方法，约为 8.8 元/kg，而新能源电解水制氢的成本在 17～34 元/kg。此外，运输成本的占比很大，并且与运输方式及运输距离强相关（见表 15-11），可以发现，液氢的成本优势在 300km 以上时开始体现。经估算，当氢气售价约 40 元/kg 时，燃料电池汽车的氢燃料使用成本和传统内燃机汽车的汽油燃料使用成本相当。目前国内市场上氢气的终端售价在 30 元/kg 与 80 元/kg 之间。通过优化成本和政策补贴，氢气价格有可能降至 40 元/kg，从而使燃料电池汽车的推广变得可能。

表 15-11　不同运输距离和运输方式的运输成本

运输半径（km）	运输成本（元/kg）	
	高压氢气[①]	液　氢
100	8.66	13.57
300	15.45	13.79
500	20.18	14.01

数据来源：广证恒生

注：① 长管拖车，20MPa。

截至 2020 年 12 月底，中国已经累计建成 118 座加氢站（不含 3 座已拆除加氢站），其中 101 座已投入运营，投用比为 85%，其分布如图 15-3 所示。此外，在建及拟建的有 167 座。

《节能与新能源汽车技术路线图 2.0》提出了我国加氢站的建设规划。其目标是到 2025 年，加氢站总数≥1000 座，氢燃料成本降至≤40 元/kg（此时氢燃料使用成本相当于汽油使用成本）；到 2035 年，加氢站总数≥5000 座，氢燃料成本降至≤25 元/kg。

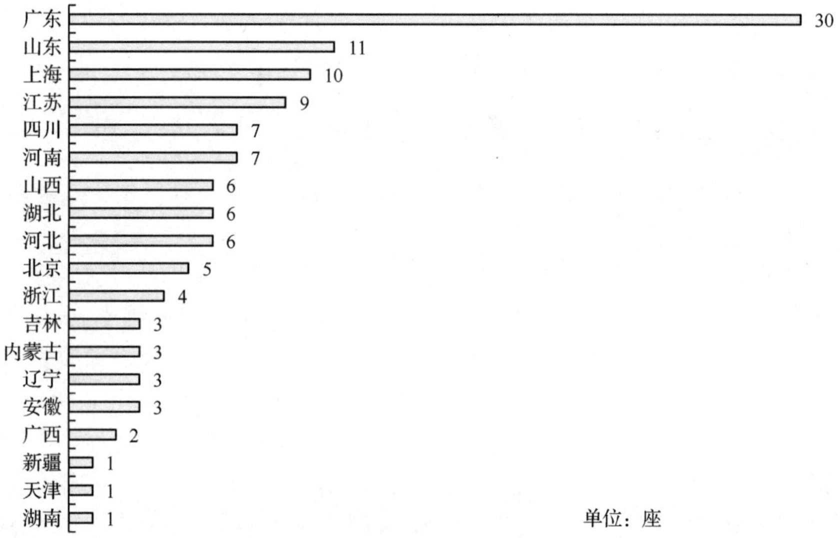

图 15-3　中国建成加氢站区域分布（截至 2020 年 12 月）

数据来源：香橙会

五、车载Ⅲ型瓶应用广泛，Ⅳ型瓶及 70MPa 车载储氢技术还需攻关

目前燃料电池汽车的车载储氢是以高压气态的形式存储在储氢瓶中。车载储氢瓶有高储氢密度、轻量化、快速充装、长寿命和使用环境多变（如温度范围宽）等特点，技术上极有挑战，并且车载高压储氢的安全性是燃料电池汽车产业化的必要条件之一，因此车载储氢瓶是燃料电池汽车产业链的关键一环。国内车用储氢瓶的生产企业主要有科泰克、中材科技、富瑞氢能、斯林达和中集氢能等，部分车载储氢瓶企业及产品的参数及开发状况如表 15-12 所示。

表 15-12　部分车载储氢瓶企业及产品的参数及开发状况

企　业	III型瓶，35MPa	III型瓶，70MPa	IV型瓶，70MPa
科泰克	量产	可量产	研发中，样品试制
中材科技	量产	产品认证测试中	研发中
富瑞氢能	量产	装车试验	研发中
斯林达	量产	产品认证测试中	样品测试中
中集氢能	量产	研发中	研发中

资料来源：企业、香橙会、高工锂电网和氢云链

车载高压气体储氢瓶主要包括锻压铝合金内胆增强纤维全缠绕气瓶（III型瓶）和塑料内胆增强纤维全缠绕气瓶（IV型瓶）。因尚无IV型瓶的国家标准（已在编写中），目前国内车载储氢均采用III型瓶。

III型储氢瓶的材质温度（工作温度不低于-40℃且不高于85℃）及环境适应能力强，并且密封性好，一般没有泄露问题，已广泛地使用在商用车上。针对乘用车的轻量化、高质量储氢密度和较低成本等要求，以丰田Mirai为代表的国外燃料电池乘用车采用IV型储氢。IV型瓶内胆方便成形和抗疲劳好，且材质价格也较为便宜，因而有很大的成本及市场优势，是行业发展的方向。但是其技术难度高，且目前国内关键技术和关键材料欠缺，如缺少决定其能否承受70MPa压力的关键材料碳纤维，因此国内IV型瓶的开发较为缓慢。

车载储氢类型按照压力可以分为35MPa和70MPa储氢。目前商用车上普遍采用35MPa的III型瓶储氢。燃料电池乘用车因受限于空间以及对续航里程的高要求，一般采用70MPa储氢。国内70MPa的III型瓶已在装车试验并具备量产能力，但因市场需求较小而未量产。中国燃料电池汽车行业仍处于起步阶段，近期采用III型瓶是基于现状的选择。市场需求（如乘用车的轻量化、较低成本和更高的续航里程）将推动技术的提升和标准的完善，70MPa的IV型储氢瓶将成为主流。

第四节　总结与展望

新能源汽车技术近年来发展迅速，主流车企基本都开发出了专属的纯电动汽车或混动系统，但技术路线差异不大。市场上已经有了三合一、四合一、六合一等集成产品，后期集成化程度将不断提高，和动力域控制器协同发展。为了满足日益提高的补电需求，整车电压不断提升，800V将会成为未来趋势。充电方式更加多样化，Chaoji快充、换电和无线充电正在加速发展，长远来看，车端充电技术将会和电网进行融合，组成双向多维度的V2G智慧电网。混合动力因车企CAFÉ积分要求的不断提高和良好的燃油经济性而发展迅猛，DHT+阿特金森循环发动机将成为未来市场的主流。

燃料电池汽车因为成本高，在制氢、储氢、运氢、加氢环节还未形成一套完整的产业链，大规模生产和推广还需要政策的持续加持，车企也需要加大在质子交换膜、催化剂、碳纸和双极板等核心材料和电堆、燃料系统的投入。燃料电池汽车具有续驶里程长的优点，与纯电动汽车的市场定位不同，两者可以实现优势互补，共同促进新能源汽车的良性健康发展。

第十六章　2020 年中国新能源汽车安全现状与安全管控体系分析

张国振，张贵平，王峥*

摘要：随着产业发展的持续推进，新能源汽车的安全事故不断增多，严重关系到人民生命和财产安全。本文主要分析了 2020 年中国新能源汽车的安全现状，剖析了新能源汽车处于这种安全形势下的多层次原因，提出了新能源汽车企业应发挥“安全第一”的责任主体地位，全面构建系统、科学、适应产品的安全管控体系，涵盖产品研发设计、关键零部件保障、生产制造及质量控制、运行监测及数据分析、车辆销售与维护、应急响应和救援、事故调查保障等各环节，形成车辆全生命周期安全保障能力，有效促进新能源汽车产品的高质量发展。

关键词：新能源汽车；安全现状；安全事故；安全管控体系。

第一节　2020 年中国新能源汽车安全现状分析

一、新能源汽车整体安全现状分析

经过多年持续政策的鼓励支持和行业的不懈努力，中国新能源汽车技术水平显著提升、产业体系日趋完善、产品竞争力大幅增强，产销量、保有量均居世界首位，新能源汽车产业进入叠加交汇、融合发展的新阶段。2020 年尽管受到了新冠肺炎疫情的严重影响，新能源汽车仍呈现出良好的发展态势。2020 年 1—12 月，新能源汽车的产销量分别完成 136.6 万辆和 136.7 万辆，同比分别增长 7.5%和 10.9%。截至 2020 年年底，新能源汽车保有量达 492 万辆，同比增长 29.2%。

随着新能源汽车产销量和保有量的不断攀升，新能源汽车安全事故不断增多。在 2020 年被媒体公开报道的新能源汽车起火的百余起事故中，涉及多个主流品牌和车型，某主流品牌的车辆在单月内曾发生多起安全事故。2020 年新能源汽车共召回 45 次，涉及车辆 35.7 万辆，占全年召回总数量的 5.3%，其中因三电系统缺陷召回 11.2 万辆，占新能源汽车召回总数量的 31.3%。新能源汽车安全问题已经引起了全社会的高度关注，给人民生命和财产安全带来了隐患，成为新能源汽车行业发展的制约因素。

---

* 张国振，工业和信息化部装备工业发展中心监督管理处副处长；张贵平，任职于工业和信息化部装备工业发展中心监督管理处；王峥，任职于中国汽车技术研究中心有限公司车辆安全与鉴定技术研究所。

二、新能源汽车安全事故特点分析

通过对2020年1—12月发生安全事故的情况进行分析，发现新能源汽车安全事故呈现如下特点。

从车辆类型看，77.6%的事故车辆为乘用车、20.0%的事故车辆为货车、2.4%的事故车辆为客车；而乘用车、货车和客车的保有量占比分别为80.5%、9.8%和9.7%（见图16-1）。可见，乘用车的事故量和保有量均占有较大比例。货车和客车的保有量占比相近，但货车的事故量明显高于客车事故量，这与车辆使用条件、维护保养情况有关，还与采用动力电池种类有关，绝大多数的客车采用高温性能良好的磷酸铁锂电池作为动力电池。

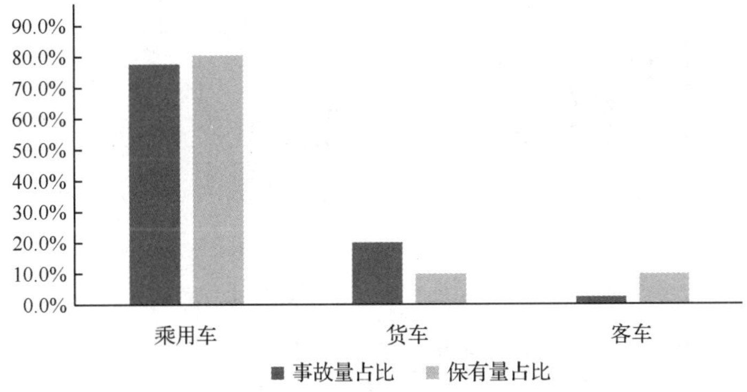

图16-1　2020年新能源汽车不同车辆类型事故占比情况

资料来源：装备工业发展中心新能源汽车事故申报平台

从车辆用途看，46.9%的事故车辆为营运车辆，40.0%的车辆为非营运车辆；营运车辆和非营运车辆的保有量占比分别为49.8%和50.2%（见图16-2）。可见，营运车辆与非营运车辆的保有量占比相当，但营运车辆的事故量占比较大，即营运车辆更容易发生安全事故。出租车、网约车等营运车辆因其长时间、高强度的使用，对动力电池的性能、寿命均会产生较大影响。同时，车辆存在超环境范围使用、违规充电、未及时检修保养等情况，导致动力电池系统的累积损伤和可靠性降低等快速显现，造成了营运车辆的事故率较高。

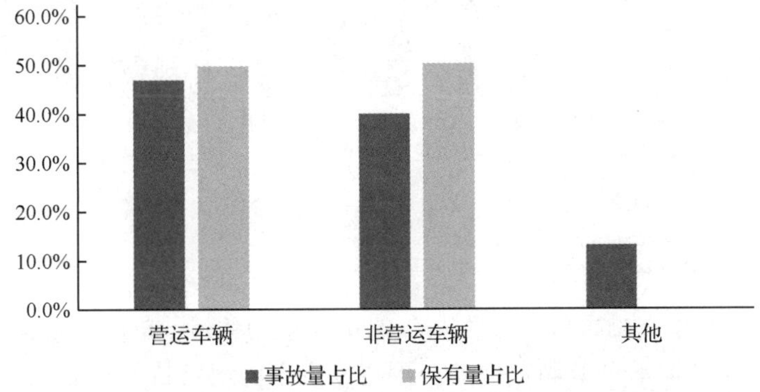

图16-2　2020年新能源汽车不同车辆用途事故占比情况

资料来源：装备工业发展中心新能源汽车事故申报平台

从车辆发生安全事故的地域看，24.6%的事故发生在广东、10.8%的事故发生在福建、7.7%的事故发生在山东，以上三个省份发生安全事故量占比较大；福建、陕西、广东三个省份的事故量占比明显高于其保有量占比，而上海、天津、河北的事故量占比明显低于其保有量占比（见图 16-3）。

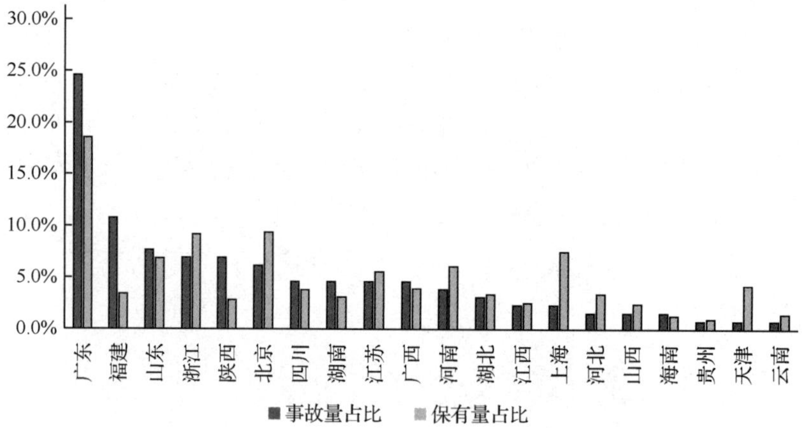

图 16-3　2020 年新能源汽车不同省份事故占比情况

资料来源：装备工业发展中心新能源汽车事故申报平台

从车辆发生安全事故的月份看，5—11 月发生的总事故量较大，在发生事故量较大的三个省份中，广东、福建作为南方省份在全气候条件下均有可能发生新能源汽车安全事故，而在气温较高的 5—11 月份发生安全事故量更大；而山东地处北方，在气温较高的 5—10 月易发生安全事故（见图 16-4）。

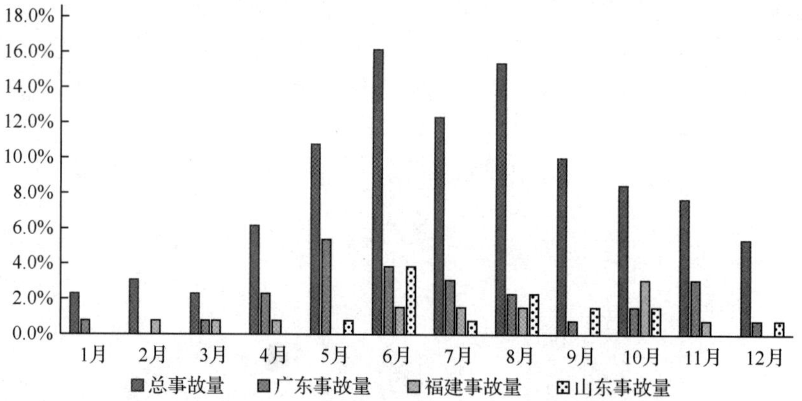

图 16-4　2020 年新能源汽车不同月份的事故占比情况

资料来源：装备工业发展中心新能源汽车事故申报平台

因此，新能源汽车安全事故的发生与气温有高度相关性，在全气候条件下均有发生，多发生在气温较高的夏季。车辆发生安全事故呈现出的地域特征还与当地使用车辆的质量、用途和人员驾驶习惯等有关。

从动力电池类型看，91.5%的事故车辆使用三元材料锂电池、7.6%的事故车辆使用磷酸铁锂电池（见图 16-5）。可见目前大多数的事故车辆采用三元材料锂电池。三元材料锂电池以其体积小、能量密度高、耐低温、循环性能好等优点，已被广泛应用在新能源汽车产品中。据统计，当今主流销量新能源汽车产品中，大部分使用了三元材料锂电池。

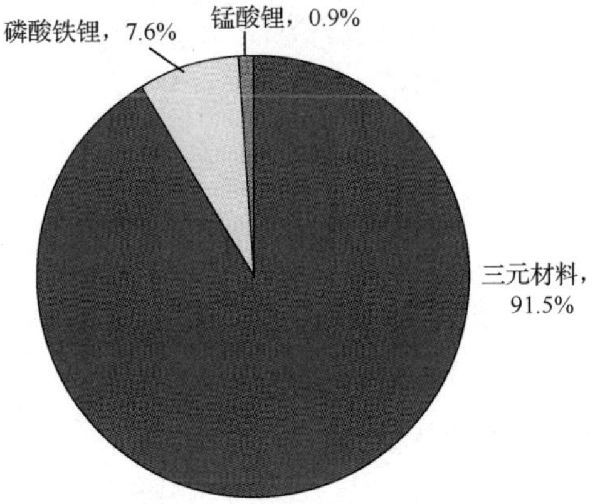

图 16-5　2020 年事故新能源汽车采用动力电池不同类型占比情况

资料来源：装备工业发展中心新能源汽车事故申报平台

从安全事故发生时的荷电状态（SOC）看，50.0%的事故车辆为 90%～100%、12.3%的事故车辆为 80%～90%、6.9%的事故车辆为 70%～80%（见图 16-6）。可见，发生安全事故的车辆荷电状态（SOC）处在 70%～100%区间内占比近七成，荷电状态（SOC）处在 90%～100%区间的新能源汽车发生安全事故的风险较大。因此，车辆处于高电位的安全性需要重点关注。

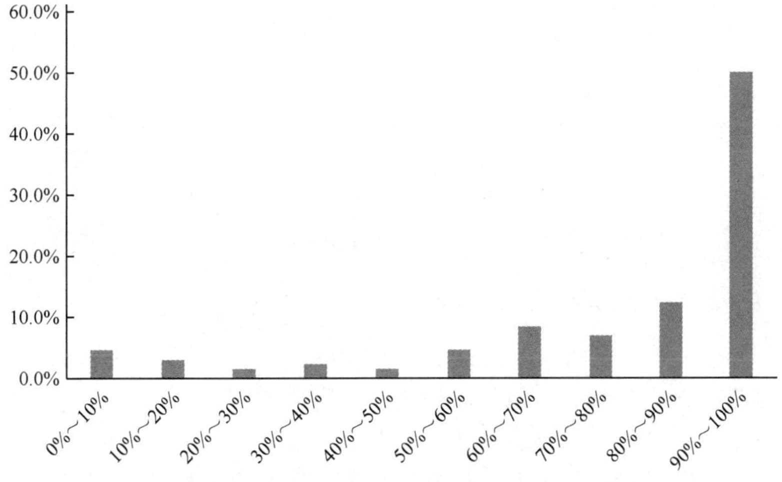

图 16-6　事故发生时不同荷电状态下的事故量占比情况

资料来源：装备工业发展中心新能源汽车事故申报平台

从事故发生时的车辆状态看，36.2%的车辆处于充电状态，33.1%的车辆处于静置状态，30.7%的车辆处于行驶状态（见图 16-7）。可见，事故发生时车辆处在充电状态、行驶状态和静置状态均占有一定比例。

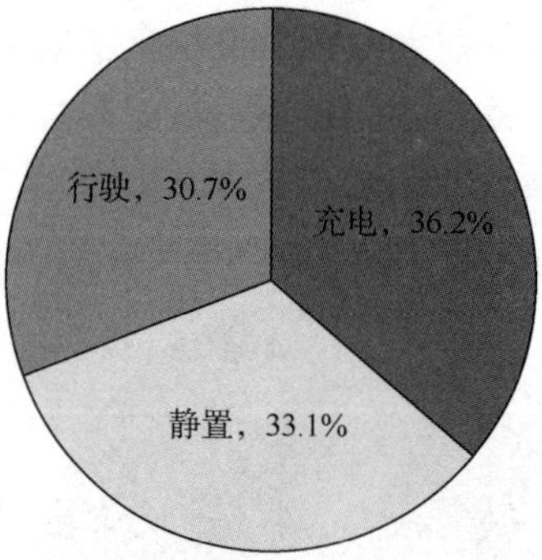

图 16-7　事故发生时不同车辆状态下的事故量占比情况

资料来源：装备工业发展中心新能源汽车事故申报平台

在企业上报的安全事故原因中，63.8%的车辆起火源于动力电池自燃，15.3%的车辆起火源于交通事故（碰撞），13.8%的车辆起火源于外来火源（见图 16-8）。其中，自燃事故情况指无外部因素影响下动力电池发生热失控或者热扩散情况，包括车辆处于充电、静置和行驶中自燃等状态。由图 16-8 可见，在发生安全事故的新能源汽车中，发生自燃情况占有相当大的比例，发生交通事故情况与外来火源情况占比相近，发生泡水的情况相对较少。

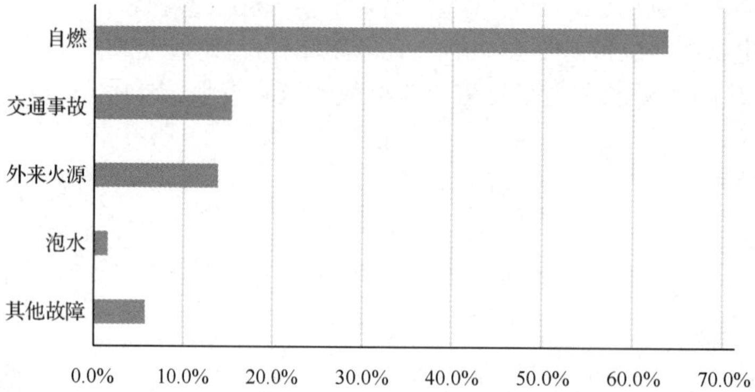

图 16-8　安全事故原因情况占比情况

资料来源：装备工业发展中心新能源汽车事故申报平台

从发生自燃事故的车辆状态看，32.5%的车辆处于充电至高电位状态，16.9%的车辆处于充电后静置状态，9.6%的车辆处于充电后行驶状态（见图 16-9）。可见，车辆事故发生时处在充电至高电位、充电后行驶和充电后静置三种状态下占比共计近六成，而这三种状态均为高荷电状态，即车辆事故发生时多处于高荷电状态（SOC）下。

从事故发生时的行驶里程看，42.3%的事故车辆行驶里程为 1 万～5 万千米、20.7%的事故车辆行驶里程为 5 万～10 万千米、6.1%的事故车辆行驶里程为 0～1 千千米，见图 16-10。可见大部分车辆是在较长周期使用后出现了安全事故，行驶里程为 1 万～5 万千米新能源汽车发生安全事故的风险较大，行驶里程为 0～1 千千米的较新车辆也占有一定比例。

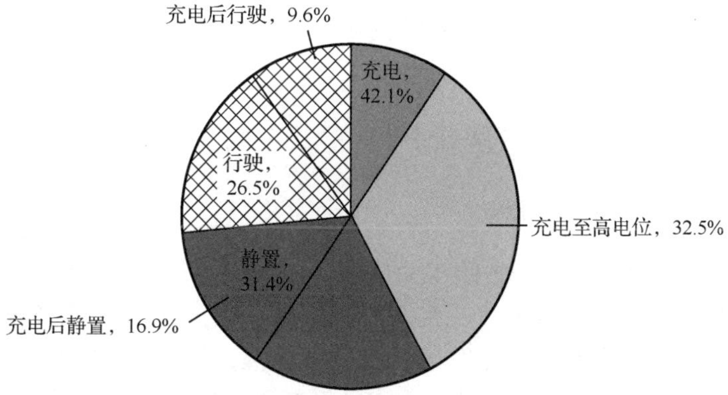

图 16-9　自燃事故中不同车辆状态下的事故量占比情况

资料来源：装备工业发展中心新能源汽车事故申报平台

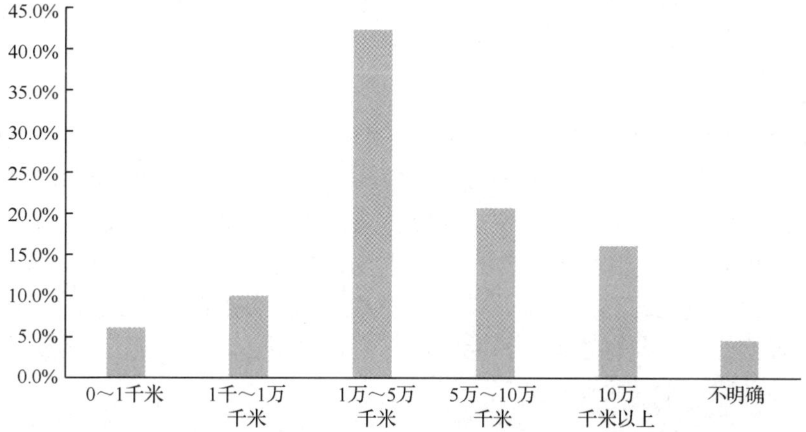

图 16-10　事故发生时不同行驶里程下的事故量占比情况

资料来源：装备工业发展中心新能源汽车事故申报平台

综上，发生在 2020 年 1—12 月的新能源汽车安全事故呈现以下典型特点：

（1）货运车辆和营运用途车辆安全事故占比较高。

（2）新能源汽车起火安全事故的发生与气温有高度相关性，在全气候条件下均有发生，多发生在夏季。

（3）大多数的事故车辆采用三元材料锂电池。据统计，当今主流销量新能源汽车产品中，绝大部分使用了三元材料锂电池。

（4）车辆在事故发生时多处于高荷电状态（SOC 在 90%～100%这一区间）下，因此，车辆处于高电位的安全性需要重点关注。事故发生时车辆处在充电状态、行驶状态和静置状态的均占有一定比例。

（5）在发生安全事故的新能源汽车中，发生自燃情况占有相当大的比例，发生交通事故情况与外来火源情况占比相近，发生泡水的情况相对较少。在自燃事故中，车辆多发生在充电至高电位、充电后行驶和充电后静置状态，即车辆事故发生时多处于高荷电状态（SOC）下。

（6）行驶里程为 1 万～5 万千米的新能源汽车发生安全事故的风险较大，行驶里程为 0～1 千千米的较新车辆也占有一定比例。

三、新能源汽车安全监管现状分析

1. 产品准入常规化安全监管

新能源汽车的安全监管工作按照相关文件、标准和规范执行，如工业和信息化部令第 39 号《新能源汽车生产企业及产品准入管理规定》、工业和信息化部令第 54 号《工业和信息化部关于修改<新能源汽车生产企业及产品准入管理规定>的决定》、工信部装〔2016〕377 号《工业和信息化部关于进一步做好新能源汽车推广应用安全监管工作的通知》等。文件要求新能源汽车生产企业要落实产品质量安全主体责任，地方政府有关部门要切实做好安全监管工作，行业组织要充分发挥行业自律和技术支撑作用。新能源汽车企业平台、地方平台以及国家平台三级监管体系共同构成新能源汽车安全运营保障体系，对新能源汽车产品的运行状态进行监测等。

2. 产业政策助推安全监管

2020 年 11 月 2 日，国务院办公厅发布《新能源汽车产业发展规划（2021—2035 年）》，这是对未来十五年新能源汽车产业的战略性方针指引，明确了发展规划与目标，为行业和市场带来发展定力与信心。健全安全保障体系，强化企业对产品安全的主体责任，落实生产者责任延伸制度，加强对整车及动力电池、电控等关键系统的质量安全管理、安全状态监测。健全新能源汽车整车、零部件以及维修保养检测、充换电等安全标准和法规制度，加强安全生产监督管理和新能源汽车安全召回管理。鼓励行业组织加强技术交流，梳理总结经验，指导企业不断提升安全水平。

3. 相关标准法规的发布实施

2020 年 5 月 12 日，电动汽车领域首批国家强制性标准《电动汽车安全要求》（GB 18384—2020）、《电动汽车用动力蓄电池安全要求》（GB 38031—2020）和《电动客车安全要求》（GB 38032—2020）正式发布。其中，《电动汽车安全要求》明确规定了车辆应将可充电储能系统热失控的安全事件通过一个明显的信号装置向驾驶员提示。《电动汽车用动力蓄电池安全要求》新增加了电池系统热扩散试验，要求电池单体发生热失控后，电池系统在 5 分钟内不起火不爆炸，为乘员预留安全逃生时间。《电动客车安全要求》对电动客车电池仓部位碰撞、充电系统、整车防水试验条件及要求等提出了更为严格的安全要求，增加了高压部件阻燃要求和电池系统最小管理单元热失控考核要求，进一步提升电动客车火灾事故风险防范能力。

4. 开展安全隐患排查、企业监测平台自查加强安全监管

工业和信息化部装备工业一司于 2020 年 6 月 2 日组织召开了加强新能源汽车安全监管工作会议，要求企业要不断提升整车设计制造和测试验证水平，加强对动力电池系统的可靠性验证和供应体系管理，加强售后专项维修保养服务体系建设，对出现问题的车辆，要采取必要措施消除隐患。工业和信息化部装备工业发展中心于 2020 年 6 月 8 日发

布了《关于开展新能源汽车安全隐患排查工作的通知》，要求对新能源汽车开展安全隐患排查和企业监测平台自查，明确新能源汽车起火燃烧事故调查和上报的管理规定，保障新能源汽车的安全运行。

5. 开发事故深度调查与预警模型，促进安全管控体系研究

工业和信息化部早在2018年期望研究行之有效的安全监管机制，并向装备工业发展中心委托了研究任务，要求开展新能源汽车安全事故调查和安全监管项目的专题研究。项目组通过事故现场勘验、深度调查、数据分析、实车测试等多种方式开展深入研究，开发了基于大数据的新能源汽车安全预警模型分析系统，可一定程度降低新能源汽车的安全风险；建立了涵盖研发、生产、质量、监测、售后等产品全周期各个环节的安全管控体系，推进新能源汽车行业安全健康发展。

6. 加强新能源汽车产品召回管理

2019年市场监管总局发布了《关于进一步加强新能源汽车产品召回管理的通知》和《关于进一步规范新能源汽车事故报告的补充通知》，制定了关于事故车辆的事故调查、上报及召回等方面的管理规定，建立新能源汽车事故调查协作网，开展车辆事故深度调查。采取包容审慎思路，创新新能源汽车安全监管制度，在守住安全底线的同时，倒逼行业自主创新和改进，保护消费者权益。

根据《缺陷汽车产品召回管理条例》和《缺陷汽车产品召回管理条例实施办法》的要求，对于车型产品系统性问题或者不符合相关规范的情况，新能源汽车企业向国家市场监督管理总局备案并实施召回。为加强事中、事后监管，国家将不断完善汽车召回制度，既可以维护消费者人身财产安全和合法权益，又能促进汽车企业积极履行产品安全主体责任，帮助提升汽车质量安全水平。当前，汽车生产者召回的主动性有明显提升，也体现对社会的责任和担当。

第二节　2020年中国新能源汽车存在的问题

1. 行业相关技术发展不够成熟

在市场需求和国家政策驱动下，我国新能源汽车产业发展迅速，但在新能源汽车发展初期，动力电池及系统、整车控制、整车与关键零部件等匹配策略、充电基础设施等相关技术发展不够成熟和完善。对于车辆产品的使用条件、操控和运行工况模式等安全使用边界研究不够全面，车辆产品验证不够充分。

2. 产品设计安全累积不够充分

新能源汽车和零部件企业对三电系统等的技术特性、技术界限及技术匹配等理解和研究尚不透彻，对于车辆的使用条件和环境特点等积累尚不充分，在设计环节尚未完全探索和明确车辆的安全运行约束条件及可能存在的隐患，导致在提高产品性能的前提下，安全可靠性设计积累不够充足。

3. 动力电池技术发展不够完善

随着新能源汽车续驶里程的不断增长，高能量密度的动力电池比例大幅增加，对产品的设计和验证要求也随之提高，但部分产品全生命周期的失效模式及失效特征参数验证的完整性和深入性不足，安全可靠性亟待提升；缺乏动力电池运输仓储、维修保养、安全检验、退役退出等全生命周期环节的管理制度。需建立健全动力电池模块化标准体系，加快突破关键制造装备，提高工艺水平和生产效率。

4. 终端用户使用不够规范

对于新能源汽车产品的使用，部分终端用户未能充分理解车辆相关约束规定，存在不合理使用的现象，对产品造成累积性损伤和潜在安全隐患。如在车辆使用过程中存在不适当的驾驶和充电习惯，经过机械损伤后未能及时检查和维修，超出环境范围使用，超出产品设计功能的高频率、长续航使用等。

5. 充电基础设施未能协同发展

充电设备等基础设施企业在设计研发方面，未能完全理解汽车产品充电中的安全要求；充电中的信息交互和多路控制存在不协调等问题；相关充电管理制度和安全标准不完善，不能满足日益增长的大功率充电使用场景，容易导致动力电池系统出现过温、过充和触电等安全问题。需加强充电设备与配电系统安全监测预警等技术研发，提高充电基础设施的安全性、一致性和可靠性，提升服务保障能力和水平。

6. 企业相关管理体系不够完善

部分企业相关管理机制和体系不够完善，未形成覆盖产品设计、技术评价、生产加工、过程控制和质量保障、供方评审和质量管控、销售及服务、监测分析、应急救援、事故调查等多层次的全面管理制度。在车辆存在安全风险、隐患早期预警、使用可靠性衰退等方面，尚未建立完善的统计分析研究模式，未能形成有效的跟踪评价和反馈预警机制，造成车辆安全风险感知弱，故障和事故反馈处理不及时，突发的安全事故响应和处置欠周全等问题。

7. 产品运行监测平台未能充分利用

产品运行监测平台目前存在传输数据中断、数据误传、漏传、无效数据等问题，部分车辆存在故障、报警、阈值设置不合理等问题，未能充分发挥监测平台的作用进行安全预警监测；对于在平台监测中发现的使用习惯、环境异常等隐患，难以及时提示用户进行检查和处理；部分企业对监测平台的采集数据研究深度不足，仅满足于问题数据的筛查，故障早期预警和事故临界点（征兆）研究欠深入，未能及时发现潜在安全隐患和风险。

第三节　新能源汽车安全管控建议

随着新能源汽车安全问题的日益凸显，保障新能源汽车的安全运行成为产业长期健康发展的关键和前提，也是事关人民群众生命财产安全与社会和谐稳定的重要任务。国家相关主管部门越来越重视新能源汽车行业的安全问题，曾多次强调强化安全监管，切实提升新能源汽车安全运行水平。工业和信息化部组织开展新能源汽车安全事故调查和安全监管项目的专题研究，组织开发基于大数据的安全预警模型分析系统，连续两年开展新能源汽车安全隐患排查工作，组织召开加强新能源汽车安全监管工作会议，对问题产品企业进行联合约谈等，从监管角度保障新能源汽车的产品安全。

除了政府和行业的有力监管，更为重要的是新能源汽车企业要发挥“安全第一”的责任主体地位，落实生产者责任延伸制度，在组织架构、管理制度和工作流程方面构建系统、科学、适应产品的安全管控体系，即在产品研发设计、关键零部件质量控制、生产制造、售后服务、运行监测、应急救援、事故调查等各环节进行全生命周期的安全管控，不断提升车辆全生命周期安全水平。

一、产品研发设计

一是建议新能源汽车企业加大研发投入，加强核心关键技术攻关，以技术保安全，开发先进适用的新能源汽车产品。在设计开发输入中加强识别产品安全相关的法律法规、规章制度和产品标准的要求，识别与产品安全相关的特性，并制定监控措施。

二是建议新能源汽车企业与动力电池、驱动系统等企业就产品安全开展数据共享、设计协同和技术衔接，从源头改进与完善设计理念和设计思路。

三是建议深入细致开展用户跟踪和调研工作，在给予用户培训指导的同时，掌握其使用特点及潜在需求，使产品设计思想和功能满足目标用户的需求。

四是建议新能源汽车企业构建软件、硬件、系统集成等不同层级测试验证的能力，对各部件匹配控制策略进行充分验证，确保产品质量满足功能安全、信息安全等相关要求。

五是基于新能源技术的不断发展和完善，建议企业对先期开发的在用车型产品进行安全性复核和技术深度分析，及时整改，提升产品安全水平。

二、关键零部件保障

一是建议关键零部件（三电系统）供应商建立并完善与车型产品相适应的质量管理体系并接受整车企业的管理和审核。供应商应逐步提高与车型产品相适应的开发能力，实施并保持质量保证过程。

二是建议新能源汽车企业加强动力电池、驱动电机、电控系统等关键零部件产品供应链质量体系的管理，提出产品技术、性能指标、产品一致性、质量保证期及生产加工水平等系统安全性要求，确保产品质量安全。

三是建议对于不同技术方案、技术水平和安全特性的高能量密度电池产品，在新投放或新能源汽车产品更新前开展充分的测试验证；若标准中未明确规定，建议新能源汽车企业自主研究并形成独特的测试评价和模拟仿真分析能力。

四是对于高镍材料等动力电池新技术的应用，以及对应的车辆运行数据和信息，建议新能源汽车企业联合相关方开展全方位、深入研究与分析，充分做好技术协同和改进，从源头提升产品安全技术水平。

三、生产制造及质量控制

一是新能源汽车企业的产品生产制造自动化程度要满足行业整体水平，保证产品生产一致性。加强员工能力培训，尤其是从事产品安全特性的相关人员，要严格执行生产加工操作规范，提高产品安全质量意识。

二是建议新能源汽车企业开展产品质量提升行动，加强制造、试验验证等全过程可靠性技术开发应用，充分利用互联网、大数据等先进技术，健全产品全生命周期质量控制和追溯体系，健全整车制造和检测数据存储系统，包括动力电池系统、驱动电机、整车控制器等关键零部件总成等。

三是建议新能源汽车企业根据产品特点建立特有的产品技术质量要求和过程管控制度，包括过程控制（识别制造安全特性）、生产一致性管理、电检制度、三电系统的产品测试/抽查/储存/安全操作制度等，明确关键部件的生产加工过程和质量控制要求。

四是建议三电系统相关外围件（插头、接口、高压和低压线束、线板、高低压元器件等）的供应商均提供验证报告，企业开展测试验证，保证较长周期使用后其安全性和质量水平，同时关注生产制造中关于产品安全特性的验证。

四、运行监测及数据分析

一是新能源汽车企业应按照要求对已销售的新能源汽车产品的运行安全状态进行监测，确保接入监测平台车辆的实时运行数据均能正常传输，数据项齐全，时间采集间隔符合或者优于国家标准 GB/T 32960 的要求。

二是建议新能源汽车企业充分认识到监测平台的重要作用，接入的车辆运行数据应保证不间断传输，确保监测数据及故障报警信息的及时性、真实性和有效性。可加强对新能源汽车整车休眠状态下动力电池系统的安全监控及唤醒。

三是对于新能源汽车企业监测平台反映的故障、报警及异常情况建议按照其安全隐患的严重程度进行分级管理，并设置相应的处置措施。企业需对故障和报警情况进行梳理，合理设置报警阈值，完善安全预警管理机制。建议企业定期排查车辆存在的异常情况，按照相关要求合理处置。

四是新能源汽车企业可提高运行数据的采集频率和增加监测的关键数据项，有利于安全事故信息的追溯。建议加强车辆运行数据分析挖掘能力，对车辆全生命周期数据进行分析对比与系统性研究，除了故障和报警分析之外，还要研究用户驾驶行为、操作习惯对车辆的影响等，提升企业对动力电池失效原因的判断，加速三电系统故障的处置。

五、车辆销售与维护

一是新能源汽车企业应建立健全新能源汽车销售和售后服务技术管理体系，建议细化并明确产品维护保养项目和服务要求；在维护保养时，建议采用人工检查、仪器检测和数据分析等多维度检测方式，重点针对动力电池、驱动电机和电控系统等关键零部件进行安全质量检测，及时消除产品安全隐患。

二是建议新能源汽车企业建立完善的用户档案制度，加大对用户的使用培训力度，提供驾乘操作规范，积极引导用户形成良好的用车习惯，协助用户对新能源汽车自主检查，指导用户对可能出现的安全风险或安全事故进行妥善处理，提高车辆使用过程中的安全性。

三是建议充分利用企业监测平台数据进行分析，查找高风险车辆，督促高风险车辆用户及时到店维护保养，实现数据信息采集共享，定期进行安全隐患排查。

四是建议新能源汽车企业合理布局售后服务体系，对于网约车、出租车、物流车、城市客车等市场规模较大、地域集中的营运车辆配备专门的服务网点或团队，并且不断提升服务人员技能，确保具备检查、保养、分析、应急处理等全面售后服务能力。

六、应急响应和救援

在新能源汽车发生事故时，驾乘人员应远离事故车辆，第一时间联系消防、公安、车辆企业、运营公司、维修服务店等相关方，积极做好事故车辆减少灾害、避免险情扩大的工作。救援结束时，应反复确认险情，防止出现复燃现象，注意在进行各项操作时应留存证据，做好记录。

新能源汽车发生事故时，除了按照消防和交警等管理部门的要求进行处置外，建议车辆企业、动力电池企业、销售服务店、运营单位、远程技术支持和数据信息支撑团队等多方建立完善的事故应急救援机制，及时开展救援、处置、调查和分析等工作。

建议按照严重级别建立多梯度事故响应机制，在不影响周围主体的情况下开展快速有效、避免大面积扩散的救援和处置，包括事故调查分析、事故责任认定，对应事故衍生灾害的处置措施，对于安全事故社会舆论和影响的应对措施等。

七、事故调查保障

新能源汽车企业应组建由安全管理归口部门牵头，研发、生产、售后、质量、监测等部门人员组成的事故调查小组。车辆发生事故时，事故调查小组应及时对事故现场进行勘验、固定和保全证据，研判事故原因，形成事故调查报告，并严格按照相关要求上报事故信息。

对于重复出现或产生较大影响的事故或问题，新能源汽车企业宜邀请专业机构或行业组织开展专题事故调查研究，研判事故原因和过程，剖析归纳涉及安全方面的技术问题，提出安全质量提升方案，优化改进措施。同时确保新能源汽车企业、关键零部件企业和车辆销售服务团队均能深刻理解和掌握改进方案和措施，确保提升产品安全质量水平。

建议新能源汽车企业阶段性的开展各类安全事故统计分析工作，对于单车型或产品技术平台重复出现同类事故，要重点管控并开展深度分析和技术研究。对于系统性问题导致的车辆事故，要按照相关管理规定对相应车型进行处理；对于操作使用原因导致的车辆事故，要制定专项培训计划，在销售、售后服务环节予以宣传培训，全面促进新能源汽车行业的高质量健康发展。

第十七章　新能源汽车与电网融合前景、问题与政策建议

刘坚，薛露露，王明才*

摘要：新能源汽车既是电能消费终端，又是位于电网末梢的储能单元。大量电动汽车可作为分布式储能为电力系统提供规模可观的灵活性资源。2020 年，新能源汽车动力电池装车量达到 63.6GW · h，是储能电站新增容量的数十倍。充分挖掘新能源汽车储能潜力，加快新能源汽车与电网的深度融合，将有力推动我国汽车与能源行业协同发展，保障各自行业“碳达峰”“碳中和”目标早日实现。尽管“十四五”以来，国内车网融合相关政策陆续出台，地方试点也有序展开，但当前新能源汽车与电网的协同互动在基础设施、充放电价格、市场机制、商业模式等环节还面临一系列堵点。本文在系统回顾我国车网融合发展现状的基础上，分析车网互动各环节面临的关键问题，并提出相应政策建议。

关键词：车网融合；有序充电；V2G；换电模式。

第一节　车网融合的意义

近年来新能源汽车市场快速成长，产业规模日益扩大。截至 2021 年 3 月，全国新能源汽车保有量达到 551 万辆，动力电池累计产量超过 2 亿 kW · h，而同期全国电化学储能累计装机量仅 300 万 kW，按储能平均放电 2 小时计算，动力电池存量规模是电化学储能的 30 倍以上。当前动力锂离子电池能量密度、循环寿命等关键参数呈现快速进步的趋势，成本仍有较大下降空间，特别是未来电动汽车数量将保持增长，其参与电网互动的潜力有望持续扩大。

我国已是全球最大的新能源发电装机国。2020 年底全国风电、光伏发电装机容量达到 5.3 亿 kW，超过总发电装机容量的 20%。我国政府已明确提出二氧化碳排放力争于 2030 年前达到峰值，努力争取 2060 年前实现“碳中和”。以风电、光电为代表的新能源电力将成为实现“双碳”目标的主力军。预计到 2030 年，我国风电、光伏发电装机容量将达到 12 亿～18 亿 kW，新能源发电的日内出力波动将占到系统高峰负荷一半以上。同期，电动汽车保有量有望突破 8000 万辆，凭借不断进步的电池技术和庞大的车辆规模，电动汽车可为电力系统提供极具性价比的灵活性调节资源，极大弥补电力系统灵活性资源不足的制约，进而有效提升电力系统对波动性可再生能源的消纳能力。电动汽车也将

---

* 刘坚，任职于国家发改委能源研究所；薛露露，任职于世界资源研究所；王明才，任职于国网电动汽车服务公司。

通过新能源消纳获得经济收益，从而提升电动汽车全生命周期经济性。

电动汽车可通过有序充电、车网双向互动（V2G）、换电模式和退役电池储能四种方式与电网形成互动（见图 17-1）。有序充电虽然无法向电网或负荷直接放电，但仍可通过改变充电时间的方式参与电网削峰填谷，实现“虚拟储能”作用。电动汽车 V2G 通过充放电与电网形成互动。当前电动汽车动力电池容量普遍有限，电池续航能力以满足道路出行为主，车辆 V2G 可能加速电池老化，但随着电池容量的增加和循环寿命的提升，电动汽车续航能力将逐渐超过日常交通出行需求。换电模式为电动汽车电能的快速补充提供了可能。由于车辆与电池实现了分离，换电模式最大程度释放了车载电池的储能潜力，车辆卸载下来的电池可以根据电力系统的调峰需求随时进行充放电，此时动力电池储能类似于固定电池储能电站。而随着车载动力电池寿命的终结，退役电池也可通过梯次利用的方式间接参与电网互动。

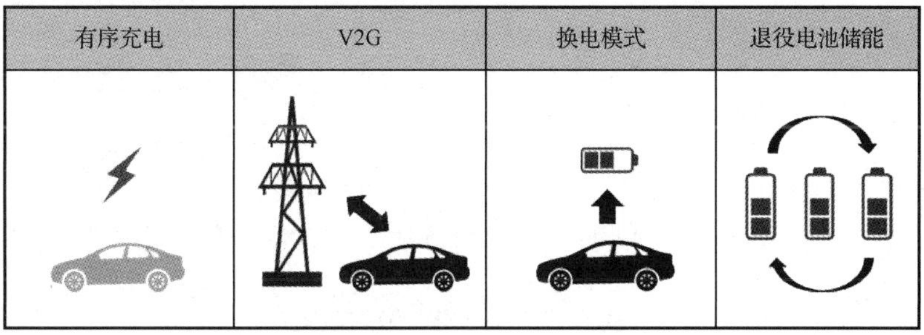

图 17-1　新能源汽车与电网融合的四种方式

新能源汽车通过有序充电可与发电侧新能源形成耦合，在提高新能源上网电量的同时，降低车辆全生命周期碳排放强度（见图 17-2）。而通过车网双向互动（V2G），新能源汽车可作为分布式储能存储可再生能源电力，并转移至建筑、工业用户，从而实现更大范围的绿电替代。“碳达峰”背景下，若到 2030 年全国风电、光伏发电装机容量达到 15 亿 kW，则届时冬季、夏季可再生能源日内波动电量分别可达 1400GW · h/天和 1700GW · h/天，全年日内波动电量超过 550TW · h。2030 年 8000 万辆新能源汽车若通过有序充电方式参与电网调节，可满足风电、光伏发电 30%的日内、周内波动性发电调节需求；若采用车网双向互动的方式，新能源汽车储能潜力将超过风、光日内平衡电量。可见，电动汽车具有巨大的电力系统灵活性调节能力，完全满足大规模可再生能源并网产生的新增短周期电力系统平衡需求。

我国政府已将车网融合提上日程。在能源领域，国家发展改革委和国家能源局于 2016 年印发《能源发展“十三五”规划》，提出以智能电网、能源微网、新能源汽车和储能等技术为支撑，大力发展分布式能源网络，增强用户参与能源供应和平衡调节的灵活性和适应能力。同年印发的《关于推进“互联网+”智慧能源发展的指导意见》提出在城市、景区、高速公路等区域因地制宜建设新能源充放电站等基础设施，提供电动汽车充放电、换电等业务，实现电动汽车与新能源的协同优化运行（见图 17-2）。2018 年印发的《关于提升电力系统调节能力的指导意见》明确探索利用新能源汽车储能作用，提高电动汽车充电基础设施的智能化水平和协同控制能力，并同步构建充电智能服务平台。汽车领域，国务院于 2020 年印发《新能源汽车产业发展规划（2021—2035 年）》，文件提出鼓励地方开展 V2G 示范应用，统筹新能源汽车充放电、电力调度需求，综合运用峰谷电价、新能源汽车充电优惠政策，提高电网调峰调频、安全应急等响应能力。措施层面，国家发改委《关于创新和完善促进绿色发展价格机制的意见》已明确提出鼓励电动汽车提供储能服务并通过峰谷价差获得收益。近年来，各地纷纷将电动汽车纳入本地电力需求响应及调峰辅助服务，电动汽车正越来越多地与电网及可再生能源发电形成互动。如表 17-1 所示为车网融合激励政策。

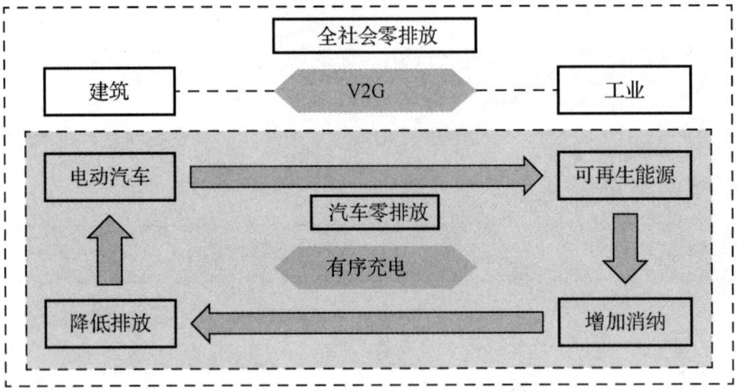

图 17-2　电动汽车与电网融合方式与碳减排价值

表 17-1　车网融合激励政策

年　份	政策与试点	内　容
2014	国家发展改革委《关于电动汽车用电价格政策有关问题的通知》	鼓励电动汽车在电力系统用电低谷时段充电
2018	国家发展改革委《关于创新和完善促进绿色发展价格机制的意见》	鼓励电动汽车提供储能服务，并通过峰谷价差获得收益
2018	国家发展改革委等《提升新能源汽车充电保障能力行动计划》	鼓励新能源汽车提供储能服务，并通过峰谷差获得收益
2018 年至今	上海市电力需求响应试点	电动汽车直流充电桩进行凌晨低谷负荷充电
2019 年至今	华北《第三方独立主体参与华北电力调峰辅助服务市场试点》	电动汽车（充电桩）等三方独立主体作为独立辅助服务提供商
2020 年至今	山西《"新能源+电动汽车"协同互动智慧能源试点》	以月度挂牌预出清价格、日前确定弃电需求与响应方式，促成风光电与电动汽车市场化交易，未来逐步过渡至实时调控方式

经济性方面，有序充电几乎不会对车辆用户带来显性成本。考虑到当前动力电池的续航及循环寿命，新能源汽车 V2G 的市场接受度相对偏低。但随着动力电池性能提升和成本下降，V2G 的经济性也将逐步提高。目前新售电动汽车将开始具有交通出行外剩余的充放电能力。到 2025 年新车的剩余充放电能力将近 8 万 kW · h/辆。若按 0.3 元峰谷价差计算，则届时 V2G 车辆全生命周期峰谷调节收益将超过 2 万元。

第二节　车网融合的发展现状

2019 年以来，津冀、山西、上海等地开展了可再生能源和新能源汽车协同运行的小规模试点，初步积累了可再生能源与新能源新能源汽车协同运行经验。

一、调峰辅助服务

近年来，华北电网电源结构“一高一多一少”[1]特征越发显著，电网调峰资源明显不足，新能源消纳压力不断增加，急需挖掘各类功率可调节的资源参与调峰。与此同时，配网侧存在大量功率可调节的负荷资源，如新能源汽车、分布式储能、智能楼宇、电采暖、工业园区等。2020 年年底，京津冀新能源汽车保有量已达 84 万辆。这些资源用电时间有弹性、用电行为可引导、用电规律可预测、用电方式智能化，若将其纳入电网调度优化控制，可大幅增加电网调节能力。

2019 年上半年，华北电网在国内率先搭建了源网荷储多元协调调度控制平台，解决了调度端与负荷端网络链条长、跨越平台数量多、信息交互壁垒大、互联网安全风险大等诸多问题，实现了调度端对负荷侧资源的数据采集、监视、分析及展示。目前电力调峰辅助服务市场已成为解决电网调峰问题的主要市场化手段，其市场主体涉及各类发电侧资源，包含燃煤火电机组、抽水蓄能机组、核电机组、新能源机组等。随着虚拟电厂、负荷侧需求响应、微电网等概念的提出，新能源汽车、储能、智能楼宇等功率可调节的负荷侧资源参与电网调峰成为研究热点之一。政府主管部门也提出按需扩大电力辅助服务提供主体，鼓励储能设备、需求侧资源参与提供电力辅助服务，允许第三方参与提供电力辅助服务。

目前第三方独立主体参与华北电力调峰辅助服务市场试点工作，确定国网电动汽车公司、冀北综合能源服务公司、特来电公司作为首批参与单位，与市场运营主体国网公司华北分部签订并网调度协议和结算协议。国网电动汽车公司代理充电桩和分布式储能两类资源，冀北综合能源服务公司代理包括电采暖在内的虚拟电厂，特来电公司代理充电桩资源。参与市场的充电桩 27006 台、分布式储能电站 4 座、虚拟电厂负荷终端 17 个，负荷侧资源总量 260MW，调节量近 40MW。

华北电网第三方调峰辅助服务试点于 2019 年 12 月 12 日在京津唐电网正式结算运行。参与市场前，负荷侧资源均是在低谷电价开始时段即以较大功率进行充电或用电，电动汽车一般于凌晨 01：00—02：00 即充满电，在不改变每日谷价时段用电量需求基础上，通过市场引导，电动汽车改变了用电功率和时间，在后半夜市场出清价格较高时段即电网调峰困难时段多用电，有效参与了电网调峰。同时，由于谷价时段用电量不变，用户原本享受的谷价优惠不受参与调峰市场影响，但额外获取调峰市场红利，实现电网和用户双赢。特来电公司代理的北京市某公交充电站参与市场前后的充电功率曲线如图 17-3 所示[2]。

---

1 新能源电力占比高，供热机组数量多，调峰机组数量少。

2 史沛然，李彦宾，江长明，等：《第三方独立主体参与华北电力调峰市场规则设计与实践》，《电力系统自动化》，2020 年。

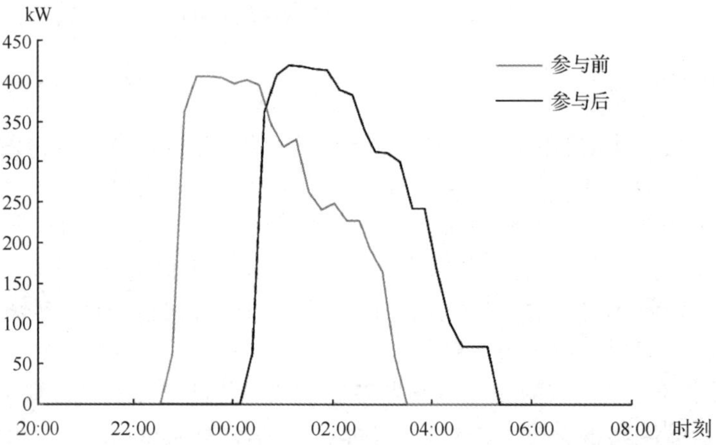

图 17-3　北京某公交充电站参与市场前后的充电功率曲线

根据华北电网第三方调峰试点，单位为 kW · h 的调峰补偿为 0.09～0.12 元，若叠加目录电价峰谷价差，则电动汽车通过有序充电单位 kW · h 电量转移的收益超过 1.5 元，考虑车用充电量为 3000kW · h/年，单车收益约 4500 元/年。若电动汽车额外进行 V2G 车网互动，平均每天 V2G 电量交互为 20kW · h（以峰时段放电价格为 0.7 元/kW · h，谷时段充电 0.3023 元/kW · h 计算），则增加充放电收益约 3000 元/年，两者合计收益高达 7500 元/年。

二、电力需求响应

2019 年 4 月，上海市经济和信息化委员会反馈国网上海市电力公司《关于同意开展上海市综合需求响应试点工作的批复》，提出深入研究特大型城市受端电网泛在电力物联网应用场景，积极探索充电桩等新技术应用示范，采用市场化手段柔性调节负荷。2019 年 10 月，国家电网有限公司把国网上海和冀北电力列为首批虚拟电厂运营体系试点单位。虚拟电厂运营体系由营销、交易、调度等多个专业部门、单位联合构建，采用多专业、多层次、市场化的运营模式。该运营体系通过虚拟电厂交易平台、运营管理与监控平台等系统，深层连接和精准接入客户用能设备，实现对闲散负荷的聚合、交易和调配，达到资源聚合和协调优化的目的。自上海市电力公司启动虚拟电厂项目建设以来，共有 500 多个客户接入平台。这些客户涵盖了电动车充电桩、园区微电网、商业建筑虚拟电厂、工业自动响应、三联供储能系统、分布式能源、冰蓄冷装置等多种类型。

如图 17-4 所示为 4 座换电站参与的削峰响应合计效果对比。其中，实线为换电平台响应日（12 月 5 日）充电负荷，各条虚线为 11 月 25 日至 29 日连续五个工作日的充电负荷，虚线代表平日（25～29 日）平均充电负荷。响应日响应时段（10：00—11：00）合计充电功率为 140 千瓦，相比平日平均充电功率 745 千瓦降幅达到 81.2%，响应率为三种充电设施中最高的。换电站参与需求响应的必要前提是拥有一定换电裕度，换电服务强度的下降或增加换电站备用电池都可实现类似效果。

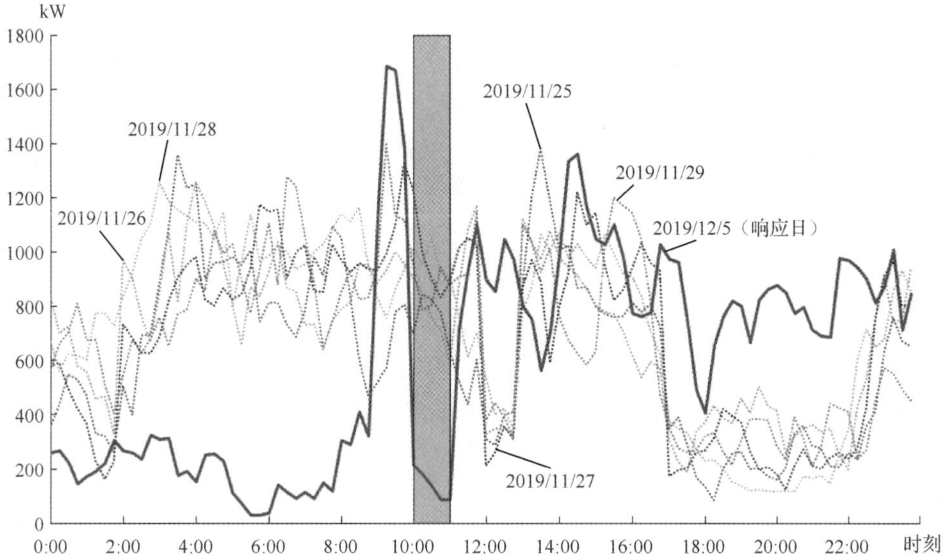

图 17-4　换电站响应日与平日充电负荷对比

换电站参与需求响应的成本主要取决于换电服务强度和换电站内备用电池裕度。该换电平台的换电站服务能力按照一天营业 16 小时，每站每天换电服务 72 次设计，则单站平均每小时换电 4.5 次。若每座换电站配备 5 块备用电池，每块备用电池的充电功率为 60kW，且换电强度按时间轴平均分布，则每站最多可调用约 300kW（时移 1 小时）的灵活充电负荷。考虑到实际运营中换电服务时间分布存在一定波动，因此该充电裕度一般仅作为换电备用，难以满足需求响应的额外调节需求。但由于目前该换电平台运营强度还未达到饱和，平均每站实际换电频次约 3 次/小时，即每站约有 2 块备用电池或 120kW 充电功率可实现全天候负荷时移。虽然通过增加备用电池数量可以相应提升充电灵活度，但单纯为参与需求响应增加备用电池近似于储能电站的运营模式，在目前的响应频次及响应补偿水平下，经济性显然不足。

一般电力需求响应的成本包含初始技术投资、响应者机会成本、组织者实施成本。其中初始技术投资包括测量和通信系统的更新升级成本、电力设备及软件成本、账务系统升级成本等。响应者机会成本包括因参与需求响应产生的不便或舒适性下降、作息日程变动带来的成本、自备电源的燃料和维护费用等。组织者实施成本包括项目管理和经营成本、市场营销成本、项目评估成本、用户培训成本等。对于电动汽车而言，充电桩都已具备基本的测量和通信功能，且私家充电桩停车时间较长，用户参与需求响应的机会成本也较低。第三方聚合商在私家电动汽车参与需求响应过程中扮演重要角色，其成本也相对较高。结合上海试点的经验看，第三方聚合商的需求响应活动的组织成本主要包括补偿资金垫付和人工成本两方面。由于目前上海市电力公司对参与需求响应用户的补偿资金按年核算，实际支付补偿的时间明显滞后，第三方聚合商往往需要向用户提前垫付补偿资金。此外，由于目前充换电设施与电力需求响应平台还未实现自动化对接，新能源汽车参与需求响应的事前、事后数据由人工分析和决策，导致组织成本偏高。考虑到未来需求响应与充放电系统实现平台化对接，需求响应相关信息发布和用户响应决策可通过自动化流程实现，相关成本也将随之大幅降低。

经济性方面，需求响应对短时/实时响应资源有较高的补偿单价。鉴于换电站具有较强的充电时间管控能力，12 月 5 日响应日当日提前通知量仅为 30 分钟，则单位 kW · h 削峰响应的补偿单价可达 6 元，远高于私人充电桩和专用充电桩价格补偿水平（1.2 元/kW · h）。若年均响应次数为 3 次，单站年均收益率就达到 1500 元以上；若响应次数达到 10 次，单站年均收益率超过 5000 元。

三、新能源绿电交易

山西省能源局于 2020 年 9 月发布《关于印发<“新能源+电动汽车”协同互动智慧能源试点建设方案>的通知》（晋能源电力发[2020]473 号，以下简称《方案》），探索构建“源（新能源）—网—荷（新能源汽车）—储（蓄电池）”协同运行的“互联网+”智慧能源系统，提升需求侧主动响应能力和新能源消纳水平。

《方案》提出建立“源荷互动”的市场化机制。在非电力现货市场模式下，按照“互动电量响应交易、非互动用电量常规交易”原则，设计“源荷互动”市场化机制。互动电量，由负荷聚合商聚合负荷运营商在批发市场中，采用“月度挂牌预出清价格、日前确定弃限电需求与响应、日内计量需求侧响应效果、互动电量日清月结”的方式，开展需求侧响应交易与执行；非互动用电量，参照现行电力用户参与省内电力直接交易的方式，由负荷聚合商聚合负荷运营商参与批发零售交易。

《方案》要求建立协同互动执行机制。即调度机构根据日前预计新能源弃限电情况，发布新能源弃限电部分的消纳需求，聚合商反馈弃限电各时段的次日响应能力，由消纳需求与响应能力匹配形成日前交易结果。日内按照日前交易结果，在相应时段聚合商引导新能源汽车增加充电负荷，调度机构安排新能源增加发电出力，形成“源荷互动”。此外，需求侧响应红利传导遵循公平公正、贡献收益匹配的原则，由市场主体根据市场规则自行约定。由于新能源汽车充电负荷的多样性，各类用户的敏感度、行为特征不同，运营商所付出的营销成本也不同。试点初期，本着将红利最大限度传导至终端用户的考虑，对公交、物流、环卫为主的公益服务行业场站以不低于 70%的红利传导至运营商；对出租、网约为主的社会运营性质场站以不低于 60%的红利传导至用户。负荷聚合商与负荷运营商的红利分配办法以双方协议约定为准。

试点第一阶段（2020—2021 年），遴选 1 或 2 户具备条件的企业作为可控负荷聚合商试点企业，建设车联网平台，聚合充电站和电动汽车终端用户资源，以“中长期直接交易”方式开展非互动电量交易，以“月度挂牌交易预出清价格、日前出清响应交易电量”方式开展响应电量绿电交易，检验市场衔接机制、技术支持系统协同、需求响应互动、商业运营模式的科学性和合理性，为以更大的范围推广“新能源+电动汽车”协同互动提供宝贵经验。

2020 年 12 月、2021 年 1 月，山西省开展“新能源+电动汽车”互动电量预挂牌交易 2 次，新能源需求响应 4 次，单日弃限电最大负荷 90.1MW，国网山西电动汽车公司作为负荷聚合商积极组织运营商参与需求响应，消纳新能源电量 20.81MW · h，合计传导用户红利 3073 元（0.148 元/kW · h）。目前，国网山西电动汽车公司已聚合充电运营商 48 家，聚合容量 236.93MW，预计最大响应负荷可达 35.5MW。

第三节　车网融合存在的问题

尽管新能源汽车储电对于电力系统具有巨大的应用价值，车网互动的成本也随着电池技术的快速进步而直线下降，但当前车网互动还存在一系列技术、成本、行为方面的挑战。

第一，新能源汽车储电有赖于充放电通信及控制技术的升级。新能源汽车与电网互动需要额外的通信及控制技术支持。虽然许多研究显示上述问题在技术上并非不可克服，但车—桩—网通信协议等技术标准的缺失对推广新能源汽车储电造成了现实障碍。此外，车网互动对低压配电网（变电箱容量、线路容量）的影响仍具不确定性，配电网技术升级对有效释放新能源汽车储电潜力也至关重要。

第二，一般认为新能源汽车储电将加速动力电池容量衰减。理论上，特定电池技术路线、充放电工况、工作温度/湿度都会影响参与电网储电的能力，也导致相关的经济性研究结论呈现较大差异。根据本田公司的测试结果，电动车辆质保期内持续参与电网服务所导致的电池老化大约是车辆行驶的 1/4。尽管绝大多数研究显示电网储电会加速电池老化，但考虑到电池老化的复杂成因（日历寿命、容量、温度、荷电状态、放电深度等），对于部分新能源汽车（长期闲置）实施 V2G 或将优化电池健康度，从而实现延长电池使用寿命的目的。华威大学研究发现若引导闲置新能源汽车参与 V2G，则 V2G 非但不会加速电池老化，反而有助于延长电池使用寿命。由此可见合理的车网互动策略将有助于电池健康度的保持。

第三，额外的初始投资可能对推广车网互动带来障碍。新能源汽车储电收益在于运营收益，但消费者往往更着眼于充放电设备升级等导致的额外投资成本。这与新能源汽车购车决策类似，尽管新能源汽车可通过油电差价弥补额外购置成本，但大多消费者在购车决策中往往忽略该因素。根据国际能源署（IEA）的估算，一般乘用车车主对燃油效率投资回收期期望一般在 3 年或更短，已有调研显示美国消费者对 V2G 收益率的期望高达 53%。

第四，新能源汽车储电存在用户接受度的问题。车网互动将不可避免地影响新能源车主的便利性，具体反映在日常出行/充电时间、续驶里程等指标上。以续驶里程为例，研究显示若新能源汽车续航从 125 英里（约 201 千米）提升至 175 英里（约 282 千米），消费者的支付意愿约 500 美元；而从 75 英里（约 121 千米）提升至 175 英里（约 282 千米），消费者的支付意愿高达 4000 美元。可见随着续航能力的提升，用户接受度将明显提升。

第五，新能源汽车储电存在电池质保问题。目前，新能源汽车企业往往提供基于年限或里程的电池/芯质保（如 80%以上容量保持率）。动力电池与储电电池的充放电工况不尽相同，虽然动力电池理论上能够向电网提供充放电服务，但频繁的储电应用势必影响动力电池的健康状态，原先的电池质保方式势必难以适应车辆、电网双重应用的需求。

此外，我们也应充分认识到新能源汽车储能在未来能源系统中与固定式储能有着截然不同的功能定位。与固定式储能电站相比，新能源汽车储能具有显著的规模优势，动力电池剩余充放电能力的新能源汽车储能的经济性也高于固定储能电站。但新能源汽车储能也存在地理分布、车辆属性等方面的局限性。新能源汽车一般位于低压用户侧，在缓解电网输配电阻塞、提升可再生能源并网等方面的价值相对有限。因此新能源汽车储能更适应用户侧分时电价管理、降低容量/需量电费，以及参与电能量现货市场和调频市场等提升电力系统运行效率、降低系统供电成本的经济性应用场景。在一定条件下，新能源汽车也可起到一定的日间调峰和缓解部分输配电线路阻塞的作用。但在黑启动、备用电源、无功支撑等保障电力系统安全，以及季节性调峰方面，新能源汽车储能的局限性相对较大。相比 V2G，新能源汽车有序充电虽能通过改变充电时间实现负荷转移的“虚拟储能”效果，但认定有序充电原始负荷基线具有一定难度，其对聚合服务商的组织能力有更高的要求。

第四节　政策建议

推动车网融合，应在市场准入、商业模式、价格机制、用户宣传、技术研发方面提前进行政策布局。

一、加快配电网智能化改造

推动车网互动，电网基础设施的智能化改造应当先行。建议大力推动智能电网与新能源汽车间能量和信息双向互动，将兼容双向互动的智能化改造作为配电网建设的重要内容。加强智能配电网与新能源发电、新能源汽车充放电的技术融合，推广有序充电及 V2G 设施，采用高精度双向计量智能电表和开放的通信控制标准，为新能源汽车参与电力系统平衡的监测计量提供可能。打造智能充放电服务平台，整合或对接车联网、综合能源等相关平台，构建电力市场交易统一接口，不断提升协同运行的智能化控制水平。

二、研究制定专用充放电价格

充放电价格是衔接新能源汽车用户与电网的根本手段。建议如下：一是落实现有峰谷电价政策，推动电网电表与充电桩计量表间的分时核减，解决因“转供电”加价导致价格信号传导不畅的问题；二是鼓励各地结合新能源发电规模及出力特性，引入更加灵活的峰谷分时电价机制；三是在现有峰谷分时电价的基础上，充分利用新能源汽车增量用户历史包袱少、界限清晰的优势，对单独报装、电网直供电的充电设施，研究出台新能源汽车专用充电电价，进一步提升新能源汽车用户参与系统运行的积极性。

三、降低电力市场准入门槛

当前车网融合面临与用户侧分布式储能相似的市场门槛问题。因此，第一，应明确新能源汽车储能的市场身份与地位，鼓励将新能源汽车资源纳入当前需求响应资源进行管理；第二，根据新能源汽车充电特性和充电基础设施分布情况，适度降低新能源汽车参与电力市场的功率容量门槛；第三，允许新能源汽车通过聚合集成的方式参与电力系统服务，制定第三方以平台方式参与电力市场交易的规则，明确第三方参与市场交易的责任和义务，为新能源汽车平台化的接入营造政策环境；第四，完善新能源汽车充放电计量，尤其在住宅和办公地点，通过增设电网电表或实时核减负荷有效区分新能源汽车充放电负荷与一般用电负荷，为新能源汽车参与电力系统服务提供技术条件。

四、鼓励第三方聚合模式

对于新能源汽车用户个体而言，车辆出行具有更高优先级，直接与电网达成充放电协议的难度较大。要充分释放分散的新能源汽车资源潜力，提高新能源汽车参与效率，位于新能源汽车用户与电网之间的中间方必然起到重要作用。该中间方可通过价格设计激励新能源汽车用户参与电力系统服务，同时也能最大程度地保留用户个体出行自由度。车队运营方、充电运营商、负荷集成商都是潜在的车网互动组织方，实践中的各市场主体也可根据自身条件和市场环境展开优化组合，最大程度的优化新能源汽车参与电网互动的成本与收益。

五、加大车网融合宣传力度

很多的新能源汽车用户对有序充电、V2G 等车网互动方式普遍缺乏认知，大多数用户也反映出对电池寿命和质保的担忧。车辆有序充电并不会对电池寿命产生影响，V2G 带来的影响也将随着电池容量和循环寿命的提升逐渐减弱。从经济性来看，新能源汽车储能所带来的价值收益也可弥补并超过电池老化成本。因此，建议加大车网融合宣传力度，让普通消费者对新能源汽车有序充电和 V2G 有更加充分的认识；同时应改变当前整车及电池按照固定年份或累计行驶里程的质保政策，将累计放电量纳入电池质保参考因素。

六、鼓励动力与储能电池技术协同研发

近年来动力电池成本的下降有力带动了锂电池储能的商业推广，未来动力电池技术路线的选择也将直接影响新能源汽车的储能前景。若动力电池与储能电池技术路线产生分化，动力电池技术研发在对其储能领域应用的协同效应将会减弱。就当前趋势来看，动力电池研发正转向高镍三元正极材料、硅碳负极材料等高比能量、长续航技术路线，而对循环寿命等储能应用关键参数的关注度相对较低。技术路线的分化将制约两个产业的协同发展效果，长此以往，动力电池研发进展对储能电池技术进步的推动作用将不断下降。对于车用动力电池技术研发而言，随着车辆共享商业模式推广和无人驾驶技术的不断成熟，未来新能源汽车和动力电池的使用强度都有上升趋势，提高循环寿命无疑是动力电池和储能电池的共同需求。因此，应在提升电池能量密度的同时，重视长寿命动力电池技术研发，推动动力电池与储能电池技术的融合发展。

Part 8　智能网联汽车篇

第十八章　2020 年中国智能网联汽车产业发展分析

李方生，李艳文，李国俊，李京泰*

摘要：智能网联汽车已成为全球汽车产业发展的战略制高点。整车企业普遍采用渐进式技术路线，结合网联化技术，推动 L3 以下驾驶自动化功能在量产车上的应用。部分车企于 2020 年推出具备 L2 功能的智能网联汽车量产产品，预计 2022 年后逐步部署具备 L3、L4 功能的智能网联汽车。科创公司大多基于其大数据、人工智能算法优势，采用跨越式技术路线，研发面向 L4 场景的自动驾驶解决方案。产品方面，辅助驾驶系统技术进一步成熟，智能座舱软硬件要求更高、深度域融合成为趋势。截至 2020 年年底，全国 27 个城市划定智能网联汽车公共测试道路 2600 多千米，为近 70 家企业发放测试牌照超过 750 张，为自动驾驶量产与推广在政策法规、技术验证、商业模式等方面做了大量探索。

关键词：智能网联汽车；自动驾驶；智能座舱；示范应用。

第一节　2020 年中国智能网联汽车企业发展情况

随着 5G、融合感知、车辆控制、大数据等技术不断实现重大突破，智能网联汽车技术创新进一步加速，推动汽车由交通运输工具转变为智能移动终端，成为智能交通、智慧城市的重要组成部分。整车企业围绕智能化、网联化多方布局；来自互联网、通信、人工智能等领域的科创公司成为汽车产业变革中的重要力量。各方积极推进，以求在未来汽车产业生态竞争中占据主动。

一、整车企业积极布局智能网联汽车

（一）主流整车企业实现 L2 功能量产，并积极面向 L3、L4 功能研发

1. 中国车企稳健前行

当前，智能网联汽车处于技术快速演进、产业加速布局的商业化前期阶段。L2 辅助驾驶功能已开始规模化生产，我国 2020 年具备 L2 功能的智能网联乘用车市场渗透率达到 15%，L3、L4 自动驾驶的产业化成为各大企业的瞄准目标。2020 年国内部分整车企

---

* 李方生，高级工程师，工业和信息化部装备工业发展中心科技创新处处长；李艳文，高级工程师，任职于工业和信息化部装备工业发展中心科技创新处；李国俊，高级工程师，任职于工业和信息化部装备工业发展中心数据管理处；李京泰，任职于工业和信息化部装备工业发展中心数据管理处。

业陆续发布具备 L2 辅助驾驶功能的车辆，包括长安 UNI-T、荣威 MARVEL-R、广汽埃安 LX 和 Aion LX 等多款车型。L3、L4 功能的智能网联汽车量产成为各整车企业的下一个目标，目前尚面临政策、法规等制约。如表 18-1 所示为国内主要整车企业智能网联汽车发展情况。

表 18-1　国内主要整车企业智能网联汽车发展情况

企业名称	智能网联汽车发展情况
一汽集团	聚焦以自动驾驶为核心的智能安全和以智能空间产品为载体的极致体验，推进智能网联业务，已实现 L0—L2 辅助驾驶系统在红旗全系车型量产，以及全速 L3 自动驾驶功能和 L4 自动驾驶功能的示范运营。L2 红旗 E-HS9 已于 2020 年 12 月上市，搭载高级辅助驾驶功能、高智能双冗余底盘系统等，可实现多种场景辅助预警验证。2021 年 1 月，国内首款批量前装的 L4 自动驾驶汽车——红旗 E-HS3，已在长春市进行示范运营。一汽集团计划在 2030 年实现全工况、全天候的自动驾驶。在卡车方面，2020 年 9 月，一汽解放推出全新一代 L3 功能 J7 自动驾驶超级重卡。在网联化方面，2020 年 12 月量产上市的 L2 红旗 E-HS9 搭载了全球首发的 C-V2X 智能天线产品，内置 C-V2X 和 LTE 模组，支持亚米级高精度定位，以及基于 LTE-V2X 通信的多种场景辅助预警验证
东风汽车	在乘用车领域，以自主式自动驾驶技术预研为主，从高速路况和复杂路况两种应用场景展开。2020 年 10 月，东风启动“领航”计划，逐步投放不少于 200 辆自动驾驶汽车，目前东风 42 辆 Robo-Taxi 向武汉市民免费开放体验。在商用车领域，以网联式自动驾驶技术预研为主，国内首款完全自主研发 L4 的 5G 自动驾驶汽车——东风 Sharing-VAN 已量产下线，拥有远程控制、调度监控、动态避障、多车编队、自动泊车及后台招车等 13 项功能。未来将陆续向北京、浙江、广东和湖南等地用户交付 70 多辆 Sharing-VAN 自动驾驶汽车。2021 年 3 月，东风 Sharing Box 智能网联货柜车正式进入江汉大学校园，启动无人售卖等自动驾驶应用服务
上汽集团	结合智能驾驶商业应用场景，打造具备技术成熟与成本竞争力的产品解决方案，融入并应用到乘用车、商用车中，优先实现自主泊车、高速公路自动驾驶、城区工况等智能驾驶产品布局。2019 年 4 月，上汽集团发布了电动车荣威 MARVEL X Pro，可实现最后一公里的自动泊车和取车功能，目前用户只能等待国家相关法律法规的配套出台后才能使用该功能。2020 年 7 月，上汽红岩“5G+L4”智能重卡已经在上海洋山港启动准商业化运营，成功实现了在港区特定场景下的 L4 自动驾驶。2021 年 2 月，上汽集团 R 汽车旗下全球首款 5G 纯电 SUV-MARVEL R 上市，搭载了 5G 智能网联直连通信 V2X 车载终端，能实现停车起步引导、弯道智能减速、车速引导等自动驾驶功能
广汽集团	采用分阶段分步骤研发的计划。将驾驶自动化功能 Smart Drive 划分为四个阶段。前两个阶段主要是辅助驾驶系统和有条件自动驾驶系统。广汽传祺 GM8、传祺 GS7 等车型都配备辅助驾驶系统。2020 年 11 月，广汽新能源发布 Aion LX，其搭载了 ADiGO 3.0 智驾套装并配备了中国高精度地图；计划于 2022 年实现 L4 自动驾驶，同时实现全自动泊车功能
长安汽车	已实现 L1 驾驶辅助技术的应用和 L2 自动驾驶核心技术 IACC（集成式自适应巡航）的量产，积极推进 L3 智能网联汽车量产。其中 IACC 功能已搭载于 CS55、CS85COUPE、CS95 等车型上市，并在 2020 年 3 月发布 L3 交通拥堵自动驾驶（Traffic Jam Pilot，TJP）功能。在自动泊车系统方面，2019 年发布的 APA5.0 遥控代客泊车系统也已搭载在 CS75PLUS、UNI-T、欧尚 X7 等车型上。未来长安汽车将继续推出 APA7.0 及 APA8.0，实现 HZP（家庭区域记忆式泊车）和 AVP（远程代客泊车）等功能
吉利汽车	积极布局智能网联汽车产品，并联合外部力量进行关键技术研发。在辅助驾驶方面，2015 年量产 G-pilot1.0，包含自适应巡航（ACC）、自动紧急制动（AEB）、车道偏离预警（LDW）等辅助驾驶功能，搭载于吉利博越、博瑞、帝豪等车型上。2020 年 9 月，吉利汽车和 Mobileye 建立合作关系，合作将至少涉及两个方面：2021 年量产 L2 自动驾驶和 Mobileye 为吉利提供包括 AEB（紧急自动刹车）、LKA（车道保持）等在内的辅助驾驶功能

2. 国外车企技术共享和联盟成为趋势

联盟合作有助于技术资源上的规模效应，便于进一步推进自动驾驶汽车的量产。通用 Cruise 和本田联合开发自动驾驶量产车型，于 2021 年 1 月正式发布 Cruise Origin，预计将于 2022 年大规模量产。福特、Argo 和大众合作，计划于 2021 年量产 L4 自动驾驶汽车。丰田和 Uber、雷诺日产和 Waymo 也在分别合作，推进开发合作。

国外主要整车企业智能网联汽车发展情况如表 18-2 所示。

表 18-2　国外主要整车企业智能网联汽车发展情况

企业名称	智能网联汽车发展情况
福特	采用辅助驾驶与 L4 自动驾驶并行推进的技术路线。福特早在 2013 年就开始自建打车平台 Ford2GO，并于 2018 年推出 Co-Pilot360 驾驶辅助系统。2020 年 6 月，福特推出 Active Drive Assis 功能，可以帮助驾驶人在美国和加拿大 16 万公里的特定高速公路上实现“解放双手”
宝马	已经为多系列车型搭载了 L2 驾驶辅助系统 Pro，可实现交通拥堵辅助功能和高速道路变道辅助功能等。截至 2020 年 12 月，驾驶辅助系统 Pro 在中国道路测试里程超过 5 万千米，以及超过 300 个软件版本的测试。2020 年 11 月，宝马的驾驶辅助系统 Pro 在 Euro NCAP 驾驶辅助测评中获得了满分评级。预计 2021 年与 Mobileye、大陆、Aptiv、麦格纳和百度等合作下达到 L3
奔驰	2020 年 6 月，奔驰宣布与英伟达合作，计划基于英伟达的 DRIVE AGX Orin 开发一种模块化和可升级的计算系统，以支持不断发展的汽车自动驾驶技术，该系统将提供 L3 自动驾驶能力和 L4 自动泊车能力。2020 年 9 月，第十一代奔驰 S 级正式发布，该车型搭载了这个计算系统，该项自动驾驶技术于 2021 年下半年在德国启用
大众	正在加速向软件驱动型移动出行服务提供者转型，目标是提供数字化用户体验、全新商业模式以及自动驾驶。2020 年 6 月，大众完成对 ArgoAI 的投资。2020 年 8 月，大众与 AutoX 达成战略合作，打造自动驾驶示范应用的规模化车队，推出面向中国的自动驾驶出行平台方案
本田	2020 年 11 月，本田发布具备 L3 交通拥堵辅助（Traffic Jam Pilot，TJP）级功能的智能网联汽车“里程（Legend）”，预计仅在日本本土销售，限量 100 台。当汽车行驶在高速公路/城市快速路时，刚好又遇到交通拥堵（行驶速度在 30km/h 以下），且车辆准确识别到前车与后车后，系统会自动激活 L3 自动驾驶功能。功能应用时的限制条件较多，如在可操作的驾驶环境条件下，设备不得造成任何损害车辆乘员或其他道路使用者安全的问题；除非满足所有必需的可驾驶环境条件，否则设备不得运行；在达到可满足自动驾驶的环境条件之前，设备必须警告驾驶人将控制权（交接）移交给驾驶人，并且必须继续安全驾驶直至交接完成；当无法进行移交时，设备必须安全停止车辆；设备必须具有驾驶员监视功能以监视驾驶人的状况；设备必须采取网络安全措施以防止诸如未授权访问之类的安全威胁等

（二）造车新势力企业成为推动智能网联汽车发展的重要力量

造车新势力企业在电动化、智能化方面具有技术优势，能够快速迭代。在研发设计、生产制造、仓储物流、经营管理、售后服务等各个环节，都大量运用了人工智能、大数据等智能化技术，造车新势力企业借用在算法方面的积累，纷纷推出了一些高度智能化的电动车型，在智能体验以及用车成本方面都有着传统燃油车型无法比拟的优势。除此之外，造车新势力企业通过 OTA 远程升级服务，重构了汽车品牌与用户之间的关系。具体情况如表 18-3 所示。

表 18-3　造车新势力智能网联汽车发展情况

企业名称	智能网联汽车发展情况
小鹏	采取从 L1 和 L2 功能不断叠加升级到 L3 和 L4 自动驾驶功能的路线。XPilot 2.5 已实现大部分 L2 功能，2021 年 1 月，NGP（自动导航辅助驾驶）公测版正式向用户推送更新，包括全自动代客泊车、城市拥堵路段自动驾驶辅助等功能，适用于部分 P7 车型。小鹏计划于 2022 年推送 XPilot 3.5 来实现高速自动驾驶能力，最终希望在 2024—2025 年实现 L4 自动驾驶
蔚来	计划从 L2 功能直接升级到 L4 功能。自 2018 年推出 NIO Pilot 辅助驾驶功能后，陆续通过 OTA 更新了高速辅助驾驶、拥堵辅助驾驶、转向灯控制变道等多项 L2 功能。计划跳过 L3 直接开发 L4 自动驾驶，使车辆具备在特定场景下的自动驾驶能力。2020 年 4 月，蔚来发布新版高速道路领航辅助系统（NOP），是继特斯拉之后又一款能够根据导航信息自主完成上下匝道、高速巡航、换道超车的辅助驾驶系统
理想	理想 one 于 2019 年 12 月 4 日正式启动交付，2020 年已经进行了 4 次 OTA 升级，并且即将进行第五次迭代升级，预计 2021—2022 年将实现 NOA（根据地图导航辅助驾驶）功能，并已经获得乙级测绘资质。预计到 2023 年推出全新车型 X01，标配支持 L4 自动驾驶能力的硬件，预计 2024 年将会开始通过 OTA 的方式让旗下车型具备 L4 自动驾驶能力
特斯拉	全球第一家采用 OTA 升级逐步完善自动驾驶功能的车企，也是全球唯一一家采用自研芯片的汽车厂商。从 2014 年推出 HardWare1.0 以来，特斯拉进行了三次硬件升级，从英伟达、Mobileye 更换到自研 FSD 芯片，特斯拉已经基本实现 L2 自动驾驶功能。2020 年 10 月，特斯拉发布 Autopilot 8.0 版本，能够提供周围路况的实时影像，表现出了更强大的自动驾驶能力。同月，特斯拉推送 FSD Beta 版本，使特斯拉的驾驶辅助系统能够在城市街道和通过路口时自动控制车辆。马斯克表示，特斯拉有信心在 2021 年底之前发布真正的 L5 自动驾驶系统

二、互联网企业助力自动驾驶规模化应用

（一）中国互联网企业加速与整车企业的合作

合作成为趋势。百度、阿里巴巴、滴滴、华为等互联网企业，依托各自积累的优势，从自动驾驶系统研发起步，通过与整车企业合作布局汽车制造领域，加速商业化落地（见表 18-4）。百度不断测试迭代，依托 Apollo 自动驾驶平台，积累技术储备，探索合作模式。华为通过芯片、软件、通信等产品打造全栈自动驾驶解决方案，积极推动前端量产。阿里巴巴依托车载操作系统和大数据的优势，在应用上率先突破。腾讯依托自身软件服务优势，打造服务生态。滴滴依托场景数据优势，积极开展 Robotaxi 场景商业化探索。

表 18-4　中国主要互联网企业智能网联汽车发展情况

企业名称	智能网联汽车发展情况
百度	开放 Apollo 自动驾驶平台，目的是向全汽车产业开放安全、完整的自动驾驶开源解决方案。从低层切入，将 Apollo 平台打造成为“自动驾驶的安卓”，目前已经上百家合作伙伴加入 Apollo 计划。百度 Apollo 测试车队规模已达 500 辆，在世界范围内的近 30 个城市开放道路测试，测试总里程超过 700 万千米，获得了中国长沙、中国北京、美国加州三地的无安全员测试许可。百度自动驾驶出行服务 Apollo Go 目前已在中国的北京、长沙、沧州全面开放，接待乘客超过 21 万名，并计划未来 3 年拓展至 30 城

续表

企业名称	智能网联汽车发展情况
华为	自动驾驶战略定位是以提供核心零部件和技术服务的一级汽车供应商。华为旨在成为新型ICT Tier1供应商，为车企提供全栈解决方案：从智能驾驶、智能座舱、智能电动mPower整体解决方案，到智能网联、智能车云服务、商用车&专用车解决方案、辅助驾驶全栈解决方案等一系列解决方案。2018年6月，华为推出Ocean Connect车载平台，其主要功能是收集车辆的运行数据并提供对应的服务，如车辆状态监控、实时信息发布、调度管理等。车路协同方面，在无锡车联网城市级示范应用重大项目展示中实现规模部署；与奥迪在德国A9公路上、国内延崇高速公路上进行V2X高速测试。2020年12月，华为发布HiCar车机系统，已经与30多家车企合作，接入车型多达150款以上，2021年计划预装超500万辆。智能驾驶车机芯片方面已与比亚迪、意法半导体等合作进行研发，并投资了山东天岳、深思考、好达电子等芯片企业。造车合作方面，2020年11月，华为、长安汽车、宁德时代宣布合作打造高端智能汽车品牌，包括一个全球领先、自主可控的智能电动汽车平台，一系列智能汽车产品和一个超级“人车家”智慧生活和智慧能源生态
阿里巴巴	自动驾驶定位于车联网、车路协同服务厂商与末端无人配送。车联网方面，阿里巴巴和上汽集团合作成立斑马网络，主要为汽车厂商提供从操作系统底层到中间层再到上层的全套解决方案。截至2020年年底，搭载斑马智行系统的车辆已经超过100万辆，包括荣威、名爵、新宝骏等8个品牌。车路协同方面，阿里巴巴基于自身大数据、云计算优势积极参与杭州、德清等地城市交通大脑建设，也参与了中国第一条车路协同技术落地的杭绍甬高速公路，规划了自动驾驶专用道路。末端无人配送方面，2020年9月，阿里巴巴推出小蛮驴物流机器人，标志着阿里巴巴自动驾驶技术的首次落地量产，目前已在浙江大学、武汉大学等多所高校部署几百台无人配送车。汽车制造方面，阿里巴巴与上汽集团于2020年11月成立智己汽车，并于2021年1月发布两款新车型，将实现自动代客泊车功能，以及在国家法规允许及高精度地图开放的情况下，2021年年底将具备“点到点”零接管的自动驾驶能力，预计于2022年上市交付
腾讯	定位于自动驾驶系统完整的软件与服务商，为车企提供模块化软件和服务。2018年腾讯发布TAI汽车智能系统，依托腾讯云+腾讯AI开放平台构成一个服务生态体系，衍生出包括安全语音收发微信、车载小程序、场景化地图以及多模人机交互等。2020年1月，腾讯发布TAI 3.0，已有哈弗、福特等先后搭载。2020年6月，腾讯推出模拟仿真平台TADSim2.0，它结合了游戏引擎、工业级车辆动力学模型、虚实一体交通流等技术，可满足真实世界中的汽车测试要求
滴滴	借助自身海量出行数据，有效弥补自动驾驶道路测试数据不足的问题。滴滴拥有中国最大的自动驾驶数据资源，滴滴平台每天平均订单数达数千万量级，加之司机的行驶轨迹和安装在交通工具上的枯视设备，全年可以采集近1000亿千米的场景数据，能够覆盖绝大多数想象中的长尾场景。2020年5月，滴滴自动驾驶获得软银5亿美元融资，为国内自动驾驶公司获得的单笔最大融资。2020年6月，与北京汽车集团达成战略合作，将共同研发高级别自动驾驶定制车型，推动自动驾驶技术在中国产业化落地。同月，RoboTaxi项目落地上海，首次面向公众开放自动驾驶服务，一系列复杂场景下，滴滴自动驾驶都应对平稳

（二）国外互联网企业积极推动商业化运营

积极探索商业化应用。国外的谷歌、苹果等互联网企业依托雄厚的资金，加大自动驾驶研发投入，收购大量自动驾驶技术研发企业，不断加深技术储备（见表18-5）。谷歌Waymo全力探索在无人出租、无人运输等特定场景下的商业化。苹果正基于自身在软硬件领域的积累谋篇布局。微软通过合作为自动驾驶企业提供数字化服务。

表 18-5　国外主要互联网企业智能网联汽车发展情况

企 业 名 称	智能网联汽车发展情况
谷歌	致力于实现 L4 自动驾驶出行及货运业务，并最终实现 L5 完全无人自动驾驶。谷歌将自动驾驶汽车业务分拆成立独立公司 Waymo，致力于研究自动驾驶软硬件与传统汽车厂商量产车型的整合。之前重点打造出行服务即 Waymo One，全球首个用于服务乘客的商业叫车服务。2020 年 3 月，Waymo 推出自动驾驶卡车 Waymo Via，侧重于“各种形式的货物交付”，包括短途和长途交付，从跨州运输到本地交付。2020 年 4 月，Waymo 发布了第五代机器人汽车平台 Waymo Driver，该自动驾驶套件将能有效与量产车结合，已经与沃尔沃、戴姆勒卡车等企业建立合作
苹果	未来将聚焦自动驾驶系统和软硬件设备。苹果于 2013 年推出车载智能操作系统 IOS in the Car 并成立了 CarPlay，2014 年启动泰坦自动驾驶计划。2017 年 4 月，苹果获得美国加州公共道路自动驾驶测试资格，测试车辆总数达到 27 辆。2021 年年初媒体报道苹果将向起亚投资 4 万亿韩元合作造车，但随后苹果公司否认了此次合作计划。未来，苹果将基于自身在软件系统、芯片、电池、传感器及车载操作系统领域的技术积累布局自动驾驶
微软	通过提供智能云、边缘、物联网和 AI 服务并帮助汽车公司实现数字化。微软主要从互联车辆解决方案、自动驾驶开发、智能移动解决方案、互联营销、销售和服务以及智能制造和供应链方面为汽车制造商提供服务。2020 年，微软收购 5G 云原生核心网、边缘计算供应商 Affirmed Network，收购电信软件厂商 Metaswitch Networks，开始布局 5G 领域；微软赋能华人运通开发的全球首个情感化智能伙伴 HiPhiGo，应用于量产的高合汽车。2021 年，微软将 20 亿美元投资通用汽车自动驾驶子公司 Cruise，Cruise 将使用微软的云计算平台 Azure 来推进自动驾驶叫车服务

第二节　2020 年中国智能网联汽车产品发展特征分析

辅助驾驶系统由高端车型向中低端车型不断渗透，逐步普及。汽车座舱演变成为车载互联网、智能交互、新型材料等技术的载体，车内空间形态从出行工具转变成移动智能空间。

一、辅助驾驶系统技术进一步成熟

辅助驾驶系统已实现规模量产，渗透率快速提升。整车企业正迅速在流行车型中采用基于摄像头和雷达的低成本方案，到 2020 年，中国市场 L2 功能的乘用车上险量为 260 万辆，装配率为 15%，同比增加 9.3 个百分点。辅助驾驶系统在高端车型中已经实现高频装配，在中低端车型中也已实现选配。L2 主要应用在高速场景辅助驾驶，如通用搭载了 Super Cruise 的凯迪拉克 CT6 与超级巡航，以及特斯拉搭载 Autopilot 2.0 的车型。自动驾驶环境感知传感器分类及特点见图 18-1。

毫米波雷达数量显著增加。从 L0 到 L2 过渡的过程中，毫米波雷达频率完成了 24～77GHz 的升级，产品性能大幅提升。在芯片技术方面，国内毫米波雷达射频收发和波形控制芯片已具备自主研制能力，部分指标与国际主流产品相当。在产业化方面，仍处于小规模量产和试用阶段，尚需加快产业化进程。

激光雷达开始向辅助驾驶系统渗透。蔚来、长城等车企都计划推出搭载激光雷达的新车型，可用于自适应巡航控制、行人检测、车道保持辅助和自动制动系统等安全功能。上游元器件方面，国产激光器、传感器、控制芯片性能不断提高。产品开发方面，国内多线束高性能车载激光雷达在探测范围、分辨率等方面已达到国际领先水平。

图 18-1　自动驾驶环境感知传感器分类及特点

二、智能座舱软硬件要求更高、深度域融合成为趋势

顺应新一代电子电气架构的演进，座舱域向深度融合发展。从功能集成来看，座舱域呈现向域融合演进的发展阶段，目前多家供应商智能座舱平台在集成仪表中控、后座娱乐、HUD、语音等基本功能的基础上，还进一步集成了环视、DMS、IMS 以及部分辅助驾驶系统功能等。以哈曼为例，目前哈曼智能座舱平台已支持的 L0 辅助驾驶功能集成，其包括 AR 导航、360° 环视、DMS/OMS 和 E-mirror 等。未来，哈曼将通过智能座舱域控制器与辅助驾驶域控制器融合的方式支持 L1、L2 的相关功能，为整车企业提供降低成本及系统复杂性的机会。

座舱 SOC 具有更强的 CPU 算力和 AI 算力、更多的显示屏和传感器接口。顺应智能座舱多传感器融合、多模交互及多场景化模式发展的演进趋势，作为处理中枢的座舱 SOC 需要不断发展突破。下一代座舱 SOC 发展主要呈现几个趋势。一是 CPU 算力不断提高，如芯驰科技最新推出的座舱芯片 X9U 的 CPU 性能达到 100KDMIPS。二是 AI 算力需求越来越强，如用于奔驰第一代 MBUX 的英伟达 Parker 的 AI 算力为 1TOPS。三是支持接入更多的车载显示屏和传感器，如高通 8155/8195 最多支持 8 个传感器输出和 5 路显示屏。四是芯片制程工艺越来越先进，目前 7nm 及 8nm 制程座舱芯片已实现量产，如高通 8155/高通 8195，三星 V910 等。五是芯片迭代越来越快，新产品发布周期缩短，以前周期基本在 3～5 年，现在新品基本在 1～2 年，座舱芯片迭代速度加快。六是座舱 SOC 也在向模块化、可更换、可扩展的趋势发展。

第三节　2020 年中国智能网联汽车示范应用情况

道路测试和示范应用成为智能网联汽车技术研发和应用过程中必不可少的环节。自动驾驶功能完善需要以大量场景输入作为基础的持续演进和迭代升级，为保障车辆在复杂的道路交通环境中安全、可靠行驶，需要通过模拟仿真测试、测试区（场）测试和实际道路测试等综合手段进行大量测试、验证。将具备自动驾驶功能的智能网联汽车置于实际交通环境中，通过道路环境和交通参与者等元素随机组合的场景输入，可以更好地实现智能网联汽车与道路、设施及其他交通参与者的相互适应与协调，验证并不断完善车辆面对真实复杂道路场景的行驶能力。现阶段，我国自动驾驶技术的发展已进入快车道，随着自动驾驶功能的不断完善，在实际道路和真实交通环境下的测试和示范应用已成为自主骨干企业开展智能网联汽车技术和产品应用及推广的现实需求。通过面向公众的示范应用不仅可以充分验证车辆的人机交互能力，还可提升公众对于自动驾驶技术的认知度和信赖感，为即将到来的智能网联汽车自动驾驶功能规模化、商业化应用奠定基础。

我国智能网联汽车道路测试与示范应用蓬勃发展。截至2020年年底，工信部、公安部、交通运输部在全国各地先后支持建设16个国家级智能网联汽车测试示范区，其中单独授牌测试示范区9家，与公安部联合授权1家，与交通运输部联合授权3家。此外，工信部先后批复江苏（无锡）、天津（西青）、重庆（两江新区）、湖南（长沙）四家国家级车联网先导区，加快推进城市级规模化示范应用。全国20多个省市开放超过3200千米测试道路，共计70余家企业申请近700张道路测试牌照、载人载物测试许可等，安全测试里程超过530万千米，其中，北京、上海、长沙、武汉、广州等地自动驾驶道路测试走在全国前列。

北京市在政策创新、标准完善、测试环境开放等方面积极推进。在海淀区、顺义区、北京经济技术开发区和房山区开放700千米测试道路，累计为14家企业87辆车颁发了432张测试牌照，首次为百度发放5辆车完全无人驾驶道路测试许可。在2020年共有百度、戴姆勒、小马智行、奥迪、丰田、滴滴等7家公司开展自动驾驶道路测试。示范区持续加大V2X设备的部署规模，在海淀区、亦庄等相关道路上已部署近百套V2X设备。不断开放更大的测试区域，推进自动驾驶产品形态、应用场景、商业模式的探索工作。当前北京经济技术开发区和海淀区可为自动驾驶车辆进行RoboTaxi、无人接驳、分时租赁、编队行驶等商业模式探索提供测试环境。同时，不断升级政策来加速自动驾驶商业化进程。2020年11月发布的《自动驾驶车辆道理测试管理实施细则（试行）》第四版，允许开放高速公路、无人化、特殊天气（雨、雾）等自动驾驶测试场景，使测试环境更加贴近真实商业应用。

上海市逐步形成“四位一体、错位互补”的发展格局，实现乘用车、商用车、园区测试等全覆盖。其中，嘉定区重点面向乘用车测试、临港区重点面向商用车测试、奉贤区重点面向自主泊车和园区测试、金桥区重点面向特大型城市中心城区测试等。一方面，上海市持续推进智能网联汽车在更大范围的道路测试，截至2020年年底已累计开放560千米测试道路，向22家企业颁发了152张测试牌照。2020年上海市智能网联汽车开放道路测试有效测试时长达1.17万小时，有效测试里程为39.7万千米，上传至第三方机构数据平台计1.68亿条测试数据。另一方面，上海积极探索推动规模化的智能网联汽车示范应用落地。在临港区推动上汽“5G+L4智能驾驶重卡”洋山深水港示范运营，推动仙途智能等自动驾驶环卫车逐步实现上海内环、中环高架道路无人清扫，在嘉定区推动自动驾驶出租车载人示范，滴滴和AutoX自动驾驶出租车示范应用项目分别于2020年6

月和8月正式向公众开放。

长沙市按照“车路云网一体化”总体架构，以应用场景主导加速打造智能网联汽车与智慧交通融合发展。在政策方面，2020年5月，长沙市发布了《智能汽车道路测试管理实施细则（试行）V3.0》，在试资质互认机制、载人/载物测试、高速测试、低速电动汽车测试等方面进行了升级优化；《长沙市关于推进智能网联汽车应用示范的指导意见（试行）》明确了在安全可控的前提下支持企业合法合规地进行运营探索，还发布了全国第一个无驾驶人测试规程《长沙市智能网联汽车无测试驾驶人自动驾驶功能测试规程—乘用车版》。开放道路测试方面，在湘江新区100平方千米范围内对38个交叉路口进行改造，涵盖应用场景包括车路协同高级自动驾驶、网联辅助驾驶、智慧交通运营监管等。长沙市先后向百度、中车福田戴姆勒、赢彻科技等七家公司共计发放了55张自动驾驶车辆开放道路测试牌照，涵盖公交车、乘用车、环卫作业车、重卡4种车型。2020年9月，长沙市还向百度发放了两张无驾驶人测试通知书。围绕中车和希迪智驾的智能公交、百度RoboTaxi等重点项目开展应用示范，目前已累计为超过2万人次的客户提供了出行服务。在监管平台方面，为所有开放道路测试的车辆安装了专用车载监管设备，同时建立了智能网联云控基础平台，并与长沙交警的管理平台实现了智能网联结构化数据、智慧交通相关监控视频的交互。

武汉市通过应用驱动城市基础设施建设，建立智慧交通管理体系，形成智能网联的全新生态体系。自动驾驶测试方面，一是积极扩大道路测试范围，完成106千米车路协同智能化改造，全面覆盖5G信号、北斗高精度定位系统、路侧感知设备和车路通信系统，涵盖丰富的城市道路和高速公路测试场景，具备L4及以上等级自动驾驶测试运行条件。二是建设智能网联汽车监控平台、智慧城市与智慧交通管理平台等核心平台，支撑全域智能应用数据共享，达成车城融合、泛在感知、数字孪生，推进智能网联汽车与智慧交通、智慧城市融合发展。三是率先认可异地测试结果，累计向东风、百度、海梁科技等企业发放27张测试号牌、6张示范运营号牌，发放3张载人试运营许可，积极探索智能网联汽车商业化试运营。应用示范方面，一是投放50多台自动驾驶车辆开展公交、物流配送、共享出行、清洁环卫等多领域示范；二是支持东风公司建设自动驾驶“领航”项目，建立由200多台RoboTaxi组成的自动驾驶运营车队，探索自动驾驶商用量产；三是扩大车联网用户规模，为300多台公交车加装车联网终端，探索基于车联网的信息交互和协同控制，改善交通安全，提升出行效率。

广州市积极创建基于宽带移动互联网的智能网联汽车与智慧交通应用示范区。2019年广州为广汽集团、文远知行、小马智行、景骥、裹动智驾、深兰科技6家测试主体共24台车辆发放首批智能网联汽车道路测试通知书。随后又陆续为文远知行、景骐、小马智行发放21张载客测试通知书，并在全国率先发放10张远程测试通知书，截至2020年年底，广州已累计发放83张测试通知书，颁发智能网联汽车道路测试牌照共43张，开放测试路段78条超过156千米。除此之外，广州市加速自动驾驶商业化落地，开展场景特点分明的自动驾驶出租车、小型公交车等测试，面向公众提供预约试乘体验服务。2020年，共有5家自动驾驶企业的71辆自动驾驶汽车在广州开展自动驾驶测试，累计测试里程近70万千米，载客服务人数超6万人，居国内第一位，并实现零主动安全事故。预计到2025年，广州市整车产能将达500万辆，其中智能网联汽车产量将超80%。

第十九章　2020 年智能网联汽车技术发展与应用情况分析

张容波，李国庆，金晨*

摘要：当前，以智能化、网联化为重要特征的全球新一轮科技革命和汽车产业变革正在蓬勃兴起。加快推进智能网联汽车创新发展，对我国的经济社会发展具有十分重要的战略意义。本章基于《节能与新能源汽车技术路线图 2.0》的“三横两纵”技术架构划分，通过对车辆关键技术、信息交互关键技术、基础支撑关键技术、车载智能计算基础平台、智能网联基础设施五个智能网联领域进行发展情况和产业化应用进展论述，最后通过对技术的应用分析预测智能网联技术未来发展趋势。

关键词：汽车产业变革；智能网联；创新发展；技术产业化应用及分析。

第一节　智能网联汽车技术发展概况

智能网联汽车是新一轮科技革命和产业变革的重要载体，是未来汽车的重要发展方向。当前，智能网联汽车已经成为全球汽车产业发展的战略方向。欧、美、日等国家和地区都将智能网联汽车放在核心战略发展地位，制定或修订对应的战略规划、产业政策和法律法规。2020 年 2 月，国家发展和改革委员会等 11 个部委联合印发《智能汽车创新发展战略》，明确指出发展智能汽车有利于建设科技强国、突破关键技术瓶颈、加速汽车产业升级，进一步确定智能网联汽车的战略地位。未来，国家将通过加强组织实施、完善扶持政策、强化人才保障、深化国际合作、优化发展环境五项举措保障智能网联汽车的发展建设。

各汽车企业加大智能网联技术投入与搭载，抢占先发市场，智能汽车市场将百花齐放。2020 年，虽受全球疫情的影响，汽车销量短期下降，但随着中国疫情的稳步控制，2020 年下半年中国汽车产业已经基本恢复向好，同期加速推动高级别自动驾驶车辆在物资运输配送、清洁消毒、环卫治理等方面的落地和应用。中国车企在国内的销量占比及搭载驾驶辅助的车型占比逐年提高。搭载智能网联技术的车型将大规模增加，中国品牌车企也正在从资源整合集成转型向软、硬件解耦自研方向大步迈进，主流中国品牌汽车企业如上汽智己、东风岚图、长安 UNI、吉利极氪等纷纷发布全新智能平台或高端品牌，加大智能网联技术

* 张容波，高级工程师，宁波极氪智能科技有限公司副总裁；李国庆，高级工程师，吉利汽车中央研究院智能电子软件中心功能策划和开发部部长；金晨，工程师，任职于吉利汽车中央研究院智能电子软件中心。

研发投入；新势力造车企业及互联网造车利用人才及技术优势，注入全新活力。

“三横两纵”多元突破，不避短板，突破技术瓶颈。智能网联汽车是一个多学科、多领域的交叉融合新兴技术领域。《节能与新能源汽车技术路线图2.0》将智能网联汽车划分为“三横两纵”技术架构。车辆关键技术、信息交互关键技术、基础支撑关键技术为“三横”的三大关键技术，车载平台和基础设施是贯穿“三横”的两大重要支撑，称为“两纵”。目前，欧、美、日在人工智能、芯片等智能网联汽车相对应的科技领域的优势还客观存在。我国要实现智能网联汽车在国际上的领先地位，需要多个领域共同发力，加大研发投入，攻坚弱势短板，提升我国在智能网联汽车领域的综合实力。

第二节　车辆关键技术发展与应用情况分析

一、智能网联汽车电子架构部分

（一）车辆电子架构功能需求增强，OTA 技术正逐渐普及，汽车市场活力增大，敏捷开发模式凸显

汽车电子架构定义整车电子系统开发的基础技术框架，涵盖系统、子系统、零部件及它们之间的交互关系，同时定义了整车电子系统开发和迭代升级需要遵循的一系列原则和策略。随着客户需求的不断增加和软硬件能力的不断提升，架构策略发展经历了不同的开发阶段，从分布式、功能域集中到全域融合及区域执行，总体发展策略是：主控逻辑不断上移，电子架构的能力带宽不断升级，车内各个区域位置逐步替换为驱动单元和传感单元部件。基础软件标准化（Autosar）的不断普及应用，提升了软件集成的效率和发布频率。车内通信技术以CAN/CANFD、Flexray、LIN为主导，随着4G/5G通信技术的普及，为应对车内大流量的数据需求如语音、视频、智能驾驶等，车载以太网技术逐步大规模应用。当前量产的主流以太网技术是基于TCP/IP协议开发的，SOME/IP和TSN等协议暂未普及。互联网基于服务的架构，即SOA的概念基本普及，但受限于技术标准、成本和技术能力，开发模式应用普及度不高。OTA成为2020年各大车厂的宣传亮点，国内车企包括吉利、长城、长安、比亚迪、上汽等都加入OTA发布的车企阵营，目前对于OTA的功能售卖仅有特斯拉实现盈利，OTA成为各大车厂未来可能的盈利增长点。为了降低软件的失效概率风险，以及保护用户隐私和财产安全，满足欧美法规准入需求，开发遵循功能安全和信息安全标准在国内主机厂和供应商中开始普及。

在流程方法上，目前V模型的开发方式在国内车企中普及应用，以用户功能需求驱动开发和验证，目前国内主机厂主流架构开发和管理工具主要是以Systmite公司为代表的SystemWeaver、以Vector公司为代表的PREE-Vision，以及以Mentor公司为代表的Capital模块System Architecture，同时辅助以VSA、ALM等开发管理工具，实现在不同需求元素间的无缝对接。在智能座舱领域，基于V模型的瀑布式开发由于其响应慢、传递效率低等弊端逐渐被摒弃，取而代之的是互联网思维的敏捷开发模式，能够以更快的速度交付给用户最小化的功能单元。敏捷开发模式对研发的组织架构带来诸多挑战，但在座舱领域应用前景广阔。

（二）传统电子架构策略弊端凸显，新型开发方法需要迭代

在电子架构策略上，当前主流的中国品牌的量产车型以分布式电子架构方案为主，供应商在开发中占据主导，但软件功能迭代速度慢、车厂投入代价高等因素让主机厂在电子架构技术上逐渐向域集中的方案发展。中国品牌的高端车型和部分合资车型实现了局部域集中方案的量产，供应商在域架构方案中更加深度地合作分工。互联网车企如特斯拉，最新的车型基本实现了全域融合和区域执行方案的量产。

（三）应对更快功能升级、更强用户交互体验，汽车制造厂主动求变

汽车产业链的合作模式进一步变革，传统供应商与主机厂的“交钥匙”开发模式被打破，主机厂寻求与 Tier1、Tier2 深度合作，如芯片厂商、操作系统厂商、硬件代工厂商、开发工具厂商等。同时，为了更好地加强与终端用户的黏性，传统供应商与主机厂也开启了与 IT 公司的战略合作，如华为、百度、腾讯等纷纷加入汽车开发阵营。

新型电子架构呈计算集中化趋势。主机厂进一步加强整车电子系统和软件开发的主导权，加大软件开发的力量投入，深度整合各方资源，通过跨域集中加区域执行的开发，为未来的生态软件提供高性能实时计算的能力保障。高算力的需求将催生车载超级中央计算器，并协同云端计算，为整车生态及高度智能驾驶实现提供算力支持，独立的硬件资源将不再被某些功能需求独占。整车所有功能都将有权调用所有的硬件资源，实现资源共享化，为未来更高级别的自动驾驶提供更灵活多变的安全冗余系统解决方案，大大降低高度自动驾驶的实现成本，同时突破 Tier1 对控制器的垄断。第三方开发者平台会吸引更多的资源服务于主机厂与用户，主机厂学习手机行业的开发经验，开放API和SDK给第三方，以发展更好的资源精准服务用户。

二、智能网联汽车感知部分

（一）智能网联汽车感知技术复杂多样，需要多个领域支撑

在复杂开放交通场景下实现高级别自动驾驶的技术需求，需要以视觉、激光雷达和惯导等多传感器融合为基础，结合机器学习与多模融合优化，对复杂开放场景的环境感知与定位关键技术进行研究，突破感知与定位可靠性差、环境适应能力弱的技术瓶颈，为实现 L4 开放场景下的自动驾驶提供坚实的技术支撑。

在城市复杂交通环境下，智能网联车用雷达、视觉、LiDAR 等各种传感器对行驶环境进行感知存在盲区，同时存在感知空间广度和时间纵向深度不足等问题。例如，Google的无人车虽然采用了 LiDAR 系统，融合了车用毫米波雷达及各种视频传感器，但车辆对行驶环境的感知能力也只能达到 200～300m。智能汽车的单车感知能力不足已经成为制约智能汽车进一步发展的瓶颈。车联网技术的出现，实现了信息在车-车、车-路、车-人及车-网之间的传输，为提升车辆感知能力提供了新的科学技术手段和思路。

（二）智能网联汽车感知技术依赖传感器的能力和对应领域技术发展

在高速公路等结构化场景的 L2 辅助驾驶和厂区、园区等限定开放区域的 L3 有限自

动驾驶的商用进程已开启，当前正处在迈向 L4 城市交通等开放环境自动驾驶的高级阶段。智能网联汽车自动驾驶核心传感器包括毫米波雷达、激光雷达、超声波雷达、视觉摄像头、红外、车联网 V2X 与通信传感器等，其中车用毫米波雷达、激光雷达是目前智能网联汽车与自动驾驶领域中的核心传感器。

欧、美、日在智能网联汽车技术领域形成了三足鼎立的局面，中国的车规级高精度传感器与前者仍存在一定差距。在 L4 这个级别，技术瓶颈开始凸显，表现在对一些拥挤的动态交通流场景、光照和天气变化、局部道路变化及改道等复杂场景的应对能力较差，无法满足可靠性要求。

在视觉传感器方面，国外有长期的技术积累，车载视觉处理芯片主要由国际传统芯片巨头掌控，国内企业在产品价格竞争力、可靠性指标等综合方面仍有一定差距。

毫米波雷达方面，国外技术研究处于领先地位，77GHz 毫米波车载雷达的关键技术主要由大陆、博世、电装、奥托立夫等传统汽车零部件巨头所垄断；我国的 24GHz 和 77GHz 毫米波雷达集成电路关键技术已取得突破，24GHz 毫米波雷达实现量产，但 77GHz 毫米波雷达的国产化进展缓慢。77GHz 毫米波雷达相比 24GHz 毫米波雷达具有更宽的带宽、厘米级的高精度和更远的检测距离（200m 以上），实现目标种类、形状与细节的检测分析已成为可能，加上二维三坐标等信号处理算法，可以实现目标距离、速度、角度和高度四维信息的采集，实现三维目标侦测与识别，从而达到毫米波雷达成像的目的。毫米波雷达成像技术将在 L4 和 L5 自动驾驶系统中搭载，并最终实现毫米波雷达 360° 全覆盖。

在激光雷达方面，国外的研究起步相对较早，现阶段在车规化及技术方案前沿性上仍具有一定的优势。国内激光雷达企业的产品开发也不断取得突破，在激光雷达性能、关键器件性能及激光雷达产品化等方面不断缩小差距。近年来，搭载激光雷达的自动驾驶出行服务用车，如自动驾驶卡车、自动驾驶物流车、自动驾驶出租车已在美国、欧洲、中国等进行道路测试，这些领域庞大的用车需求使激光雷达极具发展前景。

在理论方法方面，以车载视觉和雷达数据融合为主流的融合感知算法模型已取得一定成果，同时在自动驾驶领域，深度学习、增强学习等人工智能理论感知算法方面也取得了一定的成果，与路线图预期目标一致；在车载应用方面，车载毫米波雷达和机器视觉融合已被应用在实车之中，实现了多源感知信息融合优化组合和自组合方法，前向车辆和障碍物检测的精度及可靠性已经可以初步满足多种交通场景的应用需求。

（三）协同感知将是未来智能网联汽车的发展趋势，国产传感器供应商将逐步发力，分据汽车市场

5G 关键技术与车联网感知技术深度融合。依托车联网，汽车的环境感知技术也将对辅助驾驶和无人驾驶提供了更多的信息和帮助，不再将视觉信息、距离信息局限于本车，而是扩展覆盖到周边区域，甚至整条路线的区域。在辅助驾驶中，通过车联网对车辆位置信息的共享，可以快速识别周围车辆动态，为驾驶人提供主动安全预警。5G 网络“更高”“更快”的技术特点正好满足车联网中用户需求多样性、数据传输高速率、信号时延低的要求，解决了车联网的核心问题。同时，5G 的关键技术如 SDN、MEC 及网络虚拟化技术将更好地运用在车联网中，解决 DSRC 技术与 C-V2X 技术交相融合后版本不兼容的问

题。在5G移动通信技术的助力下，车联网生态系统将变得更加智能、更具弹性。

毫米波雷达国内自主产品将逐步量产并占领市场。当今量产的76～81GHz毫米波雷达芯片技术大都采用SiGe制程，接收通道、发射通道和本振通道分开实现，目前正在向成本更低、集成度更高的硅基CMOS技术演进，逐步实现单片全集成，在降低成本的同时提高性能。例如，德州仪器、恩智浦已经发布了样片，正在逐步走向量产。国内的车用毫米波雷达科研院所和芯片厂商——清华大学、加特兰已完成了硅基CMOS 76～81GHz毫米波雷达全集成芯片的研发，东南大学、厦门意行等也推出了SiGe工艺的毫米波雷达芯片，均处于小批量生产阶段，将会逐步实现量产并占领国内市场。

固态激光雷达是未来智能网联汽车的装载趋势。机械旋转扫描激光雷达尚属传感器的初级阶段，其机械扫描结构外置，尺寸重量大，不能适应广泛装车应用，尽管支持前期评估测试，但难以进入车用激光雷达前装产品线。未来发展趋势为取消机械旋转结构，利用半导体工艺将所有机械部件全集成，实现体积小、质量轻、坚固可靠、高效率和低成本的全固态激光雷达，同时提高激光雷达的环境适应性。

三、智能网联汽车规划控制部分

（一）路径规划与路径跟踪控制相结合

智能网联汽车作为具有无线信息交互功能、能够进行自主感知并进行行为决策的软件、硬件结合平台，其实用性、安全性、可靠性需要环境感知、网络通信及规划控制的紧密配合。其中，规划控制模块是智能网联汽车车载系统的核心组成部分。

宏观层面的导航——全局路径规划。其作用是将以车用地图的道路交通信息为基础的静态路径与考虑交通信息的动态路径相结合，生成一条最优化的全局期望路径。通常情况下，动态路径的规划还需要遵循当前位置与目标位置间的交通阻抗最小原则。

整车的“大脑”——行为决策。在确定全局期望路径后，智能网联汽车需要根据感知系统感知到的自身信息及周边的环境信息，对自身及其他交通参与者的运动轨迹及行为进行预测。基于获得的信息，对未来局部时空范围内进行合理的行为决策，包括跟车、换道、超车、高速公路匝道驶入与驶出等。目前的自动驾驶针对典型工况，其状态迁移并不是特别复杂，简便的状态机决策是最常见的决策方法，除此之外还有决策树、深度学习、增强学习等方法。

成本最低轨迹的生成——局部轨迹规划。在得到全局期望路径及最优行为决策的前提下，还需要考虑小范围内障碍物的精确分布，结合车辆的运动学约束、动力学模型、安全性及舒适性等因素，为行为决策规划出可跟踪的运动轨迹。通常，规划出的运动轨迹为一系列可行的轨迹簇，通过代价函数（安心感、舒适度及驾驶平稳性等）和各项约束边界（速度限制、碰撞躲避约束等）从备选轨迹中选取最优的运动轨迹。

车辆实际运动的精确体现——路径跟踪控制。路径跟踪控制的核心任务是通过将规划层输出的一系列轨迹点，结合汽车执行器响应特性和外界物理因素计算出对车身控制的加速、制动踏板、转向盘转角/转速等信号，控制车辆的横、纵向运动，使车身跟随期望的轨迹。

（二）智能网联汽车规划控制产业化应用进展

当前自动驾驶汽车技术仍处于辅助驾驶阶段，其得以实现的技术大多集中在基于汽车可行驶区域构造的轨迹规划上。可行驶区域主要为轨迹规划提供约束边界，现行的可行驶区域检测方法多借鉴移动机器人导航领域的研究成果，主要包括 Voronoi 图法、栅格占有法、网格状态法、驾驶通道法，算法的特点如表 19-1 所示。

表 19-1　可行使区域搜索方法特点

算法类型	优　势	劣　势
Voronoi 图法	全空间搜索，与障碍物距离最大化	受限于静态环境，可能输出不连续边界
栅格占有法	搜索空间快速离散化，计算资源消耗少	较难保证符合车辆动力学约束，无法得到准确的障碍物信息
网格状态法	预先处理局部路径，计算高效、资源消耗小	可能获得非连续的曲率，运动方式受限
驾驶通道法	可提供连续无碰撞空间	计算资源消耗大，运动方式受限

近年来，自动泊车技术的发展取得了较大的突破，其中无人自主泊车是目前业内公认的最有可行性也是最有希望落地量产的 L4 自动驾驶功能，德赛西威、法雷奥等零部件供应商均在积极开发中。其主要实现方法是通过下载场端地图或者自建图的方式得到高精度地图，并根据高精度地图实现局部路径规划。局部轨迹生成的主要方法有：直接构造法和路径-速度分解法。

直接构造法通过多种曲线元素组合及插值拟合的方法生成具备良好连续、平滑属性的后轴中心坐标关于时间的函数，其曲线元素组合方式主要以下几种：以 Dubins 曲线和 Reeds-Shepp 曲线为代表的直线/圆弧段、以 Bezier 曲线及 B 样条曲线为代表的样条曲线，以及多项式螺旋线。路径-速度分解法将路径规划与速度规划进行解耦，以此降低求解难度。其中，局部路径搜索方法有启发式算法、随机采样算法及动态规划算法。启发式算法的代表是 A 算法及 Dijkstra 算法，其核心思想是从起点出发，判断起点相邻的栅格是否是最佳节点，而后基于这个节点再向邻近节点扩展，通过这样减少盲目的搜索，进而逼近终点。随机采样算法的核心思想是：在构造空间中生成均匀随机样本点，并寻找满足任务需求的样本点序列作为规划结果，其典型代表为 PRM 及 RRT 算法。动态规划算法是一种聚合重复的计算过程，该算法在百度 Apollo 中的 EM 规划算法中得以实现。

基于控制目标不同，车辆运动控制可以分为横向控制、纵向控制及横纵向协同控制。目前，应用最多的汽车运动控制理论仍是经典 PID 控制。随着现代控制理论的发展、芯片算力的增加，更多新颖的控制算法开始在自动驾驶车辆控制中被应用，具有代表性的有线性二次型最优控制（LQR）、模型预测控制（MPC）等。

（三）未来发展趋势分析

1. 复杂车辆动力学模型的建立

当前的规划控制算法大多由自动控制理论发展而来，其实现前提是能够获取精确的环境感知信息，并将车辆模型进行一定的简化，如线性二自由度车辆模型。然而，随着自动驾驶智能化的不断提升，规划路径的合理性、车辆动力性、操纵性及稳定性指标起到的作用将越来越大，而简化的汽车动力学模型将难以实现目标。在规划模块中将车辆动力学模型建立得更加贴近于实际车辆，可以大大降低后续控制模块的难度。

2. 状态估计器在规划控制中的使用

随着自动驾驶技术使用场景的泛化，复杂的场景下的道路环境、交通环境将对感知系统的准确性及规划控制的鲁棒性产生巨大的挑战。为获取自车及环境信息而使用大量的传感器，将使车辆成本大大增加，并且使车身线束布置难度上升。将状态估计器作为规划控制模块中的一部分，将大大提高规划路径的质量以及控制的精度。

3. 机器学习与运动规划相结合

近年来，高性能计算技术的发展提升了人工智能及大数据技术的工程实用性。遗传算法、人工神经网络算法及强化学习等机器学习算法有望为智能网联汽车的规划控制提供新的理论及发展方向。

第三节　信息交互关键技术发展与应用情况分析

一、智能座舱呈现数字化、在线服务功能延展

智能座舱主要包括座舱域控制器、感知系统、人机交互附件三大部分。座舱域控制器是技术发展的核心，它的发展是紧密跟随着移动互联网发展脚步的。当前阶段依托于4G、5G 网络，人对座舱的功能需求主要集中在六大方面：行车参数、驾驶辅助信息、车辆体验、导航、信息娱乐、通信。其中，导航是目前用户痛点最集中的功能，如导航不准、更新慢、实时性差等，因此用户目前多倾向使用手机导航。信息娱乐目前以播放音乐、收音机为主，功能比较单一，也有很大的提升空间。

驾驶辅助类信息需求不断提高，智能座舱还存在很大的改进空间，需要变得更加智能，主动贴合用户驾驶习惯；影像也需要更加清晰，提高分辨率；导航将配置实时联网，自动更新等功能，除此之外定制化的导航也代表了未来趋势。随着 5G 的应用，将实现物联网背景下的整车数字化、在线化，如汽车 O2O 服务/在线交易、智能家居及多设备互联同步、车载在线支付、P2P 共享、结合兴趣点的定制化地图、更加丰富的信息服务及娱乐方式，使用汽车的体验更加方便、高效。

二、智能座舱产业应用速度加快，不断增加商机

操作系统急需建立统一标准。目前国际上还没有统一的智能座舱 OS 标准，但核心知识产权主要被黑莓 QNX、谷歌 Android 及许多基于 Linux 定制的 OS 等国外软件企业掌握，整车 OEM 和 Tier1 供应商通常在这些 OS 的基础上开发定制化界面，用于汽车信息娱乐和仪表等产品。QNX 操作系统在 2010 年被黑莓手机（BlackBerry）制造商 RIM（Research In Motion Ltd.）收购，是全球第一款通过 ISO26262 ASIL-D 安全认证的车载 OS 产品。Linux 是一款开源、高效、灵活的 OS，与 QNX 相比，其最大优势在于是开源软件，具备很大的定制开发灵活度。特斯拉、阿里巴巴分别基于 Linux 开发出了自己的

汽车操作系统。目前，基于 Linux 内核的 OS 在智能座舱 OS 市场中占据约 35%的份额。安卓系统最大的优势在于庞大的手机群体，为其 OS 开发了极其丰富的应用，可以迅速实现移植，在汽车上快速建立起软件生态。2019 年 5 月，谷歌正式开放基于 Linux 运行的开源前装车机系统 Android Automotive OS，其将在沃尔沃旗下的 Polestar 2 车型上率先使用。国内车载信息娱乐系统产品的底层操作系统几乎全部采用安卓系统，主要的造车新势力也都基于安卓系统深度定制了自身的系统。定制型操作系统指在底层操作系统之上进行深度定制化开发，包括系统内核修改，最终由 Tier1 和主机厂一起实现智能座舱系统平台或自动驾驶系统平台。百度 Duer OS、大众 VW OS 属于此类操作系统。ROM 型操作系统一般基于安卓系统或 Linux 定制化开发，不涉及系统内核更改，在手机领域典型的有小米的 MIUI、蔚来 NOMI、小鹏 Xmart、车和家、威马等基于安卓系统和 Linux 开发 ROM 型操作系统。

在汽车通信和自动驾驶平台不断标准化的趋势下，连接硬件底层和应用层的中间件业务存在巨大发展空间。中间件主要针对应用层的开发人员，针对不同应用优化底层操作系统的接口，使应用开发人员可以将开发工作集中在自己的业务层面。在智能汽车时代，中间件服务商将扮演重要角色。

智能语音商业潜力巨大。2019 年，国内汽车智能语音市场总额达 14.8 亿元，新车渗透率达 44%，到 2019 年年底已达到 53%，2020 年达 60%。语音控制渗透率有望逐步提升，逐渐成为标配。目前，科大讯飞的市场占有率占据国内领先位置，其 2019 年汽车智能语音出货量达 600 万套，达收入 3.7 亿元。

三、智能座舱将从用户需求出发，增强用户交互体验

智能座舱输入控制方式将多元化。输入方式在历史上也经过了很长时间的变化和演进，之前的机械时代主要以按键、旋钮为主，后来随着手机等触屏的发展，改变了用户的交互习惯，推动了车内触屏的发展。但交互方式并不是越多越好，而是需要一个有机的结合，不同场景、不同功能由最适合的交互方式实现。语音交互将被广泛应用。未来，语音交互是车上最重要的入口，它的重要性体现在对安全性、便捷性甚至是对情感性的提升。语音可以控制除了车辆操作之外的所有功能，未来还可以根据声音识别情绪或者用户身份，从而提供一些个性化服务。手势、面部识别也逐渐被尝试。现阶段从具体体验来看，手势控制识别准确度低，应用场景有限，短期内难以成为主流的交互方式，更多是厂家的探索性应用以及吸引消费者的一种手段。而面部识别短期内以身份识别为主，长远来看，面部识别可以识别用户情绪、疲劳程度、车内乘客数量，所以也可以针对驾驶人和其他乘客提供个性化服务，具有更多的应用价值和更广的前景。

显示方式呈现大屏化及多屏化。如今，屏幕尺寸变得越来越大，由之前的 7 英寸（17.78 厘米）、8 英寸（20.32 厘米）到现在的 10～15 英寸（25.4～38.1 厘米），而拜腾发布了更大的屏，达到了 49 英寸（124.4 厘米）。大尺寸屏幕肯定代表了未来趋势，从科技感及对用户的吸引程度来看，确实起到了很大的作用。但过大尺寸的屏幕现阶段还存在较多的限制和难点，如对视线的遮挡、屏幕发热、屏幕可靠性、发生碰撞后的安全问题。除了大尺寸中控屏，液晶仪表、抬头显示、电子后视镜也开始普及，造车新势力甚至在转向盘、车窗、车前、车后都加入了屏幕。屏幕数量的增多导致多个屏幕同时以不同方

式呈现相同信息出现干扰的情况。因此，减少信息冗余，在最合适的位置、最合适的时间显示最合适的信息就变得非常重要。

智能网联技术也在快速发展，虽然短期内不会对座舱产生太大的影响，但从更长远看，将带来座舱的彻底颠覆。车联网和高度自动驾驶及无人驾驶高度融合，将产生全新的业态，即无人车出行服务。新的 HMI 工具更加适合车辆软件定制，充分让人们开发的过程可视化，设计师可以在不编写代码的情况下，直接在工具里通过拖拽的方式编辑场景里各个组件，也可以填写具体参数定义所有的动画、粒子效果、光影渲染、UI 交互逻辑等功能。

第四节　基础支撑关键技术发展与应用情况分析

一、高精度地图部分

（一）需求与政策驱动行业群雄逐鹿

随着汽车智能化水平的不断提升，对于高等级的自动驾驶汽车，高精度地图、通过构建智能网联车辆的“先验记忆”越来越成为标配，其产业发展备受关注。2018 年 12 月，工业和信息化部发布的《车联网（智能网联汽车）产业发展行动计划》中，明确提出要推动“高精度定位及动态地图等技术在智能网联汽车上的产业化应用”。2020 年，国家发展改革委发布的《智能汽车创新发展战略》中也提出“建设覆盖全国路网的道路交通地理信息系统。开发标准统一的智能汽车基础地图，建立完善包含路网信息的地理信息系统，提供实时动态数据服务。”

高精度地图市场参与者主要包括四类：第一类是传统图商，如国内的四维图新、高德、百度等和海外的 HERE、TomTom 等，它们凭借自身在传统导航市场的优势，早期就已顺势切入高精度地图市场，通常采取集中采集的方式生产高精度地图，并在提高制图自动化水平的同时，逐步结合众包采集的方式以实现两者优势互补。第二类是初创或中小型图商，在激烈的市场竞争环境下，它们多依赖于差异化的产品路线以建立竞争优势，如采用以 AI 技术为基础的纯视觉或以视觉为主的采集制作方案，以此大幅降低采集和更新成本。其中部分图商由于资本等纽带和主机厂深度绑定，如中海庭、晶众地图、易图通等；主机厂也可通过这种深度合作在一定程度上解决自动驾驶工程实现效率的问题。第三类是具备自动驾驶全栈解决方案的厂商，如 Momenta、华为、Mobileye 等。第四类是依赖于某一特定生态体系的“玩家”，如滴滴、京东、美团、顺丰等，主要在各自细分领域发力，绘制符合自有业务（如无人配送）需求的高精度地图，未来通过数据流转链路打造、应用场景扩展，不乏参与智能网联汽车用高精度地图的竞争潜力。

初创公司等新入局者还面临行业较高的准入资质门槛，对从业单位在人员规模、仪器设备、保密管理、作业标准等方面的审核非常严格；尽管“入门”不易，据统计近 4 年时间共 14 家获得了导航电子地图制作（甲级）测绘资质，从 2016 年的 13 家到如今（截至 2021 年 4 月）的 27 家，如宽凳、晶众、智途、美行、航天宏图、滴滴、华为、顺丰、京东、美团等。

（二）产业化应用与生态合作加速

最早使用高精度地图的 L2 高级驾驶辅助系统 Super Cruise“超级巡航”，搭载于凯迪拉克 CT6，于 2017 年在美国推出，这是全球第一个使用高精度地图的智能驾驶系统。近几年，L3/L4 自动驾驶已逐渐在不同场景示范运营，如 RoboTaxi、港口物流、自主泊车等，2020 年国内搭载基于高精度地图的 L2+高速领航功能的多款自动驾驶车型陆续上市。根据佐思研究结果，2020 年国内量产乘用车高精度地图装机规模约 2.5 万套。高精度地图将作为 L3 自动驾驶汽车的标配，同时将渗透至部分 L2+自动驾驶汽车，预计到 2025 年国内量产乘用车高精度地图装机规模将超过 50 万套，高精度地图产业进入快速发展期。

从厂商市占率来看，2020 年 11 月，IDC 发布的《中国高精度地图解决方案市场厂商份额报告 2019》显示，2019 年中国高精度地图市场集中度较高，前三名分别为百度、四维图新和高德，市场占有率分别为 29.3%、21.7%和 17.9%（见图 19-1）。这背后是互联网巨头对导航地图业务 B 端渗透的延伸、用户流量入口的争夺。百度在 2013 年收购了图商长地万方；阿里巴巴在 2014 年前就已经投资了高德和易图通，2014 年阿里巴巴以 15 亿美元收购高德；2014 年，腾讯以超过 11 亿美元的价格收购了四维图新 11.28%的股份，并以 6000 万美元投资了科菱航睿。如今，互联网厂商已经接过地图行业发展的大旗。它们在实现导航地图业务向 B 端渗透的同时，也瞄准着高精度地图在辅助驾驶、自动驾驶、智慧交通等业务上的商业化落地。

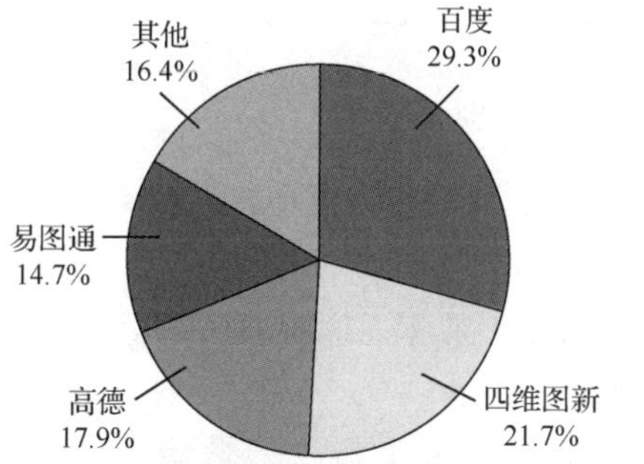

图 19-1　2019 年中国高精度地图解决方案市场厂商份额

资料来源：IDC 中国

行业内有一种预期，即在未来高级别自动驾驶真正落地时，造车本身可能并非最有利、最有话语权的环节。这层隐隐的“远忧”或许是车企既想做自动驾驶，也要做高精度地图的原因之一。传统主机厂逐渐切入高精度地图领域，其生态合作整理如表 19-2 所示。

表 19-2　国内外主机厂在高精度地图领域的生态合作

主机厂		合作	投资
国内	上汽	Civil Maps，DeepMap，Mobileye，Momenta，四维图新	Civil Maps，中海庭，晶众
	吉利	百度地图，高德地图，腾讯地图，亿咖通	亿咖通，易图通
	一汽	百度，易图通，腾讯地图	

续表

主 机 厂		合 作	投 资
国内	北汽	易图通，百度	
	长安	Mobileye，百度	
	广汽	百度，宽凳	
	东风	高德地图	晶众
	长城	Mobileye，百度	
	比亚迪	百度，易图通，腾讯地图	
国外	奔驰	DeepMap，TomTom，Momenta	HERE
	宝马	Mapbox，四维图新	HERE
	大众	Mobileye，HERE，高德软件，百度	Argo AI
	通用	Ushr，Mobileye，高德地图	
	福特	DeepMap，TomTom，易图通	CivilMaps，Argo AI
	丰田	TomTom，Carmera，HERE，Momenta	DMP，Ushr
	日产	Waymo，Mobileye，Zenrin	DMP，Ushr
	本田	—	DMP，Ushr
	现代	HERE，Netradyne，宽凳，百度	—
	标致	百度	
	捷豹路虎	高德地图	

（三）技术助力高精度地图产业演进

高精度地图未来大致会沿着三个方向发展：不断扩大高精度地图的使用场景，最终实现高精度地图的全域覆盖；不断提升高精度地图与应用的结合程度，实现全工况的可用好用；不断探索高精度地图与大数据、位置服务的结合及生态构建，实现在线服务化、数据流转自动化。

特别地，在量产车数据众包得到大规模部署后，地图云平台将成为高精度地图采集、生产、应用、更新闭环中的重要环节，车端的传感器数据将上传至地图云中心，云中心通过数据挖掘和分析，对高精度地图进行更新并发布回车端，实现生产运营一体化闭环模式。此外，动态高精度地图技术的发展将大量融合 V2X 系统信息，实现智能交通信号灯等路侧设备信息在高精度地图平台上的实时融合。届时，高精度地图将成为汽车自动驾驶的支撑，也将成为智能交通管理规划的重要协同平台，推动城市级道路交通管理。

自动驾驶从 L2+到 L3、L4，地图的使用比重越来越高。但 L3、L4 的到来比想象中还要晚一些。从 2020 年到 2030 年，自动驾驶会一直处于普及与推广的状态，智能网联汽车从 L2+到 L4 都会持续渐进地并存发展。高精度地图将在更新方式、商业模式、信息丰度、运营理念等方面不断演进，支持并推动智能网联汽车产业的发展。

二、功能安全部分

（一）汽车电子架构日益复杂，凸显功能安全的必要性

随着电子电器产品，尤其是智能驾驶产品的广泛应用，系统失效、随机硬件失效、算法缺陷、人员误用、系统误处理等功能安全问题给消费者或相关方带来的生命与财产安全风险，逐渐成为大众关注的重点。2011年，国际标准化组织ISO正式颁布了汽车功能安全标准ISO 26262，该标准为汽车从研发到报废的整个安全生命周期内的功能安全设计提供了指导。2015年起，ISO启动了汽车预期功能安全标准的研究制定工作，作为功能安全标准的扩展补充。至2018年，国际标准化组织完成了汽车功能安全标准ISO 26262的第二版发布。而中国也于2017年完成了GB/T 34590道路车辆功能安全法规的正式发布。

相比德国、美国、日本等传统汽车强国，中国汽车产业发展起步时间晚，尤其对新兴的电动汽车、智能网联汽车来说，安全是第一位的。中国汽车厂商不仅需要快速学习和掌握传统汽车安全方面的经验和技术，而且要积极研究和探索汽车安全方面的新问题，包括预期功能安全、功能安全和信息安全。这对中国汽车产业在安全方面的人员和资源投入都是很大的挑战。

（二）功能安全大规模产业化应用，功能安全国内标准逐步建立，体系逐步健全

随着“汽车四化”（电动化、智能化、网联化、共享化）的提出，电控系统的软硬件、控制策略的复杂程度也越来越高，车辆电控系统（尤其安全相关）的数量也不断增加，涉及智能驾驶的环境感知、多传感器融合、决策、控制、执行。高精度地图与定位核心技术，V2X智能信息交互、共享，自动驾驶汽车的公开道路测试等，都需要功能安全的大力参与。

国际上SAE J2980 *Considerations for ISO 26262 ASIL Hazard Classification* 修订第二版，于2018年4月完成发布，作为ISO 26262的实践指导，为确定整车层面电子电器系统ASIL等级提供了方法和参考。2020年4月1日，美国安全试验所（Underwriters Laboratories，UL）发布UL 4600《自动驾驶产品安全评估标准》，这是UL针对无人驾驶车辆开发的首个安全评估标准。UL 4600标准范围包括评估自动驾驶产品的安全原则与流程，自动驾驶产品无须人类驾驶员监督，即车辆处于完全自主状态。此标准基于设计流程、测试、工具资格、自主性验证、数据完整性及针对非驾驶人的人机交互等因素，涵盖相应风险分析与安全相关方面等若干主题，并要求提供安全论证。

工业和信息化部及国家标准化管理委员会下的全国汽车标准化技术委员会成立了不同的分会来开展相应的功能安全工作。同时，中国“十四五”国家重点研发计划“新能源汽车”重点专项也将功能安全作为其中一个关键子课题进行了重点宣贯。国标针对功能安全也进行了一定程度的细化，包括《乘用车制动系统技术要求及试验方法》《汽车转向系　基本要求》《电动汽车用动力蓄电池安全要求》《电动汽车安全要求》《电动客车安全要求》等，都不同程度地对关联系统功能安全开发提出了明确的要求。关于功能安全测试和试验，国标也提出了相应的法规进行完善，包括《电动汽车用电池管理系统功能

安全要求及试验方法》《乘用车转向系统功能安全要求及试验方法》《电动汽车用驱动电机系统功能安全及试验方法》。

功能安全开发受到重视，上下游产业链形成。当前国内各大主机厂（吉利、广汽、上汽、长安等）和供应商（宁德时代、汇川、华为、Momenta 等）已经在自己的项目开发中，对功能安全提出了一定等级的需求，并力求通过对软、硬件进行不同程度的开发，实现系统和整车的功能安全。

（三）功能安全集成开发，推动产业快速落地

未来有必要基于信息安全、功能安全和预期功能安全进行一定的集成开发，以减少不必要的重复开发和冗余设计。智能汽车的安全性由信息安全、功能安全、预期功能安全三个重要部分组成。手机、云端、大数据的不断应用，整车控制器从零散控制器到域控制器的转移，雷达/相机等传感器的使用限制，驾驶人的误操作等都会对整车的安全产生影响。

各大主机厂和零部件供应商应该建立更全面的研发和验证体系，来保障预期功能安全在实际开发中的应用。目前，国内外许多国家在智能网联汽车安全相关标准法规体系及专利方面处于发展初期。虽然部分功能安全相关标准如 ISO 26262 已经得到了应用，但对智能网联汽车最为重要的信息安全、预期功能安全的国际标准尚未定稿，还在全球讨论和征求意见中。相比于功能安全标准，预期功能安全无论是在研究方法、开发流程，还是测试规范、专利申请上，都处于研究和探索阶段。美国的研究机构及 ISO 都在组织相关标准的制定，但目前都处于草案阶段，并没有正式发布及大规模应用。

应推动我国功能安全相关标准的制定及专利申请，进而推动符合功能安全标准的智能网联汽车更好地在中国落地。中国在密切关注、积极参与国际功能安全、预期功能安全标准制定的同时，也在结合中国情况积极推进相关标准的制定工作。由清华大学、国汽智联等多家高校、科研院所、检测中心、汽车主机厂、汽车零部件供应商、自动驾驶初创公司组成的预期功能安全小组正在推动建立智能网联汽车预期功能安全认证评价体系，填补国内外预期功能安全评价体系的缺失；研究预期功能安全测试评价方案，促进相关产业生产、教学与科研的健康发展，推动国内外相关标准化机构的有效沟通和深度合作。

三、信息安全部分

（一）信息安全的重要地位日益凸显

2015 年，菲亚特克莱斯勒宣布召回约 140 万辆存在软件漏洞的汽车。这是首次由于信息安全风险而召回汽车的事件，因此，信息安全成为继功能安全后，又一重大“安全”。2016 年，美国机动车工程师学会 SAE 发布了第一个汽车信息安全标准 SAE J3061，该标准提供了一套全生命周期流程框架。《中华人民共和国网络安全法》于 2017 年 6 月 1 日起正式实施，明确要求车联网运营商在内的网络运营者需履行网络安全保护义务。2017 年 12 月，由工业和信息化部、国家标准化管理委员会联合制定并发布的《国家车联网产业标准体系建设指南（智能网联汽车）》中明确了将信息安全标准作为智能网联汽车标准

体系的通用规范之一。

2020年4月28日，全国信息技术安全标准化技术委员会发布了GB/T 38628—2020《信息安全技术 汽车电子系统网络安全指南》，且已于2020年11月1日正式实施。该标准是我国第一项汽车电子领域网络安全国家标准。UNECE WP.29于2020年发布了针对汽车信息安全的准入强制认证法规。2021年1月22日，该法规已在54个缔约国正式生效。2021年，国际标准化组织ISO在SAE J3061的基础上不断完善，并制定了ISO 21434 FIDS，此标准正式发布后将作为汽车信息安全领域最权威的标准。

（二）国内信息安全厂商投入较少，但其重要地位明显

随着"汽车四化"（电动化、智能化、网联化、共享化）的不断加深，车辆新功能的不断增加，如车联网、V2X、OTA、数字钥匙等，都将直接导致汽车信息安全问题日益严峻，特别是近年来不断频发的汽车信息安全召回事件更是引发了行业的高度关注。汽车信息安全问题已从客观上严重阻碍了传统汽车向智能网联汽车的发展进程。相比德国、美国、日本等传统汽车强国，中国汽车产业整体发展起步时间晚，尤其对于信息安全，处于起步阶段，无论是组织框架还是关键技术，都还在搭建和制定中。

总体来说，国内整车厂和零部件厂商并未建立起系统和完善的信息安全管理体系，还未明确对信息安全资源的投入。国内整车及零部件厂商信息安全进展体现如下：

（1）国内整车厂几乎没有专门的信息安全管理机构，部分整车厂具有信息安全小组或兼职的信息安全工程师，且人数偏少。

（2）国内零部件厂商少有专门的信息安全工程师，部分是由其他角色来兼职。

（3）仅部分整车厂形成了跨部门的信息安全合作活动，但几乎并未形成系统和完善的管理制度。

（4）几乎全部整车厂和零部件厂商均未明确信息安全资金投入。

国外大部分整车厂和零部件厂商建立了系统的信息安全管理体系，且有经验丰富的信息安全工程师团队。国外整车及零部件厂商信息安全进展体现如下：

（1）大部分整车厂具有专门的信息安全团队和测试团队，基本建立了信息安全管理体系。

（2）部分全球零部件厂商具有专业的信息安全开发工程师，且保持全球团队的相互交互。

（三）未来发展趋势分析

在国际标准层面，ISO 21434将成为全球汽车信息安全的指南。虽然ISO 21434未正式发布，但其已经且将一直是汽车信息安全领域的纲领性指导文件，其中强调需将信息安全贯穿到汽车的整个生命周期中；信息安全不仅仅是技术的防护，还包括信息安全文化、工具管理、文档管理、变更管理等多项管理流程。待其正式发布后，国内外各大整车厂和零部件厂商势必会按其建立和完善信息安全开发体系。

在国内标准层面，我国将加大建设汽车信息安全标准系统。全国汽车标准化技术委员会智能网联汽车分技术委员会已完成《汽车网关信息安全技术要求》《电动汽车远程服务与管理系统信息安全技术要求》《车载信息交互系统信息安全技术要求》《汽车信息安

全通用技术要求》4 项汽车信息安全国家标准的公开征求意见稿。且第二批《汽车信息安全应急响应管理指南》《道路车辆 信息安全工程》《道路车辆 网联车辆方法论》《汽车整车信息安全技术要求及试验方法》等标准也处于编制过程中。因此，近几年将是汽车信息安全标准的喷发期，包括国家标准标、行业标准标和团体标准等。

在法规层面，信息安全将成为全球汽车产业型式认证的一部分。欧盟 WP29 R155 法规强制要求 2022 年 7 月在欧洲销售的新车型必须经过信息安全型式认证后才可销售；2024 年 7 月，该法规将全面实施，适用于全部具备网联能力的车辆。欧洲在汽车领域的信息安全法规已经完全走在世界的最前列。虽然我国的智能网联功能和智能驾驶功能处于世界前列，但还未发布强制性信息安全法规，对整车厂和零部件厂商的信息安全紧迫程度也未达到欧洲的地步。但可以预见，随着中国汽车信息安全体系的建设和完善，势必会将汽车信息安全纳入法规层面；距未来全球范围内的汽车信息安全型式认证已经不远了。

第五节　车载智能计算基础平台发展与应用情况分析

作为国民经济的重要支柱产业，智能网联汽车是推动实现制造强国和网络强国建设的重要支撑和融合载体。智能网联汽车离不开智能计算平台的发展，在“汽车四化”背景下，加强车载智能计算基础平台研究具有十分重要的战略意义，本节从车载智能计算基础平台延伸到智能网联技术的发展及应用介绍，并简单归纳未来趋势。

一、车载智能计算基础平台需求日益增加，但核心技术仍有壁垒

相比于消费级产品，车载智能计算芯片具有更高的技术壁垒和行业壁垒，基本上为国际半导体企业所垄断。车规级半导体需要满足“高安全性、高可靠性、高稳定性”技术标准要求（如可靠性标准 AEC-Q100、质量管理标准 IATF16949、功能安全标准 ISO 26262），这就需要经过更加严苛的研发、制造、封装、测试和认证流程，产品开发周期更长。并且国外供应商与中下游零部件供应商和整车企业有长久的合作关系，形成了长期稳定的供货周期，构成了行业壁垒。

车载智能计算基础平台侧重于系统可靠、运行实时、分布弹性、高算力等特点，实现感知、规划、控制、网联、云控等功能，最终完成安全、实时、可扩展的多等级自动驾驶核心功能。车载智能计算基础平台需要强大的硬件运算资源，能够基于摄像头、毫米波雷达、激光雷达、定位系统和高精度地图等多信息融合实现环境感知定位、路径决策规划和车辆运动控制等，满足智能驾驶系统高性能和高安全性的控制需求。

在传统汽车领域，芯片供应商包括英飞凌、恩智浦、意法半导体和瑞萨等公司，几乎垄断了全球汽车芯片市场；但随着高级驾驶辅助系统 ADAS 和自动驾驶技术的发展，智能汽车对芯片的计算能力需求也随之快速增长。因此，消费类电子芯片公司如英伟达、高通、英特尔等相继进入汽车芯片行业；瑞萨、德州仪器、英飞凌等也均在自动驾驶领域进行布局。

Mobileye 已量产用于自动驾驶的专用芯片 EyeQ4，可以为 L4 及以上的图像处理提供足够的计算力；英伟达推出 DRIVE PX Pegasus，可以为 L5 级提供每秒操作超过

320TOPS（万亿次/秒）的算力。国内企业主要有地平线、华为、全志、杰发科技等。地平线发布了高级别智能网联汽车计算平台 Matrix1.0，支持面向 L3/L4 的解决方案，华为发布了支持 L4 自动驾驶的计算平台 MDC600，算力高达 352TOPS，同时符合最高级别的车规标准。

二、车载智能计算基础平台国内外技术水平差距明显

国外车载智能计算基础平台优势明显。2019 年 12 月，英伟达推出了面向 ADAS 和自动驾驶领域的新一代 Orin 芯片，Orin SoC 拥有 170 亿个晶体管，搭载英伟达下一代 GPU（即基于 Ampere 架构的 GPU）和 ARM Hercules CPU 核心，可以提供 200TOPS 的运算能力，是上一代 Xavier SoC 的 7 倍，功耗为 45W，于 2022 年交付，面向 L2+级自动驾驶场景。英伟达在 2018 年 CES 上推出了 Xavier 平台，号称“世界上最强大的 SoC（片上系统）”，目前 Xavier 也确实是自动驾驶 AI 芯片领域绝对的首选，可处理来自车辆雷达、摄像头、激光雷达和超声波系统的 L5 自动驾驶数据，是目前自动驾驶领域应用最多的 AI 芯片，也是最早投入量产的 AI 芯片。

在自动驾驶芯片领域，Mobileye 的 EyeQ 系列则是典型 ASIC 芯片的代表，随着自动驾驶芯片领域的竞争越来越激烈，以及主机厂对于 AI 芯片的受控性要求越来越高，Mobileye 逐渐从过去的一体式视觉芯片+算法供应商的“黑匣子”模式转变为开放的 EyeQ5 芯片（即允许第三方代码运行），量产型号有 EyeQ1～EyeQ4，占据了全球范围内 ADAS 市场 60%左右的份额。目前性能最好的 EyeQ4 的算力为 2.5 TOPS，功耗为 3W，能效为 0.83 TOPS/W。EyeQ5 正在开发进行中，按照 Mobileye 的计划在 2020 年面世，目的是对标英伟达 Xavier。EyeQ5 设计计算性能达到了 24TOPS，功耗为 10W，芯片能效是 Xavier 的 2.4 倍。除此之外，如 Xilinx SoC/MP SoC、TI TDAx 系列、NXP 的 S32V 系列 SoC、瑞萨 R-Car V3H、高通 Snapdragon Ride 在行业内都有相关产业化应用。

国内厂商追赶差距，逐步量产，未来可期。华为在 2018 年推出 MDC 智能驾驶计算平台及高阶自动驾驶全栈解决方案，包括 MDC300 和 MDC600 两个平台，分别对应 L3 和 L4 自动驾驶。华为 MDC300 算力在 64TOPS 左右，满足 L3 自动驾驶算力需求。MDC600 基于 8 颗昇腾 310 AI 芯片，同时还整合了 CPU 和相应的 ISP 模块，算力高达 352TOPS。华为 MDC 智能驾驶计算平台已经于 2020 年 1 月 16 日通过了德国莱茵颁发的 ISO26262 功能安全管理认证，达到 ASIL-D 级标准。华为在自研 AI 芯片昇腾的基础之上打造出 MDC 计算平台，已经取得多方测试合作。搭载华为 MDC 的奥迪 Q7 汽车已经开始在国内开展自动驾驶道路测试，华为也已分别与一汽红旗、东风汽车、苏州金龙、新石器、山东浩睿智能等达成合作。

CES2020 上，地平线发布了 Matrix2 平台，基于自研 Journey 征程 2 芯片，算力达到 16TOPS。同时，地平线计划于 2020 年年底推出征程 5、96TOPS 算力、15W 功耗，对标特斯拉 FSD。基于自研计算平台与产品矩阵，目前地平线已支持 L2、L3、L4 等不同级别自动驾驶的解决方案。在智能驾驶领域，地平线同全球四大汽车市场（美国、德国、日本和中国）的业务联系不断加深，目前已赋能合作伙伴包括奥迪、博世、长安、比亚迪、上汽、广汽等国内外的顶级厂商。

三、车载智能计算基础平台趋势分析

2025 年左右，车载智能计算基础平台实现核心组件的集成，提供标准化接口，实现分布式通信、异构传感器融合、动态可重置的能力。在性能上支持车辆实现 CA 和 HA 级别的自动驾驶功能，支持图像媒体处理、高性能计算；在算法上支持强化学习；功耗达到国家绿色认证的标准；功能安全达到 ASIL-D 级别；在网络安全方面实现防攻击、防破解；车内操作系统实现自主知识产权的突破，在架构方面实现宏内核架构，支持对称多处理（Symmetrical Multi-Processing，SMP），支持安全隔离，实现低时延和内核形式化验证，建立硬件级生态；车载智能计算基础平台系统软件实现全栈、完整化，包括编译器、编译工具链、操作系统、中间件、基础库、工具链。

到 2030 年左右，车载智能计算基础平台将具备自治与云协同能力，实现车辆控制单元 60%集成目标，实现多芯片归一（单 SoC）解决方案。在性能上支持 AR/VR、全息技术，在人机交互方面支持高度娱乐化智能座舱、眼球跟踪识别等功能，支撑汽车实现 HA 和 FA 级别的自动驾驶。在网络安全方面实现主动式防攻击、防破解。车内操作系统建立中间件级生态。车载智能计算基础平台系统软件实现全栈、完整化。在架构方面实现微内核架构，支持异构应用隔离，实现确定性低时延和系统形式化验证。功能安全达到 ASIL-D 级别。车内网络实现时间触发太网的应用。

到 2035 年左右，车载智能计算基础平台具备对交通基础设施进行全方位协同的能力，实现车辆控制单元 90%集成目标及异构融合方案。在算法上支持自解释；在人机交互方面支持脑电识别等功能；在网络安全方面实现预判式防攻击、防破解。车内操作系统建立应用级生态。车载智能计算基础平台系统软件实现全栈、完整化。在架构方面实现多内核架构，支持异构应用隔离，实现确定性低时延和系统形式化验证。

第六节　智能网联基础设施发展与应用情况分析

一、车路协同部分

（一）车路协同（V2X）是实现智慧交通和智能驾驶的重要手段

2015 年，3GPP（3rd Generation Partnership Project）正式启动基于 C-V2X 的技术需求及标准化研究。自 2016 年起，我国就出台了一系列政策支持车联网及智能网联汽车的发展。2020 年，国家发布了《智能汽车创新发展战略》，其中提到“到 2025 年，车用无线通信网络（LTE-V2X）实现区域覆盖，新一代车用无线通信网络（5G-V2X）在部分城市、高速公路逐步开展应用，高精度时空基准服务网络实现全覆盖。”目前，全国已经拥有超过 30 个测试示范区，其中包括 16 个国家级示范区。这些示范区涵盖了无人驾驶和 V2X 测试场景建设、LTE-V2X/5G 车联网应用、智慧交通技术应用等功能。

伴随着新一代信息技术的发展和应用，车路协同成为实现智慧交通和智能驾驶的重要手段之一。智能路侧单元 RSU 作为智能交通应用场景中极为重要的组成部分，承担着道路智能化的关键角色。通过 RSU 收集路侧信息并将其广播给车端，实现车路之间的信

息交互，从而提高车辆的可靠性、提升交通效率。与此同时，智能 RSU 具备简单的业务处理能力，实现业务的本地化处理，降低网络传输及核心云平台的压力。

（二）车路协同技术产业化应用阶段性分明，当前商用以示范区为主，未来将与智能网联汽车深度结合，商用前景广阔

根据 2019 年发布的《C-V2X 产业化路径及时间表研究》显示，V2X 的发展有三个阶段。2019—2021 年为 C-V2X 产业化部署导入期。在这一阶段，C-V2X 通信设备、安全保障、数据平台、测试认证方面可基本满足 C-V2X 产业化初期部署需求。同时，在国家和联网示范区、先导区及部分特定园区部署路侧设施，形成示范应用，车企逐步在新车前装 C-V2X 设备，鼓励后装 C-V2X 设备，车、路部署相辅相成，形成良性循环，C-V2X 生态环境逐步建立，探索商业化运营模式。2022—2025 年为 C-V2X 产业化部署发展期。根据前期示范区、先导区建设经验，形成可推广的商业化运营模式，在全国典型城市和道路进行推广部署并开展应用。2025 年以后为 C-V2X 产业高速发展期。逐步实现 C-V2X 全国覆盖，建成全国范围内的多级数据平台，跨行业数据实现互联互通，提供多元化出行服务。

2020 年，我国已建立 9 个国家级智能网联汽车试点示范区。北京、深圳和浙江因为具备全国领先的互联网企业，因而在汽车网联技术上享有研发优势；上海、长春、重庆则以汽车制造工业领先，具备较为雄厚的产业基础，为智能网联汽车产业的发展奠定良好的条件；此外，长春、深圳和北京拥有较多优秀的智能技术提供商，为智能网联汽车智能化提供了强力的支持。综合来看，北京、深圳、上海、浙江综合实力更为优越，具备较好的智能网联汽车发展潜力。

2020 年，特定场景加速自动驾驶商业化，如上汽的 5G 智能驾驶重卡在东海大桥和洋山深水港落地，启动准商业化运营；东风公司、中远海运、中国移动跨界合作，“5G+无人驾驶赋能智慧港口”项目落地厦门。此外，无人自动消毒车、无人低速配送车、无人巡逻车、无人售卖车等应用开始出现并提供服务。

车路协同（V2X）研发产业化呈如下特征：

（1）核心芯片/模组和终端产品研发基本成熟。

（2）产业接受程度逐步提升。一是汽车厂商接受度达到较高水平，二是交通行业将其作为新的技术选择。

（3）我国车联网平台运营和安全机制仍在探索中，一是仍在探索平台与运营，二是安全认证技术累计较好，但管理要求尚待明确。

（三）车路协同自动驾驶产业是一个创新体系，产业链潜力巨大，将成为新一轮科技创新和产业竞争的制高点

未来车路协同自动驾驶的关键技术或将朝着融合北斗卫星和路侧设施的高精度高可靠定位、以视觉识别和激光雷达为核心的感知技术、基于云技术的智能网联交通分布式云平台、融合网联化智能技术的自动驾驶技术，以及车路一体化自动驾驶的交通系统优化技术等方向发展。与此相关的，车路协同和车路一体化自动驾驶等相关创新技术的进步，能够加速自动驾驶商业化实现，并促进通信、互联网、汽车电子、路侧设施等领域

的加快发展，推动IT、智能制造与交通、汽车产业走向深度融合。

车路协同自动驾驶将经历四个发展阶段：第一阶段为信息交互，实现车-车、车-路等的信息交互和共享；第二阶段为感知、预测和决策协同，协同完成信息交互、数据融合、状态预测和行为决策；第三阶段为控制协同，协同完成信息交互、感知、预测与决策，实现如高速公路专用道等限定场景的协同控制功能；第四阶段为车路一体化，协同完成自动驾驶所有关键功能，增强道路的智能作用，实现道路与车辆全面的智能协同和配合。

上游：以路端设备、边缘计算、通信技术产业为基础。作为联通车端与路端的关键技术，网络通信成为车路协同自动驾驶应用的重要基石。5G凭借低延迟、高可靠性等优势将有潜力满足车路协同自动驾驶对于通信技术的需求，该应用场景将成功开拓车路协同自动驾驶新的市场。智能道路设施建设，包括车路协同自动驾驶专用车道的设计、建设、管理、运营维护将成为新的产业增值点。同时，智能路侧也是实现车路协同自动驾驶的基石。

中游：车企、互联网公司及新兴数据公司的智能制造与系统集成。传统汽车企业加速自动驾驶制造业与新一代信息技术的深度融合，形成车路协同自动驾驶的设计、生产、服务等新型生产方式，打造车路协同自动驾驶的智能制造新模式，开展车路协同自动驾驶智能制造的集成创新。传统交通企业与互联网企业联合推动道路行业、交通行业、互联网行业的协同创新，推动产业链上各企业的分工协作，逐步形成以车路协同自动驾驶为核心的全新发展生态体系。车路协同将促进交通大数据和道路基础设施软硬件的建设、融合与应用，为“产学研”所需的数据服务，为出行公众服务，为车路协同智能平台服务，催生新的数据与系统集成产业。

下游：催生营运服务提供商提供新型商业模式及服务。产业链下游主要为应用服务与增值服务，如网约共享车、分时租赁、物流货运、紧急救援、车联网保险、数据监控平台等。城市基础设施为了与自动驾驶车辆发展相匹配，如智慧道路、智慧停车场等将升级改造，基础设施相关的规划、设计、施工、运营和维护等业务也将配套升级。

二、云平台及数据中心部分

（一）主机厂及供应商正逐步搭建云控基础平台和数据中心基础设施

智能网联汽车智能化和网联化融合发展是我国智能网联汽车发展的重要途径。一方面需要推动各地逐步完善与智能网联汽车相关的基础设施，加快示范城市建设。加快形成智能网联汽车高精度地图的国家体系，扩大高精度地图开放应用，在车辆精确定位、超视距感知、协同决策等领域，为自动驾驶解决方案提供技术保障。另一方面，云控基础平台、数据中心是面向网联驾驶的“车路云一体”数字化、智能化大型基础设施，也是智慧城市综合化管理的支撑平台，为智能网联汽车提供“车路云一体”的云端协同感知、决策、控制能力，算法仿真、模型训练、OTA、实车验证一体化能力，为智慧城市安全、绿色、高效的智能交通体系赋能。智能网联汽车云控基础平台和数据中心基础设施建设对我国智能网联汽车战略落地有着重要意义。如表19-3所示为部分企业智能驾驶数据中心建设情况。

云控基础平台是中国标准智能汽车体系的重要组成部分，是支撑智能汽车实际应用实施的数据协同中心、计算中心与资源优化配置中心。通过云控基础平台的物理架构形成“车端—边缘云—区域云—中心云”4 级支撑体系，逐步建立中国特色智能网联汽车生态体系，打造行业协同发展生态圈，推进现有产业的转型升级，推动智能网联驾驶基础设施建设，拉动经济发展，完善公共服务，降低行业运营成本。

表 19-3　部分企业智能驾驶数据中心建设情况

厂商	戴姆勒	宝马	沃尔沃 Zenuity	奥托立夫	博世
地点	中国	德国	瑞典	中国	德国
供应商	NetApp	戴尔 EMC/Xcube/其他	戴尔 EMC	戴尔 EMC	戴尔 EMC
容量规划	75PB	74PB（戴尔 EMC 及其他）+16PB（X-Cube）	100PB	35PB	135PB
启动时间	2017 年	2017 年	2017 年 5 月	2018 年 6 月	2018 年 5 月
特点	分布式对象后处理：实现分布式部署，不同节点可以部署在不同的地方集中管控。包括其他应用场景如生产制造等	X-Cube 分布式对象后处理：支持视频数据打标签和实时索引功能。 EMC 分布式 NAS 后处理：针对 ADAS 定制方案	分布式 NAS 后处理：44PB 高性能 H500 系列来实时处理热数据，56PB 归档 A2000 系列，针对 ADAS 定制方案	分布式 NAS 后处理：全部采用归档 A2000 系列。针对 ADAS 定制方案	分布式 NAS 后处理：采用高性能 H500/X400 系列。针对 ADAS 定制方案

（二）云平台及数据中心基础设施在智能网联技术领域应用需求逐步旺盛

从整车企业到终端企业、通信企业、运营企业等，都在积极开展网联化的推广应用。例如，无锡、长沙等测试区、先导区的示范应用，以及“新四跨”（跨整车、跨通信终端、跨芯片模组、跨安全平台、跨地图和定位的互联互通应用示范）等活动，网联化的应用加速了网联汽车技术成熟。典型应用为天津联通联合中国汽车技术研究中心、华为共同建立国内首个 5G+V2X 融合网络无人驾驶业务试点，旨在实现车辆在 5G 网络下的 L4 无人驾驶业务应用。该试点路段总长为 5km，共设置 12 个测试项目和 7 个障碍点，无人驾驶测试车辆时速可达 120km/h。北京星云互联科技有限公司首个 V2X 前装量产项目也在 2020 年正式启动，将为均胜电子智能车联事业部提供通信协议栈及上层应用算法软件，已在国内某整车厂量产车型平台前装应用，该平台生命周期总量为百万辆量级。

云平台和数据中心作为收集数据、处理数据、存储数据、管理数据、分发数据的核心，存在于整个基础设施体系中。目前，以互联网公司为首的各大公司围绕云平台，打造出了各种适合智能驾驶的生态圈。数据采集平台、数据处理平台、数据管理平台、仿真测试平台等各种新平台的面世参与到智能网联汽车的整车研发过程中。例如，腾讯推出的仿真平台结合了腾讯强大的游戏技术实力，将虚拟现实技术、游戏引擎、云游戏技术及工业级的车辆动力学模型和专业的渲染引擎、三维重建技术等技术，应用于城市仿真系统的构建中，采集了不同城市、道路、天气、光照等物理世界交通特征，在云端建立起一个与现实世界极为相似的平行世界，方便和加速了用户自动驾驶测试和验证。又如百度的 AI 开放平台，凝聚了百度十多年在 AI 领域的 Know-How。从教育到普及，从提供算法到自研算法，从低算力到高算力，百度提供了一整套的一站式解决方案。

AI 算法在智能驾驶车载计算机和云端云控基础平台、数据中心模型训练上已广泛应用，但模型训练需要大量的 GPU、CPU 运算资源，同时对于 AI 算法训练的数据源也需要海量的数据存储空间。智能网联云控平台、数据中心建设及 AI 应用拉动了高性能存储、计算资源（GPU、CPU）、HPC 服务器产业化。目前，智能驾驶海量数据存在几种主流方案，一种是以戴尔 EMC Isilon、华为 OceanStor 为代表的服务器厂商提供的高性能分布式硬件存储方案，以在企业自建数据中心为主流方案；一种是公有云厂商如腾讯、阿里巴巴、百度提供的基于公有云分布式对象存储、文件存储和块存储方案；一种是传统服务器+Lustre 分布式系统基于 IB 网组建 HPC，属于经典 HPC 文件存储；还有一种是基于 MapR+服务器组建文件存储提供智能驾驶数据存储，典型代表为宝马中国的智能驾驶数据中心。用于 AI 算法训练的服务器，目前国内供应商主要有浪潮、华为、曙光、新华三等，并逐渐走向国产化，但是用于 AI 计算的核心 GPU 板卡还是以美国英伟达为主。

（三）云平台及数据中心作为智能网联技术的支撑，需要协同发展，为智能网联汽车同步赋能

云控边缘计算将成为网联汽车重要算力的补充。智能网联车载计算机算力有限，智能网联云控基础平台虽然有较高的算力，但是从云端到车端具有一定的延迟，而这个延迟对于目前的智能网联汽车是不可接受的。随着 5G 网络和 MEC 边缘云技术的发展成熟，边缘云计算将成为智能网联汽车算力延展的重要途径。

实现网联数据共享、国家级云控平台和数据中心连通将成为未来的重要趋势。目前，国内多个城市积极建立了自动驾驶测试的国家智能网联汽车试点示范区，为自动驾驶产品的验证提供了良好的条件，但各示范区之间对自动驾驶产品的测试要求不尽相同，认证结果尚未互联互通。加强国家级智能网联汽车试点示范区的认证互通和数据共享，形成国家级数据中心，加快统一认证标准和技术要求，推动认证互通和数据共享，实现车辆数据、交通基础设施数据、出行数据、电子政务数据融合的大数据平台，智能网联汽车数据能够惠及整个社会生活，全面支撑全国范围内智慧城市的全场景服务，提升自动驾驶汽车整体技术水平已是另一大趋势。

智能网联将成为全新的产品形态和运营形态。“万物互联、车云一体”是未来智慧城市、智能出行的发展方向，利用物联网、智能分析技术、三维可视化技术与城市各政务系统、实际业务场景融合，打造面向城市运营工具，实现智能交通全息的可视化感知和调度。未来智能网联云控系统的发展路径不仅是目前阶段的网络链接和运行监管，更重要的是做协同的自动驾驶、城市智慧交通、智慧城市系统协同，这是一种全新的产品形态和运营形态，需要城市化运营。

Part 9　关键零部件篇

第二十章　2020 年汽车零部件产业与技术发展分析

薛凯，郑立朋，张凯*

摘要：2020 年受新冠肺炎疫情的影响，全球汽车零部件产业链受到严重的打击，零部件市场下滑严重。本章分析了 2020 年全球和我国汽车零部件产业和技术发展情况，并针对关键零部件技术发展现状分类进行分析，总结在节能汽车零部件、新能源汽车零部件和智能网联汽车零部件领域存在的技术薄弱环节和问题。

关键字：汽车零部件；技术发展；技术现状。

第一节　2020 年汽车零部件产业与技术发展总体情况

一、2020 年全球汽车零部件产业与技术发展情况

2020 年，受新冠肺炎疫情的影响，各国的生产体系、服务体系、物流体系都经受了前所未有的压力。在当前汽车产业链全球化的背景下，汽车产业及其零部件产业的生产、配套、销售等环节都受到严重的打击，部分汽车零部件在生产环节甚至出现了停摆，市场份额严重下滑。随着疫情的逐渐好转，2020 年下半年全球产业链实现复苏，而芯片短缺问题的出现，使汽车零部件产业面临新的挑战。国际领先的汽车零部件企业在 2020 年受外部环境的影响，业绩下滑均很严重。超过 60%的国际大型零部件企业业绩下滑超过 10%，全球零部件市场严重受挫。

然而，全球各大零部件企业并没有因此而减缓对汽车零部件产品的技术研发进度。根据中国汽研中心不完全统计的国外汽车零部件企业技术研发的动态信息看，一方面，智能网联汽车技术依然是各企业重点研发领域，其中激光雷达、辅助驾驶系统是主要研究突破的方向；另一方面，传统汽车零部件研发和新能源汽车零部件研发基本持平，其中的传统汽车领域重点以节能环保、轻量化技术为主要研发方向，新能源汽车零部件领域更加重视动力电池、驱动电机等核心零部件技术的研发。

为了应对当前大环境对企业的冲击，全球汽车零部件企业积极通过资本市场的运作对冲当前的企业经营风险。仅 2020 年上半年，全球汽车零部件企业达成的并购交易数量就达到了 50 多宗，甚至有多宗价值超过 10 亿美元的超大型并购交易。零部件产业并购案例全年达到了上百宗。其中，多起并购案都发生在半导体、电子系统、车载芯片和动

---

* 薛凯，硕士，中国汽研北京分院行业发展部项目主管；郑立朋，高级工程师，长城汽车股份有限公司-蜂巢易创科技有限公司联席董事长；张凯，高级工程师，长城汽车股份有限公司-毫末智行科技有限公司董事长。

力电池等领域，充分说明零部件企业非常看好新能源及智能网联汽车零部件的前沿技术发展。

二、2020 年中国汽车零部件产业与技术发展情况

2020 年，我国汽车零部件产业发展整体趋于稳定，但受疫情影响出口增速出现下滑。根据国家统计局对全国规模以上汽车零部件制造业企业的统计，2020 年全年累计主营业务收入 3.63 万亿元，与上一年基本持平。但受全球疫情影响，各国实施限制人员流动、控制物流等政策，我国汽车零部件出口业务受到严重冲击，更由于美、日、韩、德是我国汽车零部件的主要出口地，而其又是疫情集中发酵的地区，导致国内零部件企业的海外订单被大量取消。2020 年，汽车零部件出口总额为 624.97 亿美元，同比下降 6.04%。其中仅汽车零件、附件及车身的出口额降幅为 2.77%，低于 10%，其他汽车零部件主要产品的降幅均超过 10%。

全球疫情蔓延并没有阻止我国汽车零部件产业的快速发展和技术的量产落地。在新能源汽车核心零部件方面，超级磷酸铁锂电池广泛应用，比亚迪的刀片电池使磷酸铁锂电池的能量密度从 251Wh/L 提升至 332Wh/L，寿命长达 8 年，同时成本降低了 30%。在智能网联汽车零部件方面，V2X 技术产量化发展，德赛西威首个 C-V2X 技术、别克 V2X 技术均在 2020 年实现了量产落地。这些技术的量产和商业化落地，都表明了我国汽车零部件产业之前在新兴领域上的技术研究成果，开始正式向商业化、产业化的方向发展。

我国汽车零部件企业通过投资建厂、并购、合资等方式加快在国内外的战略布局。同时，国内零部件企业在国外的大型投资或并购活动逐渐增加，尤其是在新能源汽车和智能网联汽车的核心零部件领域，如宁德时代以证券投资方式对境内外产业链上下游优质上市企业进行战略投资。可以看出，我国零部件企业正在加强战略布局，全力提升国际化水平，期望打造全球化的一流企业。

第二节　关键零部件技术发展分析

一、发动机关键技术发展现状

发动机是汽车动力来源，是决定汽车能耗水平的关键因素。因此，研发应用发动机先进技术成为车企实现节能减排的重要手段。缸内直喷、涡轮增压、废气再循环、高压缩比、米勒/阿特金森循环、可变气门正时、可变气门升程、低摩擦、清洁高效柴油机技术等节能技术不断涌现，为整车节能贡献巨大，使传统燃油汽车平均油耗明显降低。我国各整车企业已大量应用这些先进节能技术，汽油机的热效率正逐步接近 40%（国际先进水平）。

（一）汽油机压缩比逐渐提高

提高压缩比是提高热效率的根本途径，但压缩比提高后在外特性区域会导致爆震和过高的缸内压力。发动机为保证全工况不发生爆震，压缩比限制得较低，热效率无法显著提升。针对此矛盾，国内自主企业通过 EGR、结构优化和标定优化等来抑制爆震，成

果颇丰。目前，在研的热效率大于 41%的机型，压缩比基本均在 13 以上，如比亚迪汽车（43%热效率，1.5T）的压缩比为 15.5，广汽（42.1%热效率，2.0L 自吸）的压缩比为 15.6，长城汽车（43%热效率，1.5T）的压缩比为 15，吉利汽车（42.5%热效率，1.5T）的压缩比为 13。

（二）电控系统及电控逻辑自研加速

发动机技术的发展实际上是伴随着电控系统的发展而实现的，没有先进的电控系统，各个阶段的节能、环保目标是不可能实现的。但目前国内先进的内燃机电控系统和产品基本上依赖国外供应商，尤其在控制策略、电控软件、ECU、传感器、喷射系统及标定技术等方面还存在很大差距。

电动化大潮下有更多的新型电子技术应用于发动机，使发动机电控系统复杂程度呈几何级提升。电控系统愈加复杂，直接影响到具体技术实施的节油效果。国内企业均已认识到电控逻辑开发及标定对于节能减排的重要性，加速推进 ECU、PCU 控制及标定的自主研发。如在 ECU 软件开发及标定领域，比亚迪汽车、一汽基于供应商（联合汽车电子、德尔福等）的软件及核心标定，已经自主开发 ECU 软件并实现量产；吉利汽车正在基于沃尔沃平台进行自主软件及标定的开发；长安汽车、长城汽车等企业正在研究开发中。在 PCU 软件开发及标定领域，长安汽车、广汽、上汽、一汽、吉利汽车的自主 PCU 软件及标定已经处于成熟阶段。

（三）废气再循环（EGR）技术开始广泛应用

EGR 是将发动机排气的一小部分再送回气缸的一种技术。再循环废气由于具有惰性会延缓燃烧过程，从而导致燃烧室中的压力形成过程放缓，减少 NO_x 的生成。此外，采用 EGR 后抑制爆震可提高压缩比、优化燃烧相位、提高进气量、降低泵气损失，达到节能效果。使用 EGR 也可匹配米勒/阿特金森循环技术、废热回收技术等，是未来实现 43%热效率的主流技术途径。目前，国内各大车企已广泛开展研究及应用，东风 1.5T 发动机应用高压冷却 EGR 技术，EGR 率达 20%，实现热效率 41.07%；广汽 1.5T/2.0T 发动机采用低压冷却 EGR 技术，热效率均达到 40%。

（四）稀薄燃烧技术进入新阶段

预计当量比燃烧在实现 43%热效率后陷入瓶颈。要达成 45%以上热效率，使用当量比燃烧+EGR 燃烧很难确保功率、扭矩性能，而稀薄燃烧可以在挖掘热效率的潜力上进入一个新的阶段，以 45%为起点逐步挖掘到 47%甚至 50%。

稀薄燃烧降低泵气损失、传热损失，提高比热容，抑制爆震，有利于提高压缩比、提升热效率，可明显扩大经济油耗运行区间。天津大学、上海交通大学、清华大学、吉林大学等高校对此展开了相关研究，长城汽车、吉利汽车等企业也正在开展相关预研工作。

（五）米勒/阿特金森循环效率提升

米勒循环与阿特金森循环的本质都是通过减少进气量实现膨胀比大于压缩比的。其中，米勒循环通过提前关闭进气门，减少进气时间来实现效率提升，可在部分负荷降低泵气损失；阿特金森循环通过推迟关闭进气门，使缸内部分新鲜空气被压缩回进气管的方式实现效率提升，该部分进气量的损失可由增压器减少，提高了废气能量的利用效率。两方案相对传统奥托循环均可降低发动机压缩终了温度，从而抑制爆震及 NO_x 的产生，同时实现热效率提升，达到节油的目的，一般可降低 2%～8%的能耗。中国品牌中，一汽 2.0T 机型通过增压米勒循环技术组合实现了 39%的热效率；长安 1.5TGDI 机型，通过深度米勒循环和高压缩比的技术组合已实现了 40%的热效率；上汽 2.0T 机型通过部分负荷应用深度米勒循环，热效率达到 39.52%；比亚迪 1.5T 机型使用轻米勒循环，热效率达到 38%。

（六）可变气门升程（VVL）技术提升燃油经济性

VVL（Variable Valve Lift）是一种根据汽车运行情况来调节发动机气门升程的技术。传统发动机的气门升程是固定不可变的，凸轮型线设计是对发动机在全工况下的平衡性选择，其结果是发动机既得不到最佳的高速效率，也得不到最佳的低速扭矩。采用 VVL 可使发动机在高速区和低速区都能得到满足需求的气门升程，从而改善发动机高速功率和低速扭矩，提升整车的动力及燃油经济性能。一般来说，VVL 技术可使整车能耗降低 4%～8%，成本增加 500～1500 元。VVL 结构复杂，控制逻辑复杂，开发时间长，应用的主机厂较少，中国品牌中，长城汽车有自主知识产权的 VVL 技术已成功量产上市，搭载其 1.5TGDI 发动机。

（七）低摩擦技术开始自研

世界先进的低摩擦核心技术大多数掌握在跨国汽车集团、专业零部件和系统供应商手里，我国技术水平相对落后，但已开展类金刚石薄膜（DLC）涂层和基于纳米技术的涂层的应用研究。一汽集团在发动机挺柱、活塞环及活塞销上沉积 DLC 涂层，并对其摩擦系数、耐磨损性、等性能进行分析，发现发动机整机摩擦损失降低 17.1%，降低比油耗约 2.5%。同时，在国内首次提出了应用含氢类富勒烯结构 DLC 涂层降低边界润滑状态下发动机零件摩擦损失的方法，制备了低摩擦系数、高耐磨性、高结合强度的类金刚石碳薄膜发动机零件。

（八）清洁高效柴油机技术逐步改进

与汽油发动机点燃燃料混合气不同，柴油发动机是通过将空气压缩加温的，再与柴油喷雾混合形成燃烧。由于柴油机的压缩比大，目前主要采用电控的高压共轨喷射，通过高压油泵加压，带电磁阀的喷嘴控制喷油时机和喷油量，实现对燃油喷射的精确、高效控制。最新的喷射模式除了主喷射之外，还可以分几次进行预喷射和后喷射。这样可以优化燃烧，同时降低发动机排出的 PM 和 NO_x。

现今的主流柴油机都采用了涡轮增压、可变截面涡轮、中冷、DPF、冷却 EGR、DeNOx 催化剂等技术。中冷技术可以有效提高发动机的热效率，降低涡轮的工作温度并延长其使用寿命，搭载颗粒捕捉器（DPF）能够去除 99%以上的 PM。目前，与同等动力水平的自然吸气汽油机低相比，清洁高效柴油机能耗要低 15%～30%。以长城哈佛 H5 匹配的 2.0L 增压直喷汽油机与柴油机为例，柴油版车型的最大扭矩要高出 24%，而油耗却低 12%。

二、变速器关键技术发展现状

汽车变速器是汽车传动系统的主要组成部分之一。它是一套用于协调发动机的转速和车轮的实际行驶速度的变速装置，用于发挥发动机的最佳性能，并使汽车能够应对实际驾驶过程中如起步、怠速停车、低速或高速行驶、加速、减速、爬坡和倒车等复杂工况。

随着人们生活品质的不断提升，对于汽车驾驶的舒适性、便利性提出了更高的要求。同时，由于国家政策的引导及人们环保理念的提升，人们对于汽车的节能环保能力也有了更高的需求，这也促使变速器行业为应对这一需求在产品种类及技术应用方面进行快速更新迭代，由传统手动变速器升级为自动变速器，再进化为混合动力自动变速器，挡位由 4 挡到 6 挡再到 7 挡、9 挡，乃至 10 挡。

（一）自动变速器技术多挡化、宽速比发展

自动变速器成为市场主流，多挡化、宽速比成为发展趋势。根据我国汽车变速器发展趋势，预计未来自动变速器市场份额有望进一步上升。全球范围内最新推出的变速器产品中，多挡化、宽速比是主要的标志之一。在部分业内人士还在讨论多挡化必要性的时候，各主流厂家已经纷纷推出了其多挡化产品，多挡化趋势已经形成。6AT、7DCT 等已成为市场主流，取代了之前的 4AT、5AT 等自动变速器，未来将向更多的 8 挡、9 挡发展。

在 AT 方面，有 ZF 公司的 8HP 系列 8AT，该系列已推出十年。虽然挡位数一直没有增加，但其速比范围却持续提高，从第一代的 7.1 到第二代的 7.8，再到第三代的 8.6，其对发动机工作点的调节效果可等同于增加了挡位。奔驰推出 9G-Tronic 系列 9AT 来取代上一代的 7G-Tronic，挡位数直接增加 2 挡，多挡化趋势明显。日本爱信在 AT 多挡化及提升速比范围方面也在持续进行优化。爱信推出的第三代 6AT 相对于第二代速比范围增大了 10%。更于 2017 年推出了全球首款纵置 10AT 产品，而通用汽车与福特汽车紧随其后，于同年共同推出了其纵置 10AT 产品，将挡位数首次提升到两位数。

在 DCT 方面，目前 7DCT 已成为各主机厂的标配。保时捷及本田各自推出了纵置 8DCT 产品，用以匹配其高性能车型。长城正在研发的 9DCT，速比范围达到了 8.2。CVT 具有结构简单、成本相对低的优点，近几年各 CVT 巨头也加大投入，相继推出速比范围达到 7 的先进产品。丰田新研发的 Direct Shift-CVT 中集成了一个 1 速起步用齿轮，目的是降低机械损失、扩大传动比范围及提高变速响应。通过采用起步用齿轮，将原有的带传动设置在高变速区，使传动比范围提升至 7.5。已于 2008 年停产 CVT 的通用公司在 2015 年重新启动了 CVT 开发。2019 年新推出的迈锐宝 1.3T 系列车型已经广泛搭载通用的 VT40 系列 CVT，传动比范围提升至 7。Jatco 的 CVT8 系列产品速比范围也达到 7。

（二）AMT 技术未来必不可少

随着汽车工业的进程不断推进，汽车实现电动化、电子化是目前的潮流，实现自动化、智能化也是未来的发展趋势。为满足消费者多样化的需求，实现汽车自动泊车、自动驾驶等需求，电子换挡将是汽车不可缺少的功能之一。电子换挡可大幅提升用户的驾乘体验，其主要表现在：①换挡机构形式可多元化，不再局限于传统的直排式或蛇形式

结构，还可采用按键式、旋钮式等，减少了布置空间要求，节省驾乘空间。②换挡通过电子信号控制执行机构自动换挡，相比传统机械换挡，降低了换挡操作力，排除不同工况对换挡品质的影响，提升了换挡品质。③实现车辆自动化、智能化功能需求，可实现车辆自动驻车和未来全自动驾驶的功能需求。

电子换挡在合资高端车型上已有多年的发展历史，随着近两年国内技术的发展，中国品牌车企也逐步掌握了电子换挡功能的匹配和开发能力，国内的长安汽车 CS75 和 CS85 等系列车型均带有电子换挡功能。目前的市场主流是外挂式电子换挡结构，工作原理是通过电机控制变速器换挡轴旋转实现换挡，在方案选择时，主要根据布置空间和布置形式要求来选择外挂式结构类型。

未来，随着智能化发展趋势，电子换挡功能集成在 AT 变速器内或成为标配，如福特 8AT、爱信 8AT 等。目前，AT 内置式电子换挡结构主要有两种结构形式：一种为 AT 内部集成换挡电机来控制 P/R/N/D 动作，简称 SBW，国内 AT 变速器生产厂多采用此种模式，如东安、盛瑞等；另一种为通过油路和活塞来控制进 P 和出 P，R/N/D 通过电磁阀控制内部离合器来实现换挡，简称 PBW，其结构更为紧凑，福特 8AT、爱信 8AT 多采用这种结构。

（三）变排量油泵技术节能化发展

在 AT/WDCT/CVT 及发动机中，液压传动技术使用必不可少。对于乘用车使用油泵，整车在低速和急刹工况时发动机转速较低，为满足整机的润滑冷却流量需求、执行器的负载需求及总成泄漏要求，油泵排量要求较大；在正常行驶时，发动机转速较高，油泵排量需求较小。如果油泵采用固定排量及齿轮驱动，虽然可满足低速要求，但在中高速时，由于润滑冷却及泄漏流量需求一定，泵油量就必然会产生无形的浪费。变排量技术、叶片泵技术及电子泵技术的应用将成为变速器节能发展的必然趋势。

对于自动变速器，特别是 WDCT/CVT 对流量、压力的响应及稳定性要求较高，同时能耗要求越来越严。在此背景下，降低能耗显得越来越重要。目前，湖南容大采用变排量油泵并已于 2017 年 9 月量产，奔驰 7G-DCT 和大众 DQ381 等变速器均采用叶片泵，而大众 DQ400e 和国内新开发的混合动力 DCT 均采用电子泵。

随着国内电机的发展及商业化，电子泵得以快速发展，电子泵技术已经成熟，如大众 Golf 的 DQ400e 采用电子双泵，高低压分区，按需求控制电子泵转速，从而大大降低富余流量，降低能量损耗。电子双泵技术的应用，对自动变速器能耗降低具有划时代的意义。

三、底盘关键零部件技术发展现状

汽车底盘系统是支承、安装汽车发动机及其各部件、总成，形成汽车的整体造型，并接受发动机的动力，使汽车产生运动，保证正常行驶的关键组成。一般由行驶系、传动系、转向系、制动系组成。随着“汽车四化”技术的发展，汽车底盘作为汽车的重要组成部分，急需在轻量化及电控技术方面进行突破，基于顾客需求、国家政策、社会环境等综合因素，底盘系统新技术趋势朝着电动化、智能化、轻量化、平台化方向发展。

（一）制动系统技术逐渐电子化

随着电子技术的不断发展，传统的机械制动系统已经无法满足人们的行车安全需求，电子化的制动系统类产品逐渐替代了传统的机械结构。典型的如EPB、电子制动助力器、EMB等技术。

EPB：电子驻车制动EPB是一种通过软件策略控制电机，实现汽车减速及驻车的技术。现有制动系统操作烦琐、响应慢，且不支持智能化模式。EPB电子驻车系统通过软件控制策略实现多种功能，满足汽车智能操作及主动安全需求。该系统操作简单、噪声小、响应快，支持高温再夹、App等智能化操作模式，使驾驶更安全。

电子制动助力器：电子制动助力器具有制动能量高效回收、主动制动、踏板感可调、支持智能驾驶等诸多优点，将替代传统真空助力器。电子助力器顺应未来新能源车和智能驾驶的发展趋势，本体设计解耦结构，人踩踏板力作用于踏板感模拟器，不作用于主缸，通过控制软件，合理分配驱动电机拖拽制动力和制动钳液压制动力，电机被拖拽继而发电，电能储存到电池，实现稳定制动及能量高效回收，整车续航里程可增加20%。电子制动助力器不再需要真空泵，降低重量约40%，实现产品轻量化，降低整车能耗及CO_2排放。

EMB：随着人们对制动性能要求的不断提高，防抱死制动系统（ABS）、牵引力控制系统（TCS）、电子稳定控制程序（ESP）、主动避撞技术（ACC）等功能逐渐融入制动系统中，越来越多的附加机构安装于制动线路上，这使得制动系统结构更加复杂，因此结构更简捷、功能更可靠的电子机械制动系统EMB最终成为汽车产业的共识。EMB以电能作为能量来源，由电机驱动制动垫块、电线传递能量、数据线传递信号，具有体积小、制动性能稳定、传动效率高等诸多优点。

（二）悬架系统技术向轻量化发展

随着各国推行强制汽车制造商降低汽车油耗的政策，汽车轻量化也就成为各大车企的一个重要突破口，而且这个门槛在不断提高。世界铝业协会数据显示：汽车自重每减少10%，燃油消耗可降低6%～8%，排放降低5%～6%。开展底盘产品铝合金/高强钢等材料轻量化技术研究，对解决环保、油耗等问题具有十分重要的意义。

人们对于车辆的舒适性也有了更高的要求，而车辆在行驶过程中是否足够安静成了影响舒适性的重要因素之一，主动悬架系统是一个以电子技术为核心，集机械与运动力学、空气力学、流体力学于一体的多学科系统项目，能显著提高汽车驾乘性能。主动悬架使悬架系统的刚度和阻尼特性能根据汽车的行驶条件（车辆的运动状态和路面状况等）进行动态自适应调节，使悬架系统始终处于最佳减振状态，具有可以控制车身高度、提高通过性，兼顾汽车的平顺性与操纵稳定性等优点。

四、新能源汽车关键零部件技术发展现状

（一）动力电池材料改进创新

动力电池核心的技术创新在于对锂电材料的创新。锂电材料体系的创新基于电池充

放电本质，其中正负极选材是提升电芯能量密度的关键，电解液添加剂是改善电池循环寿命的有效手段。提升电芯能量密度的本质是提高正负极电势差与理论比容量，而电势与理论比容量由材料自身特性决定。

当前，产业化的正极材料体系的创新集中在对三元材料的改性方面。三元体系的技术发展可概括为无钴化与单晶化。其中无钴化具有代表性的技术路线是：①使用Mg/Al/Mn元素直接取代钴元素，造出新三元或二元材料，实现完全去钴化；②在NCM三元体系中添加铝元素制备四元NCMA，将钴含量进一步稀释，实现材料低钴化。单晶化已经在中镍材料及高镍材料中应用。负极材料创新集中在高克容量的硅体系，具有代表性的技术路线有硅纳米线等纳米结构、硅碳复合材料、硅氧碳复合体系。

除了材料体系的不断创新和技术迭代，结构创新也取得了很多突破。通过对“电芯—模组—电池包”的成组方式、结构进行优化和创新设计，实现能量密度、安全性的提升，同时成本得到有效控制和降低。在电芯层级结构创新方面，出现了刀片电池技术；在电池包层级方面，出现了CTP技术（无模组）。总体呈现集成度越来越高的趋势，创新潜力和技术突破的空间较大。

（二）驱动电机自主配套

新能源汽车驱动电机主要有交流感应电机和永磁同步电机两大类。交流感应电机又称交流异步电机，具有效率高（94%以上）、比功率较大（接近2.5～4.0kW/kg）、运行可靠、调速范围宽、功率容量覆盖面广、产业化基础好、价格便宜等特点，被广泛应用于电动汽车，特别是客车领域。永磁电机具有高功率密度和高效率的特点（比功率超过3.0～4.5kW/kg，峰值效率达96%以上），成为纯电动乘用车市场的主要驱动电机，也是当前研究的热点。

高速、高密度、高效、低振动噪声、低成本是新能源汽车驱动电机产品和技术发展的重要方向。我国驱动电机技术进步很快，驱动电机重量比功率已达到4.0kW/kg以上，功率密度、效率等技术指标与国外同类产品相当。经过多年的研发，我国自主开发的永磁同步电机、交流异步电机和开关磁阻电机已经实现整车产业化配套，功率范围覆盖了250kW以下各类能源汽车用电驱动系统的动力需求。

（三）燃料电池关键零部件依靠进口

从燃料电池反应原理被发现到现在，燃料电池技术已经发展了近200年的时间。进入21世纪后，欧、美、日、韩等发达国家和地区开始加快燃料电池的研究开发与应用，特别是亚洲的日本和韩国，近几年加大了对燃料电池的支持力度，车用燃料电池及家庭燃料电池的研发和应用都呈现高速发展态势，燃料电池的技术和关键部件的研发频频获得突破。目前，日本的燃料电池产品技术基本代表了行业技术发展的先进水平。国外在乘用车领域的主流车型均采用大功率模块，功率一般均在100kW左右。日系车的整体性能要高于韩系和欧系，Mirai和Clarity均达到了3.1kW/L的高水平。在储氢方面，主流车型均采用70Mpa的高压储氢，储氢量基本在4～5kg。加注时间一般为3～4min。

国内的氢燃料电池基础研究和技术研发起点晚于国外，且技术研发投入不足，所以在产业化发展的总体水平上，与国外整车企业相比存在一定差距，主要表现在产品可靠性和成本两个方面。同时，燃料电池相关的零配件企业依然较少，特别是最基本的关键材料和部件，如质子交换膜、炭纸和催化剂、空压机、氢气循环泵等，国内虽有相关企业开始介入，但是与国际先进的产品相比，性能和可靠性存在一定差距，大部分关键零部件依然依赖进口。

五、自动驾驶汽车关键零部件技术发展现状

目前，行业普遍把自动驾驶产业链划分为感知、定位、决策、控制 4 个关键环节，感知部分涉及的关键零部件有激光雷达、机器视觉系统、毫米波雷达等；定位部分涉及多频多系统定位、差分定位服务等；决策部分主要的关键零部件涉及自动驾驶用域控制器和车载芯片等；控制部分涉及的关键零部件有冗余线控转向、冗余线控制动、冗余 EE 架构及电源等。

（一）自动驾驶感知关键零部件技术

（1）激光雷达。

激光雷达是主动性传感器，由其主动发出激光并接收自身发出的激光经处理获得目标位置信息。激光雷达构成主要为：发射器件、接收器件和扫描器件。发射器件是激光雷达产生并发射激光的部件。目前行业内主要是垂直腔面发射激光器（VCSEL）和边发射激光器（EEL）。目前，EEL 的车载应用成熟，常见波长为 905nm 和 1550nm。VCSEL 在车载激光雷达中应用较少，目前使用 885nm 和 850nm 波长的激光器较多。

接收器件是接收发射器件发射的激光器件。目前行业内主要是 APD、SPAD、SiPM。APD 灵敏度较 SPAD、SiPM 低，导致其探测距离低。SPAD 一般以阵列形式应用，SiPM 一般以单个芯片形式应用。

扫描模块是将较少数量的发射接收模块通过扫描将其发射出点云覆盖激光雷达整个 FOV 的模块。目前行业内主要的扫描方式有机械式、旋镜式、MEMS、OPA 及 Flash。机械式扫描因其扫描器件无法过车规，故逐步被淘汰；旋镜式是通过多个旋转镜旋转将点云覆盖全视野；MEMS 是通过微振镜震动将将点云覆盖全视野；OPA 通过控制发射光束相位差来调整波束角度将点云覆盖全视野；Flash 通过面阵发射面阵接收来实现点云覆盖全视野。

激光雷达行业既有传统的 Tier1 又有大量初创企业。传统的激光雷达厂商有法雷奥、IBEO、Velodyne 等；因车辆智能化趋势迅速发展，大量的激光雷达初创企业涌现，如 Innousion、大疆、禾赛、速腾聚创等。目前激光雷达尚属前沿科技，截至 2021 年 4 月，公开售卖的装配激光雷达车型的主机厂仅有奥迪，奥迪装备的激光雷达是法雷奥的 SCALA，属于旋镜式激光雷达。国内多家新能源车企及传统主机厂都宣布在 2021 年年底到 2022 年年初量产装配激光雷达的车型。未来，激光雷达将以高精度探测性能和主动式探测优势，在智能汽车上大规模装配。

（2）机器视觉技术。

近些年来，视觉传感器硬件发展迅猛，已由低像素迅速发展至高像素（1MB、2MB、8MB，甚至 15MB Sensor 设计）。视觉应用方向也发生较大变化，由倒车图像显示、前向图像识别（ACC、LKA）转变至环视图像识别、DVR 功能、车内 DMS 监视员监控、周

视图像识别。随之而来的单车搭载的视觉传感器数量也在急剧上升，目前单车摄像头数量最多达到 12 个摄像头以上。

在视觉传感器硬件快速发展的同时，图像处理算法也在迅猛升级，由单一机器学习算法逐渐引入深度学习算法，且深度学习算法占比越来越高。处理算法的升级带来视觉功能的扩展，目前主流视觉处理算法可输出行人、车辆、车道线等常见目标，同时也实现了驾驶人状态监控、目标 3D 尺寸、TSR 及地面标示、路锥、Freespace 等功能。

在与其他传感器融合算法方面，利用视觉传感器的超丰富原始像素信息与激光雷达点云、毫米波雷达的原始点融合算法也在快速发展，大大提升自动驾驶感知结果的精度与鲁棒性。

车载视觉方案提供商有 Mobileye、博世等供应商。其中 Mobileye 的 EyeQ 系列芯片产品以其优异的性能占据了大部分车载视觉市场。据 2017 年数据，Mobileye 在该年度占据了 70%的车载视觉市场。Mobileye 目前只做 Tier2，向安波福、ZF 等 Tier1 提供 EyeQ 系列芯片及视觉算法。博世的 MPC 系列产品也是市场上常见的车载视觉产品，MPC 系列产品包含视觉算法和驾驶辅助算法。因博世也有毫米波雷达，博世的 MPC 系列产品可以与博世毫米波雷达进行数据融合，以增强自动驾驶功能鲁棒性。国内也涌现出大量机器视觉算法或产品提供商，如天瞳威视、智驾科技、纵目科技、魔视智能等。

（3）毫米波雷达。

随着车载领域全球无线电频段的范围扩大，使得 76～81GHz 频段皆可用于车载雷达，为全球车载毫米波雷达发展提供支持。由于 24Ghz 频段的毫米波雷达硬件限制，其市场份额越来越少，目前市面主流 Tier1 均推出 77Ghz 频段毫米波雷达。77Ghz 频段带来的好处：天线尺寸更小，布置更多的收发阵列，从而实现更大的发射孔径与更窄的波束，实现精确的角度分辨率。近期的 4D 毫米波雷达产品利用 79GHz 频段实现更高精度的角度、距离探测，同时加入垂向扫面天线，实现垂向角度信息测量。

在毫米波雷达产品应用方面，可实现单车最多搭载 8 颗毫米波雷达实现全 L3 自动驾驶功能，实现全车无盲区的毫米波雷达扫描。随着自动驾驶技术的迅速发展，各大主机厂也在深度发掘毫米波雷达的原始点云，而不仅仅使用 Tier1 提供的目标信息，通过整个感知系统的原始数据融合，大大增强了自动驾驶系统的感知能力。

目前，越来越多的国产 Tier1 加入毫米波雷达产品开发领域，如华域汽车、森斯泰克、行易道等，相当多的公司已经拿到前装订单。国际 Tier1 如博世、安波福、维宁尔等公司的传统毫米波雷达产品的性价比也不断提升，对于多传感器融合感知、4D 成像、雷达底层原始点云等功能也在快速拓展。

（二）自动驾驶定位关键零部件技术

（1）多频多系统定位技术。

全球卫星导航系统具有实时性、连续性、全天候、全球性等特点，已被智能驾驶车辆广泛应用。随着高级别智能驾驶服务不断发展和完善，对车辆定位技术提出了更精准和鲁棒性更高的需求，多频系统可以使用两种或者多种不同频率的观测值加以组合来进行电离层延迟修正，消除电离层延迟带来的定位误差，在开阔环境下提升定位精度至 2m 左右。目前行业内开发的多频系统以支持 L1&L5 或者支持 L1&L2 为主，在高精度多频多系统定位芯片方面，国外主要有意大利的 ST、美国的高通、瑞士的 Ublox、比利时的 Septentrio 等，国内主要有司南导航、和芯星通、上海华测等。

（2）差分定位服务。

近年来，随着智能驾驶领域快速发展，高级驾驶普遍采用定位服务技术提升定位精度。定位服务技术主要包括差分定位技术、精密单点定位技术（PPP），以及二者结合的 PPP-RTK 技术。RTK 定位的优点是全球可达、全天候、全天时可用、定位精度高、使用简便等，在空旷无遮挡的区域能够实现对车辆的厘米级定位。

定位服务技术的工作原理如下：地面基准站不断接收卫星数据，并对电离层误差、对流层误差、轨道误差及多路径效应误差等的系统误差源进行了优化分析，建立整网的电离层延迟、对流层延迟等误差模型，并将优化后的空间误差通过 4G/5G 或者卫星信号发送给移动车辆。车辆根据自车位置及基站误差信息不断纠正自车定位，最终达到厘米级的定位精度。

在高精度定位增强服务方面，国外起步比较早，Trimble 的 RTX 和 OmniSTAR 系统、Hexagon 的 TerroStar 系统，以及 2017 年博世、Geo++、三菱电机和 u-blox 合资成立的 SapcordaServices GmbH 对相应技术进行测试和商用，国内近几年在高精度云位置服务方面发展迅速，如中国移动、千寻位置、六分科技等推出高精度定位服务，进行测试和商用，尤其以千寻位置最为突出，已有 OEM 多款车型进行差分服务技术搭载。

RTK 定位在使用过程中存在一些问题，如易受电磁环境干扰、易受环境遮挡、信号多径效应、4G/5G/WIFI 网络环境差的影响等，从而影响定位精度和定位系统的可用性。

（三）自动驾驶决策关键零部件技术

（1）控制器。

控制器作为自动驾驶系统的“控制大脑”，是一种嵌入式系统设备，一般由中央处理芯片、内存、扩展接口、总线收发、模数转换器、电源树等器件组成，其在汽车上的应用发展过程经历了 4 个阶段：以控制器为中心的阶段、域控制器阶段、中央计算机阶段、车云计算及数据中心阶段。

在域控制器阶段，一般配置一个算力较高的逻辑处理芯片、一个视觉处理芯片和丰富接口的 Switch 芯片来满足不同等级自动驾驶的功能需求，业内有英伟达、英飞凌、瑞萨、TI、NXP、Mobileye 等多个方案，使用处理能力较强的多核 CPU/GPU 芯片相对集中地去控制每个域。当前，国内的华为、地平线、知行科技等公司迅速崛起，在域控制器下游领域占领一席之地，来满足不同客户的使用需求。

作为控制器的核心中央处理芯片也发生了很多变化：①从原有的 8 位单核处理器升级到多核处理器；②算力从低到高升级，当前已至上千 TOPS；③芯片功能从标准到定制芯片（简单到复杂功能）；④接口极大丰富，支持千兆以太网、PCIE 及多路视频的同时接入；⑤功能安全等级要求 ASIL-D；⑥支撑 FOTA 系统升级；⑦满足数据分析与回传。进而支撑域控制器逐渐转至中央计算过渡阶段，在此阶段整体集成成本进一步降低，本身也将具有轻量化、扩展性、安全性及空间布置的特点优势。

（2）车规级芯片。

车规级芯片与工业级、消费级电子领域所使用的芯片是不同的。车规级芯片在各种恶劣环境下都要保证至少 15 年的品质，来应对不同的温度、湿度、抗震、抗静电等。与工业级芯片相比，车规级芯片具有极高的可靠性和特殊性，品质要求做到 100%的良品率。车规级芯片包括 MCU 芯片、功率半导体芯片、AI 芯片等。

国内芯片厂商起步较晚，在相关领域突破有限，仍然由英飞凌、德州仪器等厂商主导，同时作为消费芯片的英伟达、高通、英特尔也在入局汽车领域。对于中国企业而言，目前占据的主流市场还停留在 8 位 MCU，占比为 50%左右，16 位和 32 位 MCU 占比为 20%左右。这意味着国内 MCU 应用领域多集中在低端车型产品上，中高端市场还由外企占据。此外，硬件架构升级驱动芯片算力需求呈现指数级提升趋势。智能网联汽车不仅需要与人交互，也需要大量与外界环境甚至运数据中心交互，因此，需要算力较强的芯片支撑海量非结构化数据的处理。在这一领域，以英伟达芯片公司为代表的高算力芯片无论在技术和市场上都有优势。国产 AI 芯片刚处于起步阶段。无法与国外公司相较高下。

（四）自动驾驶控制部分关键零部件技术

（1）冗余制动系统。

随着自动驾驶技术的不断发展，在没有驾驶人监控的情况下，车辆自动驾驶行驶过程中的安全保障成了必需。其中，制动系统的安全性和可靠性成为重中之重。

基于驾驶人技术水平，要求自动驾驶车辆的冗余制动系统具备如下功能：备份减速度执行、确保车辆纵向稳定性、提供可转向（防抱死）能力。目前 L3 自动驾驶，制动系统的方案多数为 ESP 和 Ibooster 互为冗余备份。在正常情况下，ESP 接收自动驾驶控制器的指令，并协调 Ibooster 执行。ESP 失效后，Ibooster 作为备份执行器，可以继续执行减速度响应，且具备防抱死功能。

随着整车对制动系统的高动态建压能力、整车布置空间、轻量化、解耦踏板感等需求，OneBox 集成方案（IBC）已成为趋势。为了满足自动驾驶的需求，在 IBC 的基础上增加一个冗余制动执行器 RBC，当 IBC 失效时，RBC 继续执行减速度响应，且具备防抱死功能，甚至具备 VDC 等横向稳定性控制功能。

博世的 ESP+Ibooster 的制动冗余方案处于独领风骚的局面，基本上已经成为 L3 自动驾驶的标配方案，在 2021 年度陆续量产。IBC+RBC 的方案，博世、ZF、Mando、大陆、Mobis 等主流制动供应商均在同步开发洽谈阶段。

（2）冗余转向系统。

L3 级别的自动驾驶同样需要冗余转向，防止因转向失效后导致的碰撞风险。目前多方案为双绕组电机+双 MCU/驱动+双扭矩传感器+双电机位置传感器+双电源+双通信，两个独立的 EPS 分别执行 50%的助力输出，任一系统失效后仍保留有 50%的输出满足自动驾驶场景下的本车道或右侧车道的控制响应。

随着法规进一步放开，没有机械连接的线控转向趋近量产。线控转向可以依据车速和当前转向盘转角输入，设置可调整的传动比，极大地提升了驾驶乐趣。在面向 L4 自动驾驶解决方案中，依托线控转向可以在自动驾驶场景下实现转向盘的静默或收缩，带来无人驾驶的驾乘体验。目前满足自动驾驶的线控转向技术仍处于开发阶段。

Mando 对冗余转向系统的开发较早，除电机外均实现了故障工作，已经在特斯拉车型上量产。博世华域的全冗余的转向系统产品在 2021 年度在国内首次量产应用，ZF、Mando、Mobis、Nexteer 等主流供应商均处于开发阶段。线控转向系统虽然在英菲尼迪的车型上早已量产，但仍配有机械离合器以满足法规要求。对于纯线控的转向系统，各主流供应商均有涉猎，但推向市场仍需较长的时间。可以实现转向盘静默或收缩的线控转向系统仍停留在媒体宣传阶段，尚无量产计划。

（3）冗余通信及电源。

自动驾驶车辆需解决因通信和电源出现的单点失效问题，因此需整车 EE 架构支持双路通信和双电源的方案。长城、一汽、北汽、长安、吉利、华人运通等 OEM 的自动驾驶车辆中均配置有此方案。

双路通信是在原通信架构的基础上，增加一路备份通信用于自动驾驶控制器和关键制动、转向等执行系统的交互，在主通信故障时启用此备份通信维持横纵向控制，实现安全停车。随着新型架构的进一步开发应用，基于环形通信架构的冗余方案将是下一步探讨的方向。

冗余电源方案是在原整车的基础上增加一个备用电源，自动驾驶备份相关的制动系统、转向系统及自动驾驶控制器置于此备份电源网络，保证主电源失效时依然可以在备份电源下维持横纵向控制，实现安全停车。同时，两个电源网络间设置有隔离器，保证负载短路时另一路的电压稳定，此方案为多数 OEM 采纳的方案。未来考虑 L4 的自动驾驶场景，在一套电源失效时，可以将车辆继续行驶至更安全的地方（如下一个服务区），需要备份电源具备更高的电能输出能力，双 DC/DC+双电源的方案将会做进一步的探讨。

第三节　关键零部件核心技术薄弱环节及发展存在的问题

一、节能汽车零部件技术存在的问题

（一）我国节能水平整体有待提高，核心技术需要不断突破

随着排放油耗法规的快速迭代、法规指标逐级加严，以及市场竞争的加剧，我国节能汽车整体发展较快。在乘用车方面，得益于高压缩比、变排量附件、低摩擦等先进节能技术的应用，汽油机热效率不断提升；中国品牌企业实现自动变速器技术突破，我国自动变速器市场占比呈现爆发式增长；大部分整车企业已有混合动力技术储备，48V 混合动力车型将陆续推出。在商用车方面，商用车手动变速器已覆盖 5～16 挡，多家企业相继成功开发出自动变速器并加速推广；混合动力技术逐步应用，轻型载货汽车及专用混动化发展较快。

（二）先进节能技术研发主动性不足，推广应用缓慢

近年来，在国家政策引导下，我国新能源汽车产业飞速发展。相比新能源汽车，传统能源汽车节能技术研究成本较高，对企业平均油耗贡献较小，导致国内机构及企业对传统能源汽车节能技术的研发主动性不足，技术研发及推广应用缓慢。此外，部分智能化节能技术（如以道路预见为主的智能辅助驾驶系统）在实际使用工况中有节能效果，

但在标准的循环工况中节能效果不明显，标准与法规也未对其进行正向引导，推广应用缓慢。

（三）工艺水平制约新技术应用效果，影响产品质量及可靠性

同样的技术，国外可利用其实现较高的节油效果，而我国的加工工艺水平往往会制约该技术的应用效果。为防止一致性偏差、油品差异大等问题，我国在标定中大多采用较大余量的标定措施，难以达到预期节油效果；零件的一致性偏差往往会导致偶发性质量故障，可靠性也难以保证。

（四）部分核心技术过度依赖国外供应商，制约新技术发展

以发动机技术为例，许多发动机核心技术仍掌握在国外供应商手中，国产化程度不高，如汽油机的先进涡轮增压器、预燃室、稀薄燃烧、可变压缩比、电控技术、排放后处理等技术，致使开展发动机新技术研究将承受巨额的开发费用和较长的开发周期。

二、新能源汽车零部件技术存在的问题

（一）动力总成成本高、集成化程度低

目前我国新能源汽车动力总成，相比国外先进技术存在体积大、重量大、最高转速低、集成化程度低的问题，不利于车辆布置、整车 NVH 调校等。急需研发并推广先进的动力总成系统，高功率密度、高扭矩密度、高集成度、低成本的动力总成，能够利用电机高效工作区，可进一步提高车辆续航里程，对新能源汽车的发展有着重要的意义。相关零部件技术也落后于国外先进技术，如 IGBT、控制器、减速器、高效驱动电机等。

（二）锂离子动力电池能量密度及安全性有待提升

高能量密度的锂离子动力电池是动力电池发展的主要方向。电池材料是改善电池能量密度和汽车续航里程的核心因素，而高能量密度电池可能会使电池在异常情况下发生燃烧、爆炸，因此在维持电池能量密度的前提下，提升电池的安全性能、开发高安全电池一直是学术界与工业界解决的难点。作为动力电池原材料，钴资源主要在刚果，国内钴资源匮乏。国内镍矿资源也比较有限，大量依赖进口。

（三）燃料电池急需技术升级，产业化有待推进

燃料电池汽车技术是新能源汽车技术的重中之重，燃料电池堆的耐久性、燃料电池功率、工况寿命、续驶里程、冷启动温度和质子交换膜是燃料电池汽车实现产业化的关键。目前，车用燃料电池已进入通过规模化发展推动技术迭代和降低成本的关键阶段。国内具备一定的研发和产业基础，但在性能、质量和可靠性上与国外有一定的差距，70MPa 氢瓶、氢气液化及储运设备、车载供氢系统等核心部件成本较高，且主要依赖进口，存在国际垄断。

（四）插电式混动系统存在短板，关键技术仍待突破

现阶段面对越发严格的碳排放要求和市场需求趋势，越来越多的合资车企陆续推出插电式混合动力新能源汽车。目前，国内混动系统关键技术尚需突破，急需形成新型高性价比插电式混合动力总成产品；混动变速箱以日本为主导，德国、美国在加大研发投入，国内尚处于起步阶段。

三、自动驾驶汽车零部件技术存在的问题

（一）环境感知技术多项瓶颈待突破

当前，传感器激光雷达、毫米波雷达、车载视觉等，存在微小物体识别能力不强，环境适应性差、成本高等问题。同时，相关感知识别算法，如“多源异步数据级信息融合与目标检测”“驾驶环境理解与局部驾驶场景生成”“厘米级高精度地图生产制作更新与多源信息无缝融合定位”等还未突破。

（二）决策规划控制算法有待升级

现有产品是基于有限场景开发的功能，所有决策控制算法还是基于规则决策，但智能网联高级别自动驾驶汽车所应对的场景具有高度不确定性、复杂性和随机性，需要用更高级的决策控制算法去应对，现有算法受局限。

（三）高算力平台（核心芯片及操作系统）受制于国外

高算力核心芯片及操作系统均受国外限制，国内尚没有自主高算力平台搭载的量产车型。以 Mobileye 为例，在 L1—L3 智能驾驶领域具有绝对优势，Tire1 和 OEM 算法和芯片绑定，不允许更改，严重制约了自主品牌产品研发。

（四）执行系统效率低，冗余技术匮乏

执行系统在智能网联高级别自动驾驶汽车中至关重要，需要执行器具备冗余特性，目前 ZF、博世、大陆等占据了系统的主要市场；国内技术储备弱，主流制动、转向系统可靠性差、产业规模小、价格优势较国外企业不明显，冗余研究更是少之又少，极度不利于国内智能网联高级别自动驾驶汽车产业化。同时，国内主流车企基于安全考虑多采用国际大品牌产品，造成产业的不良循环。

（五）“手机-车机”互联技术水平有待提高

Car-Play、Car-Life 以及不少车企自主开发的“手机-车机”互联技术停留在屏幕映射、音乐播放、视频投屏等初级阶段，无法给用户带来效率、安全等价值。需要探索开发出结合用户驾驶行为和使用手机处理多种事务行为的“手机-车机”互联技术。

（六）座舱交互基础体系有待构建

当前，各车企基于触屏来构建的 HMI 在打开/切换应用、选择和浏览对象、操作复

杂控件 3 个方面的交互设计更多是照搬以往的交互方式，要想在座舱领域做出重大突破，需要一套最适合在驾驶室空间里的原生交互体系，即定义座舱交互基础规范，建立一套新的交互体系。

第四节　总结及建议

2020 年，全球受新冠肺炎疫情的影响，汽车零部件产业市场受到了严重的影响，但零部件产品技术的发展进程并未因此减缓。当前，电动化、网联化、智能化已经成为汽车产业公认的产业发展趋势和战略发展方向，汽车零部件关键技术的发展重点落在了节能技术、新能源技术、智能网联技术这三大板块上。

当前，我国高度重视新能源汽车产业的发展，在应用推广、产业政策、技术创新、配套设施等方面不断发力，产业链协同效应凸显。同时，随着 5G、AI、大数据、云计算等技术兴起，智能网联技术正逐步成为汽车产业发展的主要技术，借助计算机、通信、网络等技术，实现各个关键技术的结合，提升各个系统之间的交互，促进自动驾驶汽车的发展，从而带动汽车产业的跨越式发展。

发展节能、新能源和智能网联关键汽车零部件技术是中国汽车产业从汽车销量大国走向汽车技术强国的关键。目前，我国在相关技术领域中均存在着诸多核心技术薄弱环节和问题。在节能技术上，存在我国整体节能水平有待提高，核心技术需要不断突破，部分核心技术过度依赖国外供应商等问题。在新能源技术上，存在动力总成本高、集成化程度低、锂离子动力电池能量密度及安全性有待提升等问题。在智能网联技术上，存在环境感知多项技术瓶颈有待突破，核心芯片及操作系统受制于国外，“手机-车机”互联技术水平有待提高等问题。

未来，我国汽车零部件产业应当聚焦关键核心技术，实现关键核心技术的突破，夯实安全可控的关键零部件配套体系。不断完善产业创新体系，增强企业创新能力。使节能汽车、新能源汽车、智能汽车、相关核心零部件关键技术达到国际先进水平。

第二十一章　2020 年动力电池产业与技术发展分析

孟祥峰，郑先峰，阮碧琳，刘景江*

摘要：本章对动力电池全球市场格局、2020 年国内动力电池装机和配套、动力电池供应链、未来产业和技术发展趋势等情况进行了分析。总体上看，中国动力电池企业在市场规模上仍然保持着一定优势，但国际竞争愈发激烈，形势不容乐观。从国内来看，虽然受新冠肺炎疫情影响，2020 年上半年装机量大幅下滑，但下半年迅速回升，全年仍保持了 3%的增长。从供应链来看，上游材料产能不足，价格出现大幅上涨，对动力电池和新能源汽车的可持续发展造成较大影响。从未来看，性能、安全、寿命等关键技术仍有很大提升空间，可以为即将迎来的新能源汽车市场的井喷式发展提供支撑。

关键词：动力电池；市场格局；产业链；技术发展。

第一节　动力电池市场规模概况

一、全球动力电池市场持续增长，国际竞争形势加剧

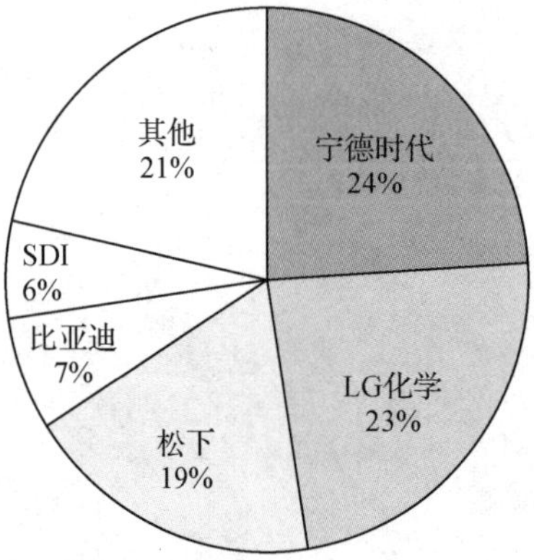

图 21-1　2020 年全球电池企业市场份额

根据韩国 SNE Research 公开数据显示，2020 年全球新能源动力电池使用量达 142.8GWh，同比增长 21%。宁德时代以 24%的市场份额蝉联全球第一，但与此同时，得益于欧洲市场的爆发及特斯拉明星车型拉动，日韩电池企业的全球市场份额继续增长，从 46%提升至 57%，特别是 LG 化学 2020 年的市场份额提升 2.3 倍，与宁德时代的市场份额十分接近（见图 21-1）。

我国动力电池企业在海外频繁亮相，参与国际竞争的能力在逐步提高。宁德时代携手全球领先的投资管理与商业创新公司普洛斯签署战略合作协议，其全资子公司图林根时代加入德国“BattLife”技术创新专项，其 CTP 技术获评“全球新能源汽车创新技术”奖。孚能科技与梅赛德斯-奔驰深化战略合作，亿纬锂能引入 SKI 作为战略投资者，蜂巢能源累计投资 20 亿欧元在德国萨尔州建厂。

---

* 孟祥峰，博士，宁德时代新能源科技股份有限公司董事长助理；郑先峰，任职于宁德时代新能源科技股份有限公司；阮碧琳，宁德时代新能源科技股份有限公司市场部高级数据分析师；刘景江，任职于宁德时代新能源科技股份有限公司。

二、中国动力电池市场总体平稳，装机量小幅提升

2020 年，动力电池装机量增速放缓，中国全年动力电池装机电量总计 63.8GWh（根据机动车出厂合格证数据统计，下同），较 2019 年的 62.2GWh 同比增长 3%（见图 21-2）。如图 21-3 所示为 2020 年中国动力电池装机量月度走势，可以看出上半年动力电池装机量严重下滑，同比下滑幅度超过 40%。这主要是受到新冠肺炎疫情影响，新能源汽车消费需求降低，整车企业采取放缓新车上市计划、调整生产计划等措施加以应对；进入第三季度，疫情趋于稳定，市场需求加速复苏，下半年动力电池装机量回升，同比增长 44%，全年总装机电量较 2019 年小幅度提升。

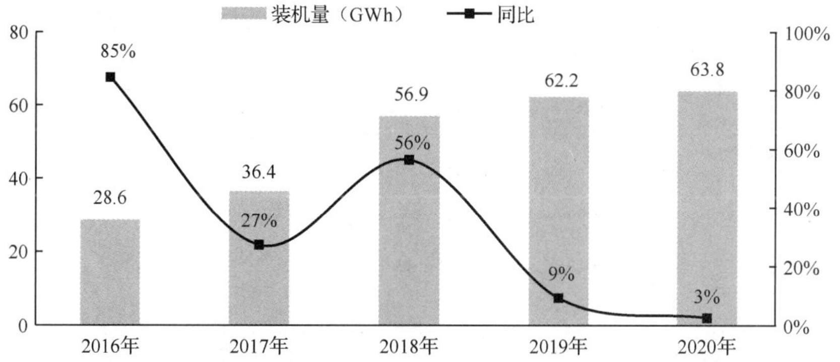

图 21-2　近 5 年中国动力电池装机量走势

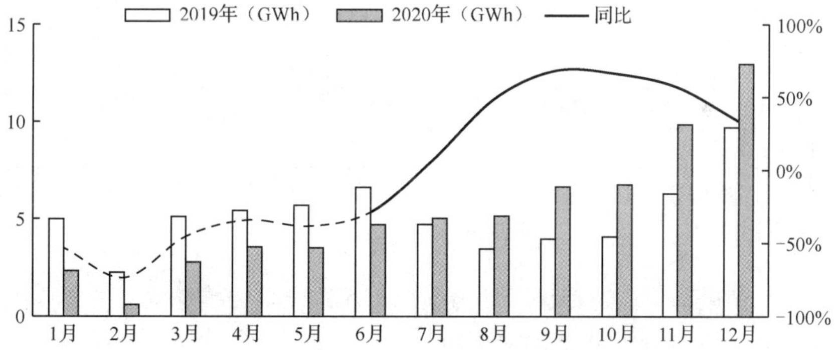

图 21-3　2019—2020 年中国动力电池装机量月度走势

第二节　中国动力电池企业竞争与产品配套情况

一、市场集中度进一步提升

根据合格证数据统计显示，2020 年共计 72 家动力电池企业在产动力电池或有动力电池产品装机，虽然较 2019 年的 75 家在数量上只减少了 3 家，但其中有 32 家企业装机量不足 10MWh。

装机量前五名企业的市场份额占比达 82%，市场集中度进一步提高，其中宁德时代以 50%的市场份额维持市场第一的地位，比亚迪 15%份额排名第二位（见表 21-1）。从配套客户来看，宁德时代继续扩大交友圈，客户数量达到 148 家，处于绝对领先位置，除此之外，宁德时代与客户的伙伴关系更加紧密，2020 年成为梅赛德斯-奔驰的头部供应商，获得本田公司 37 亿元出资入股。比亚迪加强与其他整车企业的合作，2020 年外供动力电池装机量为 0.24GWh，占比亚迪动力电池装机量约 3%。外资企业如 LG 化学、松下凭靠特斯拉国产化，配套明星车型 Model 3，特别是在上半年整体汽车市场缩水的情况下逆市上升，全年合计装机 6.3GWh，市占率提升至 10%。新晋电池企业如瑞浦能源，依托宏光 MINI EV 大卖，排名进入前十，列第八名。

表 21-1　2020 年动力电池企业国内装机量及排名

2020 年					2019 年	
排　名	电池企业	装机量（GWh）	市场份额	客户数量（家）	排　名	市场份额
1	宁德时代	32.1	50%	148	1	53%
2	比亚迪	9.4	15%	15	2	17%
3	LG 化学	4.1	6%	2	39	0%
4	中航锂电	3.6	6%	13	6	2%
5	国轩高科	3.3	5%	52	3	6%
6	松下	2.2	4%	3	22	0%
7	亿纬锂能	1.0	2%	22	5	3%
8	瑞浦能源	0.9	1%	13	32	0%
9	力神	0.9	1%	39	4	3%
10	孚能科技	0.8	1%	6	7	2%
	其他	5.5	9%			14%
	总计	63.8	100%	233		100%

二、主要动力电池企业纷纷扩充产能

随着全球汽车电动化加速推进，动力电池市场需求也将快速增长。主要动力电池企业纷纷扩充产能，作为增加竞争砝码的手段之一。

2020 年，宁德时代规划产能为 45GWh 的车里湾生产基地正式开工，产能为 26GWh 的合资公司时代一汽正式投产，除新增生产基地外，集团继续投资 390 亿元布局江苏溧阳、福建福鼎、四川宜宾三个生产基地的大规模增产扩产。弗迪动力电池在深圳、惠州、西安、青海、重庆、长沙和贵阳等多个地区进行布局，其刀片电池的重庆、长沙生产线正式投产，贵阳工厂拟于 2021 年投产，同时启动建设安徽蚌埠基地，年产能有望达到 75GWh。中航锂电除了洛阳、常州工厂已投产外，还在厦门、常州相继启动、扩建动力电池项目，同时启动在欧洲进行动力电池基地布局工作。国轩高科合肥、庐江、南京、柳州等工厂均在进行动力电池扩产项目，其中的柳州生产基地正式奠基南通工厂。孚能科技与吉利签署战略合作，双方将成立合资公司用于动力电池生产。瑞浦能源、蜂巢能源作为动力电池“新势力”企业，在紧张部署产能中。瑞能能源温州基地一期已投产，温州基地二期开工建设工作已启动。蜂巢能源除了启动常州二期工厂，布局延伸至海外，计划在德国建设工厂。

三、电池能量密度继续提升

虽然 2020 年补贴政策技术要求保持不变，但不断提高能量密度仍然是行业的努力方向。从乘用车市场看，高能量密度份额持续提升，系统能量密度大于 160Wh/kg 的产品份额从 2019 年的 32%提升至 2020 年的 55%，其中三家企业的电池系统能量密度大于 180Wh/kg，分别是宁德时代、中航锂电、SKI。在新能源客车领域，整体分布趋势同样向高能量密度产品倾斜，2020 年，160Wh/kg 以上的产品占比达 42%，新能源专用车该区间的比例则为 33%。

在提升能量密度的方向上，不同企业采取了不同的技术路线，可谓各显其能。宁德时代采用 CTP（Cell to Pack）技术，突破结构刚度和可靠性瓶颈，电池包能量密度提升了 10%～15%，超过 200Wh/kg，该技术已在蔚来等车型上批量应用，单包电池能量达到 100kWh。2020 年 8 月，宁德时代宣布启动 CTC（Cell to Chassis）研发，将电芯等部件和底盘进行一体化设计，进一步挖掘结构创新潜力。比亚迪于 2019 年提出刀片电池新技术，提升电芯级别的体积能量密度，并于 2020 年 7 月在新能源乘用车汉 EV 上搭载量产。国轩高科在电池结构上也提出了创新思路——JTM（Jelly Roll to Module）新集成技术。蜂巢能源则基于三元材料体系提出无钴电池，该电池具备高能量密度核心优势。

四、磷酸铁锂电池市场份额提高

从动力电池材料体系来看，三元材料电池仍然是市场主流，2020 年电量占比达到 59%；但磷酸铁锂电池市场份额增长趋势明显，占比达到 38%（见图 21-4）。

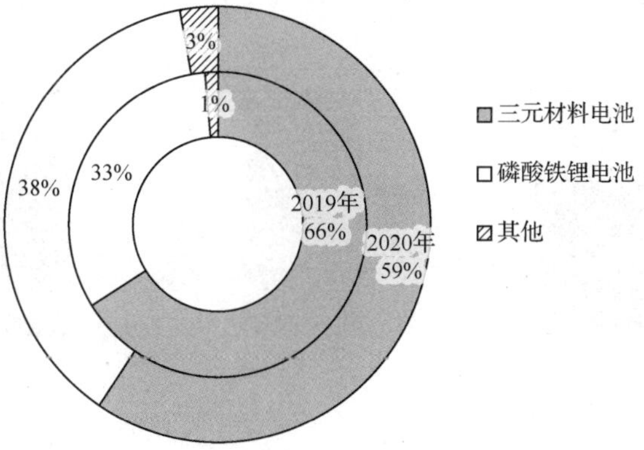

图 21-4　2019—2020 年动力电池分材料装机量

从应用领域来看，在新能源乘用车领域，能量密度更高的三元材料电池仍然是市场的主流选择，2020 年市场占比达到 59%，合计装机 37.9GWh（见图 21-5），与此同时，也出现了一些新的变化：随着新能源汽车的逐步普及和动力电池性能的提升，充电基础设施的逐步完善及补贴政策逐步退坡，消费者在购买新能源汽车时，对续航里程要求更加理性，对成本更加敏感。受此影响，磷酸铁锂电池在新能源乘用车市场得到了更多认可，在特斯拉 Model 3、比亚迪汉 EV、五菱宏光 MINI 等明星车型的拉动下，磷酸铁锂电池在乘用车市场装机达到 8.5GWh，同比增长 3 倍。在客车、物流车等新能源商用车领域，磷酸铁锂电池仍然是主流。2020 年，新能源客车装机 12.1GWh，磷酸铁锂电池占比为 97%，新能源专用车装机 4.2GWh，磷酸铁锂电池占比为 91%。

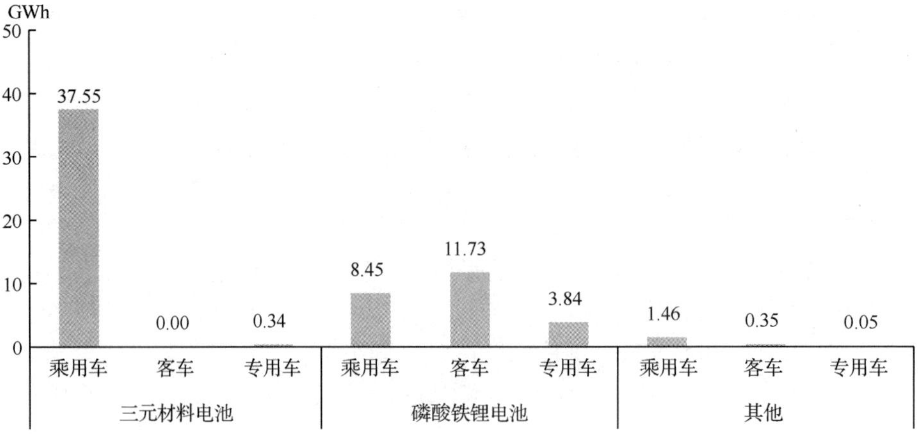

图 21-5　2020 年动力电池分材料车型应用及装机量

从电池形状看，2020 年动力电池产品形状仍然以方形为主，占比达 80%（见图 21-6）。如表 21-2 所示，方形电池主要应用于纯电动乘用车、纯电动客车、插电式混合动力乘用车；2020 年圆柱电池占比 12%，较 2019 年有所增长，主要应用于纯电动乘用车，以 LG 化学、松下配套的特斯拉 Model 3 为主；软包电池市场进一步萎缩，主要应用于纯电动乘用车，头部企业包含孚能科技、捷威动力、多氟多。

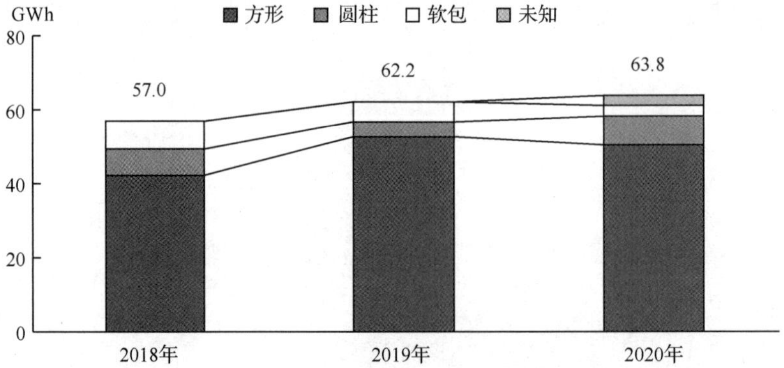

图 21-6　2018—2020 年动力电池形状装机量

表 21-2　2020 年动力电池形状应用市场

应用场景	方形		圆柱		软包		未知	
	装机（MWh）	占比（%）	装机（MWh）	占比（%）	装机（MWh）	占比（%）	装机（MWh）	占比（%）
纯电动乘用车	32246.8	64	7462.9	96	2252.1	78	973.4	44.6
纯电动客车	10969.6	22	51.9	1	121.4	4	583.0	26.7

续表

应用场景	方形		圆柱		软包		未知	
	装机（MWh）	占比（%）	装机（MWh）	占比（%）	装机（MWh）	占比（%）	装机（MWh）	占比（%）
纯电动专用车	3182.9	6.31	148.3	1.91	178.9	6.17	584.9	26.79
插电式混合动力乘用车	3808.8	7.55	94.0	1.21	246.0	8.49	1.5	0.069
插电式混合动力客车	113.5	0.23	21.1	0.27	76.9	2.65	17.8	0.82
插电式混合动力专用车	12.9	0.03			0.0	0.00	0.6	0.00
燃料电池客车	77.1	0.15			22.7	0.78	14.6	0.67
燃料电池专用车	4.6	0.01			0.3	0.01	7.3	0.33
总计	50416.2		7778.2		2898.3		2183.1	

第三节　供应链薄弱环节及发展存在的问题

中国拥有全球最大的新能源汽车市场，也是全球最大的动力电池生产基地，建有全球最完整的供应链。近十年来，在新能源汽车市场需求带动下，大量资金、人才等资源进入动力电池供应链体系，我国在电池正极、负极、电解液、铜箔、铝箔、壳盖等完整方面都初步形成了较为完善的产业链。与此同时，全球新能源汽车已进入高速增长阶段，动力电池作为新的产业链体系，面对巨大的需求增量，仍面临巨大挑战。一是国内动力电池上游产业链上的企业总体上规模较小，抗风险能力较弱，在扩产扩能方面相对谨慎，无法及时满足市场增长；二是在矿产资源上，各类金属、树脂型材料尚未有大规模的储备与布局，易受全球和局部性材料市场波动冲击；三是系统集成环节的高精密高集成度的材料、部件及生产装备仍依赖进口。

一、上游材料产能提升严重滞后于行业需求的快速增长

动力电池的主要材料包括正极、负极、电解液、铜箔、铝箔等，在市场需求快速增长下，主材出现供给不足的主要原因是多方面的。一是在电池行业发展的初期阶段，需求量总体较小，进入产业链的大多是中小企业，受限于融资能力、抗风险能力，无法实现快速大规模扩产。正极、负极、电解液属于基础化工行业，供应链上的国企、央企，在进入该领域及大规模提前性投资时，决策审批流程较长。二是电池材料扩产周期长，电解液关键材料锂盐、溶剂、添加剂扩产周期长达24个月，三元材料、石墨、隔膜、铜箔、铝箔、电池上盖扩产周期达18个月，磷酸铁锂材料、电池壳体扩产周期达12个月，应对突然增加的需求，无法短期内快速满足。三是石墨等部分材料制造过程能耗高，投资扩产还受到区域性电网容量的限制。四是电芯主材的上游供应链供给不足，以电解液为例，其上游的核心材料六氟磷酸锂、碳酸亚乙烯脂等，投资金额大，且平均产能提升周期在2年以上，2021年的供应缺口分别达5000吨和2000吨。五是电池原料属于化工产业，电解液和添加剂PVDF（聚偏二氟乙烯）属于危化产业。相关企业一旦出现安全和环保事故，全行业都要开展排查，影响正常生产。

另外，电池管理系统（BMS）中也会用到微控制器（MCU）、采样芯片（AFE），场

效应管（MOS）等半导体器件，与汽车行业面临同样的车规芯片短缺问题。

二、电池上游原料价格大幅上涨影响行业健康发展

2020 年，全球突发新冠肺炎疫情，电池上游材料的正常生产和流通被打乱，而全球新能源汽车产销却逆势增长。为应对疫情对经济的冲击，全球货币超发。在多重因素影响下，铜、铝、塑胶等电池上游材料成本大幅上涨（见表 21-3）。其中，铜、铝等常规金属涨幅分别超过 40%和 28%，而主要用于电池领域的钴和锂等材料，上涨幅度更大，如六氟磷酸锂涨幅超 250%，碳酸锂涨幅为 118%，氢氧化锂涨幅为 80%。

表 21-3　2020 年 10 月—2021 年 5 月原料价格走势

时　间	10 月	11 月	12 月	1 月	2 月	3 月	4 月	5 月
铜（万元/吨）	5.17	5.31	5.79	5.89	6.23	6.64	6.82	7.39
铝（万元/吨）	1.49	1.56	1.64	1.51	1.61	1.73	1.79	1.92
碳酸锂电池级（万元/吨）	4.07	4.27	4.73	6.27	7.47	8.47	8.96	8.90
氢氧化锂（万元/吨）	4.87	4.80	4.82	5.24	5.91	6.77	7.90	8.76
六氟磷酸锂（元/千克）	85	89	107.50	125	160	220	250	300
VC（元/千克）	115	140	160	160	180	200	220	250
BDO（万元/吨）	0.79	0.85	1.15	1.27	1.29	1.92	3.06	2.83
R142b（元/千克）	15.50	15.80	18.13	20.48	24.38	33.00	43.75	

为了不影响新能源汽车销量，电池企业暂时抗住了巨大的成本压力，电池产品暂时未涨价。但如果此情况长期未能缓解，成本势必会向下游传递，直至影响终端消费者购买热情，这将会严重影响来之不易的新能源汽车的上涨势头。

三、电池系统集成的部分材料及其装备仍然受制于人

目前，动力电池的电芯主材已实现自主可控，但电池集成系统中用到的部分零部件的原材料仍依赖进口。如连接器、FPC（柔性线路板）、电池包上盖、水冷管路、密封件等辅助零部件，由于需要满足高电压、大电流、耐压、绝缘、防火、密封性等要求，在材料选择上要求高，高端工程塑料如 PPS（聚苯硫醚）、PA12（聚十二内酰胺）、PA66（聚己二酰己二胺）、PI（聚酰亚胺）、低黏度环氧树脂等仍依赖进口。将这些材料加工成零部件所需要的高端精密的制造装备，如 RTM（树脂传递模塑成型系统）、FDS（旋转攻丝铆接系统）、CMT（冷金属过渡焊接系统）也仍依赖进口。

第四节　未来发展趋势分析

动力电池是汽车电动化的核心零部件，随着全球汽车电动化加速推进，动力电池市场规模将快速增长。根据韩国 SNE Research 预测，到 2025 年，动力电池需求预计将达到 1163GWh，到 2030 年将达到 2963GWh。

从技术角度看，终端用户对电动汽车高安全、长续航、充电快、持久耐用、全天候

服役、高性价比等核心诉求，将继续引领动力电池技术在安全性、能量密度、快充能力、循环寿命、低温性能、成本控制等方面进一步提升。

一、动力电池安全性

近年来，随着保有量的增加和使用年限的增长，新能源汽车安全事故呈多发态势，国内外已经发生多起因电池安全问题造成的新能源汽车召回事件，动力电池安全已成为电池技术发展过程中首要考虑和解决的问题。要实现动力电池的高安全，需要从系统的安全设计、严格的制造品质管理、智能监控和预警系统、全生命周期的安全管理等多维度持续攻关。具体地，产品设计层需要构建材料、电池单体、模块、电池包多级安全防控体系，开发不起火电池技术，这正在成为当前行业安全新标杆；产品制造层需要注重制造过程的质量与安全管控，控制住小概率事件，将产品缺陷率需要由 ppm 级降低至 ppb 级；电池安全管理层面需注重动力电池全生命周期的安全性，建立基于大数据的动力电池系统热失控早期预警机制，提升安全状态参数评估能力，增加电池安全事故预测的时间余量。

二、动力电池能量密度

过去几年中，电动汽车技术的长足发展，尤其是动力电池技术的进步，使得电动汽车的续航里程从一二百千米提高到五六百千米，极大地缓解了用户的里程焦虑，使电动汽车的大规模推广应用成为可能。然而，相比传统燃油车动辄八百甚至上千千米的续航里程，电动汽车在续航里程上还有进一步的提升需求。动力电池能量密度是决定电动汽车续航里程的关键因素之一，将来会继续提升。在电芯级别方面，具有高能量密度的高镍正极材料、高电压三元材料及硅等新型负极等将实现量产，与之匹配的电解液技术、负极黏结剂技术及电芯制造技术也将进一步提升，到 2025 年，量产电芯能量密度有望达到 700Wh/L 和 350Wh/kg。同时，高能量密度动力电池技术的开发从前期重点集中在电芯级别，进一步拓展到动力电池系统集成层面，CTP、CTC 等全新高效动力电池系统集成技术将得到大规模的应用，进一步提高动力电池能量密度。

三、动力电池快充能力

充电速度是决定电动汽车终端用户体验的关键因素。充电速度越快，用户充电等待时间越短，体验越好；由于具有快速充电的能力，用户对电动汽车续航里程的要求会降低，电动汽车可以配备更少的电池，性价比更高。预计到 2025 年，电动汽车充电时间将从目前的 30 分钟以上降低到 15 分钟左右，到 2035 年以后进一步降低到 10 分钟左右。

在具体技术上，综合性能优异的石墨负极的快充性能将进一步提升并得到大规模应用。同时，为了实现快速充电，在动力电池系统热管理方面，温度实时/高精度监控、高效冷却/加热、系统内部温度高均匀化控制等技术将得到显著发展，实现动力电池精细化热管理。

四、动力电池超长循环寿命

动力电池相当于电动汽车的心脏，其寿命很大程度上决定了电动汽车的寿命。以目前典型的电动乘用车为例，动力电池的循环寿命一般为1000～2000循环，对应的电动汽车质保时间为8年左右，总质保里程为20万千米左右。要实现电动汽车的长寿命，要先提高动力电池的寿命，这就需要对动力电池正负极材料及电解液添加剂等进行优化，如采用结构稳定性更好的正负极材料，使用成膜效果更好，保护性能更强的电解液添加剂等。同时，通过动力电池系统技术的提升，对动力电池的使用环境及使用方案进行优化，如更优的热管理及充电流程，可以进一步提高动力电池的寿命。目前，国内领先企业已经开发出可使用16年、总里程达到200万千米的动力电池，远超过当前燃油车的水平。

五、动力电池低温性能

动力电池性能对环境温度很敏感。低温下，锂离子在正负极材料中的传导难度大，正负极颗粒表面的反应速度慢，电解液的黏度大等，这些都限制了动力电池在低温下的放电能力，导致电动汽车在低温下续航里程显著减少，对于磷酸铁锂电池挑战更加明显。高温下，由于正负极材料微观结构稳定性及界面稳定性等变差，动力电池的寿命会明显降低。

打造全天候动力电池，将是未来动力电池技术的一个重要发展方向。通过对正负极材料的成分、颗粒结构、表面性能进行优化，可以显著提高锂离子电池的低温充放电性能及耐高温性能；同时，通过对动力电池系统进行优化，采用更高效的热管理系统对动力电池进行加热或者冷却，可以进一步拓宽动力电池的使用温度范围。

六、动力电池成本控制

电动汽车能否最终被大众普遍接受，成本是关键因素。动力电池降成本技术发展的重要方向有以下几点：

（1）材料技术提升，如开发低钴甚至无钴含量材料，降低稀缺元素钴等的用量；开发高电压材料，提高充电电压，使单位重量的原材料可以提供更多的能量。

（2）高效集成技术的开发，如采用CTP等，降低系统级别的零部件数量，简化制造过程，降低制造成本。

（3）从性能最优到性价比最优。针对性能需求不同的产品采用不同的设计。比如，对续航里程要求不高的产品可以采用能量密度较低但成本更有优势的锰酸锂或者磷酸铁锂。

（4）新一代超低成本动力电池技术的探索开发，如钠离子电池、富锂锰基电池、5V尖晶石高电压电池等。

第二十二章　2020年电驱动总成产业与技术发展分析

王海斌，李红志，曹敬煜，庹瑞锐*

摘要：电驱动总成的技术构型正处于从简单集成到深度集成的发展过程中，电驱动总成的性能、效率、噪声各方面指标持续提升。本章总结了过去十余年国内外新能源汽车电驱动系统的技术进步和发展趋势，分别从新能源乘用车、新能源商用车领域，系统分析2020年国内电驱动总成的技术发展现状及竞争格局，并对未来发展趋势进行分析。在电驱动总成技术层面，未来将向集成化、轻量化、模块化、智能网联化趋势发展；在电驱动总成应用层面，针对不同车型，将向高效率、高可靠性、低噪声的系统构型方向发展。其中，新能源乘用车不断提升电驱动系统的集成度、一致性，打破合资品牌竞争格局；新能源商用车不断优化系统构型，提升电驱动系统的可靠性及整车的经济性，扩大新能源车型的渗透率，最终实现节能减排。

关键词：电驱动总成；驱动电机；电机控制器。

第一节　新能源乘用车电驱动总成产业与技术发展分析

一、国内外乘用车电驱动总成技术构型发展分析

总结过去十余年新能源汽车电驱动系统的发展趋势，可分为如下几个阶段。

第一代：分立式。电机、减速器、控制器等模块独立布置，由简单螺栓拼接构成总成。在新能源汽车行业发展的初期，受到技术和市场的成熟度限制，通常企业在电机、减速器和控制器3个领域各有专长，分别独立为主机厂商供货，整车厂商负责系统集成。这种传统的分立构型，使得整车高低压线束、接插件、管路和箱体结构等比较多，且集成度低、空间利用率不高、重量大、成本也比较高。这种技术构型主要存在于2017年以前。

第二代：电动总成（“电机+减速器二合一”）。随着技术的进步，一些企业通过技术升级、合资合作或资本并购，具备了电机和减速器的集成设计能力，可以将电机和减速器设计制造集成一体为主机厂商供货，也就有了短暂的“电机+减速器二合一”时期，主要是2017－2018年，典型代表为精进电动、博格华纳、大陆汽车电子等。

第三代：集成型电驱动总成（电机、减速器和控制器构成的“集成三合一”）。此类总成深度集成了电机、减速器和控制器，共享主要机械部件，冷却接口、高低压线束和

---

* 王海斌，博士，精进电动科技股份有限公司技术总监；李红志，高级工程师，苏州绿控传动科技股份有限公司研究院常务副院长；曹敬煜，工程师，苏州绿控传动科技股份有限公司总经理助理；庹瑞锐，工程师，精进电动科技股份有限公司公关关系与政府项目高级经理。

机械方面都深度集成。

“集成三合一”的构型可以减少整车三相高压线束、低压接插件、冷却管路和箱体零件等，具有结构紧凑、布置便利等优势，有利于减轻重量、降低成本和提升效率。“集成三合一”的构型对于电驱动系统的开发设计、试验验证、工艺制造、质量控制和企业资金实力都提出了很高的要求，主要参与企业有比亚迪、精进电动、上汽捷能、德国博世、美国博格华纳、韩国LG、日本电产等。

随着电动汽车技术的不断进步，“集成三合一”甚至“集成多合一”的动力总成已成为未来发展趋势。高度集成化带来的成本优势也愈加凸显，集成型电驱总成将成为未来市场的主流。

二、2020年中国乘用车驱动电机发展现状分析

（一）新能源乘用车驱动电机总体发展概况

驱动电机是新能源汽车三大核心部件（电机、控制器、电池）之一。驱动电机是新能源汽车车辆行驶中的主要执行结构，其驱动特性决定了汽车行驶的主要性能指标，是电动汽车的重要部件。

2000年开始，中国政府依托4个“五年计划”中多个重大专项的研发推动，在混合动力汽车、燃料电池汽车与纯电动汽车等新能源汽车领域，从整车及关键零部件等方面展开研发，为中国新能源汽车行业发展奠定了较为完善的技术体系，从而推动中国新能源汽车驱动电机行业进入快速发展阶段。当前，中国驱动电机在功率密度、转速、效率等关键技术指标与国外技术水平相当，比亚迪、精进电动、华域电动、大洋电机等优秀中国电机企业在国际行业竞争中不断取得突破。

受新能源汽车补贴政策退坡、新冠肺炎疫情蔓延、宏观经济下行压力增大等综合因素影响，中国新能源汽车产销量均有所下滑，由此导致中国新能源汽车配套驱动电机装机数量同比下滑。国内乘用车市场相对于2019年，2020年上半年驱动电机装机量同比下降严重，下半年因国内疫情得到有效控制，驱动电机装机量呈现出爆发式反弹。总体来看，2020年的装机量实现了14%的同比增长。2019—2020年国内乘用车驱动电机装机量分析如图22-1所示。

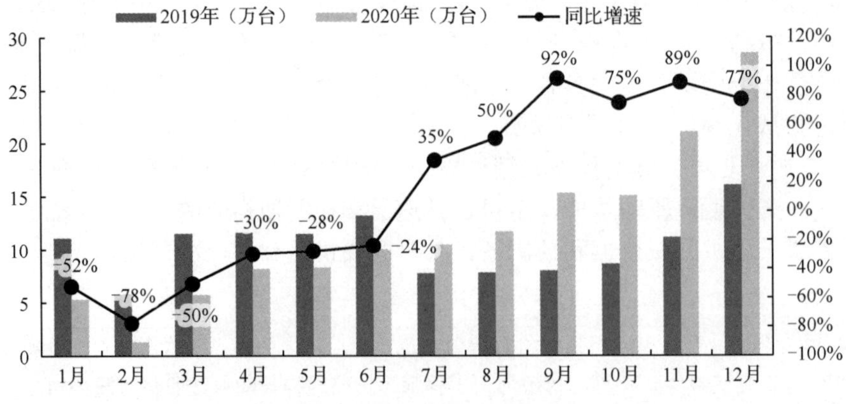

图22-1 2019—2020年国内乘用车驱动电机装机量分析

（二）新能源乘用车驱动电机产品配套情况

永磁同步电机在新能源汽车驱动电机领域处于绝对的主导地位。新能源汽车驱动电机的主要类型是永磁同步电机和感应电机。永磁同步电机成本较高，但体积小、质量轻、功率密度大、可靠性好、效率高。由于永磁同步电机具有最高的功率密度，其工作效率最高可达 97%以上且高效区比较宽广。因此，长期以来，新能源乘用车主要采用永磁同步电机。感应电机成本低，经过精细设计，在部分工况下效率比较高并且与永磁同步电机形成互补。同时，感应电机在空载下损耗低，没有反电势的问题，适用于四驱系统的辅驱电机。据统计，国内乘用车的 2020 年永磁同步电机装机量占市场总额的 97.4%，感应电机占市场总额的 2.6%。

目前，中国新能源汽车驱动电机行业产业链上游供应稳定，且下游新兴主机厂的快速发展将有效提升驱动电机产品的市场需求量，为行业带来广阔的发展空间。永磁同步电机的核心材料之一是钕铁硼稀土永磁体，中国拥有全球范围内最多的稀土资源储量（达到全球的 36.7%），且稀土产量占全球总产量的 80.5%。同时，中国对稀土资源的加工与提炼技术已达到国际领先水平，从而有效推动了新能源汽车永磁同步电机的发展与应用，使中国新能源汽车驱动电机行业内制造企业与国际企业相比，拥有较好的成本优势。但是，2020 年下半年开始出现的稀土永磁、硅钢片、铜等电机核心材料的原材料价格剧烈上涨，也给驱动电机行业的发展带来了不利因素。

根据《新能源汽车产业发展规划（2021—2035 年）》目标，到 2025 年，新能源汽车新车销量占比达到 20%左右。要达到规划目标，2021—2025 年，新能源汽车销量年复合增速预测需达到 43%左右。相关配套驱动电机产品市场需求将受新能源汽车销量上升提前进入快速增长期。基于新能源汽车产业发展规划，初步预测到 2025 年，新能源汽车电机行业市场规模将突破 3000 亿元。

三、2020 年中国乘用车电机控制器发展现状分析

（一）新能源乘用车电机控制器总体规模概况

电机控制器（以下简称“电控”）是各类新能源汽车的核心零部件之一，将动力电池输出的高压直流电转化成三相交流电来驱动和控制电机的运行，控制电机的转矩、转速与转向。伴随着电力电子技术的深入发展，电控系统已从传统汽车低功率、低压的辅助电气装置转变为新能源汽车的高功率、高效率的电气传动装置。

经过近 4 个“五年计划”的持续发展，我国自主研发的系列化电机控制器产品的峰值功率范围覆盖了 500kW 以下各类新能源汽车用电驱动系统的动力需求，关键指标（如功率密度、效率等）与国际同类产品水平相当。我国新能源汽车绝大部分采用自主驱动电机及其控制器，同时实现了批量出口。

随着新能源汽车市场的发展，电控行业也得到同步推动，整体发展市场呈现集成化、模块化、高效化等趋势，核心技术成为企业立足之本。

功率器件（IGBT 或碳化硅）是控制器的核心零部件，占整个新能源汽车电控系统总成本的 35%～40%。中国新能源汽车电控系统功率器件严重依赖进口，且上游供应商

具有较高的市场集中度，导致电控系统集成商元器件采购成本较高。

2020 年上半年，国内乘用车市场同比下降，下半年形势有所好转，2020 年的全年装机量实现了 14%的同比增长。2019—2020 年国内电控装机量分析如表 22-1 所示。

表 22-1　2019—2020 年国内电控装机量分析

月　份	2019 年装机量（台）	2020 年装机量（台）	同比增速
1	110877	53096	-52%
2	58071	13001	-78%
3	115257	57172	-50%
4	116071	81559	-30%
5	114899	82959	-28%
6	131978	100376	-24%
7	77447	104564	35%
8	77894	117019	50%
9	79965	153185	92%
10	86132	150631	75%
11	111440	210660	89%
12	160662	285052	77%
总　计	1240693	1409274	14%

（二）新能源乘用车电机控制器产品配套情况

现阶段，中国汽车产业正加速变革，伴随着汽车电气化水平的提升，电子硬件与配套软件在汽车整车中所占比重逐步提升，汽车产业进入快速转型阶段，以互联网及信息技术公司、科技型公司为代表的新兴科技公司加入传统的汽车产业，“新造车势力”诞生，部分企业逐渐走入正轨，与原有汽车企业并存、竞争。

不论是已有的规模车企，还是“新造车势力”车企，对第三方驱动电机控制器的需求都比较高，部分直接采用电控、电机系统总成，为中国新能源汽车电控系统企业向系统集成商发展创造了条件。

四、2020 年中国乘用车电驱动总成企业竞争格局及重点企业情况

（一）新能源乘用车驱动电机企业竞争格局及重点企业情况

目前，国内新能源汽车电机行业参与主体主要分为 3 类：整车厂商、从事新能源汽车电机供应的专业企业、涉及其他领域电机生产的传统企业。其中，整机厂商目前占据主导地位。2020 年上半年，整车厂商比亚迪、特斯拉在新能源汽车电机市场份额占据前两位，分别为 13.7%和 10.3%。特斯拉由于超级工厂进入量产期，2020 年产量迅速提升。由于为宏光 MINI EV 规模量产，宁波双林驱动电机市场份额上升明显，占比为 6.1%，

其生产的驱动电机全部搭载于宏光 MINI EV 上。2020 年中国驱动电机装机量 TOP10 企业如图 22-2 所示。

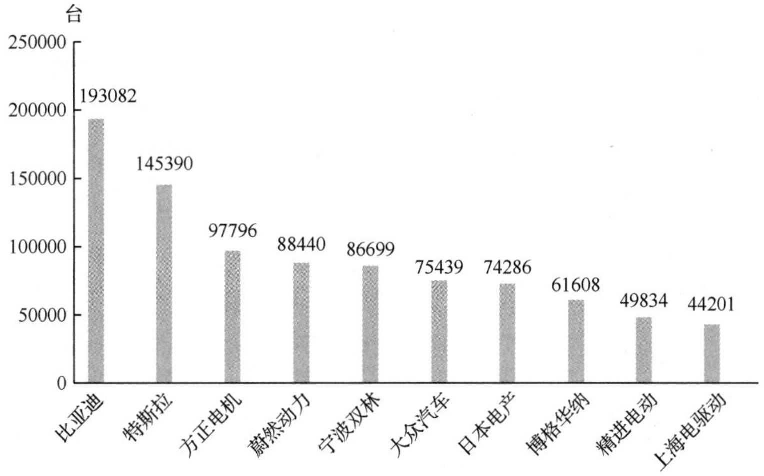

图 22-2　2020 年中国驱动电机装机量 TOP10 企业

第三方驱动电机供应商有方正电机、宁波双林、日本电产、博格华纳、精进电动、上海电驱动等。2020 年中国第三方驱动电机供应商的乘用车客户群分析如表 22-2 所示。

表 22-2　2020 年中国第三方驱动电机供应商的乘用车客户群分析

电机企业	乘用车客户群
方正电机	上汽通用五菱、吉利汽车、小鹏汽车
精进电动	一汽、上汽、小鹏汽车、吉利汽车、广汽
日本电产	广汽、吉利汽车
博格华纳	长城汽车、威马汽车、理想汽车
上海电驱动	长城汽车、长安汽车、小鹏汽车、江淮汽车、奇瑞汽车

我国驱动电机企业的国际市场地位还不足，目前国际品牌电机不断进入中国市场，但中国电机配套欧美市场车型的数量较少。2016 年以来，精进电动油冷电机持续批量出口美国，配套菲亚特克莱斯勒汽车公司（FCA）的克莱斯勒和吉普品牌，是中国企业参与国际竞争的一个案例。

（二）新能源乘用车电机控制器企业竞争格局及重点企业情况

新能源汽车电控系统产品的产业链各环节连接紧密，但受上下游挤压较大，行业内竞争较为激烈。中国新能源汽车电控系统行业产业链由上游电子元器件供应商、中游新能源汽车电控系统集成商及下游新能源汽车主机厂商组成。中国新能源汽车电控系统行业产业链简图如图 22-3 所示。

新能源汽车电控系统的开发包括软件、硬件设计与集成。核心软件通常由下游新能源汽车主机厂商进行研发，而硬件与底层驱动软件由汽车零部件供应商提供。目前，行业内中国本土企业主要分为两类。

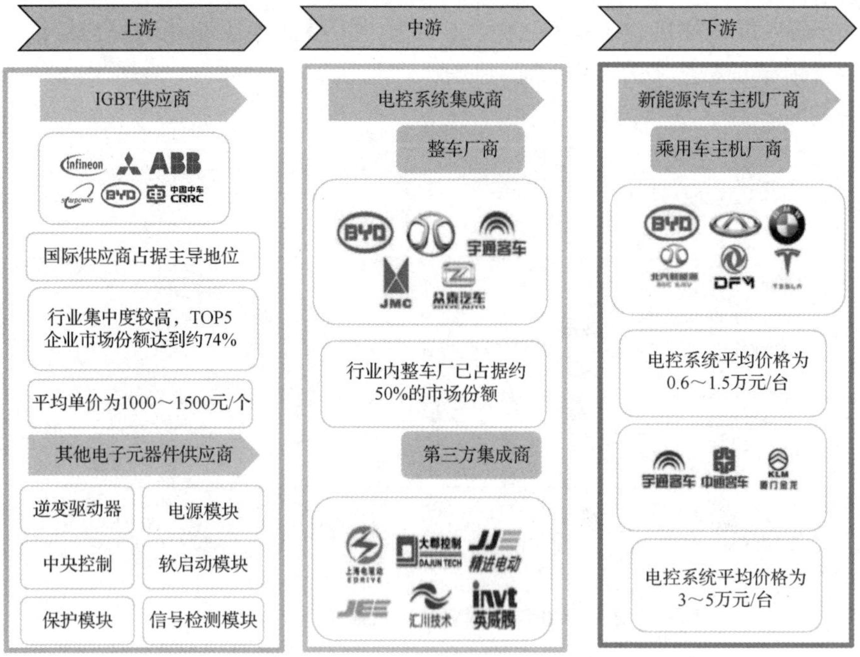

图 22-3　中国新能源汽车电控系统行业产业链简图

（1）新能源汽车主机厂。以比亚迪、北汽新能源为代表的新能源汽车主机厂，借助其在整车及零部件制造等方面积累的经验与资源，自主研发、生产旗下车型配套的电控系统。

（2）第三方电控系统集成商。第三方电控系统集成商拥有多年逆变器、伺服电机、工业电机等领域的制造经验，随新能源汽车的兴起，快速将业务延伸至新能源汽车电控系统领域，其产品在新能源客车、传统车企、“新造车势力”领域已广泛应用。这类供应商包括汇川技术、大洋电机（含上海电驱动）、阳光电源、精进电动，以及新进入该领域的华为等。

2020 年，国内乘用车电控装机量最多的企业为比亚迪。在装机量 TOP10 的企业中，整车厂商电控自供的有比亚迪、特斯拉、蔚然动力（蔚来）、奇瑞新能源、北汽新能源，第三方电控供应商有汇川技术、宁波央腾、联合汽车电子、日本电产、上海电驱动。2020 年中国电控装机量 TOP10 企业如图 22-4 所示。

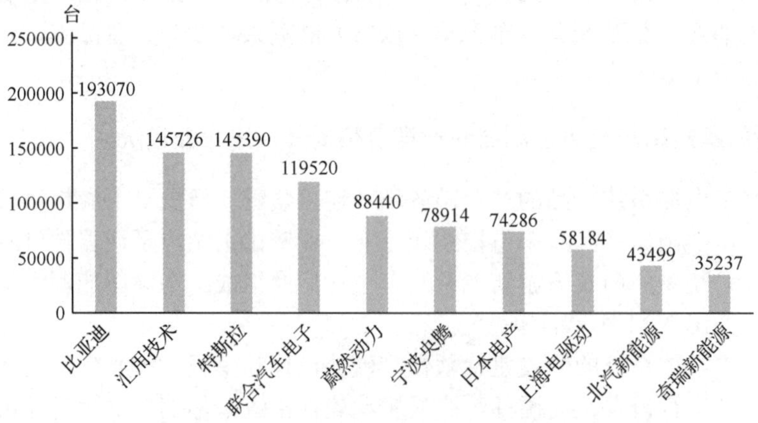

图 22-4　2020 年中国电控装机量 TOP10 企业

从供应商配套的用户特征看，我国自主供应商主要配套商用车和中低端乘用车企业。国际品牌供应商如博世（联合电子）、日本电产等主要配套中高端乘用车。2020 年中国乘用车电控供应商的用户群分析如表 22-3 所示。

表 22-3 2020 年中国乘用车电控供应商的客户群分析

电控企业	客户群
汇川技术	东风汽车、猎豹汽车、东南汽车、威马汽车、长安汽车
宁波央腾	上汽通用五菱
特斯拉	特斯拉
联合汽车电子	上汽、吉利汽车、宝沃汽车
蔚然动力	蔚来汽车
日本电产	广汽乘用车（埃安）
上海电驱动	华晨汽车、奇瑞汽车、浙江吉利汽车、广汽、安徽江淮、一汽
精进电动	小鹏汽车、天机汽车
奇瑞新能源	奇瑞汽车
北汽新能源	北汽新能源汽车

第二节 新能源商用车电驱动总成产业与技术发展分析

一、国内外商用车电驱动总成技术构型发展分析

纯电动车型、插电式混合动力车型和燃料电池车型是新能源商用车的 3 种技术路线。纯电动车型和燃料电池车型的驱动系统总成没有本质区别，可归为一类，本节按纯电动总成和混合动力总成来分析。

（一）纯电动总成构型

纯电动总成构型分为集中式驱动、集成式驱动和分布式驱动。集中式驱动构型结构简单，可以沿用内燃机动力车的部分传动装置，继承性好。集成式驱动构型的特点是重量小、传动效率高、占用空间小。分布式驱动构型将电机、减速器与传统驱动桥高度集成，取消传动轴，有利于整车布置。

1. 集中式驱动构型

集中式驱动构型分为 3 种构型方式，具体分析如下。集中式驱动的构型方案及对应的构型图如图 22-5 所示。

（1）电机直驱。

电机直驱构型中将电机纵置，电机动力经传动轴直接驱动后桥，进而带动车辆行驶；最大扭矩为 3000～5000N · m，适用于 18 吨以下的商用车，或者吨位更大但最高车速低或爬坡度小的车型。

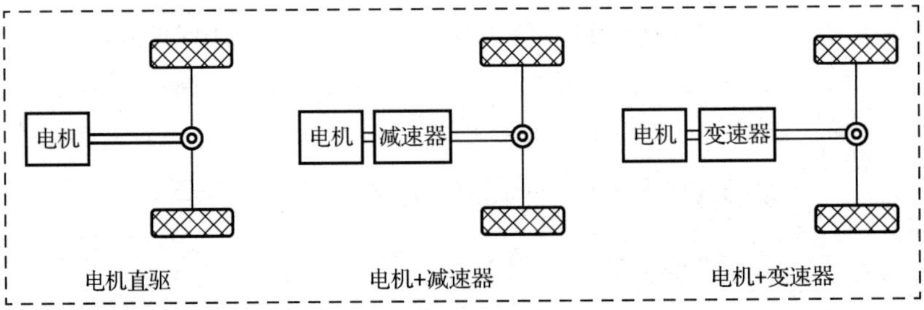

图 22-5　集中式驱动的构型方案及对应的构型图

（2）电机+减速器。

电机+减速器构型中，电机动力经减速器转换后驱动后桥，进而带动车辆行驶；一般采用高速电机扩展高效区范围，但由于减速器效率损失，能耗相比直驱基本持平；成本及重量优于直驱；扭矩受高速影响，目前最大扭矩为 3000N · m。

（3）电机+变速器。

电机+变速器构型中，电机动力经多挡变速转换后驱动后桥，进而带动车辆行驶；通过改变档位调整电机工作点，在部分工况下能耗优于直驱；扭矩通过多挡变速箱放大，最大可输出 30000N · m，满足重型商用车的动力需求。

2. 集成式驱动构型

集成式驱动构型分为 4 种构型方式，具体分析如下。集成式驱动的构型方案及对应的构型图如图 22-6 所示。

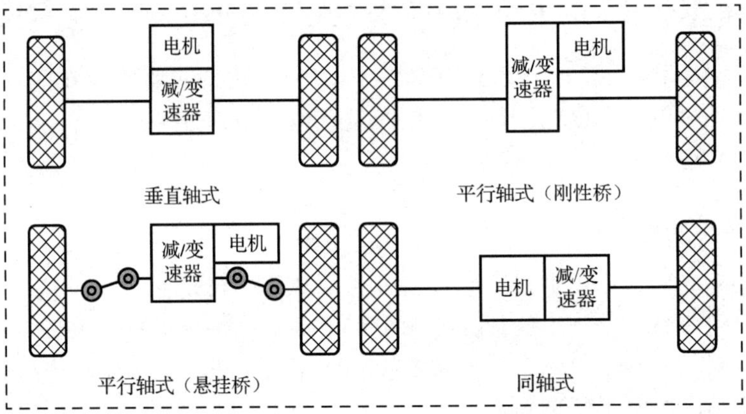

图 22-6　集成式驱动的构型方案及对应的构型图

（1）垂直轴式。

驱动电机与驱动桥以垂直的角度进行连接传动。垂直轴式构型特点为装车成本低、传动效率高、占用空间小，便于动力电池布置；NVH 效果差；采用双曲面齿轮减速方式，汽车传动比较小，系统功率密度低。垂直轴式构型通常应用于中重型商用车型，代表厂商为美驰、Axle Tech。

（2）平行轴式（刚性桥）。

电机与驱动桥呈平行状态布置，电机多偏置。平行轴式（刚性桥）构型特点为装车成本低，传动效率高；多用圆柱齿轮传动，汽车传动比高，功率密度高；占用空间小，便于动力电池包布置；簧下重量大且偏置，不利于整车操控性。

（3）平行轴式（悬挂桥）。

电机与减速箱集成后安装于车架上。平行轴式（悬挂桥）构型特点为占用空间小，便于动力电池包布置；由于受独立悬挂技术限制，适合4.5吨以下车型。

（4）同轴式。

电机与驱动桥同轴集成布置。同轴式构型特点为节省传动轴、悬置支架等零部件，重量小，装车成本低；传动效率高，占用空间小，便于动力电池包布置；由于电机与半轴螺栓连接，不适合大载重车辆，仅适合4.5吨以下的车型。

3．分布式驱动构型

分布式驱动构型分为两种构型方式，具体分析如下。分布式驱动的构型方案及对应的构型图如图22-7所示。

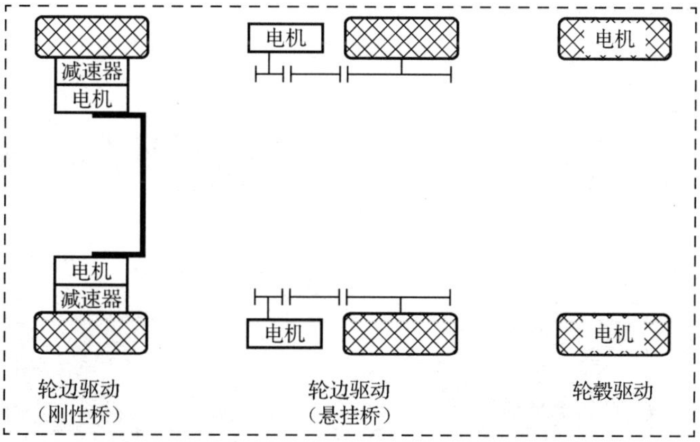

图22-7　分布式驱动的构型方案及对应的构型图

（1）轮边驱动。

轮边驱动构型中，电机与减速器、传统驱动桥高度集成，释放下底板空间，取消传动轴，有利于整车布置。缩短了传动链长度，取消了传统差速器，传动效率得以提高。电子差速的技术门槛高，匹配不好会出现轮胎过度磨损的问题。一般适合于对爬坡要求不高但车速较高的公交、牵引车，或者对车速要求不高但爬坡度要求较高的重卡。

（2）轮毂驱动。

电机、轮毂与驱动桥进行高度集成，电机直接驱动车轮进行动力传输，轮毂和电机结构相对简单，传动链少，效率高；受限于体积和重量，目前量产的外转子轮毂驱动电机仅适用于大型客车、公交车等。

电驱动系统构型对比分析如表22-4所示。电机直驱方案适用于城市公交客车，轮边驱动方案使用于高端低地板客车，集成式电驱动桥方案适用于卡车。国内外纯电动系统应用实例如表22-5所示。

表 22-4 电驱动系统构型对比分析表

构型方案	非集成式			集成式电驱动桥				分布式驱动		
	电机直驱	减速器	变速器	同轴整体式	平行轴整体式	垂直轴整体式	平行轴断开式	轮边驱动（刚性桥）	轮边驱动（悬挂式）	轮毂电机驱动
系统效率	较高	一般	较高	高	高	较高	高	高	高	高
系统重量	较重	一般	一般	较轻	较轻	较轻	较轻	较重	较轻	较轻
成本	一般	较低	一般	低	低	低	低	较高	较高	高
可靠性	高	较高	一般	较高	较高	较高	较高	较高	较高	较高
舒适性	好	好	较好	一般	一般	一般	好	一般	一般	一般

表 22-5 国内外纯电动系统应用实例

国内纯电动系统应用实例	国外纯电动系统应用实例
华菱纯电搅拌车（集中式驱动） 	特斯拉纯电卡车（分布式驱动） 
比亚迪纯电轻卡（集成式驱动） 	奔驰纯电重卡（集成式驱动） 
依维柯纯电物流车（集中式驱动） 	三菱纯电轻卡（集中式驱动） 

（二）混合动力总成构型

混合动力系统是指在传统发动机动力总成中增加电力驱动的电动机作为补充。目前，根据电动机的位置不同，可将混合动力系统相应分为 P1、P2、P3、P4 混合动力拓扑结构，混合动力构型图如图 22-8 所示。其中，如果发动机动力和电动机动力可以同时驱动车轮，称之为并联混合动力系统；如果汽车只是由电动机驱动，发动机的主要作用是给电池充电，则称之为串联混合动力系统。混合动力系统根据其电动机提供动力的特性，以及电池获得能量的方式和大小还分为弱混合动力、强混合动力和插电混合动力。混合动力总成构型对比表如表 22-6 所示。国内外典型混合动力系统应用实例如图 22-9 所示。

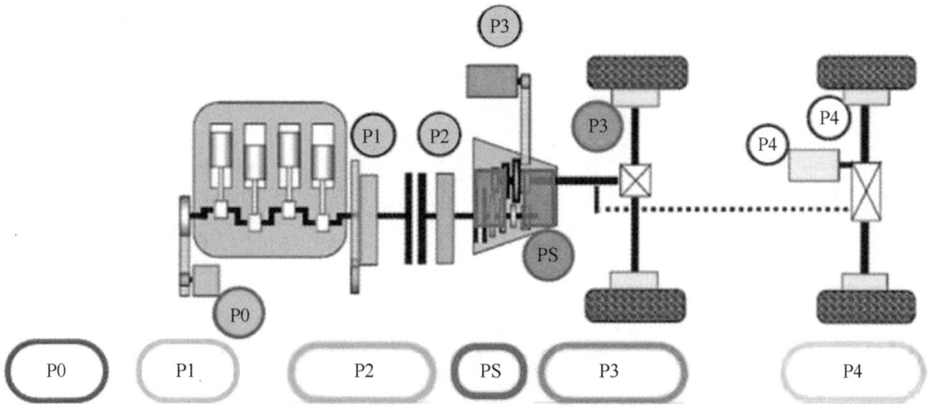

图 22-8　混合动力构型图

表 22-6　混合动力总成构型对比表

类　型	优　势	劣　势	应 用 范 围
P0	（1）可实现发动机驻车启停功能，有效减少驻车怠速油耗，有一定的加速助力和制动回收；（2）电机较小，成本增加少，整车改动小	由于空间限制，功率扭矩无法做大，应用范围受限，多用于 48V 动力系统	适用于整车改动空间有限的车型，如在常规车型基础上的简单升级款车型
P1	（1）加速助力和制动回收加大，相当于提高了发动机马力，多用于高压的混动系统；（2）电机效率及传动效率高于 P0，可以与手动变速箱搭配使用	（1）成本比 P0 高；（2）无纯电行驶能力，依然存在半联动起步离合磨损问题	适用于需要进行动力强化且短期内无法切换自动变速箱的牵引车
P2	（1）具有纯电行驶、加速助力、行车启停、制动回收等全部混动功能；（2）国内外应用广泛，且必须匹配自动变速箱；（3）在高速路况较多、高速较为繁忙的地区，以及丘陵地区的干线上有明显的油耗优势	成本比 P1 高	适用于频繁起步、怠速时间长、既有空间大的车型，如城建自卸车、水泥搅拌车；也适用于大载重、长里程、油耗基数大、动力性要求高的车型，如干线牵引车
P3、P4、PS	具备加速助力、制动回收功能	（1）成本高于 P2；（2）P3、PS 在无变速器增扭情况下，无法覆盖重卡车型的起步扭矩需求；（3）P4 无法用于单桥驱动车型	应用范围受限，P3、PS 在国外用于皮卡、轻卡等

续表

类　型	优　势	劣　势	应用范围
串联构型	发动机工作点经济，平均功率需求小的车型可大幅度减小发动机	（1）双电机，且驱动电机通常较大，成本偏高；（2）发电机成本和系统平均功率需求存在矛盾；（3）驱动电机成本和系统动力性存在矛盾	适用于发动机工作点非常频繁、总体功率需求不高、高速及匀速工况少的车型，如工程机械
串并联构型	（1）可实现串并联行驶、可实现较高的节油率；（2）发动机和两个电机可同时驱动，动力强，运营效率高	（1）成本高于P2，低于串联构型	由于构型方式较多，参数差异较大，需要结合具体结构分析适用车型和工况

图 22-9　国内外典型混合动力系统应用实例

二、2020 年中国商用车驱动电机发展现状分析

（一）新能源商用车驱动电机配套情况

2020 年，新能源商用车驱动电机配套企业中，宇通客车的配套量为 17176 台，占比为 12.85%，位居第一；新能源商用车驱动电机配套 TOP12 企业的份额达 69.86%。

宇通客车、比亚迪、中车时代电气、北汽福田、南京金龙主要为自己的主机厂提供驱动电机配套；第三方驱动电机供应商中，汇川技术位居第一。2020 年中国新能源商用车驱动电机装机量 TOP12 企业如图 22-10 所示。

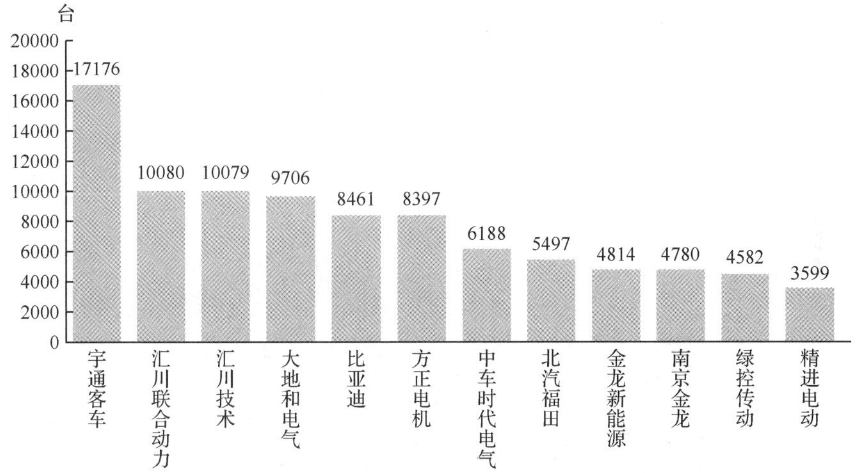

图 22-10　2020 年中国新能源商用车驱动电机装机量 TOP12 企业

（二）新能源客车驱动电机配套情况

2020 年，新能源客车驱动电机配套企业中，宇通客车配套量为 16033 台，位居第一；新能源客车驱动电机配套 TOP10 企业的份额达 63.42%。

宇通客车、比亚迪、中车时代电气、金龙新能源（金龙联合）、安凯汽车、北汽福田、南京金龙主要为自身主机厂提供配套；第三方驱动电机供应商中，方正电机位居第一。2020 年，新能源客车驱动电机装机量 TOP10 企业如图 22-11 所示。

（三）新能源专用车驱动电机配套情况

2020 年，新能源专用车驱动电机配套企业中，汇川技术配套量为 10079 台，占比为 16%，位居第一；新能源专用车驱动电机配套 TOP10 企业的份额达 73.47%。

北汽福田、南京金龙主要为自身主机厂提供驱动电机配套；第三方驱动电机供应商中，汇川位居第一。2020 年的新能源专用车驱动电机装机量 TOP10 企业如图 22-12 所示。

（四）新能源商用车配套电机企业市场分析

2020 年，主流电机企业中，宇通客车、比亚迪、中车时代电气、北汽福田、南京金

龙等以企业自配为主。第三方电机企业中，汇川技术、大地和电气、方正电机的客户较为集中；绿控传动和精进电动配套的客户较多。2020 年 1—12 月主流驱动电机企业配套情况如表 22-7 所示。

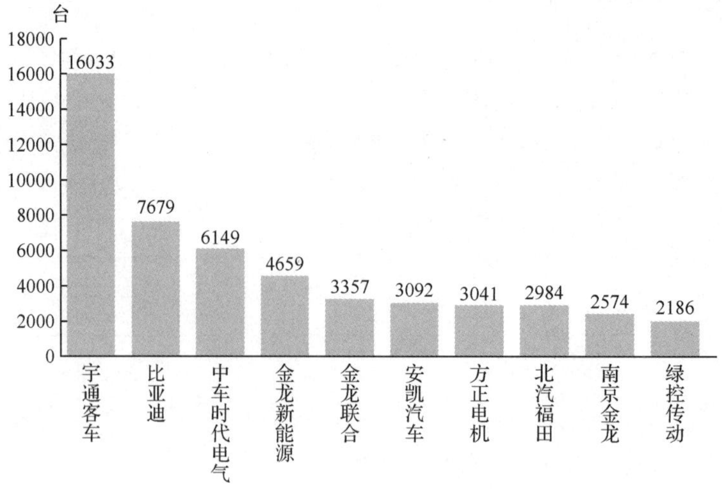

图 22-11　2020 年新能源客车驱动电机装机量 TOP10 企业

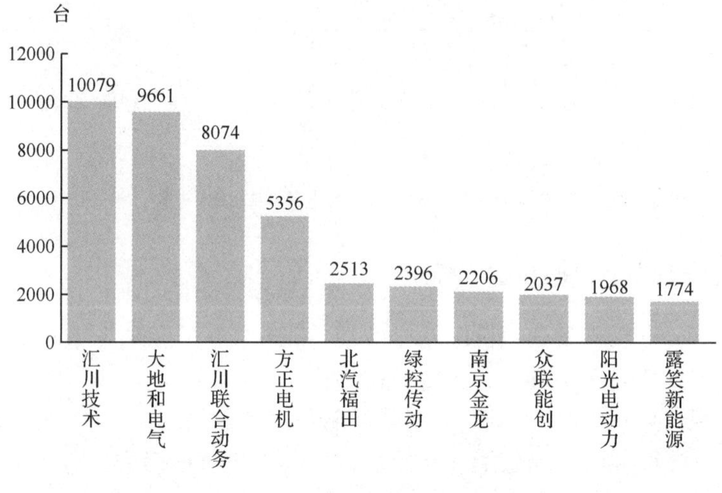

图 22-12　2020 年新能源专用车驱动电机装机量 TOP10 企业

表 22-7　2020 年 1—12 月主流驱动电机企业配套情况

电机企业	整车企业												
	宇通客车	瑞驰汽车	南京金龙	比亚迪	东风股份	北汽福田	奇瑞商用车	中通客车	华晨鑫源	中车时代电气	厦门金旅	苏州金龙	其他
宇通客车	92.24%												7.76%
汇川联合动力		0.04%			10.79%		0.06%		6.90%		0.83%		81.37%
汇川技术					32.02%		26.89%	0.68%					40.41%
大地和电气		91.36%			0.08%		5.26%		0.41%				2.88%

续表

电机企业	整车企业												
	宇通客车	瑞驰汽车	南京金龙	比亚迪	东风股份	北汽福田	奇瑞商用车	中通客车	华晨鑫源	中车时代电气	厦门金旅	苏州金龙	其他
比亚迪				73.19%									26.81%
方正电机		14.74%							41.65%				43.61%
中车时代电气										70.83%			29.17%
北汽福田						97.60%							2.40%
金龙新能源											21.25%	1.72%	77.03%
南京金龙			100.00%										0.00%
绿控传动			1.22%		0.07%		0.17%	11.50%	0.00%	0.02%	0.65%		83.36%
精进电动			0.28%	0.17%	13.61%	1.25%	0.00%	28.42%	9.70%	0.00%	1.25%	0.28%	45.04%

三、2020 年中国商用车电机控制器发展现状分析

（一）新能源商用车电机控制器配套情况

2020 年，商用车电机控制器配套企业中，宇通客车配套量超过 1.7 万辆，占比为 13%，位居第一；前 10 名的企业份额累计超过 62%。

大地和电气的年度增速高达五位数，北汽福田的年度增速高达四位数；汇川、金龙联合、阳光电动力、越博动力的年度增速超过三位数。新能源商用车电机控制器装机量 TOP15 企业如图 22-13 所示。

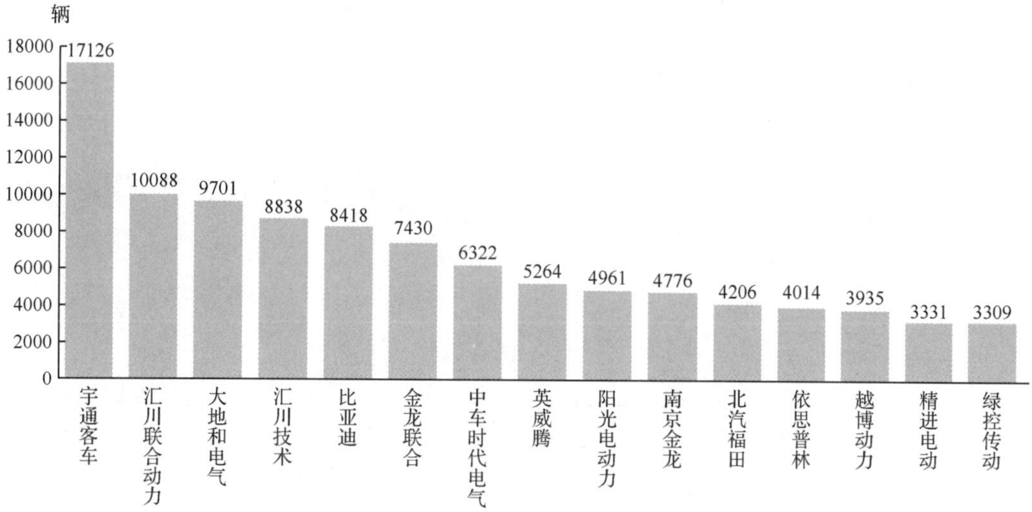

图 22-13　新能源商用车电机控制器装机量 TOP15 企业

（二）新能源客车电机控制器配套情况

2020 年，新能源客车电机控制器配套企业中，宇通客车配套量超过 1.5 万辆，占比

为 22%，位居第一；TOP12 企业份额超过 76%。

北汽福田的年度增速高达四位数，英威腾的年度增速超过 385%。新能源客车电机控制器装机量 TOP12 企业如图 22-14 所示。

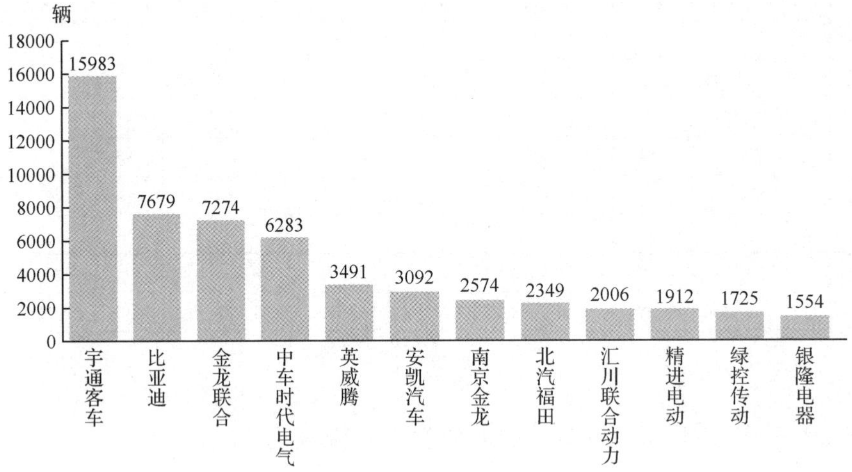

图 22-14　新能源客车电机控制器装机量 TOP12 企业

（三）新能源专用车电机控制器配套情况

2020 年，新能源专用车电机控制器配套企业中，大地和电气配套量近 1 万辆，占比为 15%，位居第一；TOP12 企业的市场份额超过 78%。

大地和电气和北汽福田的年度增速高达五位数，汇川技术、阳光电动力、越博动力、众联能创的年度增速超过三位数。新能源专用车电机控制器装机量 TOP12 企业如图 22-15 所示。

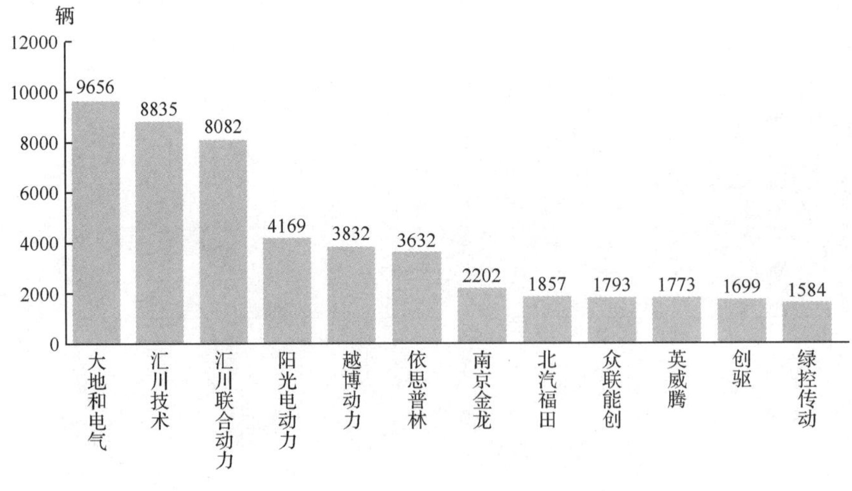

图 22-15　新能源专用车电机控制器装机量 TOP12 企业

（四）新能源商用车电机控制器企业市场分析

2020 年，主流新能源电机控制器企业配套中，宇通客车、南京金龙、北汽福田、苏州金龙等整车企业自配量依然较高。其他第三方电控企业中，方正电机配套企业比较集中；汇川技术、大地和电气、绿控传动、精进电动配套的企业较多。2020 年 1—12 月主流电机控制器企业配套情况如表 22-8 所示。

表 22-8　2020 年 1—12 月主流电机控制器企业配套情况

电控企业	整车企业												
	宇通客车	瑞驰汽车	南京金龙	比亚迪	东风股份	北汽福田	奇瑞商用车	中通客车	华晨鑫源	中车时代	厦门金旅	苏州金龙	其他
宇通客车	92.24%												7.76%
汇川联合动力		0.04%			10.79%		0.06%		6.90%		0.83%		81.37%
汇川技术					32.02%		26.89%	0.68%					40.41%
大地和电气		91.36%			0.08%		5.26%		0.41%				2.88%
比亚迪				73.19%									26.81%
方正电机		14.74%							41.65%				43.61%
中车时代电气										70.83%			29.17%
北汽福田						97.60%							2.40%
金龙新能源											21.25%	1.72%	77.03%
南京金龙			100.00%										0.00%
绿控传动			1.22%		0.07%		0.17%	11.50%		0.02%	0.65%		86.36%
精进电动			0.28%	0.17%	13.61%	1.25%		28.42%	9.70%		1.25%	0.28%	45.04%
金龙联合												96.10%	3.90%

四、2020 年中国商用车电驱动总成企业竞争格局及重点企业情况

（一）新能源商用车驱动系统企业竞争格局及重点企业情况

2020 年，新能源商用车市场中，宇通客车自配驱动系统销量遥遥领先，全年累计装机量达 17176 台，同比下降 20.52%，但市场份额小幅上涨 1.7%。

行业前 10 名的驱动系统企业的装机量均超过 4000 台；仅 3 家企业的市场份额保持小幅增长。2020 年新能源商用车驱动系统企业装机量 TOP10 如表 22-9 所示。

表 22-9　2020 年新能源商用车驱动系统企业装机量 TOP10

排　名	企业名称	本　期	同　期	增　速		本期份额	份额变化	
1	宇通客车	17176	21611	↓	-20.52%	12.85%	1.70%	↑
2	汇川联合动力	10080	3759	↓	168.16%	7.54%	-5.01%	↓
3	汇川技术	10079	4745	↑	112.41%	7.54%	-4.35%	↓
4	大地和电气	9706	10647	↓	-8.84%	7.26%	-0.09%	↓

续表

排名	企业名称	本期	同期	增速		本期份额	份额变化	
5	比亚迪	8461	13517	↓	-37.40%	6.33%	2.77%	↑
6	方正电机	8397	2155	↑	289.65%	6.28%	-4.83%	↓
7	中车时代电气	6188	28	↑	22000.00%	4.63%	-4.61%	↓
8	北汽福田	5497	4499	↑	22.18%	4.11%	-1.08%	↓
9	金龙新能源	4814	1557	↑	209.18%	3.60%	-2.55%	↓
10	南京金龙	4780	7940	↓	-39.80%	3.58%	1.77%	↑

（二）新能源客车驱动系统企业竞争格局及重点企业情况

2020 年，新能源客车市场中，宇通自配驱动系统销量遥遥领先，全年累计装机量达 16033 台，同比下降 23%，但市场份额小幅上涨 2.28%。

客车行业前 10 名的驱动系统企业的装机量均超过 2000 台；4 家企业的市场份额保持小幅增长。2020 年新能源客车驱动系统企业装机量 TOP10 如表 22-10 所示。

表 22-10　2020 年新能源客车驱动系统企业装机量 TOP10

排名	企业名称	本期	同期	增速		本期份额	份额变化	
1	宇通客车	16033	20821	↓	-23.00%	22.60%	2.28%	↑
2	比亚迪	7679	7202	↑	6.62%	10.82%	-2.22%	↓
3	中车时代电气	6149	28	↑	21860.71%	8.67%	-8.63%	↓
4	金龙新能源	4659	1550	↑	200.58%	6.57%	-4.72%	↓
5	金龙联合	3357	5765	↓	-41.77%	4.73%	2.16%	↑
6	安凯汽车	3092	2466	↑	25.39%	4.36%	-1.41%	↓
7	方正电机	3041	235	↑	1194.04%	4.29%	-4.01%	↓
8	北汽福田	2984	3056	↓	-2.36%	4.21%	-0.55%	↓
9	南京金龙	2574	3622	↓	-28.93%	3.63%	0.70%	↑
10	绿控传动	2186	3555	↓	-38.51%	3.08%	1.17%	↑

（三）新能源专用车驱动系统企业竞争格局及重点企业情况

2020 年，新能源专用车市场中，汇川技术销量保持领先，全年累计装机量超过 1 万台，同比上升 112.41%，但市场份额下滑 8.75%。

行业前 10 名的驱动系统企业的平均装机量不足 5000 台；虽然大部分企业的装机量都实现了同比增长，但绝大多数企业的市场份额都有所下滑。2020 年新能源客车驱动系统企业装机量 TOP10 如表 22-11 所示。

表 22-11　2020 年新能源客车驱动系统企业装机量 TOP10

排名	企业名称	本期	同期	增速		本期份额	份额变化	
1	汇川技术	10079	4745	↑	112.41%	16.08%	-8.75%	↓
2	大地和电气	9661	10243	↓	-5.68%	15.41%	0.40%	↑

续表

排　名	企业名称	本　期	同　期	增　速		本期份额	份额变化	
3	汇川联合动力	8074	3759	↑	114.79%	12.88%	−7.08%	↓
4	方正电机	5556	1920	↑	178.96%	8.54%	−5.58%	↓
5	北汽福田	2513	1443	↑	74.15%	4.01%	−1.78%	↓
6	绿控传动	2396	2301	↑	4.13%	3.82%	−0.27%	↓
7	南京金龙	2206	4318	↓	−48.91%	3.52%	3.14%	↑
8	众联能创	2037	763	↑	166.97%	3.25%	−2.07%	↓
9	阳光电动力	1968	492	↑	300.00%	3.14%	−2.38%	↓
10	露笑新能源	1774	1343	↑	32.09%	2.83%	−0.76%	↓

第三节　新能源汽车电驱动总成未来发展趋势分析

新能源汽车电驱动总成作为新能源汽车驱动的核心部件，在新能源汽车发展中起着关键作用，对于未来应用方面的发展趋势，在《新能源汽车产业发展规划（2021—2035年）》《节能与新能源汽车技术路线图2.0》的指导下，为了早日实现“碳达峰”“碳中和”的目标，新能源汽车的渗透率将不断提升。在技术路线方面，混合动力、纯电动、氢燃料趋于多种技术路线并存；在电驱动总成技术层面，将向集成化、轻量化、模块化、智能网联化趋势发展；在电驱动总成应用层面，针对不同车型，将向高效率、高可靠性、低噪声的系统构型方向发展。下面针对新能源乘用车和新能源商用车分别进行阐述。

一、新能源乘用车电驱动总成未来发展趋势

（一）新能源乘用车驱动电机未来发展趋势

现阶段，中国驱动电机企业在核心技术及制造工艺方面保持先进水平，已具备自主开发满足全线新能源汽车需求驱动电机产品的能力。面向未来，驱动电机主要有以下发展趋势：

1. 高效率

采用扁铜线绕组并在定子槽内合理布置低损耗硅钢片、高性能永磁体等先进材料和技术，驱动电机最高效率提高至97%以上。同时，驱动电机高效区范围大幅拓宽，驱动电机高效区与整车工况匹配将更加合理，在典型工况下，平均效率较当前一代产品提高1%～3%。

2. 高速化与轻量化

高速化是实现驱动电机轻量化的主要途径之一。下一代乘用车驱动电机最高转速将普遍达到或高于16000r/min，并出现18000～20000r/min的高转速主驱电机。

3. 先进冷却技术与轻量化

当前，驱动电机油冷技术虽然已经批量应用，但仍存在较大提升空间。驱动电机油

冷技术、油/水复合冷却技术进一步发展，大幅提升驱动电机的功率密度，特别是连续功率密度，由此带来驱动电机体积的进一步减小。

4. 低噪声

驱动电机高频啸叫属于原理性的噪声问题。低噪声驱动电机技术的发展将提升整车品质和驾乘感受。下一代驱动电机将在先进电磁仿真技术、结构化降噪技术、噪声阻尼和隔断技术方面实现突破，使全工况驱动电机噪声降低到75dB（A）以下。

5. 驱动电机核心材料性能进一步提升

低损耗硅钢片技术、非重稀土永磁体技术、加强绝缘矩形导体技术、高性能（特别是耐油绝缘）材料技术进一步发展突破，并实现在驱动电机中的批量应用。

（二）电机控制器未来发展趋势

新能源汽车电机控制器技术方向瞄准更高功率密度、更高效率和更高可靠性，电力电子高密度集成、功率模块高效冷却与封装、高功能安全与高 EMC 等级、第三代宽禁带半导体等是研究重点和关键方向。新能源乘用车电驱动系统总成发展路线图如图22-16所示。

在功率模块方面，IGBT 仍然是当前的主流方式。我国自主开发出了车用 IGBT 芯片、双面焊接的 IGBT 模块，高功率密度电机控制器的样机水平接近国外同类产品。而第三代宽禁带半导体碳化硅材料具有禁带宽度大、热导率高、电子饱和迁移速率高等优势，可以通过大幅度提高电机的转速实现驱动电机比功率的升高，其的频率和效率可以很高的同时，体积可以非常小，该材料将迅速应用于新能源汽车电力电子控制器中。

（三）乘用车电驱动总成未来发展趋势

乘用车电驱动总成的将继续以“集成三合一”为基础，在功能上进一步丰富化，根据需要集成其他的机电控制功能，如直流变换器（DC/DC）、车载充电（OBC）、驻车系统等。电驱动总成的功率密度和效率进一步提升，噪声进一步降低，以改善驾乘体验。

随着集成型电驱动系统越来越多地普及到乘用车细分市场中，特种构型的电驱动系统也会逐渐涌现出来。例如，“背靠背”的双电机驱动总成可以实现“转矩矢量”控制功能，改善车辆的横向动态性能；具有切分、锁止、限滑等功能的电驱动系统；部分针对高端高速乘用车应用的电驱动系统将具备两挡变速功能。

二、新能源商用车电驱动总成未来发展趋势

（一）技术发展趋势

（1）变速器的应用。

更多的新能源商用车将使用自动变速器，自动变速器可以适用于复杂工况，提高爬坡等动力性，同时协调电机最大限度地工作在高效率区间，并缩小电机规格、减少总成重量，提高乘驾舒适性。

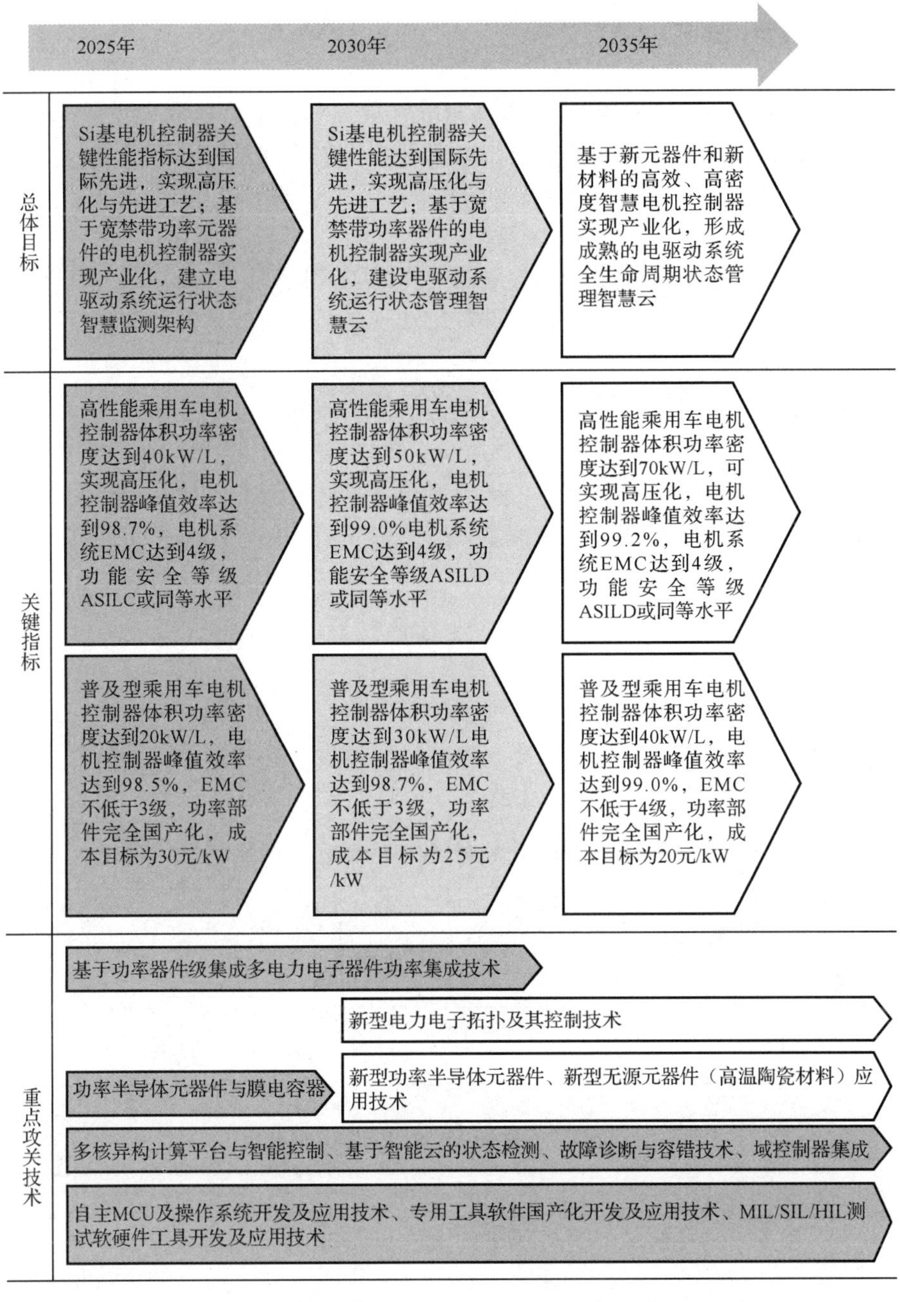

图 22-16　新能源乘用车电驱动系统总成发展路线图

（2）多电机应用。

对于重卡车型，整车需求的功率和扭矩较大，使用单电机难以满足要求。双电机或多电机的应用，能够实现更低的能耗、更强的动力，以及更平顺的动力输出。

（3）集成度越来越高。

目前，我国已经开发生产了集成驱动电机、控制器、减速器的一体化总成。更高程度的集成将成为发展方向，如将驱动电机、电控、变速箱与车桥集成形成电驱动桥，将电驱动桥与电池包、车架、悬架等集成形成电动化专用底盘。

（4）轻量化。

通过高速驱动电机及专用 AMT，以及集成化设计和新材料、新技术的应用，实现轻量化。新材料、新技术包括齿轮涂层技术、驱动电机的扁线油冷、驱动电机的灌封、碳化硅控制器、超级硅钢、超级铜线等。

（5）高效率。

优化动力系统构型设计是实现高效率的前提。与此同时，需要加强部件在设计、工艺、生产过程中的高效率保证，通过软件控制实现电驱动总成的高效率运行。

（6）智能网联化。

智能网联汽车是我国汽车产业转型升级的重要突破口，除解决道路安全、交通拥挤等问题外，还可以更节能、更高效，以降低污染排放，如基于路况预测的合理分配能量。从现阶段的辅助驾驶、自动刹车报警、车道偏离警告、紧急刹车等功能，到未来的无人驾驶，都将依靠电控系统完成。

（二）应用发展趋势

1. 公路客车发展趋势

公路客车电驱动系统将向低成本、低维护、轻量化、模块化、低能耗、高可靠性、低噪声的方向发展，公路客车将追求高车速、大爬坡度、强加速的高性能系统。公路客车电驱动系统现状如表 22-12 所示，公路客车电驱动系统发展趋势如表 22-13 所示。

表 22-12　公路客车电驱动系统现状

主要构型	优　　势	劣　　势
低速电机直驱	结构简单，技术成熟，可靠性高，开发难度小	成本较高，低速电机质量较重，安装尺寸大，动力性能一般，公路工况能耗较高
低速电机+自动变速器	动力性能强，同时兼顾高车速大爬坡度，公路工况能耗低	系统成本高，重量重

表 22-13　公路客车电驱动系统发展趋势

米　　段	系统构型	
6～8m	集成式悬挂桥	高速电机+减速器
8～10m	高速电机+减速器	高速电机+两挡自动变速器
10m 及以上	高速电机+两挡自动变速器	高速电机+四挡自动变速器

2. 物流车/轻卡发展趋势

物流车/轻卡电驱动系统也将向低成本、低维护、轻量化、模块化、低能耗、高性能方向发展，但与公路客车不同，物流车/轻卡追求更大的载物空间，以经济性为主要目标。物流车/轻卡电驱动系统现状如表 22-14 所示，物流车/轻卡电驱动系统发展趋势如表 22-15 所示。

表 22-14　物流车/轻卡电驱动系统现状

主要构型	优　　势	劣　　势
低速电机直驱	结构简单，技术成熟，可靠性高，开发难度小	成本较高，质量较重，安装空间大
集成式刚性桥	高度集成，成本低，质量轻，传动效率高，安装空间大	簧下质量较重，舒适性较差

表 22-15　物流车/轻卡电驱动系统发展趋势

吨　位	系统构型	
4~6 吨	集成式刚性桥	集成式悬挂桥
6~8 吨	集成式刚性桥	集成式悬挂桥
8~10 吨	集成式刚性桥	高速电机+减速器/2 挡 AMT

3. 重卡发展趋势

重卡电驱动系统也向低成本、低维护、轻量化、模块化、低能耗、大爬坡度、高可靠性方向发展，但与轻卡不同，重卡追求更高的车速和载重量，同样追求经济性为主要目标。在重卡领域，针对不同车型，性能要求也不尽相同，如环卫车追求低速度、低噪声。重卡电驱动系统现状如表 22-16 所示，重卡电驱动系统发展趋势如表 22-17 所示。

表 22-16　重卡电驱动系统现状

主要构型	优　　势	劣　　势
低速大扭矩单电机/双电机直驱	结构简单，技术成熟，可靠性高，开发难度小	成本较高，质量较重，经济性差
低速电机+AMT 变速箱	动力性能强，相对同性能直驱方案，成本低、质量轻	成本较高，质量较重

表 22-17　重卡电驱动系统发展趋势

吨　　位	系统构型	
10～20 吨	高速电机+减速器	高速电机+两档 AMT
20～30 吨	高速电机+两档 AMT	高速电机+四档 AMT
30 吨及以上	高速电机+四档 AMT	高速电机+六档 AMT

第二十三章　2020 年智能网联汽车零部件产业与技术发展分析

李亮*

摘要：智能网联汽车是汽车产业发展的科技前沿。智能网联汽车通过环境感知、智能决策、底盘执行，实现部分或完全无人驾驶，可极大地提高道路交通安全性和通行效率，有望颠覆人类出行方式和交通管理方式，引领第四次工业革命。其中，感知系统、计算平台、软件算法、线控底盘及智能座舱是智能网联汽车技术链上的核心零部件。本章从智能网联汽车全产业链层面，对 2020 年国内外智能网联汽车关键零部件的发展现状进行了梳理分析，总结了智能网联汽车各零部件产品的搭载和应用现状，分析了智能网联汽车关键零部件的薄弱之处，并提出了相应的发展建议。

关键词：智能网联汽车；自动驾驶；零部件产业；现状分析；趋势研判。

第一节　智能网联汽车零部件产业发展现状

一、环境感知系统

感知是从周围环境中收集并提取有效信息，通过融合计算与分析，赋予智能网联汽车对环境的理解与把握的能力，包括行人和车辆的位置与速度、交通信号与标识、各类型交通障碍物等的识别。

环境感知系统分为车外环境感知、车身姿态感知及 V2X 通信网络 3 个部分。一般地，车外环境感知通过视觉传感器（如摄像头）等被动式传感器和雷达（如激光、毫米波及超声波雷达）等主动式传感器实现交通信息的获取。车身姿态感知通过全球定位系统（GPS）、北斗卫星导航系统（BDS）及惯性导航系统（INS）等实现对车速、航向角等信息的获取。

（一）视觉传感器

自动驾驶车辆的视觉传感器多采用工业级摄像头，采用单目、双目、立体及全景等视觉技术进行环境感知，感知目标包括道路目标、交通标识及可行驶区域等。

以英特尔旗下 Mobileye 为代表的车载视觉系统供应商，在视觉方面发展迅速并快速

---

* 李亮，教授，清华大学车辆与运载学院汽车工程研究所所长，汽车安全与节能国家重点实验室副主任。

垄断市场，其2020年发布的Eye Q5高算力芯片采用10mm节点或以下FinFET技术设计，具备多线程8核CPU，外加新一代18核Mobileye视觉处理器，执行传感器融合算法程序。Mobileye的EyeQ5总体架构如图23-1所示。

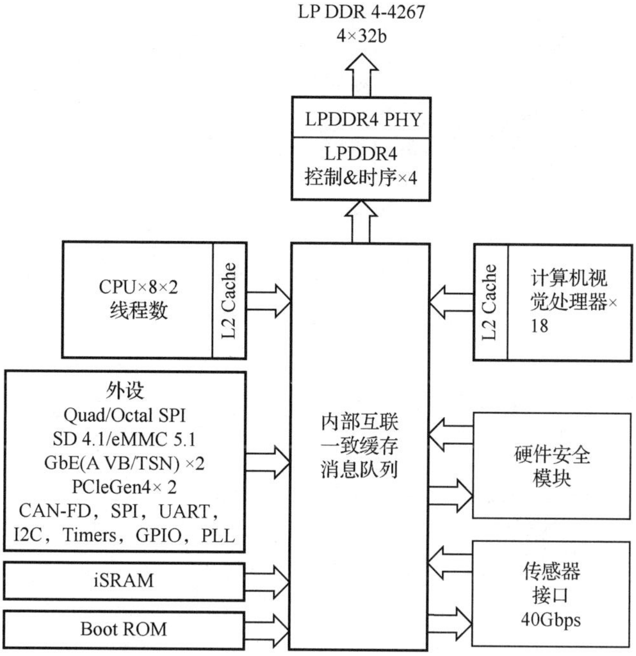

图23-1　Mobileye的EyeQ5总体架构

中国企业正致力于提升国产摄像头图像处理硬件与算法，以期在质量和性价比方面取得优势。在视觉算法方面，旷视科技是全球为数不多的拥有自主研发的深度学习框架的公司之一，其天元框架已正式开源。格灵深瞳、中科慧眼、智眸科技、Minieye等国内企业在视觉算法的升级应用上实现较大突破，正跻身自动驾驶视觉方案供应商。

（二）激光雷达

激光雷达具有高分辨率、强隐蔽性、抗干扰性等优良特性，但其技术门槛较高，且面临在恶劣交通环境下性能衰减的威胁。

目前，与激光雷达相关的产业公司有近百家，领先技术仍由Velodyne、Ibeo、Luminar、Quanergy等国外企业主导。例如，Velodyne推出了可安装在汽车挡风玻璃后方或前保险杠上的Velarray H800固态激光雷达；Ibeo推出了使用纯半导体解决方案的4D固态激光雷达ibeoNEXT；Quanergy于2020年推出了全新的激光雷达解决方案MQ-8，该方案搭配QORTEX DTC感知软件，可在复杂环境中精确跟踪大量人员和车辆。ibeoNEXT激光雷达应用案例如图23-2所示。

在自主技术方面，禾赛科技、速腾聚创、览沃科技等初创企业推出的激光雷达产品性能已逐步逼近欧美领先水平。例如，禾赛科技的机械式激光雷达产品Pandar已覆盖短距、中距和长距探测范围；速腾聚创已推出RS-LiDAR-16、RS-LiDAR-32、RS-BPearl、RS-Ruby等机械式激光雷达，以及固态激光雷达RS-LiDAR-M1；览沃科技已推出

MID-40、HORIZON、TELE-15、MID-70 及 AVIA 等类固态激光雷达的感知方案，并分别针对低速和高速应用场景，提供了激光雷达配置组合设计，与此同时，相关的原创核心专利是制约自主化的难题。

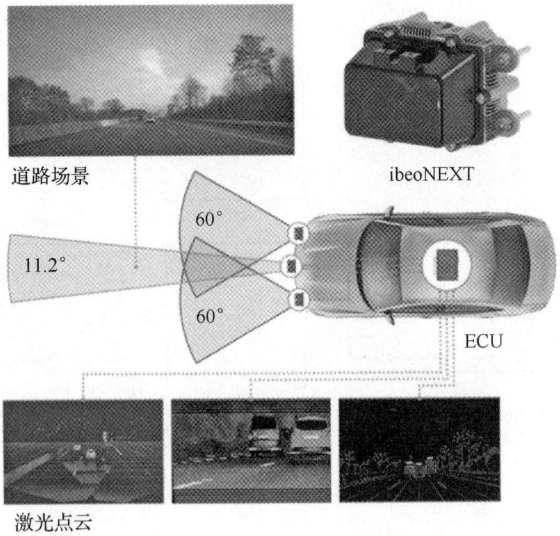

图 23-2　ibeoNEXT 激光雷达应用案例

（三）毫米波雷达

毫米波雷达工作在毫米波波段具有高分辨率、强抗干扰性等特点，但在特定环境下仍然可能遭受干扰。

在全球毫米波雷达市场上，毫米波雷达的核心芯片几乎被德州仪器、恩智浦、三菱电机、意法半导体和英飞凌等国际主导企业垄断，毫米波雷达技术主要由大陆集团、博世、电装、奥托立夫、Denso、德尔福等传统企业垄断。其中，大陆集团 ARS540 毫米波雷达（见图 23-3）以 9 项世界第一的毫米波雷达技术的绝对优势领跑于全球。典型毫米波雷达产品技术参数对比表如表 23-1 所示。

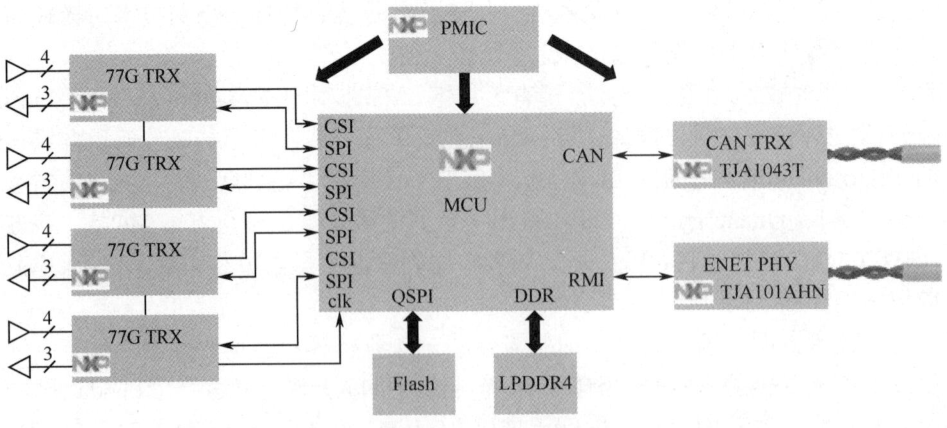

图 23-3　大陆集团 ARS540 毫米波雷达结构示意图

表 23-1　典型毫米波雷达产品技术参数对比表

技术参数	大陆集团 ARS540	博世 第五代毫米波雷达	德尔福 ESR
尺寸	137mm×90mm×39mm	63mm×72mm×19mm	173.7mm×90.2mm×49.2mm
探测范围	≤300m	≤210m	≤100m
探测视野	±60°	±60°（水平） ±15°（垂直）	±10°
更新周期	60ms	—	50ms
测速精度	—	±.05m/s 分辨率±0.1m/s	±0.12m/s
工作温度	−40℃～+85℃	—	−40℃～+85℃
电压/功率	12V/23W	<4W	8～16V/<10W
工作频率	76～77GHz	76～77GHz	76GHz

中国车载毫米波雷达行业起步较晚，正处于快速发展阶段。例如，深圳安智杰作为全自主毫米波雷达传感器供应商，在毫米波雷达系统的基础上，陆续推出了“全自主毫米波雷达+视觉融合”产品；上市公司中，德赛西威量产了 24GHz 毫米波雷达；非上市公司中，行易道科技、木牛科技、苏州毫米波等企业都宣称获得了后装订单；此外，涌现出 Astyx、Lunewave 和 Steradian Semi 等代表性初创公司。

（四）超声波雷达

超声波雷达通过向外发出的超声波与接收到的超声波时间差来测算距离。超声波雷达是目前十分常见的车载传感器之一，在短距离测量中有极大的优势。

超声波雷达防水、防尘，探测距离范围一般为 0.15～5.5m，常被用于驻车或倒车时安全辅助预警。根据探测距离与安装位置，超声波雷达可分为两类，一类是安装于汽车前后保险杠上，用于探测前后障碍物的短程超声波雷达 UPA，另一类是安装于汽车侧面，用于探测侧方障碍物距离的远程超声波雷达 APA。

超声波雷达的主要生产商有博世、法雷奥、日本村田、松下等国外企业，以及上海尼塞拉、桃园同致电子、深圳航盛电子、深圳豪恩等国内企业。但是超声波雷达市场大部分被博世、法雷奥占据，国内厂商虽然很多，但由于传感器的稳定性与可靠性与国外仍有差距，因此在前装市场处劣势。

（五）定位系统

车辆的定位系统作为感知模块的重要组成部分，在自动驾驶系统中的重要意义在于其提供了车辆在高精度地图中的位置与姿态，并辅以速度等车辆状态参数，为自动驾驶的决策与规划模块提供信息输入。

不同等级的自动驾驶、不同的应用场景对定位系统的性能要求也不同。例如，辅助驾驶中对车辆的定位精度要求较低（米级），而对于 L4 自动驾驶，定位的精度要求可达亚米级。又如，在高速场景下，目前自动驾驶研究机构与厂商普遍提出横向精度应满足

20cm 级别；对于复杂的城市场景，需要定位系统提供小于 10cm 的定位精度。高速场景及城区场景下的定位精度与定位完整性的性能需求分别如表 23-2 和表 23-3 所示。

表 23-2　高速场景下的定位精度与定位完整性的性能需求

车辆类型	识别精度达 95%以上				预警值				信号完整性
	侧向（m）	纵向（m）	垂向（m）	姿态向（°）	侧向（m）	纵向（m）	垂向（m）	姿态（°）	
中型车辆	0.24	0.48	0.44	0.51	0.72	1.4	1.3	1.5	10e-8/小时
全尺寸车辆	0.23	0.48	0.44	0.51	0.66	1.4	1.3	1.5	10e-8/小时
标准车辆	0.21	0.48	0.44	0.51	0.62	1.4	1.3	1.5	10e-8/小时

表 23-3　城区场景下的定位精度与定位完整性的性能需求

车辆类型	识别精度达 95%以上				预警值				信号完整性
	侧向（m）	纵向（m）	垂向（m）	姿态向（°）	侧向（m）	纵向（m）	垂向（m）	姿态（°）	
中型车辆	0.15	0.15	0.48	0.17	0.44	0.44	1.4	0.5	10e-8/小时
全尺寸车辆	0.13	0.13	0.48	0.17	0.38	0.38	1.4	0.5	10e-8/小时
标准车辆	0.12	0.12	0.48	0.17	0.34	0.34	1.4	0.5	10e-8/小时

虽然不同场景对定位精度要求不同，但定位的连续性与完整性是所有辅助驾驶与自动驾驶业务安全、可靠的必要前提，考虑到环境（遮挡、光线、天气）的多样性、不同定位技术的精度与可靠性，以及传感器成本等多种因素，单纯采用某一种定位技术并不能满足自动驾驶业务的定位需求。因此，在定位技术的趋势上，自动驾驶产业走向了多传感器融合定位的路线，同时催生了大量的传感器厂商研发与产业链升级迭代。

二、智能驾驶决策系统

（一）高算力芯片

英伟达（NVIDIA）公司推出的 ORIN 芯片可以同时运行复杂应用程序和深度神经网络算法，算力高达每秒 200 万亿次计算（200TOPS），功率仅为 45W 左右。英特尔子公司 Mobileye 已经为超过全球 27 家汽车制造商提供辅助驾驶技术，其第五代产品 EyeQ5 可以完成每秒 24 万亿次运算（24TOPS）。恩智浦推出的 LS2088A 处理器集成了 8 个工作频率为 2GHz 的 64 位 ARM Cortex-A72 内核，以及专用加速器、高性能通信接口、延迟极低的 DDR4 存储控制器等。

自主技术领域内企业也不断加大研发力度，相继推出诸多应用于智能网联汽车的芯片解决方案。2020 年，黑芝麻智能科技（上海）有限公司推出第二颗车规级智能感知芯片——华山二号 A1000，算力高达每秒 70 万亿次计算（70TOPS），双颗互联即可应用于 L3 智能驾驶汽车。华为公司推出的昇腾 310 芯片可以达到每秒 64 万亿次（64TOPS）的运算，功率算力比为 1.05W/TOPS，由其组成的计算平台 MDC600 算力可高达 352TOPS，可支持 L4 智能驾驶汽车。地平线公司推出的征程 3 车规级芯片可实现高级别驾驶辅助、驾驶人监控等功能。虽然国外技术仍处于主导地位，但是国内企业在车载芯片领域中的竞争力在不断加强。

（二）硬件计算平台与域控制器

传统电子电气架构中，车辆主要由机械系统构型与系统结构定义，采用分布独立的控制单元、专用传感器、专用ECU及算法，资源协同性不高，存在一定程度的浪费。在智能汽车新的计算+通信架构中，旨在实现软件定义车。域控制器发挥了重要作用，通过域控制器的整合，分散的车辆硬件之间可以实现信息互联互通和资源共享，软件可升级，硬件和传感器可更换和进行功能扩展。

从域控制器开发情况来看，整体上呈现控制器供应商和主机厂、域控制器供应商和芯片厂商协同开发的趋势。

国际上，大陆公司通过集成精选的硬件和软件组成域控制器ADCU，可实现实时车辆运动轨迹监控与路径规划。伟世通公司推出了专用的自动驾驶域控制器DriveCore，其具备高度灵活性、模块化、可定制的特征。此外，还有博世DASy、麦格纳MAX4等诸多域控制器产品。

国内企业中，华为公司提供了分布式“以太网络+域控制器”的计算通信架构，其MDC智能驾驶平台、CDC智能座舱平台、VDC智能电动平台一同组成了主要的域控制器，取代了传统汽车普遍采用总线加分散控制的电子电气架构。武汉环宇智行科技有限公司在2020年推出了TITAN-III自动驾驶控制器，基于英伟达公司的Jetson TX2设计，运行UBUNTU操作系统，支持FPD LINK III接口摄像头接入，支持USB、CAN、RS485/232、Ethernet、IO等多种硬件接口接入，支持SATA硬盘存储，内置4G通信模块、高精度定位模块、V2X模块等。地平线公司Matrix自动驾驶计算平台具备高性能、低功耗等特点，可满足不同场景下高级别自动驾驶运营车队及无人低速小车的感知计算需求，在性能方面装配有16 TOPS的等效算力。

（三）智能决策算法

智能决策算法如同自动驾驶汽车的“大脑”，其性能好坏直接关系到车辆行驶安全性和可靠性。

典型的智能决策规划可以分为全局路径规划、行为决策规划与运动规划。目前，智能决策算法主要为传统机器学习算法和深度学习算法。传统机器学习算法更容易设计，可以实现先进驾驶辅助系统所要求的大部分功能，如车道保持辅助（LKA）、自适应巡航控制（ACC）、自动紧急制动（AEB）等系统。传统机器学习算法的主要优点在于其计算量要求较少，对系统算力要求较低；但由于训练样本较少，该算法的适应性较差，精确率较低。传统机器学习算法和深度学习算法对比如表23-4所示。

表23-4　传统机器学习算法和深度学习算法对比

项　目	传统机器学习算法	深度学习算法
概念	不需要通过外部明显的指示，就可以自己通过数据学习、建模，并且利用建好的模型和新的输入来进行预测	基于机器学习延伸出来的一个新的领域，由以人大脑结构为启发的神经网络算法为起源，加之模型结构深度的增加发展，并伴随大数据和计算能力的提高而产生的一系列新的算法

续表

项　目		传统机器学习算法	深度学习算法
比较	数据依赖	对数据依赖程度较小	依赖于大量数据，数据少时效果差
	硬件依赖	可以在低端机器上运行	很大程度上依赖于高端机器
	特征工程	大多数特征需由专家识别、手动编码	从数据中学习高级特征
	执行时间	训练时间短	训练时间长

区别于传统机器学习算法，深度学习算法需要更多的样本。深度学习算法中，神经元的数量不断在增加，但同时极大地简化了人工标定工作，具有更强的适应性与更高的精度。相比于程序的设计，深度学习算法所需求的大规模训练集数据的获取与挖掘，利用模拟仿真场景实现训练已成为研究的热点。

三、线控执行系统

（一）线控制动系统发展现状

乘用车线控制动系统分为两种类型，即液压式线控制动系统（EHB）和机械式线控制动系统（EMB）。EMB 舍弃了复杂的液压管路和液压零部件，具有制动响应快、效率高、系统质量轻、占用空间小等优点，但对系统散热工艺、电机的耐高温性能及整车低压供电系统均提出了很高的要求，制约了其产品化应用的进度。而 EHB 延续了传统的液压制动系统结构，是目前的主流制动形式。

1. 国外产品占主导地位，引领产品发展趋势

国际零部件供应商（如德国博世、德国大陆、美国天合、日本电装等）凭借其在汽车底盘电控方面的技术优势，基本实现了市场垄断。在商用车气压制动系统领域，基本被德国克诺尔、美国威伯科等国际龙头企业所垄断，这些企业具有完整、成熟的产品系列，涵盖常规的气压 ABS 系统及线控制动系统 EBS 等。

2. 部分核心技术实现突破，自主产品加速发展

我国在汽车制动防抱死系统（ABS）方面，技术已经相对成熟，并实现了批量生产，基本可以与博世等国外产品直接竞争，但由于国外同类产品价格相对较低，造成国内该领域零部件供应商利润空间较低。

在电子稳定性控制系统（ESC）方面，其技术核心主要包括线性高速开关阀的设计制造及整车动力学控制算法两个方面。国内已经实现核心技术的突破，部分企业已实现产业化应用。

在电动制动助力器及集成式制动系统等先进线控制动系统方面，依然以国外产品为主，但国内与国外类似产品起步时间相差不大。

目前国内汽车底盘零部件企业基本情况如表 23-5 所示。

表 23-5　目前国内汽车底盘零部件企业基本情况

公司名称	主要产品系列
武汉元丰	以液压 ABS 为主
京西重工	以液压 ABS、液压 ESC 为主
浙江亚太	以液压 ABS 为主，涵盖其他制动组件
英创汇智	液压 ABS、液压 ESC、TBooster，在研 Onebox
联创	液压 ABS、液压 ESC、Booster
拿森	解耦式 Booster （NBS）
同驭	解耦式 Booster （EHB）
瑞立科密	以气压 ABS、气压 EBS 为主，涵盖其他制动组件
浙江万安	以气压 ABS、气压 EBS 为主，涵盖其他制动组件

（二）线控转向产业整体发展现状

在线控转向产品领域，国外供应商（如 ZF、捷太格特、博世、天合等公司）技术成熟先进，市场属于寡头垄断的状态。国内供应商中德尔股份、北特科技等公司生产转向系统的部分部件，但在系统级别产品领域未有突破。

线控转向（SBW）作为新一代的转向产品，具有明显的技术优势。国外著名的汽车公司正在竞相研究这一智能化的转向系统。宝马（BMWZ22）、戴姆勒-克莱斯勒（R129）、ZF 等公司都在进行开发上车中。目前，国内也在涉足这一研究领域，智能驾驶对底盘执行部件提出高可靠性、安全冗余的严苛要求：线控转向部件在精密机械、电子、磁场复杂耦合作用下，需保证高动态、高精度调控。当前车辆底盘单一执行器服役难以满足底盘安全冗余需求。针对这一行业共性难题，同时打破国际技术封锁，天津英创汇智汽车技术有限公司和清华大学基于结构复用理念，创新设计并研发了双绕组电机冗余的新型高精度线控转向装置。双冗余线控转向产品如图 23-4 所示。

（三）分布式驱动系统发展现状

相对于其他形式的动力系统，分布式驱动系统具有更好的动力学可控性及更高的驱动系统效率。但由于轮毂电机驱动系统及分布式控制尚未成熟，导致四轮分布式轮毂电机驱动汽车尚未实现大规模生产。目前，市面上大多数电动汽车以单电机/前后轴双电机集中驱动为主，四轮轮毂电机驱动发展缓慢。近些年，随着相关技术的发展，四轮分布式轮边电机驱动系统开始在电动公交车、电动载重货车上批量使用，尤其是比亚迪 K 系列公交车大获好评，轮边电机异军突起。随着轮毂电驱动系统技术的日臻成熟和成本的日益降低，轮毂电机驱动系统将初步从高性能、高机动性越野车辆及豪华乘用车产业化应用过渡到常规乘用车批量应用。

四轮分布式轮毂电机驱动汽车将轮毂电机安装在轮辋内，整车驱动传动链短、结构紧凑，易于实现底盘模块化设计。恒大汽车先后通过收购、并购，入主荷兰 e-Traction 公司和英国 Protean 公司，进入商用车和乘用车轮毂电机技术领域。舍弗勒轮毂驱动业务全球总部及研发中心正式在上海启用，旨在加快轮毂驱动技术研发和产业化进程。

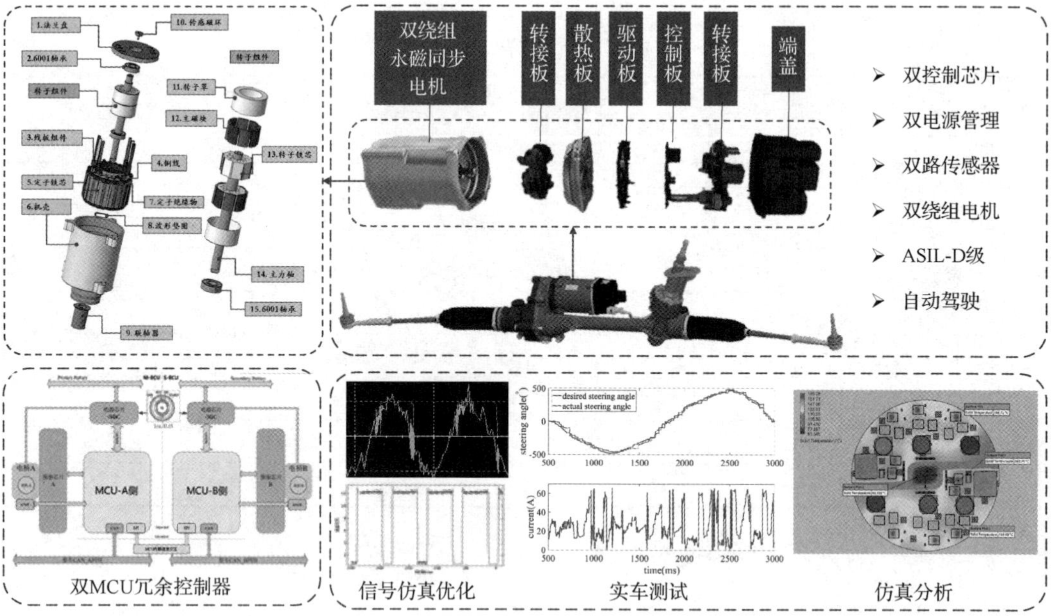

图 23-4　双冗余线控转向产品示意

四、通信系统

随着互联网与各个领域的深度结合，汽车领域也渗入了诸多通信技术应用。其中，智能交通系统（ITS）建立在网络化的信息通信技术基础之上，以实现交通管理的最佳化和道路的有效利用为手段，提高行车的安全性、舒适性及道路的运输效率。因此，以汽车为中心的信息通信技术、先进的驾驶控制系统和环境识别系统是汽车电子发展的热点。其中，核心技术之一就是先进的无线通信技术。

克莱斯勒集团和 Hughes Telematics 公司宣布，将提供集合了信息娱乐、安全和远程诊断功能的车载信息通信系统（Telematics）。福特公司将提供配备蓝牙和微软操作系统的汽车。Autonet Mobile 公司也计划推出能够为车辆提供互联网接入服务的技术，建立这些系统有望为制造商、零售商、消费者、导航服务提供商带来新的附加价值。例如，基于陆地和卫星的技术，将为安全、保密、信息娱乐、远程诊断、维护通知和多播提供信息通信服务，最终有可能使远程升级车载系统成为可能。

无线通信技术将在智能交通系统中扮演重要的角色。瑞萨科技为了满足基于无线的信息通信系统的需要，主张在整车控制器上附加智能交通电子控制单元（ITS ECU），由该控制单元通过 WLAN 和专用短程通信 DSRC 实现车与车、车与路之间的通信。

五、智能驾驶座舱

目前，车辆与驾驶人交互的信息内容和类型都在向多样化发展。对于驾驶人来说，人机交互是核心体验，传统汽车座舱功能区布局碎片化，操作体验较差。而智能驾驶舱涵盖的功能更加多样化，包括中控、仪表、空调、方向盘、座椅控制等多个功能模块，同时，交互方式多样化，除传统的按键交互外，还包含手势识别、全液晶仪表盘、抬头显示系统、流媒体后视镜等新兴产品及技术。智能驾驶舱作为智能网联汽车的重要组成部分，得到了越来越多的重视，国内外企业推出了各具特色的产品方案，所包含的技术主要分为两个方面。一是设计理念的变化，如今汽车智能界面承载的功能越来越多，智能交互界面需要解决的首要问题就是如何将多维多样化的功能清晰、明了地呈现给用户。二是座舱内的电气架构调整，随着仪表面板需要呈现和交互的信息越来越多，若每个模块采用单独的控制器，不仅增加硬件成本，而且通信开销和延迟也将变得无法接受。因此，主流的方案逐渐演变为一套高性能总控制平台同时驱动多个功能单元或模块，或者多个屏幕，同时发挥协调各功能模块的作用。

理想、小鹏、特斯拉等电动汽车企业普遍采用中控大屏配合少量关键功能按钮的方式来进行交互。近年来，这种趋势也体现在传统车企的部分车型上，如上汽荣威、广汽埃安、北汽极狐系列等。智能车辆的功能模块多样，可操作指令数量也大大增加，如果都采用面板控制，则必定出现多层菜单等影响操作效率的情况，这时，语音控制就提供了一个更好的解决途径。此外，智能语音助手还能解答大部分关于车辆的问题，甚至帮助车主保养、维修车辆等。

第二节　技术搭载应用情况

一、感知系统

感知系统利用摄像头、雷达（包括激光雷达、毫米波雷达、超声波雷达）等传感器设备采集车辆周围环境信息。

摄像头传感器领域，国外企业（如松下、法奥雷、富士通等公司）有着长期的技术积累，而国内企业也正在努力追赶并超越。例如，苏州智华汽车电子有限公司生产的摄像头已经应用于金龙客车、日产汽车、长安汽车等车辆上；经纬恒润生产的摄像头产品已经应用于福特、捷豹路虎、北汽乘用车上。

激光雷达领域，国外的研究起步相对较早，如Velodyne、Ibeo、Quanergy等，在技术前沿性与成熟度上具有一定的优势。国内激光雷达企业的相关研发也不断取得进展，例如，禾赛科技于2019年1月推出了垂直分辨率更高的64线激光雷达Pandra 64；大疆子公司Livox于2020年的CES（国际消费类电子产品展览会）上一次性发布了两款高性能、低成本、可量产的激光雷达产品 Horizon、Tele-15，其使用非重复扫描技术，具有随扫描时间的增加，达到近100%的视场覆盖率的特性。

毫米波雷达领域，当前，77GHz毫米波雷达市场主要被大陆集团、博世、电装、奥托立夫等传统零部件龙头企业垄断。我国在24GHz与77GHz毫米波雷达的关键技术上均已取得突破。例如，国产上市公司中，德赛西威量产了24GHz毫米波雷达；2020年12月，森思泰克研发的STA77-5高分辨率77GH远程激光雷达，通过了C-NCAP（国内新车评价规程）的测评，是国产毫米波雷达中第一个通过此测评的产品，并即将搭载在量产车长城WEY VV6上。

超声波雷达目前被广泛应用于泊车领域，基于超声波雷达的自动泊车系统也逐渐进入大众视野。博世与法雷奥牢牢占据着这部分市场，国内厂商想要取得突破，仍然任重而道远。

惯性导航器件作为定位模块中唯一不依赖于外界环境的传感器，被广泛应用于自动驾驶与辅助驾驶的定位系统之中。

目前，车用 MEMS 惯性导航器件的行业发展也呈现国外领先、国内追赶的现状。国外厂商（如博世、ADI、ST、诺瓦泰等）已推出面向智能驾驶的 MEMS 惯导方案。国内也有导远电子、美泰电子、星网宇达等厂商布局自动驾驶领域的惯导器件开发。其中，导远电子高精度惯性导航 SINS580S 通过了功能安全 ASILB 与 ISO 26262 认证，其产品部署在小鹏多款量产车上；美泰电子的惯性导航传感器已经搭载到某 L2.5 智能驾驶汽车上，率先实现了在量产车上的装载，也获得了其他多家车企 L3 量产车的订单。

二、决策系统

（一）芯片搭载应用情况

近些年，随着英伟达、英特尔等国际芯片龙头企业纷纷布局无人驾驶领域，芯片市场开始逐步脱离传统移动消费电子芯片市场的红海态势，逐步转移到车载人工智能深度学习领域，推动高达 3000 亿美元的芯片行业向新技术转型。

2019 年 12 月，英伟达发布了新一代汽车自动驾驶智能芯片 Orin。Orin 采用了 7nm 的生产工艺，可实现每秒 200TOPS 运算性能。目前，有多款汽车搭载了英伟达自动驾驶芯片，如丰田、小鹏、大众、戴姆勒等公司的部分车型搭载了 AGXXavier/Pegasus 车载计算机平台。

Mobileye 公司提供芯片搭载系统和计算机视觉算法运行 ADAS 客户端功能。目前，Mobileye 公司已发布 EyeQ2、EyeQ3、EyeQ4 等产品。2008—2019 年，Mobileye 公司的 EyeQ 芯片发货超过 5000 万枚，同时，其联手 27 家 OEM（整车厂）合作伙伴，为总计约 300 种车型的 ADAS 系统提供支持。

国内代表厂商有地平线、华为、黑芝麻智能科技等。地平线推出的 Matrix 计算平台，利用人工智能加速 IP，极大地优化了嵌入式人工智能的计算性能，可支持激光雷达、毫米波雷达的接入和多传感器融合，已经成功实现大规模商业化。华为在自研人工智能芯片昇腾的基础上打造出 MDC 计算平台，已经取得多方测试合作。搭载华为 MDC 的奥迪 Q7 已经开始在国内开展自动驾驶道路测试。

（二）域控制器搭载应用情况

目前，面向智能驾驶的域控制器，主要分为两种，一种是 ADAS 域控制器，主要满足 L2/L2+功能落地；另一种是 AD 域控制器，主要满足 L3 及以上要求。

2020 年 4 月，小鹏汽车打造的超长续航智能轿跑 P7 正式发布上市，同时也是德赛西威全球首款基于英伟达 Xavier 自动驾驶域控制器产品——IPU03 操作系统正式量产。IPU03 操作系统采用 QNX Safety OS，MCU 端采用包含 Safety 组件的 AutoSAR，硬件设计考虑了备份冗余设计，整体达到 ISO 26262 功能安全 ASIL D 等级。宏景智驾与江淮汽车合资设立了安徽域驰智能科技有限公司，研发软硬件一体的车规级智能域控制器全栈式解决方案，覆盖 L1～L4，提供高度可扩展性方案。华为 MDC 智能驾驶计算平台解决方案集成了自研的 Host CPU 芯片、AI 芯片、ISP 芯片与 SSD 控制芯片，MDC 智能驾驶计算平台目前已与近 50 家合作伙伴建立合作关系，并完成相关技术验证测试工作。此外，比亚迪、理想汽车、蔚来汽车等多家汽车制造商也在布局域控制器的自主研发，旨在掌握未来软件定义汽车下底层的硬件自主权。国内外部分厂商域控制器如表 23-6 所示。

表 23-6　国内外部分厂商域控制器

国内外厂商	计算平台	域控制器产品名称	产品搭载对象
伟世通	兼容多处理器架构	Drive Core	广汽
大陆	兼容多处理器架构	ADCU	—
TTTech	Intel	ZFAS/iECU	奥迪、上汽
Aptiv	Intel	CSLP	—
Veoneer	英伟达 Xavier	Zeus	—
ZF	英伟达 Xavier	ProAI	奇瑞
麦格纳	—	MAX4	宝马
环宇智行	英伟达	TITAN	东风、红旗
知行科技	TI/NXP	iMo DCU	众泰汽车
经纬恒润	NXP	ADAS 域控制器	—
东软睿驰	Xilinx	X-Box 3.0	一汽
德赛西威	英伟达	IPU03	小鹏汽车

（三）算法搭载应用情况

在算法软件方面，按照算法实现方案的特点可大致分为机器学习算法和深度学习算法两种。机器学习算法是一般的程序算法，符合程序员的设计特征，适用于简单情景下的自动驾驶，可以实现 ADAS 场景下的大部分功能。深度学习算法主要用以完成当下流行的“端到端”方案，即从传感器的输入直接导出控制端的输出，中间经历深度学习算法的推演，完成对车辆行驶过程中复杂环境信息洪流的判断决策。深度学习算法要想取得较好的效果，需要通过大量数据进行训练，目前获取数据的方式主要有 3 种，如表 23-7 所示。

表 23-7　数据获取方式

获 取 方 法	代 表 性 公 司
道路实测	特斯拉、长安
数据众包	Momenta
道路测试加仿真测试	百度

三、线控执行系统

（一）线控制动系统应用情况

从全球角度来看，目前 ABS 和 ESC 系统的需求约 700 万套。这些系统的主要供应商为博世、大陆、现代摩比斯、日立汽车系统和 ZF。

国内部分自主 ESC 产品供应商如表 23-8 所示。

表 23-8　国内部分自主 ESC 产品供应商

公司名称	配套客户
京西重工（原德尔福）	吉利、长安等
天津英创汇智汽车技术有限公司	东风、江淮、华晨雷诺等
浙江亚太机电股份有限公司	东风、奇瑞等
芜湖伯特利电子控制系统有限公司	奇瑞、金龙客车等

针对电动制动助力器产品，市场依然以国外产品为主，但国内自主产品开发进展上与国外产品相差不大，目前，多家国内企业已经具备量产水平。而集成式线控制动系统国内基本处于研发或样件阶段，尚未完全达到量产水平。

（二）线控转向产品整体应用现状

关于线控转向系统，目前乘用车上以电动助力转向系统（EPS）为主，商用车上以机械液压助力转向系统（HPS）为主，线控转向系统（SBW）还处于布局阶段，没有实现大规模的搭载应用。

SBW 的研究始于 20 世纪 50 年代，直到 20 世纪 90 年代才由美国 DELPHI 公司成功开发出线控转向系统样机。目前，国外有部分实车搭载应用案例，但国内基本仍停留在开发样车阶段，天津英创汇智汽车技术有限公司面对未来智能车的发展趋势及行业痛点，研发具备冗余备份的双冗余线控转向系统。线控转向系统研发企业如表 23-9 所示。

表 23-9　线控转向系统研发企业

公司名称	产品应用
东风日产	英菲尼迪 Q50 车型
舍弗勒	Space Drive 线控转向产品
天津英创汇智汽车技术有限公司	双冗余线控转向产品

（三）分布式驱动应用现状

目前，四轮分布式驱动技术主要是通过中央的差速器和前后轴的独立差速器来实现的，而且由于技术与成本的限制，这一技术一般应用于高档车。技术领先的车企主要有 JEEP、奥迪和斯巴鲁。四轮分布式轮边电机驱动核心技术不断突破，比亚迪搭载轮边电机的纯电动大巴已在全球六大洲、50 多个国家和地区、超过 300 个城市成功运营，为洛杉矶、伦敦、京都、吉隆坡等城市带来绿色环保的公共交通解决方案。

轮毂电机作为四轮分布式驱动的最佳实现形式，各国车企正加大这一领域的布局力度。雷克萨斯首款纯电动概念车 LF-30 配有四轮轮毂电机及雷克萨斯线控转向技术，使得动力性和操控性有了很大提升。以色列电动汽车公司 REE Automotive 展示了 REEcorners 电动底盘概念，其最大特点是 4 个集成驱动单元，平板和轮毂电机构成的平台给车辆设计带来了不受限制的想象空间，因此，其前景被普遍看好。

四、通信系统

2019 年 4 月 22 日，华为首次跨界亮相上海汽车展，并推出了全球首个汽车产业 5G 通信硬件 MH5000。MH5000 是世界上第一款高速、高质量的 5G 汽车模块。该模块的发布有利于推动 5G 网络技术在汽车产业的运用和量产。

移远通信一直与高通保持密切协作，开发了一系列领先的 5G、LTE、C-V2X 等通信模组产品。其中，支持 LTE-A 技术的 AG52xQ 被一家全球领先的汽车厂商用于其新车型中，现已量产上市。移远 C-V2X 模组 AG15 已被红旗 E-HS9、2021 款别克 GL8 Avenir 艾维亚等车型成功商用。此外，移远通信 5G 车规级模组 AG551Q-CN 顺利通过了 CCC（中国强制认证）、SRRC（无线电型号核准）、NAL（电信设备进网许可）3 项认证，为汽车客户在中国实现车辆升级奠定了坚实的技术基础。

国外方面，博世 5G Netmobil 研究项目已经取得突破性进展。参与者在博世的领导下，为 5G 技术在网络、安全和通信协议领域的量产准备制定了基本的技术和操作准则。利用该项目所开发的技术，车辆之间可以实时交换数据（V2V）。同时，该项目提供了实现车辆和基础设施（V2I）及车辆和网络（V2N）之间通信的可能性。

五、智能驾驶座舱

（一）国内企业发展情况

延锋汽车饰件系统有限公司发布了智能座舱系统 XiM21，其智能伴侣副仪表板可以与驾乘人员互动，其采用双速电机驱动的长滑轨，能迅速调整座舱的位置以实现灵活性。

上汽荣威 RX5 在 Infotainment 应用处理器上同时实现 360° 全景泊车这一典型的 InfoADAS 应用，而且同一颗应用处理器 Jacinto 6 还驱动了混合式仪表盘中的 7 英寸（17.78 厘米）WVGA 液晶屏。

（二）国外企业发展情况

自 2012 年发布 Model S 以来，中控大屏配合简洁风格一直是特斯拉的座舱设计特色。

2015 年世界通信大会上，伟世通首次推出智能座舱解决方案 SmartCore。该方案用一套 SoC 运行座舱的多个系统，让多屏交互更易实现，在 2018 年由奔驰率先完成量产。

2020 年 CES 上，佛吉亚展示了最新的智能化座舱，无缝整合所有内饰模块并搭载全新的车载影音娱乐服务，可为驾乘人员提供更高适应性、更智能化的车内空间。

第三节　零部件供应链薄弱环节及发展存在问题

一、感知系统

感知环节中，需要对图片信息、激光点云信息等进行快速、高效的处理。其中，高性能芯片产品扮演着至关重要的作用。芯片领域中，我国在 CPU、GPU、FPGA、MCU

等通用芯片领域与国外差距较大，且相关技术与市场长期被英特尔、AMD、英飞凌、恩智浦等国外大型半导体企业垄断。国内虽然有一部分企业具有研发相关产品的能力，如地平线、华为、全志等，但是在产品价格竞争力、产品可靠性、产品性能等方面上与国外企业仍然存在较大的差距，且国产芯片的相关工具链及产品生态不成熟，芯片售后维护与软件支持水平较差。芯片产品是国内智能网联零部件供应链最为薄弱环节。

二、决策系统

目前，大量的高校与科研机构都研究智能驾驶与先进驾驶辅助系统，也发表了大量的论文，但由于算法复杂度与鲁棒性问题，使其很难用于实际。应鼓励科研人才更加关注实际工程问题的解决，改变人才培养模式，加快技术成果转化。

算法基础研究方面相对薄弱，应进一步深化智能化算法相关研究，加强算法验证。同时，数据集规模方面也落后于相较特斯拉等国际一流智能车厂商，难以支撑复杂的智能驾驶神经网络训练。

智能算法验证体系还不完善，智能化算法的开发还无法做到有规可依，国家或行业内应出台有关规定，对程序语句进行规范，对智能算法控制准确性、错误率，以及算法复杂度等进行规定。

三、线控执行系统

随着智能驾驶的发展，以及面向 L3 及以上无人驾驶技术的快速发展，对执行层尤其涉及汽车安全的底盘执行系统，冗余安全需求愈发迫切。作为转向系统的核心部件，驱动电机对转向性能来说至关重要。电动化和自动驾驶对安全也提出了更高要求，来自自动驾驶的安全性要求则是冗余设计，即电机要有灵活的冗余性。

此外，分布式驱动电动汽车是典型的有约束、过驱动、静不定系统，其各方向运动状态和轮胎作用力具有非线性、强耦合等特点。因此，研发高效、高可靠性整车控制技术对发挥分布式驱动电动汽车性能优势至关重要。并且，分布式驱动电动汽车具有多执行器，是一个明显的冗余系统，如何处理传感器等关键部件的容错控制间的优先级及协调控制关系亦是急需解决的关键问题。

四、通信系统

汽车对车载网络的高实时性、高带宽、高安全性、高可靠性等有着严格的要求，尤其随着 5G 对智能网联汽车进一步赋能，性能与精准度测试日渐成为智能网联汽车乃至自动驾驶测试中不可或缺的一部分。目前，智能网联汽车测试基本以功能测试为主导，较少涉及性能、真实性与精准度测试，在通信性能与精准度测试方面仍面临诸多挑战。

一是行业技术不兼容。目前，互联网汽车的首要难题是厂商与厂商之间各执己见，缺乏交流与合作，在一定程度上限制了该领域的发展。

二是系统安全有风险。网络黑客可能通过互联网技术在汽车上的嫁接融合，对终端进行入侵和控制，使汽车安全性能得不到保障。

三是相关费用过高。互联网汽车在使用过程中，对其进行定期检修是必要的。因为其自身内部零件的复杂性，对其调整、完善的费用也相对较高。

五、智能驾驶座舱

一是交互模式不够人性化。数字触屏随着功能的不断丰富暴露出弊端，层级菜单容易造成驾驶人视线在操作面板停留时间过长，产生不便和潜在危险。此外，自然语音处理还需要发展，目前的车载语音系统存在识别准确度较低、无法有效沟通的情况。

二是研发团队的数据获取成本和难度较高。智能处理系统的训练需要海量数据，但各企业间的数据尚缺乏共通性。

功能智能化和信息智能化具备明确的分级，同时对智能座舱功能提出了要求，但针对智能交互部分的技术路线和发展重心繁多，车辆最终交互形态如何，如何称作优秀的交互，是这个时代赋予我们的重要问题。

第四节　总结与展望

总体来看，智能网联汽车零部件主流产品和领先技术仍由国外企业主导，但是国内企业各方面相关技术正处在快速发展阶段，呈现追赶国外技术的趋势。由于我国汽车智能化技术发展起步相对较晚，在汽车电子电控方面基础相对薄弱，因此，激光雷达、毫米波雷达等硬件制造，以及线控转向、线控制动等高精度电子控制方面尚处于追赶地位，尤其是高性能芯片的设计制造方面，要想补齐短板还有很长的路要走。但是在 5G 建设及智能算法等领域，我国抓住发展机遇，相关技术取得突破，甚至领先于国际水平。

目前，随着智能汽车技术领域创投的活跃参与，无论是感知系统还是电控执行系统方面，国内均涌现出具有代表性的企业。这些企业专注于自主技术研发，并且在短期内取得了显著的技术进步。未来十年，国内企业随着技术累积，以及对自主技术的重视程度不断提高，有望实现在智能网联产品方面与发达国家的技术并跑甚至领跑。

附　录

一、2020年全球汽车产量分国别排行榜

排　　名	国家/地区	乘用车（辆）	商用车（辆）	汽车（辆）	全 球 增 速	全 球 份 额
—	全球	55834456	21787126	77621582	-15.8%	100%
1	中国	19994081	5231161	25225242	-2.0%	32.5%
2	美国	1926795	6895604	8822399	-19.0%	11.4%
3	日本	6960025	1107532	8067557	-16.7%	10.4%
4	德国	3515372	227082	3742454	-24.4%	4.8%
5	韩国	3211706	295068	3506774	-11.2%	4.5%
6	印度	2851268	543178	3394446	-25.0%	4.4%
7	墨西哥	967479	2209121	3176600	-20.8%	4.1%
8	西班牙	1800664	467521	2268185	-19.6%	2.9%
9	巴西	1608870	405185	2014055	-31.6%	2.6%
10	俄罗斯	1260517	174818	1435335	-16.6%	1.8%
11	泰国	537633	889441	1427074	-29.1%	1.8%
12	加拿大	327681	1048942	1376623	-28.2%	1.8%
13	法国	927718	388653	1316371	-39.5%	1.7%
14	土耳其	855043	442835	1297878	-11.2%	1.7%
15	捷克	1152901	6250	1159151	-19.2%	1.5%
16	英国	920928	66116	987044	-28.5%	1.3%
17	斯洛伐克	985000	—	985000	-11.1%	1.3%
18	伊朗	826210	54787	880997	7.3%	1.1%
19	意大利	451826	325339	777165	-15.1%	1.0%
20	印度尼西亚	551400	139886	691286	-46.3%	0.9%

数据来源：OICA

二、2020年中国汽车产量

单位：万辆

产品类别	1月	2月	3月	4月	5月	6月	7月	8月	9月	10月	11月	12月	总计	增速
汽车	162.1	24.9	136.6	214.6	217.4	240.2	218.0	211.8	246.6	237.1	273.9	283.6	2466.8	-3.1%
乘用车	136.4	17.0	91.0	153.4	158.8	176.0	167.9	160.6	198.4	193.9	223.1	229.0	1905.4	-5.3%
商用车	25.7	7.9	45.6	61.2	58.6	64.2	50.1	51.3	48.2	43.2	50.8	54.6	561.4	5.2%
其中：货车	15.1	3.6	23.6	31.7	30.3	32.0	25.6	23.8	24.9	22.2	25.9	27.2	286.0	20.1%
客车	0.7	0.1	0.6	0.7	0.7	1.0	1.0	1.1	1.1	1.0	1.5	2.2	11.9	-27.6%
专用汽车	6.8	2.6	14.4	20.9	20.1	23.3	16.1	14.6	18.1	16.0	18.4	18.8	190.2	20.7%
挂车	3.1	1.5	7.0	7.9	7.5	7.8	7.3	11.7	4.1	4.0	5.0	6.3	73.4	-39.6%
新能源汽车	4.9	1.2	5.2	7.2	7.5	9.1	9.6	10.6	13.9	14.7	20.0	24.2	127.9	9.0%
乘用车	4.3	1.1	4.8	6.4	6.8	7.9	8.5	9.5	12.6	13.5	18.0	21.3	114.8	12.5%
商用车	0.6	0.1	0.4	0.8	0.7	1.3	1.1	1.0	1.2	1.2	1.9	3.0	13.1	-14.3%

数据来源：机动车出厂合格证

三、2020 年中国新能源汽车分技术类型产量

单位：万辆

产 品 类 别	1月	2月	3月	4月	5月	6月	7月	8月	9月	10月	11月	12月	总计	增速
新能源汽车	4.9	1.2	5.2	7.2	7.5	9.1	9.6	10.6	13.9	14.7	20.0	24.2	127.9	9.0%
其中：纯电动汽车	3.6	1.0	4.3	5.2	5.6	7.1	7.8	8.4	11.2	12.2	16.8	21.4	104.6	6.0%
插电式混合动力汽车	1.2	0.2	0.9	1.9	1.8	2.1	1.8	2.2	2.7	2.5	3.2	2.8	23.1	26.0%
新能源乘用车	4.3	1.1	4.8	6.4	6.8	7.9	8.5	9.5	12.6	13.5	18.0	21.3	114.8	12.5%
其中：纯电动汽车	3.1	0.9	3.9	4.5	5.0	5.8	6.8	7.5	10.0	11.1	14.9	18.5	92.1	9.3%
插电式混合动力汽车	1.2	0.2	0.9	1.9	1.8	2.0	1.7	2.1	2.6	2.4	3.1	2.8	22.7	27.4%
新能源商用车	0.6	0.1	0.4	0.8	0.7	1.3	1.1	1.0	1.2	1.2	1.9	3.0	13.1	-14.3%
其中：纯电动汽车	0.5	0.1	0.4	0.7	0.7	1.2	1.0	0.9	1.2	1.1	1.8	2.9	12.5	-13.3%
插电式混合动力汽车	0.0	0.0	0.0	0.0	0.0	0.0	0.1	0.1	0.0	0.0	0.1	0.0	0.4	-19.8%

数据来源：机动车出厂合格证

四、2020 年汽车公告目录新车型分批次情况

单位：个

产 品 类 别	327	328	329	330	331	332	333	334	335	336	337	338	339	合计
汽车	568	826	338	704	1374	134	1715	2279	2351	2695	4288	4003	1693	22968
乘用车	40	106	61	38	72	14	104	128	125	140	213	293	90	1424
商用车（含底盘）	528	720	277	666	1302	120	1611	2151	2226	2555	4075	3710	1603	21544
底盘	60	90	19	69	132	9	170	215	199	232	389	404	160	2148
其中：客车底盘	13	7	1	10	25	2	26	24	18	23	37	20	15	221
货车底盘	47	83	18	59	107	7	144	191	181	209	352	384	145	1927
整车	468	630	258	597	1170	111	1441	1936	2027	2323	3686	3306	1443	19396
其中：客车整车	73	68	49	110	214	15	210	303	244	289	401	384	171	2531
货车整车	395	562	209	487	956	96	1231	1633	1783	2034	3285	2922	1272	16865

数据来源：《道路机动车辆生产企业及产品公告》

五、2020 年新能源汽车推广应用推荐车型目录分批次情况

单位：个

产 品 类 别	37	38	39	40	41	42	43	44	45	46	47	48	49	合计
新能源汽车	145	174	81	139	267	1919	1585	443	271	272	232	236	190	5954
其中：纯电动汽车	130	149	73	120	256	1707	1401	411	243	245	198	193	155	5281
插电式混合动力汽车	5	18	6	15	5	145	99	23	13	10	16	6	18	379
燃料电池汽车	10	7	2	4	6	67	85	9	15	17	18	37	17	294

数据来源：《新能源汽车推广应用推荐车型目录》

六、2020 年中国汽车产量 TOP10 企业

1．乘用车产量 TOP10 企业

排　名	企业名称	乘用车产量（辆）
1	一汽大众汽车有限公司	2079002
2	上汽大众汽车有限公司	1493870
3	浙江吉利控股集团有限公司	1269504
4	东风汽车有限公司	1207044
5	上汽通用汽车有限公司	1048285
6	上汽通用五菱汽车股份有限公司	931590
7	东风本田汽车有限公司	838673
8	长城汽车股份有限公司	834561
9	广汽本田汽车有限公司	804325
10	广汽丰田汽车有限公司	765273

注：浙江吉利控股集团有限公司包含浙江吉利和浙江豪情。

2．货车产量 TOP10 企业

排　名	企业名称	货车产量（辆）
1	上汽通用五菱汽车股份有限公司	394843
2	中国第一汽车集团有限公司	290457
3	长城汽车股份有限公司	209656
4	北汽福田汽车股份有限公司	206759
5	陕西汽车集团有限责任公司	154817
6	安徽江淮汽车集团股份有限公司	116270
7	北京福田戴姆勒汽车有限公司	102224
8	江铃汽车股份有限公司	98837
9	中国重汽集团济南卡车股份有限公司	98245
10	中国重汽集团济南商用车有限公司	96352

3．客车产量 TOP10 企业

排　名	企业名称	客车产量（辆）
1	郑州宇通客车股份有限公司	33043
2	中通客车控股股份有限公司	7511
3	江铃汽车股份有限公司	7511
4	厦门金龙旅行车有限公司	6104
5	北汽福田汽车股份有限公司	5735
6	比亚迪汽车工业有限公司	5667
7	厦门金龙联合汽车工业有限公司	5254
8	金龙联合汽车工业（苏州）有限公司	5193

续表

排　　名	企 业 名 称	客车产量（辆）
9	安徽安凯汽车股份有限公司	4252
10	中车时代电动汽车股份有限公司	3357

4．专用汽车产量 TOP10 企业

排　　名	企 业 名 称	专用汽车产量（辆）
1	北汽福田汽车股份有限公司	259802
2	中国第一汽车集团有限公司	139706
3	安徽江淮汽车集团股份有限公司	114229
4	中国重汽集团济南商用车有限公司	96149
5	上汽通用五菱汽车股份有限公司	86059
6	重庆长安汽车股份有限公司	54315
7	华晨鑫源重庆汽车有限公司	54002
8	河北长安汽车有限公司	50574
9	东风商用车有限公司	50538
10	江西江铃专用车辆厂有限公司	48250

5．挂车产量 TOP10 企业

排　　名	企 业 名 称	挂车产量（辆）
1	扬州中集通华专用车有限公司	17684
2	深圳中集专用车有限公司	10829
3	山东锣响汽车制造有限公司	9633
4	驻马店中集华骏车辆有限公司	9584
5	安徽开乐专用车辆股份有限公司	9161
6	芜湖中集瑞江汽车有限公司	8275
7	山东恩信特种车辆制造有限公司	8096
8	滩溪富源达挂车制造有限公司	8041
9	山东梁山通亚汽车制造有限公司	7922
10	山东泰骋专用汽车有限公司	7755

数据来源：机动车出厂合格证

七、工业和信息化部《道路机动车辆生产企业及产品公告》检测检验机构备案信息

机 构 名 称	地　　点	检 验 范 围
国家轿车质量监督检验中心	天津	汽车整车
		三轮汽车整车
国家汽车质量监督检验中心（长春）	吉林长春	汽车整车

续表

机构名称	地点	检验范围
国家汽车质量监督检验中心（襄阳）	湖北襄阳	汽车整车
国家机动车质量监督检验中心（重庆）	重庆	汽车整车
		三轮汽车整车
		摩托车整车
国家客车质量监督检验中心	重庆	汽车整车
国家消防装备质量监督检验中心	上海	汽车整车
国家工程机械质量监督检验中心	北京	汽车整车
国家汽车质量监督检验中心（广东）	广东佛山	汽车整车
		三轮汽车整车
国家汽车质量监督检验中心（北京顺义）	北京	汽车整车
		汽车零部件
国家机动车产品质量监督检验中心（上海）	上海	汽车整车
		摩托车整车
国家重型汽车质量监督检验中心	山东济南	汽车整车
		三轮汽车整车
国家高原机动车质量监督检验中心	云南昆明	汽车整车
国家汽车电气产品质量监督检验中心	江苏苏州	汽车整车
		摩托车整车
威凯检测技术有限公司	广东广州	汽车零部件
		三轮汽车零部件
		摩托车零部件
国家新能源汽车质量监督检验中心	湖北武汉	汽车整车
国家农机具质量监督检验中心	北京	汽车整车
		三轮汽车整车
国家拖拉机质量监督检验中心	河南洛阳	汽车整车
		三轮汽车整车
国家智能商用车质量监督检验中心	江苏常州	汽车整车
国家汽车质量监督检验中心（北京通州）	北京	汽车整车
国家新能源汽车质量监督检验中心（广州）	广东广州	汽车整车
国家摩托车质量监督检验中心	陕西西安	摩托车整车
		汽车零部件
国家摩托车及配件质量监督检验中心（广东）	广东江门	摩托车整车
国家摩托车质量监督检验中心（重庆）	重庆	摩托车整车

续表

机构名称	地点	检验范围
国家摩托车质量监督检验中心（天津）	天津	摩托车整车
		汽车零部件
国联汽车动力电池研究院有限责任公司国家动力电池创新中心检测试验中心	北京	汽车零部件
中汽研汽车零部件检验中心（宁波）有限公司	浙江宁波	汽车零部件
		摩托车零部件
中认英泰检测技术有限公司	江苏苏州	汽车零部件
上海电器设备检测所有限公司	上海	汽车零部件
江苏省车用灯具产品质量监督检验中心	江苏丹阳	汽车零部件
		摩托车零部件
广西壮族自治区汽车拖拉机研究所有限公司	广西柳州	汽车零部件
清华大学苏州汽车研究院（吴江）汽车动力系统检测中心	江苏苏州	汽车零部件
广州海关技术中心	广东广州	汽车零部件
中机寰宇认证检验有限公司	北京	汽车零部件
		摩托车零部件
上海通敏车辆检测技术有限公司	上海	汽车零部件
机械工业车辆产品质量检测中心（镇江）	江苏镇江	汽车零部件
		摩托车零部件
		三轮汽车零部件
国家化学与物理电源产品质量监督检验中心	天津	汽车零部件
国家再制造汽车零部件产品质量监督检验中心	江苏张家港	汽车零部件
国家汽车零部件产品质量监督检验中心（长春）	吉林长春	汽车零部件
国家化学储能材料及产品质量监督检验中心（广东）	广东广州	汽车零部件

八、2020年新发布汽车产品标准清单

序号	标准号	标准名称	制定/修订	代替标准号	批准日期	实施日期
1	GB 38031—2020	电动汽车用动力蓄电池安全要求	修订	GB/T 31485—2015 GB/T 31467.3—2015	2020-05-12	2021-01-01
2	GB 38032—2020	电动客车安全要求	制定		2020-05-12	2021-01-01
3	GB 18384—2020	电动汽车安全要求	修订	GB/T 18384.1—2015 GB/T 18384.2—2015 GB/T 18384.3—2015	2020-05-12	2021-01-01
4	GB 24155—2020	电动摩托车和电动轻便摩托车安全要求	修订	GB 24155—2009	2020-05-29	2021-01-01
5	GB 20075—2020	摩托车乘员扶手和脚踏	修订	GB 20075—2006	2020-12-24	2022-01-01
6	GB 39732—2020	汽车事件数据记录系统	制定		2020-12-24	2022-01-01

续表

序号	标　准　号	标 准 名 称	制定/修订	代替标准号	批准日期	实施日期
7	GB 20300—2018 第 1 号修订单	道路运输爆炸品和剧毒化学品车辆安全技术条件《第 1 号修改单》	修改单		2020-07-23	2020-07-23
8	GB 30509—2014 第 1 号修订单	车辆及部件识别标记《第 1 号修改单》	修改单		2020-07-23	2020-07-23
9	GB/T 5137.1—2020	汽车安全玻璃试验方法 第 1 部分：力学性能试验	修订	GB/T 5137.1—2002	2020-03-31	2021-02-01
10	GB/T 5137.2—2020	汽车安全玻璃试验方法 第 2 部分：光学性能试验	修订	GB/T 5137.2—2002	2020-03-31	2021-02-01
11	GB/T 5137.3—2020	汽车安全玻璃试验方法 第 3 部分：耐辐照、高温、潮湿、燃烧和耐模拟气候试验	修订	GB/T 5137.3—2002	2020-03-31	2021-02-01
12	GB/T 5137.4—2020	汽车安全玻璃试验方法 第 4 部分：太阳能特性试验	修订	GB/T 5137.4—2001	2020-03-31	2021-02-01
13	GB/T 5137.5—2020	汽车安全玻璃试验方法 第 5 部分：耐化学侵蚀性和耐温度变化性试验	修订	GB/T 17339—1998	2020-03-31	2021-02-01
14	GB/T 33598.2—2020	车用动力电池回收利用 再生利用 第 2 部分：材料回收要求	制定		2020-03-31	2020-10-01
15	GB/T 34015.2—2020	车用动力电池回收利用 梯次利用 第 2 部分：拆卸要求	制定		2020-03-31	2020-10-01
16	GB/T 38587—2020	汽车玻璃识别码信息要求	制定		2020-03-31	2021-02-01
17	GB/T 38661—2020	电动汽车用电池管理系统技术条件	制定		2020-03-31	2020-10-01
18	GB/T 38679—2020	车辆行驶跑偏试验方法	制定		2020-03-31	2020-10-01
19	GB/T 38694—2020	车辆右转弯提示音要求及试验方法	制定		2020-03-31	2020-10-01
20	GB/T 38698.1—2020	车用动力电池回收利用 管理规范 第 1 部分：包装运输	制定		2020-03-31	2020-10-01
21	GB/T 38775.1—2020	电动汽车无线充电系统 第 1 部分：通用要求	制定		2020-04-28	2020-11-01
22	GB/T 21085—2020	机动车出厂合格证	修订	GB/T 21085—2007	2020-04-28	2020-11-01
23	GB/T 38778—2020	专用校车系列型谱	制定		2020-04-28	2020-11-01
24	GB/T 25085.3—2020	道路车辆 汽车电缆 第 3 部分：交流 30V 或直流 60V 单芯铜导体电缆的尺寸和要求	制定		2020-06-02	2021-01-01
25	GB/T 38795—2020	汽车侧面气囊和帘式气囊模块性能要求	制定		2020-06-02	2021-01-01

续表

序号	标 准 号	标 准 名 称	制定/修订	代替标准号	批准日期	实施日期
26	GB/T 38796—2020	汽车爆胎应急安全装置性能要求和试验方法	制定		2020-06-02	2021-07-01
27	GB/T 19233—2020	轻型汽车燃料消耗量试验方法	修订	GB/T 19233—2008	2020-06-02	2021-01-01
28	GB/T 38892—2020	车载视频行驶记录系统	制定		2020-06-02	2021-01-01
29	GB/T 25085.4—2020	道路车辆 汽车电缆 第 4 部分：交流 30 V 或直流 60 V 单芯铝导体电缆的尺寸和要求	制定		2020-07-21	2021-02-01
30	GB/T 4780—2020	汽车车身术语	修订	GB/T 4780—2000	2020-07-21	2021-02-01
31	GB/T 39015.2—2020	道路车辆 牵引车与半挂车之间机械连接互换性 第 2 部分：低牵引座半挂牵引车与大容积半挂车	制定		2020-07-21	2021-02-01
32	GB/T 39037.2—2020	用于海上滚装船运输的道路车辆的系固点与系固设施布置通用要求 第 2 部分：半挂车	制定		2020-07-21	2021-02-01
33	GB/T 12542—2020	汽车热平衡能力道路试验方法	修订	GB/T 12542—2009	2020-09-29	2021-04-01
34	GB/T 5620—2020	道路车辆 汽车和挂车制动名词术语及其定义	修订	GB/T 5620—2002	2020-09-29	2021-04-01
35	GB/T 39086—2020	电动汽车用电池管理系统功能安全要求及试验方法	制定		2020-09-29	2021-04-01
36	GB/T 24549—2020	燃料电池电动汽车 安全要求	修订	GB/T 24549—2009	2020-09-29	2021-04-01
37	GB/T 39132—2020	燃料电池电动汽车定型试验规程	制定		2020-10-11	2021-05-01
38	GB/T 39323—2020	乘用车车道保持辅助（LKA）系统性能要求及试验方法	制定		2020-11-19	2021-06-01
39	GB/T 39263—2020	道路车辆 先进驾驶辅助系统（ADAS）术语及定义	制定		2020-11-19	2021-06-01
40	GB/T 39265—2020	道路车辆 盲区监测（BSD）系统性能要求及试验方法	制定		2020-11-19	2021-06-01
41	GB/T 39424.1—2020	道路车辆 交通事故分析 第 1 部分：术语	制定		2020-11-19	2021-06-01
42	GB/T 39424.2—2020	道路车辆 交通事故分析 第 2 部分：碰撞严重度测量方法使用指南	制定		2020-11-19	2021-06-01
43	GB/T 39423—2020	道路车辆 评价乘员约束性能的事故数据收集	制定		2020-11-19	2021-06-01
44	GB/T 33014.7—2020	道路车辆 电气/电子部件对窄带辐射电磁能的抗扰性试验方法 第 7 部分：射频功率直接注入法	修订	GB/T 33014.7—2020	2020-12-14	2021-07-01

续表

序号	标 准 号	标 准 名 称	制定/修订	代替标准号	批准日期	实施日期
45	GB/T 33014.8—2020	道路车辆　电气/电子部件对窄带辐射电磁能的抗扰性试验方法　第 8 部分：磁场抗扰法	修订	GB/T 33014.8—2020	2020-12-14	2021-07-01
46	GB/T 33014.9—2020	道路车辆　电气/电子部件对窄带辐射电磁能的抗扰性试验方法　第 9 部分：便携式发射机法	修订	GB/T 33014.9—2020	2020-12-14	2021-07-01
47	GB/T 33014.10—2020	道路车辆　电气/电子部件对窄带辐射电磁能的抗扰性试验方法　第 10 部分：扩展音频范围的传导抗扰法	修订	GB/T 33014.10—2020	2020-12-14	2021-07-01
48	GB/T 26990—2011 第 1 号修订单	燃料电池电动汽车 车载氢系统 技术条件《第 1 号修改单》	修改单		2020-07-21	2020-07-21
49	GB/T 29126—2012 第 1 号修订单	燃料电池电动汽车 车载氢系统 试验方法《第 1 号修改单》	修改单		2020-07-21	2020-07-21
50	QC/T 1131—2020	汽车材料中多环芳烃的检测方法	制定		2020-08-31	2021-01-01
51	QC/T 1132—2020	电动汽车用电动动力系噪声测量方法	制定		2020-08-31	2021-01-01
52	QC/T 1134—2020	发动机进气水分离试验方法	制定		2020-08-31	2021-01-01
53	QC/T 1133—2020	商用汽车空气滤清器安全滤芯	制定		2020-08-31	2021-01-01
54	QC/T 770—2020	汽车用干式空气滤清器总成	修订	QC/T 770—2006	2020-08-31	2021-01-01
55	QC/T 1135—2020	汽车发动机水滤清器	制定		2020-08-31	2021-01-01
56	QC/T 793—2020	摩托车和轻便摩托车空气滤清器	修订	QC/T 793—2007	2020-08-31	2021-01-01
57	QC/T 794—2020	内燃机工业滤纸	修订	QC/T 794—2007	2020-08-31	2021-01-01
58	QC/T 1136—2020	电动汽车用绝缘栅双极晶体管（IGBT）模块环境试验要求及试验方法	制定		2020-12-09	2021-04-01
59	QC/T 1137—2020	汽车包边玻璃	制定		2020-12-09	2021-04-01
60	QC/T 1138—2020	汽车滑动窗玻璃组件	制定		2020-12-09	2021-04-01
61	QC/T 1139—2020	汽车零部件再制造产品技术规范 连杆	制定		2020-12-09	2021-04-01
62	QC/T 1140—2020	汽车零部件再制造产品技术规范 曲轴	制定		2020-12-09	2021-04-01
63	QC/T 1141—2020	汽车离合器分离轴承总成	制定		2020-12-09	2021-04-01
64	QC/T 533—2020	商用车驱动桥总成	修订	QC/T 533—1999 QC/T 534—1999	2020-12-09	2021-04-01
65	QC/T 755—2020	液化天然气汽车燃气系统技术条件	修订	QC/T 755—2006	2020-12-09	2021-04-01